ヘルピング・スキル【第2版】

——探求・洞察・行動（アクション）のためのこころの援助法

クララ・E・ヒル　著

藤生 英行　監訳

岡本 吉生・下村 英雄・柿井 俊昭　訳

Helping Skills
Facilitating Exploration,
Insight, and Action
Second Edition

Clara E. Hill

金子書房

Helping Skills
Facilitating Exploration, Insight, and Action
Second Edition

by
Clara E. Hill, PhD

APA

夫，ジム・ゴーマリーに捧ぐ――

　彼はヘルピング・スキル習得を目指す私の旅の道連れであった。

子どもたち，ケビンとケーティに捧ぐ――

　彼らは私のヘルピング・スキルを検証してくれた。

そして学生たちに捧ぐ――

　彼らはどのようにヘルピング・スキルを教えればよいか私に教えてくれた。

日本語版への序文

『ヘルピング・スキル――探求・洞察・行動（アクション）のためのこころの援助法［第２版］』（*"Helping Skills: Facilitating Exploration, Insight, and Action—Second Edition"*）の「日本語版への序文」を執筆することができ，うれしく思います。藤生英行氏が監訳し，金子書房が出版することで，日本の学習者が自分たちの言語でヘルピング・スキルについて学べることを光栄に思っています。日本ではカウンセラー養成の歴史はそう長くないと聞いているので，ヘルピング・スキル訓練が日本に普及すると考えると心が躍ります。

すぐれたカウンセラーになることの難しさを思うと，身が引き締まる思いがします。ヘルピング・スキルを学ぶことは手始めとしてはよいですが，これらのスキルはすぐれたカウンセラーになることの構成要素の１つに過ぎないことを心にとめておくことが重要です。スキルを知ることも必要ですが，共感性，純粋性およびクライエントへの尊重を抱きつつ，気遣いと深い思いやりのある方法でスキルを用いることも必要です。スキルを用いるタイミングにも十分に気をつける必要があります。なぜなら，スキルはそのときどき，クライエントによって作用が異なるからです。スキルを適切に用いることができるように，クライエントの心理力動（ダイナミクス）に気をつける必要もあります。そして，もちろん私たち自身の内面で生じていることも意識している必要があります。ときに私たちの感情（フィーリング）と反応は，クライエントに対して共感的ですぐれたヘルパーであることの妨げとなるからです。

上記のコメントで，ヘルピングが単にスキルの機械的な利用ではなく，癒しの姿勢でクライエントと相互作用を行う，もっと複雑な方法であることが伝わればと願っています。すぐれたヘルパーになることへの第一歩は，身体で覚えるまでこれらのスキルを学習することと，ヘルピング以外のすべての面に注意を払うことです。

学生たちは，このモデルをとても簡潔，明解でわかりやすいと言ってくれます。このモデルは，ヘルパーにクライエントと共に作業して，クライエントに具体的な問題を探求させること（探求），その問題について理解するようになること（洞察），洞察で得た新しい理解に基づいて今までの行動をどのように変えるかを考えること（行動（アクション））を教えてくれます。このモデルは，クライエント中心理論，精神力動理論，行動理論の３つのアプローチを統合していますが，ヘルパーが専門家としてよりもむしろコーチや協働者としての役目を果たすことを一貫して強調しています。

この本を読んでくださる皆さんに，ヘルピング・スキル・モデルが有益であるとわかっていただけることを願っています。日本文化の中で，このモデルを使ってどのような経験をされたか，ぜひお聞きしてみたいです。このモデルのどの段階が日本文化で有益なのでしょうか。このモデルのどの段階が日本文化にうまく溶け込めないでしょうか。さらには，研究者の方々に，日本文化におけるヘルピング・スキル訓練のプロセスと結果について調べていただければと思います。なぜなら，このモデルが異なる文化においてどう作用するかについて，より多くの実証的な研究を必要としているからです。

最後に，すぐれたヘルパーになることを目指すあなたの旅がすべてうまくいきますように。もし，私たち全員が傾聴することと他者への気遣いを学べば，この世界はよりよい場所になるでしょう。

クララ・E・ヒル
Clara E. Hill

序　文

私は約30年間にわたり大学生と大学院生を対象にしたヘルピング・スキル講座を教えてきたなかで，ヘルパーの養成への関心を深めてきた。初めて講義を行ったとき，ヘルピングについての自分の見解を具体的に表現し，学生のニーズに応えるようなテキストがなかなか見つからず，いらだちを覚えた。あったとしても変化のプロセスに感情（affect），認知，および行動の重要性を統合しているヘルピング・スキルのテキストはなかった。あるのは感情（feeling）に焦点を当て重要な生活上の変化を促進するのに挑戦と行動（action）の役割を考慮していないテキストか，さもなければ感情（アフェクト）の探求と行動変化をなおざりにして洞察を強調しているテキストであった。人気のあるテキストの多くは問題解決アプローチのみに焦点を当て，クライエントが生活の中での不満を表明し，理解し，変化を起こすことを援助する際の感情（アフェクト）の重要な役割を無視している。他の本は，ヘルピング・スキルのきわめて重大な理論的・実証的基盤に言及していない。これらの限界に対処するために，私はこれまで学生，教師，カウンセラー，研究者としての経験により蓄積してきた知識を動員して，クライエントが感情（フィーリング）と思考を探求し，問題について新しい洞察を得て，ポジティブな行動変化へ向けて動けるように援助することをヘルパーに教える本を書いた。

この本では，実践，理論および研究を基盤とした統合モデルを紹介する。モデルが実践と理論に基づいていることは，豊かな理論的知識基盤を述べてきた卓越した臨床家や理論家の功績を活用するのに重要である。ロジャース，フロイト，エリクソン，マーラー，スキナー，エリスなどは，人間の本質，カウンセリングとセラピーにおける変化のメカニズム，個人の潜在性や目標を達成させる援助の技法にすばらしい洞察を提供してきた。3段階モデルは，これら理論の賢人たちの功績に基づいており，読者は彼らの業績の際立った特徴を知ることができる。

モデルが研究に基づいていることも重要である。研究はヘルパーにヘルピング・スキルの効果的な（および効果的でない）利用法について教えてくれる。これらのスキルが実証的に検証され，クライエントに有益であると考えられていることを知り，ヘルピング・スキルを発展させる確信はますます高まっている。もちろん，ヘルピング・スキルについての研究は，まだ揺籃期であり，知られていないことも多い。ヘルピング・プロセスの明確なモデルを提供することで，より多くの人がこのモデルを検証する実証的な研究に従事してくれればと願っている（実証的な基盤として，姉妹本〔Hill, 2001〕も参照のこと）。

このモデルには，探求，洞察，および行動（アクション）という3つの段階が含まれている。探求段階は，クライエント中心理論（例：Rogers, 1942, 1951, 1957, 1959）に基づいている。洞察段階の基盤は，精神分析的理論および対人（対象）関係理論（例：Freud, 1940/1949; Teyber, 2000; Yalom, 1980）である。行動理論（例：Goldfried & Davison, 1994; Kazdin, 2001; D. L. Watson & Tharp, 2002）と認知理論（J.S. Beck, 1995）は，行動（アクション）段階の基盤を形成している。この3つの主要な理論はすべてクライエントを援助するのに効果があると証明されているため（Wampold, 2001 参照），このモデルに統合している。

私は，ヘルピング・プロセスをその瞬間その瞬間の一連の相互作用から構成されるものとして見立てた。ヘルパーとクライエントとの間の相互作用（Hill, 1992）についての仮説的な理論を用いることで，ヘルパーはヘルピング・プロセスでのいかなる瞬間でも，クライエントをどのように援助したいのかという意図を発展させるのだと考えている。これらの意図は，ヘルパーがクライエントについて知っていること，ある時点でクライエントと達成したいと願っていることに基づいている。これらの意図を念頭において，ヘルパーは言語スキルと非言語スキルを選んで介入を行う。そうすると，クライエントは介入に反応を示すが，その反応は今後ヘルパーとどのように行動するかを決定づけるものとなる。このように，ヘルピングには外から見える行動だけではなく，ヘルパーの認知プロセス（すなわち，意図）およびクライエントの認知プロセス（すなわち，反応）も含まれる。意図の自覚は，ヘルパーが効果的な介入を選択するのに役立つ。また，介入に対するクライエントの反応への注目は，ヘルパーが以降の介入を計画するのに役立つ。

最後に，私はヘルパーとしての学習者の成長を支持すること，およびヘルピング・スキルの発達を促進する課題を提供することを目的とした本を書きたかった。有能なヘルパーとなることは，興奮に満ちたやりがいのあるプロセスである。この取り組みにより，人生が変わる人もいるだろう。多くの学習者が，ヘルパーになるプロセスに心を奪われ，スキルを身につけようと骨を折りながら，思慮深い質問を自らに問い，他者を援助する自分の能力への自信を深めていく。この本の焦点は，（クライエントではなく）ヘルパーに当ててある。そのため，ヘルパーとしての成長とそれに付随する感情（フィーリング）と思考に関連した多くの質問を投げかけている。

この本が提供していないものを示すことで，この本の焦点を明確にしなくてはならない。この本は，子ども，家族，あるいは重大な情動的，心理的な困難を抱えたクライエントを対象にカウンセリングすることについての情報を提供することを意図していない。この本で紹介するヘルピング・スキルは非常に重要であり，これらのすべての人々と作業する基盤を形成しているが，ヘルパーがこれらの人々に働きかける資格を得るには，より広範囲にわたる専門的な訓練を受ける必要がある。

さらに，心理的な問題の診断，あるいは精神病理学の特徴の見極め方についてはとりあげていないが，これら２つは広範な付加的な訓練を要する重要な項目である。ヘルパーが基礎的なヘルピング・スキルの生きた知識を身につけたあとに，アセスメント（査定）と精神病理学のさらなる訓練を続けることをお勧めする。すべてのヘルパーは，たとえ健常者集団と作業する人であっても，重篤な心理的障害を鑑別できるとよい。ヘルパーにこのレベルの知識があれば，適切な紹介（リファー）ができるので，ヘルパーは自分が援助の訓練を受けてきたようなクライエントとのみ作業すればよくなる。

加えて，この本では，ヘルピングに関連した多種多様な異文化間における問題点についても手短にふれている。文化の影響はいたるところに見られ，クライエントとヘルパーの世界観や相互作用を通して，ヘルピング・プロセスに反映されると考える。人生にインパクトを与える多数の影響（例：家族と友人，サポートシステム，人種的・文化的背景，職業上の経験，人生上の移行，社会経済的地位）を背景にしてクライエントを見る必要がある。ヘルパーは多文化理論と研究について自己研鑽することを強くお勧めする（例：Atkinson, Morten, & Sue, 1993; Helms & Cook, 1999; Pedersen, Draguns, Lonner, & Trimble, 2002; Ponterotto, Casas, Suzuki, & Alexander, 2001; Sue & Sue, 1999）。

この本を読み，演習を終えた人たちのためにいくつか目標を用意している。読者は，統合されたヘルピングの3段階モデルの原理とこのモデルの基礎をなす理論的および研究的基盤に習熟するとよい。ヘルピングの一連の相互作用について理解したことを実際やってみるとよい。例えば，ヘルパーがクライエントに介入（ことばかけ）するときにもっている意図，これらの意図に相応するヘルピング・スキル，クライエントに起こりうる反応と行動，および用いた介入をヘルパーが評価する手段などである。さらに，読者は，ヘルパーになることに関連した自己理解をよりいっそう深めていくとよい。例えば，ヘルピングに関する思考，自分の長所とさらなる成長が望まれる領域などである。最後に，他者を援助することを学習するプロセスへの熱意，生涯を通じて数え切れないやりがいと報酬を必ず提供してくれる冒険心を植えつけられればと願っている。

この本の第2版は，いくつかの点で初版と異なっている。第一に，研究のレビューの大半を，この本から削除し，姉妹版テキスト（Hill, 2001）に入れたことにより，研究を余すところなく取りあげることができた。読者には2冊の本を併用することを強く勧める。そうすれば，スキルはもちろん，スキルの実証的な基盤を学習することができる。第二に，「挑戦」の章を，よりわかりやすく，学習しやすいように改訂した。第三に，行動（アクション）段階の構成を大幅に改訂した。個々のスキルの集合として行動（アクション）段階を概念化するよりもむしろ，今回は一連のステップとして書いている。この改訂で，行動（アクション）についての現在の考えを教えやすく明解な方法で取り入れることができた。第四に，本文のいたるところで，文化についての参考図書を多く入れた。ヘルピング・プロセスへの文化の影響について大いに認識が深まってきたので，この本全体を通してこれらの問題に関心を集めたいと思った。文化がそれぞれの個々のスキルにどのように影響するかを具体的に特定する研究はいまだ十分ではないが，すべての章でその影響についていくらかの推測をしている。第五に，「開かれた質問」の章を移動し，今回は「言い換え」の前においている。多くの人がすでにある程度，**開かれた質問**をどのように使うかを知っていることを考慮に入れると，いくらか得意なスキルに焦点を当てたほうが取りかかりやすいと考えた。第六に，洞察段階で，**挑戦**と**解釈**の提供者としてのヘルパーではなく，クライエントが洞察に到達できるのを援助するコーチとしてのヘルパーに多くの焦点を当てた。第七に，3つの段階での異なった**自己開示**の利用を明確にした。**自己開示**は，いくつかの他のスキルと類似している（例：ヘルパーはクライエントが感情（フィーリング）を表出できるよう，洞察を得られるよう，あるいは行動（アクション）の方略を示唆するために開示する）ので，興味深いスキルである。そのため，3つの異なった段階でのそれぞれの利用法を明確化するのは重要であった。第八に，最終章ではセラピー場面でヘルピング・スキルをどのように用いるかについての情報をたくさん加えた。特に，セッション管理と困難なクライエントを扱うことに焦点を当てている。

最後に，この本の内容に沿ってウェブサイトも用意した（www.apa.org/books/resources/hill; 日本語版は金子書房のホームページ http://www.kanekoshobo.co.jp/np/isbn/9784760832590/ を参照）。このサイトからダウンロード可能な別表で，訓練の効果を評価するのに利用できるいくつかの尺度を紹介している。特に，ヒルとケルムス（Hill & Kellems, 2002）は，いくつかの尺度（へルピング・スキル尺度，関係性尺度，セッション評価尺度）を開発した。これらの尺度は，クライエントとの実際のセッションで，学んできたスキルを実施できるのかどうかを評価するため，セッション後にヘルパーとクライエントで記入するとよい（別表 I 参照）。レントら（Lent, Hill, & Hoffman, 2003）は，ヘルピング能力についてのヘルパーの自信を評価する自己効力感の尺度を開発した（別表 K 参照）。ウィリアムら（Williams, hurley, O'Brien, & DeGregorio, 2003）は，学習者のセッション中の自己知覚とストレスを管理する方略を評価するのに使える尺度を開発した（別表 J 参照）。この本の次の版までにヘルピング・スキルの訓練効果についてより多くの実証的な研究がなされることを願っている。

謝　辞

この本のいくつかの章，あるいはすべてを読んでいただき，この第2版，あるいは初版もあわせて価値あるフィードバックをしていただいた多くの方々にとても感謝している。Margaret Barott, Elizabeth Doschek, Lisa Flores, Suzanne Friedman, Melissa Goates, Julie Goldberg, Jim Gormally, Allison Grolnick, Beth Haverkamp, Jeff Hayes, Kelly Hennessey, Debby Herbenick, Pamela Highlen, Merris Hollingworth, Ian Kellems, Sarah Knox, Misty Kolchakian, Jim Lichtenberg, Rayna Markin, John Norcross, Sheetal Patel, David Petersen, Missy Roffman, Eric Spiegel, Jessica Stahl, Nicole Taylor, Linda Tipton, Terry Tracey, Heather Walton, Elizabeth Nutt Williams である。編集者からのフィードバック，助言，励ましにも大変助けられた。 Beth Beisel, Amy Clarke, Phuong Huynh, Linda McCarter, Casey Reever, Susan Reynolds は皆，アメリカ心理学会出版部の方である。

とりわけ，この数年間においては，ヘルピング・スキルの学部講義およびカウンセリングの理論と方略の大学院科目のそれぞれの大学生・大学院生たちに負うところが大きかった。彼らは，私のアイディアに喜んで挑戦し，ヘルパーになるプロセスについて思慮深くとらえ，この本のために例を提供してくれ，私はヘルピング・スキルの教え方について，彼らから多くを学ぶことができた。この本で取り上げる前に，多くの講義ですべての章とグループ実習を試してみた。最後に，私のセラピスト，教授，およびスーパーバイザーを讃え，彼らに謝辞を申しあげる。ヘルピング・スキルの使い方のすばらしい手本を示してくれ，私がヘルパーになる過程を通してたくさんの励ましを与えてくれた。特に，何年も前に大学院で私が初めてヘルピング・スキルを学んだ（Robert Carkhuff と共に研究された）Bill Anthony 先生に感謝を捧げたい。ヘルピング・スキルを用いればクライエントを援助できると思えるようになったころのワクワクした気持ちが鮮明に蘇る。

Contents

第IV部 行動段階（アクション）

別表一覧

- A セッションレビュー票
- B 面接評定票
- C 逐語録の例
- D ヘルパーの意図リスト
- E ヘルピング・スキル・システム
- F ヘルピング・スキル・システムの研究使用に際して
- G クライエントの反応システム
- H クライエントの行動システム
- I セッションプロセス－結果尺度
- J 自己知覚－管理方略調査票（SAMS）
- K カウンセラー用自己効力感尺度
- L プロセス・ノート

■本文中で言及する上記の各別表は，金子書房ウェブサイト内『ヘルピング・スキル』の書籍ページ（https://www.kanekoshobo.co.jp/book/b184078.html）よりダウンロードして使用することができます。書影の下のダウンロード用バナーをクリックして，次のIDとパスワードをご入力ください。[ID：helping/ パスワード：760832590]

第 I 部

概　観

1章

ヘルピングを学ぶ前に

努力せず，リスクをいとわず，
苦難を経験せずに，
人生で達成できるものは何もない。
——エーリッヒ・フロム

アンジェリは，勉強もスポーツもできる学生だった。高校では級長も務め，アメリカ東部の一流大学に入学した。どこからみても，彼女は将来を約束され秀でた才能のある人物であった。しかしながら，大学入学後，アンジェリは，悲しみや無気力を示し始めた。家族や，教員，友人らが非常にがっかりしたことに，彼女は人とかかわることや，授業の勉強，陸上部の練習に興味がなくなった。アンジェリの競技コーチは，ヘルパーに会うように促した。ヘルパーは，彼女に感情(フィーリング)の探求をさせ，悲しみや無気力の背後にある事柄を理解できるよう援助した。アンジェリはヘルパーに支えられ，いやされ，意欲をかきたてられたのを感じた。ヘルピング関係によって，彼女は進学で家を離れたときに生じた不全感，寂しさ，および喪失の感情(フィーリング)を表明し，理解し，闘い，打ち克つことができた。

アンジェリの話を読み，彼女のヘルパーになるとはどういうことなのか考えながら，あなたは相反する考えと感情(フィーリング)を抱いていることだろう。友だちや家族の問題について傾聴したりアドバイスしたりしてきたのだから，あなたはアンジェリのような人を援助できるだろうと自信をもっているかもしれない。だが，どうやったら彼女に感情(フィーリング)を探求させ，理解を得させることができるかを知りたいとも思っているだろう。

もし，アンジェリのような誰かと作業するのに役立つスキルについてもっと知りたいのなら，あなたはしかるべき本を手にしている。この本の第一の目的は，ヘルピング・プロセスに取り組む際に使える理論的な枠組みを提供することである。第二の目的は，クライエントが自分自身を探求し，洞察を得て，生活に変化を起こせるよう，セッションでクライエントに用いる具体的なスキルをあなたに教えることである。第三の目的は，あなたにヘルパーとしての自分について考えることに取り組んでもらうことである。

この章ではヘルピング・プロセスの概観を紹介し，ヘルピングについて説明し，ヘルピングの促

訳者注）本書では，“feeling” を「感情(フィーリング)」として訳出するが，日本語の「感情」とはニュアンスが異なることに注意すべきである。“feeling” とは微妙な感覚も指す。

進的な側面と問題となる側面を見なおす。そして，どうして人には専門職のヘルパーが必要なのかについても語る。それは，必然的にヘルピングの有益性についての考察に通じるものである。次に，ヘルパーを目指すという考えについて，特に他人を援助する健康的な動機と不健康な動機を探求しながらふれる。最後に，この本の構成を説明し，最適な使い方について述べる。

ようこそ！　あなたがヘルピング・スキルを学ぶことを著者以上に楽しめるよう願っている。

ヘルピングとは何か

この本では，援助を提供する人を表すのに「ヘルパー」という用語を，支援を受ける人を指すのに「クライエント」という用語を用いる。「ヘルピング」は，ある人物が別の人物を援助して，感情（フィーリング）を探求し，洞察を得て，生活に変化を起こせるようにすることとして定義される。ヘルパーとクライエントはこれらの結果を達成するために，ヘルパーがそのプロセスをガイドし，クライエントが何を，いつ，どのように変化させたいかを決定するという形で一緒に作業する。ヘルピングは，クライエントが心の痛みから解放され，自分の人生の方向を見出だし，変化を促すフィードバックを受けるのにしばしば有効な手段となる。さらにヘルピングのプロセスにより，クライエントは健康的な対人関係を体験し，個人的な成長に向けて努力し，実存的な悩みを扱い，価値あるスキルを学ぶことができる。

ヘルピング・スキルは，コミュニケーションの言語的な形態と非言語的な形態の両方を含んでいる。これらの介入には，**かかわり**と**傾聴行動**，**閉じられた質問**と**開かれた質問**，**言い換え**，**感情（フィーリング）の反映**，**是認－保証**，**沈黙**，**挑戦**，**解釈**，**自己開示**，**即時性**，**情報**，および**直接ガイダンス**が含まれている。これらのスキルは，クライエントとのヘルピング関係を発展させたり，クライエントが生活を改善できるよう援助したりするのに効果的であることが研究者らによって示されてきてた。とはいえ，これらのスキルの育成に焦点を当てる前に，ヘルピング，カウンセリング，およびサイコセラピーの間の類似点と相違点を論じ，それからヘルピングのいくつかの促進的な側面と問題となる側面を説明する。

ヘルピングとカウンセリングとサイコセラピー

ヘルピングは広義で総称的な用語である。友人，医師，看護師，カウンセラー，サイコセラピスト，およびヒューマンサービス提供者といったさまざまな個人により提供される援助を含んでいる。自分をカウンセラーやセラピストだと思えるまでには，このヘルピング・スキルの講義で受ける以上の多くの訓練，実践，およびスーパービジョンが必要とされる。もちろん，ヘルパー初心者が，カウンセラーやセラピストを志望してもよい。

最後の注記は，カウンセリングとサイコセラピーとの間の相違に関連するものである。ときに，２つは処遇期間の長さによって区別され（カウンセリングはセラピーよりもセッション数が少ないことがある），あるいはクライエント（カウンセリングは適応の問題を抱えた比較的「健康な」個人に行われることが多いのに対して，セラピーはより重篤な精神疾患を抱える個人に行われる），援助者の資格（カウンセラーは修士もしくは博士の学位を有するかもしれないが，セラピストは博士レベルの実践家である傾向がある），セッションの際に提示される問題のタイプ（カウンセリングは発達や人生移行問題を扱うかもしれないが，一方セラピーはより重篤な心理的障害を扱うであろう）によって区別される。しかしながら，この本は，カウンセリングとサイコセラピーはとても類似しており，ヘルピング・スキルはカウンセリングとセラピー双方の基盤を形成し，そして，ほとんどの人にとって基礎的なヘルピング・スキルを学習することは有益であるという観点から書かれている。

ヘルピングの促進的な側面

ヘルピングが促進的になりうる状況はいくつもある。心の痛みを抱えた人にとって，効果的なヘルピングは支持と安心を与えてくれる。例えば，ジリアンとジェッセはカップルカウンセリングにやってきた。ジリアンが職場の同僚と性的関係をもっていたからである。ジリアンとジェッセは二人ともひどく傷つき，お互いに対して強い怒りを感じていた。数か月かけてコミュニケーション・スキルを学び，感情（フィーリング）の探求を行う援助を受け，浮気にまつわる原因を理解し，関係を改善するためにどのように作業すればよいのかを学ぶと，彼らの関係によい変化が生じ始めた。何回かのセッション後，ジリアンとジェッセは自分たちの感情（フィーリング）をより率直に伝達できるようになり，自分たちの関係における信頼感の喪失を悲しみ，強く結びついた愛情深いカップルとして二人の生活を再構築する方向へと動き出した。

ヘルピングは，個人が自分の人生の方向について意思決定するのにも役立つ。ときに，クライエントは将来の計画を決定するのに援助を求めることがある。最も有能なヘルパーは，その人の夢，価値観，能力に合致した目標を決定できるよう援助する能力をもっている。例えば，メイ・リンは，家族のもとから遠く離れるべきか，また同棲しているボーイフレンドとの関係を終わらせるべきか気持ちが定まらず，カウンセリングを受けにきた。彼女は現在の状況を説明し，自分にとってどうするのが最もよいのか教えてくれとヘルパーに伝えた。ヘルパーがその質問に答えてくれないことについての怒りやフラストレーションを扱った後，メイ・リンは自分が人生の進むべき方向に対して責任を取ろうとしないこと，やっかいな問題を扱う気がないことについて探求することができた。彼女は行動を起こすこと，誤った決断をしてしまうことへの恐怖についてじっくり考え，このことを，子どもの頃に母親が暴力を受けているのを見て感じた無力感と結びつけた。思考，感情（フィーリング），行動について探求を続けることで，彼女は（ヘルパーの支持と励ましを得ながら）小さな決断をしてみようという気になった。まもなく，メイ・リンはより困難な決断（例：ボーイフレンドとの関係を終わらせること，自立の道を探り自己理解を深めるために故郷を遠く離れて一人暮らしをすること）へと進むことができた。

もう１つのヘルピングの促進的な側面は，クライエントが他人からどう見えるかというフィードバックや，他人が伝えづらい情報をヘルパーが与えることである。例えば，対人関係を維持するのが難しいクライエントは，セッション中，自分が依存的で他人に頼りきっているように見えていることを（ヘルパーから）聞くことができるだろうし，そうした行動が他の対人関係でも見られることなのかどうか確かめたいと思うかもしれない。ヘルパーは温かみのある態度で自分の意見を伝えるべきだが，正直なフィードバックは個人に変化を動機づけるうえできわめて有益となりうる。

ヘルピングによって，クライエントは他人との健康で傷つくことのない関係を体験することもできる。ときにヘルピング・プロセスは，ヘルパーとの思いやりに満ちた関係により，人生の初期に重要な他者との間に経験した，つらく不健康な相互作用がいくらか解消されるという意味で，再養育（reparenting）といわれることもある。例えば，コンジャは気分がさえず人生の進むべき方向を見失ったためにヘルピングにやってきた。彼女は自分が母親に望まれて生まれた子ではなかったと信じており，お互いに強く結びつき愛し合っている母娘を見て泣きだした。コンジャは対人関係において，自分が無視され，ひとりぼっちで，ほったらかしにされ，値踏みされていると思い続けてきた。ヘルピング・プロセスの間，コンジャはヘルパーに無条件に受容され，積極的に傾聴され，および心から気遣ってもらった。ヘルパーとの支持的な関係が育まれていくことで，コンジャは過去の傷をいやし，気分を紛らわせるために飲んでいたアルコールの量を減らし，自分が要求を満たされるのに値する人間だと思えるような健康な対人関係を築くことができたのだった。

さらに，クライエントは人生をより有益に生き，自分の潜在性を伸ばすのに必要なスキルを学習できる。これらのスキルには，どのように他者とコミュニケーションをとるかを学習すること，葛藤を解決する方法を練習すること，主張的になること，意思決定方略を確認すること，不健康な習慣を改めること（例：ほとんど運動しないこと，不特定多数との無防備なセックス）が含まれるだろう。これらのスキルにより，クライエントは気持ちをダイレクトに伝えられないときに感じる無力感が軽減され，自分の人生によりしっかりと向き合えるようになることも多い。

また，ヘルピングは個人が実存的な悩みに取り組む際にも役立つ（すなわち，私とはなんだろう，私はどこに行こうとしているのか，および私は自分の人生で何をしたいのか）。ソクラテスが言ったように，「吟味されていない人生は生きるに値しない」。こうした問いが発せられ，それについて熟考し，答えを出そうとするときに，ヘルピングは人生に前向きに臨むよう働きかけてくれる。マックスは，単位を落とし，友だちがおらず，漠然とした悲しみを感じていたことから，ヘルピングに紹介された。何回かのセッション後，マックスは自分の人生をどのように生きていけばよいのか，自分の中でたびたび直面する恐れ，および自分と他者との関係の特徴といったことについての重大な疑問を扱い始めた。ヘルピングによって，マックスは自分自身を見つめ，何が重要と感じているかを知り，そして自分の不健康な行動をどのように変化させるかについての意思決定をする機会を得たのだった。

最後に，効果的なヘルピングはクライエントに自分自身の役割を教えてくれる。子どもたちが成長し自分たちの両親から離れていくのと同じように，クライエントもヘルパーのもとから離れていく必要がある。おそらく，誰かに，スケートの滑り方を教えようとしたことがある人もいるだろう。初めて滑ろうとするときには，あなたは相手を支えてやり，相手はしがみついているが，しばらくすると自分で滑り始める。自分で滑れるようになることは，スケート初心者だけでなく教える側にとってもかいのあることである。ヘルピングでも同じことがいえる。初めに支持を与えることとスキルを教えることは，相手がそのメッセージを自分のものとして，自分自身で飛び立つときに最も効果がある。

ヘルピングの問題となる側面

ヘルピングは通常有益なものだが，いくつかの問題をはらむ側面がある。ときにヘルピングは人を安心させることで不適応的な状況や関係にとどまらせてしまう場合がある。例えば，被虐待女性の避難所（シェルター）は，虐待された女性やその子どもに必要な安全や安心を提供する。しかしながら，避難所のワーカーたちはときおり自分たちが援助を提供することで女性を虐待状況へ戻らせてしまっている状況を目にしてきた。このことについて，ある避難所のワーカーたちは自分自身で問題と向き合い，この行動を避難所に居住する女性たちと話し合うと，中には虐待中は避難所を求めるが仲むつまじくなると家に戻るという自分のパターンを確認できた女性もいたという。この洞察がなければ，ヘルピングは彼女たちを致命的になりかねないサイクルにとどまらせることになっただろう。

そのほかに起こりやすい問題として，クライエントがヘルパーの支持をあてにしすぎたり，ヘルパーの助けなしでは感情（フィーリング）を探求したり生活に変化を起こすことはできないと感じる場合，ヘルピングは依存性を作り出しかねないということである。例えば，キャサリーンは，ヘルパーが休暇を取りコンサルテーションを受けられないという理由で，ケープコッドの実家で1週間過ごそうという，新しい彼からの突然の誘いを断りかねない。ヘルパーはクライエントの問題への「解答」を提供することで（例：もし，ヘルパーがキャサリーンにケープコッドへ行かないように言う場合），ときに依存性を増長させてしまうことがある。有能なヘルパーは，解答を提供することがつねに他人を援助することにはならず，むしろ，ほとんどのクライエントは新しい洞察をみつけるプロセスに積極的に参加し，自分にとって最適だと感じる行動（アクション）を見出だしたがっていることを理解している。クライエントだけが完全にその状況を把握し，それにまつわる感情（フィーリング）を体験し，現在の問題への最もよい解答をもっているからこそ，この方略はうまくいくのである。また，他人にアドバイスすることは，提案した解決策が彼らのニーズに合致しない場合，問題を生じることがある。家族メンバーや友人に困難な状況を切り抜ける方法について助言したけれども，自分のアドバイスは彼らが本当に聞きたいことではないとわかっただけということを，私たちの多くが経験している。例えば，あるヘルパーは，親密な友人に，別れたボーイフレンドは彼女にふさわしくないから距離をおくようにと言った。彼らがよりを戻した後，友人はヘルパーが恋人を非難したことに憤慨した。挑戦することになっても，クライエントが自分で決断できるようにすることは非常に重要である。また，ときにヘルパーの個人的な問題によって，援助する相手の依存性を増長させるリスクが高まることがある。寂しくて孤独なヘルパーにとって，そのクライエントの依存性は他のどこでも得られないような個人的なニーズを満たすかもしれない。ソーシャルサポートネットワークや個人的な対人関係を発展させてこなかったヘルパーは，クライエントを極度に自分に依存するようにしてしまうリスクが特に大きい。

問題となるもう1つ別の側面は，ヘルパーが個人的な価値観や社会的価値観を自分のクライエントに押し付けようとするときに出現する（McWhirter, 1994）。例えば，あるヘルピングの専門家はレスビアン，ゲイ，バイセクシャルである人の性的な志向性を変えようと試みてきた（Haldeman, 2002）。別のヘルパーは，家族における問題は子どもたちが強い信仰基盤をもっていないために生じると信じていたので，特定の宗教を信奉しながら子育てを行うよう親たちにアドバイスした。ヘルパーになるための課題の1つに，個人的な価値観がクライエントとの作業にどのように影響するかを認識することがある。まぎれもなく，個人の価値観はヘルピング・プロセスに影響する。ゆえに，有能なヘルパーになるには，自分自身や自分の価値観についてもっとよく理解し，ヘルピング・プロセスにネガティブに影響しないようにすることが求められる。例えば，フェミニストの女性ヘルパーと作業する年配の男性のクライエントが，女性は家庭の外で働くべきではない，なぜなら養うべき家庭がある有能な男性から職を奪うことになるからだと述べた。この場合，ヘルパーの価値観とクライエントの価値観は異なる。だが，クライエントの信念システムに異議を唱えることは，治療関係を発展させる効果的な手段とは思えない。幸運にも，そのヘルパーはクライエントの価値観と自分の価値観を分離することができ，背後に隠れたメッセージとして，失業に対するクライエント自身の不安を反映できた。

援助を求めるとき

人が援助を求めるには，2つの要因が必要だと思われる(Gross & McMullen, 1983)。第一に彼らは痛みを感じている，すなわち困難な状況に直面していることに気づき，自分の感情や状況に問題があると認識し，援助を受ければ自分の苦悩が軽減されると信じていること。第二に，その痛みが援助を求めるために想定される障壁よりも大きいこと。障壁にはときに援助を得るのに必要な時間やお金といった実際的な問題も含まれる。しかし，多くの場合，障害物は情緒的なものであり，問題を深く探求することの不安やセラピーを求める人に対して他者がどう思うかという心配なども含まれる。

例えば，コンチータは度重なるストレスに見舞われ，初回ヘルピング・セッションにやってきた。母親が3年前に自殺し，妹はうつと診断され，彼女はすべての授業の単位を落とし（以前はAばかりをとっていた），初めて真剣につきあっていたボーイフレンドにふられたうえ，彼女は妊娠していた。しばらくは，自分がヘルパーに会う必要があることを人に知られたらどう思われるかと不安だったので，自分の問題は自分で何とかすべきだと感じていた。さらに，彼女はお金に困っており，ヘルピングにお金を払うのには気が進まなかった。しかしながら，コンチータはもはや自分だけでその問題に対応できないと感じ始めていた。彼女の兄がヘルパーのもとに通い，前よりも気分が楽になったことがあったため，ヘルパーを訪ねることは自分にも効果があるかもしれないと考えた。このように，コンチータは想定される利点（例：情緒的なサポートと対処への援助）が，ヘルピングにまつわる代償（例：経済的な負担や恥ずかしい思い）に勝ると信じたので，援助を求めた。

しかしながら，専門家の援助を求めることをためらう人は多い(Gross & McMullen, 1983)。助けを求めることにきまりわるさや恥ずかしさを感じたり，援助を求めることは情緒的な弱さや不十分なところがあると信じているのである(Shapiro, 1984)。多くのアメリカ人は，例えば，個人は自分の力のみを頼りにし，すべての問題は自分で解決すべきであると信じている。こうした信念があるとすれば，最初に友人や家族メンバーに援助を求め，最後にやっと専門家に援助を求める(Tinsley, de St. Aubin, & Brown, 1982; Webster & Fretz, 1978)ということを研究者が見出だしたのも驚くべきことではないだろう。

ある人々は，他人と話すことに不安をおぼえる。なぜなら彼らは，自分の状況をおそらく誰も理解できないと感じているのである（例：トーマスは，カルト宗教集団で育った自分の経験を誰も理解できないだろうと考えた）。別の人々は，自分の思考，感情（フィーリング），行動（アクション）に関する処罰的な反応や価値判断を恐れる（例：カンダスは，彼女が２度の中絶をしていることを非難されるのではと感じた）。さらに，「精神的な病気」とレッテルを貼られるのに不安をおぼえる人もいるかもしれない。したがって，このレッテルに結びついた多くのネガティブでステレオタイプな考え方やスティグマ（烙印）に影響を受けるかもしれない(Sue, Sue, & Sue, 1994)。あるクライエントはセラピーへの支払いを保険会社に頼っているので，セラピーを求めるのをためらうかもしれない。彼らはセラピーを受けることがもたらすスティグマが，将来，保険金を得ることや雇用へのネガティブな成り行きにつながることを恐れているのかもしれない。

明らかに，多くの人が専門家の援助を求める際に苦痛を経験する。ひどい苦しみを経験し，援助が必要だと認めた人々は，必要な援助を得るために大きな前進を成し遂げてきた。友人や家族の支持により，これらの人々は熟練したヘルパーに会う必要があると考えるようになる(Gourash, 1978)。例えば，ジョーは，妻が40歳で死んでから，援助を求めるのがおっくうであった。彼の友人と子どもは，配偶者を失った成人のためのサポートグループに参加するように促した。最初は気が進まなかったが，ジョーは自分の喪失について大変気に病み，自分の娘が一緒に行ってくれるという条件でグループセッションに参加することに同意した。家族と友人の提供する支持が，ジョーに必要な援助を受けることを可能にさせたのである。

ヘルパーは，専門家の援助を求めることに対する私たちの社会のネガティブな姿勢を変化させるように働きかける必要がある。私たちヘルパーは，まず自分自身が援助を求め，必要な場合には援助を求めることを他者に働きかけていきたい。私たちは精神保健の付加給付制度のための法律の制定に着手し支持するよう働きかけたい。最後に，私たちはメディアを通して精神保健処遇についての情報を広めることで，社会を教育するよう努めたい。

ヘルピングは効果があるか

この節では，サイコセラピーの効果性についての研究に焦点を当てる。1952年に，アイゼンク（Eysenk, H. J.）は「サイコセラピーは効果があるのか」という疑問に答えようとして，セラピー介入の結果を調べた24研究の結論をまとめた。この初期の研究の編纂ではサイコセラピーの効果性に疑問を投げかけたにもかかわらず，より洗練された研究デザインで取り組んできたその後の研究者は，カウンセリングとセラピーは有益である点と，たいていのクライエントは，必要でありながら治療的な介入を受けなかった人よりもセラピーの終結時までに大きな割合で改善していた点について，揺らぎようのない結論を出している(Smith, Glass, & Miller, 1980)。とりわけスミスらは，セラピーを受けた通常のクライエントの80%は介入を受けなかった人よりも心理的に健康であったことを見出だした。

アイゼンクの研究とそれに続く研究者の調査との間でなぜ相違があるのだろうか。評者たちがアイゼンクの研究を批判してきたのは，その研究が誤った研究方法に基づいていたからである。具体的には，アイゼンクは処遇群の改善を判断するためにより厳しい規準を適用し，統制群と処遇群の結果の評価に異なった規準を用いていた。例えば，その研究の開始時に，処遇群のクライエントは統制群よりも重篤な精神障害をもっていた。統制群は研究の開始時にすらほとんど問題をもっていなかったので，研究の終了時に最も健康な個人は最も高い機能レベルを示すことが予想されるだろう。さらに，統制群は，しばしば友人，家族メンバー，聖職者，および医療職員から援助を受けているので，実際のところ，処遇を受けていたのである。

サイコセラピーは概してに確かに有益である（Wampold, 2001 参照）と結論づけてしまうと，研究者たちは種類の異なるセラピーの効果性の比較について答えを求め始めた。これまで，数百の研究が種類の異なるセラピーを比較して行われてきた（例：クライエント中心療法，精神力動療法，認知行動療法，体験過程療法）。ワンポルドら（Wampold et al., 1997）は，サイコセラピーの結果研究のメタ分析を実施し，ある種類のセラピーが別のものより効果があるということはまったくないと結論した。この領域の研究知見は，『不思議の国のアリス』出典のドゥードゥー鳥の裁定「みんなが勝った，全員がご褒美を貰わねばならない」（Carroll, 1865/1962, p.412）を使ってユーモアを交えてまとめられてきた。

別の興味深い研究の流れは，心理的な苦痛を軽減し，正常な心理的機能にクライエントを戻すのにどのくらいのセッション数が必要かを検証してきた（例：Grissom, Lyons, & Lutz, 2002; Howard, Lueger, Maling, & Martinovich, 1993; Kopta, Howard, Lowry, & Beutler, 1994）。膨大な数の研究のレビューで，これらの研究者たちはサイコセラピーにおける回復過程の３つの連続的発達段階を提起した。第一の再教化（remoralization）の段階においては，クライエントは感情（フィーリング）の改善を自覚するという急速な変化を生じる。第二段階はゆったりと進み，うつや不安といった症状の改善（remediation）がある。第三段階は最も進みが遅く，家族や仕事といった領域での生活機能を阻害しているやっかいな，不適応行動のリハビリがある。苦痛がごくわずかなクライエントはかなり早く改善し，一方，性格面に慢性的な問題をもつクライエント（すなわち，先天性，重篤性，進行性，および難治性障害）は正常な機能へと回復させるのにより膨大な数のセッションを必要とする。

まとめると，セラピーは情緒的な苦痛と対人関係の問題に対処するのを援助する効果的な手段であることが示されてきている（Strupp, 1996）。さらに，研究者はセラピーにおけるポジティブな結果に関連する無数の要因を特定してきたし，クライエントの変化に関連した要因を研究するのは難しいことを記述してきた（Hill & Lambert, 2003）。けれども，サイコセラピーについてより多く理解するためには，明らかにさらなる研究が必要である。

ヘルパーになるために

ヘルピングは他者を援助する生得的な欲求をもっている多くの人にとって，自然な傾向であるように思われる。私たちの多くは，ヘルピングへの自然な傾向が，自分の人格として統合されたものになるまで，ヘルピング・スキルを学習し練習することによって補強していかなければならない。ヘルピング・スキルを統合しているヘルパーは，一般にいくつかの特徴をもつ傾向がある。彼らは注意深く共感的に傾聴し，判断せず，思考と感情（フィーリング）の探求を促し，他者が問題についての新しい視点を得られるよう援助をし，そして生活を改善する行動（アクション）をとるよう動機づける。さらに，有能なヘルパーは明らかに明確な理論的な基盤に基づいて作業し，つねにヘルピング介入に関連した最新の研究知見に精通している。

ヘルピング・スキルを学習し，その新しい行動を練習することを動機づけられているなら，（たとえ，その行動が最初は気まずく不自然と感じたとしても）多くの人は有能なヘルパーになることができる。多くの有能なヘルパーは，他人を援助した最初の試みについて物語（history）を有している。例えば，ある女性がヘルピング行動の学習をはじめて開始したとき，彼女の父親は心臓外科手術を受けていた。彼女は毎日父親に話し，どんな感情（フィーリング）が湧いているかを尋ねた。数週間後，父親はどんな感情（フィーリング）が湧いているか本当に知りたいのかと彼女に尋ねた。「ついに父は心の奥底の気持ちを私と共有する気になったのだ！」と彼女は思った。父親は，彼女がヘルピング・スキルを勉強し始めてからもっと彼女のことが好きになったと話した。ヘルピング・スキルを学習しはじめると，あなたの友人と家族の多くが，同様の反応をすることだろう。最初はがっかりすることがあるかもしれないが，最も有能なヘルパーでさえ，クライエントとの相互作用にそれらのスキルをしっくりと統合できるようになるまでには何年間も練習していることがよい参考になるだろう。実際のところ，ヘルパーになるプロセスで，多くのヘルパーが自分のヘルピング・スキルや自信は高められるどころか低下する一方のように感じている。これは，ヘルパー初心者が，統合されしっくりとくるやり方でヘルピング・スキルを使うことがどんなに難しいかをしばしば思い知らされるためだろう。ヘルパーになるプロセスを始めるにあたり，まず他人を援助したいという気持ちが何に動機づけられているのか理解するとよいかもしれない。

健康的な動機づけ

多くの人は健康的な理由から他人を援助したいと考える。愛他心があり，人の生活を変化させたいという人もいるだろう。例えば，あるヘルパーは，ホームレスの女性の避難所でボランティアをして，介護施設にこもりきりの老年患者の話し相手になることによって，困っている人たちへのサポートを提供したいかもしれない。このような場面でヘルピング・スキルを用いたいという人たちは，クライエントが感じていることを傾聴し，いたわり，理解するような支持的な関係を他者に提供する。あるヘルパーは，勇気づける関係を発展させるヘルピング・スキルの基盤を用いて，若い生徒を励ましたり指導したりして子どもたちの生活に変化を起こすことも選ぶ。他の者は，困った状況にいる人が痛みの少ない人生を送れるように望む。例えば，ヘルパーは，自分がゲイやレスビアンかもしれないと思って家族や友人からの非難を恐れる10代の若者を援助することで重要な役割を果たしうる。

自分には他人の話を傾聴したり支持したりするための特別な才能があると思っている人もいるかもしれない。おそらく，あなたは友人や家族が傷ついたり気を病んだときに相談される人物である。あるいは役割モデル（例：親，叔母や叔父，いとこ）から自分の生活を捧げて他人に尽してきた人もいるかもしれない。ヘルピングを自分の文化的な価値観と一致するものとみなし，そのため他人を援助することができる職業を求める人もいる。

さらに，中にはつらいできごとで苦労したときに，セラピーが助けになることを経験したので，ヘルパーになりたいと志望する人もいる。例えば，ケンドラは12歳のときに母親を亡くし，5人のきょうだいに対し母親としての役割を負わねばならなかった。彼女は自分の喪失経験と新しい責任に対処する援助としてセラピーを受けた。ケンドラは現在，人生で喪失を経験してきた子どもたちの援助をしたいと考えている。他にも，レイプ被害者が支持的なカウンセリングを受けてレイプにまつわる悩みごとを解決できた後，危機カウンセラーになるという例がある。

多くの人にとって，ヘルピング環境は自分の潜在性の実現に向けて努力をしている人と作業させてくれるので，魅力的である。グループ実践場面で作業しているヘルパーは，個人的成長と他人を援助することに価値を置いている，頭の回る有能な同僚と交流する機会をもつかもしれない。多くのヘルパーが自分自身の問題を積極的に検証し，ヘルピングの役割において確実に成功を収め続けるように自己改善するため，同僚からサポートを受ける。さらに，ヘルパーはクライエント自身の生活での変化プロセスに貢献することによって刺激を受け，個人的な成長に向けたクライエントの勤勉さや努力によって力づけられる。

最後に，社会変革のために働くのにヘルピングの現場に入る人もいるかもしれない。ヘルピングは個人の生活を変えたり，ときには社会政策に影響を与えるまたとない機会を提供する。不安定な生活環境にいる青年と作業するヘルパーは，青年にスキルと希望を提供し，障壁を克服し高校や大学を卒業するように勇気づけるだろう。他にも，差別（例：セクシャルハラスメント）と戦い，社会サービス（例：子育て）の予算化を促す政策のために法案を書いたり証言したりするヘルパーもいるだろう。ヘルピング介入の評価をするためにヘルパーが実施する研究（例：刑法裁判にかかわっている被虐待女性のための有能なヘルパーを目指す，学部学生のための訓練の効果性に関する研究）が社会変革への貢献につながることもある。

不健康な動機づけ

残念ながら，ときにはあまり健康的でない理由から人と作業することを動機づけられるヘルパーもいる（Bugental, 1965）。ほとんどの場合，これらの理由は自覚されていないが，その人物に影響を及ぼしている。

ある人たちは，あまり幸福ではない人に対して，ときに自分自身を救い主，あるいは知識やアドバイスを提供する賢い人間のように思うことがある。これらの人たちは，使命として援助職に就きたいのである。しかしながら，そのような動機は危険となりうる。ヘルパーが，自分自身の自尊感情を高めるためにクライエントを変化させたい場合，そのヘルパーはクライエントが自分自身の選択を行うことを許さない。

さらに，ある人は自分自身が愛情に飢えているので他人を助けたいかもしれないし，関係性を発展させる方法としてヘルピングを見ているかもしれない。これらの人は他人と親密な関係を築くことに問題を抱えているかもしれず，そのために他人と親密になる安全な方法を求めるのかもしれない。

あるいは，あまり幸福でない人たちと自分自身を比較することによって自分の境遇をよりよく感じる方法としてヘルピングを利用する人もいるだろう。人によっては，他人にヘルピングを行うことで，ヘルピングを受けている相手への優越感が感じられる場合もある。

最後に，私たちのほとんどが，どれだけ多くの心理学部の学生が自分自身を理解するためにこの学部にやってくるかという冗談をよく耳にする。実際のところ，多くの人は未解決の個人的問題を切り抜けるためや，過去に変化させることができないと思った状況（例：幸福でない幼少期）を変化させるためにヘルピングの現場に入るように思われる。

私たちのほとんどが，おそらく健康的な理由と不健康な理由の両方をもって他者の援助を志望する。大事なことは，自分の動機を理解することであり，ヘルピング・プロセスの間もその動機をモニターすることである。ヘルパーは自分自身について，およびヘルパーになるための動機についてより深く知り，個人的な問題を解決するため，セラピーを受けることをすすめる。ヘルピング・スキルを学習しているとき，その後で実践しているとき，ヘルパーは自分の利用可能な形態のスーパービジョンも受けるべきである。自分自身について，また自分の個人的な問題についてヘルパーが自覚していればいるほど，ヘルピング・プロセスを妨げる無意識的な影響の余地が少なくなると私は信じている。

この本の構成

第Ⅰ部の残りの章は，ヘルピングの3段階アプローチ，このヘルピング・モデルの理論的根拠，倫理についての概観を記述する。

第Ⅱ部，第Ⅲ部，および第Ⅳ部は，クライエントが探求段階，洞察段階，および行動（アクション）段階へと進むのを援助するのに必要なスキルを詳しく述べる。それぞれのセクションにおいて，概観する章を設け，理論的基盤とその段階の目標（ゴール）を明らかにし，その章の終わりにその段階についてヘルパーに考えてもらうための検討点を付した。概観の章の後には，スキルについての章があり，それぞれのスキルの定義と理論的根拠，スキルと関連したヘルパーの意図とクライエントの反応について書いてある。そのスキルを学習，利用するときに遭遇するかもしれない問題にどう注意するかとともに，クライエントへのスキルの効果をどのように判断するかをヘルパーは知ることができる。そのスキルがどのように効果的に使われるのかの事例も提供されており，それぞれのスキルの章はそのスキルを実行するための有益なヒントで締めくくられている。検討点に答えたり，そのスキルを学習し実行するのに役立つように系統立てられた実践演習やグループ実習体験に参加したりして，読者は積極的に取り組んでもらいたい。それぞれの段階の終わりに，その段階で教えたスキルの統合を扱う章が設けられている。この本では，ヘルパーが直面する共通の問題について述べるとともに，これらの問題をどうしたらヘルパーがうまく扱えるかについてのアイディアも提供する。また，「長めのやりとりの例」がその段階で使われるスキルを例示するために掲載されている。

最後に，最終章はヘルピング・セッションを管理することに関連した技法を概観し，3段階におけるヘルピング・スキルを統合することにかかわる問題を扱っている。どのようにそれぞれのスキルをヘルピング・セッションで組み合わせるかの例と，あなたが有能なヘルパーになるための行程についてのまとめでこの本は終えられる。

たくさんの例がこの本全体で扱われていることを心にとどめておいてほしい。これらの例の中には現実の人の話に基づくものもあれば，ある点を強調するために考えられた架空のものもある。例が実際の状況に基づいている場合，人物の名前は関係者の特定を防ぐために変えられている。

この本の体験的な内容

ヘルピング・スキルについて読むことは重要であるが，読むだけでは有能なヘルパーにはなれない。ヘルピングについての広範な知識を獲得することは重要だが，他者を援助するための行程の第一歩にすぎない。スキルを身につけるのに一番よい方法は，まずテキストを読んで学習し，その次に学んだ内容に関する質問に答え，ヘルピングの実践演習とグループ実習体験に参加することによって，あなたが学習したことを活用することである。以下のセクションでは，あなたがヘルパーとして最大限に成長するためのこの本の使い方について説明する。なお，この本の実習等で用いる別表は，金子書房のホームページ（http://www.kanekoshobo.co.jp/np/isbn/9784760832590/）からダウンロードできる（アクセス用のIDとパスワードはp.xivの「別表一覧」下部参照）。

実践演習

それぞれのスキルの章の最後に，グループ実習場面でのスキルの実践に先立って，架空のクライエントの状況について考え，応答を練る機会を読者に提供する実践演習が設けられている。それぞれのクライエントの状況に対するあなたの介入を書きとめ，それからあなたの答えを私が提案する解答例と比較して練習してみてほしい。

考えてみよう

実践演習に加え，テキストに書かれていることについて考えてもらうために，それぞれの章の終わりにいくつかの質問が用意されている。それぞれの質問に答え，学習者仲間とあなたの答えを話し合うことをお勧めする。指導者は，これらの質問を宿題にしたり試験に出したりしてもよいだろう。

グループ実習体験

この本全体を通して，ヘルパー初心者に２人組か小グループでヘルピング・スキルを実践する機会としてグループ実習を提供している。これらの体験は有能なヘルパーになるための学習の重大な要素である。実習は単にスキルを理解するだけにとどまらず，スキルをヘルパーとしてのレパートリーに統合できるようになるために必要である。グループ実習の間，ヘルパーは実際の問題やロールプレイされた問題を訴えるクライエントとして振る舞う仲間と，スキルを練習するように求められる。観察者はヘルパーにフィードバックできるように，注意深くメモを取り，ヘルパーの特定のスキルを提供する能力に関心を向ける。このように，誰もがそれぞれのスキルについてヘルパー，クライエント，および観察者の役割を経験する機会をもつ。それぞれのグループ実習の終わりに，熟達したヘルパーになるための重要な質問についてじっくり考える「個人的な振り返り」セクションを実施することが読者に求められる。

私が自分のヘルピング・スキル授業を組み立てる方法は，1週間に1コマをそれぞれのスキルと関連した理論と研究についての講義と話し合いに割り当てることである。2コマめは，小グループでの練習に費やす。ヘルピング・スキル講義を好成績で終えた学生はグループ実習を手伝うためにグループ実習リーダーとして働き，ヘルパー初心者へのフィードバックを与える。

グループ実習体験の成功は，参加者の個人的な話題（トピック）について情報を快く打ち明けてくれることにかかっている部分がある。参加者が作り上げた問題よりも個人的な話題について話し合うほうが望ましい2つの理由がある。第一に，学習者が心から応答していないときには，ヘルパーは何が効果的であるかを学習するのが難しいことである。第二に，もし現実の問題を話し合っていないと，学習者は何が役立ち，介入をどのように感じたかについてヘルパーに有益なフィードバックを与えられないことが多い。ロールプレイを行うとき，学習者はその場で体験していることに没頭するのではなく，自分が演じている人間がどう感じ，どう振る舞うかと考えることに気をとられがちである。

しかしながら，クライエント役をする際，学習者はやさしい安全な話題についてだけ開示するべきである。学習者は深刻な話題については決して開示すべきではない。たとえそれらが心地よい開示であってもである。なぜなら，学習者仲間は彼らを気持ちよく援助しづらいだろうし，ヘルピング・スキルを学習することからそのクライエントを援助しようとすることへと，ヘルパーの焦点を大きくずらしてしまうからである。

同時に，学習者は安全と考えている事柄について話し始めても，話題が掘り下げられるにつれて，あるいはそのヘルパーに心を開いていないために，だんだん落ち着かない気分になるかもしれない。学習者はつねに特定の事柄についてこれ以上深く探求したくないと（危険や偏見なしに）表明する権利があることを強調したい。

もし，学習者が個人的な情報を開示したくないなら，彼らがリアルに演じることができる問題をロールプレイしてもよい。そのような場合，その問題がロールプレイされたものか現実かどうかを明らかにすべきではない。そうすれば，その人が実際に開示しているのかその問題がロールプレイされたものなのかどうか誰にも知られることなく，秘密性が保たれる。

表1-1は，私たちの講義で学習者が話し合ってきた話題である。再び言うが，学習者は安全な話題だけを発表すべきである。ある話題は多くの人には「安全」であるかもしれないが，ある学習者には不愉快になるかもしれないと指摘したが，そこでそれぞれ自分がどんなことを話し合いたいかについて考えなければならない。訓練中，学習者は，グループ実習で話題を求められた場合，このリストを参照するとよい。

練習セッションはいくらか人為的に思えるかもしれないが，話された情報は個人的なものであり，守秘義務を守って扱わねばならない。ヘルパーはクライエントの許可なしに，練習セッションで話された情報を他の人に話すべきでない。特に，ヘルパーはヘルピング・セッションで出された内容については，スーパーバイザーと学習者仲間とだけ，そして自分のヘルピング・スキルを発展させることにつながる場合だけ話し合うべきである。クライエントは敬意をもって接せられれば，個人的な情報を打ち明け，思考と感情（フィーリング）を深く探求しようとするだろう。話された情報の秘密を守ることは，他者との敬意ある相互作用の基盤となる（詳しい考察は4章を参照）。

表 1-1　グループ実習において話すのに適切な話題

理想的な話題
学業問題（例：勉強，テスト不安）
職業（将来の計画）
専攻科目や大学院の選択
ペット
仕事上の問題
人前で話す不安
ルームメートの問題
恋人とのこと
科学技術について感じること
幸せな子ども時代の記憶
趣味や課外活動
健康上の問題
比較的安全な話題
ささいな家族問題
自律性と独立の葛藤
ささいな対人関係の事柄
高校時代の経験
アルコールや薬物についての個人的見解
実存的な関心（例：私は誰か，人生にはどんな意味があるか，死については）
金銭上の困難
身体的な外見上の問題
道徳的なジレンマ
開示しすぎる可能性のある話題
アルコール乱用
気が狂うのではないかという恐怖
トラウマ（例：性的・身体的虐待，レイプ，犯罪の被害，児童虐待，重大な医学的な状態）
恋人との関係の重大な問題
恥ずかしすぎる感情
重大な家族問題

グループ実習体験で焦点が当てられるのは，ヘルパーについてとヘルピング・スキルを教えることについてである。しかしながら，学習者がクライエントの役割で参加すると，自分たちの関心事について話すのは有益であったとか，クライエント役を体験することで，さまざまなヘルピング・スキルを受けるとどう感じるのか直接体験できたと報告することが多い。さらに，クライエントになるとはどういうことなのかを体験した後，自分のクライエントへの共感性が高まる学習者も多い。カウンセリングの参加者となることで，学習者にヘルピングの「相手の側」を体験させ，ヘルパーと自分の関心事を話すときにクライエントが示す勇気に敬意をもつようになる。さらに，自分のカウンセラーがヘルピング・スキルを提供するのを観察することは，有効な（および無効な）ヘルピング・テクニックについて教えてくれると，ヘルパー初心者はしばしば報告する。

このセクションで論じるべき最後の論点は，友人や知り合いである学習者仲間とヘルピング・スキルを練習すると問題が生じうるという認識のことである。友人とのヘルピング・セッション中，ヘルパーは彼らについて何にも知らないように振る舞い，クライエントが実際にヘルピング・セッション中に明かしたことだけに応答してほしい。関連した情報を無視することは努力を要することだが，私の授業の学生は，もし練習ヘルピング・セッションで提供される情報だけを考えるなら，グループ実習はより簡単に達成できることを見出だしている。例えば，ナンシーは友人のカトリーナとヘルピング・スキルの練習をしていた。カトリーナはパートナーが２週間電話をくれていないことを嘆いていた。ナンシーはカトリーナのパートナーが電話をしなかった理由（カトリーナはその前の週にほかの誰かとデートしていた）を知っていたけれども，カトリーナがパートナーと連絡できていないことについてカトリーナが表出した感情（フィーリング）にだけ焦点を当てた。

仲間にフィードバックを提供すること

フィードバックを提供することは，訓練の必須事項である。ヘルパーは自分が何をうまくでき，どんなスキルがそのクライエントに最も有益かを学習する必要がある。同様に，どんなスキルが有益でないかを知ることも，ヘルパーとして成長するためには重要である。

ヘルピング・スキルを学習することは難しくやりがいのあることなので，ヘルパーはポジティブなフィードバックに感謝し，そしてフィードバックが正しければ励ましに感謝する。しかしながら，ヘルパーは自分のヘルピング・スキルを変えたり向上させるようなフィードバックも必要としている。ヘルパーとして素晴らしい仕事をしていると人から言われるのは気持ちがいいが，私たちは自分の間違えを指摘してくれ，どのように自分のスキルを向上させたらよいかについての具体的な忠告を提供してくれる人を必要としている。学習者は，一貫してポジティブなフィードバックだけを受けてもしばしばだまされていると感じるが，批判的なコメントだけ受けても傷つく感じがするだろう。

クレイボーンら（Claiborn, Goodyear, & Horner, 2002）は，最初にポジティブなフィードバックを提供し，建設的なフィードバックを少しだけ提供することを推奨した（例：「あなたは**かかわり**と**傾聴**スキルを上手に使っていたね。だけど，**質問**が多すぎて，何から答えたらいいかクライエントにはわかりにくくなっているね」）。あるグループ実習体験の中で何か1つの変化に焦点を当てると，あまり威圧的にならず実行しやすくなる。フィードバックは，ヘルパーにどう変化すればよいかの具体的なアイディアを与えるために，あいまいで漠然とした表現（例：「あなたはクライエントと気持ちが通じていなかった」）よりもむしろ，行動に関する表現（例：「あなたはたくさんよそ見をして，髪をいじっていたね」）で述べられるべきである。

最も有益なフィードバックを与えてくれるのは，直接ヘルパーの介入を体験したクライエントである。次に有益なフィードバックを与えてくれるのは，練習セッションを注意深く見ており，もし自分がクライエントだったらその介入をどう感じるかをイメージしている観察者である。同じ介入についていろいろな人からそれぞれの反応を聞くことはヘルパーにとって有益であり，正しい介入の方法は1つではないことをあらためて理解させてくれる。

最後に，練習ヘルピング・セッションでクライエントになることは，カウンセリングやセラピーを求めることの代用物として利用されるべきでない。個人的な悩みを体験している学習者は，訓練を終えた，資格をもつカウンセラーやセラピストに援助を求めるべきである。大学学生相談室は，わずかな費用か無料で学生のためのカウンセリング・サービスをしばしば提供しており，自分自身について学習したり，顕著な問題を扱う良好な機会を提供している。それゆえ，必要なときにはカウンセリングやサイコセラピーを求めるように促したい。ヘルパーはヘルピング・プロセスに悪い影響を及ぼさないように，自分自身の問題を解決すべきだと私は固く信じている。さらに，ヘルパーには自分の思考や感情（フィーリング）を注意深く探求することによって得られるものを体験するようすすめたい。

この本はあなたにふさわしいものか

この本に掲載された内容は，専門家と素人のヘルパーの両方を含む数え切れないヘルピング場面に活用できる。おそらくこの本の最もふさわしい読者は，メンタルヘルスの専門家になる訓練中の学生である。他者に心理的なサービスを提供しようと考えている人は，ほとんどの心理的介入の基盤となるヘルピング・スキルを学習することで多くを得る。特に，学部，修士，博士レベルでカウンセリングの授業を履修した大学生・大学院生は，クライエントとの作業に利用できるヘルピング・スキルを学習するのに，このテキストが役に立つはずである。例えば，カウンセリング心理学，臨床心理学，ソーシャルワーク，および精神医学を専攻する学生は，この本に興味をもつかもしれない。もちろん，一定の種類のクライエントと作業しようと考えているカウンセラー（例：アルコール・薬物カウンセラー，リハビリテーション・カウンセラー，結婚・家族カウンセラー）は，自分のクライエントと効果的に作業するための，付加的で，より具体的な知識を学習する必要があるだろう。

この本で教えられるヘルピング・スキルは，心理学以外の分野でクライエントを援助するヘルピング専門職の人にも適している。例えば，非営利団体のボランティアやスタッフメンバーは，効果的なヘルピング・スキルを練習する必要があることが多い。ホットライン（緊急電話）のボランティアは，電話を介して出会ったさまざまな問題を抱えるクライエントに共感と理解を伝えるのに基礎的なヘルピング・スキルを学ぶことが役立つ。虐待された女性やその子どもに対応する危機介入ワーカーは，クライエントの安全性を確実にするために基礎的なヘルピング・スキルを使う。ホスピスワーカーは，失望，喪失，孤独および痛みに苦しむ個人へどのように共感的に応答すべきかを学ぶことができる。さらに，ホスピスワーカーは，患者の家族メンバーや親友と応対するときに基礎的なヘルピング・スキルをしばしば使う。共感的に傾聴し，適切に感情（フィーリング）を反映することができるようになれば，患者の重要な他者が病気や死と関連した問題を解決するのを援助できる。

そのほか，保健専門職でも専門的な相互作用においてヘルピング・スキルが用いられる。近年，大学で基礎的ヘルピング講義を提供する必要があるか，ある医師が調査した。自分のクライエントの約60％が身体的な主訴とともに情緒的な問題を示していると医師は説明した。医師は患者によって示される個人的な問題を効果的に扱うのに自分の医学的訓練では十分ではないと感じた。多くの医学専門家と保健サービス提供者は，ヘルピング・スキルを使って自分の能力を高められるだろう。医師，歯科医師，および看護師は，観血的手術を恐れるクライエントや，愛する人の病気について付加的な情報を求めるクライエントに効果的に応答することを学習できるだろう。事実，基礎的なヘルピング・スキルを使う，あるいは手術の前の晩に患者と話をする訓練を受けた外科医と接した肺がん患者は，手術の１年後の不安やうつが少ないという証拠があることを研究者たちは見出だした(Burton, Parker, & Wollner, 1991)。さらに，効果的なヘルピング・スキルが医療専門家に最も必要とされるのは，おそらく患者の重要な他者に死の宣告をしなければならないときであろう。この本で教えられたスキルを活用することにより，ヘルパーはこれらの場面で患者の家族や重要な他者に共感的に応答することができるようになるだろう。最後に，医療場面におけるボランティアは，ヘルピング・スキルの利用がふさわしい多くの事例に出会うことになる（例：心配している家族が，手術の結果を聞くのに待ちくたびれてイライラしているとき，あるいは退院が数週間延びた患者のもとを訪れるとき)。

また，ヘルピング・スキルの訓練は，修道女，聖職者，ユダヤ教のラビ，牧師などが，自分の信仰に疑問をもつ人，重要な行事を祝う人，あるいは喪失や悲しみで苦悩してる人とやりとりするのに役に立つだろう。多くの人が，差し迫った状況にあるときには宗教的なリーダーを頼みにするが，基礎的なヘルピング・スキルの訓練を受けることで，これらのリーダーは人々の生活における危機の瞬間にいつでも共感的に応答することができるようになる。

ビジネスを追求する専門家，他者とかかわりながら働く法律職も，効果的にコミュニケーションする学習が役立つだろう。多くの人は，税金の支払いに関する不安を理解し，がまん強く傾聴する会計士と契約したい，紹介されたいと思うだろう。ヘルピング・スキルは，弁護士が，対立し敵意を見せ合う夫婦の離婚申し立てを行うとき，あるいは身体的被害を受けたクライエントに和解を受け入れるかどうかについて決断させるときにも役に立つ。効果的に傾聴し，非言語行動を理解する能力は，法律家が宣誓証言で自分のクライエントによりよい結果をもたらす重要な情報を引き出すのにも役立ちうる。法律専門職におけるヘルピング・スキルの重要性は，いくつかのロースクールのカリキュラムの中で基礎的カウンセリング講義が組み入れられていることにも現れている。

ヘルピング・スキルを学習する，あまり知られていない（しかし同様に重要な）理由は，友人，重要な他者，および家族メンバーとの関係を改善することである。**かかわり**と**傾聴**スキルを学習した後で，学習者は，自分がどれほど多くの場合，愛する人の話をまじめに傾聴していなかったかがわかったとしばしば報告する。難しいことではあるが，重要な他者があなたの目ざわりな行動の1つについてぐちを言う間，**傾聴**スキルを使えば，その問題を解決するのに役立つだろう。**傾聴**スキルの向上は，重要な他者とのより開かれた健康的なコミュニケーションをしばしばもたらす。

ヘルピング・スキルは，重要な選択や痛ましい問題で苦悩している友人や家族メンバーを援助するのにも使える。友人が重要な喪失（例：対人関係の終わり，家族メンバーの死）を経験したときに，助けを求めるかもしれない。家族メンバーは，重要な決断（例：どの職を求めるか，新しい伴侶を受け入れるかどうか）に遭遇したときに援助を求めるかもしれない。また，ヘルピング・スキルは，人が重要な対人関係の危機（例：親友と重要な問題について意見がまったく合わない。あるいは，夫婦二人が子どもをもつことについて異なる考えをもっている）を経験しているときにも使われる。対人関係において，基礎的なヘルピング・スキルのいくつかを利用する（例：他者の気持ちを注意深く傾聴する）ことは適切であるが，友人や家族メンバーに対してヘルパーの役割を努める場合，つねに客観的でいられるとはかぎらないので，あまり深入りしないように学習者に警告している。さらに，ある人物がいつもヘルパーで，もう一人はいつもクライエントになると，その関係はあまり満足のいくものにはならず，相互的でなくなるかもしれない。通常は，個人的に関与していない専門家に治療的援助を求めるようにし（4章の二重関係にかかわる倫理的問題についても参照），あなたは情緒的なサポートを与える親身で忠実な友人であり続けるのがベストである。

私の学生の何人かが，すべての大学教員は基礎的なヘルピング・スキルを学習することが必要ではないかと指摘したことがある。教員全員が有能なヘルパーになるための訓練を受けているところを想像してみてほしい！　課題提出が遅れたことへの突飛な言い訳を信じるようにはならないまでも，教員たちは学生の抱く疑問や直面している個人的な葛藤に対し，よりポジティブに対応できるようになるかもしれない。

ヘルピング・スキルについての研究

この本の初版では，それぞれのスキルについての研究の短いレビューを載せ，3段階それぞれの研究アイディアを提言した。この版では，広範な研究を公平に評価できそうになかったので，それはしないことに決めた（3章に短く載っているが)。そのかわり，スキルに関する最良の実証的な研究についての解説書を一緒に出版した（Hill, 2001)。学習者がヘルピング・スキルの実証的な基盤に慣れ親しむように，指導者にはその本を副読本として使うことを強く勧めたい。

結　語

あなたは有能なヘルパーを目指して，刺激的で，難しいがやりがいのある旅に乗り出そうとしている。ヘルピング・スキルを学習することは，時間，知識，およびたくさんの練習を費やすが，あなたの個人的，専門的なレパートリーにヘルピング・スキルを統合することへの報酬は十分にある。ヘルピング行動への理論的および研究的基盤と，これらのスキルを練習する演習を提供し，スキルの育成に焦点を当てながら，ヘルピング・スキルを学習することの目的地にあなたが到達できるよう援助したいと私は望んでいる。残念ながら，情報を理解するだけでは，あなたを有能なヘルパーにするのには十分ではない。効果的なヘルピングは練習を必要とし，たとえ経験豊かなヘルパーでもスキルの見直しや向上のためにしばしば基本に戻る。この本がヘルピング・スキルを学習するのに，また有能なヘルパーとなる潜在性を探求したり，興味を喚起したり，実際にそうなるために役立てればと思う。よい旅を！

考えてみよう

- 誰かに助けられたと感じたときのことを考えなさい。有益だったのは，その人がしたどんなことか。
- あなたが援助を必要として，助けを求めた相手が結局まったく役に立たなかったときのことを思い出しなさい。役に立たなかったのは，その人が何をしたからか。
- 専門家の援助を求める人たちを社会がどのように見ているか述べなさい。
  援助を求めることに付帯した恥じ入る気持ちを減らすにはどうしたらよいか。
- 援助職について簡潔にまとめ，書きなさい。個人的な特徴，必要な訓練，および職業上の責任も書くこと。あなたが書いた内容とあなた自身とを比較し評価しなさい。
- あなたにとって専門家の援助を求めるには何が必要か。援助を求めることに関する利点と代償を書きなさい。
- あなたがヘルピング・スキルを学習したいと思う健康的な理由と不健康な理由について論じなさい。
- 現在，あなたの日常生活で，ヘルピング・スキルが使えそうだと思える場面をいくつか挙げなさい。
- あなたの考える，有能なヘルパーの特徴の上位3つは何か。

2章

ヘルピングの3段階モデルについての理論的基盤

われわれがいるべき場所にいること，
われわれがなれるものになることが，
人生における唯一の目的である。
——ロバート・ルイス・スティーヴンソン

モンチは，いくつもの異なる理論的志向を紹介され，さまざまな志向間でその効果に差違がないことを示した研究を読んだ。彼女はどのアプローチを選ぶべきか混乱した。すべてのアプローチは統合することができるとわかって，実際，どれか１つのアプローチに決めたくなかった彼女は安心した。３段階モデルをとても心地よく感じ，自分の個人的な哲学ともぴったり合うと思った。

ヘルピング・プロセスは，クライエントが自己をより理解するために「深く，奥へ（down and into)」導き，それから世界に向かって「高く，遠くへ（up and out)」導くことにより，問題によりよく対処できるようにするものである(Carkhuff, 1969; Carkhuff & Anthony, 1979)。これを実行するために，ヘルパーは協働者，そしてファシリテーター（促進者）として働く。クライエントが自分の人生をどう送るべきかについての特別な知識や博識をヘルパーはまったくもっていないが，ヘルパーは共感的に振る舞い，特定のヘルピング・スキルを使って，クライエントが自分の感情（フィーリング）や価値観を探求すること，自分自身の問題を理解すること，選択をなすこと，思考，感情および行動における変化を実行するように導く。

ヘルピングの３段階モデル（探求，洞察，行動（アクション））は，関心事を探求し，問題をよりよく理解し，および自分の生活を変化させるプロセスを通してクライエントを導く上でヘルピング・スキルを用いるための枠組みである。私の臨床，教育，研究経験に基づいており，クライエント中心理論，精神分析的理論および行動理論に影響されている。この章では，人間の本質についての私の仮説を記述すること，３段階（以降の章で詳しく説明する）の概要を提供すること，および３段階モデルの２つの重要な要素である共感的な協働と文化的要因を論じることによって，ヘルピングの３段階モデルの基盤作りを行う。

3段階モデルの背景にある仮説

人間の本質についての仮説はどのモデルにとっても哲学的な基盤を成すものである。そこで，モデルを提示する前に私の仮説を説明するのが重要となる。とはいえ，私の焦点は，パーソナリティ発達の理論を作ることではなくヘルピング・モデルを記述することに置かれているので，これらの仮説については簡潔に論じる。

人は心理的，知的，身体的，対人的な領域でさまざまな潜在性（potential）をもって生まれてくると私は信じている。ゆえに，ある人は他の人よりも遺伝的に知的で，魅力的で，身体が丈夫で，活動的で，言語が流暢で，機械に強い。誕生時における新生児の間の気質的差違（例：ある子どもたちは活動的であるのに対し，他の子どもたちは落ち着いている）は成人期まで持ち越される。これらの潜在性は，子どもが発達するにつれ開花し，そこにはその潜在性を成長させ，発達させようとする強い生物学的な力が存在する。人は（カール・ロジャース〔Carl Rogers〕が仮定したように）善に生まれついているわけでも，（ジグムント・フロイト〔Sigmund Freud〕が仮定したように）本能的な衝動に支配されて生まれついているわけでもないと私は信じている。そのかわり，上で述べたように，人はある生物学的な素因をもって生まれついており，これらの潜在性を実現しようとする傾向があると信じている。それらがどのように発達するかは，その環境と大いにかかわってくるが，それは次でふれる。

環境は，生存と発達に向けられた生得的な動きを促進させることも妨害することもある。健康的な環境は，基本的な生物学的ニーズ（例：食料と住処）と情緒的なニーズ（例：受容，愛，支持，励まし，承認，適切な挑戦によって特徴づけられる関係）を提供する。乳幼児と子どもは，自分の基本的な欲求を「十分に」満たす環境を提供されると，その潜在性が自然に育まれる。完全な環境などありはしないが，少なくともその環境が子どもがすくすく育つのに十分である必要がある。それと対照的に，その個人の環境でネガティブなことが起きると，その子の発達は妨害される。戦争やテロ攻撃の最中に育った人は，平和時に育った人とは人生についての異なった視点をもっている。満たされすぎも，欠乏しすぎも子どもの成長を阻害するが，十分な量の支持は子どもたちの潜在性を自然に実らせる。そのため，レジリエンシー（回復力），すなわち適応する能力は，生物学的要因と環境的要因の両方で決定される。

初期経験は，特にアタッチメント（愛着）と自尊感情に関して，パーソナリティの基盤を形成するうえで極めて重要である。幼児は対人関係と自尊感情のしっかりした基盤をもてるように，養育者に育てられる必要がある。必要とされているこれらのアタッチメントが満たされないと，子どもたちは，人間接触に対し不安を抱いたり，回避したりするようになる（Bowlby, 1969, 1988）。人は一生を通じて，自分の生物学的素因や初期経験の範囲内で，変化し適応し続ける。したがって，一定の基盤はあるものの，人には成長し発達しうる広範な範囲がまだ残されている。人はパーソナリティを完全に一変させることはできないが，現在ある姿を受け入れ，潜在性を最大限に発揮することができる。

人は，特に運命を自分の力でどうすることもできない子ども時代に，不安に対処するために防衛を発達させる（例：子どもは支配的な親に対して防衛するために引きこもることを学習するだろう）。私たちは皆，人生に対処する方略を必要としているので，中程度の防衛は適応的である。しかしながら，防衛を使うのが適切であるかどうか見分けられないときに，これらの防衛は問題を起こしうる。例えば，虐待された子どもがすべての大人を回避するなら，その子は養育者との愛情に満ちた関係を築くことができない。

人は遺伝子，過去の学習，外的な環境の影響を受けているけれど，自分の人生をある程度思いどおりにでき，どのように自分が振る舞うかについて選択することもできると私は信じている。自分たちの限界の中で，私たちは選択をなし，自分の人生のコースを変える。例えば，友好的かどうかはパーソナリティ（例：内向性 対 外向性）や人と会う先行経験に影響されるが，人は新しい環境で他者に対してどのように振る舞うかについて，ある程度の範囲の選択をなお有している。このように，決定論は自由意思によって釣り合いがとられる。

個人が自分の出身背景，欲求，および願望について洞察を得るなら，自由意思が高められる。理解することは，その人に自分の運命を思いどおりにすることを可能にさせる。運命を完全に思いどおりにするのは無理だが，自覚と意識的努力をとおしてある程度思いどおりにできる。

情動（emotion），認知および行動はパーソナリティの重要要素であることも提示しておく。すべては絡み合っており，互いに組み合わさって機能する——心と身体は分離できない。どのように考えるかは，どのように感じ，行動するかに影響する（例：他者が自分を捕まえようと躍起になっていると考えるなら，その人は他者が近づいてくるのを恐れるだろう）。どのように感じているかは，どのように考え振る舞うかに影響する（例：幸せを感じているなら，他者を求める気持ちになったり，自分が他者から好かれると考えたりしやすい）。最後に，どのように振る舞うかは，自分についてどのように考え，どのように感じるかに影響する（例：熱心に勉強し，よい成績をとると，その人は自分が有能であると感じる）。このように，人が変化するのを援助するためには，どの介入アプローチであっても人間存在の３つの側面（情動，認知，行動）に焦点を当てねばならない。

まとめると，人は生物学的素因と環境——特に他者へのアタッチメントと自尊感情の発達に有益な初期経験——両方の影響を受けていると私は信じている。さらに，人は過去の経験に影響を受けるが，いくつかの選択や自由意思を有している。そして，人は，世界からの要求に対処するための方略として防衛を発達させるということを認識することも重要である。

私は，人はある程度は変化しうると信じている。過去の学習や生物学的素因を捨て去ることはできないが，自分自身をよく理解し，自分自身とともに生き，自分自身を受け入れるようになることはできる。より適応的な行動，思考，および感情（フィーリング）を発達させることができる。人は，生物学的素因，初期経験，および外的環境によって設けられた限界の中で，生得的な潜在性に順応し，自分がもっているものを最大限に発揮し，自分の人生をどのように送りたいかの選択をすることができる。これらの仮説は，変化の可能性について，楽観的ながら慎重な見方を導く。

３段階モデル

図2-1に示すように，ヘルピング・プロセスには３つの段階がある。探求段階（クライエントが

行動（アクション）段階

クライエントが探求と洞察に基づいてどんな行動（アクション）をとるか決定するのを援助する

洞察段階

クライエントが自分の思考，感情（フィーリング），および行動（アクション）を理解するのを援助する

探求段階

クライエントが自分の思考，感情（フィーリング），および行動（アクション）を探求するのを援助する

図 2-1　ヘルピングの 3 段階モデル

行動（アクション）段階

- クライエントに可能な新しい行動（アクション）を探求するよう促す
- クライエントが行動（アクション）を決断するのを援助する
- 行動（アクション）のためのスキルの発達を促す
- 変化の試みに対してフィードバックを提供する
- クライエントが変化を評価し行動（アクション）を修正するのを援助する

洞察段階

- 新しい洞察を構築するためクライエントと作業する
- クライエントに思考，感情（フィーリング），および行動（アクション）における自分の役割を決めるよう促す
- 治療関係での問題を扱うのにクライエントと作業する（例：アタッチメント，誤解）

探求段階

- ラポールを確立し，クライエントと治療関係を発展させる
- クライエントに自分の物語を話すよう促す
- クライエントに自分の思考と感情（フィーリング）を探求するよう促す
- 情動の喚起を促進する
- クライエントの視点からクライエントについて学習する

図 2-2　ヘルピング・スキル・モデルの各段階の課題

自分の思考，感情（フィーリング），および行動（アクション）を探求するのを援助する），洞察段階（クライエントが自分の思考，感情（フィーリング），および行動（アクション）を理解するのを援助する），行動（アクション）段階（クライエントが自分の探求と洞察に基づいてどんな行動（アクション）をとるか決定するのを援助する）。

具体的なスキルに焦点を当てる前に，私はこのモデルの依拠する理念と理論をヘルパーに紹介する。ヘルパーはそれぞれの段階の課題と目標を承知している必要があり（図 2-2），クライエントと何を成し遂げようとしているのかはっきりさせる必要がある。ヘルパーが大まかな理念と基盤をなす理論を理解すると，そのプロセスのそれぞれの段階で必要とされるスキルをより簡単に学習できる。

探求段階

探求段階では，ヘルパーはラポール（信頼関係）を築き，クライエントとの治療関係を発展させ，クライエントに自分の物語を話すよう促し，クライエントに思考と感情（フィーリング）を探求させ，クライエントの情動の喚起を促し，自分のクライエントについて学習しようとする。ヘルパーはこれらの目標を以下のことを通して達成する。すなわち，クライエントに非言語的にかかわること，言語的および非言語的にクライエントが伝えようとすることすべてを傾聴すること，クライエントが言っている内容を言い換えること，感情（フィーリング）を反映すること，および開かれた質問をすることを通して，クライエントに思考と感情（フィーリング）を探求するよう促す。

探求は，自分の情動を表明し，問題の複雑さについてじっくり考える機会をクライエントに与えることが重要である。相手に共鳴板や鏡として振る舞ってもらうことが，多くの場合とても有益である。というのは，外からのフィードバックなしに自分の関心事を客観的に検証するのは困難であるからである。自分一人で問題について考えるとき，クライエントは多くの場合，自分自身の防衛や不安によって阻まれてしまう。阻まれてしまうことで，クライエントは洞察を得て変化をするのではなく，堂々めぐりをしているような気分になる。

探求段階は，クライエントについて多く学ぶ機会もヘルパーに提供する。ヘルパーは，自分がクライエントの感情（フィーリング）や問題について知っていると思ってはいけない。クライエントが問題についてどう感じているか，どんな解決を選ぶべきかを知っているとヘルパーが考えるなら，ヘルパーはクライエントに自分自身の基準や価値観を押し付けようとするかもしれない。たとえクライエントの年齢，人種，性別，宗教，および性的志向性がヘルパーと同じであったとしても，ヘルパーはクライエントが類似した問題や感情（フィーリング）をもっていると決めつけてはならない。例えば，ヘルパーと年齢，人種，性別の点で近いジェニファーは，今婚約したところだと秘密を漏らした。ヘルパーは最近ちょうど結婚し，とても幸せだったので，クライエントも同じように感じていると思い込み，彼女にお祝いを言い始めた。ジェニファーは泣き崩れ，部屋から飛び出した。幸い，ヘルパーは自分の間違いに気づき，ジェニファーを呼び，セッションに戻るように求めた。ジェニファーは婚約したことにプレッシャーを感じ，実際，婚約関係についてかなりアンビバレント（両価的）に感じていることがわかった。ヘルパーが決めつけをせずに傾聴したところ，ジェニファーが本当はどのように感じているかを知ることができた。

探求段階は，ロジャースのクライエント中心理論(Rogers, 1942, 1951, 1957, 1967, 1980)やロジャースに親密に協力した人々（Gendlin, 1978; Greenberg, Rice, & Elliott, 1993）の考えに主に基づいている。人は生まれつき善であり，もし適切に育てられ，彼らを変化させようとする他者がおらず，ありのままを愛された人は潜在性を十分に実現するだろうとロジャースは信じた。自分自身の内的な体験に従うかわりに，他者のご機嫌をとるのに熱心でありすぎると，彼らは悩むようになり，自分の内的な体験がわからなくなるとロジャースは考えた。もし，ヘルパーが完全に受け入れ，共感，尊重および純粋性をクライエントに伝達すれば，クライエントは，もう一度自分自身を受け入れるようになり，自分の内的体験を信じることを学習するようになるとロジャースは信じた。受容は，クライエントに自分のもともとの潜在性を解き放たせ，それゆえ，より充実して生産的に生きることを可能にさせる。

洞察段階

洞察段階において，クライエントの内的な力動について新しい理解を達成させ，自分自身の問題を長引かせている自分の役割についての新しい自覚を獲得させるために，ヘルパーはクライエントと協働する。洞察は，クライエントに新しい視点で物事を見ることを援助し，適切な責任とコントロールを取ることを可能にさせるので重要である。洞察は，クライエントになぜそう考え，感じ，彼らがしているように振る舞うのかを理解させる。クライエントが自分の行動についてある程度理解すると，自分を変化させるのはより簡単になる。例えば，ジャックが他者と親密になるのを恐れるようになったのは，自分の母親との厳しいしつけ関係のせいであることを理解すれば，他の人との関係を築こうとすることが容易になるだろう。

不完全であっても，理解することは，将来の行動を導いてくれる。洞察は，出来事の意味を理解するひな形をクライエントに提供し，よりよい選択をする助けとなるので，変化を持続させることにもつながるだろう。人は独力で洞察を獲得する可能性もあり，現に獲得しているのだが，異なった視点をもっている面倒見のよいヘルパーから新しいアイディアを聞き，フィードバックを受けることで，クライエントはより深いレベルの自覚と理解を発展させることができる。

探求段階における純粋なクライエント中心スタンスと対照的に，意味を構築し経験をリフレームする洞察段階では，ヘルパーはより積極的にクライエントと作業する。彼らは共感的・協働的スタンスを維持するだけでなく，クライエントが新しい方法で物事を見るのを援助するのに，クライエントの視点に頻繁に挑戦し，控えめに自分自身のアイディアを提供し，そして自分自身の経験を生かす。特にクライエントが行き詰まっているときには，クライエントは新しいアイディアやフィードバックを得るためにヘルパーの外的な視点を必要とすることがある。もちろん，ヘルパーは「正しい」視点を必ずしももっている必要はないが，クライエントが検討できる別の視点をもっているとよい。

また，ヘルパーはセッション中にクライエントの行動についてフィードバックを提供し，これらの行動がどのように発展し，今どのような機能を果たしているかをクライエントが理解するのを援助する。ヘルパーからどのように思われているかを理解することで，クライエントはしばしば他の人がどのように自分に反応するのかについて理解を進めることができる。このように，関係そのものが洞察段階における学習と変化の焦点となる。

洞察段階は，特にフロイト，エリクソン，マーラー(Mahler)，ボウルビィ(Bowlby)，コフート(Kohut)，グリーンソン（Greenson)，キャッシュダン（Cashdan)，Teyber（ティーバー)，ケイスラー（Kiesler）といった理論家による，精神分析的理論と対人関係理論に基づいている。このモデルにおける精神分析的理論の重要な側面は，パーソナリティの基盤としての初期経験（特にアタッチメントと個体化）の強調である。生存への欲求により，子どもたちは世界に対処するための防衛を形成せざるをえないことが往々にしてある。形成される際には適応的だったこれらの防衛は，人が大人として振る舞うことの妨げとなりうる。例えば，大人が自分を罰するかもしれないので，すべての大人を回避する防衛を形成してきた人は，成長しても他の大人と対等にかかわるのが難しくなるだろう。サイコセラピーにおいて，クライエントは自分自身を深く掘り下げる必要があり，これらの防衛がどのように発展したか，防衛がどう維持されているかを理解していくことで，防衛を減らし不適応な行動パターンを変化させるのである。クライエントはさらに，現在自分がどう防衛と不適応的行動を維持させているかを理解する必要もある。

洞察段階において対人関係理論の影響を受けているのは，対人関係に及ぼす力である。人が他者とどう出会うかについて理解することによって，新しくより適応的なかかわり方を発展させていくことができる。目下の治療関係を検証することは，特に重要である。なぜなら，それはそのクライエントが他者と発展させる対人関係の縮図だからである。クライエントがどのようにセラピストと相互作用するかを検証することによって，クライエントは安全な場所で関係性について学習することができる。そして，もちろん，この知識をクライエントが他の関係へと転用できる援助をすることが目標である。

行動(アクション)段階

行動(アクション)段階では，ヘルパーは自分自身についての新しい理解を反映した意思決定と変化へとクライエントを導く。ヘルパーとクライエントは変化するためのアイディアを一緒に探求する。ヘルパーはクライエントが変わりたいのかどうかを見極めようと努め，クライエントの日常生活における変化の意味を探求する。可能な変化についてブレーンストームしてもよいし，どの変化を実行するかについてクライエントが意思決定するのを援助してもよい。ときには，ヘルパーはクライエントが生活で変化を起こすために必要なスキルを教えることもある。クライエントが新しい行動を試みたり，ヘルピング関係外の他者からフィードバックを求めたりする方略を発展させるよう援助してもよい。また，ヘルパーとクライエントは継続的に行動(アクション)プランの結果を評定したり，望ましい結果が得られるようクライエントを援助するための修正をする。最初の２つの段階と同じように，そのプロセスは協働的である。ヘルパーは変化することや変化プロセスについてのクライエントの感情(フィーリング)を尋ね続ける。繰り返すが，ヘルパーは専門家（エキスパート）ではなくガイド役となって，クライエントが行動(アクション)と自分の生活にポジティブな変化を起こすことについての思考と感情(フィーリング)を探求できるよう援助する。

新しい考え方で実践に臨むことにより，クライエントは自分の考えの中の変化を強固にすることができる。行動(アクション)なしでは，洞察段階からの思考における変化は概して長続きしない。精神分析的理論家は，洞察はもともと行動(アクション)を導くので，ヘルパーは具体的な変化をすることについて考えるようクライエントを促そうとする必要はないものと思っている。あるクライエントにとって，これは正しいかもしれない。しかしながら，クライエントが洞察を得た後，さまざまな事柄が行動へと進むことの妨げとなる。第一に，望ましい変化をするためのスキルをクライエントがもっていないかもしれない。例えば，ジャミラは，自分が主張的ではないのは口やかましい親に育てられたせいだとはっきりわかった。ジャミラが変化の責任を自分で負おうとしても，もし主張性スキルが自分のレパートリーになければ，より主張的になることは難しいかもしれない。彼女はアイコンタクトをすることや自分の要求を直接的に述べることを学習する必要があるかもしれない。第二に，たとえ，ヘルピング・プロセス中に洞察を獲得したとしても，古い習慣を打ち破るのが難しいために変化が困難となる。人はリスクのある変化や未知のものよりも自分が知っていることにしばしば落ち着こうとする。例えば，ハロルドは自分が妻と深く愛し合いたいと思っていることを知りながらも，以前の結婚におけるネガティブな経験の結末のように拒否されるのが怖いために，変化する気になれない。ヘルピング関係の役割は，ここではハロルドに可能な変化について考える準備をさせることであろう。第三に，重要な他者はクライエントによってなされる変化にしばしば強い反応をするため，クライエントは変化における人間関係の障壁への対処の仕方を理解するのに援助を必要としている。前の事例を続けると，ハロルドの妻は，彼女自身も親密性についての不安をもっているために，彼の積極性や愛情表現が増してもそれに応えるのが難しいかもしれない。それゆえ，クライエントは多くの場合，より適切なスキルを学習したり，変化の障害を克服する援助を必要としている。

探求と洞察は，クライエントに彼らの動機づけを理解したり変化の責任をとるための基盤を提供する。ヘルパーとクライエントの双方とも，行動プランを発展させる前に，クライエントの問題についての視野や力動を十分に理解する必要がある。ラジオやテレビのトークショーで心理士が二言三言聞いただけでクライエントにアドバイスするのとは異なり，ヘルパーはクライエントが自分の問題を完全に探求し自分自身への新しい洞察を得るのを援助するために，注意深く，思慮深く傾聴し，探ることを重視する。

行動段階のための理論的な基盤は行動と認知－行動理論であり，特に，B. F. スキナー(Skinner)，ウォルピ(Wolpe)，ラザラス(Lazurus)，バンデュラ(Bandura)，エリス(Ellis)，およびベック(Beck)によって明らかにされている。行動（思考を含む）は学習の原理（例：強化，罰，シェーピング，般化，消去，モデリング，行動を媒介する思考）に従って学習され，したがってこれらの同じ学習原理を使うことで変化させられると，これらの理論家は信じていた。それゆえ，これらの理論家はヘルピングを具体的な問題への行動－認知原理の応用としてみており，そのためクライエントが現在の行動を査定するのを援助し，新しい行動を教え，変化を強化し，うまくいっていない行動プランを修正するのに役立つと考えている。

共感的な協働

共感的な協働は，このモデルの３つの段階すべての主要な側面であり，それぞれの段階で記述したように注目に値する。ヘルパーは，相手を完全に理解することは決してできないと心得つつも，できる限り自分のクライエントを理解しようとする必要がある。共感性は，認知レベル（彼らが考えていることと言っていること）と感情（アフェクト）レベル（感じていること；Duan & Hill, 1996）の両方でクライエントを理解することを意味する。ヘルパーはクライエントと同じ情動を感じることがあっても，痛み，怒り，フラストレーション，喜び，その他の情動がヘルパーではなくクライエントのものであることを認識することが共感性には求められる。共感性は，ときにクライエントへのある種の介入と混同される（例：**感情（フィーリング）の反映**）が，それは特定の介入のタイプやスキルではない。むしろ，純粋な気遣いであり，善し悪しの判断をしない態度や応答の仕方である。共感性には，クライエント自身と，彼らの問題を探求すること，洞察を得ること，変化をすることへのクライエントの意思への深い尊重が含まれる。この態度は，そのときにクライエントが必要としているとヘルパーが認識することに従い，概してさまざまなヘルピング・スキルを通して実行される。

さらに，ヘルピングのプロセス全体が協働的なものであり，ヘルパーはクライエントが問題を克服できるよう導いたりコーチしたりする。ヘルパーはクライエントが自分の人生をどのように生きるべきかについての専門家（エキスパート）ではなく，感情（フィーリング）や価値観を探求し，理解を達成し，選択と変化をするプロセスを促す専門家（エキスパート）である。ヘルパーはクライエントに解答を与えるよりも，むしろクライエントに問題を通してどのように考えるか，どのように意思決定するか，どのように変化を実行するかを教えようとする。このモデル全体が，必然的に，クライエントが直面している問題への解決を自分で決定するのを援助するというクライエント中心のものとなる。よい比喩は，腹を空かせた人に釣りの仕方を教えるたとえ話である。すなわち，ある人に魚のごちそうをあげることは一食分であるのに対して，釣り方を教えることはその人に一生食べられるようにすることである。

共感性と協働性はともにヘルピング・プロセスの決定的な構成要素であるが，それらは，直接教えられる具体的なスキルではない。むしろ，それらはヘルピング・スキルをうまく実行できたことの成果であり，クライエントに対するヘルパーの感じ方の現れである。ヘルパーとして，私たちは自分の言語的行動と非言語行動について熟知し，これらの介入を使うとどんな印象を与えるのか，それぞれの介入を使う意図，そしてこれらの介入へのクライエントの反応を意識するとよい。しかしながら，私たちはいつもヘルピング・セッションの結果をコントロールできるわけではない。私たちは共感や協働に向けて努力できるが，いつもこれらの目標を獲得できるわけではない。なぜなら，それはクライエント次第であり，私たちがクライエントとどれだけうまく「調和し」(match)，「うまくいって」(click)いるかに大きくかかわっているからである。しかしながら，それでも，知識，自己知覚，および相手を理解し，尊重し，一緒に作業したいという純粋な願望を通して，共感的な協働はさらに生じやすくなり，ヘルパーとクライエントが経験しやすくなる。

文　化

文化は，考えたり，人とやりとりしたりするためのいかなる理論的なアプローチにも通じる主要な問題である。ヘルピングについての私たちの考えは，私たちの文化的価値観に基づいており，これらの文化的価値観は私たちが接するクライエントのそれとは異なっているかもしれない。クライエントに自分の文化的価値観を押し付けることは害となりうるので，私たちは自分たちの価値観とそれがクライエントとのやりとりに及ぼす影響に注意しなければならない(American Psychological Association, 2003)。

文化とは，歴史上のある特定の時代に，ある集団によって分かち合われた習慣，価値観，態度，信念，特徴，および行動として定義されている(Skovholt & Rivers, 2003)。また，文化は，「特定の社会文化的集団の一員のみに通用するよう，行動レパートリーを他の集団に属している個人のものとは異なる様式に限定する，共有された制約」(Poortinga, 1990, p.6)と考えられる。「学習され，ある世代から次の世代へと引き継がれる知識，スキル，および態度のための便利なラベルであり，したがって，文化のこの伝達は特定の場所，時間，および刺激が特別な意味を得られるような物理的な環境で生じる」(Segall, 1979, p.91)とも考えられる。文化集団についてのいくぶん広い定義は，「ある共通の目的，欲求，あるいは背景の類似性を基盤にお互いに関連しているか同一視している，ある集団の人々」(Axelson, 1999, p.3) である。

文化は，人種－民族性，性，年齢，イデオロギー，宗教，社会経済的地位，性的志向性，障害状態，職業，および食物の好みといったことを含んでいる(Pedersen, 1991, 1997)。私たちは一人ひとりさまざまな文化に所属し，そのどれもが時間，場所，状況によってそれぞれの特徴を顕著に表すものだろう(Pedersen & Ivey, 1993, p.1)。承認を必要とする文化的な集団もあれば（例：心理士になるのに，学校に出席し，試験に通らねばならない)，生物学的に決定される集団もあり（例：年齢，性)，あるいは，環境要因に影響されつつも個人の選択による集団もある（例：宗教，菜食主義)。

文化の全般的な特徴を学習するのは重要であるが（例：アイルランドのカトリック女性はどのようなものか)，その集団内の誰もが同じであると仮定しないことも重要である。事実，集団間よりも集団内に概して大きな差異がある(Atkinson, Morten, & Sue, 1998; Pedersen, 1997)。例えば，すべてのアフリカ系アメリカ人が同じではないし，すべての男性が同じではない。

集団内の個人は，人種的アイデンティティに関してはさまざまであり，どの程度，自分の人種や民族文化に一体感をもっているかも異なる(Foaud & Brown, 2000; Helms, 1990; Helms & Cook, 1999)。さらに，人は時間とともに自分の人種的アイデンティティの感覚を発展させることもある。例えば，アメリカで，人種的民族的にマイノリティな集団構成員（例：アフリカ系アメリカ人）は，自分自身の人種や文化を卑下する視点からより理解を示す視点へとかわり，それに対してヨーロッパ系アメリカ人は，自分たちの生まれもった特権的立場を理解するようになっている。

「文化化」(enculturation）と「文化変容」(acculturation）は，ある文化から別の文化へと移動してきた人のことを考慮するための重要概念でもある（例：ある人がベトナムからアメリカへと移民するとき)。文化化は，ある固有な文化の規範を保ち続けるのを指し，それに対して文化変容は優勢な文化の規範に適応させることを指す(Kim & Abreu, 2001)。例えば，別の国からアメリカへとやってきた大人は，自分の出身の文化に密に合わせ続けることが多いが，一方彼らの子どもたちは，アメリカ流に素早く文化変容をする。文化的価値観におけるこのような差異は，自分の子どもたちが伝統的な文化的価値観や服装を保持せず，異なった文化規範に従って振る舞っていると両親を悩ませ，家族における亀裂と緊張をしばしば引き起こす。

人種的アイデンティティと文化化－文化変容について異なるレベルにいるクライエントとヘルパー両者にとって，明らかにヘルピング・プロセスは異なる。ヘルパーはヘルピング・プロセスにおける文化的差異に注意し，敏感になる必要がある。スコボルトとリバーズ（Skovholt & Rivers, 2003）は，ヘルパーは次のことを考慮する必要があると示唆している。(a)クライエントの文化集団の一般的経験，特徴，およびニーズ，(b)クライエント個人の経験，特徴，およびニーズ，(c)人間の基本的ニーズ――すべての人に共通したもの（例：食べ物，住処，品位，および尊重）である。それゆえ，一般的な文化特徴の知識はある背景を提供しうるが，ヘルパーは個人についてはやはりその個人から学習する必要がある。

これらの文化的構成概念とヘルピングの３段階モデルとの関連性に関して，ヘルパーは文化的な問題に注意しながら，クライエントが自分の関心事を探求するのを援助する必要がある。ヘルパーはクライエントの現在の状況を生み出している背景が得られるように，彼らの文化について尋ねる必要がある。そして，関連するテキストを読むことで，文化的背景と価値観について独学する必要もある（例：Pedersen et al., 2002; Sue & Sue, 1999）。洞察段階と行動(アクション)段階に関して，ヘルパーはすべてのクライエントが洞察と行動(アクション)に価値をおいているわけでなく，彼らに自分の価値観を押し付けるべきではないと認識しておく必要がある。文化的問題と具体的なスキルとの間の関係についてのより詳しい説明は，後の章で論じる。

結　語

ヘルピング・プロセスでは，３つの段階それぞれが重要である。十分な探求はクライエントが洞察を得るための土台を作り，そして深い洞察はクライエントが行動(アクション)についてよい決断をするための道筋を準備する。さらに，変化することはクライエントが別の問題の探求のために後戻りすることを促す。それゆえ，３段階のすべてに十分な注意を払う必要がある。さらに，ヘルパーはヘルピング・プロセスの最初から終わりまでクライエントの個人差に共感的で敏感であることを忘れてはならない。

探求，洞察，行動(アクション)へと移行することはまっすぐ進むことのように思えるが，クライエントによっては物事がそうスムーズにはいかないこともある。事例を読むかぎり，段階はいつも区切りがあるわけではなく，連続的のように思われる。セッションを重ねながら，ヘルパーとクライエントはそれぞれの段階を行きつ戻りつすることもある。例えば，ヘルパーは洞察段階と行動(アクション)段階の間に，クライエントの問題の新しい側面を探求することへ戻らねばならないことが多い。また，洞察を獲得すると，クライエントは新たに認識した感情(フィーリング)と思考を探求しなくてはならなくなる。クライエントが行動(アクション)段階での変化に気が進まないとわかったら，障壁についての探求と洞察がもっと必要となるかもしれない。クライエントが危機にあり，即座に援助を必要としているときなどは，ときには多くの探求が行われる前に行動(アクション)がとられる必要がある。例えば，神経性無食欲症によって生じた医学的問題をもつクライエントは，まず健康的なやり方で食べることを学習する必要があり，そのあとでやっと摂食障害の背後の動機を探求することができるようになる。別の事例では，クライアントはリラックスする方法を教えられてはじめて，実際に探求できる。別のクライエントは，洞察を扱うことができず，誰かに「頭の中を調べられ」るのに抵抗する。彼らはとても具体的な問題についてガイダンスが欲しいだけである。そのようなクライエントに対し，ヘルパーはより素早く行動（アクション）段階へと移行する必要があるかもしれない。しかしながら，性急に可能な行動（アクション）を行う前に，何が進行しているか，どんな行動が試みられてきているか，およびどのような援助が必要とされているのかをクライエントにしっかりと理解させるのに十分な探求をするようにと私は警告する。

まとめると，3段階モデルは，ヘルピング・プロセスのための理念全般とプランを提供するが，ヘルパーはいかなる瞬間でもどのように応答するか決める前に，クライエントの個々のニーズと環境上のプレッシャーに寄り添わねばならない。この本は，簡単に割り切った「料理本」を意図しているのでもなければ，ヘルピングにおけるどの特定の瞬間で何をするかのマニュアルであることを意図しているのでもない。それぞれのヘルパーとクライエントで生じる無限の状況を考えれば，それは不可能であろう。そのかわりに，あなたがヘルピング・プロセスにおけるそれぞれの地点で何を達成しようとするかについて考えること，さまざまな適切なスキルをうまく提供できるようになること，それから，そのクライエントのためのよりよい介入を考案するのに役立つクライエントの反応を観察することを学習してほしい。

考えてみよう

- 人間の本質について，遺伝，気質，環境，初期経験，アタッチメント，個体化，自尊感情，防衛，決定論，自由意思，情動のバランス，認知，および行動の観点からのあなたの仮説はどんなものか。
- 発達についてのどんな視点（クライエント中心，精神分析的，認知－行動）が最もあなたの心を引きつけたか。それを選択した理由もいくつか挙げなさい。
- ヘルピングにおける共感的協働と文化的差異の影響を話し合いなさい。
- ヘルピングを行う際にクライエント中心，精神分析的，あるいは認知－行動アプローチが最も適していると考えるクライエントのタイプをそれぞれ述べなさい。
- もしあなたが自分のセラピストとして選ぶなら，クライエント中心，精神分析的，認知－行動アプローチ，それとも統合（この本で私がしている，3つのアプローチすべての組み合わせ）のどれを選ぶだろうか。それを選択した根拠を挙げなさい。
- 完全なヘルピング・プロセスには3つのすべての段階が必要か，それとも別のモデルがよいか討論しなさい。
- 文化についてのあなたの定義は何か。

グループ実習 1　多文化的自覚

目標：ヘルパー初心者が自分自身の文化的価値観に気づき，他の文化を尊重するようになることを促すこと。

教示

1. 人種－民族性，社会経済的地位，性的志向性，ジェンダー，あるいは宗教に関してあなたと文化的に異なる誰かと 2 人組になりなさい。お互いにこれまでの自分の文化的な経験のいくつかの側面について少なくとも 5 分間話すこと（例：祭日の習慣，自分の文化について敏感に感じたとき）。もう 1 人は，話をしないで傾聴すること。
2. 集まって大きなグループになりなさい。お互いに他の人に紹介し，相手の文化について学習したことを話しなさい。

個人的な振り返り

■自分自身について新たに学んだことは何か。

■異なった文化について新たに学んだことは何か。

3章

ヘルピングのプロセスと結果

われわれは他者に与える影響を尊重すべきである。
われわれはどれほど他者が自分の生活に影響しているか
自分自身の経験で知っているし，お返しに他者に同じ影響を
与えねばならないことを忘れてはいけない。
——ジョージ・エリオット

21 歳のヨーロッパ系アメリカ人でヘルパー初心者のジェームスは，ロジャース派の理論的志向性に何となく親近感を感じた。彼は 18 歳の日系アメリカ人の男子学生を相手に，彼にとって初めてのセッションを行っているところだった。そのクライエントは内気（シャイ）であることを悩み，内気を直したいのかどうか考え込んでいた。そのセッションのある瞬間に，クライエントの気分が沈んでいることにジェームスは気づいた。彼はクライエントが感情（フィーリング）を特定し表出する援助をしようと考え，その意図を実行するため**感情（フィーリング）の反映**を使うことを選択した。クライエントはヘルパーによって理解されたと感じ，ヘルパーが自分を助けようしているとわかったので，自分の孤立感についてもっと話した。ジェームスは，感情（フィーリング）についてクライエントにもっと探求させたいと思い，友人を作ることに対してどのように感じているかについて**開かれた質問**をした。そのプロセスの間，ジェームスは注意深くクライエントを観察し，移りゆくプロセスのそれぞれどの瞬間にどのスキルを使うかを見直し続けた。

ヘルピング場面において起こっていることの多くは大変複雑なため，ヘルパー，特にヘルパー初心者がそのプロセスを完全に把握することは難しい場合が多い。そのうえ，ヘルピング・プロセスは電光石火の勢いで生じ，相互作用にともなうそれぞれの要素と決断について意識的な思考をする時間をヘルパーに与えない。クライエントは絶えず新しいニーズや難題を出すので，ヘルパーは素早く反応することを学習しなければならない。

この章でヘルピング・プロセスを一瞬一瞬で生じていることに分けて考察する。そのプロセスのスピードを緩めることではじめて，ヘルパーはさまざまな場面での自分の反応と応答を理解でき，自分の介入へのクライエントの反応について学習できる。自己認識を深めれば深めるほどヘルパーはクライエントにとってますます心の支えとなることができ，より意図的に行動することができる。

本文中で言及する別表は金子書房のホームページからダウンロードできる（URL およびアクセス用の ID とパスワードは p.xivの「別表一覧」下部をご参照ください）。

ヘルパー初心者は，自分の相互作用を分析したり，注意深く検討したりすることに慣れていないので，ヘルピング・プロセスをそれぞれの部分に分けて考察することは，最初は心地悪く煩わしく感じる。さらに，ほとんどのヘルパー初心者は自分が行っていることの根拠について考えたりせず，他者の反応について検討することもしていない。ほとんどのヘルパー初心者は続けていくうちに，プロセスを部分に分けること，分析することが心地よくなり，セッションでより効果的に機能するようにすべてを組み立てることができるようになる。

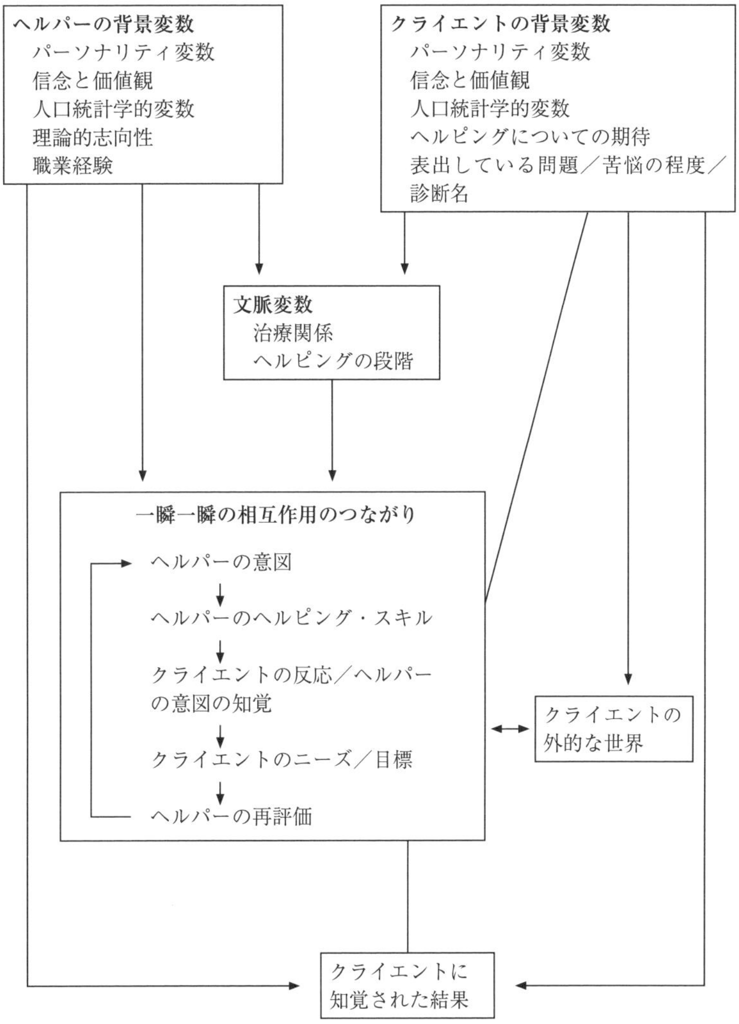

図 3-1　ヘルピング・プロセスに影響する要因

まず，ヘルピング・プロセスに影響する背景変数を検討することから始める。それから焦点を当てるのは，一瞬一瞬の相互作用のための段階を設ける文脈変数である。次に，一瞬一瞬の相互作用のつながりを論じ，外的な世界との相互作用がどのようにヘルピング・プロセスに影響するかについて論じる。最後に，これらの変数のすべてが，ヘルピング・プロセスの結果をどう導くかについて論じる。図3-1はヘルパーとクライエントとの相互作用に含まれる変数をまとめたものである。

背景変数

背景変数とは，ヘルパーとクライエントがヘルピング・プロセスに持ち込んでくるもののことである。これらの変数はプロセスに影響を与えるため，ヘルピングにおけるどんな議論においても考慮される必要がある。

ヘルパーの背景

ヘルパーは独自の世界観をヘルピング・プロセスに持ち込んでくる。ペルパーは，自分のパーソナリティ，信念，世界についての仮説，価値観，経験，および文化的・人口統計学的特徴を持ち込むのである。また，ヘルパーは自分の理論的志向性（どのように援助するかについての信念）およびヘルピング前の経験（公式と非公式の両方）を持ち込んでくる。例えば，内向的で，若い，ヨーロッパ系アメリカ人女性ヘルパーで，精神分析的理論志向性を備えている人は，外向的で，中年の，イラン系アメリカ人男性ヘルパーで，認知－行動的理論志向性を備えている人とは，ヘルピング・プロセスに異なった影響を与えるのかもしれない。ヘルパーにとってとても重要なことは，ヘルピング・プロセスにかかわる際に，自分の価値観や偏見に気づくことである。

クライエントの背景

初めて親元を離れて暮らし，孤独とホームシックを感じている，若く，聡明で，魅力的な大学生と，自分の妻を虐待したために法廷からカウンセリングを受けるよう命じられている薬物乱用の，年老いた男性とでは，ともに作業するのもとても異なったものになるだろう。クライエントは，彼らの個人的なパーソナリティ，信念，世界についての仮説，価値観，経験，および人口統計学的特徴に関する独自の世界観をヘルピング・セッションに持ち込んでくる。さらに，クライエントは，ヘルピング・プロセスの効果への期待，変化への準備性（レディネス），表出している問題，苦悩の程度，精神疾患の診断を持ち込んでくる。このセクションでは，これらのヘルピング・プロセスに対する変数の中核となる，変化への準備性と表出している問題に焦点を当てる。

●クライエントの変化への準備性

クライエントは，変化への準備性に関してさまざまな段階にある。ある人はいかなるヘルピングの形態に参加するのも気が進まない。またある人は自分自身にについてもっと学習したいと熱望している。だが別の人は，自分の行動を変化させる準備ができている。プロチャスカら（Prochaska, Norcross, & DiClemente, 1994）は，変化の6つの段階を特定した。前熟考，熟考，準備，行動（アクション），維持，および終結である。

前熟考段階では，クライエントは変化の必要性に気づかず，変化を望んでいない。前熟考段階のクライエントは自分の問題について情報を欠いており，問題を否認することに従事し，しばしば自分の問題のことで他者や社会を責める。他者は概して，前熟考段階のクライエント自身よりも，そのクライエントの行動に困っている。

熟考段階では，クライエントは問題の責任性に気づき，受け入れる。クライエントは変化について考え始めるが，まだ実際に変化する決心をしていない。この段階では，失敗への恐怖がクライエントを立ち往生させる。この段階のクライエントは，自分の問題の原因やどう変化させたいかについて考えるのにしばしば時間を費やす。

準備段階では，クライエントは変化に専念しようとし，変化プロセスを開始する準備をする。あるクライエントは変化することを計画していると公表する（例：「私は30ポンド減量するつもり」）。あるクライエントは自分の人生がどう変わるかを考えて心の準備をする（例：「体重が減ったら，私はより健康に感じるし，魅力的になるし，運動も簡単になりそう」）。

行動（アクション）段階では，クライエントは自分の行動や自分の環境を修正することを積極的に開始する。彼らは喫煙をやめ，規則的に決まった時間に勉強を始め，自分自身のためにより多くの時間を費やし始め，結婚することを決めるかもしれない。熟考段階，準備段階でなされたコミットメント（変化への決意）と準備がこの段階での成功を左右するように思われる。準備のできたクライエントは，どんな努力を，何のためにしているかを自覚しているからである。

維持段階では，クライエントは変化を成し遂げ，自分の変化を強固なものにしようとしており，元に戻らないように耐えている。変化のプロセスは行動（アクション）段階では終わらない。変化がその人のライフスタイルへと統合されるようになるまでには数週間かかる。つまり，自分の中に定着していることを変えるのは簡単ではないのである。変化を持続することは難しく，主要なライフスタイルの変容を必要とすることが多いので，この段階はとても手ごわい課題となり，長い時間を要することがある。

終結段階では，クライエントはもはや当初の誘惑に脅かされていない。問題行動は再発せず，そしてクライエントは後戻りすることなく対処できるという自信をもっている。この段階にいるクライエントにとって，変化する努力と変化を維持する努力は，特別なことではなくなっている。言い換えれば，クライエントは変化することと変化を維持することについて多く考える必要がなくなり，そして他の物事がより重要となってくる。

ヘルパーとしての私たちの目標は，クライエントがこれらの段階を進んでいく援助をすることである。つまり，彼らが問題に気づくようになり，自分の行動の責任をとることであり，どのように変化するかについて意思決定することであり，実際の変化を起こすことであり，その変化を強固にするように作業することである。段階の移行は，しばしばかなり時間をとることもある。このように，クライエントは特定の問題のために数か月あるいは数年すらも，ある1つの段階にとどまることになるかもしれない。さらに，クライエントは問題ごとに異なる変化の段階にいることもある（例：あるクライエントは，禁煙に関しては維持段階にいるが，人生におけるスピリチュアルな問題を解決することに関しては前熟考段階にいる）。

前熟考段階のクライエントと作業することは困難である（不可能ではないが）。というのは，彼らは本心から変化したいと欲しているからというよりも，強制されて（例：裁判での命令）ヘルピングにやってくるからである。前熟考段階にいるクライエントと作業することは，四角い車輪の荷車を押すことにたとえられることもある。四角い車輪の荷車を押すのは丸い車輪の荷車を押すよりも難しい。四角い車輪の荷車はヘルパーがどんなことをやっても少しも動かない。対照的に，熟考段階，準備段階，行動（アクション）段階，維持段階にいるクライエントと作業することは，容易になる傾向がある。クライエントが自分自身について作業することに，より熱心に取り組むからである。クライエントが変化に抵抗しているときよりも変化に興味をもっているときのほうが，プロセスはうまく作用する。

ヘルピング・スキルも，変化への準備性に関するさまざまな段階にいるクライエントそれぞれに応じて変化する。ヘルパーは，通常，変化への準備性における前熟考，熟考，準備段階のクライエントに対して，ヘルピング・プロセスの探求段階と洞察段階でより多く時間をかける。対照的に，変化への準備性について行動（アクション），維持，終結段階にいるクライエントに対しては，ヘルピングの行動（アクション）段階で時間を多く費やす。

●表出している問題

クライエントは，さまざまな問題で援助を求める。このモデルを使ってヘルパー初心者が扱う問題には，アイデンティティ，対人関係，教育・キャリア上の関心事，実存的問題，スピリチュアルな問題，不適応的な思考，感情（フィーリング），行動がある。一般に，適応と生活におけるこれらの比較的単純な問題を抱えたクライエントには，誰かが共感的に傾聴し，彼らが自分の思考と感情（フィーリング）を整理・理解し，どの行動（アクション）を実行するかを決める援助を行うことが必要である。しかしながら，ある人たちは，長期に持続する心理的・器質的な問題（例：統合失調症）を抱えており，より経験豊かなセラピストからの治療を必要としている。他の人たちは，貧困の問題や医療や法律上の問題を抱えており，これらの事柄を扱うのに精通した，熟達した専門家からの援助を必要としている。

文脈変数

文脈変数は，ヘルピングのプロセスに影響を与える包括的な要因である。このセクションでは治療関係とヘルピングの段階を論じる。

治療関係

治療関係がセラピーの結果についての揺らぎがたい予測子であることを，研究者たちは一貫して見出だしてきた（Gelso & Carter, 1985, 1994; Horvath & Bedi, 2002; Orlinsky, et al., 1994）。クライエントは一般に，セラピーの最も有益な側面は，理解された，支持されたと感じることだと報告している。ある人たちにとっては，関係性そのものが治療的であり，彼らはヘルパーから他には何も必要としていない。他の人たちはヘルパーのスキルのほうを重視する。治療関係は大変重要なので，それがどのようなものか探求し明らかにする必要がある。

ジェルソとカーター（Gelso & Carter, 1985, 1994）は，治療関係が真の関係性，作業同盟，転移，逆転移から成り立っていると理論化した。真の関係性は，ヘルパーとクライエントとの間の純粋で歪んでいない結びつきである。作業（すなわち治療）同盟は，治療関係の中でも治療的な作業に焦点づけられている部分である。ボーディン（Bordin, 1979）は，作業同盟をさらに３つの構成要素に分けた。きずな（bond；ヘルパーとクライエント間の結びつき），目標についての同意（クライエントにとって必要な変化についての同意），および課題についての同意（目標に向けてヘルピング・プロセス中に何が行われるかについての同意）である。強い作業同盟は，ヘルパーとクライエントが心からお互いを好ましく思い尊重し合うこと，そのセッションで探求と洞察についての作業を行うことを一緒に決めること，および，クライエントがよりよい対人関係を発展させる援助をするという自分たちの目標について同意していることからなる。クライエントによっては異なったタイプの作業同盟のほうがしっくりくるかもしれないことは心にとどめるべきである。例えば，あるクライエントはあたたかく支持的なヘルパーを好むのに対して，他のクライエントは過度にあたたかすぎるのを避けて，客観的でビジネスライクなヘルパーを好むことを，バチェラー（Bachelor, 1995）は見出だした。

真の関係性と作業同盟のわかりやすい概念とは対照的に，転移と逆転移は関係性を歪めるものである。転移はヘルパーについてのクライエントの歪んだ解釈であり，そして逆転移はクライエントについてのヘルパーの歪んだ解釈であり，両方とも重要な他者との過去の関係での経験が基盤となっている。基本的に，転移と逆転移は人が世界を見るのに使うレンズやフィルターのようなものである。例えば，ある女性のクライエントは，両親が彼女を無視してきたので，ヘルパーが自分に退屈するのではないかと予想するかもしれない。同様に，ヘルパーは，自分の家庭において怒りは受け入れられる感情ではなかったので，クライエントの怒りへ十分に対応しないかもしれない。

よい治療関係はヘルピング・プロセスを促進するということにたいていの研究者は同意するが，クライエントとのよい関係をどう構築するかについてはまったく明らかではない。私が仮定しているのは，ヘルパーはクライエントに注意深く**かかわり**と**傾聴**を行い，しかるべきときに適切なヘルピング・スキルを用い，クライエント個々のニーズに応じてクライエントを扱い，自分たちの感情（フィーリング）と限界に気づいており，介入へのクライエントの反応に気づいており，そしてクライエントからのフィードバックを率直に受けとめることによって，よい治療的な関係を構築するのではないかということである。

私は，治療関係は以下のように働くと主張したい。クライエントは多くの場合，誰も自分のことを傾聴してくれず誰も自分のことを気遣ってくれないと感じてヘルパーのところにやってくる。ヘルパーはクライエントに最大限の注意を払おうとし，クライエントの感情（フィーリング）と経験についての理解を伝えようとする。ヘルパーはありのままのクライエントに共感し，判断せずに受容する。すると，クライエントは自分の傷ついたことや痛みを表明しても十分に安全だとじる。ヘルパーは巧みに介入し，クライエントに探求させ，洞察を得させ，行動（アクション）についての決心をさせ，クライエントは援助されているという確信を深める。この種の場面では，クライエントは自分のヘルパーがありのままの自分を受け入れてくれるなら，自分は大丈夫だと感じ始めるだろう。また，それにより，すべての人が自分が困難な経験をした重要な他者と似ているわけではないと理解する。さらに，不安が低減され，したがって対人的な苦痛や不安に直面する能力が高まる。クライエントはゆっくりと自尊感情を高め始め，そのことは変化のための基盤となる。思考と感情（フィーリング）を探求すること，新しい理解をするようになること，変化をすることが十分に安全だとも感じる。ゆえに，関係性とスキルが，互いに関係しあって治療プロセスに影響するのも明らかである。

ヘルパーはすべてのクライエントと関係を構築することはできない。特に，動機づけられていなかったり，援助される準備ができていない人たちとはである。例えば，ある思春期の少女は両親に強いられヘルピングに行くが，そこに行くことを望んでいない。さらにあるクライエントは，大変傷ついており，人を信頼する能力が著しく損なわれているために，促進的な関係から何も得ることができない。あるクライエントはガス漏れのするガスタンク――決して満たすことができない――に似ていると言うセラピストもいる。人間関係でひどく傷ついてきたクライエントは，セラピストと心を通わすのが難しいことが多い。

しかしながら，ときにはヘルパーに非がある場合もある。すべてのヘルパーは自分の背景や個人的な問題と関連した限界をもっている。ヘルパーは，完全に解決しきっていない個人的な問題を抱えた傷ついたヒーラー（wounded healer）だと，私は考えたい。私たちは皆，問題を抱えているが，たいていは，自分がヘルパーである間のほとんどの時間は問題を脇においておくことができる。もし個人的な問題が顕著すぎれば，ヘルパーは自分自身のニーズをさしおいて，クライエントのニーズに焦点を当てることは難しくなる。例えば，自分の配偶者と大げんかしたばかりのヘルパーは，クライエントの学習面での問題を集中して傾聴することができないかもしれない。これは，ヘルパーがもっている問題はすべて解決されていなければならない（それは不可能だろうが）という意味ではない。しかし，作業の妨げとならないくらいには十分に問題が解決されていなければならない。

ヘルパーとクライエントの組み合わせが理想的とはいえず，ポジティブな治療関係をもたらさない場合もある。例えば，レイプされたばかりの女性のクライエントはすべての男性が恐ろしく，男性のヘルパーと話すことができないかもしれない。アルコール依存のクライエントは，アルコール依存の問題を抱えたことがないヘルパーと会いたがらないかもしれない。というのは，しらふでいることの苦しみをそのようなヘルパーは理解できないだろうと危ぶむからである。トラウマ的な性的虐待や身体的虐待の経験を解決していないヘルパーは自分自身の苦痛に悩まされたり，強い情緒的な反応をせずに虐待についてのクライエントの物語を聞くことができないかもしれない。

相手のことを完全に理解できる人は誰一人いない。私たちは他者がどう感じているのか共感，想像しようとすることはできるが，自分自身の経験とまったく切り離して相手を十分に理解することは決してできない。同様に，私たちは無条件の積極的な関心をもとうとする（すなわち，クライエントがどう振る舞おうとも，ありのままのクライエントを気遣い，理解し，および正当に評価する）かもしれないが，クライエントへの尊重はしばしば条件をともなっている（彼らが私たちの援助を受け入れること，自分自身の問題について率直に話すこと，あるいは私たちに怒りをぶつけないこと）。残念ながら，私たちは自分の個人的な問題のすべて，および私たちがクライエントに課している条件にいつも完全に気づいているわけではない。ヘルパーはクライエントとのポジティブな治療関係を築くのに最善を尽くす必要がある。しかし，よい関係を築くことができないときは，相互作用に影響しそうなクライエントの心理力動について考えるのと同じくらい，自分自身の問題を検討する必要がある。

ヘルピングの段階

2章において論じたように，ヘルパーには成し遂げたい目標のためのヘルピングの各段階において具体的な課題がある（図 2-2 を参照）。探求段階では，課題はラポールの構築と治療関係を発展させること，クライエントが自身の物語を話せるようにすること，クライエントに感情（フィーリング）と思考の探求を促すこと，情動を喚起すること，そしてクライエントについて学習することである。これらの探求課題を促進するのに使われる典型的なスキルは，**開かれた質問**，**言い換え**（restatement），および**感情（フィーリング）の反映**である。洞察段階では，課題は関心事についての理解を発展させることと，問題の解決を促すような方向へと洞察を発展させるようクライエントを援助し，治療関係を扱うことである。ヘルパーは探求スキルを使い続けることに加え，洞察を促すのに，**挑戦**，**解釈**，**自己開示**，そして**即時性**も使う。行動（アクション）段階では，課題はクライエントがどのように変化したいのかを決める手助けをすること，自分の生活の中でこれらの変化をどのように実行するかを理解できるよう援助をすることである。ヘルパーは探求スキルと洞察スキルを使い続けることに加え，行動（アクション）を促すのに**情報**と**直接ガイダンス**を用いる。

それぞれの段階は，ヘルパーがセッションを通してどのように進めていくかの青写真と構造を提供する。ヘルパーがクライエントと成し遂げようとしていることに焦点を当て続けるように，3段階モデルと，各段階に特有な課題の背後にある理念を忘れないことが重要である。スキルを学習することと練習することは，それぞれの段階にともなう課題を実行する際にヘルパーの助けとなる。これらの課題とスキルは，この本全体を通して詳細に論じられる。

一瞬一瞬の相互作用のつながり

背景変数と具体的な文脈を前提に，ヘルパーはセッション中の適当な時点で行動を起こす必要がある。ヘルパーはどのように介入を選択するのか。私は，次のような一連の出来事を仮定している。ヘルパーは現在の状況についてのアセスメントを基盤として意図を形成する。これらの意図は，具体的なヘルピング・スキルの選択をさせることになる。次に，クライエントはヘルパーの介入に反応し，その介入によってクライエントは自分のニーズと目標を再評価し，どのようにヘルパーに対して振る舞うかを決定する。ヘルパーはそれからクライエントの反応を査定し，次の介入で彼らがどうしてほしいのかを再評価する。そのプロセスは，このようにそれぞれの人物の外側と内側の両方での反応，相手の意図を判断しようとすること，どう相互作用するかを決めることにより絶えず展開していく。プロセスは，このようにその瞬間の知覚，ニーズ，意図によって変化する。以下のセクションでは，プロセスのそれぞれの構成要素を記述する。

ヘルパーの意図

ヘルパーはそのとき知っているあらゆるものを基盤として，次の介入で達成できることについて考える。ヘルパーは，クライエントに応答を促すうえで意図（例：情報を与える，感情（フィーリング）を特定する）を明らかにする（別表Dに列挙されているヘルパーの意図を参照すること）。意図によって，ヘルパーは言語的介入と非言語的介入を選択する。このように，ヘルパーの意図はその介入の背後にある根拠である。ヘルパーは1つの介入に対して複数の意図をもっているかもしれない（例：ヘルパーは「支持すること」「感情（フィーリング）を特定し強めること」の両方を意図しているかもしれない）。

意図は内的なものであり，クライエントやヘルパーにとって必ずしも明らかなものではない（Fuller & Hill, 1985），実際，ヘルパーは実施するときの意図にいつも気づいているとは限らない。例えば，ヘルパー初心者はときどきクライエントに有益であるためというより自分自身の気分をよくするために，不注意に自己開示する。しかしながら，ヘルパーがより経験豊かになるにつれ，通常，自分の意図にもっと気づくようになり，自分の介入のためのよりよい理由づけを発展させる。セッションの後，（スーパーバイザーと一緒か一人で）録音や録画を視聴して点検すること，それぞれの介入について意図を考えたり書き留めたりすることは，達成しようとしていることへの気づきを増大させる優れた方法である。ヘルパーは，セッションの24時間以内に録音や録画を視聴すると，通常，きわめて簡単に意図を特定することができ，そのセッションのある瞬間にどのように感じて反応したか（自分の介入について今どのように感じているかではなく）を想起することができる。そのプロセスをゆっくりと，一片一片検討することで，ヘルパーは感情（フィーリング），思考，および行動（アクション）のそれぞれの階層を発見できる。録画を再生しながら意図を検証する経験をすると，ヘルパーはしばしば，クライエントとセッションをしている最中に自分の意図に気づくことができるようになる。ヘルパー初心者に，自分の介入において意図的になること，それぞれの介入中に達成しようとしていることについて考えることを勧めたい。

ヘルピング・スキル

ヘルパーは介入を実行するのにどのヘルピング・スキルを使うかについて，一瞬一瞬意思決定をしている。ヘルパーはクライエントがもっと問題について話すよう促すために**開かれた質問**をするかもしれないし，あるいは，不一致についてもっとクライエントに気づかせるよう**挑戦**をするかもしれない。別表Bに示されているヘルピング・スキルシステム（HSS）はヘルピングで使われるさまざまなヘルピング・スキルを列挙したものである（別表Cは研究でHSSを使う際のガイドラインを示している）。

ヘルピング・スキルをそのときのヘルパーの意図と一致させることは重要である。**開かれた質問**は，ヘルパーの意図がクライエントに問題について話すよう促すことであれば，適切な選択となるかもしれないが，クライエントを支持し，関係を築き，クライエントの感情（フィーリング）についての理解を伝達することであるなら，**感情（フィーリング）の反映**ほどにはよい選択肢とはならないかもしれない。ヒルとオグレディ（Hill & O'Grady, 1985）およびヒルら（Hill, Helms, Tichenor et al., 1988）は，セラピストの意図は一貫してヘルピング・スキルと結びついていることを見出だした。例えば，セラピストがクライエントに感情（フィーリング）を表明・経験させるよう促したいとき，彼らは，**開かれた質問**，**反映**，あるいは**解釈**を使う。対照的に，セラピストがクライエントに情報を与えたいとき，彼らは**情報**，**直接ガイダンス**，あるいは**自己開示**を使う。これらの結果は，セラピストの意図は彼らがどんなスキルを使うかに影響するが，セラピストはある意図に対していつも同じヘルピング・スキルを使うわけではないこと（例：ヘルパーは感情（フィーリング）についての**開かれた質問**や**感情（フィーリング）の反映**のいずれでも，感情（フィーリング）を特定したり強めたりする意図を実行できる）を示唆している。

セッションで，クライエントにヘルピング・スキルを適用することは，技術（art）でもあり科学でもある。スキルを意図と一致させることに付け加えて，スキルに言語的構成要素と非言語的構成要素があり，同じ介入でも与え方によって異なった影響をもちうるということをヘルパーは心に刻むべきである。もし，ヘルパーが「あなたは不安を感じているようですね」と支持的に，やさしい声音で，適切なアイコンタクトをしながら言うのと，批判的に，決めつけたような声音で，クライエントを見ないで言うのとでは，クライエントは異なった反応をする。適切な非言語行動はクライエントや状況に応じて異なるので，ヘルパーは非言語行動を注意深く，意図的に使う必要がある（6章参照）。

介入の選択は，ヘルパーのできる範囲にあるスキルに限定される。たいていのヘルパーは，慣れ親しんだ，自分のスタイルに適合したスキルを使う。例えば，あるヘルパーはクライエントに**挑戦**をすることは窮屈に感じるので，支持的な介入だけ使う。意図についての研究から，ヘルパーが自分の理論的な志向性にあったスキルを使うことが示されている（Elliott et al., 1987; Hill et al., 1979;

Mahrer et al., 1986; Stiles, 1979; Stiles et al., 1988; Strupp, 1955, 1957)。これらの研究において，精神分析的セラピストは**解釈**を多く使い，行動セラピストは**情報**と**直接ガイダンス**を多く使う，そして，ロジャース派セラピストは**感情（フィーリング）の反映**を多く使う。また，ヘルパーの役割が異なれば，その役割上，求められていることに沿った方法で使われるヘルピング・スキルも異なってくる。例えば，短期サイコセラピーにおけるサイコセラピストは主に**情報**と**パラフレーズ（言い換え）**を使った(Hill, 1989)。ラジオの心理トークショーの司会とキャリア・カウンセラーは主に**情報**と**直接ガイダンス**を使った（A. Levy, 1989; Nagel et al., 1995)。家庭弁護士は主に**情報**を使い，一方メンタルヘルスの専門家（例：カウンセラーとソーシャルワーカー）は主に**情報**と**閉じられた質問**を使った(Toro, 1986)。非専門家グループリーダーは主に**情報**と**自己開示**を使った(Toro, 1986)。子どもを対象とするスクールカウンセラーは主に**閉じられた質問**と**情報**を使ったのに対して，同じスクールカウンセラーでも教師を対象としてコンサルテーションを行っている人は主に**情報**，**パラフレーズ（言い換え）**，および**閉じられた質問**を使った(Lin, et al., 1996)。

ヒルら（Hill, Helms, Tichenor et al., 1988）は，ヘルピング・スキルの直後の結果への効果（有益性についてのクライエントとセラピストの評定，クライエントの反応，およびクライエントの経験しているレベルによって定義される）を検証した。それにより，ヘルピング・スキルは直後の結果に小さいが有意な効果をもたらすことを見出だした。膨大な数の統制されていない背景変数と状況変数があるにもかかわらず，そのような全体的な効果を見出だしたことは実際に驚くべきことである。特に，**解釈**，**自己開示**，**パラフレーズ（言い換え**と**感情（フィーリング）の反映）**，および**是認**は，とても有益な介入である。**開かれた質問**，**直面化**，および**情報**は適度に有益な介入である。それに対して，**直接ガイダンス**と**閉じられた質問**は，それほど有益であるとは認知されない。ヘルピング・スキルの効果を検討したたくさんの研究で，**解釈**は一貫して有益と見られている唯一のものである(Elliott, 1985; Elliott et al., 1982; Hill et al., 1983; O'Farrell, Hill et al., 1986)。

また，ヒルら(Hill, Helms, Tichenor et al., 1988)は，この章で仮定されたような，より複雑なプロセスに関する証拠（エビデンス）を見出だした。特に，直前のクライエントの行動（ヘルパーが介入する直前にクライエントが体験しているレベル），セラピストの意図，およびセラピストのヘルピング・スキルはすべて，直後の結果を予測するのに重要であった。クライエントが低いレベルで体験している（すなわち，自分たちの感情（フィーリング）を表出するよりも，物語を話している）なら，最も有益な介入は，感情（フィーリング）と行動（アクション）を探求する意図によるものであり，関連したヘルピング・スキルには**パラフレーズ（言い換え**と**感情（フィーリング）の反映）**，**解釈**，および**直面化**があった。ほとんど有益でない介入は，制限を設定する，情報を与える，およびヘルパーのニーズにかかわることといった意図によるものであり，関連したヘルピング・スキルには，**閉じられた質問**，**開かれた質問**，および**直接ガイダンス**があった。対照的に，クライエントが中程度から高いレベルで体験している（感情（フィーリング）を体験しており，ある洞察をもっている）なら，ヘルパーがほぼどんなことをしても有益と見られた。これらの結果は，ヘルパーのスキルが最も決定的になるのはクライエントがヘルピング・プロセスにさほど関与していないときであることを示唆している。

クライエントの反応

ある介入により、クライエントに1つあるいは複数の反応が生じる。ヘルパーが成功したなら，クライエントの反応はヘルパーの意図およびヘルピング・スキルと一致する。例えば，もしヘルパーの意図が情緒的なサポートを提供することであり，使われるヘルピング・スキルが「あなたがどのような状況にあるのか私は理解した」といった元気づけるものであるなら，クライエントの反応は，理解されたとか支持されたと感じることかもしれない。しかしながら，もし介入が成功しなかったなら，ヘルパーは自分が話していることを本当は聞いていないとか，ヘルパーは誤った推測をしているとクライエントは感じるかもしれない。

ヒルら（Hill, Helms, Spiegel, & Tichenor, 1988）は，セラピストの介入についてクライエントがどう感じたかを質問することによって，クライエントの反応測度を開発した。反応の約60％がポジティブ（例：「理解されたと感じた」）だったが，クライエントはたくさんのネガティブな反応も報告した（例：「悪化したと感じた」）。クライエントの反応システムは，別表Gに示されている。クライエントは意識的に自分の反応に注意することもあるが，別のときには，自分の反応に気づかないこともあるかもしれない。また，クライエントは社会的に受け入れられない反応を認めることが難しい場合もある（例：ヘルパーの介入時に怒りを感じる）。もし，クライエントがヘルパーを尊敬しており必要としているなら，また，もしクライエントがネガティブな情動を抱くことを自分に許さないなら，ヘルパーについてのネガティブな感情を許容することは難しいだろう。例えば，自分の親が言ったことと類似しているので，クライエントはヘルパーが言っていることにネガティブに反応するかもしれない。しかし，ヘルパーを傷つけるのを恐れて，これらのネガティブな感情（フィーリング）を表出するのを自分に許さないかもしれない。そのかわり，このクライエントは礼儀正しくほほえむかもしれないが，いくらかぼんやりして，集中できていないと感じ，その相互作用からなぜ自分が引き下がるのかを意識的に理解しないかもしれない。

クライエントの反応はときに内に潜むものである（すなわち外に表出されない）。報復を恐れて，あるいはヘルパーの権威に従って，クライエントはしばしばセラピストにネガティブな反応を隠蔽することを研究は示唆している（例：Hill et al., 1993; Hill et al., 1992; Rennie, 1994）。例えば，ヘルパーに怒りを感じていたり，ヘルパーに誤解されていると感じているクライエントは，もし彼らが治療関係で危険を感じた場合，それらの感情（フィーリング）をそう簡単にあらわさない。

セッション中のネガティブな反応の隠蔽に加えて，クライエントはしばしば重要な材料を開示しないことがある（Hill et al., 1993; Kelly, 1998; Regan & Hill, 1992）。これらの研究において，情動に圧倒された，恥じたり困惑した，開示することを避けたいと思った，ヘルパーが理解していないのではと危惧した，あるいは自分かヘルパーのどちらかがその開示を扱えないと考えた等の理由で，クライエントは物事を告げないままにしたということを示した。ヘルパーにはクライエントの心を「読む」ことができない。それゆえ，クライエントがどのように反応するかわからないということに気づかせてくれるので，これらの結果は重要なのである。

クライエントがネガティブな反応をした（そしてしばしばそれらを隠す）場合，これらの隠蔽されたネガティブな反応を見破れるのかどうか見極めることが重要のように思われる。ヒルとステファニー（Hill & Stephany, 1990）は，クライエントの特定の非言語行動が，クライエントの報告したポジティブ反応とネガティブ反応に関連しているのかに注目した。彼らが発見した唯一の結果は，クライエントがネガティブな反応を経験していると，クライエントのうなずきの回数が少なくなることであった。クライエントがヘルパーのしていることを好ましく思っていないとき，クライエントはより活気がなくなるようである。これらの結果が示唆していることは，クライエントの不満や苦しみの徴候として非言語的な動きがにぶるのをヘルパーはできる限り注意してみる必要があるという点である。

●クライエントの反応に何が影響しているか

たくさんの要因がヘルパーの介入に対するクライエントの反応に影響している。第一に，クライエントの反応は，そのときの彼らのニーズに影響されている。例えば，重大な危機にあるクライエントは，ほとんどどの介入も黙認する。それは，死にものぐるいで援助を必要とする状況にあるからである。対照的に，精神的に健康なクライエントは，職業についての意思決定という具体的なニーズをもっているかもしれない。それゆえ，どのようにこの決定を援助してくれるかについてヘルパーが知識をもっていることが求められるだろう。

私はまた，クライエントの反応は，治療関係に媒介されると推測している。一般的にポジティブな関係性では，クライエントは敵対する反応をしないでヘルパーが犯すいくつかの誤りに耐えるかもしれない。それは，ヘルパーが純粋に援助的であろうとしていると感じるからである。しかしながら，もし関係性に問題がある，すなわち安定していないと，ヘルパーが何をしても不機嫌なクライエントからはネガティブな反応を引き起こすかもしれない。

また，クライエントの反応は，ヘルパーの意図についての彼らの印象によっても影響されているようである。例えば，もしクライエントが，自分のヘルパーがヘルパー自身の個人的なニーズを追求しており，自分に最大の関心を抱いていないと考えるなら（ヘルパーの実際の意図がどんなものであろうと），クライエントはネガティブな反応をするかもしれない。もし，セラピストは自分のクライエントが援助を必要としているからではなく，もっとお金を儲けたいためにセラピーを行っているのだとクライエントが考えるなら，クライエントはたいそう腹を立て，協力的でなくなるだろう。対照的に，もしクライエントが自分のヘルパーが援助的であろうと奮闘している（おそらく首尾よくいかないが）初心者だと考えるなら，彼らは同情的になり，ポジティブな反応をもつだろう。クライエントの認知は，たとえそれがヘルパーの意図の「現実性」と一致しなくても，クライエントの反応に影響すると思われる。

●クライエントの反応についてのヘルパーの気づき

2つの研究（Hill et al., 1991）において，ヘルパーはクライエントのネガティブな反応（例：反応なし，挑戦された）よりもポジティブな反応（例：支持されたと感じた，治療的な作業）を見つけ出すのが上手だということを見出だした。クライエントがネガティブな反応を表出しないために，ヘルパーはこれらの反応に気づくことができないと考える人もいるだろう。実際，ヒルら（Hill et al., 1992）および，ヒルら（Hill et al., 1993）は，クライエントがポジティブな反応よりも頻繁にネガティブな反応をしていたという証拠を見出だした。上記の研究で見出だされたり，情動に関する文献で示されているように，あるヘルパーは他の人よりも反応を読み取るのに優れているとも仮定できるだろう（J. A. Hall et al., 1978; Rosenthal et al., 1979）。それゆえ，クライエントの反応を読めないことは，クライエントが自分の反応（特にネガティブなもの）を隠しているのか，ヘルパーが反応（特にネガティブなもの）を認知するのに困難を抱えているのかのいずれかによる。

反応についての研究から得られる知見は，クライエントがセッション中にネガティブな感情（フィーリング）を抱いていたり，何かを隠していたりしても，ヘルパーは気づかない場合があるということを自覚するよう戒めるものである。私は，ヘルパーがクライエントが感じていることに気づくようになればなるほど，ヘルパーとしてよりよい働きをするようになると推測したい。さらに，ヘルパーは，特にネガティブな感情が自分たちに向けられているとき，ネガティブな感情を理解し作業するよう訓練されねばならない(Hill et al., 2003)。そのような訓練は，セッション中，クライエントにより効果的に対応すること，ネガティブな感情（フィーリング）が表出され，健康的なやり方で応答するような関係をクライエントが体験できるようにすること，および，日常の葛藤をどのように効果的に扱うかについてクライエントのためにモデル（お手本）を提供することを，ヘルパーに身につけさせるのに役立つ。

クライエントのニーズすなわち目標

クライエントは自分が相互作用から何を必要とし欲しているのか，およびヘルパーから何を得ることができるかを特定のときに判断する。クライエントはヘルパーの介入の受け身的な受け手ではなく，相互作用から彼らが必要としていることを得られるように積極的にかかわる。例えば，あるクライエントはさらなる直面化を避けようと身を引く必要性を感じるかもしれない。別のクライエントは，ヘルパーが自分を正確に理解し秘密を託せるので，もっと秘密を話したいと決心するかもしれない。

クライエントは自分のヘルパーに影響を与えたいとも思っている。彼らは，ヘルパーが提案したことはなんでもやってヘルパーを感動させたり，喜ばせたいかもしれない。例えば，サムは自分のヘルパーを喜ばせたい，そこでヘルパーがどんなにがんばっているかについて話し続ける。別のクライエントは自分についての評価を汚したくないので，恥ずかしすぎる秘密を打ち明けないと決心するかもしれない。

クライエントがヘルパーから引き出したい反応を意識的に企てると言っているのではない。むしろ，クライエントは過去の経験を基盤として，自分のニーズに合ったものを得る可能性を最大化する方法で振る舞うのだと私は信じる。クライエントが相互作用から得たいと欲していることと，ヘルパーに与えたい影響についての，この決定プロセスのたいていのものは意識的に計画されたものというより，むしろ直観的なものである。これらのクライエントの目標のいくつかは，転移によって影響される。転移は，クライエントが自分の人生の中で重要な他者（例：両親）が振る舞ったやり方を，ヘルパーに振る舞ってほしいと期待するやり方に投影するときに生じる(Gelso & Hayes, 1998; Gelso et al., 1999)。例えば，もしクライエントが子どもの頃に誰も耳を傾けてくれなかったと感じたら，今おそらく誰かが自分の話に耳を傾けたがっていると信じることはできないだろう。それゆえ，たとえヘルパーが話をよく聞こうとしていても，クライエントはヘルパーが本心から傾聴したいと思っていることを「証明」してほしいかもしれない。そうしないとセッションで話をしないだろう。このクライエントは，ヘルパーが何を言ったらよいかわからないので黙っていると認識するのではなく，ヘルパーが自分に退屈しているので沈黙が生じたと認知するかもしれない。別の例は，すべての年長の男性は自分の父親がそうであったように批判的だと信じているクライエントである。年長の男性ヘルパーが少しは違うかもしれないと信じるのは，そのクライエントには難しいかもしれない。

クライエントの行動

クライエントは自分の反応，治療関係についての感情（フィーリング），相互作用におけるニーズ，および望ましい影響のための目標を基盤として具体的な行動に従事する。クライエントの行動システムは別表Hに記載されており，次のことを示している。クライエントは抵抗し，同意し，適切な要求をし，詳しく話し，認知－行動的あるいは感情的探求に取り組み，洞察を得，治療的変化について話し合うことができる。クライエントの行動は，相互作用だけではなく，コミュニケーション能力，ニーズの自覚，病理のレベル，およびパーソナリティ構造によっても決定される。それゆえ，あるクライエントは自分の苦痛の原因を説明するのにとても理路整然と洞察に満ちているかもしれないし，別のクライエントは感情（フィーリング）を伝達するのが得意ではなく，その瞬間に感じていることに気づいていないかもしれない。

クライエントの反応についてのヘルパーのアセスメント

今度はヘルパーが，自分の介入へのクライエントの反応を査定しようとする。例えば，彼らはクライエントが支持され理解されたと感じているか，混乱し誤解されたと感じているかどうかを観察する。残念ながら，ヘルパーはいつもクライエントの反応を正しく判断できるとは限らない。ヘルパーはクライエントの心を読むことができると一般には受け取られている。実際，ヘルパーは，クライエントのポジティブな反応はまだいくらか正しく認知できるけれど，自分の介入へのクライエントのネガティブな反応を認知するのには特に長けてはいないということを，私たちの研究は示唆している（Hill, Thompson, & Corbett, 1992）。先に述べたように，クライエントがヘルパーに対してネガティブな反応を隠すので，クライエントのネガティブな反応を認知する能力があまり発展しないのかもしれない。人々はしばしば，幼い子どものときに，相手を怒らせたり罰せられたりするのを恐れてネガティブな反応を示さないように学習する（例：児童が教師に，「先生が言ったことが気に入らない」と話したときにどんなことが起こるか想像してみなさい）。それゆえ，ヘルパーはクライエントがネガティブな反応を示さないからといって，ポジティブな反応をしたと思い込まないよう用心すべきである。

また，ヘルパーはクライエントがネガティブな反応をしたときに認識したくないかもしれない。クライエントの認知が転移のために歪められるかもしれないのとまさに同じように，ヘルパーの認知はときに自分自身の過去の経験，「逆転移」と呼ばれている現象によって歪められる（Gelso & Hayes, 1998; Hayes et al., 1998 を参照）。例えば，多くのヘルパーは自分に向けられたクライエントの怒りに苦労している。彼らは誰からも好かれることを望み，そしてクライエントが自分に怒りを覚えることに恐れを感じ衝撃を受ける。クライエントが怒ったとき，これらのヘルパーはクライエントが怒りを表明できたこと（それらは他の感情（フィーリング）かもしれない）をありがたく思うよりもむしろ，個人的に自分を拒否するものとして，怒りを誤って解釈するかもしれない。別のヘルパーは，自分が何ごともよりよくし，すべてのクライエントを幸せにする義務を感じているので，クライエントが動揺したり泣き叫ぶことを受け入れがたいと感じるかもしれない。重ね重ねであるが，こうした理由により，ヘルパーを職業として考える人にとって，自分自身の問題，ニーズ，および限界を探求することが欠かせないのである。

残念ながら，すべてのヘルパーがスキル訓練を受けているわけではないし，クライエントへの自分の介入の効果を検証することを学習したわけではない。そのため，彼らは特定の状況下でのクライエントのニーズに合致した介入よりも，自分が心地よく感じる介入を使う。また，そのうちにヘルパーはクライエントに対する自分の行動の影響に鈍感になり，クライエントが内的にどのように反応しているかを知っていると思い込んでしまう危険がある。ヘルパーは，たとえ経験豊富であっても，自分に対するクライエントの反応とクライエントへの介入の影響に気づくよう努力せねばならない。

ヘルパーの再評価：進行中のプロセス

クライエントの反応の認知（正確であるかどうかにかかわらず）と外に表れる行動の観察を基盤として，ヘルパーは次の介入のために新しい意図と付随するスキルを再評価し考え出す。もしヘルパーが直近の介入が成功したと認知し，類似した介入が適切であるだろうと考えたら，同じ意図－スキルの組み合わせを続けるかもしれない。例えば，**反映**を行った結果，クライエントが悲しみについて語ったとしたら，ヘルパーはクライエントがより深くこれらの感情（フィーリング）を探求するのを援助するのにもう一度**反映**を使うかもしれない。もしヘルパーが，直近の介入は有益であったが，何か新しいものが必要であると認知したら，異なった意図－スキルの組み合わせを選ぶかもしれない。例えば，もしヘルパーが**反映**を使い，クライエントが深い感情（フィーリング）について話すことで応答し，ある程度達成できたと思えば，ヘルパーは問題の他の側面をもっと洗い出すために**開かれた質問**を使おうと判断するかもしれない。

もしヘルパーは，直近の介入がクライエントに十分に受け入れられないと認知するなら，なぜその介入が成功しなかったのかを見極めようとするかもしれない。もしタイミングがよくないなら，その介入を続けないことを決断するか，その問題についてもっと学ぶための探求的な介入へと戻ることを決断する。対照的に，もしヘルパーが介入のための意図は的確だが間違ったスキルが使われたと判断したら，ヘルパーは同じ介入を実行するのに異なったスキルを利用するだろう。例えば，ヘルパー初心者は「それについて何か感じましたか」といった**閉じられた質問**をすることで，感情（フィーリング）についてクライエントに話すよう促す意図を実行するかもしれない。もし，クライエントが「いいえ」と答えて，さらに何も付け加えなかったら，ヘルパーは**閉じられた質問**が探求を促したのではなく，探求を止めたのだと認識するかもしれない。ヘルパーは次の介入で**感情（フィーリング）の反映**を利用し（例：「今は恐い感じがするようですね」），そのクライエントがどのように応答するか観察するだろう。このように，クライエントの反応に注意を払うことにより，ヘルパーは現在のニーズに適合した新しい介入を考え出すことができる。

ヘルパーの介入の効果についての最も重要な基準がクライエントの反応であるとしたら，ヘルパーは自分の介入が有効であったかどうかを見極めるために，クライエントの反応をモニターする必要があり，クライエントがネガティブに反応したときは介入を修正する必要がある。私は，ヘルパーのことを個人に関する科学者だと考えたい。つまり，あるクライエントへのそれぞれの介入の効果を究明し，何がうまくいき何がうまくいかないのかをテストし，それから次になすべきことを決定する。ヘルパーはこのように個々のクライエントと作業することにとても注意を払う必要がある。たとえ，あるヘルピング・スキルがあるクライエントに十分に作用したとヘルパーが感じたとしても，同じスキルが別のクライエントでもうまくいくとはかぎらない。

もちろん，このような意識を保つには，ヘルパー自身がフィードバックに耳を傾けられること，自分のできる範囲で何か異なったことを試みるスキルをもつこと，誤解が許容される十分によい関係をクライエントと結ぶことが必要となる。残念ながら，多くのヘルパー側の問題によって，このプロセスが妨害されうる。すなわち，運の悪い日(a bad day)，耳を傾けないことと意識の欠如，スキル不足，あるいはクライエントとの十分によい関係が築けていないことなどである。

いまだかつて完璧なヘルパーはいない，というのはヘルピングにおいて完璧という概念はないからである。完璧なヘルパーであることは，クライエントに有益とはならないだろうと言うこともできるだろう。なぜなら，そんな人は現実的な関係性に存在しないのであるから――誰もが過ちを犯し，過ちをどう扱うかを学習することはとても治療的なことであろう。自分の過ちを認め，謝罪し，その出来事に対処するヘルパーは，関係性における問題の扱い方についてクライエントに絶好の例を提供することができる。ヘルパーは，リラックスし，ベストをつくし，自分の経験から学習しようと試みるべきである。さらに，ヘルパーは，自分の効果性の障壁となるものへの対処に役立つたくさんの訓練とスーパービジョンを求めるべきである。

外的な世界

通常，ヘルピング・セッションは1週間か数週にたった1時間程度なのに対して，クライエントは残りの日常生活をヘルピング・セッション外の場面で送っている。私たちはヘルパーとして，クライエントがヘルピング・セッションから学んで得たものを，「現実の生活」に適用しようとすることを望んでいる。ヒル(Hill, 1989)が提示した短期サイコセラピーのある事例で，セラピストはクライエントが自分を必要としていないし自分が言ったことは何も聞きたくないように思えるという事実をクライエントに突きつけた。クライエントは自分をそんなふうに見ていなかったのでとても驚いた。クライエントは，関係性について熱心に作業してきたと考えた。クライエントはこのことを友だちに相談すると，友だちは，クライエントは落ち着いているようだし，何も必要としていないように思えるとのセラピストのアセスメントに同意した。セラピストと友だちの両方からこのフィードバックを聞かされ，クライエントは自分の行動に目を向けざるをえなかった。この場合，クライエントは友人からのフィードバックを，セラピーで学習してきたことを実証するのにうまく役立てることができた。理想的なのは，クライエントがセッション終了後，次のセッションまでにヘルパーが言っていたことについて考え，問題について作業し続けることである。

積極的サイコセラピー(intensive psychotherapy)では，次のセッションまでの間に，ヘルパーについてのイメージ，すなわち内的な表象と呼ばれてきたものをクライエントに思い描かせ，ヘルパーのことを思い出させることがある（Farber & Geller, 1994; Geller et al., 1981; Geller & Farber, 1993; Knox et al., 1999; Orlinsky & Geller, 1993）。例えば，あるクライエントは，自分のヘルパーと想像の中で討論をして，困難な状況でヘルパーがどんなことをするように勧めるであろうかを理解するだろう。別のクライエントは，困難な状況でヘルパーが自分を慰めているのを想像するだろう。これらの内的な表象は，クライエントが次のセッションまでの間を切り抜ける助けとなる。

しかしながら，外的な世界の関係性は，ときにセラピーにおける進捗の障壁となりうる。おそらく最も明確な例は，クライエントの変化が家族生活の現状を脅かすときに，家族メンバーがクライエントの進歩を揺るがしてしまうことである。例えば，ひどく太っている男性の体重減少は，彼の婚姻関係を脅かすかもしれない。妻は，夫が今では他の女性にとって魅力的であり，自分に興味を失うかもしれないと危惧するだろう。妻は夫をそそのかして体重を元通りにすべく，おいしい，太らせるデザートを作り始めるかもしれない。こうして関係は安定する。これらの行動は，必ずしも意識的に行われるわけでないが，しばしば関係性における安定を維持するための死にものぐるいの試みとなる（Watzlawick et al., 1974 参照）。このように，外的な世界における出来事は，治療的な作業の援助と妨げの両方になりうる。ヘルパーは，セッションで進行していることにただ立ち会うだけではいけない。むしろ，外的な世界がヘルピング・プロセスにどのように影響しているかに気づく必要がある。ヘルパーはまた，ヘルピング・プロセスを進展させるために，クライエントにヘルピングの場以外でも問題について作業するよう促す必要もあり，自分自身の生活において責任をもって変化をなすようクライエントに促す必要もある。

結　果

これまでに論じた変数のすべて（ヘルパーとクライエントの背景変数，文脈変数，一瞬一瞬の相互作用のつながり，および外的な世界）は互いに影響し合い，ヘルピング・プロセスの結果を決定する。このように，結果は多くの要因によって影響され，個々の要因はそのプロセスの異なった側面に異なった影響をもたらす。

一般に，ヘルピングの結果は３つの領域に関して検討される。(a)再教化（remoralization），すなわちウェルビーイング（well-being）の拡張，(b)改善（remediation），すなわち症状の軽減の達成，(c)社会復帰（rehabilitation），すなわち家族関係や仕事といった領域における機能を妨害する，やっかいな不適応行動の軽減，である。結果研究が示しているのは，再教化は第一に生じ，セラピーにおいて変化させるのが最も容易なことだということである。改善はゆっくりしたペースで進み，そして社会復帰は達成するのに最も長い時間がかかる（Grissom et al., 2002; Howard et al., 1993）。それゆえ，クライエントはセラピーの数セッション後にはより有益さを感じるかもしれないが，クライエントがうつや不安の軽減を感じるには時間がかかるだろう。そして，対人関係や仕事において新しい方法で行動することに関してクライエントが変化するにはもっと長くかかるだろう。

結果についての別の視点は，個人内，個人間，および社会的役割遂行に関してである（Lambert & Hill, 1994）。個人内変化は，クライエント内部で生じる結果のことである（例：症状の軽減，自尊感情の向上，問題解決能力の改善，主張性のような新しい行動スキル，あるいはウェルビーイングの主観的感覚の強化）。個人間変化は，クライエントの親密な関係性で生じる（例：コミュニケーションの改善，結婚生活への満足感の増大，あるいは健全な関係性）。社会的役割遂行は，コミュニティにおける責任を果たすクライエントの能力のことである（例：職務遂行の改善，コミュニティ活動への参加の増加，学校へのより多くの関与，あるいは反社会的行動の減少）。例えば，3つのすべての領域においてよい結果が出ているクライエントは，自分自身についてよりよく感じ，自分の人生の意味やありのままの自分についてより明確な感覚をもち，夫との関係は改善され，そして病気で仕事を欠勤する日が少なくなるだろう。

ヘルパー，クライエント，およびクライエントの重要な他者は，しばしばヘルピング・プロセスの結果について異なった視点をもっている（Strupp & Hadley, 1977 参照）。例えば，ヘルパーはジャックをうまくヘルピングすることができたと喜びを感じ，彼が専攻科目を変更するつもりだと言ったので，ジャックはヘルピングからたくさん得るところがあったと信じている。それに対して，ジャックは，両親を喜ばすためだけにカウンセリングに参加していると感じ，ヘルパーの欲求を満たすためにセッションでていねいに傾聴し，従順に応答したが，ヘルパーが去るやいなやそのアドバイスはすべてさっぱり忘れたと感じるかもしれない。ジャックの両親は，息子が自分たちの望む職業を選ばなかったので悲しく感じるだろうし，ヘルピングですら自分たちの息子との関係を改善できないとあきらめるかもしれない。このように，ヘルピングの結果は，個人の視点次第でまったく異なっていることがある。

ヘルピングの３段階モデルについての実証的研究

3段階モデルの実証的な基盤を理解することは有益なので，プロセスモデルについてのいくつかの研究結果をまとめておく（Hill, 1992; Hill & Williams, 2000 参照）。

1．ヘルパーは意図と反応モードを理論的志向性（例：精神分析的 対 行動理論的）と職業的役割（例：キャリア・カウンセリング 対 サイコセラピー）に合わせて使う。
2．ヘルパーは同じヘルピング・スキルを使うのにさまざまな意図をもっている（例：**開かれた質問**は，情報を得る，焦点づけ，明確化，カタルシスを促す，認知の探求，感情（フィーリング）の探求，および治療関係を扱うのに使うことができる）。このように，ヘルパーの言語的な介入をきちんと記述する場合，意図とヘルピング・スキルの両方が必ず含まれることになる。
3．ヘルピング・スキルは，セッションの直後の結果に小さいが有意な影響を与える。
4．**解釈**と**自己開示**は，一般的に有益な応答モードであると思われてきたが，両方ともヘルパーに使われるのはまれである。
5．ヘルピング・プロセスにおけるクライエントの関与（例：体験していることのレベル）は，ヘルパーの介入の直後の結果に関連していた。具体的なヘルパーの介入が最も異なるのがクライエントがより低いレベルで体験しているとき（すなわち，話し続けた，あるいは物語を話していた）であり，あまり異ならないのはクライエントが中程度のレベルで体験しているとき

（すなわち，自分の感情（フィーリング）や思考について話していること）であった。

6．ヘルパーはクライエントのネガティブな反応よりもクライエントのポジティブな反応を見つけ出すのが上手であった。
7．クライエントのうなずきが少なくなるのは，ネガティブな反応を体験しているときである。
8．クライエントはセッション中にネガティブな反応を隠し，重要な話題について話さないままでいた。

ヘルピング・スキルの研究はとても難しい。ヘルピング・プロセスは複雑で，このヘルピング・プロセスを研究する研究方法は未完成だからである。他の人がヘルピング・スキルについて興味を覚えるようになり，ヘルピング・プロセスを研究するための新しい方法を発見することを私は願っている。特に，新しい尺度が，プロセスモデルの他の構成要素を査定するのに開発される必要がある（例：ヘルパーがクライエントの反応の評価を基盤にして新しい意図－スキルを考え出すことにどのように取り組むか)。プロセスモデルの構成要素がお互いに，そして外的な世界とどのように影響し合い，結果に導くのか見極めるためにも研究が必要とされる。

結　語

ヘルピング・プロセス全体が信じられないほど複雑であるのは間違いない。訓練を始めたばかりの人にとっては特にそうだろう。同様に，車の運転に必要なすべての動作は，運転を習得しようとする人にとって最初は圧倒されるもののように思われるが，後に運転に非常に慣れると，ドライバーは1つひとつの動作について考えなくても運転できるようになる（例：曲がるためにハンドルを回す)。この時点では，個々のスキルを理解するための枠組みをもてるように，モデルのおおざっぱな概観を提示しようとしている。次に，それぞれのスキルを個々に学習し練習することに焦点を当てる。それからやっと，ヘルピング・プロセスでそれらのスキルをどのように統合するかを論じよう。

考えてみよう

- ヘルピング・プロセスをとても複雑なものであると記述してきた。あなたもそう思うか。ヘルピング・スキルの構成要素で私が抜かしたのは何か，そして無関係な構成要素はどこに入っているか。
- ヘルピング・プロセスのどの部分が無意識的か（すなわち，意識にさらされていないか)。
- どうしたら，ヘルパーとクライエントは意図と反応への意識を高めることができるか。
- ヘルパーとクライエントが同じ相互作用（やりとり）を異なって体験するのはなぜだと考えるか。
- クライエントの変化を導くうえで，ヘルピング・スキルは治療関係にどのくらい重要だと考えるか。

■ヘルピングは生まれもった特性か，それとも人は訓練を受けることで，より有能なヘルパーとなりうるのか。

4章

ヘルピングにおける倫理的問題

知的な誠実さ，勇気，および親切さは，
今なお，私がもっとも認める徳である。
——ゲルティ・コリ

あるクライエントとの初回セッションを終えるときを想像してみなさい。あなたは最初とても不安だったが，そのセッションの間中，クライエントに焦点を当て続けた。あなたはそのセッションを楽しみ，このクライエントと作業した結果，よりよいヘルパーになったと感じた。クライエントは，セッションがとても有益であると話し，一緒にコーヒーでも飲みませんかと尋ねてきた。あなたはどうするか。

ヘルパー初心者はヘルピング・スキルを学習し，実践するにつれて，上記に類似した倫理的なジレンマに遭遇するだろう。倫理的な困惑に直面したとき，ヘルパー初心者は専門的かつ倫理的なやり方でどのように対応したらよいかわからない場合が多い。この章は，あなたが倫理的ジレンマを乗り切り，倫理的な問題をどのように解決するかについて妥当な判断ができるように書かれている。

倫理の概観

倫理的になるとはどういうことか

倫理は，専門職が質の高いサービスを提供することを保障するための原則であり規準である。そして，専門職がともに作業している人物の権利を尊重することである。倫理的なやり方で振る舞うことには，その専門職を規定する法律と規則に従うことも含まれる。したがって，原則と規準は，その専門職に携わる人々の総意によって定められた，目指すべきガイドラインである。他方，法律と規則はある行為に対する法的な拘束力をもつ規定であったり，禁制であったりする。これらの原則と法律（専門家や法律によって定められたもの）と個人的な道徳性（例：中絶権利に賛成するか反対するか）とを対比することが重要である。

ヘルパー初心者はまだ専門家ではないが，その専門職の倫理的な規準に従うべきである。コーヒーを飲みに出かけようとヘルパーを誘うクライエントの例で，ヘルパーはこの状況で生じる倫理的な問題を考慮してから対応を決定するほうがよい。一緒にコーヒーを飲みにいくことがクライエントにとって治療的かどうか，あるいはこの関係を広げることが依存性（したがって有害となりうる）を促してしまわないかどうかを熟考したほうがよい。また，コーヒーを飲みにいく申し出を受け入れ，クライエントと友人になりたいと思うかもしれないが，ヘルパーは治療関係のうえでそのようにすることの影響をよく考えるべきである。

振る舞いについての倫理綱領

ほとんどの援助専門職（例：カウンセリング，医療，看護，心理学，ソーシャルワーク）は，実践家とクライエントの両方を保護することを意図した倫理綱領を発展させてきている。これらの綱領には，専門職が自分の意思決定をするのに必要な，基本となる倫理原則が記されている。これらの原則は，専門職に妥当なやり方で振る舞い，クライエントのケアの質を保障し，および自分の仕事を通して社会へと貢献することを促す。原則は，「正しい答え」を提供するのではなく，倫理的なやり方で振る舞い，倫理的なジレンマを解決するためのガイドラインをヘルパーに提供するものである。綱領には，振る舞い方の具体的な規準も含まれる。これらの規準は規則であり，専門職がしなくてはならないこと（例：守秘義務について伝えること）と，することが禁じられていること（例：クライエントと性的な関係をもつこと）を示している。表 4-1 に専門家団体とその倫理綱領が閲覧できるウェブサイトを列挙する。

一般的な倫理原則

多くの倫理綱領は，6つの基本的倫理原則の重要性を強調している。6つとは，自律性（autonomy），慈善（beneficence），非有害性（nonmaleficence），公正（justice），誠実（fidelity），および正直さ（veracity）のことである（Beauchamp & Childress, 1994; Kitchener, 1984; Meara, Schmidt, & Day, 1996）。

「自律性」は，その結果が他者に不利に影響しないという条件で，選択し，行動を起こす（消費者と提供者の両方の）権利のことである。この原則は，個人の信念システムの基盤に基づいて行動を決定する機会を認めるものであり，アメリカ社会においてきわめて重要な価値があると考えられている。例えば，ヘルパーはクライエントが，ロースクールへ進学してほしいという両親の願いには左右されず，将来の自分の進路を決定するのを援助するために作業するかもしれない。突然，クライエントは，カウンセリングを終了し，カントリーミュージックシンガーとしてのキャリアを追求するために学業をあきらめると言ってきた。ヘルパーはクライエントにこの決断を考え直し，カントリーミュージックシンガーとなった場合の人生のよい面，悪い面を考えるように諭してしまうかもしれない。しかしながら，自律性の原則は，決断が他者を傷つけるものでないならば，クライエントが自分自身の決断をする権利を認めるものである。この例においては，ヘルパーはナッシュビルにある専門学校に通うというクラ

表 4-1　倫理綱領

アメリカ婚姻・家族セラピー学会（2002） www.AAMFT.org
アメリカカウンセリング学会（1995） www.counseling.org
アメリカ心理学会（2002） www.apa.org/ethics
アメリカスクールカウンセラー学会（1998） www.schoolcounselor.org
アメリカソーシャルワーカー学会（1996） www.naswdc.org

イエントの決意を支持し，同時にミュージシャンになるという夢を追求することを支持した。

「慈善」は，他者の成長を促したり援助したりすることで「よいことをなす」という意図のことである。この原則は，ヘルパーは自分のクライエントの成長と発達にコミットメントすべきであると明確に述べている。最も包括的で最新のサービスをクライエントに提供するよう努力するヘルパーは，慈善の原則を実践しているのに対して，単に金儲けのためにクライエントと面接するヘルパーはこの重要な原則に反している。

「非有害性」は，「とにかく，危害を与えない」というフレーズで記述される。専門職は自分の介入と行動が不注意にもクライエントに危害を与えずにすむようにすることが求められる。したがって，（たとえ，意図しないものであっても）ヘルパーの役割を無視することは問題となりうる。例えば，ヘルピングの授業をとっているある学生が，友だちとマルガリータを飲みすぎて，その日の授業で受けたヘルピング練習セッションのことを話すかもしれない。のちになって，彼は練習相手であるクライエント役の学生が隣のブースにおり，おそらく彼女の問題について友だちに話しているのを聞かれてしまったということもわかった。ヘルパーはクライエントの名前を言わなかったし彼女を害する意図もなかったけれども，彼の練習相手についての秘密の情報を話してしまったことで思いがけず傷つけてしまった責めを負うべきかもしれない。

「公正」は，公平さ，すなわち，すべての人に機会と資源の均等を追求することである。支払いのできない人にも自分たちのサービスを利用可能にすることによって，ヘルピング・サービスの不均衡な分配を矯正する倫理的な責任をヘルパーがもっているということを意味するものとして，これを解釈することもできる。例えば，ヘルパーは非営利団体でボランティアを行うことによって公正な社会を築くことに貢献できる（例：暴力をふるわれた女性のための保護施設，エイズに感染した人のためのクリニック）。公正を促進するもう1つの方法は，支払い能力，所在，使用言語の選択，障害の状態にかかわらず，メンタルヘルス・サービスが必要とされている人々に利用可能にすることを保障するよう，公共政策や法律に影響を与える試みである。

「誠実」は，約束を守ること，他者との関係において信頼に値する人間であることを指す。誠実はヘルパーとクライエントとの間の関係の重要な構成要素である。ヘルピング・セッションで決められた約束事項に誠実であるというヘルパーの能力への信頼がなければ，最小限の進歩しか得られない。例えば，ヘルパーとクライエントとのとりきめには，通常，特定の時間に一定の回数のセッションで両者が会うことが含まれる。もし，ヘルパーがセッションのたびに決まって20分遅刻したら，この時間はクライエントのために設けられているという約束を破っている。このような違反はヘルピング関係の発展に有害な影響を与えうる。

「正直さ」は，真実を話すという意味であり，ヘルピングと研究場面の両方において遭遇するジレンマに効果的で必須の原則である。クライエントはしばしばヘルピング・セッションにおける自分たちの相互作用について，正直なフィードバックを提供するヘルパーを頼りにする。あるヘルパーと何か月も作業した21歳のクライエントの例がある。タキーシャはこの数セッション中ほとんど進歩せず，ヘルピング・セッションにおける作業についていくつか直接的なフィードバックをヘルパーに求めた。そのヘルパーはいくつかのポジティブな意見を伝え，同時にタキーシャが自分で解決するべき問題を他人に責任転嫁しているように思えることも指摘した。タキーシャはこのフィードバックを聞いて気分を害したが，ヘルパーが正直に話してくれたことに感謝し，自分の問題として考えたくないという気持ちがどれだけ自分の人生に変化をもたらすうえで支障になっていたかを理解できた。

ヘルパー初心者に関連した倫理的な規準

専門職のセラピストとカウンセラーにとって重要な倫理的問題はたくさんあるが，ここではヘルパー初心者が経験しそうないくつかの事柄だけに焦点を当てる。

守秘義務

ヘルピング・スキルを学んでいる学習者は，実在する問題のことを話すクラスメートやボランティアのクライエントと練習するとき（もちろん，彼らがメンタルヘルスの専門職になる訓練を続けるなら，のちにも），守秘義務の問題に出会うだろう。限られた状況を除いて（例：スーパーバイザーに対してや法律によって必要とされたとき），ヘルパーはヘルピング・セッション中に分かち合われた情報を漏らさないことによって，クライエントの守秘を尊重することは重要である。守秘義務を維持することは，もし学生がそのセッション以外の場でクライエントとやりとりすることがあったり，共通の友だちをもっている場合，困難をともなうことがある。しかしながら，ヘルピング関係がうまくいくかどうかは，ある意味で，セッション中にヘルパーと分かち合われた情報が守秘されることをクライエントが信じられるかどうかにかかっている。

守秘義務にはいくつかの限界がある。第一に，あなたが自分の誤りから学び，ヘルパーとして成長できるように，クライエントについてスーパーバイザーと話ができなくてはならない。第二に，もしそのクライエントが自己や他者に危害を与える意図をあなたに表したなら，法律に従ってその危険性を通報する義務がある。第三に，もしあなたに児童虐待を明かしたら，あなたはこの虐待を

表 4-2　インフォームド・コンセント

私は，私のヘルパーが訓練中の学習者であることを理解しています。

私は，訓練とスーパーバイズの目的で，私のヘルピング・セッションが録音あるいは録画されていること，どの録音・録画も私のヘルパーとこの講義にかかわっている人だけが視聴できること，法律に従って守秘義務が厳密に守られることを理解しています。記録物は一定期間で破棄されます。

私は，このセッションで話し合われたすべての情報について，以下のいくつかの例外を除き，秘密が守られることを理解しています。

(a)スーパーバイザーがセッションを聴くかもしれない，あるいはセッションの逐語録（逐語録には特定できる情報がないものとする）を読むかもしれないこと。(b)自己あるいは他者に危害を与える意図（法律の定めるところによる）。(c)現在あるいは過去の児童虐待あるいはネグレクト（無視）の十分な疑い（法律の定めるところによる）。(d)裁判所の命令。

いつでも上記の条件への同意を撤回できることを理解したうえで，私はそのセッションへ参加すること，下記に署名をしたヘルパーにより録音・録画されることを了承します。

クライエントの署名：　　　　日付：
ヘルパーの署名　　：　　　　日付：

当局に通報する義務がある。初回セッションの一番最初に，クライエントに守秘義務の一般的な原則と守秘義務の具体的な限界についても伝えるのが重要である。また，セッション前に，ヘルパーとクライエントの双方が，表 4-2 に示したようなインフォームド・コンセント票に署名することが重要である。

限界を認めること

ヘルパーは自分が訓練を受けてきて，できる範囲内のことを認識し実践することがきわめて重要である。例えば，この講義を修了した後，あなたは基礎的なヘルピング・スキル（例：**傾聴**と**感情**（フィーリング）**の反映**）を提供するのに熟達しているだろう。だが，危機介入や重篤な精神疾患のある患者と作業するようなことには熟達してはいないだろう。一例として，ある友だちがあなたがヘルピング・スキルを学習していることに気づくかもしれない。この友だちが自分のいとこと話すように頼んできた。いとこは不思議な行動をしており，大学の心理学棟を破壊しろと言う声が聞こえてくるという。この場合，適切な倫理的行動としては，友だちのいとこと面接することはあなたの手に負える範囲外にあると，友だちに伝えることがあげられるだろう。幻聴が聞こえる人と作業する訓練をしてきて熟達した有能な実践家に紹介するために，スーパーバイザーか大学教員に話すことを申し出るとよい。

関連することで，私はヘルパーに自分の資格について正直に話すことを勧めている。自分をカウンセラーだと言ったり，実践訓練を受けていない心理的な介入を提供すると宣伝するヘルパーは倫理的な行動に反しているかもしれない。例えば，練習相手のクライエントはあなたを「心理士」と呼ぶかもしれない。あなたがヘルピング・スキルを学習する訓練中であり，まだ心理学を実践する学位も資格も所有していないとクライエントに伝えることも倫理的行動に含まれてくる。

さらにヘルパー初心者は，自分のクライエントに対して最善を尽せるようスーパーバイザーと相談しなければならない。ヘルピングの授業で，ある学習者は日常におけるすべてがストレスとなり自殺を考えていると話すクライエントと面接した。その学習者は，即座に自分のグループ実習リーダーに接触し，インストラクターと相談した。インストラクターは必要な援助を提供するために，そのクライエントに介入した。さらに，ヘルパーは自分自身の問題がヘルピング・プロセスを妨害するおそれがある場合，スーパーバイザーと相談することが必要となる。例えば，ジョンが長いつきあいのガールフレンドとの結婚の決断に悩んでいた同じときに，彼のクライエントも自分のパートナーと婚約するかどうか考えていた。ジョンはこの状況は害を与える可能性があることを悟っており，どうしたら婚約に関連した個人的な問題がクライエントとのヘルピング・セッションにネガティブな影響を与えずにすむかスーパーバイザーと話し合った。

クライエントにヘルピング・プロセスについて教育すること

クライエントはヘルピング関係の性質について理解する権利をもっている。多くのクライエントは正式なヘルピング・プロセスをそれまでまったく経験しておらず，どのようなことが期待できるかについて不確かである。ヘルパーはクライエントが情報を与えられたうえでそのプロセスに参加することを決断できるように，ヘルピングのプロセスについてクライエントに教える倫理的な責任をもっている（表 4-2 参照)。例えば，ヘルパーは料金，ヘルピング関係の期間，使われる技法，誰かが観察しているかスーパーバイズしているかどうかについて情報を提供するべきである。先に述べたように，ヘルパー初心者は守秘義務の限界とヘルパーとしての自分の立場（例：自分は専門家でないこと）についての情報もクライエントに与えねばならない。

さらにクライエントは，どのようなやり方で行われるか，どんな結果が期待されるかを理解する権利も有している。もしヘルパーが，ヘルピング・セッションを録音・録画する予定があれば，やりとりが収録される前にクライエントから許可を得る必要がある。さらに，もし家族やカップルを対象とするときには，ヘルパーは対応している期間中に生じる役割と関係を明らかにしなければならない。例えば，あるヘルパーは両親が離婚しようとしている若い女性のクライエントにヘルピング・セッションを行っていた。彼女の母親はこのとき悩んでいる最中で，離婚に関連したいくつかの事柄についてヘルパーにプライベートで相談に乗ってもらえないかと頼んだ。ヘルパーはクライエント（娘）と特別な関係をもっていることの重要性をやさしく伝え，母親との 1 回のヘルピング・セッションでさえ，この関係を危機にさらすことになるかもしれないと話した。母親は資格を有する他のヘルパーへと紹介された。

クライエントのニーズに焦点を当てること

ときに，クライエントの最も関心のあることは，ヘルパーのニーズと相いれないことがあるかもしれない。例えば，あるヘルパーは試験の勉強をする必要があったせいで，ヘルピング・セッションにうわの空で臨むかもしれない。そのヘルパーはその時間中，クライエントに焦点を当てるのが難しかったかもしれず，うちに帰って勉強できるようにセッションが早く終わることすら願っていたかもしれない。しかしながら，ヘルパーが集中して注意深くクライエントの関心事を傾聴すること，そしてヘルピング・セッション中はできる限り身を入れることは大変重要である。

クライエントの未解決の問題がヘルパーの利益となる行動として現れるときには，興味深い状況が生じる。例えば，ハイミーは，ヘルパーが机の上にある飲み物を飲むことが多いのに気づいた。ハイミーはそれから，ヘルピング・セッションのたびに，最初に飲み物をヘルパーに差し出すようになった。ヘルパーにとって自分が希望する飲み物を聞き入れてくれることが最も関心のあることとなるかもしれないが，倫理的行動としてはヘルパーはハイミーの行動の意味を理解しようとすることと，クライエントのニーズをまず優先するやり方で振る舞うことが求められる。この場合，ヘルパーはヘルパーを喜ばせたいという彼女の願望と，セッションに贈り物を持ってこなかったらヘルパーに見捨てられるのではないかという彼女の危惧を明らかにする援助をするとよい。おそらく，人とのかかわりにおいて，他者にあげる贈り物とは切り離して，自分自身こそが価値あるものとして見ることができるよう援助することがクライエントの最も関心を寄せることであろう。

ヘルピング関係が進展するにつれて，ヘルパーは自分が町を離れたりセッションができなくなった場合に，心理的サービスを確実に保障する責任がある。ヘルパーはまた，クライエントが治療目標に達したり，もはやヘルピング・セッションから利益を得られなくなったら，ヘルピングを終結する責任がある。ヘルピング関係を終結するときには，カウンセラーはクライエントが関係を終結し，健康的に機能できるように内的外的資源を結集する援助をする必要がある。ヘルピング関係を終結する方略は，22章で概観している。

有害な二重関係を避けること

権限をもつ誰か（例：ヘルパー，担当教員，あるいはスーパーバイザー）が権限のない個人（例：クライエント，学習者・学生，あるいはスーパーバイジー）とのやりとりにおいて別の役割を果たすようになり，やりとりが権限のない個人に危害を与えたり私的利用につながることになるかもしれないときに，有害性を秘めた二重関係が生じる。例えば，スーパーバイザーが学生の担当教員あるいは評価者であるというのは珍しいことではなく問題にもならないだろう。しかしながら，もしスーパーバイザー兼担当教員がセラピストの役割も果たしていたとしたら，セラピーで明かされた秘密の情報が学生に不利益をもたらすために使われるおそれがあるので，その二重関係は有害と考えられるだろう。ヘルパーは他者と作業する際，権限の差異に気づく必要があり，クライエントがそのやりとりによって決して危害を受けないようにする必要がある。例えば，ヘルパー初心者がティーチングアシスタントも担当するクライエントを割り当てられたとして，クライエント兼学生が開示した内容によりヘルパーが試験を採点する際に不利に扱われると感じた場合，危害が生じるかもしれない。それゆえ，ヘルパーはヘルピング・プロセスの妨げとなるような他の関係が生じる人をクライエントとして引き受けるべきではない。

ヘルパーはまた，友人や家族メンバーにヘルピング・セッションを提供してはならない。ヘルピング・スキルは個人的な関係において効果的にコミュニケーションをするのに有効ではあるが，友人に対してヘルパーの役割を果たすことはいくつかの理由で有害となりうる。第一に，友人や家族メンバーの問題を傾聴するとき，客観性を保つことが難しい。客観性を欠くことは，ヘルピング・セッションに悪い影響を与えることがある。というのは，クライエントが自分にとって最もためになるように振る舞う援助をするのにヘルパーの思惑が妨げとなる場合があるからである。第二にヘルパーの役割は権限を有しているため，関係性において力関係のダイナミクスを妨害しうる。例えば，アルフォンソは，離婚の問題に直面したときに友人をヘルパーとして頼り始めた。そのうち，アルフォンソは仕事や子育てのことで問題が起きたとき，この友人に頼り切りになっていった。自分のヘルパーとなった友人との関係は，やりとりが常にアルフォンソの問題に焦点づけられるので破綻した。おそらく，二重関係が最も危害を与えるような例としては，クライエントと性的な関係をもつことがあげられる。クライエント（および以前クライエントであった人物）と性的な関係をもつことがネガティブな結果となりうることは，研究が示してきた（Pope, 1994）。よって，多くの専門家たちは，ヘルパーとクライエントとの間で性的に親密になることを禁じる明確なルールを発展させてきている。また，過去に性的な関係のあった人物にカウンセリングを提供することは，そのクライエントにとても有害になることがある。ヘルパーはたいていの場合，客観的ではなくなり，親密に関わってきたクライエントに質のよいサービスを提供することはできなくなる（性的な魅力の感覚（フィーリング）についての情報は，22章参照）。

自分の価値観に気づくこと

ヘルパーの価値観がクライエントに影響することは実証的な文献で示されてきた（例：Beutler

& Bergan, 1991)。つまり，ヘルパーはこの，クライエントとのやりとりにおける価値観と信念の影響を認識しておく必要があるということである。例えば，すべての女性は家庭の外に出て，高い地位を得て，伝統に縛られずに働くべきだと信じているヘルパーは，クライエントが自分に最も適していて，家族にも目を向けられる仕事を選ぼうとする気持ちをうっかりくじいてしまうかもしれない。ヘルパー初心者は熟練した臨床家のように，自分たちの偏見を理解するよう努めるべきである。このように，私は自分の価値観についての気づきを高めることと，ヘルピング・プロセスへの自分の価値観の影響を確認することをヘルパーに促している。

ヘルピングにおける価値観の影響は捉えにくいものかもしれない。ヘルパーは自分が気づかない，そのときどきのほほえみやうなずきといった非言語行動を通してセッションの方向性とクライエントの行為の選択に影響を及ぼせるのである。ヘルパー初心者はときに，うっかり自分にとって心地よい，あるいは興味深い状況について話すようにクライエントを促してしまうことがある。例えば，あるヘルパーはクライエントが自分の恋愛関係について話しているときは非言語行動によって大いに関心を示すが，話がルームメートとのことになると，あまり関心がないように見えることがあるかもしれない。

文化に注意すること

◎文化に関連した倫理的行動

倫理的行動には，ヘルパーが個人間の差異を心にとめ，自分たちが作業している人物についての理解を反映する基礎的なヘルピング・スキルを使うことが要求される（American Psychological Association, 2003 も参照)。ヘルパー初心者は，ヘルピング・スキルが文化的差異や個人差を超えて通用するとは思わないことが重要である。1つの例は，アイコンタクトを維持することはそのセッションへの参加の意志，興味，心を開いていることの徴候であるという思い込みである。ある文化（例：アジアのいくつかの文化）では，アイコンタクトをしないことが，権威ある人物への尊敬を意味することもあるので，ゆえにヘルピング・セッションではアメリカ文化の基準に従って解釈されるべきではない。

ときとして，異なった文化的背景出身のクライエントと作業するヘルパーは，介入を提供するときにクライエントの文化の重要性を無視したり，執着しすぎてしまう。ヘルパーにとって重要なのは，これらのクライエントにとっては伝統的なやり方のヘルピングで十分かもしれない（あるいは十分ではないかもしれない）ことを認識することである。例えば，レスビアンやゲイのクライエントと作業している異性愛者のヘルパーは，これらのクライエントと作業することについて文献を探るべきであり，これらのクライエントに存在するような特別な問題に注意するべきである（一方で，レスビアンとゲイのクライエントは異性愛者のクライエントと多くの共通点があるかもしれないことも理解すること)。例えば，ショーンはうつ状態で絶望感を感じており，大学のカウンセリングセンターに援助を求めた。ショーンがゲイの男性であったため，ゲイの男性が大学内で経験する差別からうつが引き起こされたとヘルパーは思い込んだ。ヘルパーは，異性愛者が大半を占める大学キャンパスにいるゲイの男性が経験するに違いない苦悩がどのようなものか理解しているとショーンに話した。ショーンはびっくりし，ヘルパーに怒りを覚えた。彼は性的志向性にかかわる問題のせいではなく，最近，妹が自動車事故で亡くなり，その喪失の悲嘆に見舞われているために援助を求めてきたのだ。このように，クライエントに深く影響するクライエントの文化に注意するのは非常に重要であるが，クライエントの文化的背景とそれに関連する体験が援助を求めるうえで主要な動機だと思い込まないことも非常に重要であるように思われる。

さらに，異なった文化的背景出身のクライエントと作業するヘルパーは，そのクライエントの目標が多数派の文化と一致する（あるいは一致しない）と思い込むべきではない。例えば，別の国から米国へ移住してきたブリジットは，将来を選択する援助を求めに来談した。彼女がヘルパーに説明したのは，両親はメディカルスクールに行くことを望んでいるが，科学科目での自分の成績がよくなかったことだった。ヘルパーは，彼女が医療職に就くことを望んでいないのだと誤って思い込み，彼女の興味，価値観および能力をもとに別の職業を選択するよう指示した（なぜなら，個人のニーズや能力に即して職業選択をすることは，米国に住んでいる多くの人たちにとって文化的な価値観であるからである）。しかしながら，もしヘルパーが注意深くブリジットに傾聴してきたなら，彼女は両親の期待と夢に見合わない自分の能力不足に打ちのめされている（1つには，家族の調和と両親の承認に価値観をおく，彼女の文化的背景のためである）ことに気づいただろう。

クライエントの文化に興味を示すことは重要であるが，異なった文化についてクライエントを頼りに教えてもらうのでは不適切である。ヘルパーは，スーパービジョンを受けたり，関連する資料を読んだり，人物や食べ物を通して文化に接することを求めたりして，クライエントの文化について自ら学ぶべきである。被虐待女性の保護施設で働くアフリカ系アメリカ人のあるクライエントは，アメリカ社会において弱者集団の一員であることだけでなく，ヨーロッパ系アメリカ人に自分の文化について教えるよう求められることへも不満を表した。

また，倫理的行動では，個人差や文化的差異への意識をもつこと以上に，自分の仕事の中で偏見と差別をなくすために嬉々として身を捧げることを大切にする。この献身には，自分の偏見を積極的に吟味し，差別的に振る舞う仲間に立ち向かい，力をもたない人のための代弁をし，社会変革のために働くことが含まれるだろう。例えば，あるヘルパーたちは，社会で重視されてこなかったクライエントたちのための成長グループやエンパワメントグループを手伝う。別のヘルパーは，カウンセラー，教師，および研究者としての経験を生かして，カウンセリング・プロセスを通してクライエントをエンパワーすることについての著作を書いた（McWhirter, 1994）。

●文化的な自覚

私たち皆が偏見や先入観についてと同様に，自分の文化的な価値観や信念を解き明かす真剣な自己探求に身を入れる必要がある。自分がどんなことに価値を見出だしているのかを認識できるように，自分の文化的な信念（例：依存しないこと，自律性，および家族に価値をおくこと）に気づくことが重要である。だが，これらの価値観がそのまま他の誰にでも当てはまると思い込まないこともまた重要である。自分たちの偏見や先入観を理解することは，自分たちと文化的に異なっているクライエントに危害を与えないために重要である。私たちは皆，知らず知らずのうちに心に浮かぶ偏見や先入観にとらわれる。実際のところ，ときどき，こうした感情（フィーリング）にとらわれるあまり，それが正しいことなのか疑問に思うことすらない場合がある。

最初のステップとして，あなたにとっての「感情を刺激する話題」（hot buttons）はどんなものか考えてみよう。もし，異なったタイプのクライエントに割り当てられたらどのように感じるだろうか。例えば，男性 対 女性，同性愛者 対 異性愛者，年上 対 年下，アフリカ系アメリカ人 対 ヨーロッパ系アメリカ人 対 ラテン系アメリカ人 対 アジア系アメリカ人，ユダヤ教 対 キリスト教 対 イスラム教 対 仏教 対 ヒンズー教，貧困層 対 富裕層，教育水準の高い者 対 教育水準の低い者，障害者 対 健常者。あなたがそのどちらになるかで異なった反応を示すなら（例：会うのが男性クライエントか女性クライエントで反応が異なる），立ち止まり，自分の反応について考える必要がある。自分の反応について，スーパーバイザーやセラピストと話し合い，それらを理解しようとすること。

次の重要なステップとして，ヘルパー初心者は他の文化について書かれたものを読むことで，理解を深めることができる。いくつかの卓越したテキストがあり，それらは多文化カウンセリングや特定の集団でのカウンセリングについてのさらなる情報を提供してくれる（Atkinson & Hackett, 1998; Atkinson et al., 1998; Helms, 1990; Helms & Cook, 1999; McGoldrick, 1998; McGoldrick, Girodano, & Pearce, 1996; Pedersen, 1997; Pedersen et al., 2002; Ponterotto et al., 2001; Sue & Sue, 1999）。

●文化に通じたヘルパーになること

スーとスー（Sue & Sue, 1999）が主張しているのは，文化に精通したヘルパーになることは決して終点に到達できない，現在進行形の継続したプロセスだということである。私たちが目指し，自己満足に甘んじることなく，そうあるよう努力していることである。以下にあげてあるものは文化に対する感受性の鋭いヘルパーの特徴である（Arredondo et al., 1996; Skovholt & Rivers, 2003; Sue & Sue, 1999）。

- 自分の文化と，それが自分のクライエントと作業するときにどのように作用するかを理解しようと努力する。
- ヘルピングについての自分の信念（例：スタイル，理論的志向性，ヘルピングの定義）がどのように自分の文化によって影響されているかについて理解しようと努力する。
- 先入観，偏見，人種差別行動に公正に対峙し，ヘルピング・プロセスからそれらを除外しようと尽力する。
- 多様なヘルピング・スキルをもち，さまざまな文化出身のクライエントのニーズに適合させて，それらを柔軟に用いる。
- 自分のクライエントの文化についてよく知っている。
- 差別と迫害がどの程度クライエントの生活に影響しており，問題を助長しているかを理解する。
- 自分自身と自分のクライエントの間の文化的差異を認め，それに取り組みつつ，援助したいという気持ちを伝える。
- 必要があればスーパービジョンを求めるか，紹介先を探す。

徳のあるやり方で振る舞うこと

倫理的な行動に関心を寄せる専門家は，倫理的なやり方で行動すること（つまり，倫理綱領で述べられたガイドラインに従う）から，徳のあるやり方で行動することに焦点を移し始めている。徳は，法律や規則よりも，実際的な道徳性を備えた人物であろうとする努力に関心を抱く点で倫理とは異なる（Meara et al., 1996）。この変化の一部は，倫理綱領がそれ自体は行動のための正確な明細事項を提供しえないという現実から生じるものである。ヘルパーは，6つの基礎的な倫理的原則を内在化し，包括的な倫理的意思決定モデルを実践し，クライエントとのていねいなやりとりを確実にするため，自分自身と自分の行動をモニターするよう訓練する必要がある。例えば，大学のカウンセリングセンターで，あるヘルパーがクライエントとのヘルピング・セッションをとてもうまく行うことができた。ヘルパーは女性クライエントに安全で開放的な環境を提供するため，基礎的なヘルピング・スキルを用いた。そのクライエントはセッションで多くの個人情報を話し，自分の人生における重要な問題に立ち向かっていた。その週末，ヘルパーはクライエントとあるパーティで出くわした。ヘルパーは，社会的場面でクライエントと会う場合のガイドラインを自分の訓練では扱ってこなかったので，この状況にどのように対処したらよいのかわからず，困ってしまった。これは介入のための「正しい」行動や規則の知識が欠けているケースであった。しかしながら，ヘルパーは感受性豊かで礼儀正しい女性であったので，クライエントが最初に声をかけてくるのを待ち，短い挨拶を返し，通り過ぎた。彼女の対応は徳のある行動に徹したものであるとともに，他者との徳のあるやりとりを推奨するもう1つ別の理由をも示している。遭遇するかもしれないあらゆる倫理的な状況への答えをヘルパーに提供するのは不可能である。そのかわり，徳のあるやり方で振る舞うことに徹している，気遣いと尊敬に満ちた態度でクライエントに接すること（それは，おそらく最も倫理的でもある）を私は推奨している。

他者をきちんと気遣えるように，自分自身をいたわること

しばしば軽視されていることだが，倫理的行動の最終局面の1つは，ヘルパーが自分自身をいたわることである。ヘルピングは，ヘルパーが自分自身の多くを他者に与えることを必要とする，心身を疲れさせる大仕事である。燃え尽き状態となる最短の道は，リラクセーションに注意を払わず，自分自身のニーズへの気遣いをしないで，他者の気遣いをすることである。仕事でクライエントを援助し，オフタイムの間も友人や肉親のニーズを気遣うヘルパーは，健康を損ないかねないこのパターンについて注意深く検証すべきである。

ヘルパーにとって，質の高いサービスの提供を確実にするため，自分の健康とエネルギーを点検する義務もある。ヘルパーは新たに加わったストレッサー，体調不良および心身の疲れ具合を定期的に評価するとよい。私はヘルパーに，やりがいのある仕事，支持的な関係，定期的な運動，および健康的な食習慣を自分自身の生活へと組み入れることによってバランスをとることを勧めたい。ヘルパーが差し迫った問題でサポートや援助を必要とするときは，カウンセリングを受けることも強くすすめたい。

倫理的なジレンマを取り扱うこと

ヘルパー初心者はそう多くの倫理的ジレンマに遭遇することはないかもしれないが，これらの状

況をどのように取り扱うかを学習することは，ヘルパーにとって倫理的なジレンマが生じた際の心構えができるので有益である。倫理的ジレンマは相いれない倫理的理由が競合しているときに生じる（Kitchener, 1984）。そのとき，ヘルパーが1つの倫理的な原則に基づいて行う行為は，別の倫理的な原則を破ることとなる。キッチナーは，倫理綱領に存在する固有の矛盾を記述した（例：「個人の自律性」に対して「クライエントのための決断をすること」，「守秘義務」に対して「他者を守ること」）。例えば，倫理綱領はクライエントのプライバシーと守秘義務の権利を保障していることが多い。倫理綱領は，他者への危害を最小化するよう努める重要性も認めている。これらの重要な規準は，同時に，もう一方の規準と対立する。例えば，あるヘルパーが，自殺する恐れのある若い女性クライエントと作業しており，その若い女性はヘルパーが自分の親とこの話をすることを望んでいなかった。その女性は，親が真剣に彼女に対応しようとしておらず，これらの考えをヘルパーに開示すると，自分は罰せられると感じていた。ヘルパーは，職業倫理綱領を検証しても簡単には解けないような倫理的ジレンマに直面した。この事例では，ヘルパーは女性クライエントに，彼女が自分を傷つけることのないように，親にこの情報を開示することが重要であると話した。それから，クライエントが同席し，許可を得たうえで，ヘルパーがクライエントの関心事について親と話し合った。

倫理的な意思決定のためのA-B-C-D-E方略（Sileo & Kopala, 1993）は，ヘルパーが倫理的ジレンマに直面したときに従うべき枠組みである。この利用法を説明するために，クライエントが前の晩に知人にレイプされたことを男性ヘルパーに開示した際の倫理的ジレンマを例として考えてみよう。この事例でのヘルパーは，その犯罪に憤りを感じ，即座に警察を呼びたいと望むヘルパー初心者である。クライエントは，しかしながら，ボーイフレンドとの関係を心配し，そのレイプのことを決して通報したくなかった。ヘルパーは，これは法律に従って守秘義務を破りレイプを報告する必要のある状況ではなく，そのかわりクライエントの希望に反して犯罪を通報するか，守秘義務を守るかの倫理的なジレンマであることを認識した。ヘルパーは，倫理的な意思決定のためのA-B-C-D-E方略を利用して，この難しい状況への対処の仕方を見つけるべく作業する。

A：アセスメント（Assessment）

ヘルパーはその状況を特定する。クライエントの状態と資源，およびヘルパーの価値観，感情，その状況への反応である。この事例では，ヘルパーは，クライエントは大学での4年間を終え，経営学の学位を取っており，適応状態がよく，賢く，有能な若い女性であると述べている。クライエントは，ボーイフレンドとよい関係であると報告している。レイプから立ち直るために2人の親友がサポートを約束してくれている。そして，彼女は「レイプ被害者の会」への参加に興味を示している。しかしながら，ヘルパーは加害者がクライエントにしたことに対して罰を受けるべきであると強く感じている。ヘルパーはその問題につい熟考して，自分の情動の強さは，自分の妹が大学1年生のときにレイプされたことを知った際，無力感を感じた経験から派生しているかもしれないと認めた。

B：利益(Benefit)

ヘルパーはそのクライエント，ヘルピング関係，およびクライエントの重要な他者にとって最善となりそうなことを評価する。この場合，警察へのレイプの通報と加害者の告訴は，クライエント，彼女のボーイフレンド，および将来の被害者になる可能性のある人にとってためになると，ヘルパーは信じた。しかしながら，ヘルパーは，クライエントがヘルパーや親友，およびレイプ被害者の会とレイプについて話し合うことが最高の援助となると信じていることも知っていた。たくさんの倫理的ジレンマがある場合，考えられる解決法のそれぞれに異なった利益が存在する。

C：帰結およびコンサルテーション(Consequences and Consultation)

選択しうる行動の結果生じうる，倫理的，法的，情動的および治療的帰結をさまざまに考慮したうえ，大きな問題を見極めたり取り扱う際に援助を提供しているスーパーバイザーに相談する。この事例では，スーパーバイザーはヘルパーに，警察へのレイプの通報はヘルパーがクライエントと発展させようと作業してきた信頼を揺るがすおそれがあることを見極める援助をする。さらに，ヘルパーは自分がクライエントの守秘義務とプライバシーの権利を脅かすことになることも見極める。ヘルパーがレイプを通報することは，クライエントがレイプされた後に感じた無力感を強めるだろう。

D：義務(Duty)

ヘルパーは次に，誰に対して義務があるかを考慮する。この場合，ヘルパーの第一の義務，すなわち責任はクライエントに対するものであり，彼女のボーイフレンドでも加害者の危害を受ける可能性のある他の女性に対するものでもない。彼のヘルパーとしての仕事は，自分のクライエントを絶対に傷つけないことであり，彼女の成長と潜在性を高めるサービスを提供することである。ヘルパーは，彼自身の加害者告訴への願望にかかわらず，クライエントの通報したくないという願望を守ることがどれほど大切かということを認識し始めている。

ときには，ヘルパーはクライエント以外の誰かを保護する責任をもっているかもしれない（例：クライエントが危害を与える可能性のある特定可能な人物）。ある子どもが虐待されているような状況では，ヘルパーは法律により，虐待を通報したり，クライエントに虐待を通報する援助をするなどしなければならない。さらに，クライエントが自己や他者に危害を与えるおそれがある場合，ヘルパーは危害を受ける可能性があると特定された個人の安全を保障しなければならない。例えば，もしこのクライエントがヘルパーに，加害者を殺害する計画を話し，その計画を実行する殺人幇助を依頼したら，ヘルパーには加害者への危害を防ぐ責任があるだろう。

E：教育(Education)

ヘルパーは，自分が受けてきた教育を振り返り，似たような倫理的ジレンマを扱う際にとるべき適切な行動（アクション）について学習してきたことを確認する。ヘルパーは自分の授業でのノートを参照し，現在利用できるウェブサイトを検索し（表 4-1 参照），そしてこの状況において最善の方略は，クライエントの秘密を守ることであり，レイプからの回復を援助することであると決断する。ヘルパーは自分の妹のレイプについて残っている感情（フィーリング）に対処するためセラピーに行くことも決断する。

結　　語

倫理的ジレンマは，「危機」を意味する2つの漢字で適切に表すことができる。つまり，「危険」と「機会」である。倫理的ジレンマは，クライエントの幸福が損なわれる可能性があり危険なものとなりうるが，ヘルパーに，自分が学んできたことと自分が価値をおいていることについて熟考し，それから専門家としての価値観と（個人が希望している）個人的な価値観とが一致したやり方で振る舞う機会も提供する。倫理的ジレンマはヘルパーに，重要な疑問と対峙し，それを解決し，また最善を尽くしてクライエントのニーズを満たすという独特な試練をもたらす。

考えてみよう

- ヘルパーに倫理的な制約を課している専門家集団について，あなたはどのように感じるか。
- もし誰かが倫理的な規準を破ったら，どのような帰結（consequence）になると思うか。
- 倫理における文化的な配慮について，あなたの意見はどのようなものか。あなたの反応がどのようにあなたの文化的背景に影響されているか論じなさい。
- 「感情を刺激する話題」(hot buttons）を特定することに意味はあるのか。
- 守秘義務とインフォームド・コンセントについて話し合うことで起こりうるポジティブな帰結とネガティブな帰結，およびそれらが治療関係にどのように影響するかを論じなさい。
- この章で述べられた以外で，ヘルパーによって害を引き起こしうる不注意な行いにはどのようなものがあるか。
- ヘルパーとして自分自身をいたわることが，ヘルピング役割での問題を防ぐことに役立つと，あなたは信じるか。

グループ実習 2　倫理的自覚

目標：ヘルパーが，ヘルピング・セッション中に生じるおそれのある倫理的問題を解決する方法について知識を深めること。

教示

4つの小グループに分かれる。以下の事例について，それぞれの状況で倫理的な問題を特定し，倫理的なジレンマを解決するために，A-B-C-D-E 方略のそれぞれのステップを適用しなさい。その後，1つの大きなグループになり，自分のグループの結論を発表しなさい。

事例 1：あるヘルパー初心者（ジャック）はヘルピング・スキルを練習したいと思い，学生宿舎にいる，友だちがあまりなく，たくさんの問題を抱えている人（サム）に気づいた。この章で述べた倫理的ガイドラインに沿った行動をしたいならば，ジャックはどのような問題を考慮すべきか。

事例 2：あるヘルパー初心者は摂食障害をもつクライエントと作業することに関心がある。なぜなら，自分がこの問題についてカウンセリングを受けてきたからである。最近，彼女はたくさんのストレスの下にあり，彼女の食事行動は不安定になりコントロールできなくなってきた。彼女に摂食障害をもつクライエントが割り当てられた。この章で述べた倫理的ガイドラインに沿って行動するならば，ヘルパーはどのように対応するべきか。

事例 3：あるヘルパー初心者はクライエントと3回のセッションで作業してきている。クライエントは，独身で魅力的な男性であり，ヘルパー（同様に独身の男性）が恋愛対象として魅せられる多くの資質をもっていた。これが最後となる3回目のセッション中，クライエントは酒を飲みながらもっと話がしたいそぶりを見せた。ヘルパーはクライエントに惹かれたが，ヘルピング関係が終わりかけていることと，「真」のカウンセリングのレベルまで至ったのかどうかということも考慮すると，どうすればよいかわからない。この章で述べた倫理的ガイドラインに沿って行動するならば，ヘルパーはどのように対応するべきか。

事例 4：この章の本文と演習から得てきた知識を使って，この章のはじめに提示された倫理的ジレンマに関してあなたがとると思われる行動を示しなさい。あなたの意思を決定するのに用いた方略を記述しなさい。

個人的な振り返り

- A-B-C-D-E 方略を上の事例に適用してみた際，あなたに個人的に生じた問題は何か。
- あなたが訓練中のセラピストであるなら，倫理的な「過ち」を犯さないためにどうしたらよいか。
- 倫理的な原則と規準を自分の個人的な道徳観とどのように適合させるか。

第Ⅱ部

探求段階

5章

探求段階の概観

自分の心をあかすと，軽く感じる。
——ユダヤのことわざ

米国に最近移住しきてから，ユセフは，みじめで，孤独で，自分には価値がないと感じていた。彼は自分が感じているありのままの感情（フィーリング）について話せるような親友を渇望していた。両親は彼を心配し，ヘルパーと話すことを勧めた。ヘルパーとの初回セッションの間，ユセフは自分が「孤独のために破裂」しそうだと感じていると話した。この国に移住してきて以来，彼は両親以外の誰とも話をしたことがなかった。彼は自分がどんなにいやな思いをしているか，両親に告げるのをためらっていた。なぜなら，両親をひどく心配させてしまうことが気がかりだったし，両親は何ひとつ自分の助けになることはできないと感じていたからである。ヘルパーはじっくりと傾聴し，ユセフの孤立，悲しみ，および拒絶についての感情（フィーリング）を反映した。ユセフは泣き始め，他の子どもたちと文化的背景が異なるために彼らとの違いをどれほど感じていたかについて話すことができた。ヘルパーは，彼に話をさせて，感情（フィーリング）をすべて表出させた。ヘルパーは彼を受け入れ，判断せずに傾聴し，彼の経験を積極的に理解しようとした。そのセッションの終わりに，ユセフはヘルパーに気分がずいぶんよくなったことを話した。彼は，自分が以前と違う，けれども大丈夫だと感じた。彼は友だちを作ろうという新たな意欲がわいていた。自分を気遣い理解してくれる人と話しただけで，悩まされていた重荷をおろすことができ，気持ちが楽になったのだった。

この概観についての章では，探求段階の理論的な背景を提示し，それからこの段階の主要な目標を述べる。すなわち，ラポールを構築すること，治療関係を発展させること，クライエントに自分の物語を語ってもらい，感情（フィーリング）と思考について探求するよう促すこと，情動の喚起を促進すること，ヘルパーがクライエントについて学べるようにすることである。6章から9章では，探求段階の目標に到達するのに使われる主要なスキル（**かかわり**と**傾聴**，**開かれた質問**，**言い換え**，**感情（フィーリング）の反映**）を述べる。10章では，あまり頻繁には使われないが，ときに有益となりうるいくつかの付加的なスキル（ヘルピングのプロセスについての**情報**，**是認－保証**，**閉じられた質問**，探求のための**自己開示**，**沈黙**）を提示する。11章では，探求段階で使われるスキルの統合を提示し，訓練中のヘルパーがこれらの目標を達成する際に直面するいくつかの共通した障壁について論じ，そしてヘルパーがこれらの障壁を克服し，不安をコントロールするのに役立ついくつかの方略を提案する。

理論的背景：ロジャースのクライエント中心理論

探求段階で行われることの多くは，パーソナリティ発達と心理学的変化についてのカール・ロジャース（Carl Rogers）の理論に影響されている（Rogers, 1942, 1951, 1957, 1959, 1967; Rogers & Dymond, 1954 参照)。ロジャースは，すべての人たちは，健康的で創造的な成長の潜在性をもっているという楽観的で希望に満ちた主張で心理学の領域に意義深い影響を与えた。彼の志向性はクライエント中心的であり，現象学に根ざしていた。つまり，体験，感情（フィーリング），価値観，およびクライエントの内的生活を強調していたということである。ロジャースは，現実のとらえ方は人それぞれでさまざまであり，主観的な体験が行動を導き，人は外的な現実よりも自分の内的な体験によって導かれると信じていた。同様に，その人を理解する唯一の方法は，その人の私的な世界の中に入ることであり，その人の内的な枠組みを理解することであると彼は信じた。他のことばで表すと，相手を理解するためには，判断するのをやめ，その人が見ているように物事を見ようとすることが必要である。

ロジャース（Rogers, 1942, 1951, 1967）によれば，基本的な動機づけとなる唯一の力は，自己実現への志向であり，それは人があるべき本来の姿になるように駆り立てる。彼は，人はそれぞれ生まれながらの「青写真」，すなわちいくつかの潜在性をもっており，それを伸ばしていくことができると信じた。ロジャースは，人のもつ自己実現に向かう力を自然界の秩序になぞらえた。成長のための条件が満たされれば，植物と動物は，いかなる意識的な努力なしでも成長することに彼は注目した。同様に彼は，人が自らの潜在性を成就する生まれながらの能力を有していると信じた。さらにロジャースは，この生まれながらの成長の潜在性があれば，人は逆境から立ち直り，回復することができると信じた。

パーソナリティ発達の理論

ロジャース（Rogers, 1942, 1951, 1967）によれば，乳児は，それがどのように感じられるかという点からそれぞれの体験を評価する。それは，彼が「有機体評価プロセス」(the organismic valuing process:OVP)と呼んだものである。行動はOVPによって支配されているので，乳児は体験を実際に起こっているまま歪めることなく知覚することができるとロジャースは信じた。OVPにおいては，どの体験がより価値がある／ない，といったことはない。それらはただ存在するだけである。言い換えれば，どの出来事も興味深く，先入観をもたずに調べることを受け入れる。乳児は，有機体を高揚する（高める）あるいは維持するかどうかという点から体験を評価する。例えば，もし体験（例：抱かれること）が有機体を高揚するものなら，乳児はよい気分になり，満足し，ほほえんだり声をあげて笑うだろう。しかしながら，もし体験が有機体を高揚しないものなら（例：寒くなる，汚いおしめをつけていること），乳児は気分が悪くなり，満足せず，そしてそのため泣き出すだろう。乳児は，誰かからどう感じるべきだと言われたことではなく，実際に自分がどう感じているかによって出来事を評価する。OVPは，すなわち，誰もが生まれながらにもっている内的な指針であり，その人を自己実現へと導く（図5-1を参照)。人は，この内的な指針を信じるとき，自分を高揚させるような体験を進んで求める。ロジャースは，乳児がこれらの内的な感情（フィーリング）を信じることができるのは，自己実現に向けた積極的な意欲と生存についての自然な興味をもっているからだと信じた。

OVPをもっていることに加えて，子どもは「無条件の積極的な関心」への欲求ももっている。言い換えれば，彼らは受容，尊重，あたたかさ，無条件の愛（すなわち，何をしたかではなく，ありのままでいるだけで愛されること）を欲している。子どもはほめられた，受容された，他者に理解されたと感じるとき，自己愛，自己受容を体験しはじめ，葛藤をほとんど，あるいはまったく感じずに，健康な自己の感覚を発展させる。慈しまれた子どもは，自分のOVPに身を入れることができ，自分の内的な体験に基づいてよい選択をなす。

残念ながら，親自身は完璧ではないので，愛するために一定の必要条件を満たすことを要求するような，価値の条件（condition of worth：COW）を自分の子どもに課してしまう。例えば，親は「あなたがよい子でないと，私はあなたを愛さない」「あなたが自分の部屋をきれいにし続けないと，私はあなたを愛さない」，あるいは「私の愛を受けるには，あなたは美しくなければならない」といったメッセージを与えるかもしれない。課された基準に沿って行動したときだけ，愛され受け入れられると，親は（ことばや行為を通して）伝達するので，子どもは親の愛を獲得する一定の流儀で存在し，振る舞わなければならないと信じるようになる。

結果として，OVPよりもむしろCOWが，ある人の体験を構築するようになる(図5-2参照)。言い換えると，子どもは親からの愛を受けるために，自分のOVPを放棄する(例：自分の親を喜ばせるために，子どもはのびのびと陽気でいることをあきらめ，「行儀よく」すわって，「よい子」でいる)。子どもが自分の親のCOWを取り入れる（すなわち，内面化する）と，これらの条件が，その子どもの自己概念の一部になり，その子どもが自由に活動することを妨げる。COWが多ければ多いほど，その人は自分自身の体験をより多く歪めることとなる。

価値の条件は，子どもに自己概念と自分の内的な体験の間の葛藤を感じさせる。例えば，母親が幼い娘に，自分の兄を憎むことは受け入れられないと伝えるかもしれない。娘は愛されるためによい子でいなければならないと感じるかもしれない。そこで，この憎しみを自分の一部ではな

図5-1　価値の条件（COW）がまったくないときに，有機体評価プロセス（OVP）と自己実現との間にあると仮定されるパス

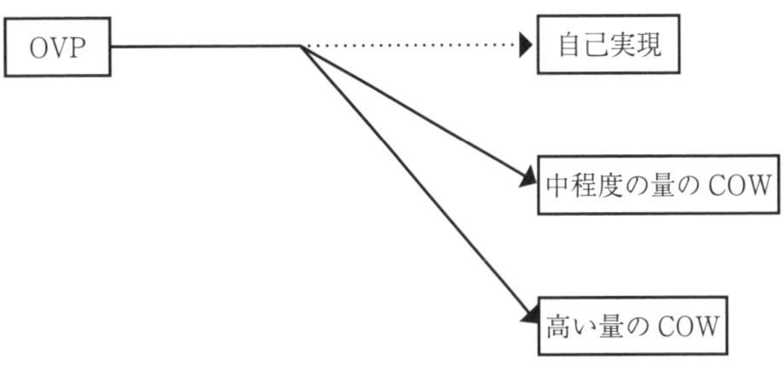

図5-2　パスが価値の条件（COW）に引きずられたときの，有機体評価プロセス（OVP）と自己実現との間にあると仮定されるパス

価値の条件の位置づけがその人のなかで大きければ大きいほど，現実自己と理想自己との間の不一致が大きくなる。

いものとして，否認するかもしれない。それゆえ，彼女は憎しみを感じても自分の兄を傷つけるわけにはいかないということを学習するのではなく，自分の感情は受け入れられないものであるということを学習する。別の例は，男の子が傷ついたり難しい課題で援助を必要として泣いているのを，罰したり嘲笑したりする両親である。男の子は，痛みや相手を頼りたい気持ちを抑圧するかもしれず，親の承認を維持するために過度に自立するようになる。これらの２つの例は，どのように外部から課された価値がOVPに置き換わりうるかを説明している。憎しみや依存の感情が喚起されると，子どもはこれらの感情を誤認するか抑圧してしまうため，自分の内的な体験に通じることはない。子どもは，自己体験が他者から得るフィードバックと一致しているときだけ(例：ある女の子にバイオリンを演奏する才能があり，他者が彼女に才能があると告げた場合)，積極的な自己尊重を体験する。自己価値の感情は，重要な他者との相互作用で学習される価値の条件に左右される。あまりにも多くの価値の条件をもっている子どもは，体験，感情を受容すること，現在を生きること，選択する自由，信頼すること，攻撃と愛情の両方を感じられること，および創造性を受け入れることができないだろう。その子は自己について矛盾した感覚をもつようになるだろう。

子どもが家族と社会の中で生活することができるように社会化されなければならないのは明白である。世界は完璧な場所ではなく，他の人にも欲求があるので，子どもは生まれながらのすべての願望に基づいて振る舞うことはできないし，ただちにすべての自分の欲求を満たすことはできない。例えば，親はプライベートな時間には他にしたいこともあり，いつもただちに乳児の欲求を満たすことができるわけではない。また，親は子どもがきょうだいやよその子どもを傷つけるのを許すわけにはいかない。しかしながら，親が自分の子どもを社会化するやり方はきわめて重要である。例えば，親は幼い娘に共感し，なおかつ制限を課すこともできる(例：「お兄ちゃんに腹が立つのはわかるけど，傷つけてはだめよ」)。その子は不満を感じるかもしれないが，自分の感情を否定するようにはならない。そのかわり，彼女は自分の感情を体験しても，より社会的に受け入れられる方向に切り替えることを学ぶ。対照的に，親が子どものプライドを傷つけたり(例：「本当の男は泣かないの」)，子どもがもつ感情を否定したり(例：「先生が嫌いなわけじゃない」「傷ついていない」)すると，子どもは自分の感情に混乱するようになる。子どもは何を信じたらいいのか——自分の内的な体験か，それとも親が自分に感じるように言ってきたことか。もし，子どもが親に注意を払わないなら，親の承認や愛を失うリスクを冒す。もし，内的な感情に注意を払わず，そのかわり，自分にCOWを課した他者を喜ばせようとするなら，子どもは自己の感覚を失う。子どもがどうして自分の内的体験を信頼しないようになるかは容易にわかる。子どもは生きていかなくてはならず，そのため，内的体験よりも親の注目と「愛」を選択しがちになる。

COWに漬かりきり，OVPが機能しなくなると，感情を自己に属するものとして見なせなくなるほど，自己の感覚は弱くなる。例えば，ある女性は自分が虐待されても当然だと思っているので，夫から言語的身体的に虐待されても怒りや傷ついた感情にすら気づかないかもしれない。自分の感情をもってはいけないと思うと，人は空虚感，まやかし感，すなわち純粋性の欠如をしばしば感じる。自分の感情についてのこの純粋性の欠如は，現実自己と理想自己の間の分離や不一致を導き，不安，うつ，および対人関係における防衛の原因となる。

防　衛

ロジャースは，体験と自己の感覚の間に不一致があると，その人は脅威を感じると示唆した。例えば，うれしそうで幸せそうに振る舞うが，実際には不機嫌でうつを感じている人は，自分の内的な自己の事情がわからなくなる危険状態にある。もし，自分のうつを正確に認識すれば，いつも幸せであるという自分自身のイメージを築いてきた彼は自己が脅かされるだろう。人はそのような脅威を感じたとき，自己が危機に瀕しているという信号である，不安で応じる。この不安を感じると，人は体験と自己の感覚との間の不一致を減じる，すなわち不安を減じるように，防衛を行使する。

主要な防衛の1つは，知覚的な歪曲であり，自分の自己概念と矛盾しないように自分の体験を変えたり誤って解釈をすることが含まれる。体験を歪めることで，クライエントは不愉快な感情(フィーリング)と問題を扱うことを避け，自分自身の認識を維持することができる。例えば，ある男性が，たとえ非常に体重過多であり，もはやいすに座れなくても，自分は平均体重であると認識するかもしれない。彼は他の人と同じくらいしか食べていないと自分に言い聞かせるだろう。別の例では，自分は役立たずであるという感覚をもった人は，仕事で昇進しても，自己のネガティブな感覚と一致するように昇進の理由を誤って解釈するかもしれない。昇進できたのは単に「ボスがそれをしなければならなかった」あるいは「他の誰もこの職を望んでいなかった」からであったと彼は言うかもしれない。

第二の防衛は，否認であり，現実を無視し，否定することである。この状況では，人は自分自身に対してもっているイメージと一致していないという理由で，自分の体験を認めることを拒否する。自分の体験を否定することで，クライエントは不安を避ける。例えば，仕事で不当に扱われている女性が，怒りは悪いものであり，怒りを表出すると愛されないだろうという両親の信念を内在化していたために，ボスに対する自分の怒りを無視するかもしれない。彼女は怒りを体験していることを認めるよりもむしろ，自分が十分にがんばっていないからとか，仕事ができるわけではないからと言うかもしれない。

防衛により，不一致の体験にまったく気づかず，自己の感覚への脅威が最小化され，自己が機能し対処できるようになる。防衛もあるレベルまでは，対処するために必要であるが，防衛を過度に使用することは少なくとも3つの点で自己に被害を与える。第一に，主観的な現実（自分自身が体験できること）が，外的な現実（ありのままの世界）と不一致になりうる。ある時点で，その人はもはや体験を歪め否定することができなくなり，押し潰されそうな恐怖と不安の感情(フィーリング)と自己の崩壊がもたらされるかもしれない。例えば，ある子どもは，両親が毎晩けんかしているにもかかわらず，両親の関係はうまくいっているという幻想を維持しようと苦心するかもしれない。しかしながら，母親が予告なしに家を去ると，その子は喪失を処理できず，学校に行ったり他者と話すのをやめるかもしれない。別の例では，ある人は受け入れられない自己の一部を分割し，意識から締め出してしまうだろう(例：性的虐待があったこと自体を否定する)。第二に，ある人は現実を認識しないよう防衛せざるをえなかった領域で，認識をより強固なものにしてしまうかもしれない。例えば，ある女性はがんのいかさま医療の治療効果を信じたいという欲求が強いあまり，根拠の薄弱性を示す証拠には一切耳を傾けず，彼女のがんに実績のある治療方法を求めないことになった。第三に，現実自己と理想自己とが一致しなくなることがある。これは，ありのままの自分とこうあってほしいと願う自分との間のズレを指している。ある女性は，ごく平均的な知能の持ち主だが，頭がよくならなくてはと思っているかもしれない(特に，もし彼女が並はずれて優秀であるべきだという親のCOWを内在化させていたら)。もし，現実－理想の不一致が大きければ，その人は不満を感じ，不適応となるかもしれない(例：うつや不安)。

再統合

現実自己と理想自己の間の分裂，固執，あるいは不一致を克服するために，人は歪められたり否認された体験に気づくようにならねばならないとロジャースは考えた。言い換えると，人は生じるがままの体験をし，出来事を正確に知覚しなければならない。上記の女性は，自分がごく平均的な知能の持ち主であり，自分の感情（フィーリング）を歪めたり否認するのではなく，自分自身を受け入れ，価値を見出だすことが大切だと認めなければならない。ロジャースは回復（再統合）が生じるためには，その人は(a)COWを減じ，(b)別の人物から無条件の積極的な関心を得ることを通して，積極的な自己尊重を増大させねばならないと理論化した。別の人物がありのままのその人を受容すると，価値の条件はその意味と行動への影響力を失う。その結果，個人はOVPへと戻り，内的な自己を信頼しはじめ，体験と感情（フィーリング）をより受け入れるようになる（図5-3を参照)。

もし，自己への脅威が最小限であり，自己と体験との間の不一致が小さいなら，他者からの無条件の積極的な関心がなくても回復(再統合)できる人もいる。だが，これは比較的まれにしか生じない。一般に個人は自分に課されたCOWを何年ももつと，次第に防衛的になってしまう。防衛が一度発展すると，その人は脆弱になり，再び傷つくのではないかと予想するので，防衛をなくすのは難しくなる。実際，防衛は子どもが対処するのに役立ち適応的であるが，もはや必要でなくなっても，恐怖や習慣からそれらを捨て去るのは難しくなる。

そしてヘルピング関係は，個人が自分の防衛を克服し，元どおりOVPを信頼できるようになるのを援助するのにしばしば決定的な要因となる。ヘルピング関係は，個人の自己実現志向性がCOWに内在化された制限を克服することを可能にする。ヘルピング関係において，ヘルパーはクライエントの主観的世界へと入り，クライエントの内的枠組みを理解しようと試みる。ヘルパーはまた，COWがなくても受容され気遣われる体験をクライエントに提供しようと試みる。このヘルピング関係は必ずしも専門職のヘルパーからもたらされるものでなくてもよい。そして実際，人々は自分の環境での支持的な人々(例：友人，肉親，ラビ，聖職者，あるいは司祭)からの治癒関係(healing relationship) をしばしば求める。とはいえ，ヘルピング・スキルの訓練を受けた人は，訓練を受けていない人よりも，変化を促進する重要な条件を提供することが多い。

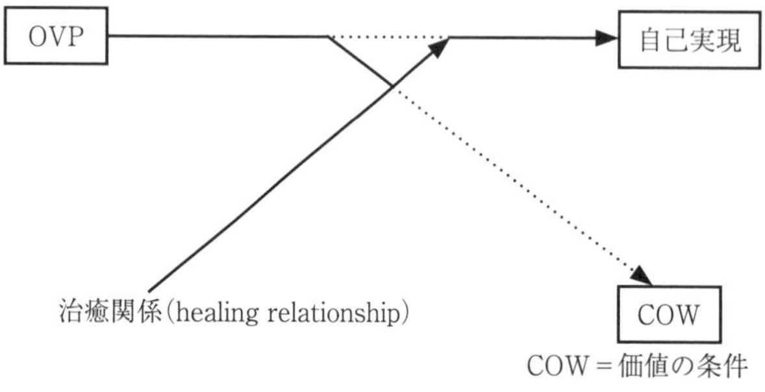

図5-3 有機体評価プロセス（OVP）が再び自己実現に直結するように，個人を正しいパスに戻す治癒関係の回復機能

ロジャースは，ヘルピング関係は本来ひとりでにクライエントの中で成長を生み出すと信じていた。彼は「他者の内的世界についての私の好み，私の信頼，私の理解は，変化の重要なプロセスを導くという仮説，すなわち信念をもって，私は治療関係に乗り出す」(Rogers, 1951, p.267) と言った。ロジャリアン（ロジャース派）のヘルパーは，たいていのクライエントは傾聴され，理解され，そして受容されることから大いに利益を得ると信じている。この種類の関係性の力は，非常に治療的であり建設的である。ロジャリアンのヘルピングのアプローチにおいて，ヘルパーは一致性（純粋性），無条件の積極的関心，および共感性という促進的姿勢とともに治療関係に入る。ロジャース（Rogers, 1957）は変化が生じるために必要十分であると考える6つの条件を仮定した。

1．クライエントとヘルパーは心理的に近い状態にいなければならない。ヘルパーとクライエントの間の治療関係，すなわち情緒的結びつきは必須である。
2．クライエントは，自己と経験の間に相違があって，無力感や不安を感じるような不一致の状態になければならない。もしクライエントが不安をまったく感じなければ，ヘルピング・プロセスに取り組むことを十分に動機づけられそうにない。
3．ヘルパーはその関係の中で一致し（純粋であり），統合されていなければならない。ヘルパーは自分自身の体験を受け入れており，純粋にクライエントの求めに応じなければならない。ヘルパーはヘルピング関係において不誠実であってはならない。
4．ヘルパーはクライエントに対し無条件の積極的関心を感じなければならない。ヘルパーはすべての感情（フィーリング）を尊重し（すべての行動を尊重する必要はないが），その感情（フィーリング）に対していかなる判断もしない。必然的に，ヘルパーはクライエントの感情（フィーリング）と体験を理解しようとし，その人がその感情（フィーリング）をもつ「べきか」「べきでないか」，その感情（フィーリング）は「正しいか」「誤りか」を判断しようとしない。
5．ヘルパーはクライエントに対して共感を体験していなければならない。ヘルパーはクライエントの感情（フィーリング）世界に没頭し，クライエントの内的体験を理解しようとする。その理解は，ヘルパーの内的なプロセスを準拠枠として使い，クライエントの感情（フィーリング）をヘルパーが体験することによって得られる。ヘルパーはクライエントの感情（フィーリング）だけでなく，クライエントの感情（フィーリング）への自分自身の反応も体験する。ヘルパーはこうしてクライエントの隠れた感情（フィーリング）をことばによらず理解することができるのである（Meador & Rogers, 1973）。ヘルパーは自分がそのクライエント自身であり，一時的にクライエントの人生を生きていた「かのように」感じようと努める。もちろん，互いに独立した人格であることは常に意識しておかなくてはならない。ヘルパーは，クライエントが脅威を感じるために気づかないでいる感情（フィーリング）を発見し，感じようとする。ロジャースは，共感性は受け身的ではなく，考えること，敏感さ，および理解することが求められると強調した。彼は，「共感性」を次のように記述した。

> 他者の私的な知覚世界へ入ること，その中で完全にくつろげるようになることを意味する。恐れであれ，激怒であれ，やさしさであれ，混乱であれ，その人が体験しているどんなものでも，この他者の中で揺れ動いている意味を感じさせる変化に一瞬一瞬，敏感になることを含む。他者の人生を一時的に生き，判断を求めることなくその中で繊細に動き回ることを意味する(Rogers, 1980, p.142)。

共感性（empathy）は同情（sympathy）とは区別される。同情は，ヘルパーがクライエントに哀れみを感じ，しばしば対等というよりも力のある立場から振る舞うものである。共感は情動的な伝染（emotional contagion）とも区別できる。情動的な伝染においては，ヘルパーはそのクライエントとまったく同じ感情（フィーリング）を感じ(例：そのクライエントとちょうど同じようにうつになる)，客観性を維持できない。ボハートら（Bohart et al., 2002)は，共感性はポジティブな関係性を作り出し，情動的な体験の修正を提供し，探求を促し，クライエントの積極的な自己治癒努力をサポートするので，効果的であると指摘した。

6．クライエントはヘルパーの一致性，無条件の積極的関心，および共感性を体験しなくてはならない。もし，クライエントが上記の促進条件を体験していないなら，どんな実践的な目的にもかかわらず，ヘルパーはクライエントのために存在していることにならず，そしてそのセッションは有益とならないだろう。

まとめると，ロジャースは，もしヘルパーがクライエントを受容できれば，クライエントは自分自身を受容できるようになれると推測した。クライエントが自分自身を受容すると，現実の感情（フィーリング）を体験できるようになり，自分自身からわき出る感情（フィーリング）を受容できる。それゆえ，OVP がとき放たれ，その人は自分の体験を受け入れるようになる。クライエントは愛，性欲，憎しみ，嫉妬，競争心，怒り，誇り，および他の感情（フィーリング）を体験しはじめることができる。ロジャースにとって，最も重要なことは，感情（フィーリング）を受容することと自分自身を受容するようになることである。

クライエント中心理論の現在の地位

最近の実証的文献のレビューは，セラピーの有効性よりも促進条件の重要性，特に共感性についての重要性を裏づけている（Bohart, Elliott, Greenberg, & Watson, 2002; Farber & Lane, 2002; Klein, Kolden, Michels, & Chiholm-Stockard, 2002)。共感性は，クライエントに安全で支持されていると感じさせ，クライエントにポジティブな関係性の体験をもたせ，探求を促し，クライエントの積極的な自己治癒努力をサポートするのに重要であるように思われる。最近の研究では，しかしながら，セラピストが提供する促進条件よりもむしろ，作業同盟，すなわちセラピストとクライエント間の関係性に焦点が当てられている(例： Horvath & Bedi, 2002)。

ロジャースの理論の再公式化において，ボハートとトールマン（Bohart & Tallman, 1999)は，クライエントは自己治癒するが，道を踏み外す場合もあると強調した。ヘルパーが適切な条件を提供すると，クライエントはもう一度，自己治癒することができる。共感的態度は，特定のスキルの利用よりも重要だとのロジャースの主張と同様に，ボハートとトールマンは，特定の技法は，クライエントを再度，自己治癒できる状態に戻すのに有効なあらゆる技法を使うことほどには重要ではないと論じた。

ロジャースの理論は 3 段階ヘルピング・モデルとどのように関連するか

ロジャースの理論は，探求段階の基盤を形成し，洞察段階と行動（アクション）段階に影響を与えている。ヘルパーはできるだけ判断せず，できる限り先入観をもたずにクライエントの体験を完全に理解しようとする共感的なクライエント中心スタンスを維持すべきだというロジャースに私は同意する。共感と治療関係は，クライエントが自分自身を受容し，自分の体験を信頼しはじめるようにするうえでとても効果的である。

ある人たちにとっては，理解され自分の感情（フィーリング）を表出するように励まされるだけで，再び機能し，必要とされる変化をなす自己治癒モードに戻ることができる。他の人たちは，感情（フィーリング）と体験を扱う方法を学習するのにより多くの援助を必要としている。なぜなら，その感情（フィーリング）や体験の多くは彼らにとって体験したことのないものであるかもしれないからである。感情（フィーリング）の受容は，感情（フィーリング）に対して何をするかの決断とは区別されることに注意しなくてはならない。さらに，ある人たちは洞察と行動（アクション）に移行する援助を必要としている。ヘルパーは促進条件を維持することに加えて，洞察と行動（アクション）を促すこともできなくてはならない。3段階モデルのその他の理論（精神分析的理論，認知－行動的理論）は，思考と感情（フィーリング）の探求の先へクライエントを移行させるのに必要な基盤を提供する。これらの理論については後の章で述べる。

さらに私は，人は生まれながらに善であり，自己実現のために努力するというロジャースに完全には同意しない。このような仮説を支える証拠（エビデンス）はほとんど存在しないように思える。2章で論じたように，私の仮説は，人は誕生時には善でも悪でもなく，むしろ気質，環境，および初期経験によって発達するというものである。人間本質についての信念はこのように異なるが，私は治療的体験の構築と，クライエントに関心事を探求させ，自己受容を達成させるための促進条件の重要性については，ロジャースに同意する。

探求段階の目標

探求段階の目標は，信頼できる関係の構築，クライエントに自分の物語を語らせる援助，情動の表出と情動的喚起を促進すること，クライエントについて学ぶことである。以降のセクションではより詳細にこれらの目標を明らかにする。

ラポールの構築と治療関係の発展

ヘルパーは，クライエントが安心して探求できると感じられるように，クライエントとラポール（つまり，理解と尊重の雰囲気）を構築する。ラポールは，ヘルピングにおいてとても大切な治療関係の発展のための土台を作る。クライエントが自分自身のことを打ち明けようという気に最もなりやすいのは，ヘルパーとの間にいたわりに満ちた治療関係があると信じられたときである。クライエントは一般に，安心し，支持され，尊重され，気遣われ，高く評価され，重んじられ，個人として受容され，傾聴され，そして聞かれることを必要としている。日常の対人関係において，人は他者に対して十分に傾聴しないことが多い。そのため，次のことばを急かす（例：友人同士でしばしばするように，張り合って話をするなど）ことなくじっくりと傾聴することは，ヘルパーからクライエントへの贈り物となる。もし友人と肉親が，私がヘルパーに探求段階で身につけてほしいと願うのと同じくらいじっくりと傾聴したら，コミュニケーションは大いに改善し，人はもっと仲よく生きていけるだろう。

この段階の間，ヘルパーはクライエントの内的枠組みからクライエントを理解しようとしている。ヘルパーは「クライエントの靴で1マイル歩こう」とし，クライエントの目を通して世界を見ようとする。ヘルパーはクライエントに自分の思考や価値観を押しつけることなく，クライエントの思考と感情（フィーリング）を理解しようとする。彼らはクライエントを判断しようとせず，クライエントが「正しい」か「非難に値する」かどうか解釈しようとしない。しかし，そのかわり，どうしてクライエントは今のようになったのか，どのようにありのままの自分を感じているのかを理解しようとする。ヘルパーはそれぞれのクライエントの感情（フィーリング）を理解できるように，自分自身を合わせたり慣れさせようとする（すなわち，クライエントの立場になるとどのような気持ちなのかを感じようとする）。

もし，ヘルパーがクライエントに内的な体験を自覚するように働きかけることができれば，クライエントは自分を信頼し，癒されはじめる。クライエントが自分自身を受容し尊重するには，一般にクライエントは他者に受容され高く評価されているのを感じる必要があるというロジャース（Rogers, 1957）に同意する。このためには，ヘルパーはありのままのクライエントをできる限り受容し，共感性，無条件の積極的関心，および純粋性といった促進条件を提供する必要がある。先に述べたように，「共感性」（empathy）は別の人物を理解することであり，「まるで」自分が別の人である「かのように」感じることである（すなわち，たとえあなたはその人ではなく，完全にその人を理解することができなくても，その人のいる立場に自分を置こうとすること）。「無条件の積極的関心」（unconditional positive regard）とは，判断をしないで別の人物を受容し，正しく理解することである。「純粋性」（genuineness），すなわち，「一致性」（congruence）として前述したものは，ヘルパーが誠実さに欠け，いつわりに満ちているのではなく，自分自身の体験を受け入れ，純粋にクライエントの力になれることを指す。関係の構築の大部分を占めるのは，受容，共感，および関心（尊重）の態度をもつことである。ヘルパーはクライエントを判断することなく傾聴し理解しようとする必要がある。また，ヘルピング・スキルの知識をもつこと，そのスキルを使うことができるという自信を感じること，およびスキルの適切な利用によって，ヘルパーは治療的態度をもちやすくなる枠組みの中に自分を位置づけることができる。

ヘルパーは，ある時間のある瞬間だけ関係を構築し，その後はそれを無視してもよいと考えてはいけない。ヘルピング・プロセスの始まりから終わりまで，関係を維持するように気をつける必要がある。プロセスの間中，いかなるときでも関係は断絶しうるし，実際に断絶して修復が必要となることがよくある（Hill, Nutt-Williams, Heaton, Thompson, & Rhodes, 1996; Rhodes, Hill, Thompson, & Elliott, 1994; Safran, Muran, Samstag, & Stevens, 2002 参照）。

ヘルパー初心者は，しばしばクライエントのことを好きになれなかった場合のこと，あるいはクライエントとラポールを築けなかった場合のことを心配する。例えば，多くのヘルパー初心者はレイプ犯や児童虐待者には嫌悪感や恐怖を感じてしまい，決して一緒には作業できないだろうと思う。しかしながら，ヘルパーであることの目標は，友だちを作ることではない。ヘルパーは自分が好きな，あるいは一緒に時間を過ごそうと思う親密な友だちと同じように，クライエントを「好き」になる必要はない。むしろ，ヘルパーはクライエントを理解し援助する責任，外見からは見えてこない人間性に共感する責任をもっている。ある女性ヘルパーにとって最大の難関は，監獄にいる女性たちと作業することであった。その女性たちが犯した犯罪のために，彼女たちに共感し尊重することは難しかった。しかしながら，女性たちとその生活環境を知るようになった後は，彼女たちが自分と類似した感情（フィーリング）をもっていることに気づくようになった。行動は万人に共通するものではないが，感情（フィーリング）は違う。ヘルパーはクライエントとまったく同じ人生上の出来事を経験してこなかったかもしれないが，まったく同じ情動は確かにたくさん経験してきている。このようにヘルパーは，たとえクライエントの行動に賛同できなくても，クライエントの感情（フィーリング）には共感できる。

思考を最大限に利用し，クライエントに自分の物語を話すように援助すること

クライエントは自分の問題について話す機会が必要である。しばしば，内面で何が起こっているか声に出して話すことは役に立つ。人は深刻さの度合いにかかわらず自分の問題を探求することなく，通常の日課をただ続けることがあまりにも多い。フランクとフランク（Frank & Frank, 1991）が記したように，「私が言わなくてはならないことを私が聞くまで，私が考えていることをどうやって私は知ることができるのか？」(p.200)。ある人の考えを表明する発言の場（フォーラム）をもつことで，自分が言っていることの内容について聞いたり考えたりするようになる。クライエントは自分が考えていることを実感し，声に出してこれらの思考を表明する機会をもつことが必要である。

さらに，人は考えていることを実感することによって，矛盾と論理的に間違った考えを聞くよい機会を得る。自分の思考について話すことにより，特に，他者に聞かれていると知っているときには，話した内容を本当に信じているかどうか考える機会が得られる。また，ある問題についてヘルパーに話すというプロセスは，それについて考えさせられ，それをとり出して検討し，思考をことばに置き換え，そして他者の反応が得られるので有益である。

情動を最大限に利用すること

以前に，私はロジャース理論における情動（emotion）の重要性について論じ，情動は人間体験の核となる部分を反映することを示唆した。情動はヘルピング・プロセスにおける重要な要素である。情動は基本的な体験を表し，認知と行動を統合的に結びつけるからである。実際，精神的健康とは自分があらゆる感情（フィーリング）をもつことを認め，これらの感情（フィーリング）を適切なやり方で表出することとして定義される。

ヘルパーにとって，探求段階の１つの重要な目標は，クライエントが抱えている問題についての感情（フィーリング）を体験するのを助けることである。多くのクライエントは自分の感情（フィーリング）を抑圧することを子どものときから学習してきている。彼らは，両親やその他の重要な他者から是認を得たりうまくやっていくのに自分たちの実際の感情（フィーリング）を歪めたり否認しなければならなかった。そのため，多くのクライエントは自分の感情（フィーリング）に気づかない。例えば，クライエントがもし自分が傷ついていると感じるのを認められないなら，自分の情動の範囲に限界を設け，自分のなかに何もないかのように感じるかもしれない。あるクライエントは，自分の「心根」が腐っているように感じる。クライエントはありのままの自分を知ることはないだろうし，自分がどのように感じているか，他の人から教えてもらおうとするかもしれない。重要な対人関係において，彼らは傷ついた感情（フィーリング）を無視し，理由もわからず距離を感じるかもしれない。

ときとして，クライエントが話す内容はその話題についての感情（フィーリング）ほどには重要ではない。特に，内容と感情（フィーリング）との間に相違がある場合はそうである。ヘルパーはことばに加えて「音楽」（すなわち，根底にあるメッセージ）に傾聴する必要がある。ヘルパーは内容と，クライエントが内容について感じることの両方を聞こうとする必要がある。

また，クライエントが現在の瞬間感じていることに直接焦点を当ててほしい。今感じている感情（フィーリング）を体験することは心地よくない場合が多く，クライエントは逃げ出し，感情（フィーリング）を避けたいと思うかもしれない。ヘルパーによる支持と励ましを通して，クライエントはたびたび自分たちの今感じている感情（フィーリング）を探求する不安やつらさを我慢することができる。例えば，ジョエルはその週の間に起こった出来事をヘルパーに伝えることに，そのセッションの多くの時間を費した。ヘルパーがこれらの過去の出来事に関して現在の感情（フィーリング）を探求するようやさしく促すと（例：「その出来事について，たった今どう感じていますか」），ジョエルは自分の感情（フィーリング）について話し，セッションはそれまでやっていたよりも内容が濃く，生産的になった。

ヘルパーは，ときにはクライエントが話していない感情（フィーリング）について意見をはっきり述べて尋ねる必要がある。例えば，クライエントに，恥や抑うつ感を感じているとか自殺の可能性があるといった難しい感情（フィーリング）について話すよう求める必要があるかもしれない。友人関係では，暗黙の境界を踏み越えることになると感じるので，友だちが打ち明けたいと思うこと以上には探れない。ヘルピング関係においては，ヘルパーはクライエントに表出しがたい苦痛に満ちた感情（フィーリング）を探求するように促す必要がある。ヘルパーが尋ねないと特定の感情（フィーリング）を表さない場合には，ヘルパーは個人的な，ときには不快な問題についても尋ねる必要がある。しかしながらヘルパーは，クライエントがいかなる質問にも答えなくてよい権利，あるいはクライエントが話そうと決めた以上のことを掘り下げられるべきではないという権利を尊重する必要がある。ヘルパーはクライエントが感情（フィーリング）を表明するように求めることと，望まない表明を強制しないことの間の微妙な線上を歩いている。

クライエントに感情（フィーリング）について話すことを促す別の理由は，変化を生じさせるために情動的喚起が必要であるように思えるということである（Frank & Frank, 1991）。通常，情動的喚起なしに，クライエントはヘルピング・プロセスに参加しないし，変化するように動機づけられることもない。人は押し潰されそうな，あるいは苦痛に満ちた性質の感情（フィーリング）を扱いたくないために，感情（フィーリング）を否定し防衛することがよくある。反対に，強い情動的喚起（例：激怒，絶望）をもつと，感情（フィーリング）に最もよく気づき，変化を受け入れやすい。情動的喚起は，変化が生じるための土台を作るという点で重要であるので，ヘルパーはクライエントに自分の情動に気づくようになることと体験することを援助する必要がある。

クライエントについて学ぶこと

探求段階は，ヘルパーに自分のクライエントについて学ぶ重要な機会を与える。クライエントが最初にセッションに来たとき，ヘルパーにはこの人物をどうやって援助するかを知る方法がまったくない。たとえ(おそらく，特に)，ヘルパーが類似した問題を抱えていたとしても，そのクライエントや彼らの問題について何でも知っていると思い込んではならない。多くの場合，人は複雑で問題は非常に込み入っているため，クライエントに探求することを促すのにはしばしばかなりの時間が必要となる。また，私たちの目標はクライエントが自分自身の結論と決断に達する援助をすることであるので，クライエントの問題を解決する行動プランを作るまでに，ヘルパーはクライエントが何と言い，どのように感じているかをじっくりと傾聴する必要がある。

クライエントについて学ぶ際，ヘルパーは個々のクライエントの先導に従わねばならない。通常，ヘルパーはセラピーの理論とヘルピング・スキルを知ることによって準備ができているが，それぞれのクライエントをどのように援助するかについては，そのクライエントからさらに具体的に学ばなければならない。類似した例は，赤ちゃんをもつことである。妊娠中の両親は赤ちゃんについてのたくさんの本を読むことができ，子どもを迎える準備をするのが一般的である。しかし，しつけのスキルを実際に学習するのは，乳児であるわが子の要求を聞くことによってである。同様に，文化，家庭および経験によってそれぞれのクライエントは異なる。ヘルパーはクライエントがどういう人物か，どんな欲求をもっているかについて想定をすることはできない。

さらに，ヘルパーは洞察段階と行動（アクション）段階を通して最もよい援助ができるように，探求段階の間，クライエントの問題を見立てはじめる必要がある。ヘルパーは，クライエントが会話形態のセラピーから利益を得られるかどうか，あるいは別の形態の介入を必要としているかどうか見極める必要がある。その問題の原因と維持要因について何かを知ることは，ヘルパーがこれらの決断をする際に役立つ。

結　語

探求段階は重要である。というのは，関係の発展を促し，クライエントには関心事を探求し，たった今体験していることに没頭する機会を与え，ヘルパーにはクライエントが抱える問題について学び，ヘルパーの提供できることがクライエントにとって適切かどうかを査定する機会を与えてくれるからである。ロジャリアンにとって，探求段階はヘルピングのために必要なことのすべてである。共感性，無条件の積極的関心，および純粋性といった促進的態度によって，クライエントは自分自身を受容しはじめる。そしてそれが内的体験を解放し，自己実現の潜在性の障壁となるものを取り除くと，ロジャリアンは信じている。実際，あるクライエントにとって自分自身の自己治癒プロセスに戻るために必要なのは傾聴してくれる耳だけということもある。それゆえ，私はヘルパーが探求段階でたくさんの時間を費やすべきだと信じている。それ自体が有益となりうるからである。しかしながら，多くのクライエントは探求だけでは前進することができないので，変化を援助するためにしばしば洞察と行動（アクション）が必要とされる。この場合でも，探求は次に続くどの段階にとっても基盤となるものである。

探求段階（および残りのヘルピング・プロセス）を通じての重要な注意は，絶対的に「正しい」介入は１つもないということである。私は一般的なガイドラインを提供することはできるが，多様な状況下で何をするかを正確にヘルパーに教えるような指南書は提供できない。介入が生産的であるか，および有益ではないか，個々のクライエントの反応と応答に注意を向けて決断するのはヘルパーの義務である。

考えてみよう

- 探求段階の課題は，どのくらいあなたの個人的なスタイルに合っているか。
- 関係の構築において，態度とヘルピング・スキルの実施のどちらがより大きな問題となるか話し合いなさい。
- 恐ろしいことや卑劣なこと（例：レイプ，殺人）をしたと思われる誰かと関係を発展させる際，直面するであろう困難な課題について記述しなさい。

グループ実習3　初回セッション

このグループ実習では，学習者仲間と面接し，できるだけ援助的になるようにしなさい。

目標：訓練に先立って，20分間セッションでどのスキルが使われるかについてベースラインを得られること。

ヘルピングのやりとりをしている間のヘルパーとクライエントの課題

1. 学習者は20分間セッションの際，交代でヘルパー，クライエント，および観察者となる。
2. ヘルパーは，「セッションレビュー票」（別表A），「ヘルパーの意図リスト」（別表D），「クライエントの反応システム」（別表G）および「セッションプロセス－結果尺度」（別表I）のコピーをセッションに持っていく。観察者は，「面接評定票」（別表B）のコピーを持っていく。
3. ヘルパーは，録音・録画装置（動くかどうか，あらかじめテストしておくこと）を持っていく。セッションのはじめにスイッチを押す。
4. ヘルパーは自己紹介をし，これから話すことは守秘義務によって守られることをクライエントに伝える。
5. それぞれのヘルパーは，自分のクライエントと20分間セッションを行う。できるかぎりクライエントに援助的であること。クライエントは話しやすい話題（1章の表1-1参照）について話す。観察者は，ヘルパーが行ったことのうち最も有益だと思ったこと，および有益でなかったと思われることを記録する。
6. 観察者は，セッション中，注意深く観察し，「面接評定票」に記入する。
7. ヘルパーとクライエントは，「セッションプロセス－結果尺度」に記入する。
8. 観察者とクライエントはヘルパーにフィードバックする。

ヘルパーとクライエントのセッション後の課題

◉録音・録画の視聴

1. セッション後，それぞれのヘルパーはクライエントと一緒に録音・録画を視聴する（約40～60分かかる）。ヘルパーはそれぞれのヘルパーの介入のたびに再生を止める（「うんうん」「ええ」といった最小限の承認は除く）。ヘルパーは，「セッションレビュー票」にキーワードを書きとめる（逐語録用に，あとで録音・録画上の正確な位置を特定できるように）。
2. ヘルパーは，（別表Aの）介入の有益性（helpfulness）を評定し，介入の意図（「ヘルパーの意図リスト」を使用）を3つまで選び，（別表Dの）番号を書きとめる。ヘルパー

グループ実習で用いる別表は金子書房のホームページ（http://www.kanekoshobo.co.jp/np/isbn/9784760832590/）からダウンロードできる（アクセス用のIDとパスワードはp.xivの「別表一覧」下部をご参照ください）。

は，セッションの録音・録画を視聴しているときではなく，そのセッション中にどのように感じたかについて回答すること。有益性尺度のすべての得点範囲を用い，意図リストのできるだけ多くのカテゴリーを用いる。これらの評定は，クライエントと一緒に行ってはならない。

3. クライエントは，（別表 A の）それぞれの介入の有益性を評定し，（別表 G の）反応を 3 つまで選び，番号を記録する。そのセッション中にヘルパーに隠していた反応もすべて含めること。クライエントは，セッションの録音・録画を視聴しているときではなく，そのセッション中にどのように感じたかについて回答すること。クライエントは有益性尺度のすべての得点範囲を用い，反応システムのできるだけ多くのカテゴリーを用いること（ヘルパーは本心からではない「すばらしい」コメントよりも，正直なフィードバックのほうが多くを学べる）。評定するときにヘルパーと協力してはならない。

●レポート課題

1. ヘルパーは自分の 20 分間セッションの逐語録を起こす（別表 C の「逐語録の例」を参照）。最小限の発話（例：「ええ」「そうですね」「えーと」「うんうん」など）は無視してよい。
2. ヘルパーの会話を反応ユニットへと分割する（別表 F）。（例：それはたいへんでしたね／もう少しそのことをお話しください／特に最近起こった具体的な例をお話しいただけますか／）
3. 「ヘルピング・スキル・システム」（別表 E）を使って，自分の逐語録の中のそれぞれの反応ユニット（すなわち，文法的な文章）にどのスキルが使われていたのかを特定する。
4. 録音・録画を消去する。逐語録上に個人を特定できる情報がないことを確認する。
5. ヘルピング・スキル尺度，関係性尺度およびセッション評価尺度を実施し，ヘルパーとクライエントの得点を比較する（別表 I 参照；これらの尺度はすべて，「セッションプロセス－結果尺度」に含まれている）。

個人的な振り返り

■この体験から自分自身について何を学んだか。

■ヘルパー役とクライエント役になってみて，それぞれどのように感じたか。

6章

かかわりと傾聴

傾聴する人は理解する人である。
——アフリカ（ジャボ族）のことわざ

ある授業の学生たちは，非言語的反応を通して教授の行動を操作することを前もって打ち合わせていた。教授が右に動いたときはいつでも，彼らは見上げて，心を奪われたように注意を払い，元気づけるようにほほえんだ。教授が左へ動いたときはいつでも，目を伏せ，持っている紙をカサカサと動かし，咳をし，ひそひそ話をした。その教授はたちまち右へと動きすぎて，教壇から落ちてしまった。この例は，**かかわり**スキルの威力をあらわしている。

かかわり（attending）と**傾聴**（listening）は，クライエントに安全を感じさせ，自分の思考と感情（フィーリング）を探求させるような，全ヘルピング・プロセスを通してヘルパーが使う基礎的スキルである。**かかわり**は，自分の身体をクライエントのほうに向けることを指す。ヘルパーにとって，**かかわり**の目標は，クライエントに注意を払っていることを伝達することであり，クライエントが自分の思考と感情（フィーリング）についてオープンに（心を開いて）話すように促すことである。その結果，**かかわり**は他のすべてのヘルピングの介入（ことばかけ）を実施するうえでの基盤となる。ヘルパーがクライエントにかかわると，クライエントは自分は話を聴いてもらう価値があり，認められていると感じる。**かかわり**によって，クライエントに浮かんできた考えと感情（フィーリング）を言語化するよう促すことができる。なぜなら，クライエントは自分が言うべきことをヘルパーが聞きたがっていると感じるからである。さらに，**かかわり**行動はそのセッションにおけるクライエントの積極的な関与を強化することができる。

かかわりは主に非言語行動を通して伝達される。人は非言語行動を通して，表出しようとしていることと表出しようと意図していないこと（隠そうとしていること）の両方を伝達する。例えば，ヘルパーは共感的になろうと努め，心配そうな顔をするかもしれないが，クライエントに退屈を感

本文中で言及する別表は金子書房のホームページからダウンロードできる（URLおよびアクセス用のIDとパスワードはp.xivの「別表一覧」下部をご参照ください）。

じ，イライラするかもしれず，それはつま先で地面を突いたりあくびをかみころすことから表出されるだろう。ヘルパーは，ヘルピング相互作用において自分の非言語行動の意図した帰結と意図しない帰結の両方に注意する必要がある。

かかわりは，ヘルパーがクライエントのほうに身体を向けることであるが，**傾聴**はクライエントに単に身体的にかかわること以上のことをいう。**傾聴**は，言語的であれ非言語的であれ，明確であれあいまいであれ，クライエントが伝達するメッセージをとらえ，理解することである（Egan, 1994）。**傾聴**は，クライエントが言っていることを聴こう，理解しようと努めることでもある。ライク（Reik, 1948）は，クライエントが隠し立てなく言っていることだけでなく，クライエントが本当に意図していることをじっくり聴くことを含めた，第三の耳で聴くということについて言及している。実際，ヘルパーは言語的メッセージと非言語メッセージを組み立てて，クライエントが深いレベルで考えていること，および感じていることを聴く。

かかわり行動は，ヘルパーに**傾聴**のための足場を提供するが，**かかわり**は必ずしも**傾聴**を保証するものではない。ヘルパーは身体的にかかわったとしても，**傾聴**はしていないかもしれない(例：ヘルパーはその夜のディナーについて考えていて，クライエントが言っていることを聴いていないかもしれない)。**傾聴**は，ヘルパーが言語的および非言語的介入を発展させることができる生（なま）の情報を提供してくれるが，**傾聴**をこれらの介入を行う能力と混同すべきではない。ヘルパーは援助的でなくても話を聴くことはできるだろうが，話を聴くことなしに援助的であるのはとても難しいだろう。したがって，セッションを観察しているだけでは，ヘルパーが傾聴しているかどうかを実際に見分けることはできないかもしれないが，ヘルパーがクライエントから聞いた内容を反映することばを作り出せれば，ヘルパーが傾聴していることが推測されるだろう。

いくつかの非言語行動がヘルピング場面で重要であるとされている（Highlen & Hill, 1984 参照）。例えば，ほほえみ，クライエントのほうに身体が向いていること，身体の前傾姿勢，水平および垂直な腕の動き，ヘルパーとクライエントの距離が約 140cm であることなどがある。

ある研究者たち（例：Archer & Akert, 1977; Haase & Tepper, 1972）は，非言語行動は言語行動よりも情動の伝達で重要な役割を果たすことを示唆している。これらの研究者たちは，言語表出よりも非言語表出を通して真の情動をより多く伝達するということを示唆した。もし，言語行動と非言語行動との間の不一致があれば，非言語行動は真の情動のより信頼できる指標であることもその結果は示唆している。私の見解によると，言語行動と非言語行動との相対的重要性を指摘する十分な実証的証拠はない。しかしながら，既存の証拠は，ヘルパーが自分が非言語的に伝達していることに注意を払うべきであり，またクライエントの非言語行動に注意を払う必要があることを示唆している。

どのようにかかわり，傾聴するか

たくさんの**かかわり**スキルが叙述されるが，そのどれもがヘルピング・プロセスに重要である。それらを簡単におぼえるためには，私はENCOURAGES（励ます，勇気づけるの意味）という頭文字語を使う(表 6-1)。

表 6-1　かかわりと傾聴の概観

定　義	**かかわり**とは，自分の身体をクライエントのほうに向けることを意味する。**傾聴**は，クライエントが伝えるメッセージをとらえて理解することを意味する。
種　類	E＝適度のレベルのアイコンタクト（**E**ye contact）（頻繁に目をそらしたり凝視したりしない）と関心をもっているという表情表出を維持する。 N＝適度の量のうなずき（**N**od）を用いる。 C＝非言語行動における文化的差異（**C**ultural difference）を尊重する。 O＝一般にクライエントに対してオープンスタンス（**O**pen stance）（腕を開き，前かがみで，クライエントと正対する）を維持する。 U＝うん・ええ（**U**m-hmm）といった承認を利用する。 R＝リラックス（**R**elax）し，自然体で，だがプロフェッショナル（専門家）であれ。 A＝注意をそらす非言語行動や割り込み，メモ取り，タッチングを避ける（**A**void）。 G＝クライエントの文法スタイルと会話のペース（**G**rammatical style and pace of speech）に合わせる。 E＝第三の耳（**E**ar）で聴く。 S＝ヘルパーとクライエントとの間の距離スペース（**S**pace）を適切にする。
典型的なヘルパーの意図	支持すること，カタルシスを促すこと（別表 D 参照）。
考えられるクライエントの反応	支持された，理解された（別表 G 参照）。
望ましいクライエントの行動	感情の探求と認知－行動的探求（別表 H 参照）。
起こりやすい問題／難しさ	内的な思考と感情（フィーリング）によって気が散ること。 非言語行動の文化的差異に鈍感なこと。 それらへのクライエントの反応に気づかないこと。 リラックスできず，自然体でないこと。

アイコンタクトと表情表出

●アイコンタクト

アイコンタクトは，重要な非言語行動である。見つめることと目を合わせないことは，一般にコミュニケーションを開始したり，維持したり，あるいは回避したりするのに使われる。じっと見つめることで，人は親密性，興味，服従，あるいは支配の意図を伝達できる（Kleinke, 1986）。目は，会話のモニター，フィードバックの提供，理解の合図，会話の交代（turn taking）の調整に使われる（Harper, Wiens, & Matarazzo, 1978）。私たちは目を通して人と出会う，あるいは「目はたましいへの窓である」ということもできる。反対に，目をそらすことやアイコンタクトを回避することは，しばしば不安，不快，他の人と話すことを望まないといったことの信号となる。

カウンセリング場面以外の典型的な相互作用において，人はお互いにアイコンタクト（すなわち，お互いの注視）を相互作用中の 28 ～ 70％行っている（Kendon, 1967）。通常，一度にせいぜい 1 秒ほどである。いつどのくらいの頻度でお互いを見るかは，概して二者関係によって決まってくる。これは意識された取り決めではなく，非言語レベルで生じる。アイコンタクトがあまりに少なすぎると，自分の話し相手はその会話に興味がないのだと思われてしまうだろう。一方で，アイコンタクトがあまりに多すぎると，相手は落ち着かない気分になり，踏み込まれ，支配され，コントロールされ，さらに，むさぼられるようにさえ感じるだろう。

アイコンタクトの基準は文化によって異なる。北アメリカの白人の中流階級では，話を聞いているときにはアイコンタクトを維持するが，話しているときは目をそらす。アフリカ系アメリカ人文化において，一般に話しているときには相手を見て，聞いているときには目をそらす（LaFrance & Mayo, 1976; Sommers-Flanagan & Sommers-Flanagan, 1999）。あるネイティブアメリカ人集団において，アイコンタクトをし続けることは，攻撃的で，軽蔑を示すものと考えられ，特に年少者が年長者にするとそれが顕著となる（Brammer & MacDonald, 1996）。いくつかの文化集団（ネイティブアメリカ人，イヌイット，オーストラリア原住民集団など）はアイコンタクトを避けるが，重大な話題について話すときは特にそうする（Ivey, 1994）。

私はヘルパーに押し付けがましくないアイコンタクトを適度に使うことを提唱する。クライエントにかかわりを感じてもらえれば十分で，目をそらさずにじっと見つめたり，まじまじと見たりしないほうがよい。

●表情表出

ダーウィン（Darwin, 1872）は，有史以前の人が言語をもつ前には，威嚇，あいさつ，および服従を表情表出を通して伝達していたと推測した。彼はこの共有遺産によって，すべての人間がなぜ類似した表情表出を通して基本的情動を表すのかを説明できると信じていた。彼は，以下のように書いている。

> 顔と身体における表出動作は，その起源がどんなものであったとしても，われわれが快適に暮らすために，それ自体が大変重要なのである。それは母親と乳児の間でのコミュニケーションの最初の手段として機能する。母親はほほえんで賛意を示し，このように自分の子どもが正しい道筋を歩んでいると励まし，あるいは眉をひそめて不満を示す……（略）……表出動作はわれわれの話すことばを生き生きとさせ，生命力を与える。それは，事実を歪曲しているかもしれないようなことばよりも，他者の思考や意図を正確に示す。……（略）……これらの結果の一部は，ほとんどすべての情動とその外界への表出との間に存在する密接な関係から生じる（p.366）。

顔は，おそらく非言語コミュニケーションに最もかかわる身体部分である。なぜなら，人は表情表出を通してたくさんの情動と情報を伝達しているからである（Ekman, 1993）。表情表出は言語的メッセージの意味について手がかりを与えてくれるので，人は表情表出にたくさんの注意を払う。シェークスピア（Shakespeare, 1603/1980）の『マクベス』において，マクベス夫人は夫に「あなたのお顔は，領主様，一冊の本です。ただならぬことがあるのだと，すぐに読みとれます」（第1幕第5場 p.17）。

表情表出の多くは，世界中いたるところでも類似した意味をもっている（Ekman, 1993; Izard, 1994）。エクマンとフリーゼン（Ekman & Friesen, 1984）は，世界のさまざまな地域の人に表情表出の写真を見せ，いくつかの表情表出は文化を超えて同じ意味をもっていることを見出だした。世界中の人が，苦悩したときに泣き，抵抗を示すときに首を横に振り，幸せなときにほほえむ。一度も顔を見たことがない，盲目の子どもですら，情動を表出するのに目が見える人とまったく同じ表情表出を使う（Eibl-Eibesfeldt, 1971）。また，恐れと怒りはほとんどが目で表出され，幸せはほとんどが口もとで表出される（Kestenbaum, 1992）。

人は異なった文化においても普遍的な表情言語を共有するが，表出する情動の深さややり方は異なる。例えば，情動表出は西洋文化ではしばしば強く長々と行われるが，アジア系の人々は同情，尊敬，および恥の情動は示すものの，集団内の感情（フィーリング）を混乱させるかもしれない自己顕示性の強い情動やネガティブな情動はめったに示さない（Markus & Kitayama, 1991; Matsumoto, Kudoh, Sherer, & Wallbott, 1988）。

ヘルピングで使われる重要な表情特徴は，ほほえむこと（smiling）である。ほほえむことは，人を友好的に見せ，探求を促すことができるが，クライエントが重大な事柄について話しているときには，ご機嫌とりや不適切なものとして認知されるので，ヘルピング・セッション中，ヘルパーがほほえみすぎないように警告したい。過度にほほえむヘルパーは，誠実でないと思われるか，クライエントの問題の深さをあざけっているように見られるだろう。

ヘルパーは自分が表情表出で伝えていることに気づく必要がある。積極的な興味と関心を表明することは重要であるが，クライエントが言っていることに表情表出を合わせることは，それ以上に極めて大事である。言い換えると，クライエントが何かおもしろいことを言っているときにはヘルパーはほほえんだり笑ったりしてもよく，クライエントがとても悲しいことを言っているときにはヘルパーは泣いてもよい。

うなずき

うなずきの適切な使用は，特に発言が終わった際になされると，ヘルパーが傾聴して，自分の言っていることに寄り添っているとクライエントに感じさせる。実際，言語メッセージはときには不要である。なぜなら，ヘルパーはうなずきを通して自分がクライエントと「共に」存在し，クライエントは話を続けるべきだと伝えるからである。しかしながら，他の非言語行動と同じように，うなずきにも適切なレベルがある。うなずきが少なすぎるとクライエントは不安を感じる。なぜなら，ヘルパーが自分に注意を払っていないと思うかもしれないからである。また，うなずきが多すぎると気が散るかもしれない。例えば，ある学生は支持する意図を示すためにうなずき続けたのだが，そのうなずきはクライエントの気を散らした。なぜなら，ひもの付いたあやつり人形のように見えたからである。

かかわりにおける文化的な問題

それぞれの文化で非言語的コミュニケーションのためのルールが作られている（Harper et al., 1978）。そのような文化的ルールの一例は，せいぜい3分の1秒かかるくらいのあいさつのパターンである。このパターンには相手を見ること，ほほえむこと，眉の端をあげること，うなずくことなどがある。これらの行動は相手から同じ反応を引き出すための解発刺激として機能するようである。非言語行動のルールは概して意識的自覚の範囲外にある。こうしたルールは，幼い子どものときからはっきりとことばで教えられるわけではなく，社会的相互作用や例を通して学習するために，おそらくたいていの人々は，自分自身の文化における非言語ルールを明瞭に表現することができない。

ある文化において適切である非言語行動は，別の文化においてはそうでないかもしれない。外交官や旅行者に他の文化の非言語ルールを教える産業全体が伸びてきている。例えば，アジアでは，自分自身を賞賛するのではなく，そのかわり慎ましく見えることが重要である（Maki & Kitano, 2002）。それゆえ，アジアを訪問中のアメリカ人が自慢をしはじめるとよく受け取られないかもしれない。

もし，自分の非言語行動ルールに沿っていないような対人相互作用にかかわると，強い不快感を感じるかもしれない。なぜ自分が不快なのかを理解したり，はっきり表すことはできないかもしれないが，何かがおかしいことを知っている。例えば，もしあなたが誰かをじっと見つめているのを目撃されると，あなたの文化で，長い間じっと見つめるのは不適切なので，きまりが悪い感じがするかもしれない。もしあなたが話をしているときに，誰かが近すぎる位置に立っていたり，あなたの腕をつかんだりすると，その人はあなたのパーソナル・スペースを侵しているので，押しのけたい衝動を感じるかもしれない。

ヘルパーは自分のスタイルをクライエントの非言語スタイルに合わせることが必要である。クライエントが自分のスタイルに合わせることを期待してはいけない。ヘルパーはクライエントから何が心地よく感じられるか手がかりを得ることができる。例えば，クライエントが不安そうに振る舞い，過度にアイコンタクトをし始めたら，ヘルパーは目をそらし，クライエントがいつもと違う反応をするかどうか観察してもよい。また，ヘルパーは心地よいと感じること，不快と感じることについてのフィードバックをクライエントに求めてもよい。

クライエントに向けたオープンスタンス

ヘルパーによく推奨される身体の姿勢は，クライエント側に傾けることであり，腕と脚を交差させずにオープンな身体の姿勢を維持することである（例：Egan, 1994）。この姿勢のまま長く留まりすぎると堅苦しく見えてしまうが，この前傾した，オープンな身体姿勢は，ヘルパーが注意を払っていることを効果的に伝える。同様に，もしオープンな前傾姿勢が心地悪いようなら，ヘルパーがクライエントにかかわることは難しいこととなるだろう。

学生（特に男性）のとる身体姿勢に，両脚を大きく開いていすの背にもたれかかるというのがある。この姿勢は，心地よいかもしれないが，性的なアプローチのように見える。そのため，ヘルパーは自分の身体姿勢でどんなことを伝えているのかに注意する必要がある。

「うん・ええ」といった承認を利用する

ヘルパーは非言語的な音声，非単語，および「うん・ええ」「へえ」「ああ」といった単純なことばを通して，クライエントに話し続けるよう促す。ヘルパーは，クライエントが言ったことを認め，注意深く伝達し，立ち入りすぎない支持を提供し，会話の流れをモニターし，そしてクライエントに話し続けることを促すような，最小限の励ましを使う。最小限の励ましは，しばしばうなずきをともなって使われ，うなずきと同じ目的で機能する。

ヘルパーは，最小限の励ましを使いすぎたり，まったく使わなかったりすることがある。少なすぎると距離を感じさせ，一方多すぎるとクライエントの気をそらし，不愉快にさせることがある。私が勧めたいのは，ヘルパーがクライエントに話し続けるよう促すために（クライエントが探求に積極的に関与することを前提に），最小限の励ましと承認を行うことである。主にクライエントの発言の終わりやクライエントが話す番（すなわち，ヘルパーの2回の介入の間にクライエントが話すことすべて）の終わりに行うとよい。最小限の励ましを提供しようとしてクライエントの話に割り込むのは，注意をそらすことになりうるので，ヘルパーはこの介入の適切なタイミングに注意を払うべきである。

リラックスし，自然体で，だが専門家であれ

ヘルパーはそれぞれ，どの**かかわり**行動を使うのが心地よく感じるかを特定する必要がある。1つの提案は，最初にENCOURAGESスタンスを実施することであり，それからヘルパーとクライエントが最も心地よいと感じられるやり方でこれらの行動を修正することである。

私は，ヘルパーに自分の**かかわり**行動へのクライエントの反応を観察することも強く勧めたい。座席に寄りかかったヘルパーはあるクライエントにはリラクッスしていると感じさせるかもしれないが，別のクライエントはヘルパーが自分に十分に注意を払っていないと感じるかもしれない。ヘルパーは訓練の際に自分の**かかわり**行動についてフィードバックを求め，自分が他人をどんな気分にさせているのか気づけるようになるとよい。先に述べたように，多くの**かかわり**行動は異なった文化では異なった意味をもっているので，ヘルパーは異なった文化出身のクライエントで起こりうる行き違いに敏感になる必要がある。

リラックスしているように見えるだけでなく，実際にリラックスすることが重要である。多くのヘルパー初心者が，**かかわり**の姿勢を維持しようと躍起になるあまり，不自然で見せかけだけのように見える。彼らはすべて「正しい」行動を実行しているのに，最後にはかかわりすぎてしまい，クライエントには踏み込んで取り調べられていると感じられる。ヘルパーが直面する最も困難な課題の1つは，リラックスすることと自然体の自分を保つことである。しかしながら，ヘルパーが**かかわり**と**傾聴**行動を自然体の自分へと統合すれば，クライエントは自分の関心事を探求するようになることが多い。

リラックスできないときは，自分の内面で何が起こっているかについてもっと知ろうとすることだ。例えば，もしあなたが自分の筋肉の緊張を感じ，クライエントから身体が引けているのに気づいたら，その瞬間に自分の中で何が起こっているか問いかけてみてほしい。気づきは状況に対処する鍵となる。自分がどのように感じているかがわかりさえすれば，反応を「うっかり漏らし」してしまうかわりに，どのように行動するかについての情報に基づいた決断をすることができる。身体反応へ注意を払うと，クライエントについて信じられないほどの多くの情報が得られる。もしあなたがクライエントに退屈していたり，不安だったり，魅力を感じたり，拒絶されたと感じたりするなら，たぶん他の人たちもクライエントにこのように感じているのだろう。洞察段階でこれらの反応をどのように治療的に使うかについては，16章「即時性」を参照するとよい。

もちろん，ヘルパーは自然に振る舞うとともに，専門家としてのスタンスを維持したい。このこ

とを実行する1つの方法は，服装を通してである。私はヘルパー初心者にクライエントより一段上の服を着ることを提案することが多い。ヘルパーはジーンズやホールターネックよりも，感じのいいスラックスやシャツを着るとよい。人目を引きつける衣類を避けるのが特に重要である。

気を散らす非言語行動，割り込み，メモ取り，および触れることを避けること

●気を散らす非言語行動

気を散らす行動について論じる前に，非言語行動のさまざまな種類を記述するのが重要である。動作学（Kinesics）とは，身体の動き（腕と脚の動き，うなずき）がコミュニケーションにどのように関連しているかのことである。身体の動きは，いくつかの種類のものに分類でき，それぞれは異なった機能を有している（Ekman & Friesen, 1969）。エンブレム（Emblems）は，単語の代用物である（例：手を振ることは万国共通のあいさつである）。イラストレーター（Illustrators）は，スピーチ（演説）にともなわれる（例：両手で魚の大きさを示すこと）。レギュレーター（Regulators）は，会話の流れをモニターする（例：うなずき，姿勢の移動）。アダプター（Adaptors）は，しばしば意識せずに行われる習慣的な行為であり，コミュニケーション上の意図はない（例：頭をかく，唇をなめる，ペンをもてあそぶ）。

ヘルパーは，一般に言語的なメッセージにともなってエンブレム，イラストレーター，およびレギュレーターを用いようとするが，アダプターを使うのを避けようとする。アダプターは，ヘルパーの不適切な非言語行動にクライエントの焦点を振り向けてしまうことによってヘルパーの効果性を減じる。アダプターが多すぎたり，エンブレム，イラストレーター，あるいはレギュレーターを不適切に使用することは，しばしば「非言語的漏洩」（nonverbal leakage）の徴候となる（つまり，その人は伝えたくなくて隠そうとしているのにもかかわらず，その感情が非言語回線を通して漏れ出る）。

身体の動きは，言語的な内容や表情表出のいずれでもしばしば得ることができない情報を与えてくれる。フロイト（Freud, 1905/1953a）は，「見るための目，聞くための耳をもっている彼は，人間は絶対に秘密を保てないことを確信するだろう。もし，くちびるが沈黙しても，よくよく見れば彼の指先や，彼から漏れ出る情報がしゃべってくれる」（p.94）と雄弁に述べた。エクマンとフリーゼン（Ekman & Friesen, 1969）によると，足と脚の動きは，ほとんど自覚されず意図的な抑制もきかないので，非言語的な漏洩の最も重要な情報源となりそうである。手と顔は，非言語的な漏洩についてそれに続くよい情報源である。そのため，もしヘルパーは自分が繰り返しつま先で地面を突いているのに気づいたら，自分が何を感じているか考えるとよい。

特別に気を散らしてしまう行動の1つは，クライエントの話への割り込みである。クライエントが生産的に探求している（つまり，心の奥底の思考や感情（フィーリング）について話している）ときには，ヘルパーは割り込む必要はない。しばしば，ヘルパーはひたすら**かかわり**と**傾聴**を行い，クライエントのやり方をじっと待たねばならない。そうすれば，クライエントは話し続ける機会を得る。もし，クライエントが行き詰まり，何を言ったらよいか考えられなくなるか，ノンストップで話し続けるが生産的に探求し続けないなら（つまり，話し続けるが，内容はとりとめもない），ヘルパーにはクライエントが元の話題に戻れるよう援助を行う必要があるかもしれない。マタラッツォら

（Matarazzo, Phillips, Wiens, & Saslow, 1965）は，ヘルパーは話に割り込むべきでなく，クライエントの陳述が終わった後に数秒遅れて話すべきであると強調した。この休止（ポーズ；割り込まないこと）は，ヘルパーからの過度の圧力を与えないでクライエントに考え続けさせ，話し続けさせる。マタラッツォらは，熟達したヘルパーと未熟なヘルパーとの間でこの割り込み変数に有意な差異を見出だした。

もう１つの気を散らす可能性のある行動は，メモを取ることであり，クライエントにかかわるヘルパーの能力を減じるものである。ヘルパーがメモを取っていると，クライエントは多くの場合，探求しなくなり，受け身的にヘルパーが記入し終えるのを待つ。つまり，このことはいま現在の（即時的な）体験の強さを弱めてしまう。クライエントはヘルパーが何を書いているかといぶかり，なぜ書きとめているのか好奇心を抱くだろう。ヘルパーは多くの場合，セッション中に何があったか忘れないためにメモを取る。妨げとならないもっとよい方法は，セッションを録音し，そのセッションを具体的な細部まで思い出すため，後でその録音を聴くことである。

最後になるが，論争の的となる行動は触れること（touching）である。触れることはヘルパーがクライエントに支持を示したいときに自然に行われるものであり，そして実際クライエントには自分が理解され，人間関係にかかわっていると感じさせる（Hunter & Struve, 1998）。モンタギュー（Montagu, 1971）は，触れることは自然な身体的な欲求であり，ある人たちは十分な身体的な接触を受けていないことから触れることに飢えていると記している。残念なことに，もしクライエントが侵入されていると感じ，触れられることを求めておらず，そしてクライエントがこれまでに望まずに触れられた経験があったら，触れるのはネガティブな効果をもたらすことがある。ハイレンとヒル（Highlen & Hill, 1984）は，セラピー中に触れることについての数少ない研究は結論の出ないものであったと報告した。ある研究は触れることのポジティブな効果を示しているが，一方，他の研究では効果が見られないというものであった。触れることをいつ行うとよいかを知るには臨床的な判断が必要となる。ヘルパー初心者の場合，触れることは控えるのがよいだろう。それは身体に触れた意味を誤解されるおそれがあったり，クライエントに触れることに関連した倫理的な問題のためである。

クライエントの文法的なスタイルと会話のペースに合わせること

ヘルパーが**かかわり**を伝える別の方法は，クライエントの言語と文法的なスタイルを一致させることである。言語はクライエントの文化的な経験と教育レベルに相応でなければならない。そうして，ヘルパーはクライエントとの絆を形成することができる。もし，クライエントが「俺に女なんてできっこないよ」と言ったなら，ヘルパーは「あなたの劣等コンプレックスが適切な愛情対象をもった関係を構築するのを妨げているのだね」と言うよりも，「あなたはガールフレンドを見つけるのに関心があるんだね」と言うほうがよいだろう。前者の言い方は，クライエントの陳述からそれすぎているように思われる。ヘルパーは堅苦しく優越感にあふれた感じよりも，自然で援助的に思われなければならない。

またヘルパーは，クライエントの会話のペースとある程度まで合わせる必要がある。ヘルパーは，ゆっくりと話すクライエントとはゆっくりとしたペースで会話をする必要がある。それに反して，早口で話すクライエントとはいくらか早口で話すのがよい。もし，クライエントが興奮して早口で話しているなら，ヘルパーはクライエントを落ち着かせるためにゆっくりとしたペースで話すのがよい。

ヘルパーは，誠実さをねじ曲げてまで，自分にしっくりとこない言語スタイルや会話ペースを使うべきではない。しかし，ヘルパーは自分のスタイルをクライエントのスタイルに近づけるように修正することはできる。私たちはそれぞれ心地よい行動の範囲があり，そしてヘルパーはそれぞれのクライエントに見合ったその範囲内での立場を見つける必要がある。なんといっても，ヘルパーの目標は変化への障壁をさらに追加することではなく，クライエントの変化を促進することである。

第三の耳で聴くこと

傾聴は，そのクライエントの言語的メッセージと非言語的メッセージの両方に注意を払い，その人が考えていることと感じていることを見極めようとすることが含まれる。

●言語的メッセージ

クライエントはさまざまな方法でヘルパーとコミュニケーションをとるが，最もわかりやすいのは彼らが思考，感情（フィーリング），および経験を表明する際に使うことばである。ヘルパーは注意深くそのことばを聴くことができる。**かかわり**スキルと最小限の励まし(例：「うん，ええ」)を用いること，および気を散らすものにとらわれないことによって，ヘルパーは**傾聴**の態度になる。ヘルパーはクライエントの立場に自分自身をおいて想像するとよい。このように，ヘルパーの視点からよりもむしろクライエントの視点からクライエントが何を体験しているのか理解しようとしながら，ヘルパーは話を聴く。例えば，青年期のクライエントであるキャサリンは，プロム（注：特に高校・大学などで公式に行うダンスパーティ）に誘われなかったために打ちひしがれ，自分には価値がないと感じていると訴えた。35歳の既婚女性であるヘルパーの視点からすれば，プロムに誘われないことは絶望するようなことではない。しかしながら，キャサリンに傾聴しながら，そのヘルパーはこの経験が若い女性にどのように感じられるかを想像しようとした。

ヘルパーにとって，傾聴するための重要点は，次の応答を前もって決めておかずに，クライエントに注意を払うことである。しばしばありがちなのは，次に何を言おうか考えているせいで，人が言っていることの半分しか聴いていないことである。探求段階の間は(特にクライエントが生産的に探求している場合は)，焦ってクライエントの探求の流れをさえぎるようなことを言うよりも，何も言わずに聴くほうがよい。

ヘルパーとは異なった言語スタイルをとるクライエントは，ヘルパーを混乱させることがある。内向的なヘルパーは，クライエントが不安の表出として話しすぎているかもしれないときに，クライエントがよくしゃべるのは心地よく感じているからだと思うかもしれない。ヘルパーは，自分のクライエントに自分の感情や個人的なスタイルを投影しないことが重要である。

●非言語的メッセージ

ヘルパーはクライエントのことばを聴くことだけが重要なのではなく，クライエントの非言語行動に「傾聴する」ことでもたくさん学習することができる。緊張しているクライエントは，たくさんのアダプターを使ったり，とても口数が少なかったり，口ごもったり，筋道を立てて話せなかったりする。防衛的になったり心を閉ざしているクライエントは，多くの場合，自分の腕と脚を交差させ，あたかもヘルパーへの壁を作っているかのようである。恥ずかしがっているクライエントは，話しているときに下を向くだろう。おびえているクライエントは静かに話し，よそ見をし，手足を閉じた姿勢をする。反対に，心地よく感じ，ヘルパーと調子が合っているクライエントは，多くの場合，前かがみの姿勢で元気に話し，感情のこもった声を出す。

ヘルパーは別の文化出身の誰かが自分たちとは違った非言語行動を使う場合，起こりうる誤った解釈に注意する必要がある。例えば，ヨーロッパ系アメリカ人のヘルパーが，目を合わせないアフリカ系アメリカ人のクライエントを迎えたとしても，ヘルパーはクライエントが罪の意識や低い自尊感情に悩まされていると思い込むべきでない。そのかわり，この非言語行動がクライエントの文化において異なった意味をもつかどうか入念な注意を払うべきである。

ヘルパーは，非言語行動が固定した標準の「意味」をもっていると解釈すべきではないことを強調したい。落ち着かない様子でいることは不安を表すことがあるが，退屈さを表すこともある。そして，腕を組むことは，イライラしていることとリラクックスしていることのどちらも伝えることがある。例えば，クライエントが腕と脚を交差させて座っていても，必ずしも自分を抑えているわけでも防衛的でいるわけでもない。寒いのかもしれないし，腕と脚を交差させて座る習慣があるのかもしれない。ヘルパーは他者の身体言語を普遍的な意味をもつものとして「読む」ことはできないが，クライエントが何を感じているかについてのヒントや手がかりとして，観察した内容を利用することができる。もし，あるクライエントが腕と脚を交差させて座って，いすの背にそっくり返っていたら，ヘルパーはクライエントはヘルパーから距離をとりたいのだと仮説を立てるかもしれない。しかしながら，ヘルパーはそのクライエントとさらに話し続けることによって（この本でとりあげたスキルを使いながら）この仮説について検証する必要がある。このように，ヘルパーは非言語データを仮説を立てるのに使い，それからこれらの仮説の正確性を見極めるためにより多くのデータを集めるとよい。

ヘルパーとは異なった非言語スタイルをとるクライエントは，ヘルパーを混乱させることがある。例えば，あまり多くのアイコンタクトをするのを好まないヘルパーは，アイコンタクトをするクライエントのことを，心地よく感じていて状況を掌握しているととらえるかもしれない。しかしながら，多すぎるアイコンタクトは，少なすぎるアイコンタクトと同じくらいの防衛や不安の表れともとらえられる。両方とも人が他者に近づくのを困難にするものである。

傾聴の重要点は，文脈に注意を払うことである。特定の非言語行動の意味に固執してしまうよりもむしろ，ヘルパーはそのクライエントのすべてのこと――言語行動と非言語行動，境遇，文化および表出している問題――について注意を払う必要がある。例えば，アーキーは，怒っていて敵意があるように見えるが，彼が先ほど，白人住宅地域にいるアフリカ系アメリカ人であるという以外の明らかな理由がまったくないのに警官に呼び止められ，服の上から身体検査をされたと話せば，彼の行動は納得がいく。それゆえ，行動について考えるときには，文脈を考慮に入れることが重要である。

ある人たちは，他の人たちよりもよい傾聴者であり，非言語的な手がかりに敏感である。ローゼンタールら（Rosenthal, Hall, DiMatteo, Rogers, & Archer, 1979）は，情動の表出された顔と身体の切り抜きを示し，ある人たちが他の人たちよりも情動を探知するのに優れているということを見出だした。また彼らは，女性は一般的に男性よりも情動の探知に優れていることを見出だした。ミラー（Miller, 1976）は，なぜ女性が男性よりも情動を探知するのに優れているのかについて社会的学習による説明をした。

> 従属者（女性）は，そのため，支配者が従属者について知るよりもはるかに多く，支配者について知っている。彼女らにはその必要があるのだ。従属者は支配者に高度に調子を合わせるようになり，彼らの快と不快の反応を予測できる。ここに，私は思うのだが，「女性の直感」と「女性の手練手管」の長い物語が始まるのである。これらの「ミステリアス」な才能が実はスキルであり，言語と非言語両方の小さな信号を数多く読みとるという，長期の実践を通して発達してきたことは明白だと思われる（p.10）。

もともと非言語的手がかりに敏感ではないと感じているヘルパーは，これらの行動にさらにしっかり注意を払うようにするとよい。訓練を受けることで非言語的なコミュニケーションへの気づきを増大させることができると，いくつかの研究で示唆されている（例：Delaney & Heimann, 1966; Grace, Kivlighan, & Kunce, 1995）。人は自覚と実践によって，非言語的な手がかりにさらに敏感になれるようである。

スペースを適切に利用すること

プロクセミックス（proxemics）という用語は，相互作用でスペースをどのように利用するかを意味する。ホール（E. T. Hall, 1968）は，中流階級のアメリカ人にとっての4つの距離ゾーンを記述している。親密（0 ～ 46cm），パーソナル（46cm ～ 1.2m），対人（1.2 ～ 3.7m），および公共（3.7m 以上）である。もし，所定の距離のルールに従わないと不快を感じるが，なぜ居心地悪く思うのか，通常自分では気づかない。ホールは一度こうしたスペースのパターンが学習されると，それらの大半は顕在意識の外に置かれると記した。自分が快適だと感じられる距離の程度は個々人でさまざまであるが，たいていの場合は「パーソナル」から「対人」までの距離ゾーンがヘルピング関係での座席配置では適切であると考えられる。いす2つを近づけて並べるヘルパーもいれば，逆に，配置を変えられる場合には，いすを遠く離してしまうヘルパーもいる。自分のオフィスにたくさんのいすを並べて，クライエントに座るいすを選ばせるセラピストを私は知っている。

スペースは文化が異なるとまったく違った方法で使われる（E. T. Hall, 1963）。アメリカ人とイギリス人は一般的に，他者から比較的離れてほとんど触れない距離を好む。それに反して，ラテンアメリカ人と中東の人たちは一般的に，近い距離を好む。例えば，アラブ人とイスラエルのユダヤ人は多くの場合，近くに立ち，触り，大声で話し，熱心に見つめる。ヘルパーは異なったプロクセミックスパターンを使う別の文化出身の人に，ただ無意識に対応するのではなく，文化的な考えを頭に入れておく必要がある。また，ヘルパーは文化内での差異にも注意する必要がある。例えば，あるラテン系アメリカ人があいさつとお別れのときに抱き合うからというだけで，すべてのラテン系アメリカ人が毎回セッションの開始時と終了時に抱き合いたがっていると想定すべきではない。文化内にも差異が存在し，優勢な文化への異文化変容（注：他国への移住を通じてその国の文化になじむこと）がクライエントが心地よく感じる身体的近接性の度合いに影響することもある。

かかわりと傾聴スキルの例

不適切なかかわりと傾聴の例

ヘルパー　：（ふんぞり返り，腕を組み，天井を見ている）それで，とにかく今日はどうして来たの。

クライエント：（とても小さな声で）えーと，よくわからないのです。最近，自分があまりうまくやれていない気がするのです。でも，あなたに助けてもらえるのかどうかわからないのです。

ヘルパー　：（いすの前の方にのりだし，クライエントをじっと見つめて）では，どんなことが起きたのかな。

クライエント：（長い沈黙）どうしたらいいかわからないのですが……。

ヘルパー　：（割り込む）実際何が問題なのかだけを教えてください。

クライエント：（長い沈黙）本当は話したいことなんてなかったのだと思います。すみません，あなたのお時間を無駄にしてしまいました。

適切なかかわりと傾聴の例

ヘルパー　：（すべてのENCOURAGESスキルを使って）こんにちは。私の名前はデビーです。私がヘルピング・スキルを練習できるように，今日，数分お話しさせてください。何についてお話ししましょうか。

クライエント：（とても小さな声で）えーと，よくわからないのです。最近，自分があまりうまくやれていない気がするのです。でも，あなたに助けてもらえるのかどうかわからないのです。

ヘルパー　：（クライエントの小さな声に合わせて）ああ，あなたは何か怖さを感じているようね。最近の様子について少し話してくれますか。

クライエント：ずっと落ち込んでいました。眠れなかったし，食べられませんでした。何もかも後手に回っていて，どのレポートをするエネルギーもなかったのです。

ヘルパー　：（ポーズをおき，穏やかに）消耗しきっていると感じているようですね。

クライエント：（ため息）そうです，まさしくそういう感じです。大学の1年目で，たくさんのプレッシャーがあるように思えるのです。

ヘルパー　：うんうん（うなずく）。

クライエント：（話し続ける）

かかわりと傾聴の効果

ヘルパーは，自分の**かかわり**と**傾聴**行動の効果を評価する必要がある。ヘルパーは自分のセッションの録画などを観察し，自分の**かかわり**と**傾聴**行動の効果を査定するのに３件法の尺度を使うとよい。この尺度は，クライエントの反応に対する**かかわり**と**傾聴**の効果を強調している。

１＝**かかわり**と**傾聴**が役立たないときには，クライエントはヘルパーから身をそらしたり，そわそわしたり，心地悪そうに見えたり，あるいは気が散りやすくなる。例えば，もしヘルパーが脚を広げていすに寄りかかっている場合，クライエントによってはこれを性的なアプローチだと解釈して目をそらし，とてもきまり悪く感じることもあるだろう。ヘルパーが髪をいじったり，ペンをもてあそんだりしたら，クライエントは，気が散り，自分はヘルパーが注意を払うに足るほど重要な存在ではないのだと，イライラ感を感じるようになるだろう。

２＝もし，**かかわり**と**傾聴**行動が少なくともほどほどに十分であるなら，クライエントは話し続けることができるが，完全には心地よく感じることはないだろう。

３＝もし，**かかわり**と**傾聴**行動がとてもよければ，クライエントはその場面で心地よさを感じ，ヘルパーが傾聴して集中しているように感じる。クライエントは，安心して個人的なことについて話し続けるだろう。

もちろん，クライエントがヘルパーの**かかわり**と**傾聴**行動にいつも反応しているとは限らないとヘルパーは気づくに違いない。ときどき，話している内容のせいで，クライエントはうろたえたり，ヘルパーの**かかわり**行動にまったく反応しなくなることもある。ヘルパーはクライエントがどう反応しているかどうか，見極める必要がある。

かかわりと傾聴を行う際にヘルパーが経験する問題

かかわりと**傾聴**の際にヘルパーが抱く問題の１つは，自分の思考と感情（フィーリング）によって気が散らされることである。例えば，ヘルパーはしばしばネガティブな自己会話（例：「私はこのことを正しくしていない」「クライエントは私を好いてくれるのだろうか」「アイコンタクトが多すぎただろうか」）をしてしまう。もし，考えごとをして気が散ってしまうなら，ヘルパーはクライエントに焦点を当て親身に傾聴するのが難しくなるだろう。

もう１つ別の問題は，非言語行動における文化的差異に敏感でないヘルパーの場合である。別の文化出身の人が自分たちの習慣と異なる仕方で非言語的に何かを行うと（例：アイコンタクトを異なった方法で使う），あるヘルパーはこれらのクライエントを自分の文化的な規準に従って判断する。

また，あるヘルパーは自分の非言語行動へのクライエントの反応に注意を払わない。クライエントがヘルパーに非言語行動が煩わしく侵入的だと直接言うことはめったにないが，きまり悪く感じているときにはしばしばかすかな手がかりを出す（例：少し静かになる，よそ見をする）。ヘルパーはクライエントの非言語にかかわり，反応に気づく必要がある。

最後に，ヘルパー初心者は，しばしば「正しい」非言語姿勢があるのではと思い込んで，自然でリラックスしていると感じる非言語姿勢を探そうとしない。ヘルパーはさまざまな姿勢を試す必要があり，それらの非言語姿勢についてフィードバックを求める必要がある。ヘルパーにとってフィードバックを得るのに効果的な方法は，（クライエントの許可を得て）ヘルピング場面における自分を録画することであり，自分の非言語行動とクライエントの反応をあとでじっくり観察することである。ヘルパーは友だちやクラスメートに非言語行動を使って実験することもできる。友だちが何か重要なことについて話しているとき，ヘルパーは適切に**かかわり**行動を使い，友だちの反応を観察してみるのがよい。ヘルパーは，それから，不適切に（あるいは適切かもしれないが）**かかわり**行動を使い，友だちが異なる反応をするかどうかみるのがよい。ヘルパーは，あとで友だちに自分がしていたことについて聞き，その異なった非言語的な操作への反応についてフィードバックを求めてもよい。

有益なヒント

- ENCOURAGESという頭文字語で示された**かかわり**行動を試し，それらがあなたにどのように合っているか観察しなさい。
- 負担を感じずに行える**かかわり**の方法を探しなさい。あなた自身のスタイルを開発しなさい。
- あなたの非言語行動の影響について，友人やクライエントからフィードバックを求めなさい。録画などで自分自身をよく観察しなさい。
- 絶対に必要というのでなければ，クライエントの話に割り込まないこと（例えば，クライエントが無関連なことについて話しまくっているなどのときは例外）。

結　語

結論として，**かかわり**行動は，ヘルパーにとって**傾聴**のための段階，クライエントに相手が自分の話を聞いているということを知らせる段階の準備段階となる。クライエントが言っていることを聞くため，その背後にある思考と感情（フィーリング）についての手がかりを拾うため，クライエントの言語行動と非言語行動に注意深く**傾聴**することもヘルパーには必要とされる。また，**かかわり**と**傾聴**はこの本の中で教えられる他のすべてのスキルの基盤を形づくるので，ヘルパーはこれらのスキルを特に念入りに学習すべきである。

考えてみよう

- **かかわり**と**傾聴**の違いは何か。
- あなたの文化における非言語行動の規則はどのようなものか。
- 非言語行動の規則はどのように築かれたのか。これらの規則は変えられるのか。
- **かかわり**と**傾聴**における文化の役割についてどう思うか。
- クライエントと一緒に所望する目標を達成するのに，自分の非言語行動を操作することについてどう考えるか。

グループ実習 4　かかわりと傾聴

最初のいくつかのグループ実習では，それぞれのヘルピング・スキルを別々に練習するため，いくらかわざとらしく感じるかもしれない。現実場面のヘルピング・セッションでは，一度にたった 1 つのスキルしか使わないということはないだろう。だが，ヘルピング・スキルをマスターする最善の方法は，1 つずつのスキルに対して別々に集中して焦点を当て，それからスキルを統合することである。

また，「すべきこと」をすべて覚えていることはできないと心配して，これらの演習経験に圧倒される感じがする学習者もいるかもしれない。おそらく何もかもは覚えられないだろう。学んできたことをすべて使えるようになるには，たくさんの練習を必要とする。リラックスし，最善を尽くしなさい――完璧である必要はない。ただ参加し，練習に取り組み，何が起こるかを見ていなさい。これらの演習は，比較的安全な場所でスキルを練習する機会を提供できるよう工夫されている。

演習 1　かかわり

目標：1．ヘルパーが，かかわり行動を通して共感を伝達する機会を得られること。
　　　2．ヘルパーが，ヘルパーの役割に慣れるようになること。

ヘルピングのやりとりをしている間のヘルパーとクライエントの課題

1. 学習者は 2 人組になり，交代でヘルパーとクライエントになる。
2. ヘルパーは適切なかかわり行動を用いて，クライエントが話しやすい話題（1 章の表 1-1 参照）について話すのに応じる。ヘルパーはことばを一切使わずに共感を伝えねばならない。
3. 3 分間継続する。役割を交代する。

演習 2　傾聴

目標：1．ヘルパーが，ヘルパーの役割に慣れるようになること。
　　　2．ヘルパーがさまざまなかかわり行動を試し，最も負担がなくふさわしい方法を理解する機会を得られること。
　　　3．ヘルパーのかかわり行動について，ヘルパーにフィードバックを与えること。
　　　4．ヘルパーがクライエントの非言語行動を観察し，その意味について学習する機会を得られること。
　　　5．クライエントの話していることについて解釈や判断をせずに，クライエントが本当に話そうとしている内容について考えて，傾聴するスキルを練習する機会をヘルパーが得られること。

グループ実習 4　かかわりと傾聴

ヘルピングのやりとりをしている間のヘルパーとクライエントの課題

1. 学習者は３人組のグループになり，それぞれ少なくとも１回はすべての役割（ヘルパー，クライエント，および観察者）を体験できるように交代する。
2. ヘルパーはリラックスし，適切なかかわり行動を用い，自己紹介をし，クライエントが何について話したいかを尋ねる。
3. クライエントは，話しやすい話題について，ひと言ふた言で手短に話す。
4. ヘルパーは考えるためにしばらく間をおき，それからクライエントが言った内容をことばどおりに（逐語的に）繰り返す。ことばどおりに（逐語的に）繰り返すことは，多くのヘルパーにとって決まり悪く感じるだろうが，それによりヘルパーはじっくり傾聴し，クライエントが言っている内容を聞きとれているか確認することができる。この課題から焦点がずれないようにすること。世間話をするのではない。
5. クライエントとの会話のやりとりを８～10回続ける。（特に初回は）困難なことではあるが，ヘルパーとクライエントの役割にとどまること。

ヘルピングのやりとりをしている間の観察者の課題

1. クライエントが言った内容を正確に繰り返すヘルパーの能力について，所見を記録する。かかわり行動について，よい行動を１つと悪い行動を１つ記録する。
2. ヘルパーとクライエントがその課題から脱線しないようにする。

ヘルピングのやりとり後の課題

1. まずヘルパーが，どのかかわり行動がしっくりときたか，クライエントの言った内容を繰り返すことをどう感じたかについて話し合う。
2. クライエントは，ヘルパーのかかわりと傾聴スキルについてフィードバックを行う。
3. 観察者は，ヘルパーにポジティブなフィードバックを行い，それからネガティブなフィードバックを行う。

演習 3　かかわりと傾聴

目標：１．ヘルパーが，クライエントにかかわりと傾聴を行う機会を得られること。
２．ヘルパーが，クライエントの陳述の一番重要な部分に焦点を当てられるようにすること。

演習２と同じ形式を使う。ヘルパーは，クライエントが言った最も重要な単語かフレーズを１つ繰り返す。例えば，もしクライエントが「とても困ったことがあるの。親友の彼氏が，親友をだましているのがたまたまわかったのだけど，彼女がとても傷つくと思うので，言ってあげるべきかどうかわからないの」と言ったとしたら，ヘルパーは「困ったこと」あるいは「どうしたらよいのか……」と言うことになるだろう。クライエントが話す回が 8 ～ 10 回になるまで続けること。それから演習 2 と同じフィードバックの手順にしたがう。

個人的な振り返り

- 最初の演習で，黙っている（間をとる）のはあなたにとってどのような体験だったか。
- ヘルパー，クライエント，観察者の役割で，あなたの体験はそれぞれどうだったか。
- ヘルパーとして，およびクライエントとして，それぞれどのかかわり行動が最も有益であると思ったか。
- 何もかもことばどおりに（逐語的に）繰り返すことについて，どのように感じたか。
- ヘルパーとクライエントの間で，どのような多文化的な問題（例えば，ジェンダー，年齢，出身地方，家庭環境など）が生じたか。

7章

開かれた質問と探り

質問こそ知識の扉。
——アイルランドのことわざ

ミーアは，フランスへの出張のことでとても緊張していた。彼女はそれまで国外に出たことはなかったので，一人での旅行と，その国の言語に精通しないで意思疎通できるかを心配していた。ヘルパーは「一人になるのはあなたにとってどんな感じですか」と尋ねた。そのあとヘルパーは「外国で他の人と意思疎通できないと，どんなことが怖いですか」そして「言語がわからないことで，以前にどんな経験をしたのですか」と尋ねた。これらの**開かれた質問**によって，ミーアは一人で旅行することへのためらいを探求することができた。

開かれた質問と探り（open questions and probes）は，クライエントが自分の思考と感情（フィーリング）を明確化し探求することを促す。この方法を使うときは，ヘルパーはクライエントから具体的な答えを求めたいわけではなく，かわりにクライエントに心に浮かんでくることのすべてを探求させたいのである。言い換えると，たとえクライエントが「はい」「いいえ」や1～2語で答えるとしても，ヘルパーのほうはクライエントの反応の形式を意図的にそのように限定させないようにするのである。**開かれた質問**と探りは，その意図がクライエントに明確化させたり探求させるためであるならば，疑問（「そのことについてどのように感じましたか」）や指示（「そのことについてどのように感じたか話してください」）のような言い回しとなるだろう。

この章において中心となるのは，4種類の異なった**開かれた質問**と探りについてである。明確化や焦点づけを求めるもの，思考の探求を促すもの，感情（フィーリング）の探求を促すもの，および例示を要請するものである（表7-1参照）。**開かれた質問**は**閉じられた質問**（例：「あなたの年齢は何歳ですか」「指しゃぶりを始めたのはいつでしたか」）と区別される。**閉じられた質問**については10章で示される。洞察のための**開かれた質問**と行動のための**開かれた質問**については，後の章で論じられる。

本文中で言及する別表は金子書房のホームページからダウンロードできる（URLおよびアクセス用のIDとパスワードはp.xivの「別表一覧」下部をご参照ください）。

表 7-1　開かれた質問と探りの概観

定　義	**開かれた質問**と探りは，クライエントに思考や感情を明確化したり，探求することを求める介入である。ヘルパーは具体的な情報を求めているわけではなく，たとえクライエントが「はい」「いいえ」，1～2語程度の回答で答えるとしても，意図的にクライエントの反応の形式をそのような回答に限定させないようにする質問である。その質問の意図が，クライエントに明確化させたり，探求させることであるならば，**開かれた質問**と探りは，質問（「そのことについてどのように感じましたか」），あるいは指示（「そのことについてどのように感じたか話してください」）のような言い回しとなりうる。
種類と例	明確化／焦点づけ：「それはどういうことですか」 思考：「そのことについて，あなたの考えをもっとお聞かせください」 感情：「お母さんにどのような感情を抱いていたのですか」 例示：「あなたが怒ると何をするのか，例を挙げてくれますか。あなたの行動を1つずつ詳しく説明してくれますか」
典型的なヘルパーの意図	焦点づけること，明確化すること，カタルシスを促すこと，不適応な認知を特定すること，感情を特定し強めること（別表D参照）。
考えられるクライエントの反応	感情を明確化する（別表G参照）。
望ましいクライエントの行動	詳しく話すこと，認知－行動的探求，感情の探求（別表H参照）。
起こりやすい問題／難しさ	同じ形式の**開かれた質問**を繰り返し使うこと。 セッション中，さまざまな介入のかわりに**開かれた質問**ばかりを使うこと。 クライエントの探求を援助するのではなく，自分の好奇心を満足させるのに**開かれた質問**をすること。 一度にいくつもの質問をすること。 **開かれた質問**のかわりに，**閉じられた質問**を使うこと。 「なぜ」という質問が多すぎること。 **開かれた質問**で，クライエント以外の他の誰かに焦点を当ててしまうこと。 現在の感情のかわりに過去の感情に焦点を当てること。 一度にその問題の多くの部分に焦点を当てすぎること。

なぜ開かれた質問と探りを用いるのか

開かれた質問はセラピー中にたびたび用いられ，セラピー・プロセスに適度に有益であると一般的に認知されていることを多くの研究者たちが見出だしてきた(Barkham & Shapiro, 1986; Elliott, 1985; Elliott et al., 1982; Fitzpatrick, Stalikas, & Iwakabe, 2001; Hill, Helms, Tichenor et al., 1988; Martin, Martin, & Slemon, 1989)。これらの研究は，クライエントに関心事についてよりじっくりと深く話すことを促すのに，**開かれた質問**が有益な介入であることを示唆している。

開かれた質問は，自分の問題についての多くの側面を探求する力をクライエントに与える。クライエントがとりとめもない話をしたり同じ思考を繰り返しており，実は深く探求していないときに，**開かれた質問**は特に有益となりうる。クライエントが混乱したときに思考を明確化させたり，クライエントに新しいことについて考えさせたり，クライエントに混乱した思考や感情（フィーリング）を解き明かさせたり，あるいはうまく言語化できず理路整然としていないクライエントに新しい考え方を提供するのにも使われる。クライエントは，自分の問題を述べるのにしばしば行き詰まり，その問題の異なった側面について考えさせる質問を必要とする。

開かれた質問は，ヘルパーが傾聴しており，クライエントに関心があることを証明するものである。**開かれた質問**は，ヘルパーがクライエントの話についていっていること，そして十分な関心をもってクライエントに話し続けるよう促していることを示す。

4つのタイプの**開かれた質問**と探りは異なった理由で使われ，それぞれ探求段階の基本である。第一に，明確化や焦点づけに使われる**開かれた質問**は，クライエントがセッションを始めるとき，話がとりとめもなくなっているとき，あいまいで不明瞭になっているとき，あるいは行き詰まっているときに，特に有益である。第二に，思考のための**開かれた質問**は，クライエントに今何を考えているかを話させるためや，非合理な思考を明らかにするために使われる。第三に，感情（フィーリング）のための**開かれた質問**は，クライエントに具体的な感情（フィーリング）を体験・表明させ，感情（フィーリング）の重要性を強調するものである。第四に，例示のための探りは，クライエントがその問題について全般的であいまいに話しているときに必要とされる。具体的な例があがれば，ヘルパーはクライエントが話していることのより鮮明なイメージを得られる。4つのタイプの**開かれた質問**と探りはすべて，クライエントに探求させるのに使われるが，それぞれクライエントを異なった方向に導く。たいていの問題はこみ入ったものであることを考えれば，いろいろな質問方法を試してみることは十分な探求を引き起こすのに有益である。

上記で述べたすべての理由から，**開かれた質問**と探りはヘルピング・プロセスにとって有益である。**開かれた質問**と探りは，この本での最初の言語的ヘルピング・スキルとして紹介される。なぜなら，ヘルピング以外の対人関係において最も一般的に使われており，学習者がはじめてヘルピング・スキルを学ぶ際にも，概して容易に使えるからである。ヘルパーは，新しい行動全体をどのように公式化するかではなく，いつどうやって**開かれた質問**と探りを使うかを学習する。

どのように開かれた質問と探りを行うか

ヘルパーは適切な**かかわり**行動を続けるべきである。なぜなら，どうように**開かれた質問**を行うかがとても重要だからである。声のトーンは関心と親密さを伝えるため低く保つべきであり，話す速度はゆっくりにすべきであり，ヘルパーがクライエントを尋問しているかのように聞こえるのを避けるために控えめな言い方をすべきである。ヘルパーは支持的で，判断せず，クライエントが何を言おうとしても促す。なぜなら，探求するためには「正しい」も「間違い」もなく，質問への「正しい」答えも「間違い」の答えもないからである。

開かれた質問は短く簡潔であるべきである。クライエントは長々しい質問に答えるのは困難を感じるだろう。ヘルパーは，一度にいくつもの質問をするのも避けるべきである。これは，クライエントを混乱させかねないからである。複数の質問（「次に何をしたのですか，あなたはどのように感じましたか，そして彼女がどのように感じていたと思いますか」）は，もしクライエントがどの質問が最初に応答すべきものかわからなかったり，攻撃されたと感じたなら，相互作用に悪い影響を与えうる。クライエントは重要な質問を無視することもあるかもしれないが，それはすべての質問に応答できるわけではないからである。

別の指針をあげるなら，**開かれた質問**はヘルパーが一度にその問題の一部に焦点を当てるときに，最も効果があるということである。クライエントは一度にすべてのことについて話すことはできず，１つの話題を選ぶのは難しいだろう。そのため，ヘルパーは焦点を当てるべき最も重要なことや明白な事柄を選ぶ必要があり，他の話にはあとで戻る必要がある。通常，ヘルパーが焦点を当てるべき問題は，クライエントが最も精力を注いでいたり影響されていることであるか，クライエントの意識の「最前線」にあることについてである。例えば，ジュアンがいくつかの異なった話題について話しているなら，ヘルパーはジュアンを最も刺激していると思われるような話題について質問するとよい。

同様に，もしクライエントが何を話せばよいかまったく考えつかないときには，**開かれた質問**はヘルパーが助言を行うのによい方法となる。例えば，ジャスティンが悪い成績をとったことについて話し，自分の感情（フィーリング）について探求してきて，その会話が止まってしまったら，ヘルパーはジャスティンに悪い成績が将来にどんな意味があるか，この状況が成績にまつわる過去の経験とどのくらい関連しているか比較したり，この成績が両親との関係にどのように影響するかを尋ねるとよい。これらの質問によって，その問題の他の重要な側面についてジャスティンにもっと十分に話させることができるだろう。私は問題を毛糸玉になぞらえるのが好きである。それぞれの介入で，ヘルパーはクライエントにちょっとばかりの毛糸を取り出させようとし，それについてクライエントが話す。１つの断片がすっかり探求されると，ヘルパーは別の断片へとクライエントをそっと案内する。

ヘルパーは，他の人物に注意を向ける（「その状況であなたのお母さんは何をしたのですか」）よりも，**開かれた質問**の焦点をそのクライエントに当て続ける（「あなたのお母さんの行動についてあなたはどのように感じたのですか」）べきである。クライエントに焦点を当て続けたほうが，他の人物にそれるよりも，内面で起こっていることを探求させるのに役立つ。例えば，ジーンがたびたび母親と言い争うのであれば，ヘルパーはジーンに母親の感情（フィーリング）と思考について尋ねる（「なぜお母さんはあなたにそんなに腹を立てるのだと思いますか」）のではなく，ジーンの感情（フィーリング）と思考について尋ねる（「どうして腹が立つのだと思いますか」）のがよい。前者の質問は母親についてより理解するためには有益だろうが，母親は同席しておらず，ヘルパーは一方的に偏った見方を得ることになるだろう。ヘルパーが最も援助できる可能性の高い人物はクライエントであり，だからこそ，大概はそのクライエントに焦点を当てるのがよいのである。

もしクライエントがすでに生産的に探求しているなら，ヘルパーは割り込んで質問をしたり探りを入れたりしないようにすることも重要である。クライエントに話し続けさせ，クライエントが行き詰まったり，さらに何を探求するべきか助言が必要なときだけ質問すればよい。また，その焦点は過去ではなく現在に当てるべきである（例：「お母さんはあなたにどのように接したのですか」ではなく「お母さんのあなたへの接し方について，今はどう感じているのでしょうか」）。前者の質問はクライエントに深くは関係がないかもしれない物語を話すよう促すのに対して，後者の質問はクライエントに現在の体験について深く探索することを促すものである。細かいことは，その状況について抱く感情（フィーリング）ほど重要ではないことが多い。

ヘルパーは**閉じられた質問**（こちらが求める具体的な答えがある質問，例えば「はい」「いいえ」あるいは具体的な情報など）を避けるべきである。これらは探求を限定してしまう傾向があるためである。**閉じられた質問**と**開かれた質問**とを識別する1つの方法は，その質問がもっと開かれた（クライエントに探求を促す）ものになりそうかどうかを考えることである。つまり，もしそうであるなら，それはおそらく**閉じられた質問**である。例えば，**閉じられた質問**「あなたは成績でAをとりましたか」は，「テスト結果についてどのように感じていますか」へと変えられる。一方で，後者の**開かれた質問**はそれよりもはるかに話を広げるものである。特にひどい種類の**閉じられた質問**は，ヘルパーが見下したような態度をとるときや，特定の方法で答えるようにクライエントに強いるときに生じる（例：「本当に酒を飲み続けたくないと思っているのですよね？」）。そのような質問は，クライエントから焦点を離し，ヘルパーのことをクライエントがどのように振る舞うべきかを知っている専門家（エキスパート）のように見せてしまう（**閉じられた質問**についての詳細は10章参照）。

ヘルパーは，特に探求段階では，「なぜ」という質問（例：「この前の夜，ボーイフレンドに怒ったのはなぜですか」「なぜ勉強することができないのでしょうか」）も避けるべきである（「なぜ」という質問は，洞察段階で適切に使われるぶんには有益となりうることに注意）。ニスベットとウィルソン（Nisbett & Wilson, 1977）が示したように，人は自分の行動の理由はめったにわからないものである。もし，自分がそうしたことをなぜ行ったか知っていたとしても，おそらくヘルパーには話そうとしないだろう。さらに，「なぜ」という質問はクライエントに挑戦されていると感じさせ，防衛的にさせることが多い。誰かがあなたに，あることをなぜしたか尋ねたら，その人があなたを判断し，その状況にもっとうまく対処できないことをばかにしていると感じるだろう。ヘルパーは「なぜ」という質問のかわりに，「何を」とか「どのように」という質問を使う（例：「なぜ試験の勉強をしなかったのですか」のかわりに，ヘルパーは「試験の成績をどのように感じましたか」「あなたが勉強しようと思ったときに心によぎったのはどんなことでしたか」，あるいは「勉強することが困難に思えるのはどんなことが起きているからですか」と質問してもよい）。

最後に，ヘルパーはクライエントの質問への応答において文化的差異に気づくべきである。スーとスー（Sue & Sue, 1999）は，以下のことを記している。ある文化出身の人たちにとって，質問されたり会話を開始するように求められる（例：「今日，何について話したいですか」）と，それは無礼なことなのできまり悪く思うかもしれない。そのような場合，ヘルパーは，より直接的に，クライエントにヘルピング・プロセスについて教えるか，話し合うべき話題を示すなどしなくてはならないかもしれない。ヘルパーは他の文化出身のクライエントが**開かれた質問**を好まないと決めこむことはできないが，クライエントが質問に気づまりな思いをしているかどうか注意を払うことはでき，かわりに他のスキルを試みることができる。

開かれた質問の例

クライエント：妹たちが二人でけんかばかりするのです。二人とも本当に意地悪になり，お互いを傷つけあってきました。下の妹は最近万引きして捕まりました。両親は何もしようとせず，妹たちは手に負えなくなっています。

ヘルパー　：**妹さんたちが手に負えなくなることについてどのように感じますか。**

クライエント：本当に悲しいです。私が彼女たちを助けるためにできることがもっとあったらよいのですが。もし私が今でも家にいたなら，私の言うことを聞いてくれたでしょう。彼女たちを変えられる人は誰もいないと思うんです。両親は離婚しようとしているので，妹たちのことどころではなくて。

ヘルパー　：**自分がそばにいられないことがどんな感じなのかについて，もっと話してくれますか。**

クライエント：やっかいごとから離れていられてうれしいのもあるのですが，別の面では，罪悪感があります。タイタニックの沈没を生き延びたみたいに抜け出せたのに，二人は沈んでいっている。

ヘルパー　：**あなたが一緒にいるときは，ご家族とはどんなふうなのでしょうか。**

クライエント：両親はまだ一緒に生活しているのだけど，しょっちゅうけんかしているんです。家をめぐるいろんなことがとても怖い。だって，両親はお互いかなり暴力的になるから。妹たちの面倒をみなければならない。私のほうが両親のどちらよりも本当の親みたい。自分一人であれこれやらなくてはならなかったから，私はずいぶんきたえられてきたんです。

ヘルパー　：**家族のことを考えてみて，今どんな気分ですか。**

クライエント：無力感を感じて，自分ができることは何もないみたいな気分です。私が家に帰っていたらと考えるけど，実際はそうしても何にもならないでしょうね。おそらく，私も自分勝手なのです。ここ，大学にいたいなんて。それは人生のこの段階で私には必要なことなの。でも，あの人たちがあの状況にいると思うと，やっぱり気分が悪くなる。

ヘルパー　：**あなたが気分が悪くなるといったのはどういう意味なのでしょうか。**

クライエント：あの人たちが嫌なの，本当にそう。でも，よく考えるとその家庭で育ってきた自分にも嫌気がする。あそこから離れられて本当にうれしい。両親がけんかしていると，そばにいるのがただ恐ろしかった。すっかり混乱してしまって，逃げ出してしまいたかった。

ヘルパー　：**あなたがすっかり混乱してしまったと感じたときの具体的な例をあげてくれますか。**

クライエント：ああ，そうですね，ちょうど昨晩，家に電話をかけたのです。母が，そんなにお金を無駄にするなって私にわめきはじめたの。そしたら，父が母にほっといてやれってわめきはじめた。私は二人の間でどうしたらよいかわからなくなってしまった。

ヘルパー　：**二人があなたのことでわめいているとき，どんなことを考えたのですか。**
クライエント：恐ろしいだけだった。だって，あの二人を満足させることなんて決してできないと思ったもの（クライエントは探求を続ける）。

開かれた質問と探りの効果

ヘルパーは自分たちのセッションの録画を見ながら，以下の3件法の尺度を使って，クライエントへの**開かれた質問**の効果を評定するとよい。

1＝もし**開かれた質問**があまり有益ではなかったら，クライエントは応答しないか，最小限の応答か，あるいは敵対的に応答するだろう。例えば，ヘルパーが繰り返し同じ質問をすると（例：「そのことについてどのように感じましたか」），クライエントは困るかイライラすることが多い。

2＝**開かれた質問**が少なくともほどほどに有益であれば，クライエントは話し続けるだろうが，新しいことを探求せずに話を繰り返すか言い換えるかもしれない。

3＝**開かれた質問**がとても有益なら，クライエントはより深い思考と感情（フィーリング）を探求し，その問題の重要な側面を明確化する。

開かれた質問と探りを行う際にヘルパーが経験する問題

よくある問題は，ヘルパーが繰り返し同じ種類の**開かれた質問**をしがちなことである。最も多いのは「そのことについてどのように感じましたか」である。多くのクライエントは，同じ種類の質問を立て続けに聞くと，イライラしはじめ，応答するのが難しくなる。私は，ヘルパーが**開かれた質問**の言い方を変え，いろいろな種類の事柄（例：思考，感情（フィーリング），例示，過去の経験，将来への期待，およびその問題を維持しているクライエントの役割）について尋ねることをすすめる。

同様に，ヘルパー初心者は，**言い換え**や**感情（フィーリング）の反映**（これらは8章と9章で説明する）といった，さまざまな種類の介入で**開かれた質問**を変化させるのではなく，**開かれた質問**ばかりを使うことがある。ヘルパーは不安なときに過度に**開かれた質問**を使う傾向がある。なぜならこのスキルは比較的容易で，ほとんどのヘルパーのレパートリーにあるからである。残念ながら，ヘルパーが**開かれた質問**を多用しすぎると，その相互作用は一方的になりうる。この状況において，クライエントの言っていることに**傾聴**をしていることやクライエントについて必死に理解しようとしていることが伝わらない。そのセッションの様相は，クライエントの関心のあることを探求したり理解するのにお互いに奮闘しているというよりは，形式的なものになってしまう。

ヘルパーはときには，自分の好奇心を満足させるために不適切に**開かれた質問**を使ってしまう。彼らは、クライエントに探求させるためではなく，のぞき見趣味から情報を求めようとするかもしれない。例えば，マーサは姉への嫉妬や競争心の感情（フィーリング）について取り組んできた。マーサがセッションにやってきて，彼女の姉が「人気のある」映画スターとデートしたことを告げる。ヘルパーはびっくりして「へー，どうやって彼と会えたの？」とか「それはいったい誰なの？」と声をあげるかもしれない。極端な例だが，この例は，どのようにヘルパーがクライエントに探求させるよりも具体的な情報を求めるほうに夢中になりうるかを示すものである。どれほど容易にクライエントから他者に焦点が移りうるのかも示してくれる。

有益なヒント

- あなたの質問を開かれたものになるようにしなさい（つまり，意図的にクライエントの回答を「はい」「いいえ」に限定するような質問をしないこと）。
- **閉じられた質問**を**開かれた質問**へと言い換えなさい（例：「友だちに今晩電話することを考えましたか」ではなく「今晩何ができるでしょうか」と尋ねる）。
- **開かれた質問**をする目標は探求を促すことであることを忘れないこと。もしクライエントがすでに探求していたら，それを邪魔する必要はまったくない。
- しょっちゅう同じことを質問しないように，質問を変化させなさい。クライエントが堂々めぐりに陥っていたり，何もかもを繰り返すばかりで手づまりを感じたら，さまざまな種類の**開かれた質問**をすることを考えなさい。
- 一度にすべてのことを扱おうとするよりも，その問題の一部にのみ焦点を当てること。
- 他の人ではなく，そのクライエントに焦点を当て続けなさい（「友だちは何と言ったのですか」ではなく「彼女の言ったことに対して，あなたの反応はどのようなものでしたか」）。
- **かかわり**行動に気を遣いなさい。特に声のトーンに。関心と親密さを伝えるように，声のトーンを低く保ちなさい。会話はゆっくりとしたペースを保ちなさい。クライエントを尋問しているかのように聞こえることを避け，控えめな様子で質問しなさい。
- それぞれの質問について意図をもちなさい。**開かれた質問**の適切さについての究極的な検証法は，「私が尋ねようとしている質問は，そのクライエントにとって有益なのか」である。
- 質問の間に応答する機会をクライエントに与えないような，多重質問をすることは避けなさい（例：「あなたはそのとき何をしたのですか。そして，どのように感じたのですか。そのことのあとで，どんなことが起きたのですか」）
- 1セッション中に質問をしすぎることは避けなさい。多すぎる質問は，クライエントに気づまりな思いをさせる。もし，ヘルパーが質問ばかりしていると，クライエントも次の質問をしばしば受け身的に待つようになる。
- 「なぜ」という質問は避けなさい。「なぜ」という質問は人を防衛的にし，ざっくばらんに答えることを難しくさせる。「なぜ」という質問は動機についてクライエントに考えさせることになるが，クライエントは自分の動機について意識していないかもしれない。「なぜ」という質問は批判も入っていることがある。非難するような調子を軽くするように，「なぜ」という質問を言い換えなさい。「なぜ，あなたはご主人とけんかをしたのですか」ではなく，「あなたとご主人がけんかを始めたいきさつはどんな感じだったのですか」と尋ねなさい。
- すでに答えを得ていたり，見下したように感じられる質問を避けなさい（例：「そのように行動するのが正しいと，あなたは本当に感じていないのではないですか」）。

■**開かれた質問**の直後に**閉じられた質問**をすることは，しばしば探求を止めることになるので，避けなさい（例：「そのことをどのように感じましたか。恐かったの？」）。

■文化的差異に気をつけなさい。ある文化出身のクライエントは，**開かれた質問**に応答するのが難しい場合がある。

実践演習

クライエントがあなたに次のような陳述をしたとします。それぞれの陳述を読んで，**開かれた質問**を書きなさい。最後に載っている「考えられるヘルパーの応答」と自分の応答とを比較しなさい。ここに示したヘルパーの応答は「正しい」あるいは「最良の」**開かれた質問**ではないが，応答の仕方について他の選択肢のヒントを提供してくれるだろう。

●陳述

1．**クライエント**：「昨日，成績をもらいました」
ヘルパーの応答：＿＿＿＿＿＿＿＿＿＿＿＿＿＿＿＿＿＿＿＿

2．**クライエント**：「大学生が飲み過ぎて死んだというニュースを見ました」
ヘルパーの応答：＿＿＿＿＿＿＿＿＿＿＿＿＿＿＿＿＿＿＿＿

3．**クライエント**：「私たちは授業で『冷ややかな雰囲気』（chilly climate）という考えと，どうして教室で女子学生が男子学生ほど頻繁には指されないのかについて話し合いました」
ヘルパーの応答：＿＿＿＿＿＿＿＿＿＿＿＿＿＿＿＿＿＿＿＿

4．**クライエント**：「ここにいたくないんです。いなくてもよいなら，ここにいたくないのですが，担任の先生が行かなくてはいけないと言ったので」
ヘルパーの応答：＿＿＿＿＿＿＿＿＿＿＿＿＿＿＿＿＿＿＿＿

●考えられるヘルパーの応答

1．「成績についてどう感じましたか」
「ご自分の成績にどんな気持ちがしていますか」
「ご自分の成績についての考えを話してください」

2．「そのニュースを聞いたあなたの反応はどのようなものでしたか」
「そのニュースへのあなたの反応についてもっと聞かせてください」
「ご自身のお酒の飲み方についてはどのように感じていますか」

3．「ここの雰囲気についてはどのように感じていますか」
「先生方のあなたへの対応の仕方についてはどのように感じますか」
「過去に経験してきた雰囲気と比べて，ここの雰囲気はどのようですか」

4．「誰かにここに来させられたことについてどのように感じているのですか」
「誰かに何かをしなさいと言われると，いつもはどうするのですか」
「今日の私たちのセッションをどうしたいと思いますか」

考えてみよう

■人があなたとの会話で**開かれた質問**を用いたら，あなたはどのように応答するか。

■**開かれた質問**を用いるうえで，どのような文化的な配慮を思いつくか。

■ヘルパーは「なぜ」という質問をするべきではないということに同意するか。

グループ実習5　開かれた質問と探り

目標：ヘルパーが，開かれた質問を用いてクライエントに思考と感情（フィーリング）を探求させる練習をすること。

演習1

グループになり，グループリーダーはクライエントの陳述の例を提示する（単純なものにすること）。それぞれの学習者は，それぞれの種類の開かれた質問（明確化，思考，感情（フィーリング），例示）を書き出す。リーダーは，それぞれの学習者からさまざまな種類の開かれた質問を聞いていく。学習者がさまざまな種類の開かれた質問を理解し，投げかけることが確実にできるようになったと思うまで，リーダーは例をあげ続ける。

演習2

この演習では，学習者は3人組のグループになる。最初に，1人がヘルパー，もう1人がクライエント，もう1人は観察者となる。それから，学習者は役割を交代し，それぞれがすべての役をする機会をもつ。

ヘルピングのやりとりをしている間のヘルパーとクライエントの課題

1. ヘルパーは自己紹介をする。
2. クライエントは2～3文（センテンス）で，1つの話題（1章の表1-1参照）について話す。
3. それぞれのクライエントの陳述のあと，ヘルパーは開かれた質問をする。この演習では，ヘルパーは開かれた質問だけを使うこと。他の介入を使ってはいけない。開かれた質問は，短く簡潔であるように気をつける。
4. 5～10回やりとりを続ける。ヘルパーは4種類の開かれた質問（明確化，思考，感情（フィーリング），例示）をすべて使うようにする。話題に出てくる他者ではなく，そのクライエント自身に焦点を当てるのを忘れないこと。

ヘルピングのやりとりをしている間の観察者の課題

ヘルパーの質問について記録する。閉じられた質問と開かれた質問の数を記録する。フィードバックで述べられるように，具体的な質問内容も書き取ること。効果的だったもの（例：クライエントにより深く探求させた）と効果的でなかったもの（例：混乱させて，クライエントに主要な話題から注意をそらさせた）とを比較できるように記録すること。質問のやり方――ヘルパーはやさしかったか，支持的だったか，尋問者のように侵入的だったか――についても記録すること。

グループ実習 5　開かれた質問と探り

ヘルピングのやりとり後の課題

1. ヘルパーは，開かれた質問をするときにどのように感じたかを話す。
2. クライエントは，質問を受ける側になってどのように感じたかを話す。
3. 観察者は，開かれた質問がなされたやり方，開かれた質問の適切さについて，ヘルパーにポジティブなフィードバックとネガティブなフィードバックを行う。有益だった質問と有益でなかった質問を具体的にあげて論じる。

・・・役割交代・・・

個人的な振り返り

- 開かれた質問を使ってみて，自分自身について何を学んだか。
- 開かれた質問をするのに難しかったのはどんなことか。
- 開かれた質問をしたら，クライエントはどのように反応したか。

8章

言い換え

世界は原子ではなく，物語でできている。
——ミュリエル・ルーカイザー

ジェーソンは両親が無差別銃撃で殺されたあと，激しい怒りで満ちあふれ，話を聞いてもらう必要があった。ヘルパーは支持的に傾聴し，適切で，促してくれるような**かかわり**行動を示し，ジェーソンの言ったことばの内容を言い換えた（例：「あなたは今でも何が起こったのか理解しようとしているんだね」「ご両親の死が納得できないのだね」「犯人を痛めつけたいんだね」）。これらの**言い換え**は，ジェーソンがその銃撃についての思いを語る助けとなった。

ジャッキーが技術面の変化による自分の仕事上の問題について事細かに語っていると，ヘルパーはジャッキーのメッセージを言い換えた。「つまり，新しい技術があなたの仕事のやり方を変えているんだね」。この**言い換え**により，ジャッキーは自分が話している内容に焦点を当て，さらに自分のおかれている状況を探求した。ジャッキーは，状況を困難にしているのは新しい技術ではなく，新しいことを学ぶことへの自分の抵抗であると答えた。

言い換え（restatement）は，クライエントが言った内容や意味を繰り返したり言い換えたりすることである（表 8-1 参照）。**言い換え**は，一般に語数が少なく類似したことばで，クライエントの陳述よりも具体的で明白であり，控えめな言い方（例：「おそらく，彼女はあなたがちょっと遅刻したとか何とか言ったのかな」），あるいは単刀直入な言い方（例：「それで，彼女はあなたが遅刻だと言った」）となり，クライエントがたった今言ったことや以前のセッションや介入で言ったことに言及する。**言い換え**で強調することは，感情（フィーリング）や内的体験についてではなく，事実や内容についてである（**感情（フィーリング）の反映**は 9 章で説明する）。

言い換えの一種である**要約**（summary）は，いくつかの概念を一緒に結びつけたり，クライエントによって表明された内容について一番大切な部分と全般的なテーマを選び出したりすることである。クライエントが話してきた以上のことに及ぶのでもなければ，感情（フィーリング）や行動の理由を掘り下

本文中で言及する別表は金子書房のホームページからダウンロードできる（URL およびアクセス用の ID とパスワードは p.xivの「別表一覧」下部をご参照ください）。

表 8-1　言い換えの概観

定　義	**言い換え**とは，クライエントの陳述の意味や内容を，繰り返したり，言い換えたりすることである。しかも，語数が少なく類似していることばで，具体的で明白になっているものである。**言い換え**は，控えめな言い方でも単刀直入な言い方でもかまわない。**言い換え**は，直前のものを即座に言い直すこともあれば，以前のセッションや介入で出た内容について言い直すこともある。
例	「あなたは有能なヘルパーになりたいのですね」 「あなたのご両親は，別れようとしているのですね」 「まとめると，その結婚式に出席することについてどうしたいのか，はっきりしてきたようですね」
典型的なヘルパーの意図	明確化すること，焦点づけること，支持すること，カタルシスを促すこと(別表 D 参照)。
考えられるクライエントの反応	支持された，理解された，明白，ネガティブな思考と行動，行き詰まった，方向づけが不足している(別表 G 参照)。
望ましいクライエントの行動	認知－行動的探求（別表 H 参照)。
起こりやすい問題／難しさ	オウム返しする。 表面的思考だけを言い換える。 クライエントに対して十分に「してあげて」いないために欲求不満を感じる。 クライエント以外の他の誰かに焦点を当てる。

げるものでもなく，語られた内容をまとめることである。

なぜ言い換えを用いるのか

言い換えの利用は，ロジャース（Rogers, 1942）までさかのぼる。ヘルパーは自分の判断を加えずにクライエントに自分自身の言っている内容をそのまま聞かせられるように，鏡や音響板になる必要があると，ロジャースは信じていた。自分の問題について一人きりで考えるのは難しいことが多い。というのは，人は壁にぶつかったり行き詰まったりすることがあり，じっくりと問題を検証するための時間やエネルギーを十分にもたないかもしれず，行動を正当化するかもしれず，あるいはあきらめて，試みることをやめてしまうかもしれない。傾聴し，その内容についての鏡として機能する別の人物が，クライエントに自分自身の思考を聞くすばらしい機会を提供するのである。

クライエントが自分の問題にしばしば混乱したり，葛藤したり精神的にうちのめされていると感じているなら，正確な**言い換え**を受け取ることにより，自分の関心事が他者にどのように感じられるか自分で聞くことができる。クライエントが自分で話してきたことをあらためて聞くことは重要であり，それによって自分が考えていることを評価でき，忘れていたことを追加でき，話した内容が実際にそのとおりだと思えるかどうかについて考えられ，そしてより深いレベルで物事を考えられるのである。陳述は他の誰かによって繰り返されるとしばしば異なって聞こえるので，**言い換え**によってクライエントは自分の本当の思いをじっくり考えることができる。**言い換え**は，クライエントに物事を明確にさせ，よりじっくりとその問題のある側面について探求させ，これまで考えてこなかった側面についても考えさせる。関心を寄せる傾聴者のために，ある問題について注意深く時間をかけて考えるだけでも，新しい洞察を導くことができる。実際に，重要な問題を理解したり意思決定しようとしている健康なクライエントに対して，ヘルパーは決してこの種の介入以上のことをする必要はないだろう。なぜなら，こうしたクライエントが必要としているのは，自分が考えていることを聞く機会だけだからである。

ヘルパーにとって**言い換え**を使うもう1つの理由は，ヘルパーには聞いたことをことばにすることとヘルピング・プロセスにおいて積極的な役割を果たすことが求められているということである。クライエントが話してきたことをヘルパーが理解していると思い込むのではなく，**言い換え**によってヘルパーは自分が聞いてきたことの正確さを照合することができるようになる。クライエントに傾聴しなければならず，クライエントのことばをより少なくより簡潔な用語でまとめなければならないということは，ヘルパーが注意深くかかわり，クライエントが明らかにしてきたことの重要な要素を特定することが必要となってくる。「あなたがどのように感じているかわかりました」と言うことや質問をすることは簡単であろうが，口先だけのことが多い。つまり，クライエントの陳述を言い換えることはずっと難しく，クライエントのメッセージの本質を言い換えることができるように，クライエントが話してきたことを，傾聴するだけではなく十分に理解するように努力することが必要とされる。最初は，**言い換え**は応答を受動的に行っていることのように思われるかもしれないが，実際にはヘルパーはクライエントの体験の本質をとらえようとしたり，それを言い直してクライエントに聞かせようとしたり，積極的に携わっているのである。

ヘルパーは，クライエントに傾聴してきたことを伝えて安心させ，自分が聞いてきたことが正確かどうかを照合するために**要約**も使う。**要約**は特に，クライエントが特定の事柄について話し終えたときやセッションの終わりに，探求してきたことについてはこれでおしまいであるという感覚をクライエントにもたらす方法として有益となりうる。**要約**は継続セッションの開始時に，過去のセッションを思い出させたり，次回のセッションの焦点を提供するためにも有益となりうる。

実証的な証拠はないが，**言い換え**は感情志向のクライエントよりも認知志向のクライエントに最も適切であるように思われる。そのような認知志向のクライエントは，問題についての思考を分析するのを好み，特に初期のヘルピング関係において，必要以上に感情に焦点を当てることが求められると脅威を抱くかもしれない。感情志向のクライエントがはかりしれないほど強い感情（フィーリング）を抱え，落ち着く必要があるために感情的に負担の重い事柄について話すときにも，**言い換え**は適切となるだろう。

どのように言い換えるか

言い換えはクライエントの陳述よりも一般により短く，より簡潔であり，何もかも逐語的に繰り返すというよりは最も重要な題材に焦点を当てる。例えば，もしクライエントが勉強することの妨げとなっている多くの事柄について長々と話してきたら，ヘルパーは「それで，あなたは最近勉強できなかったのですね」とか「このところ勉強することが困難だったのですね」といった**言い換え**をするとよいだろう。なぜなら，これらの陳述はより深いレベルで探求すべき重要なことにクライエントの焦点を当てるからである。

言い換えの目標は，ある問題についてクライエントがすでに知っていることをただ言い換えることではなく，クライエントに問題を理解させることであり，クライエントにより深く焦点を当てさせ話させるようにすることである。一度に問題の一部にだけ焦点を当てることは，クライエントに関心事を深く究明する機会を与えるうえで重要である。問題の一部が十分に探求された後，ヘルパーはその問題の他の重要な側面へと戻るとよい。

ヘルパーはクライエントが話すあらゆることを言い直すよりも，彼らが話してきたことの本質をとらえようとする。特に，ヘルパーはクライエントが明らかにしてきたことの「最前線」（cutting edge）をとらえようとする。つまり，クライエントが最も疑問に思っていること，まだ探求されていないこと，あるいは完全には理解されていないことである。ある学習者は，アイスホッケーのスター選手であるウェイン・グレツキーのことばをたとえに用いた。つまり，アイスホッケーで重要なのはパックが滑っていくところに行くことであり，パックが滑っていたところに行っても意味がないのである。そういうわけで，ヘルパーは明白なメッセージやクライエントが今なお抱えている問題を選び出してさらなる探求を促進するべきである。

クライエントの陳述の最も重要な部分を選ぶことは，個人的判断を必要とするのではないか，クライエント中心アプローチによるヘルピングから外れてしまうのではないかと，ヘルパーは心配することが多い。**言い換え**はヘルパーをクライエント中心アプローチ内にとどまらせるものであると私は主張したい。なぜなら，クライエントにとって最も重要な側面を理解するうえで共感的スキルを使おうとするからである。ヘルパーはクライエントが何に最も関心があるのかを理解するため，深いレベルでクライエントに**傾聴**しなければならない。クライエント中心であるという姿勢は，ヘルパーが**言い換え**を考える際にとても重要である。重点がおかれるのは，どの内容が明らかになるはずだという思惑をヘルパーがもつことではなく，より深くクライエントを探求させることである。ヘルパーは判断的であるべきではなく，クライエントがどんなことを体験しているのかを自分は知っている，理解しているなどと思い込むべきではない。ヘルパーは問題を解決したり，ヘルパー自身の問題を開示することに精力を注ぐべきではない。むしろ，ヘルパーはクライエントの物語を聞くことと，探求を促すことに焦点を当てるべきである。

言い換えを行うべき最も重要なことを判断する手がかりは，クライエントが最も焦点を当てていること，クライエントが最も没頭して話していたと思われること，クライエントが疑問や葛藤を抱えていたと思われること，および未解決なことに注意することで得られる。非言語メッセージに注意すること（例：声の質は，クライエントが話題にしていることに真剣に取り組んでいることを示しているかもしれない）も，ヘルパーがクライエントのメッセージの重要な内容を判断するのに役立てられる。

言い換えはクライエントが話してきたことに比較的近いほうが有益であるけれども，完全に正確である必要はない（しばしば，それが可能な場合であっても）。例えば，あるクライエントが自分の関心事について混乱した支離滅裂の陳述をし，ヘルパーがその内容を正確には要約していない**言い換え**をした場合，お互いにその状況をよく理解できるように，クライエントは自分が言ったことを明確にするかもしれない。**言い換え**は，このようにヘルパーの誤解を解く機会をクライエントに与えてくれる。

言い換えで重要なのはクライエントの思考であり，その他の人物の思考ではない。このように，クライエントに焦点を当てることで，クライエントは他人を責めたり他人がどう考えるか気に病んだりするのではなく，自分の内面に焦点を当てることができる。例えば，あるクライエントは仕事を変えて西海岸へと引っ越す決心について話していた。セッション中，彼女は自分の決断への同僚や友だちの反応に焦点を当てるばかりであった。ヘルパーは**言い換え**を行うのに，彼女の友だちや同僚に焦点を当てる（「友だちはあなたに引っ越してほしくない」）のではなく，そのクライエント自身に焦点を当てる（「あなたは，自分が引っ越したら友だちが何と言うか気にし続けている」）ように努めた。

繰り返しとなる傾向を避けるために，ヘルパーは**言い換え**のスタイルを変えるとよい。**言い換え**の表現には，以下のようなものがある。

- 「……ということですね」
- 「まるで……といったようですね」
- 「……ということなのでしょうか」
- 「あなたは……とおっしゃっているのですね」
- 「つまり，……」

あるいは，ヘルパーはただ復唱するだけでも，クライエントが口にしてきた「離婚」「音楽」あるいは「頭痛」といったキーワードを少し抜粋するのでもよい。もし，尋ねるような口調や意見を求めるような口調でそのキーワードを出せば，クライエントはその話題についてヘルパーにもっと話したくなる。例えば，あるクライエントが，娘がちょうどテストを受けてきて，信じられないほど高いIQ得点を得たことがわかったと話している場合，ヘルパーがクライエントにIQについてもっと探求させたいなら，ヘルパーは単に「IQ……?」と言えばよい。そのことにより，クライエントは自分にとってIQが意味することについてもっと話す気になる。

言い換えを考えることは，クライエントが長く話す場合には難しくなることがある。訓練中の初心者は，クライエントが話したすべてのことをとらえる必要があると考えることが多い。何もかもとらえることは不可能であるばかりでなく，おそらく逆効果となるかもしれない。復唱には時間がかかり，主眼がクライエントからそれてしまうので，クライエントからヘルパーへと焦点が移ってしまうだろう。そのセッションにおける勢いはそがれてしまう。クライエントはヘルパーが何もかも正確に繰り返しているかどうかを見極めるために，自分が話したことをすべておぼえていようとするはめに陥るだろう。対照的に，効果的な**言い換え**はクライエントに焦点を当て続け，しかもほとんど気づかれないほど巧みに，クライエントに話し続けるように導き促すものである。

言い換えの例

クライエント：私はメッカへの巡礼の旅に行かねばならないのです。大学最後の学期の途中で，2週間離れたら成績に影響するのではないかと心配なので，本当は行きたくないのですが，他に選択がないのです。自分の信仰に従って，行かなくてはならない。

ヘルパー　：**行かなくてはならない。**

クライエント：ええ，私たちの宗教では，皆結婚する前に，巡礼に行かなくてはならないのです。それが当然とされている。巡礼には男性が１人付き添う必要があるので，父が同行しなくてはならないのですが，私は父とはあまりよい関係とはいえないし，父は十分な体調ではなくて，旅の厳しさに耐えられるかわかりません。前回，父が兄と一緒に行ったときはかなり悲惨でした。

ヘルパー　：**お父さんとあまりよい関係ではないと言いましたね。**

クライエント：そうです。父は私が子どもの頃，あまりそばにいなかった。父はいつも忙しすぎたのです。そして今，父と２週間過ごすことは荷が重い。何を話したらよいかすらわかりません。父のことを知らない気がします。父と多くの時間を過ごすことを考えると不安になります。でも，一方では，私は父をもっと理解したいので，今回の旅はそのためのよい機会なのかもしれません。

ヘルパー　：**お父さんを本当に理解する。**

クライエント：ええ，父を本当に理解する。私はずっと父とよい関係でいたいと思ってきました。他の人は私たちがよく似ているといいます。それに父は私の信仰と文化，そしてとても幼くして渡米したために私が知らないたくさんのことを教えてくれるでしょう。

ヘルパー　：**つまり，お父さんから何か学ぶことができそう。**

クライエント：ああそう，私は父から多くを学べると思います。父は賢い人です。私はただ，父と一緒でも自分らしくありたいと願っているのです。いつも自分が小さい子どものように感じてきたのですが，母と一緒にいるときのように，父の前でも自分が一人前のように感じたいのです。

ヘルパー　：**一人前のように感じたい。**

クライエント：ええ，父のそばにいても自分らしくありたいのです。他の人といるときと同じように振る舞いたいのです。父におそれを感じるかわりに，一人の人物として父を理解できるようになりたい（クライエントは探求し続ける)。

言い換えの効果

ヘルパーはクライエントへの**言い換え**の影響に気づく必要がある。より意識できるよう，ヘルパーは自分たちのセッションの録画などを注意深く観察し，それぞれの**言い換え**の影響を，以下の３件法の尺度を使って評定するとよい。

１＝まったく効果のない**言い換え**は探求を止めてしまう。なぜなら，クライエントは他に何を話してよいかわからないし，さらに話すことを促されていると感じないためである。クライエントは，もしヘルパーが自分の話したことのオウム返しをしていると知覚すると，欲求不満と怒りでも反応するかもしれない（例：クライエントは「私が話したことだ」と感じて，そう言うかもしれない)。

2＝それほど効果的でないか当たりさわりのない**言い換え**では，クライエントは話し続けるが，同じことを何度も言う，つまりいわゆる「堂々めぐり」を行う。クライエントは次に話すべき重要なことが何かわからず，**言い換え**によって導かれていることを感じない。

3＝効果的な**言い換え**は，クライエントが話していることの「最前線」をとらえ，クライエントが自分の思考をはっきりさせる助けとなる。**言い換え**が二人のやりとりの重要な点をとらえていたら，クライエントは理解されたと感じる。

言い換えの際にヘルパーが経験する問題

多くのヘルパーは**言い換え**を使うのに，最初は落ち着かない気分や堅苦しい感じを受ける。なぜなら，普段の対人コミュニケーションでは概して相手が話してきたことを言い直すことはしないからである。多くのヘルパー初心者は，クライエントがわずらわしく感じるのではとか，「そう言ったじゃないですか」などと言われるのではと心配する。実際は，通常，よい**言い換え**をされると，クライエントの反応はまったく異なるものとなる――クライエントは話を聞いてもらえたと感じる。ヘルピング学習者がひとたび**言い換え**の使い方を身につければ，ヘルピング関係においてのみならず，友人にも家族にも，自分がしっかりと**傾聴**していることを示すうえで大変役立つはずである。

ヘルパー初心者が直面する別の問題は，**言い換え**に同じ表現を繰り返して使ったり（例：「つまり……ということですね」)，クライエントのメッセージを逐語的に繰り返したりすると，オウム返しのように聞こえるということである。クライエントはオウム返しにはうんざりし，気が散って，自分の関心事に焦点を当てづらくなることが多い。関連した傾向で，クライエントのメッセージをすべて繰り返し，重要な側面を選ぶ際にミスを犯すこと，クライエントから焦点をはずしてしまうこと，および交流の流れを止めてしまうことを心配するヘルパーもいる。当然のこととして，クライエントはそのような**言い換え**では，「それは私がさっき言ったことです」などと言ったり，すぐに退屈し，うんざりする。さらに，**言い換え**が単に自分の話したことの繰り返しだった場合，クライエントは行き詰まりを感じ，目標が見えない気がするかもしれない。重要な要素を選ぶこと，クライエントの関心事の「最前線」に焦点を当てること，言い方を変えること，および**言い換え**を短く保つことによって，ヘルパーはこれらの問題に対処することができる。

ロボットのように言い換えるのではなく共感的になることに焦点を当てることも重要である。あるヘルパーたちは，正確に内容をとらえることにとらわれすぎて，最も大事なことは自分たちが理解しようとして努力しているとクライエントに示すことだということを忘れてしまう。

あるヘルパーたちは，**言い換え**を使うときに自分が何も「して」いないと感じたり，クライエントに具体的な答えを与えていないと感じて，欲求不満をおぼえる。**言い換え**は，クライエントが洞察を得たり行動したりするようになるよりもむしろ，クライエントが探求し，物語を語るのを援助することに使われる。そのため，ヘルパーは**言い換え**を使うときに華々しく感じることはめったにない。実際に，クライエントはヘルパーよりも自分自身に焦点が当てられるので，**言い換え**をおぼえていないことが多い。

有益なヒント

- きわめて重要なルール：そのクライエントについて，いかなることも理解していると思ってはいけない。たとえ，同じ年齢，性，人種，民族などであったとしても，そのクライエントとまったく同じ体験をしてはいないし，自分の経験や感情（フィーリング）が同じだとは決めつけられない。あなたは，クライエントについて何も知らないと想定し，そのクライエントからできるだけ多くを学ぶのがベストである。
- **言い換え**を行うために，クライエントの陳述の最も重要な部分をとりあげなさい。すべてを言い直そうとしてはいけない。その陳述で重要なポイントが複数あるとしても，一度に効果的に扱える事柄はたった1つである。何が最も重要であるかを判断する手がかりは，非言語的なメッセージ，クライエントが最も多く焦点を当てていること，最も没頭して話しているいるように思われること，クライエントが疑問に思ったり葛藤を感じていると思われること，未解決なことに注意することによって得られる。
- **言い換え**は短く簡潔にしなさい。その目標は，クライエントが探求し続けられるように，クライエントにすぐに注意を戻すことである。ヘルピングにおいて，ヘルパーが話すのは，一般に時間中の20～40%でことを忘れないように。
- あせって何か言うよりも，（応答する前に深呼吸をして）**言い換え**をゆっくり支持的に行いなさい。
- クライエントが反論できるように，**言い換え**は控えめな口調で行いなさい。
- たとえクライエントが別の人物に焦点を当てていても，別の人物ではなくそのクライエントに焦点を当てなさい。別の人物に影響を与えることはまずできず，最良の方法はそのクライエントに焦点を当てることであるということを忘れないように。例えば，あるクライエントが自分の夫の口うるさいことを話したとしたら，その夫の口やかましさがどれほどひどいかよりも，口やかましさについてそのクライエントがどう思っているかに焦点を当てなさい。
- たとえ，クライエントが感情（フィーリング）を表明していたとしても，定義上，**言い換え**には感情（フィーリング）を含めないことを忘れないように。クライエントが自分の言ったことを聞くことができるように，焦点はクライエントの陳述の内容に当てる。感情（フィーリング）が重要でないと言うつもりはない（9章で扱われる，**感情（フィーリング）の反映**は，実際のところとても有益なスキルであると私は信じている）。しかし，**言い換え**では，その焦点は思考に当てられる。
- （**感情（フィーリング）の反映**とは反対に）クライエントに明確化させたり，焦点づけさせたいとき，あるいは，クライエントが話してきた内容をまとめたいときに，**言い換え**を使いなさい。
- クライエントの言い回しをできる限りたくさん使いなさい。ただし，復唱が多すぎる（オウム返し）ことは避けなさい。
- クライエントが思考や感情（フィーリング）を積極的に探求しているときに，あせって**言い換え**をしないこと。クライエントが完全に話し終えてから，**言い換え**をしなさい。
- **言い換え**をする前に，一呼吸（ポーズを）おきなさい。もし，クライエントがもっと話したいことがある場合に，話し続ける機会を与えるためである。また，あなたが不安を感じていたら，

言い換えをする前に深呼吸するとリラックスできる。

■**言い換え**の仕方を変えなさい。文章（例：「あなたはお母さんともめているのですね」），あるいは１～２つのキーワード（例：「お母さん」「お母さんともめている」）を用いるか，次のような表現で切り出す。「つまり……ということですね」「まるで，……といったようですね」「……ということなのでしょうか」「あなたは……とおっしゃっているのですね」。

■クライエントが言ったことが本当にわからないなら，クライエントにもう一度繰り返してもらうことは，あなたが理解しているふりをするよりよいだろう。もし，あなたが何度も何度も説明を求めるなら，あなたが傾聴していないか，コミュニケーション下手かのように感じるクライエントもいるかもしれないが，たまの質問は適切である。

実践演習

クライエントがあなたに次のような陳述をしたとします。それぞれの陳述を読んで，**言い換え**を書きなさい。最後に載っている「考えられるヘルパーの応答」と自分の応答とを比較しなさい。ここに示したヘルパーの応答は「正しい」あるいは「最良の」**言い換え**ではないが，応答の仕方について他の選択肢のヒントを提供してくれる。

●陳述

1．**クライエント**：「授業で宿題がたくさん出ます。でも，アルバイトで週に20時間も働かなければならないので，いつ宿題をすればよいのかわかりません。授業や仕事から帰ってくると，宿題をするエネルギーがまったくないのです。ただボーッとしてテレビを見る時間が必要のように感じます」

ヘルパーの応答：＿＿＿＿＿＿＿＿＿＿＿＿＿＿＿＿＿＿＿＿

2．**クライエント**：「卒業したら，私は全国旅行するつもり。最初は，一人で行くつもりだったけど，ルームメートたちにその話をしたら，二人とも一緒に行きたいと言ったの。私が自分のスケジュールを二人に合わせたら，今になってそのうちの一人が行きたくないと言うのよ」

ヘルパーの応答：＿＿＿＿＿＿＿＿＿＿＿＿＿＿＿＿＿＿＿＿

3．**クライエント**：「私の母は，離婚の瀬戸際にいます。母は話したくて毎晩電話をくれるのです。母は話せる相手が誰もいないと言うんです。父の後に母と結婚して出ていったあいつは，本当の馬鹿です。母に暴力をふるい，アルコール漬けです」

ヘルパーの応答：＿＿＿＿＿＿＿＿＿＿＿＿＿＿＿＿＿＿＿＿

●考えられるヘルパーの応答

1．「今は宿題をする十分なエネルギーがないのですね」
　「アルバイトから帰ってくると，あまり宿題をやりたくないのですね」
　「宿題をやれていないということですね」

2．「友だちのために自分の計画をたくさん調整してきたのですね」

「友だちが旅行に一緒に行かないということがわかったのですね」
「他の人と旅行しようと計画しているのですね」
3. 「この頃，お母さんについてたくさん考えているのですね」
「お母さんと毎晩話して，お母さんのことがとても心配なのですね」
「お母さんは今あなたをうんと必要としていると考えているのですね」
「責任重大ですね」

考えてみよう

■友人関係でよく使われる，アドバイスや自己開示といった応答と比較して，**言い換え**の効果を討論しなさい。

■実践演習の1つめの例に出てくるクライエントの経験に類似した感情（フィーリング）を経験したことはないだろうか。もしそうなら，あなた自身の問題として考えてしまうことで，クライエントに焦点を当てるのが難しくなっただろうか。

■**言い換え**と，思考についての**開かれた質問**とを比較し，違いを考えなさい。

■ロジャース（Rogers, 1942）は初期の理論において**言い換え**を最も重要なスキルとしてとりあげたが，後になって他のスキルにより焦点を当てるようになった。**言い換え**についてあなたはどう考えるか。

グループ実習 6　言い換え

目標：ヘルパーが，クライエントの会話の内容を言い換える学習をすること。

演習 1

大きなグループになり，グループリーダーは，クライエントの陳述の例を口頭で伝える（簡潔で，短く，情動的でないものにすること）。学習者はそれぞれ言い換えを書き出し，その陳述を声に出して読む。リーダーは学習者が言い換えを理解し，自分でも行えるようになったことを確認するまで，例をあげ続ける。

演習 2

学習者は３人組のグループになり，実習リーダーがそれぞれのグループをモニターすること。グループ内で，少なくとも一度はヘルパー，クライエント，観察者として，参加する機会をそれぞれの人が得られるように，役割を交代すること。

ヘルピングのやりとりをしている間のヘルパーとクライエントの課題

1．ヘルパーは，自己紹介をする（進め方の一例として，グループ実習１参照）。
2．クライエントは，ほとんど情動をともなわない話題について手短に話す（1章の表1-1参照）。
3．ヘルパーは，クライエントの陳述中には次に何を言おうかと考えたりせず，じっくり傾聴する。クライエントの陳述後，ヘルパーは一呼吸（ポーズを）おき，深呼吸して，何を言うかを考えて，それからクライエントが言ったことをより少ないことばで，その陳述の最も本質的な部分に焦点を当てて言い換える。この演習では，ヘルパーは感情（フィーリング）よりも内容に焦点を当てる。演習の間，適切なかかわり行動を使うことを忘れないこと。
4．5～10回繰り返す。

ヘルピングのやりとりをしている間の観察者の課題

ヘルパーの言い換えとかかわり行動について記録する。

ヘルピングのやりとり後の課題

1．ヘルパーは，言い換えに際してどのように感じたかを話す。
2．クライエントは，言い換えを受ける立場になってどのように感じたかを話す。また，ヘルパーの言い換えについてのフィードバックを行う。
3．観察者は，ヘルパーに言い換えとかかわりスキルについてフィードバックを行う。

グループ実習 6　　言い換え

・・・役割交代・・・

個人的な振り返り

- 言い換えの際に感じた不安にどのように対処したのか。
- 言い換えを行う際の，あなたの長所と短所は何か。
- 過去に学習者のなかには，短い簡潔な言い換えができないこと，内容よりも感情（フィーリング）に焦点を当ててしまうこと，クライエントの陳述のどこに焦点を当ててよいのかわかからないこと，話が長すぎること，クライエントから焦点がそれてしまうことなどの困難を抱えた人もいた。これらの経験のどれがあなたに当てはまるか。将来，このような点にどのように対処していくか考えなさい。

9章

感情（フィーリング）の反映

> セラピーのなかで顕著に変化したクライエントは，自分の痛みの感覚により親しみを覚えながら，一方でまた，エクスタシーの感情（フィーリング）もより鮮烈に感じながら生きているように私には思われる。その人たちは，怒りをより確かに感じているが，愛もまた確かに感じているように思われる。さらにその人たちは，恐怖はより深く理解している体験であるが，勇気もまたより深く理解している体験であるように思われる。
>
> ――カール・ロジャース

タイラーは，向上心のある役者であったが，オートバイ事故により障害が残り，以後再び演じることができないようになってしまった。セッション全体を通じて，ヘルパーは，タイラーが自分の中で何が起こっているかを特定し受け入れられるように，多くの感情（フィーリング）について話させるため，たくさんの**反映**(例：「もう自分のやりたいことをできなくなってしまったので，怒りを感じている」「他の人にあざ笑われることを心配しているのでしょうか」「公の場に出ていくことに不安を感じているように聞こえます」)を使った。

感情（フィーリング）の反映（reflection of feelings）は，クライエントの感情（フィーリング）を強調しながら，そのクライエントの陳述を繰り返したり，言い直すことである（表 9-1 参照）。感情（フィーリング）は，クライエントによって（まったく同じことばか，あるいは類似したことばで）述べられてきたものであるかもしれないし，クライエントの非言語行動，あるいはクライエントのメッセージの内容からどんな感情（フィーリング）かを類推することができるかもしれない。**反映**は，控えめな言い方(例：「あなたは怒りを感じているのでしょうか」)か，あるいはより直接的な言い方(例：「あなたは怒りを感じているように聞こえます」)になるだろう。強調するのは，感情（フィーリング）だけのこともあれば(例：「イライラしている」)，感情（フィーリング）と感情（フィーリング）を抱いた理由の両方のこともある(例：「あなたがしてきたことに先生がまったく気づいていないので，イライラしているのですね」)。

なぜ感情（フィーリング）の反映を行うのか

感情（フィーリング）の反映は，ヘルパーのレパートリーにおいておそらく最も重要なスキルである。もし，ヘ

本文中で言及する別表は金子書房のホームページからダウンロードできる（URL およびアクセス用の ID とパスワードは p.xiv の「別表一覧」下部をご参照ください）。

表 9-1　感情（フィーリング）の反映の概観

定　義	**感情（フィーリング）の反映**とは，クライエントの感情（フィーリング）の明快な特定を含めて，クライエントの陳述を繰り返したり言い直すことである。感情（フィーリング）は，クライエントによって(まったく同じことばや類似したことばで)述べられてきたことかもしれないし，クライエントの非言語行動，クライエントのメッセージの文脈や内容からヘルパーが類推することかもしれない。**反映**は，控えめな言い方もあれば意見を述べる言い方もあるかもしれない。
例	「ご主人がうちにいないので，憤りを感じているのですね」 「遅くまで仕事したくないと上司に言えたので，うれしそうですね」
典型的なヘルパーの意図	感情（フィーリング）を特定し強めること，カタルシスを促すこと，明確化すること，希望を注ぐこと，自己コントロールを促すこと(別表 D 参照)。
考えられるクライエントの反応	感情（フィーリング），ネガティブな思考と行動，明白，責任，解放，脅かされた，悪化した，誤解された(別表 G 参照)。
望ましいクライエントの行動	感情の探求（別表 H 参照)。
起こりやすい問題／難しさ	怒りや悲しみといった強い感情（フィーリング）を扱うこと。 クライエントに反映するのに，最も強い感情（フィーリング）をとらえること。 自分自身の感情（フィーリング）をクライエントの体験と切り離すこと。 感情（フィーリング）語をあまりに断定的に述べすぎて，クライエントが訂正したり，ほかの感情（フィーリング）を表出したりできなくなってしまうこと。

ルパー初心者がスキルを１つだけ学習し利用できるとしたら，**感情（フィーリング）の反映**こそがそれとなるだろう。しかしながら，ほとんどの人は日常の会話で感情（フィーリング）を反映することに慣れておらず，**開かれた質問**より**反映**のほうが使い方を学ぶのが難しいことが多い。

ヘルパーは**反映**を使って，クライエントがより深いレベルで感情（フィーリング）を特定し，明確にし，体験するよう援助する。**反映**はクライエントに探求を促すうえで最も重要なスキルの１つである。なぜなら，自分の内的な体験に没頭するようクライエントを促すからである。しかしながら，ある感情（フィーリング）について知的な表現で明確にして伝えることに加えて，ヘルパーはクライエントがその瞬間の感情（フィーリング）を体験する援助をしているのだということも強調しておくべき重要な点である。例えば，あるカップルが，お互いに怒りを抱いた出来事を詳しく話したとする。ヘルパーは現在の彼らの感情（フィーリング）を表出させ，その出来事について彼らが今どのように感じているかについてお互いに話すよう促す。もう１つ別の意図は，**反映**で情動的なカタルシスを促すことである。行き詰まっていたり，感情（フィーリング）を押し込めていたりするときではなく感情（フィーリング）があふれ始めるとき，そしてクライエントが自分の感情（フィーリング）を受け入れ始めたときに，精神浄化作用のある安堵感が生じる。

情動の重要性

ロジャース（Rogers）が記したように，情動は私たちの体験の基幹となる部分である。情動は私たちがどのように世界に反応しているかを教えてくれる。私たちはしばしば感情（フィーリング）を無視したり，否認したり，歪めたり，抑圧したりするが，それは情動が受け入れがたいものだと教えられてきたからである。それゆえ，私たちは内的な体験から離れて成長し，自分自身を受け入れることができない。私たちは，自分の情動を再び感じられるように，感じてもよいのだと思えるようになる必要がある。なぜなら，そうして初めて，自分が情動にどう対処するかを決められるからである。

多くのヘルパー初心者は，日頃の友人関係において，または問題の解決を求められたときと同じように，出来事についての詳細を知ることに気がいってしまい，その出来事の背後にある感情（フィーリング）をおろそかにしてしまう。細かい情報を集めることは，ヘルパーがその問題を解決するために何かをしようとしていることを意味し，クライエントはつらくてやっかいな感情（フィーリング）から逃れることもできてしまう。

感情（フィーリング）は，少なくともクライエントとのコミュニケーションで語られる内容と同じくらい重要である。クライエントが最も自分の問題を解決しやすくなるのは，自分の感情（フィーリング）をしっかりつかんでいるときである。感情（フィーリング）を体験することにより，クライエントは自分の内的な体験に基づいて出来事を評価することができるようになる。

クライエントが情動を表出することにより，ヘルパーはクライエントについて知り，理解できるようになる。出来事への反応は人それぞれなので，ヘルパーは個々のクライエントが体験をどのように解釈しているかを認識する必要がある。例えば，ヴァルダは父親を亡くしてヘルパーの相談室に来たとき，そのヘルパーは当初，ヴァルダが悲しみ，ふさぎこみ，孤独を感じていると考えた。なぜなら，自分が父親を亡くしたときにそう感じたからである。実際には，ヴァルダは，父親が亡くなって以来，子どもの頃に受けた性的虐待の記憶が頭から離れず，怒りを感じていた。ヴァルダにとって，父親がもはや自分を傷つけることができなくなって，ようやく安心して虐待を思い出すことができるようになったのである。また，ヴァルダはもはや父親とかかわらなくてよくなったことで，父親の死にほっとしていた。この例は，ヘルパーが注意深く傾聴すべきであること，クライエントに自分の臆測を押し付けるべきではないことを示している。

クライエントが自分の情動を受け入れたなら，新しい感情（フィーリング）と体験に心を開くことができるようになる。感情（フィーリング）は固定されたままではなく，体験されると変化するのである。ある人物がある感情（フィーリング）をすべて完全に体験すると，新しい感情（フィーリング）が出現する。例えば，ひとたび自分の怒りを体験したヴァルダは，悲しみといったような別の感情に気づくようになり，その後，受容や平穏の感情（フィーリング）を得ることができた。

対照的に，受け入れられない感情（フィーリング）は，「漏れ」出ることがよくあり，その方法はときにとても破壊的なものとなる。例えば，ロバートは名門のロースクールに不合格になったと知った後，その学校に合格した友人に少し失礼な態度をとったり敵意を示すようになるかもしれない。怒っていると直接言わずに，返答に困るような微妙で意地悪なメッセージを間接的に伝える人たちを，私たちの誰もが知っている。自分の感情（フィーリング）を受け入れられなくて行き詰まってしまう人もいる。こうした人たちは，川の流れをせき止める障害物同様，感情（フィーリング）を抱いたり表出したりできないと，行き詰まってしまうのである。

感情（フィーリング）が単純でわかりやすいものであることはめったにない。それゆえ，１つの話題について複数の矛盾する感情（フィーリング）をクライエントがもっているかもしれないことを気にとめておくことが重要である。例えば，ダイアナは新しい職を得ることに興奮を感じ，他の志願者を押しのけて選ばれたことに喜びを感じているかもしれない。しかしながら，自分に求められていることについての不安や，仕事で必要以上に（父親を思い出させる）上司と親しくなってしまうことへの恐れ，他の人から自分がどう見られるかについての自信のなさ，および家賃を払えるだけの金銭を稼げるかどうかについての心配も感じるだろう。感情（フィーリング）が合理的であろうと，あいまいであろうと，矛盾したものであろうと気にせず，クライエントにできるだけたくさんの感情（フィーリング）を表出するよう促すことが，ヘルパーにとって重要である。

怒り，悲しさ，恐れ，恥，痛み，および傷つきは，治療的変化にかかわる最も重要な情動のように思われる（Greenberg, 2002）。これらのネガティブな情動は，恥ずかしさや非難されることの恐れから，しばしば蓄積したまま，表出も経験もされない。多くの人たちは，そのような感情（フィーリング）について考えることさえ潔しとしない。そのため，これらの感情（フィーリング）を安心してさらけ出せると感じられる支持的な環境がクライエントには必要である。

また，ときには複数の情動が重なり合っていることを気にとめておくことも重要である（Greenberg, 2002; Teyber, 2000）。例えば，怒りが表出され体験された後，悲しさと恥ずかしさがしばしば出現する。反対に，悲しさが表出され体験された後，怒りと罪悪感がしばしば出現する。同様に，ゲシュタルトセラピストは，すべての感情（フィーリング）は二面性をもつと信じている。例えば，クライエントが不安についてしか話さないのであれば，ヘルパーは願望について思いをめぐらすとよい。クライエントが愛についてしか話さないのであれば，ヘルパーは憎しみについて思いをめぐらすとよい。その感情（フィーリング）について，より深い思考を促すことによって，ヘルパーは他のやり方では認められなかったかもしれない，たくさんの感情（フィーリング）をクライエントに受け入れさせることができる。

感情（フィーリング）と行動の分離

自分の感情（フィーリング）を体験でき，受容でき，認めることができたクライエントは，どのように振る舞うべきかを決断することができる。クライエントは感情（フィーリング）に従って行動しなくてはならないわけではないが，感情（フィーリング）を表に出せれば，自分がどうすべきか，より詳しい情報に基づいた決断をすることができる。言い換えると，殺意を感じていても，誰かを殺さねばならないわけではなく，他の表出手段を見つけることもできる。自分自身の感情（フィーリング）に気づけば，やみくもに感情（フィーリング）に走って行動してしまうことは少なくなるだろう。

感情（フィーリング）の反映の利点

感情（フィーリング）の反映は，クライエントが自分の内的な体験の中へと入ることができるようになる理想的な介入である。とりわけ，つらい感情（フィーリング）を体験することをためらっているクライエントへ関心と共感を伝えるものであればなおさらである。クライエントはしばしば自分の感情（フィーリング）と自分自身を理解し，受容するのにそのような援助を必要としている。

反映によって，感情（フィーリング）が正当なものであることを確認できる。レイングとエスターソン（Laing & Esterson, 1970）は，人は自分の主観的な体験が妥当なものであれば，「ばかげている」とは思わなくなるということを示唆した。人は，これまでそのように感じたのは自分一人だけだと思いがちである。ヘルパーがその感情について落ち着いて話すのを聞くと，クライエントはそうした感情が一般的なものであることを理解できるのである。

クライエントはしばしば自分自身の感情（フィーリング）を特定し受け入れるのに困難を経験するが，それはおそらく自分がどのように感じているかがわからないか，その感情（フィーリング）についてアンビバレントだったりネガティブだったりするためである。さらに，感情（フィーリング）は十分に知覚された意識ではなく，感覚であることが多いので，明確に説明するのが難しいこともある。感情（フィーリング）を言い表すことばをもっていないことも多い。そのため，感情（フィーリング）をことばにしようと奮闘することは，自分のことを見出だす助けとなるのである。

反映を聞くことで，クライエントは自分が本当に感じていることを再考したり再検証することもできる。もしヘルパーが「うんざりした」という用語を使えば，クライエントは「うんざりした」が自分の体験に適合するかどうかについて考える。感情（フィーリング）を明確化しようとする際，この探索によって感情（フィーリング）をより深く探求することになる。クライエントにとって自分の一番深くにある，最も内に秘めた思考と感情（フィーリング）を言語化することはしばしば難しい。安全で支持的な関係のなかで，クライエントは感情（フィーリング）を探求し始められるが，感情（フィーリング）は複雑で矛盾していることが多い。同じ状況で同じ相手に対し，愛，憎しみ，および罪悪感の入りまじった感情（フィーリング）を抱くことがある。相手へのこうしたアンビバレントな感情（フィーリング）を拒絶せず認められるようになることで，クライエントは感情（フィーリング）を自分自身のものとして受け入られるようになる。

もし，自分の感情（フィーリング）を特定するのが難しい場合に，ヘルパーから「そのことについてどう感じますか」と問われると，クライエントはとても不安になり，困惑してしまうだろう。そのような質問はクライエントを混乱させたり，心配させてしまう。ヘルパーが何を聞きたいのか，自分はどのように感じる「べき」かがわからないからである。どう感じているかを尋ねることは，ときには防衛を誘発し，クライエントの口を閉ざさせる。クライエントはヘルパーが自分の感情（フィーリング）に共感しようとしておらず，実は自分の話を聴いてはいないと，腹立ちを感じることもある。反対に，**感情（フィーリング）の反映**（「あなたはそのことについてうろたえているようだ」）は，多くの場合，よりクライエントの話を促し，脅威とならないように思われる。

感情（フィーリング）の反映は，感情（フィーリング）の表出の仕組みを説明するものともなり，自分の情動にうとくなっているクライエントにとって有益であろう。多くの人々は情動を体験するが，感情（フィーリング）を特定するための呼び名をもってはいないのである。例えば，「あなたは妹にもどかしさを感じているのかな」と言うことは，もどかしさがこの状況で人がもちうる感情（フィーリング）であることを示唆する。感情（フィーリング）に呼び名を付けることにより，ヘルパーは，感情（フィーリング）を恐れていない，感情（フィーリング）は身近なものだ，どんな感情（フィーリング）を抱いていようとクライエントのことを受け入れるということも言外に伝える。感情（フィーリング）を示唆することによって，**反映**は防衛やその感情（フィーリング）をもつことで生じうる困惑を巧妙に回避させるだろう。ヘルパーは**反映**を通して，その感情（フィーリング）は正常であり，その感情（フィーリング）をもっている人物を受け入れているということを示し，それによりクライエントに安心を与える。

反映を考え出すには，ヘルパーは少なくともクライエントと同じくらい熱心に作業する必要がある。**反映**はヘルパーがそのクライエントを理解しようと積極的に取り組んでいることを示すものである。また，**反映**においては，ヘルパーはそのクライエントの感情について自分の理解したことを伝えることになるので，ヘルパーは自分の知覚についての正確さを検証できる。「あなたがどのように感じているかよくわかった」と言う人がいるが，この言い方では理解していることの内容をクライエントに説明してはいない。**反映**はヘルパーに，自分の理解していることを示す機会を与えてくれる。ヘルパー初心者は，他者がどのように感じているかを正確に認知することは難しいということがすぐにわかる。私たちは他者を本当に理解できることは決してありえないが，そのように努めることはできるし，クライエントの体験に没頭しようと試みることもできる。

感情の反映はクライエントに感情の表出を促す理想的な介入である。なぜなら，クライエントが体験しているかもしれないことについて，ヘルパーが例を与えるからである。そうしてクライエントは，感情を認識し受容し始めることができ，ヘルパーはクライエントの感情を自然で正常なものとして受容する。また，クライエントが感じていると思うことについてヘルパーがはっきり伝えれば，クライエントはヘルパーが何を理解し何を理解していないかについてフィードバックをすることができる。最後に，**反映**は関係を築くのに役立ちうる。それは，ヘルパーが理解していることをクライエントに伝えるからである。

感情の反映は，どのように共感と関連しているか

一部の研究者は**感情の反映**と共感は同じものとしてきた（例：Carkhuff, 1969; Egan, 1994）。「共感」（empathy）を**感情の反映**とまったく同じものであると定義するのは狭すぎるので，この立場には同意できない（Duan & Hill, 1996 参照）。私はロジャース（Rogers, 1957）と同じ意見である。共感は他人の体験に同調する態度や方法である。もし，適切に伝えれば，**感情の反映**は共感の表明となりうるが，技術的に正しい**感情の反映**であっても，もしタイミングを間違えたり，不適切なやり方で伝えたりすると共感的でないものになりうる。例えば，もしヘルパーが「あなたは恥をかかされたと感じている」と，すべてを知っているかのように確固たる声で言うなら，そのクライエントは見下され誤解されたように感じるだろう。クライエントは，ヘルパーが自分以上に自分のことをよく理解していると感じるかもしれず，そうすると自分自身の感情を疑ったり，権威者だとしてヘルパーに従うようになるだろう。

反映以外のヘルピング・スキル（例：**挑戦**）を使うほうが共感的となる場合もある。虐待的な関係の中で行き詰まりを感じているクライエントに応答するヘルパーは，被害女性のプログラムに参加するよう**挑戦**を使うかもしれない。家庭で危険な状況にあり，クライエントは健全な関係に値する人物であるとヘルパーが考えるなら，この対応はとても共感的であるかもしれない。

感情の反映を行う際の注意

感情の反映は，クライエントに緊張の軽減を体験させ，感情を受け入れさせ，勇気を出して感情を表出し直面したことに誇りを感じさせるというポジティブな利点をもちうる。しかしながら，もしクライエントが一度に耐えられる以上の感情を表明してしまうと問題となりうる。防衛

が打ち砕かれた場合，情動をともなう体験が長引くことで，クライエントはさらに悪化した状態になることがある。深い探求に乗り出すにはまだ感情（フィーリング）の準備ができていないかもしれないし，十分に支持されていると感じられていないのかもしれない。

どんなときに情動の焦点づけを行うべきか，いくつかの示唆をグリーンバーグ（Greenberg, 2002）から引用する。

- ヘルパーとクライエントの間に治療的な絆があるとき。
- ヘルパーとクライエントが情動の作業課題について同意しているとき。
- クライエントが感情（フィーリング）を避けているとき（例：クライエントは明らかに感情（フィーリング）をもっているが，それをさえぎったり，理性で処理しようとしたり歪めたり気を紛らしたりして情動を避けている）。
- 感情（フィーリング）について気づかないために，クライエントが不適応的に振る舞っているとき（例：虐待され受け身になる，怒るとうつになる，うれしいとか悲しいといった感情（フィーリング）を過度に抑制し，活力を欠いている）。
- クライエントがトラウマ的経験を再処理する必要があるとき（通常，その出来事の直後である必要はないが）。

どんなときに情動の焦点づけを行うべきでないか，いくつかの示唆をブランマーとマクドナルド（Brammer & MacDonald, 1996）とグリーンバーグ（Greenberg, 2002）から引用する。

- 治療関係が強くないとき（例：クライエントが安全だと感じていないか援助を信頼していない，あるいはヘルパーがクライエントについて十分な情報をもっていない）。
- クライエントが重篤な情動上の障害，妄想的な思考，あるいは極度の怒りによって，打ちのめされた感じを抱いているとき。
- クライエントがひどい情動的な危機を経験しており，感情（フィーリング）を論じることで，その人が対処できる以上のプレッシャーを与えてしまうとき。
- クライエントに攻撃，崩壊，薬物乱用，自傷，情動を制御できないこと，コーピング・スキルの欠如の既往歴がある。
- クライエントが感情（フィーリング）を表出するのに強い抵抗を示している。
- 感情（フィーリング）を扱うのに十分な時間がない。
- ヘルパーが情緒的に取り乱したクライエントを扱う経験がないとき。

危機の最中，すなわちそのクライエントが情動的に打ちのめされた感情（フィーリング）や取り乱した感情（フィーリング）を抱えているとき，その情動をコントロールできるように情動を制御する方法をクライエントに教えることはより適切である（Greenberg, 2002）。リラクセーション訓練などの情動制御テクニックは20章で論じる。

もう1つの問題は，クライエントがヘルパーの反映を正しいものとして受け入れるのは必然性があるからではなく，ヘルパーが権威ある立場にあるためかもしれないということである。クライエントはヘルパーが自分よりも自分についてより多くを知っていると感じるかもしれない。そのためヘルパーは，クライエントが自分自身の感情を体験するのではなく，ヘルパーが話すことを安易に受け入れすぎていないかどうかについても観察する必要がある。クライエントの感情に関する博識な権威者のように振る舞うことは気をそそられるかもしれないが，依存性や誤解を招くか，ヘルパーの限界について認識しづらくなることが多い。

情動をどのように表出させるべきか文化間で考えが異なる場合があるので，ヘルパーは**反映**を用いる際に文化的な事情も気づかうべきである。アメリカでは，自分の感情や体験について率直であることが一般的に奨励される。人が心の最も奥底で感じていることをどれだけ気軽に打ち明けるか，ラジオやテレビのトークショーを見聞きしさえすればわかる。アメリカ以外の文化圏に属する人々は，特に家族以外の人の前では，感情を認めたり表出したりすることをためらう場合が多い（Pedersen et al., 2002）。情動を表出するうえでの性差も存在する。男性は女性よりも感情を表出するのが難しいことがあるかもしれない。男性は一般的に感情に敏感であるようには社会化されておらず，どのように感じているのかを話すように求められると，しばしば脅威を感じる（Cournoyer & Mahalik, 1995; Good et al., 1995; O'Neil,1981）。

これらの注意をここで示す意図は，ヘルパーを落胆させるためでも，クライエントの感情を扱うことに恐れを抱かせるためでもなく，ただ**感情の反映**の障壁となりうることについてヘルパーの自覚を増大させるためである。一般的に，**感情の反映**は適切であり有益であるが，たまにコントロールできない感情により打ちのめされる感じをクライエントに与えることもある。そのため，ヘルパーはクライエントの反応に注意し，敏感であることが必要である。

どのように感情を反映するか

クライエントが感情を探ってみようと思えるのに十分に安全な治療関係であることを感じる必要がある。自分自身をさらけ出したら，見くびられ，困り果て，恥をかくだろうと思うのではなく，受け入れられ，高く評価され，尊重されるだろうと思えなければならない。それゆえ，**反映**はやさしく，共感性をもってなされなければならない。

感情の反映の形式

反映を行うことを学習するとき，ヘルパーは2つの形式のどちらかを使うとよい。

- あなたは____と感じている
- あなたは____なので，____と感じている

言い換えると，ヘルパーはその感情を強調するために感情語だけを言う（例：「あなたは怒りを感じている」）のでも，その感情とその感情の理由の両方を言う（例：「あなたはどうしたらよいかわからないので，がっかりしている」）のでもよい。「○○なので」という文節では，クラ

イエントが話してきたことの内容を言い換えたり，クライエントがその感情（フィーリング）を抱いている理由を裏づける情報を示す。

反映の仕方を把握したら，ヘルパーはクライエントが同じ質問を何度も繰り返されて困らないように言い方を変えるとよい。もし，ヘルパーが「あなたが____と感じているように思えました」と続けて20回も言ったら，クライエントは当然気づくであろうし，クライエントの探求を妨げるだろう。他の言い方は次のようなものである。

- 「あなたは____と感じているのでしょうか」
- 「おそらくあなたは____と感じていますね」
- 「あなたは____のようにうかがえます」
- 「もし私があなただったら，____と感じるかもしれない」
- 「あなたは____のでしょうか？」
- 「あなたの様子から，あなたの感じているのは____なのでしょう」
- 「あなたは____と感じているように思います」
- 「たぶんあなたは____と感じている」
- 「もし私があなただったら，____と感じるでしょう」
- 「つまり，あなたは____と感じているのですね」
- 「そして，そのことであなたは____と感じた」
- 「あなたが____と言っているように聞こえます」
- 「私の勘では，あなたは____と感じている」
- 「あなたは____である」
- 「うろたえている」（あるいは，最も適切である感情（フィーリング）語）

たった1回の**反映**ですべての感情（フィーリング）を反映するよりも，最も顕著な感情（フィーリング）であると認知したものだけをとりあげるべきである。最も顕著な感情（フィーリング）を選択することは，個人的な判断を必要とする。そこで，ヘルパーはクライエントの言語行動と非言語行動に気をつけなければならない。最も強力で即時的な感情（フィーリング）を探知するために，ヘルパーはクライエントの言っていることや，彼らがどのように非言語的に反応するかにすべてのエネルギーを注いで注意を払うとよい。

具体的な感情（フィーリング）だけが重要なのではなく，ヘルパーはその感情（フィーリング）の強さに合わせて呼び名を変える必要もある（Skovholt & Rivers, 2003）。例えば，怒りの強さは軽い「イライラ感」，より強い「立腹」，もっと強い「激怒」までの範囲を取り得る。同様に，幸福感の強さは，「いい感じ」から，「うれしい」，さらに「大喜び」までの範囲をとりうる。ヘルパーは，「少し」や「とても」といった修飾語を使って感情（フィーリング）語の強さを変えることもできる（例：「少しうろたえている」「とてもうろたえている」）。

明確化を促すために，控えめに感情（フィーリング）を述べること（例：「おそらく，あなたはうろたえている」）もヘルパーにとって有益である。あまりに断定口調で感情（フィーリング）を述べると，クライエントは内的な感情（フィーリング）を特定しようと努める理由がないと感じてしまうので，探求の妨げとなる。それゆえ，

「____と感じているのかな」といった，探るような声の調子を使うのが最もよい。

また，クライエントが自分の感情に浸り，それを受容できるようにすることが私たちの目標であるとしたら，ヘルパーは，過去よりも現在の感情に焦点を当てるべきである。現在のその瞬間の感情に焦点を当てることによって，クライエントは過去の感情について物語を語るのではなく，たった今の感情を体験することができる（例：「あなたはお母さんのことで悩んでいたように思えます」ではなく，「今，お母さんについて話しながらイライラしているようですね」）。人が過去に起きたことについての感情を現在ももちうるということを忘れないように（例：「彼の言ったことについて考えると，まだ怒りを感じる」）。

次の感情へとすぐにせかすよりも，提示された**反映**について没頭して考える時間をクライエントに与えることも私は勧めたい。もしクライエントが泣き始めたり，うろたえ始めたら，その感情を「除去」しようとしたりクライエントの気分を取りなそうとしたりするよりも，これらの感情を体験し表出することを促すのがよい。一呼吸おいて，ゆっくり進め，クライエントが感情を体験しているときは妨害しないこと。

目標は感情を反映し，クライエントに焦点を当て続けることなので，ヘルパーは一歩下がって探求を促すことに気をつける必要がある。支持的な**傾聴**のスタンスを維持していれば，ヘルパーはこの目標を達成することができる。よい**反映**は，クライエントにはほとんど気づかれないものである。なぜなら，これらの介入によってクライエントは探求を続け，ヘルパーよりも自分自身に注意を払い続けるためである。

感情語を特定すること

多くのヘルパー初心者にとって，ある状況において表出される情動を述べるうえで，さまざまなことばを思いつくのは難しい。表 9-2 は，いくつかの文献から発展させた情動語の一覧表である（Greenberg, 2002; Hill, Siegelman, Gronsky, Sturniolo, & Fretz, 1981; 学生のフィードバック，不特定多数の情報源から収集されたリスト）。気に入ったことばをマークしたり，ほかのことばをリストに加えたりして，自分が使いやすいようにするとよい。

このリストは，ポジティブな情動とネガティブな情動の両方を含んだものである点に気をつけること。ネガティブな情動はポジティブな情動よりも約 2 倍多くなっている（Izard, 1977）。このことは，特にヘルピング場面で言えることである。しかしながら，クライエントが自分の取り組んでいる変化への励ましを受けていると感じられるには，ネガティブな情動だけでなくポジティブな情動にも焦点を当てることをヘルパーはおぼえておく必要がある。

反映の情報源

クライエントがどのようなことを感じているかの手がかりは，4 つの情報源から得られる。感情についてのクライエント自身の描写，クライエントの話す（言語的）内容，クライエントの非言語行動，およびクライエントに対するヘルパー自身の感情の投影である。ヘルパーは，後ろの 3 つの情報源は手がかりを与えてくれるだけであり，クライエントの感情について必ずしも正確に反映するものではないかもしれないことに注意する必要がある。

表 9-2 感情（フィーリング）語チェックリスト（訳／藤生研究室）

落ち着いた－くつろいだ

安らぐ	平穏な	落ち着いた	快適な	居心地のよい
心配のない	平静な	満足した	のんびりした	陽気な
平和な	静かな	くつろいだ	安心した	安全な
満ち足りた	穏やかな	和らいだ	冷静な	温かい

喜ばしい－わくわくした

愉快そうな	胸がはずむ	至福の	うっとりする	元気な
喜んで	熱心な	意気盛んな	有頂天	魅了された
活気のある	熱狂的な	幸福感にあふれた	うきうきした	わくわくした
すてきな	うれしい	大喜びした	幸せな	ノリノリの
希望に満ちた	喜ばしい	歓喜に満ちた	快活な	大好きな
幸運な	すばらしい	楽観的な	大いに喜んで	気に入った
前向きな	見事な	ぞくぞくする		

元気はつらつの－活動的な

活動的な	冒険好きな	機敏な	生き生きした	意欲的な
活気に満ちた	陽気な	活発な	魅力のある	精力的な
のびのびした	活気づいた	元気な	やる気のある	大胆な
さわやかな	新たな気持ちの	生き返った	威勢のよい	元気いっぱいの
元気はつらつの	快活な	熱狂的な		

誇りに満ちた－有能な

成し遂げた	賞賛された	魅力的な	美しい	大胆な
勇ましい	能力のある	力量のある	自信に満ちた	勇気ある
賞賛に値する	有効な	敏腕な	能力の高い	恐れない
力強い	天賦の才能に恵まれた	威厳のある	勇敢な	重要な
独立独歩の	影響力のある	教養のある	無敵の	尊敬される
魅力的な	強力な	気に入った	権力のある	成功した
誇りに満ちた	きっぱりした	評判の高い	頼りになる	満足した
独立独行の	しっかりした	強固な	有望な	確かな
才能のある	成功をつかんだ	勝利を得た	賢明な	価値ある

最愛の－大事な

受け入れられた	やさしい	慕っている	好かれている	強く欲する
熱愛している	励まされた	大好きな	包まれた	最愛の
必要とされた	保護された	安全な	守られた	支えられた
信頼された	理解された	求められた		

関心のある－気遣う

心を開いた	気遣う	慈悲深い	ほっとする	情け深い
関心がある	思いやりのある	協力的な	共感する	許す
寛大な	穏やかな	与える	助けになる	興味をもっている
友好的な	愛情のある	親切な	気の毒に思う	かばっている
理解がある	敏感な	責任をもつ	繊細な	同情する
共鳴する	愛情あふれた	理解する	利己的でない	心温まる
気にかける				

幸運－値する

感謝の	値する	権利のある	運のよい	うれしく思う
公正な	幸運な	ありがたい	正当な	

鼓舞された

啓発された	豊かな	感動した	鼓舞された	夢中な

完璧な－洗練された

完璧な	結構な	洗練された	満たされた	

驚いた－ショックを受けた

びっくりした	驚愕した	仰天した	畏怖した	面食らった
固まった	硬直した	麻痺した	ショックを受けた	震えた
口が利けない	よろめいた	当惑した	驚いた	あっけにとられた

不安な－恐れて

恐れて	動揺した	びっくりした	不安な	懸念した
当惑した	無力な	自暴自棄な	ひどく怖がった	ピリピリした
ぞっとする	そわそわした	半狂乱の	脅かされた	怖がった
ヒステリックな	気詰まり	我慢できない	危険な	ビクビクした
神経質な	コントロールできない	圧倒された	パニック状態の	すくんだ
臆病な	神経をとがらせた	落ち着かない	おびえた	緊張した
張りつめた	ためらいがちな	怖がった	脅された	心地悪い
気楽でない	傷つきやすい	心配な		

思い悩んだ－困った

悩んだ	思い悩んだ	負担を負った	苦しんだ	混乱している
うろたえた	迷惑している	どぎまぎした	不満な	動揺した
ひどく動転した	オロオロした	キリキリした	取り乱した	悩んだ

怒った－敵意のある

怒った	揺り動かされた	立腹した	憎い	挑戦的な
不快な	不満な	激怒した	憤慨した	欲求不満な
怒り狂った	不愉快な	残酷な	敵意のある	激怒した
憤った	激高した	腹立ちまぎれの	うんざりした	イライラした
かんかんに怒って	むっとした	嫌な	踏みにじった	うんざりした
じれったい	反抗的な	怒りっぽい	抵抗した	無慈悲な
意地の悪い	寛大でない	激しい	執念深い	報復的な
暴力的な	悪意のある			

軽蔑－むかつく

ましな	軽蔑した	むかついた	憤慨した	見下した
嫌悪をおぼえる	反発した	拒絶した	反感をもった	高潔な
横柄な	飽き飽きした	傲慢な	嫌気がさした	

悲しい－気が滅入った

ゆううつな	心がかき乱された	意気消沈した	打ち負かされた	がっかりした
士気が落ちた	気が滅入った	元気のない	勇気をくじかれた	陰気な
ふさぎこんだ	深い悲しみ	悲嘆に暮れた	落ち込んだ	物思いに沈んだ
みじめな	むっつりした	悲しみに沈んだ	無感覚な	悲観的な
あきらめた	悲しい	陰気な	あわれな	涙ぐんだ
不幸な				

恥－罪の意識

申し訳なさそうな	恥じている	途方に暮れて	悪い	みくびられた
非難に値する	とがむべき	卑劣な	辱められた	まごついた
暴露された	愚かな	罪を犯した	卑しめられた	プライドを傷つけられた
無念に思う	感心できない	こきおろされた	あざけられた	悔やまれる
良心の呵責に耐えない		ばかげた	腐った	軽蔑された
恥かしい	気の毒な	残念な		

不適当な－弱い－無力な

臆病な	不足した	弱々しい	こわれやすい	無力な

絶望して	弱った	不適当な	することができない	無能な
無効の	無効果の	能力に欠ける	劣った	不安定な
取るに足らない	圧倒された	哀れな	勢力のない	拒否された
些細な	愚かな	～できない	容認できない	不適任の
重要でない	資格のない	値しない	役に立たない	傷つきやすい
弱い	価値のない			

威嚇する－抑制された

こき使われた	いじめられた	抑制された	支配された	威嚇された
ずかずかと踏み込まれた		束縛された	負かされた	目の敵にされた
威圧された	あれこれ指図された	不公平に扱われた		

孤独の－愛されていない－締め出される

見捨てられた	阻外された	孤独な	バラバラな	切り離された
軽んじられた	よそよそしい	空虚な	ホームシックの	無視された
孤立した	除外された	孤立した	心細い	軽視された
監視された	拒絶された	顧みられない	取るに足らぬ	愛されていない
人望のない	求められていない	歓迎されない		

傷ついた－だまされた－非難された

ののしられた	告発された	みくびられた	裏切られた	非難された
だまされた	批判された	打ち砕かれた	品位を下げられた	恵まれない
打ちのめされた	期待はずれの	嫌われた	見放された	傷ついた
判断された	傷つけられた	がっかりさせられた	不当に扱われた	誤解された
見下された	苦しそうな	拒絶された	拒否された	犠牲にされた
傷ついた				

煩わしい－我慢した－束縛された

煩わしい	耐える	恩恵をうけて	行く手をふさいで	束縛された
じっと我慢した	我慢した			

操られた－つけ込まれた

虐待された	つけ込まれた	押し付けられた	操られた	あしらわれた
策略にかけられた	過度に働かされた	懐柔された	圧力をかけられた	利用された

疲れた－無気力

無気力	うんざりした	興味を失った	精根尽きた	消耗した
疲れきった	無頓着	中途半端な	あきらめた	元気がない
眠い	気だるい	疲れた	無関心	無感動
興味がない	感じない	退屈な		

支離滅裂な－困惑した

まごつく	困惑した	矛盾した	支離滅裂な	まとまりのない
疑い深い	狼狽した	躊躇する	迷った	混乱した
当惑した	まごついた	途方に暮れた	行き詰まった	分裂した
気持ちが定まらない	優柔不断な	不安定な		

気が乗らない

注意深い	慎重な	躊躇する	引っ込み思案の	気が乗らない
恥ずかしがりの	臆病な	用心深い		

強要された－断固とした

強要された	断固とした	追いたてられる	とりつかれる	心を奪われる
強情な	頑固な	さいなまれる		

ねたんだ－不信に満ちた

うらやましい	ねたんだ	不信に満ちた	被害妄想をもった	疑わしい

●クライエントの感情の表出

クライエントは自分の感情に気づき，率直に表出することもある。例えば，クライエントは「私は先生のことで本当にむしゃくしゃしている。私が自分の気持ちを話しているのに聞こうともしなかったので，頭にきたの」と言うかもしれない。ヘルパーはクライエントが深いレベルで感情を体験し，その感情の別の側面を探求できるように，別のことば（例：「腹を立てている」）を使ってその感情を説明するかもしれない。クライエントが感情について話せそうな様子を示していたら，ヘルパーはより深い探求へと促すとよい。クライエントが使った感情語をそのまま繰り返すよりも類義語を使うことを私は勧めたい。それにより，クライエントは感情に最もふさわしいことばを見つけることができ，その感情の異なった部分も体験できる。

ヘルパーは，感情が多面性をもち，時間とともに変化することを忘れてはならない。古い感情が体験され表出されると，新しい感情が出現する。今感じているその時点での感情を理解して反映することは，体験的なプロセスへと入るほんの開始点なのである。つまり，ヘルパーは探求プロセスの最中に出現する新しい感情を探し続ける必要がある。

●クライエントの話す（言語的）内容

感情についての手がかりとなる別の情報源は，話す内容である。クライエントは直接的に感情を述べることはないかもしれないが，クライエントのことばからその感情を類推することは可能であるかもしれない。例えば，クライエントは重大な喪失に対して悲しみの感情で反応することが多い。成功には喜びの感情で反応することが多く，自分に向けられた怒りには恐怖で反応することが多い。それゆえ，ヘルパーはクライエントがどんなことを感じているのかについて，事前に想定することができる。例えば，青年期の女性のクライエントが成績表をもらい，ほとんどの教科で成績がよくなったことを話したとする。ヘルパーは「成績が上がって誇らしい気持ちでしょう」と言うかもしれない。しかしながら，ヘルパーは注意深く，控えめに，そしてクライエントからのフィードバックを踏まえて自分の**反映**を改められるようにする必要がある。ヘルパーはクライエントについてすべてを知ることはできないし，より多くの情報を入手するにつれて，またセッション中に感情が表出され，変化するにつれて，**反映**を変える必要があるかもしれない。

●非言語行動

クライエントが非言語的にどのように見えるかは感情の手がかりとなる３つめの情報源である。例えば，クライエントがほほえんでおり，喜んでいるように見えたら，ヘルパーは「そのことについてうれしく感じているのかな」と言うかもしれない。ヘルパーはすべての非言語行動を手がかりとして見る必要がある。6章で論じたように，腕と脚の動きから非言語的な手がかりが漏れ出ることが多い。というのは，人はこれらの動きについては表情表出ほど綿密に省みないからである。例えば，クライエントが脚をばたつかせているときには，ヘルパーはクライエントが緊張しているのか，あるいは怒っているのかどうかたずねてみてもよい。非言語行動の意味はいつも同じとは限らず(6章で論じた)，そのためヘルパーは非言語行動が一定の意味をもっていると思い込むのではなく，想定される感情への手がかりとして非言語行動を利用しなければならない。

●ヘルパーの感情の投影

クライエントの感情を探るための最後の情報源は，私たち自身である。すなわち，もし自分がその状況にいたとすればどのように感じるだろうか，と問うことである。例えば，あるクライエントが自分のアパートのそうじのことでルームメートと口論したことについて話しているなら，ヘルパーは自分がルームメート，きょうだい，あるいは友だちと口論したときにどのように感じたかについて思い浮かべるとよいだろう。ヘルパーは自分自身を類似した状況におくことによって，そのクライエントがどのように感じる「べきか」について判断するのでなく，そのクライエントの感情（フィーリング）を理解しようとするのである。ヘルパーは，投影はクライエントの現実の姿を正確に表すものではなく，むしろ可能性であるということを心にとどめている限りにおいて，これらの投影を使うことができる。そのヘルパーの感情（フィーリング）は，他の誰にでも当てはまるものではないかもしれない。しかしながら，ヘルパーは自分自身の投影を使うことでクライエントの感情（フィーリング）について仮説を立てることができ，クライエントの話す（言語的）内容と非言語行動の中に仮説を支持する証拠を探すことができる。

反映の正確さ

ヘルパーによって出される感情（フィーリング）語が援助的であるためには，完璧に正確でなくてもよいが，「ほぼ近い内容」である必要がある。もし感情（フィーリング）語がそのクライエントが感じていることに比較的近ければ，クライエントにその感情（フィーリング）を明確化させることができるだろう。例えば，あるクライエントが「怖い」という感情（フィーリング）について話してきて，ヘルパーが「緊張」という単語を使うなら，クライエントは感情（フィーリング）を明確化することができ，「恐ろしい」というほうがふさわしいと言うことができる。感情（フィーリング）を明確化することは，そのクライエントについてより明確な理解をヘルパーに与え，クライエントは自分が内的に体験していることを明確化することができる。**反映**が正確すぎるとクライエントが感情（フィーリング）を明確化したり探求しようと思う理由がなくなり，クライエントの探求を中断させる可能性があるといえよう。他方，「まったく的外れな」感情（フィーリング）語は有害なものともなりうる。もしヘルパーが，クライエントが「緊張」と話した後に「うれしい」という単語を使うなら，クライエントはヘルパーが話を聴いていなかったか理解していないと感じるだろうし，探求することをやめてしまうだろう。

ヘルパーの**反映**がすべて正確であることはめったにない。たいがいは，ヘルパーはクライエントをより十分に理解しようと１つ１つ頭を働かせて反映を行うのである。**反映**が具体的であるほど，クライエントは理解しようというヘルパーの努力を認めることが多い。他者の感情（フィーリング）を理解しようと努めることはヘルパーにとって大切だが，それを成し遂げるのがどんなに難しいか謙虚に心に留めておかなければならない。それゆえ，ヘルパーは特定の**反映**の正確さにこだわる以上に，クライエントを理解しようとし，また自分が理解しようと努めていることをクライエントに伝えようとするべきである。

反映の例

次のものは，あるヘルパーがセッションで**感情（フィーリング）の反映**（太字部分）を使っている様子である。

クライエント：先週，授業を欠席しなければなりませんでした。授業の直前に父が重大な自動車事故にあったという電話をもらったのです。父は環状道路にいて，トラックの運転手が居眠り運転で父のほうに道をそれ，6台の玉突き事故を引き起こしたのです。本当にひどいことでした。

ヘルパー　：**とても動揺しているようだね。**

クライエント：そうです。病院へ行く途中ずっと，父が大丈夫かどうか心配していました。最悪なことに，父には最近すでにいくつか悪い出来事が続いているんです。3番目の奥さんが家を出ていき，株でお金を損して，おまけに飼い犬が死んだのです。父にはもう何も残っていないように思えます。

ヘルパー　：**最近起こったあらゆる悪い出来事のせいで心配しているのですね。**

クライエント：ええ，父は生きる気力もあまりなくて，私は父をどうしたらよいかわからない。そばにいようと思っても，父は本当にどうでもいいみたいで。

ヘルパー　：**お父さんがあなたのことを気にとめず，傷ついたのだね。**

クライエント：ええ，私はいつも父を喜ばせようとしてきました。いつだって父を十分に喜ばすことができないように感じていた。父は兄のほうが好きなのだと思います。兄は私より優れた運動選手で，店で父と一緒に働くのが好きだった。父は私がしたことをまったく評価しませんでした。父が私を好きでいてくれたかどうかわからないのです。

ヘルパー　：**あぁ，それはとてもつらい。あなたは怒ってもいるのかな。**

クライエント：ええ，そうです。父が私を好きでなかったとして，私のどこがわるいんでしょうか。私はとってもいいやつだと思います(クライエントはその状況の探求を続ける)。

反映の効果

ヘルパーは自分の**反映**が効果的であるか，クライエントの反応に注意することで判断することができる(Egan, 1994も参照のこと)。**反映**の影響を査定するのには3件法の尺度を使うとよい。

1＝**反映**が正確でないかあまり有益でないのであれば，クライエントはまったく反応せず，ヘルパーの陳述を否定するだろう(例：「いいえ，全然そうは思いません」)。あるいは，「それは私が言ったことです」などと言うかもしれず，それ以上は探求しないだろう。

2＝**反映**が少なくともほどほどに効果的であれば，クライエントは話し続けるだろうが，感情(フィーリング)の中により深くは入っていかないだろう。その人は「そうです」とか「ええ」といったことは言うかもしれないが，探求を続けないだろう。

3＝**反映**がとても有益であるなら，クライエントは一呼吸おき，「おぉ，そのとおりです，今までそんなふうに考えたことはなかったけど，私が感じているのはそれです，他に感じているのは……」といったことを話し，感情(フィーリング)についてより深く掘り下げて話し続けるだろう。その場での体験の中で，クライエントが自分自身を掘り下げていくにつれて，新しい感情(フィーリング)が出現することも多い。

感情（フィーリング）の反映を行う際にヘルパーが経験する問題

ヘルパー初心者は，クライエントが悲しみや怒りといった強いネガティブな感情（フィーリング）を表出すると緊張することが多い。クライエントが泣いていると不安になるのは，ヘルパーが泣くことを心地よく思わず，どのように情動を扱ってよいかよくわかっておらず，これまで他者を本当に理解することができたかどうか確信がないせいである。クライエントが泣くと罪悪感が生じるのも，ヘルパーが自分の介入によってクライエントを困らせ，痛みを生じさせたと考えるからである。さらにヘルパーは，もしクライエントに自分の感情（フィーリング）を表出するように促せば，クライエントはその感情（フィーリング）にとらわれてしまい逃れられなくなるのではないかと恐れるのだろう。また，ヘルパーは自分自身とクライエントの双方の強い感情（フィーリング）を受け入れることを難しく感じるかもしれない。しかしながら，ここで強調しておきたい重要な点は，感情（フィーリング）は自然なものであり，クライエントが自分を受け入れられるようになるには感情（フィーリング）を表出する必要があるということである。ヘルパーがクライエントの感情（フィーリング）を受け入れれば，クライエントに自分の感情（フィーリング）は問題ないと伝えることになる。クライエントに感情（フィーリング）を表出させ受け入れさせられるようになるには，ヘルパーは自分の不安を受け入れ，対処することを学ぶべきである。深呼吸をして，クライエントとクライエントの感情（フィーリング）に焦点を当てるほうが，自分自身に焦点を当てるよりもクライエントに感情（フィーリング）を表出させ受け入れさせるには有益だと，多くのヘルパーが気づいている（Williams, Judge, Hill, & Hoffman, 1997）。

同時に，ヘルパー初心者は最も顕著な感情（フィーリング）をとらえてクライエントに**反映**を返すことに難しさを感じる。ヘルパー初心者は複数の感情（フィーリング）について聞くかもしれず，どれが最初に**反映**すべき最も重要な感情（フィーリング）なのか迷うかもしれない。ヘルパーは最も強い，あるいは最も深くにある感情（フィーリング）に注意を払うべきである。他の感情（フィーリング）がより顕著になったとき，いつでもその感情（フィーリング）に立ち返って，**反映**するとよい。深くにある感情（フィーリング）を扱う探求段階にはたくさん時間を要し，それぞれの感情（フィーリング）ごとにすみずみまで焦点を当てるのがよい。練習は実際，とても役立つ。ヘルパーは映画の中で表現される最も顕著な情動を推測したり，友人が問題について話しているときにその強い感情（フィーリング）を**反映**したり，演習でロールプレイを行ってみるとよい。

クライエントの感情（フィーリング）から自分自身の感情（フィーリング）を切り離すことが困難なヘルパーもいる。彼らは自分が感じているのと同じ感情（フィーリング）をクライエントがもっているに違いないと思い込む。あるいはクライエントに感情移入しすぎたり，クライエントの情動を強く感じるあまり，客観的でも援助的でもなくなってしまうヘルパーもいる（つまり，同情や情動の伝染を感じる）。ヘルパーはクライエントから派生するものと自分自身から派生するものとを識別できるように，自分自身の感情（フィーリング）に意識的になる必要がある。前述したように，個人セラピーとスーパービジョンはこの課題では非常に貴重である。

最後に，ヘルパーはときに，クライエントの感情（フィーリング）を控えめに（例：「あなたは怒りを感じているのかな」）ではなく，断定的に述べてしまう（例：「あなたは明らかに怒りを感じている」）。もし，クライエントが受け身的であり，ヘルパーに異議を唱えるのが難しかったら，ヘルパーによる歯に衣着せぬ言い方は問題となることがある。というのは，クライエントは自分自身のことを考えなくなり，自分の体験を検証しなくなるからである。感情（フィーリング）について控えめに述べると，よりていねいな感じがし，クライエントは感情（フィーリング）語を確かめ，退け，修正しようという気になる。

有益なヒント

- 背景にある基本的な感情（フィーリング）を傾聴しなさい。クライエントが最も強調して話している内容を探すこと。感情（フィーリング）語について傾聴すること，言語的内容を聞くこと，非言語的な表出を観察すること，および類似した場面でのあなた自身の感情（フィーリング）を投影することが，感情（フィーリング）についてのさらなる手がかりとなる。しかしながら，それらは手がかりであり，そのクライエントの感情（フィーリング）を必ずしも正確に反映するものではないかもしれないことを忘れないように。
- **反映**を行う学習をするとき，その感情（フィーリング）に直接的に焦点を当てるために，「あなたは，____と感じている」（例：「あなたは気分を害している」）や，感情（フィーリング）語とその感情（フィーリング）の起こりうる根拠をしっかりとらえるために，「____なので，____と感じているのですね」（例：「お母さんがあなたと話そうとしないので，気分を害しているのですね」）といった形式を使いなさい。
- 共感的な調子の声で，関心があることを伝えなさい。そして，あなたが理解しようとしていることを示しなさい。あなたがオウム返しをしているのか，適切な表現を使っているのか，それとも，あなたが純粋に興味があるのか，クライエントは見分けることができる。クライエントを判断（judge）しないこと（例：「そんなことで腹を立てているのですか」）。やさしくゆっくり話すと，あたたかみのある声に聞こえる。
- 控えめな調子の声を使って，クライエントに外から押し付けられた感情（フィーリング）に注意を払うのではなく，自分の内部でどんな感情（フィーリング）が起こっているかを判断するよう促しなさい。
- 過去の感情（フィーリング）ではなく現在の感情（フィーリング）を反映し，クライエントに今この瞬間のことに取り組み続けさせるようにしなさい。クライエントはしばしば，ずっと以前に起こった出来事について，現在でも悩んでいる場合があることを忘れないように。例えば，「彼がそう言ったとき，あなたは腹を立てた」と言うよりも，「今，その状況を説明しながら，腹を立てているようですね」と言うのがよい。
- 必ずしも完璧な感情（フィーリング）語を言う必要はない。感情（フィーリング）語が近いものであれば，クライエントはそれを訂正し，自分の感じていることについてもっとあなたに伝えてくれる。しかしながら，もし感情（フィーリング）語がクライエントの体験とは違いすぎているものだったら，クライエントは誤解されたと感じ，コミュニケーションは中断するかもしれない。
- クライエントが述べてきたことをすべてとらえようとするよりも，そのときに最も重要な，あるいは最も強い感情（フィーリング）だとあなたが考えたものを反映しなさい。セッション中に重要な感情（フィーリング）を反映する機会はより増えるはずである。あなたの目標は，クライエントに感情（フィーリング）に焦点を当てさせ，深いレベルで体験させることである。つまり，一度にいくつもの感情（フィーリング）を反映すると，クライエントの気を散らせ，セッションを冗長なものにしてしまう。
- **反映**は短く簡潔にしなさい。
- たとえクライエントが別の人に焦点を当てていても，他の人ではなくクライエント自身に焦点を当てなさい（例：「お母さんは怒っているようですね」ではなく「あなたは，お母さんに怒りを感じているのですね」）。

- 機械的だと思われないように，言い方を変えなさい。クライエントは，ヘルパーが同じ言い回しを繰り返すオウムのようだと，いらだちを感じることが多い。
- いろいろな感情（フィーリング）語を使いなさい。表9-2のリストにことばを付け加えて，できるだけ自分の使いやすいものにする。
- クライエントが理解できる感情（フィーリング）語を使いなさい。例えば，9歳児なら，「あなたの権利が侵害されたので憤慨した」よりも，「無視されたので，怒ったんだね」のほうがよく反応するだろう。
- **反映**をする前に，深呼吸をしなさい。深呼吸すると，リラックスし，何を言いたいのか考える時間ができる。急ぐ必要はまったくない。
- クライエントがことばにつまったり，何を言うか考えられなくなったとき，ヘルパーはそのときの感情（フィーリング）を反映するとよい（例：「あなたは今困っているのですね」「次に何を言っていいかわからないのですね」，あるいは「私があなたの言いたいことをわかっていないので，いらだちを感じているのですね」）。
- もしクライエントが「そうです」などといった応答をし，それ以上探求しないなら，しばらく間をおいて，クライエントに自分自身の体験についてじっくり考える機会を与え，新たに何かが起こるかどうか見守りなさい。その後，そのとき適切と思われる新たな**反映**をしなさい（例：「あなたは気が動転しているのに気づいていても，その気持ちをどうしたらいいかわからないと感じているのですね」，あるいは「自分の感情（フィーリング）にどこまで従うべきか悩んでいるのですね」）。たった今生じている感情（フィーリング）に焦点を当てることによって，クライエントはその瞬間における体験を探求することができる。どうすればクライエントの助けになるか，フィードバックももらえるかもしれない。
- クライエントが泣き出したらどうすればよいかを心配する学習者もいた。あなたが感情（フィーリング）を反映し，クライエントが自分の感情（フィーリング）を体験し始めたら，その感情（フィーリング）のいくつかは，間違いなく悲しみや苦痛である。クライエントに寄り添うようにしなさい。決して，悲しみを「取り除こう」とするのではなく，ただクライエントとその感情（フィーリング）を受け入れなさい。あなたはしばらく黙っているとよいかもしれないし，クライエントを泣かせておくかもしれない。その後，クライエントにその感情（フィーリング）を言語化させるように，やわらかい調子の声で**反映**をしなさい。
- もしあなたが不正確な**反映**をしたり，クライエントがあなたの**反映**に十分に反応しないなら，クライエントがどのように感じているかもっと説明を求めなさい。そして，再びその感情（フィーリング）を理解するよう努めなさい。ネガティブな自己会話（self-talk）を避けること（例：「完璧な**反映**ができなかったので，私はひどいヘルパーだ」）。そのかわり，その「失敗」を，クライエントが実際どのように感じているかについて学習する機会としなさい。

実践演習

次のクライエントの陳述への応答となる**感情の反映**（フィーリング）を書きなさい。最後に載っている「考えられるヘルパーの応答」と自分の応答とを比較しなさい。

●陳述

1．**クライエント**：「私は今，宿題をするのが本当に大変なのです。しなくてはならないことがとてもたくさんあって，集中するのが難しいのです。母が入院しているのですが，もうじき死んでしまうかもしれず，そばにいてあげたいのです。母のことを考えると，勉強が手につきません。でも，私が悪い成績を取って卒業できないというのが，母を一番困らせることだとわかっているのです」

ヘルパーの応答：＿＿＿＿＿＿＿＿＿＿＿＿＿＿＿＿＿＿＿＿＿＿＿＿

2．**クライエント**：「私のアパートの隣に新しいビルを建てています。その騒音は本当にうるさくて。朝早くからたたき起こされます。大家に文句を言ったのですが，何もできないと言われました。どうしたらいいでしょう。大家にもう一度話したほうがよいのか，それとも引っ越したほうがよいのか，どう思いますか。あなたならどうしますか」

ヘルパーの応答：＿＿＿＿＿＿＿＿＿＿＿＿＿＿＿＿＿＿＿＿＿＿＿＿

3．**クライエント**：「私のルームメートは本当にいい人。本当に好き。私が幼いときに欲しかった妹みたいで。一緒に行動できる人がいるって本当にすてき。昨年はキャンパスで寂しい思いをしたけど，彼女のようなルームメートに出会えて，居場所ができた感じがする。彼女の家はものすごく貧しくて，彼女もほとんどお金がないの。幸運にも，私の親はたくさんお金を送ってくれるし，彼女に分けてあげられるのがうれしい」

ヘルパーの応答：＿＿＿＿＿＿＿＿＿＿＿＿＿＿＿＿＿＿＿＿＿＿＿＿

4．**クライエント**：「母とけんかしたばかりです。母は，私が怠け者だから学校で絶対によい成績をとれないだろうって，ひどいことを言ったのです。私は怒って，体が震えました。母にそう言われて，何と言ってよいのかわかりません。なぜ母は友だちのお母さんのように親身になってくれないのでしょうか。最悪なことに，引っ越すだけのお金がないので，私はまだ家にいなければなりません」

ヘルパーの応答：＿＿＿＿＿＿＿＿＿＿＿＿＿＿＿＿＿＿＿＿＿＿＿＿

●考えられるヘルパーの応答

1．「つまり，宿題とお母さんについての心配とで板挟みになっているのですね」
「お母さんのことが心配で，他のことには身が入らないのですね」
「お母さんから学校でがんばるよう期待されているので，頼りにされていると感じているのですね」

2．「アパートの騒音問題にどう対処してよいのかわからないのですね」
「眠れなくて困っているようですね」

「疲れきっているのですね」
「大家さんが無責任なので，イライラしているようですね」

3．「ルームメートにとても親近感を感じているようですね」
「ルームメートを経済的に助けられるのが本当にうれしいのですね」
「ついに居場所ができてほっとしたのですね」

4．「お母さんに本当に怒っているのですね」
「お母さんにどれほど怒っているのかわかりました」
「家で暮らさなければならないので，身動きできないように感じているのですね」
「お母さんがあなたのことを信じていないので傷ついたのですね」

考えてみよう

- 感情（フィーリング）を表出したり体験したり，他人の感情（フィーリング）について話すことをどう感じるかということに，あなたの文化はどう影響しているか。
- クライエントがたくさんの異なった感情（フィーリング）をもっていた場合，反映すべき感情（フィーリング）をどうやって選べばよいか。
- あなたの**反映**にクライエントが同意するのは，**反映**が正確だからなのか，あなたが「力のある立場」にいるからなのか，あるいはクライエントがあなたを喜ばせたいからなのか，どうしたらわかるか。
- クライエントの気づいていない感情（フィーリング）を体験させるように促すのに対し，クライエントが気づいている感情（フィーリング）を反映するのはどの程度行えばよいか。
- 探求を促す効果について，**言い換え**，**感情（フィーリング）の反映**，および**開かれた質問**を比較し，違いを明確にしなさい。

グループ実習 7　感情の反映

目標：ヘルパーが，感情を反映することを学習すること。その人物の感情の言い換えに焦点を当てるが，クライエントがなぜその感情を抱いているのかを言い添えてもよい。

演習 1

1．大きなグループになり，それぞれの学習者が現在どのように感じているかを反映する３つの感情語を言う。学習者は自分の感情語の語彙を増やせるように，ふだんあまり使わないような感情語を使う練習をする。表 9-2 を参照すること。ただし，リストにことばを追加して自分の使いやすいようにする。
2．大きなグループになり，グループリーダーは問題を抱えて悩んでいるクライエントの例を簡潔にあげて，ロールプレイする。学習者はそれぞれ感情の反映を書きとめる。リーダーはグループメンバーに交代で反映をするように求める。リーダーは学習者が反映の概念を把握するまで，例をあげ続ける。

演習 2

学習者は４人組になり，交代でクライエントになる。１人がクライエントになり，他の３人はヘルパーとなる。感情について焦点を当てることは，人によっては脅威となったり，学習者がさらけ出したくないかもしれない（特に授業で）話題にふれる可能性があることに気をつける。クライエント役の学習者は不快に感じたらいつでも中断してよい。同時に，これらの演習では，クライエントの問題を解決しようとするのではなく，ヘルパーがスキルを学習するのが大切であることを忘れないこと。

ヘルピングのやりとりをしている間のヘルパーとクライエントの課題

1．クライエントは，自分が強い感情をもった話題について話す（例：クライエントが気が滅入った，あるいは怒りを感じた例や，クライエントが特に誇らしい気持ちになったとき）。
2．ヘルパーは，何を言おうかと考えずに傾聴する。クライエントが話し終わったら，しばらく間をおき，感情の反映を考える。ヘルパーは，「あなたは____と感じているのですね」や「____というわけで，____と感じているのですね」のような表現を用いて交代で反映を行う。この演習では，ヘルパーは，たとえ他のスキルがよりふさわしく思えても，感情の反映だけを行うこと。
3．クライエントは，ヘルパーにその反映の効果がわかるように，それぞれの反映に簡潔に応答する。
4．すべてのヘルパーが反映をした後，クライエントはどの反映が最も有益だったか，およびその理由について話し合う。

グループ実習7　感情（フィーリング）の反映

5．最も有益だった反映を行ったヘルパーは，その反映がどのようにして頭に浮かんだかを話す。

演習3

3人組のグループに分かれる。全員が交代でそれぞれの役（ヘルパー，クライエント，観察者）をする。

ヘルピングのやりとりをしている間のヘルパーとクライエントの課題

1．ヘルパーは，自己紹介をする。
2．クライエントは，強い感情（フィーリング）を感じた話題について簡潔に話す。
3．クライエントが話し終わったら，ヘルパーは，「あなたは____と感じているのですね」や「____というわけで，____と感じているのですね」の表現を用いて感情（フィーリング）の反映を行う。この演習では，ヘルパーは反映だけを使い，他の介入は使わない。ヘルパーは，十分に時間をかけ，一呼吸おき，クライエントがどのように感じているか，感情（フィーリング）についてどんな非言語行動が現れているか，自分がクライエントだったらどのように感じるかを考えること。反映は短く簡潔に，さまざまな感情（フィーリング）語を使うように心がける。
4．5～10回繰り返す。

ヘルピングのやりとりをしている間の観察者の課題

あとで考察する際に記録として使えるように，ヘルパーの反映，かかわり行動，ヘルパーの感情（フィーリング）語を正確に書きとめる。感情（フィーリング）語の正確さと反映を行うやり方（例：さまざまな感情（フィーリング）語が使われているか，反映は短く簡潔か）も記録する。反映に対するクライエントの反応（例：その反映は感情（フィーリング）の探求を促進したか，妨げたか）も記録する。

ヘルピングのやりとり後の課題

1．ヘルパーは，反映に際してどのように感じたかを話す。
2．クライエントは，反映を受ける立場になってどのように感じたかを話す。より有益だった反映と有益でなかった反映を具体的にあげて論じる。
3．観察者は，反映スキルとかかわり行動について，ヘルパーにポジティブなフィードバックとネガティブなフィードバックを行う。

・・・役割交代・・・

個人的な振り返り

- 反映を行いながら，自分自身について何を学んだか。
- もしクライエントが泣き始めたらどうするか。
- 過去に，最も重要な感情（フィーリング）を選ぶのに手間どっている学習者がいた。クライエントの話が長すぎるためにお手上げになって，木（すべてのことば）と森（感情（フィーリング））を見分けられなかった学習者もいれば，自分が「間違った」反映をしてクライエントを傷つけないかと心配している学習者もいた。クライエントが明白に感情（フィーリング）を述べていないと，その感情（フィーリング）をうまく特定できない学習者もいたし，クライエントは自分の感情（フィーリング）をはっきりと述べているのに，クライエントの感情（フィーリング）語をそのまま繰り返したくなくて困っている学習者もいた。あなたの体験はどのようなものだったか。
- 自分自身が不快に思うことや抱えている問題のせいで，クライエントと取り組むことが難しい特定の感情（フィーリング）（例：怒り，罪悪感）はあるか。
- 過去に，多くの学習者が，ヘルピングスキルを学習するようになってから自信を失くしたが，練習で再び自信を取り戻したと報告している。あなたの場合，ヘルパーとしての自信はどう変化したか。

10章

探求段階のその他のスキル

本当に聴くためには，
心を平穏に保たなければならない。
——作者不詳

カリーナは博士号を得るためにアメリカに来たウクライナ人の女性である。彼女は，すぐに帰国しなければならないのに学位論文を仕上げることができず，援助を求めた。彼女はヘルパーが何を求めているかもわからず，ヘルピングについてもほとんど知らなかった。ヘルパーは，カリーナにヘルピングのプロセスを説明し，彼女が自分の感情（フィーリング）を特定し表出できるようにしたいと言って安心させた。そして，彼女が外国から勉強しにきたこと，カウンセリングに来て悩みを解決し，目標を達成しようとしていることはとても勇気があると思うと伝えた。ヘルパーは自分が学位論文を完成させるのに苦労した経験も明らかにした。ヘルパーはカリーナにいくつかの**閉じられた質問**をし，学位論文を完成させるうえでの問題をはっきりさせると，それから学位をとることと母国に戻ることについて感情（フィーリング）を探求させた。最後にヘルパーは，カリーナが自分の感情（フィーリング）について思考をまとめられるように**沈黙**の時間をとった。

たいていの場合，クライエントを探求させるのには**開かれた質問**，**言い換え**，および**感情（フィーリング）の反映**が使われるが，他のスキルのほうが探求を促すのにより適していることもある。例えば，以下のような場合である。

- クライエントがヘルピングで行われることについて具体的な情報を必要としているとき。
- クライエントがヘルパーの所有する認定資格について知りたいとき。
- クライエントが安心，支持，あるいは強化を必要とするとき。
- ヘルパーがクライエントに対する介入の方針を決めるために具体的な情報を必要とするとき。
- クライエントが自分の感情（フィーリング）を認識したり表出するのに手助けを必要とするとき。
- ヘルパーが時間をとってクライエントに考えさせたり，自分の感情（フィーリング）に没頭させたいとき。

本文中で言及する別表は金子書房のホームページからダウンロードできる（URLおよびアクセス用のIDとパスワードはp.xivの「別表一覧」下部をご参照ください）。

■ヘルパーがクライエントに率先して取り組むよう促したいとき。

この章では，いくつかのスキル（ヘルピング・プロセスに関する**情報**，**是認－保証**，**閉じられた質問**，探求のための**自己開示**，および**沈黙**）を紹介する。ヘルパーは探求段階で上記のような状況に介入する際，これらのスキルを用いてもよい。これらのスキルを習得すれば，ヘルパーは自分のレパートリーをさらに増やすことができるだろう。しかしながら，それぞれのスキルは重大な難点があるので，ヘルパーは適切かつ慎重に用いなければならない。

ヘルピング・プロセスに関する情報

ヘルピング・プロセスに関する**情報**（Information about the helping process）を提供することにより，クライエントはこれから行われることについて知ることができる（表 10-1 を参照）。クライエントは自分がヘルピング・プロセスに参加したいのか，そしてどのように参加するかを判断するうえで，ヘルピング・プロセスと求められる適切な行動について知っておく必要がある。クライエントは，セッションの長さ，セッションにかかる料金，セッションでの行動の規則，ヘルピングにおける守秘義務の限界，およびセッション外でヘルパーと接触するのが適切かどうかについても知っておく必要がある。ヘルパーは初回セッションのはじめにそれらの規則をクライエントに話すことが多い。必要に応じて，他のルールについてもクライエントに伝える（例：個人的すぎる情報をクライエントが求める場合，ヘルパーは自分がなぜそのような情報を明かさないことにしているのかを説明するとよい。クライエントが繰り返し抱擁を求める場合，ヘルパーはそれが好ましくない理由を説明するとよい）。これから体験することについてクライエントに知ってもらうため，ヘルパーはヘルピングのプロセス全体に関しても話しておくとよいだろう。例えば，行動（アクション）段階に進んだら何が行われるか，クライエントに伝えるとよい。そうすることによって，ヘルパーは，クライ

表 10-1　ヘルピング・プロセスに関する情報の概観

定　義	ヘルピング・プロセスに関する**情報**を提供することで，クライエントはヘルピングで行われることについて知ることができる。
例	「本日の最初の課題は，あなたがどのように感じているかについて，いくつかの尺度に回答してもらうことです」 「私たちはヘルピングの3段階モデルを使います。あなたはまず探求を行い，それからいくつかの洞察を得て，あなたの生活で変えたいと思っていることを考えます」
典型的なヘルパーの意図	情報を与えること，制限を設定すること（別表D参照）。
考えられるクライエントの反応	教えられた，希望に満ちた，反応なし（別表G参照）。
望ましいクライエントの行動	同意（別表H参照）。
起こりやすい問題／難しさ	説教的になりすぎること。 専門家（エキスパート）でありたいと思うこと。 焦点がヘルパーにずれてしまうこと。

エントがヘルピング・プロセスにさらに積極的に参加し，協働的になると期待する。行動(アクション)段階でクライエントに伝えるべきことについては，19章で論じる。

クライエントに対して関連する情報を提供することは重要であるが，なかには詳しく話しすぎるヘルパーもいる。彼らは，例えば，守秘義務の限界や自分の理論的志向性を非常に詳しく説明する必要性を感じるかもしれない。ほとんどの場合，クライエントはプロセスについて非常に細かい説明は必要としない。それよりも自分がヘルピングを受けにきた理由について語りたいと考えているからである。それゆえヘルパーは，どうすればクライエントが退屈せず，受け身的にならず，あるいは興味を失わずに関連する情報を提供できるか考えなければならない。もう一度言うが，ヘルパーはクライエントの反応を評価する必要があり，クライエントのニーズに敏感になる必要がある。

ヘルピング・プロセスに関する情報の利用例

ヘルパー　：**まず，ここでの進め方について，いくつかお知らせしたいと思います。ここは訓練クリニックで，私はスキルを学習しているヘルパー初心者です。私にはスーパーバイザーがいて，私たちをワンウェイミラー越しに観察することになります。また，ご存じのように，セッションを録音しています。これは後で聞いて，スキルを改善するためです。ここで話したことの秘密は守られるということもお伝えしたいと思います。ただし，ご自身や他の誰かに危害を与える意図，あるいは児童性的虐待について話された場合は別です。**何かご質問はありますか。

クライエント：はい。なぜ，スーパーバイザーがいるのですか。

ヘルパー　：**スーパーバイザーは，私を観察して私のスキルについてフィードバックを行うためにいます。**

クライエント：あなたが参加しているのはどのようなプログラムなのですか。

ヘルパー　：**私はヘルピング・スキルについての授業を履修しているのです。**今日はどのようなことを話したいですか。

ヘルパーは手短な導入を行い，簡潔に質問に答えながらも，クライエントが関心事を探求できるようにクライエントに焦点を戻していることに注意する。

是認－保証

是認－保証(approval-reassurance)は，情緒的なサポートと安心感を与えたり，ヘルパーがクライエントに共感していることや理解していることを示したり，クライエントの感情(フィーリング)が正常であり当然のものだということを示唆したりするためにしばしば使われる有益なスキルである（表10-2参照)。重要なのは，クライエントに探求を促し，関心事について深いところまで話しても大丈夫だと感じてもらうために，**是認－保証**を使うということである。多くのクライエントは，自分の問題が正常であり，自分だけがそうした感情(フィーリング)を抱いているのではないという**是認－保証**によって力づけられ，関心事の探求をさらに進めようという気持ちになる。**是認－保証**の例には以下のものがある。

表 10-2　是認 - 保証の概観

定　義	**是認 - 保証**は，情緒的サポート，保証，勇気づけ，強化を提供する。
例	「親が亡くなるのは非常につらいことです」 「あなたが宿題を終えることができて本当によかった」
典型的なヘルパーの意図	支持すること，希望を注ぐこと，カタルシスを促すこと，変化を強化すること，ヘルパーのニーズを軽減すること（別表 D 参照）。
考えられるクライエントの反応	支持された，希望に満ちた，軽減された（別表 G 参照）。
望ましいクライエントの行動	詳しく話す，認知 - 行動的探求，感情（フィーリング）の探求（別表 H 参照）。
起こりやすい問題／難しさ	与えすぎてしまうこと。 同情的になりすぎてしまい，クライエントから離れられなくなること。 クライエントの感情（フィーリング），特にネガティブな感情（フィーリング）を軽視したり否認すること。

- 「それは本当に対処が難しいことです」
- 「びっくりするような状況ですね」
- 「なんてひどい！」
- 「おぉ，なんたる幸運！」

是認 - 保証は，ヘルパーがクライエントの言ったことや行ったことを高く評価し，変わろうとする努力を続けるようクライエントを勇気づけたいと思っていることを示し，「強化」を与えるのにも使われることがある。クライエントのなかには，よくがんばってきたという支持や承認を求める人もいる。さらに，クライエントによっては，是認，保証，および強化が探求を持続させるのに有益となることもある。誰かが傾聴し共感してくれているのがわかるからである。このことは，クライエントが難しい，あるいはつらい話題について探求する際には特に重要となる。支持と承認の例には，次のようなものがある。

- 「よくやりましたね」
- 「彼の前でご自分の気持ちを表すことができたのは本当にすばらしい」

是認 - 保証は，ある状況では有益であるが，度が過ぎたり，時期尚早であったり，心がこもっていない場合には誤って伝わることがある。そのような介入がヘルパーの偏見を助長するものだった場合（例：「中絶したことについて罪悪感を感じるのは正しいと思う」），問題を生じさせることになる。なぜなら，クライエントは探求をやめてしまうか，ヘルパーに同意するか従うかするよう強いられている気にさせられるためである。

さらに，**是認 - 保証**が，不安や苦しみを軽減したり，感情（フィーリング）を軽視したり否認したりするのに使われるなら，不適切である(例：「そのことは心配しないで」や「誰だってそう感じます」)。このようなやり方で使われると，**是認－保証**は一般にヘルパーとしての私たちの作業に逆効果を生じる。それは，クライエントが感情(フィーリング)を探求したり受容したりすることを促すどころか，やめさせてしまうからである。そのようなことばは，クライエントに自分の感情(フィーリング)に対して何の権利ももっていないと感じさせることがある。ヘルパーはしばしば，何も問題ないと言って相手を安心させようとする誤った目的でこれらの介入を使う。残念ながら，問題となることは概して，軽視され否認されたからといって消え失せることはない。ほとんどの人が，「時にまかせろ」「時間がすべてを癒す」といった昔からの言いならわしを聞いたことがある。感情(フィーリング)を取り除かせるのは「時間」ではない。実際のところ，感情(フィーリング)を封じ込めたり否認したりすることで，苦しみが募るものである。むしろ，痛ましい感情の解決に役立つのは，感情(フィーリング)の自覚，受容，および表出である。何度も言うが，私たちの目標は感情(フィーリング)を軽視したり否認したりすることではなく，クライエントが感情(フィーリング)を特定し，強め，表出するのを援助することである。

一般に，**是認－保証**は，クライエントを励まし，思考，感情(フィーリング)，および体験についての探求を促進するために，思慮深く控えめに使われる必要がある。**是認－保証**は，感情(フィーリング)を減じるため，体験を否定するため，探求をやめさせるため，あるいは道徳上の意見を提供するために使われるべきではない。ヘルパーは自分が逆効果を生じさせてしまうような**是認－保証**を使っていることに気づいたら，自分自身の生活で起きていることについて考えてみてほしい。

是認－保証の利用例

クライエント：妹が腎移植を受ける必要があることがわかったんです。彼女は最近ずっと調子が悪いまま，なかなかよくならなくて。

ヘルパー：**それはお気の毒でしたね。**

クライエント：えぇ，妹のことを考えると辛いです。まだ21歳で，いつも活動的だったのに，本当にショックを受けているんです。私は健康で元気なのに彼女がこんな恐ろしい病気になったなんて罪悪感を感じます。

ヘルパー：**いくぶん罪悪感を感じるのはとても自然なことです。**

クライエント：本当ですか。それを聞いてうれしいです。妹のためにもっと何かしようとがんばっているんです。臓器提供者を見つけたり，治療のための募金を募るキャンペーンを立ち上げようと考えています。彼女はあまりない血液型なので，提供者を見つけるのが難しく，お金もたくさんかかりそうなんです。

ヘルパー：**妹さんのためにそこまでしようとしているなんてすばらしいですね。**

クライエント：私にできる最小限のことのように感じます。興味深いことに，それで私は義務と自分のしたいことのはざまで多くの問題を抱えることになったのです（クライエントは自分の思考を探求し続ける)。

表 10-3　閉じられた質問の概観

定　義	**閉じられた質問**は，1〜2語の回答(「はい」「いいえ」，あるいは確認)を求め，情報を集めるのに使われる。
例	「あなたは何歳ですか」 「あなたの専攻は何ですか」
典型的なヘルパーの意図	情報を得ること（別表 D 参照)。
考えられるクライエントの反応	反応なし（別表 G 参照)。
望ましいクライエントの行動	詳しく話す（別表 H 参照)。
起こりやすい問題／難しさ	クライエントの話をしっかり聴かないこと。 焦点がヘルパーに移ってしまうかもしれないこと。 クライエントに対して尋問口調になってしまい，クライエントが受け身になって，さらに**閉じられた質問**を待つようになること。 問題を見極め，解決法を与えてくれる専門家（エキスパート）として見られるようになること。

閉じられた質問

閉じられた質問(closed questions)は，1〜2語の回答(「はい」「いいえ」，あるいは確認)を求め，データや情報を集めるために使われる(表 10-3 参照)。**閉じられた質問**は具体的な情報を求めることができる。

- 「テストは何点でしたか」
- 「ご両親が離婚したのは，あなたがいくつのときでしたか」
- 「カウンセリングセンターに電話しましたか」

ヘルパーはときにクライエントの話したことを聞いていなかったり，クライエントが自分の話したことを理解あるいは同意したかを見極めたいために，**閉じられた質問**をすることがある。

- 「何とおっしゃいましたか」
- 「私の言ったことは正しいですか」
- 「そういうことが起こったのですね」
- 「そのことはあなたに当てはまると思いますか」
- 「あなたのことを私は正しく理解していますか」

閉じられた質問は，ヘルピング・プロセスの中で限られた，しかし重要な役割を担っている。**閉じられた質問**を使う主要な理由は，クライエントの言いたいことがはっきりせず，ヘルパーが状況を理解するためにさらなる情報を必要とするような場合に，クライエントから具体的な情報を得るためである。この具体的な情報を得る最も直接的な方法が，**閉じられた質問**を行うことである。例えば，あるクライエントが家族状況についてあいまいな返答をし，ヘルパーが家族力動を理解するのに苦労しているとき，ヘルパーは「あなたは長子ですか」とか「あなたの出生順序は何番目ですか」と尋ねてもよいだろう。そのような状況では，必要な情報を求めるほうが，推測したり，混乱したままよりもよい。重要なのは，その情報が治療プロセスにとって大事であるということである。

ヘルパーが**閉じられた質問**を用いる際には，**開かれた質問**で提示したのとまったく同じ指針に従う。言い換えると，ヘルパーはクライエントにただ単純な質問に答えてもらうのではなく，探求を促すために共感的に感じよく行うべきである。さらに，ヘルパーは**閉じられた質問**を繰り返し使って尋ねることは控えるべきである。一度にあまりにも多くの**開かれた質問**をした場合と同様に，クライエントはどの質問に最初に答えるべきかを判断するのが難しく，責め立てられているように感じることがある。より重要なのは，ヘルパーは**閉じられた質問**を用いるとどうなるか注意しておく必要があるということである。**閉じられた質問**をあまりにも多く用いた場合，ヘルパーはやりとりの主導権が自分に移ってしまっていないか，みずから判断する必要がある。**閉じられた質問**によって，自分が宗教裁判の裁判長のような気分にならないだろうか。ヘルパーは**閉じられた質問**の効果を見極めるために，クライエントにこれらの介入への反応を求めてもよい。

閉じられた質問が重要となる状況の１つは危機的な状況の最中である。危険が迫っている場合には（例：自殺，殺人，暴力，あるいはあらゆる種類の虐待，重篤な精神疾患に至る補償喪失［decompensation］といった可能性），ヘルピングから危機介入へとプロセスを変更する。こうした状況では，ヘルパーは適切な紹介ができるように，起こったことについて直接的に尋ねる必要がある。もし訓練中にそのような状況が生じたら，すぐにスーパーバイザーを探して，その状況にどう対処したらよいか教えてもらうこと。

閉じられた質問の適切な利用例

以下は，自殺リスクを査定する**閉じられた質問**（太字部分）の適切な利用の一例である（22章の自殺に関するセクションも参照）。

クライエント：とても落ち込んでいて，人生は生きるに値しないと思えることもあるんです。私はベッドで横になり，ずっと寝ていたい。ただもう誰とも会いたくないんです。

ヘルパー　：**自分の命を絶つことを考えたことはありますか。**

クライエント：はい。死ねたらと頻繁に思っています。そうしたほうが賢明だと思います。

ヘルパー　：あなたはかなり抑うつ状態にあると思われます。**どうやって死のうか考えることはありますか。**

クライエント：実際にそうするかどうかはわかりません。そうしたいという空想をします。

ヘルパー　：**そうするための方法はありますか。**

クライエント：いいえ，私は銃が嫌いですし，薬もまったくないし，飛び降りもしたくない。自分がそうしたら人々がどう反応するかを想像する，むしろ空想だと思います。

自殺リスクを査定した後，ヘルパーは他のスキルへと移り，クライエントが思考と感情，および無力感と絶望を感じている根本的な事柄について探求できるようにするとよい。

閉じられた質問は，医師が診断のために情報を集めること，法廷審議中の弁護士による質問，あるいは就職面接といった，ある種の面接場面にも適している。これらの場面ではたいていの場合，面接者と被面接者の間の役割がはっきりしている。面接者は必要な情報を得るために質問をし，応答者はその質問に答える。面接の主導権は通常，面接者にあり，面接者は質問をすることでやりとりを進行する。

閉じられた質問が有益である別の場面の一例は，学術的なアドバイスである。ある学生が大学院への合格の見込みについて聞くために指導教員の私に会いにきたとしたら，私の目標は学生の資格（例：単位平均成績〔grade point average〕，GRE 得点，研究と臨床の経験，および進路希望）について十分な情報を集めて査定することである。そのような情報を素早く集める最良にして最も効率的な方法は，たいていの場合，**閉じられた質問**である（例：「単位平均成績と GRE 得点は何点でしたか」「どのような研究経験を積んできましたか」「大学院を修了後，どんなところで働きたいと思っていますか」）。私は支持的で，共感的で，判断しないやり方で，学生がどんな人生を歩むべきかを決めつけないように，どれだけ有能な人間であるかを判断せずに**閉じられた質問**をしようと試みる。情報を得さえすれば，学生が大学院に入学を許可されそうかどうかを査定できる。もしその学生に価値観，感情，選択肢および適性について探求する援助が必要だと感じたら，たいていは大学カウンセリングセンターへ行ってみるように勧める。なぜなら，これらの課題は指導教員としての私の本務ではないからである。

閉じられた質問は，面接（試験）場面では有益となることがあるが，ヘルピング場面では限られた適用可能性しかない。なぜなら，このスキルは概してクライエントが探求を行う助けにならないからである。ヘルパーはいつの間にか面接者の役割になってしまい，やりとりを進行する責任が生じる。ヘルパーではなく面接者になってしまうのである。面接者の役割に陥り，次の質問について考えなくてはならなくなると，ヘルパーはセッションの流れを変えることやクライエントに焦点を当てることが難しくなるかもしれない。このような状況では，クライエントはヘルパーを頼って次の質問を待つようになることがある。クライエントは問題を深く探求するのではなく，受け身的に質問に応答する。

ヘルパーはクライエントに自分の力で回復しようとする努力を促そうと努めるものであって，クライエントを診断したり「治す」専門家（エキスパート）として振る舞うものではない。そのため，クライエントは具体的な情報をさほど必要とはしない。具体的な情報は，価値観，感情，選択肢および才能についての探求を促進させる役には立たない。質問をする前に，ヘルパーは提供された情報をどうするつもりなのかについて考えるべきである。ヘルパーは「**閉じられた質問**から得た情報で，自分は誰のニーズを満たすことになるのか」と自問自答することもできる。もし，その情報がクライエントの探求のプロセスを促進するのに使われるなら，ヘルパーはその質問をするべきである。もし，その情報をのぞき趣味や好奇心から，あるいは沈黙を紛らわすため，あるいは診断し問題を解決するために求めるなら，ヘルパーはその**閉じられた質問**をすべきではない。

ほとんどの初心者は，**閉じられた質問**を多く使いすぎてしまう。それは，このスキルがヘルピン

表 10-4　探求のための自己開示の概観

定義	探求のための**自己開示**は，ヘルパーについての個人的で，「今ここ」でのものでない情報を明らかにする。
種類と例	類似性の**自己開示**：「私も自分のルームメートと関係を作るのが大変でした」 取得資格（情報）の**自己開示**：「私は心理学の博士号をもって仕事をしています」 感情の**自己開示**：「父が亡くなったとき，悲しかった」
典型的なヘルパーの意図	支持すること，希望を注ぐこと，カタルシスを促すこと，感情を特定し強めること，自己コントロールを促すこと，ヘルパーのニーズを軽減すること（別表 D 参照）。
考えられるクライエントの反応	支持された，希望に満ちた，軽減された，感情，明白，責任，解放，ネガティブな思考や感情，脅かされた，悪化した，誤解された（別表 G 参照）。
望ましいクライエントの行動	認知－行動的探求，感情の探求（別表 H 参照）。
起こりやすい問題／難しさ	怒りや悲しみなどの強い感情を扱うことの難しさ。 同情的になりすぎて，クライエントから分離できなくなること。 自分自身の感情をクライエントへと投映すること。 クライエントからヘルパーへと焦点を移すこと。

グ以外の場面で会話のやりとりをするのにもなじみ深い方法だからである。日常のやりとりでは，たくさんの**閉じられた質問**をして，起こったことの詳細を正確に得ようとすることが多い。これらのやりとりの目標は，ヘルピング場面のように相手に感情を表出させたり探求させることではなく，その話の事実をつかむことである。

私は，ヘルパーは**閉じられた質問**を決して使うなと言っているのではない。**閉じられた質問**が有効な場合もある。しかし，ヘルパーには**閉じられた質問**の回数を減らし，かわりに**開かれた質問**，**言い換え**，および**感情の反映**をもっと多く使うよう促したいのである。ヘルパーが具体的な情報を必要として**閉じられた質問**を使う場合には，続いて他の探求スキルを使ってクライエントを探求に戻させるようにする。

探求のための自己開示

探求段階のために適切な3つのタイプの**自己開示**（self-disclosures）がある。類似性の**開示**，情報の**開示**，および感情の**開示**である（表 10-4 参照）。洞察の**開示**と方略の**開示**は，それぞれ洞察段階と行動段階で言及する。

類似性の自己開示

類似性を開示することによって，ヘルパーは**是認－保証**を伝えることができる。基本的に，ヘルパーは「私も似たような経験をしたことがあるのでわかります」と話す。誰かが似たような経験をしたことがあると聞けば，クライエントは自分の経験が正常であり，自分は一人ぼっちではないと感じることできる。多くの人は自分だけがほかとは違うと感じており，他の人も似たような経験をしたことがあると聞くとたいていは安心するのである。例えば，スザンヌは数学のテストでCをとってしまい，それで大学院へ行く機会を逃したと考えて，悔しがっていた。彼女のカウンセラーは大学院生だったが，学部生のとき，数学は得意でなかったと話した。この開示にはじめスザンヌは驚いたものの，その後，安心し，自分も大学院に合格できるかもしれないと期待が高まった。ヘルパーはそれから，スザンヌが自分自身に課している過度に厳しい要求と，両親に愛されるためにはよい成績をおさめねばならないという信念について探求させた。

ヘルパーはもちろん，クライエントの感情（フィーリング）を軽視させないよう，探求を中断させないよう慎重でなければならない。ヘルパーは自分自身のニーズで類似性を開示しないよう気をつける必要もある。ときにヘルパーは，クライエントの問題が自分の問題とあまりにも似ているために自分の問題を打ち明けなければという気になることがあるが，そのときクライエントからヘルパーに焦点が移っている。ヘルパーは開示がクライエントの探求を促進するかどうか自問自答すべきである。もし促進しなければ，他のスキルを使ってクライエントを援助しなさい(そして，自分自身の未解決の問題への援助を求めなさい)。

情報の自己開示

個人的なことを開示することは，ときにヘルパー自身について，およびヘルパーの専門的な経歴，および受けてきた訓練を簡潔にクライエントに伝えるのに適している場合もある。多くのヘルパーが自分の専門的訓練と経歴について知らせるのは有益であると信じている。

- 「私は，ヘルピング・スキルを学習し始めたばかりのヘルパー初心者です」
- 「私は，博士の学位をもったカウンセラーで，20年間の実践を積んでいます」

被差別集団出身のクライエントは，ヘルパーと作業する際，安心できるかどうか，心地よく感じられるかどうかを見極めるために，ヘルパーの信念や価値観について知りたいと思うことが多い。例えば，信心深いクライエントは，ヘルパーが信心深いか他の宗教に寛容かを知りたいかもしれない。ゲイのクライエントは，ヘルパーが同性愛嫌悪者でなく，自分の性的な志向性を変えさせようとはしないだろうという安心感が必要かもしれない。専業主婦の母親は，自分の生き方についてヘルパーがどう感じるかを心配するかもしれない。元アルコール依存患者は，ヘルパーが元アルコール依存患者かどうか知りたいかもしれない。アフリカ系アメリカ人男性は，ヘルパーがアフリカ系アメリカ人と作業した経験をもっているかどうか知りたいと思うかもしれない。

ヘルパーの**自己開示**は，他文化出身のクライエントに大いに有効となりうる。それは，そうしたクライエントはしばしば不信感をもってヘルピング場面に現れることが多いからである（Ivey,

1994; Sue & Sue, 1999)。他文化出身のヘルパーが自分を理解し援助できるとは思えず，ヘルパーの開示する情報は自分に敵対するために使われるのではないかと恐れるクライエントもいる。ヘルパーは初回セッションを「私に何か質問したいことはありますか」という質問で始め，それからクライエントがヘルパーについて知ることができるように正直に質問に答えるのがよい。**自己開示**が特に重要となりうるのは，個人的な事柄や家族の事柄について外部の者に話すことを文化的に禁じられているために，問題について話すことが難しい人たちに対してである。開示することによって，ヘルパーは開示が受け入れられ期待されているということを身をもって示す。しかしながら，ヘルパーによる**自己開示**が多すぎると，専門家らしくないと思われて問題となりうる。

クライエントがヘルパーに個人的な情報を求めるとき，興味深いジレンマが生じる。クライエントが質問をすることとヘルパーが情報の**自己開示**を使ってありのままに答えることは適切な場合もあるが，クライエントがどんな理由からその質問をしたいと思うのか，ヘルパーが聞いてみるほうがよい場合もあるだろう(特に，もしその質問が行きすぎていたり，個人的なことに立ち入ったものである場合)。ヘルパーはまた，自分の行った開示についてクライエントがどのように感じているかも質問するとよいだろう。その質問の背後の問題について話し合うことは，治療関係を確立したり，顕著なクライエントの問題を理解するためには重要である。ヘルパーは，きちんとした治療的な理由がないなら，多くの個人情報を明らかにしないことを私は勧めたい。

感情（フィーリング）の自己開示

感情（フィーリング）の**開示**は，クライエントが感じているかもしれないことを示すのに用いるとよいだろう(例：「私が最初の仕事に応募したとき，面接でどんなことを言ったらよいかとビクビクしました」)。ヘルパーは，もし自分がクライエントだったらどのように感じるかを言うとよい（例：「もし私があなただったら，あなたのお父さんに怒りを感じるでしょう」)。あるいは，ヘルパーはクライエントが話しているのを聞いて自分がどのように感じているかを述べてもよいだろう（「私はあなたのお父さんに怒りを感じました)。感情（フィーリング）の**開示**を聞いた後，クライエントは類似した（あるいはまったく違った)感情（フィーリング）をもっていると認識するだろう。言い換えると，感情（フィーリング）の**開示**はクライエントに自分の感情（フィーリング）を認識させ，表出させるよう働きかけることができる。実際，感情（フィーリング）の**開示**は，ヘルパーがもつ意図とその効果の点で感情（フィーリング）の**反映**と似ている。感情（フィーリング）の**開示**は，自分の感情（フィーリング），特に恥と困惑の感情（フィーリング）を体験することを恐れるクライエントに有益となりうる。

感情（フィーリング）の**開示**のもう1つの目標は，クライエントが他の人も似たような感情（フィーリング）をもっていると知り，自分は正常であると感じられるようになることである。私たちの多くは，いつも自分一人だけがみじめで，不十分で，偽物で，憂うつだと考えている。他の人も同じように感じていると聞くと，とても安心できる。実際，ヤーロム（Yalom, 1995)は普遍性（すなわち，他人が同じように感じるという感覚）はセラピーにおける治療促進力になると断定した。

感情（フィーリング）の**開示**は，クライエントに感情（フィーリング）を押しつけないので，ヘルパーにとってはよい方法となるだろう。ヘルパーは「あなたは＿＿と感じている」と話すよりも，「私は過去に＿＿と感じていました。あなたもそのように感じているのでしょうか」と話す。ヘルパーは自分がそうした感情（フィーリング）をもっている人間だと認めることによって，敬意を表そうとする。ヘルパーは自分の投影を述べ，それからクライエントがどのように感じているか尋ねる。

以前に指摘したように，初心者は自分自身のニーズで**自己開示**を用いないことが重要である。ヘルパー初心者は，自分自身の問題へと注意を移したいと思ったり，ある事柄について自分がどれほど知識豊かであるかをクライエントに見せたいために，感情（フィーリング）を開示したいと望むことが多い。ヘルパーは感情（フィーリング）の**開示**をする意図をじっくり考えなければならず，感情（フィーリング）の**開示**の後はクライエントに焦点を戻すよう気をつけなければならない。

まとめると，クライエントに開示を用いるのはときには有益であり，クライエントに自分の感情（フィーリング）を認識させるが，ヘルパーは関心がクライエントから自分に移らないよう注意しなければならない。

自己開示の例

クライエント：どうやってセラピストになったんですか。

ヘルパー：**私はまだヘルパーになる勉強をしている段階です。自分がセラピストにふさわしいと思えるまでには，何年もかけてたくさんの訓練をすることになるでしょう。** おそらく，あなたは私の認定資格についてお知りになりたいのですね。

クライエント：ただ，あなたが私を援助できるのかどうかと思って。

ヘルパー：その心配はわかります。**私もはじめてセラピストに会いにいくときはとても緊張しました。**

クライエント：私はちょっとだけ緊張しています。自分の問題について誰かに話すのはこれがはじめてです。誰かに話すと，自分が弱い者のように感じます。父はいつも，頭のおかしい人だけがセラピストのもとに行くと言っていたものです。

ヘルパー：**私の父も，セラピーについてかなり否定的でしたが，私は有益だと感じました。**

クライエント：有益だろうということはわかります。私は家族に対する自分の感情（フィーリング）についてもっと話す場がほしいのです。家族はとても混乱しています。そして私も同じだと思っています。

ヘルパーはおそらく，この段階で他のヘルピング・スキル（例：**反映**と**言い換え**）を使うことへと移行し，クライエントが自分の家族に抱く感情（フィーリング）についてもっと探求できるようにするだろう。

沈　黙

沈黙（silence）はヘルパーもクライエントも話していないときの休止（ポーズ）のことである（表 10-5 参照）。クライエントの陳述の後，クライエントの陳述の最中，あるいはヘルパーの陳述への簡単な同意の後に，**沈黙**が生じることがある。例えば，クライエントが「私は大変混乱して怒りを感じていて，何を言えばよいのかわからないのです」というようなことを話した後，ヘルパーはその感情（フィーリング）について熟考する時間をクライエントに与えるために間（ま）を取るのがよいだろう。もしクライエントが何かを話している途中に話すのをやめてしまい，明らかにまだその感情（フィーリング）と向き合

表 10-5　沈黙の概観

定　義	**沈黙**は，ヘルパーもクライエントも話していないときの休止（ポーズ）である。
例	クライエントが何か話した後の休止，クライエントが2つの事柄について話す間の休止，ヘルパーの陳述についての簡単な同意の後の休止。
典型的なヘルパーの意図	支持すること，焦点づけること，カタルシスを促すこと，自己コントロールを促すこと（別表D参照）。
考えられるクライエントの反応	支持された，感情（フィーリング），責任，脅かされた，悪化した，行き詰まった，方向づけが不足している（別表G参照）。
望ましいクライエントの行動	認知 - 行動的探求，感情の探求（別表H参照）。
起こりやすい問題／難しさ	不安。 **沈黙**の隙間を埋めたい，クライエントを何とかしてあげたいという願望。

っている途中なら，ヘルパーは妨害をしないでクライエントに考えさせるために沈黙するのがよいだろう。もし，クライエントがヘルパーの言ったことにほんのわずかに反応したら，クライエントが何か話したいことを思いつくかどうか，ヘルパーは黙って見守るのがよいだろう。何も話さないことが必ずしも何もしないことにはならないということに気づくのは重要である。ヘルパーは親身に支持的に，そして何も言わずに傾聴するとよい。実際，ヘルパーのできる最も有益なことは，何も言わないことである場合もある。

沈黙は共感，あたたかさ，尊重を伝え，またクライエントに話す時間と余地を与えるのに使われることがある(Hill, Thompson, & Ladany, 2003)。**沈黙**は自分の話したいことを人に邪魔されずに吟味したり考えたりする時間をクライエントに与えることができる。長時間黙り込むクライエントもいる。それは，ゆっくり着実に物事に取り組むためであり，また何かを考えている最中であり，自分の思考と感情（フィーリング）に向き合うのに時間を必要とするからである。そのような場合，**沈黙**は何か話さなくてはというプレッシャーを感じさせずにクライエントに考える余地を提供するので，敬意のある対応となる。あたたかく共感的な**沈黙**はクライエントに自分の感情（フィーリング）を表出する時間を与える。クライエントにその余地を与えることで，ヘルパーはクライエントが逃れようとしていたかもしれない感情（フィーリング）を表出するよう励ますことができる。**沈黙**はクライエントに，ヘルパーは忍耐強く，急いでおらず，どんな話でも聴く時間はたくさんあるということを示すことができる。これらの共感的な**沈黙**の間，クライエントが思考と感情（フィーリング）に深く浸っている一方，ヘルパーは座って，クライエントと一緒にいるということに意識を集中させるとよい。それゆえ，ヘルパーは妨害を避け，クライエントが何か他に話すことはないかどうか確かめるために，話した後，数秒間クライエントを待つ（Matarazzo et al., 1965も参照；セラピストが話すのを遅らせることができたときに，クライエントがより多く話すことを見出だした）。

共感とあたたかさを提供する**沈黙**の利用とは対照的に，**沈黙**は**挑戦**に使われることもある（Hill, Thompson, & Ladany, 2003）。ヘルパーは**沈黙**をこのように使うことで，クライエントが話したいと思っていることはクライエント自身が責任を取るよう挑戦する。ヘルパーはクライエントをせかしたり，何とかしようとするのではなく，クライエントを待ち，何かしゃべらせようと試みる。**沈黙**は，精神分析的セラピストによって，長期セラピー中に自由連想（つまり，心に浮かんできたことを何もかも話すこと；Basch, 1980）を促すのに使われている。自由連想中，**沈黙**はクライエントの不安を高めるのに使われることがある。というのは，ヘルパーが何を望み感じているかについてのフィードバックを受けられないためである。**沈黙**はときに刺激剥奪実験のように不快さを増大させ，クライエントに自分の内的な情報源を頼りに，自分の思考を検証するよう強いる。すなわち，あるセラピストの言う「クライエントを自分のジュースの中で煮詰めさせること」という状況である。よい治療同盟が築けた長期セラピーでは挑戦のための**沈黙**は有益であろうが，もしクライエントがヘルパーを信頼していなかったり，**沈黙**の目的を理解していなかったら，これらの理由のために**沈黙**を使うことはダメージを与える可能性がある。孤独を感じていたり，ヘルパーから隔絶していると感じていたり，あるいは自分自身をどのように表出すればよいかわからないクライエントにとって，**沈黙**は恐ろしいものとなりうる。ヘルパーは**沈黙**の間，クライエントに何が生じているか査定すべきであり，**沈黙**を続けるのがよいか破るのがよいかを見極めねばならない。

沈黙は，ネガティブで不適切な理由のために使われることもある（Hill, Thompson, & Mahalik, 2003）。なかには，何を言うかわからなかったり，不安，怒り，退屈を感じていたり，あるいは気が散っているために，沈黙するヘルパーもいる。ヘルパー初心者には，**沈黙**を落ち着かないと感じる人が多い。彼らは何をしたらよいかわからず，クライエントが自分をどのように認知しているかについても心配していることが多い。ヘルパーは深呼吸し，リラックスし，クライエントおよびクライエントの内面で何が進行していることについて考えることを私は推奨したい。言い換えると，ヘルパーは**沈黙**の間，自分自身に焦点を当てるのではなく，クライエントとの共感的なつながりを確立するように試みるべきである。**沈黙**が長時間続いたり（すなわち，1分間以上），あるいはクライエントが明らかに居心地が悪そうだったら，ヘルパーは**沈黙**を中断し，クライエントがどのように感じているかを質問すべきである。

別のスキルと同様に，**沈黙**の受け止め方は文化によって多様である。スーとスー（Sue & Sue, 1999）は，日本と中国の文化では，**沈黙**は意見をはっきり言った後に，話し続ける意思があることを示すものとされる。対照的に，ヨーロッパ系アメリカ人は**沈黙**をあまり快く思わず，あせってその間（ま）を埋めようとすることが多い。

沈黙の治療的利用の例

クライエント：飼い犬の「サム」が最近死にました。とてもこたえています。というのも，私がとても幼いときからその犬を飼っていたものですから。私は犬とともに育ってきました。

ヘルパー：**（約1分間の沈黙）**どのような気持ちですか。

クライエント：自分がどんな経緯でその犬をもらったのかということを考えています。私は犬が欲しいと両親にいつもせがんでいました。私が世話をするからと言ったのです。もちろん，最初はあまり世話をしなかったのですが，後にはするようになりました。サムは漫画に出てくるレッドローヴァーのようなものでした。バス停で私を待っていたし，一緒に大冒険もしました。私はサムに何でも話すことができました。

ヘルパー　：**(30 秒間の沈黙)**

クライエント：サムは私が両親の離婚を乗り越えるのを助けてくれました。サムが頼りだったので，他の誰も好きになれない気がします。最高の友だちをなくしたようです。私たちはとてもたくさんのことを一緒に経験してきました。大学に行くために家を離れ，サムを連れていけなかったときは大変つらかったです。サムは本当に悲しそうに見えました。そして，私はサムにさよならさえも言えなかった。

結　語

この章で説明したヘルピング・スキルは，セッションのある時点でとても有益となりうるが，他の探求スキルのように広く使われることはない。例えば，クライエントは自分が認められていることを知って心から安心したいと思うことがある。また，ヘルパーはクライエントを援助できるよう具体的な情報を集めたり提供する必要がある場合もある。さらに，ヘルパーの**自己開示**を聴くことによって，クライエントは自分が似たような思考と情動をもっていることを理解でき，他人の評価をあまり気にしなくなる場合もある。最後に，**沈黙**はクライエントに考える時間を与え，責任をとることを促すため，有益となる場合がある。しかしながら，これらすべてのスキルは利用するとネガティブな結果が生じる可能性があるので，ヘルパーは特にクライエントの反応に合わせる必要がある。ヘルパーはクライエントの反応を観察すべきであり，クライエントがネガティブに反応するなら，他のスキルへ切り替えることを考えるべきである。

11章

探求段階のスキルの統合

理解されることは贅沢なことだ。
——ラルフ・ウォルドー・エマーソン

ドゥミトリーは新任ヘルパーで，クライエントとの初回セッション中であった。彼がいくつかの**閉じられた質問**をしたところ，クライエントは短く答え，次の質問を待つようになった。ドゥミトリーは次に何をすべきかわからなくなり，パニックになった。彼は冷や汗をかいているの感じ，部屋から逃げ出したいと思った。そうするかわりに，彼は間（ま）をとり（休止し），深呼吸し，ヘルピングについて自分が学んできたことを考えた。頭の中で先生のことばがこだました。「**感情（フィーリング）の反映**，**言い換え**，**開かれた質問**を試してみなさい」。そこで「学校についてどのように感じていますか」と質問すると，クライエントが自分の大学の教科の成績がふるわないため心配で落ち込んでいることについて話し始めたので驚いた。彼はそれからクライエントの**感情（フィーリング）の反映**をし，クライエントは自分の成績の悪さに腹が立ち，恥ずかしく感じていることについて話した。ドゥミトリーはどのようにクライエントを探求させたらよいかを身をもって学んだ。

ヘルパーが個々の探求スキルのそれぞれを識別（区別）して使う（伝える）ことができるようになったのなら，それらを統合することを学習する必要がある。ヘルパーはそのときどきで探求を促進するのにどのスキルが使えるかを見極める必要がある。ヘルパーはクライエントの反応に注意を払う必要があり，反応があったならそれに応じてさまざまなスキルを使う必要がある。

それぞれのスキルをいつ使うかについて話す前に，探求段階の目標はラポールを形成し，クライエントに探求させることだということをヘルパーに思い出してもらうことが重要である。まず第一に，クライエントが自分自身を受容できるようになるよう無条件に受容し，共感することが重要である。ヘルパーは臆測を立てるよりも，クライエントについてそのクライエント自身から学習しなければならない。生産的な探求のプロセスにおいては，ヘルパーは新しい洞察を考え出したり，行動（アクション）を提案したりするわけではなく，クライエントの探求プロセスを促しているために，クライ

本文中で言及する別表は金子書房のホームページからダウンロードできる（URL および アクセス用の ID とパスワードは p.xivの「別表一覧」下部をご参照ください）。

エントはヘルパーが何をしているかすら気づかないかもしれない。ユング（Jung, 1984）は夢解釈についての言及でこのことをうまく表現した。「偉大な叡智（夢分析家）がなすことができるのは，姿を消すことであり，夢を見る人に彼（夢分析家）が何もしていないと思わせることである」（p.458）。ヘルパーとしての私たちの仕事は，私たちのスキルに気づかないくらい，クライエントを探求に没頭させることである。つまり，介入はプロセスを押し付けるものではなく，促進するものでなければならない。また，ヘルパーは探求段階の間中，洞察と行動（アクション）へ移行するための基盤づくりをしていく。この段階での目標を意識し続けていれば，ヘルパーはそのプロセスを促進していこうとする足固めを進めることができる。そうしないと，どうしてよいかわからなくなり，クライエントに目的もなく同じことばかり繰り返し話させることになりやすい。

この章ではまず，スキルをどのように統合して探求段階の流れを管理するかを論じる。それから，ヘルパーが自己知覚を養い，クライエントについての仮説を立て始める必要があることを伝える。最後に，この段階でヘルパーが感じる困難と，その困難に対処するために有効な方略を概観する。この章をすべて読むことで，章末に掲載するグループ実習で推奨するように，ヘルパーは探求にだけ焦点を当てた短いセッションを行う様子をイメージできる。

探求スキルを統合すること

表11-1は，ヘルピング・スキル・セッションのそれぞれの場面でどのスキルが使われるかについてのアイディアを示している。これらの示唆は，実証的なデータではなく臨床的経験に基づいている。残念ながら，介入のタイミングに関する実証的データはほとんど入手不可能だからである。

セッションを開始する

ヘルパーはまずヘルピング・プロセスに関する**情報**を提供することからセッションを開始する。第一に，ヘルパーはそのプロセスの構造を説明し，これから何が行われるかについて話す（例：「私たちは30分一緒に過ごします。そして私たちの目標は，あなたがご自分で扱いたい話題であれば何でも探求できるように援助をすることです」）。ヘルパーは，特にクライエントから求められた場合には，ヘルパーとしての自分の経歴についてクライエントに教えるために，事実や資格証明について簡潔に自己開示する（例：「私はヘルパー初心者です」）。第二に，ヘルパーは守秘義務の事柄を明らかにする必要がある（例：「あなたが話したことはすべて厳重に秘密が守られますが，いくつかの例外があります。もし，あなたが虐待，あるいは自分自身や他者に危害を与える意図を明らかにした場合には，私は当局へそのことを通報する必要があります」）。第三に，やりとりが録画され，生（なま）で観察され，スーパーバイズされる場合には，ヘルパーはそのセッションの開始時にクライエントに伝えるべきである（例：「私はこのセッションを録画しようと思います。そして私のスーパーバイザーがワンウェイミラー越しに観察しています」）。ヘルパーはそれから，そのプロセスから予想されうることについて何か疑問があるか，クライエントに質問する（例：「私やプロセスについて知りたいことはありますか」）。しゃべりすぎてしまうのではなく，「何について話したいですか」「どんなことで悩んでいるのですか」といった**開かれた質問**をしてクライエントに焦点を

表 11-1　探求段階で，いつどの探求スキルを利用するかのガイド

セッションでの指標	ヘルパーの意図	ヘルパーが試みるとよいこと
どの時点でも	支持する	適切な**かかわり**行動 注意深く**傾聴**をすること **是認－保証**
ヘルピングで何が起こるかをクライエントに知ってもらいたいとヘルパーが望むとき	情報を与える	**ヘルピング・プロセスに関する情報**
会話を開始させるため	情報を得る 焦点づける	**開かれた質問** **言い換え** **感情（フィーリング）の反映**
クライエントが生産的に思考と感情（フィーリング）を探求しているとき	カタルシスを促す 不適応な認知－行動を特定する	**沈黙** 割り込みを控える **言い換え** **感情（フィーリング）の反映**
ヘルパーが思考や探求を喚起したいとき	不適応な認知－行動を特定する	**言い換え** **開かれた質問**
クライエントがたくさんの感情（フィーリング）をもっているとき，ヘルパーがクライエントの感情（フィーリング）を喚起したいとき，理解していることを示したいとき，あるいは感情（フィーリング）表出のモデルとなりたいとき	感情（フィーリング）を特定し強める	**感情（フィーリング）の反映** **感情（フィーリング）の開示** 感情（フィーリング）についての**開かれた質問**
クライエントがとりとめもなく話し，混乱し，行き詰まっているとき	焦点づける 明確化する	**開かれた質問** **言い換え** **感情（フィーリング）の反映**
クライエントがヘルパーの質問に答えた後	明確化する 不適応な認知－行動を特定する	**言い換え** **感情（フィーリング）の反映**
ヘルパーが聞いていなかったとき，情報を必要としているとき，あるいはクライエントが話を聞いていたか，理解したか，同意したかを知りたいとき	情報を得る	**閉じられた質問**
クライエントが自分のことではなく，他の誰かについて話しているとき	焦点づける	**開かれた質問**や**感情（フィーリング）の反映**を使ってクライエントに焦点を移す

戻し，関心事について話すよう促す。

もし，クライエントがすぐに応答しなかったり，**開かれた質問**に「私は話すことなど何もありません」と返事をしたら，ヘルパーはクライエントに考えたり話したりする機会を与えるために間（ま）をとる（休止する）のがよいだろう。重要なのはクライエントをせかすことではなく，クライエントの話す番であるというメッセージを与えることである。もし，クライエントがそれでも話さないなら，ヘルパーはクライエントに自分の感情（フィーリング）に焦点を当てて受容させるために，考えられる感情（フィーリング）（例：不快感，あいまいさ）を反映するのがよいだろう。ヘルパーが忍耐強く，共感的に傾聴すれば，クライエントは数分以内に話し始めることが多い。クライエントの中には，自分の話すことがヘルピングで話し合うだけの価値があるかどうか不安に感じ，ヘルパーが傾聴し，自分の話していることを重要だと考えているとの確証を求める人もいる。この時点でヘルパーがするべき最も重要なことは，共感的に傾聴して，クライエントに話し始め，探求し始めるよう促すことである。

かかわりと傾聴

セッション全体を通して，ヘルパーは適切な**かかわり**行動を使うべきである。ENCOURAGES（促す，勇気づける）という頭文字語を指針としながら，ヘルパーは，**アイ**(Eye)**コンタクト**を適度なレベルに保ち(頻繁に目をそらしたり，凝視したりしない)，**うなずき**(Nods)を適度に利用し，**かかわり**行動に際しての**文化的**(Cultural)**差異**の尊重と自覚を持ち，クライエントに対して**オープン**(Open)スタンスを保ち（すなわち，腕はきつく組んではならず，ヘルパーはクライエントのほうに少し体を傾け，正対して向かう)，「**うん・ええ**(Um-hmm)」といった承認を利用し，**リラックス**して(Relax)自然体で，ただしプロフェッショナル（専門家）として振る舞い，気を散らす行動は**避け**(Avoid)(例：アダプター〔意識的でなく行われる習慣的な行為であり，コミュニケーション上の意図はないことが多い〕の使いすぎ，微笑みすぎ，くすくす笑い，ものや髪をもてあそぶこと，話をさえぎること，メモを取ること，触れることなど)，クライエントの**文法**(Grammatical)スタイルと会話ペースに合わせる（すなわち，クライエントが自分に合ったスタイルでいられるように，同じ言語スタイルと会話ペースを使う)，第三の**耳**(Ear)で聴き（すなわち，言語メッセージと非言語メッセージを積極的に聴く)，および，距離**スペース**(Space)を適切にする（例：座る位置が近すぎたり，遠すぎたりしない)。これらの**かかわり**行動によって，ヘルパーはクライエントが話している内容を注意深く聴くことができるようになり，クライエントは探求を自ら進めることができるようになる。ヘルパーはクライエントの反応に気づき，それに応じて**かかわり**行動を修正することも必要である（例：クライエントがアイコンタクトを外そうとしたら，ヘルパーはじっと見るべきではない)。また，もしクライエントが勇気づけを必要としているようなら，ヘルパーは**是認－保証**を行う（例：「それは大変でしたね」「問題についてよく話してくれました」)。最も重要なことは，クライエントが自分の関心事について生産的に話しているとき，ヘルパーは座って静かに，親身に，共感的に聴くことである。

探求の進行を続けさせる

たいていのクライエントにとってもっともよい探求の手段は，**感情（フィーリング）の反映**である。ヘルパーは迷ったときは，**感情の反映**を頼みにするとよい。クライエントが体験したことを理解できるよう，傾聴し，努力していると示すことができるからである。**反映**が特に有益なのは，クライエントが話すのをやめてしまい，話し続けるよう促す必要があるとき，クライエントが（積極的にその感情を表出しているかどうかにかかわらず）自分の感情を体験する必要があるとき，あるいはヘルパーがサポートや理解を示したいときである。**感情の反映**は，自分の感情にうとくなっているクライエントにとって，想定される感情を特定するのにも有益な方法である。クライエントがもっているかもしれない感情を提示するのに，よりソフトでより控えめな方法として，ヘルパーは自分自身の感情について**自己開示**をするのがよい。**感情の反映**や**感情の開示**に対しては，たいていのクライエントが自分の感情について話すことで応答する。しかしながら，そうしないクライエントもいる。おそらく，**反映**はクライエントに自分の感情について話すことを直接求めていないためである。これらのクライエントに対しては，その感情について**開かれた質問**をすると，感情を反映するのと同じ効果が得られる。このようにして，ヘルパーは想定される感情を示唆するだけでなく，クライエントに自分自身の感情を特定させ表出させることも促すのである。この方法によって，クライエントは自分の感情を心地よく表出させることができる。

もし，ヘルパーがクライエントの話している内容を明確化したり，その議論を焦点づけたいなら，**言い換え**を使うとよい（例：「それで，あなたは試験に落ちたのですね」あるいは「試験」というキーワードの繰り返し）。クライエントが混乱していたり，とりとめもない話をしていたり，ただ話したいだけのとき，**言い換え**はクライエントに自分の話していることを映し返す鏡となる。**言い換え**によって，クライエントは自分が話していることを明確にし，より深く考えるようになる。

セッション全体を通して，ヘルパーは**開かれた質問**と探りを用いて，セッションの流れを維持するとよい（例：「そのことについてあなたはどのように感じましたか」あるいは「そのことについてもっとお話しください」）。もし，クライエントが行き詰まっているようだったり，何度も同じ話題を繰り返していたら，そのクライエントが扱っていない問題の別の側面について尋ねる**開かれた質問**を使うとよい。ヘルパーはさまざまな目的に応じて**開かれた質問**をするとよい。すなわち，クライエントに明確化させたり焦点づけさせるため（例：「あなたが不安だとおっしゃったのはどういう意味ですか」「何についてお話ししたいのですか」），クライエントに自分の思考について熟考させるため（例：「今あなたの頭によぎったのはどんなことですか」「彼女が言ったことについてあなたはどう思ったのですか」），クライエントに感情を体験させ表出させるため（例：「メディカルスクールに進学することについてどのように感じていますか」「今あなたの内面で何が起こっていますか」），あるいは例を求めるため（例：「その状況に直面したとき，あなたの言ったことを正確に教えてください」「最近，不安で身動きがとれないように感じたことについて話してください」）である。さまざまな**開かれた質問**と探りを使うことによって，クライエントは複雑な状況を探求し，これまで考えなかった物事について考えるようになる。

クライエントから**開かれた質問**への反応があれば，ヘルパーは続いて**反映**や**言い換え**を行うとよい。これはクライエントの話してきた内容をヘルパーが理解していることを示すとともに，クライエントにもっと話すように促すためである。**開かれた質問**はクライエントに答えさせようとする要求型の介入である。対照的に，**感情の反映**は強要されていると感じさせずに感情を意識させる柔和な方法である。**開かれた質問**，**言い換え**，および**反映**のそれぞれを使い分けることで，ヘルパーは次の質問を考えるのに行き詰まらずにすむ。**言い換え**と**反映**は，会話のイニシアティブをクライエントに持たせ，ヘルパーがクライエントを傾聴していることを示す。

クライエントが生産的に探求しているとき，ヘルパーはできる限り背景へとけ込むべきであり，クライエントの邪魔をしてはいけない。そのクライエントは明らかに作業できているのであり，ヘルパーにはそこでその作業をサポートしているだけの存在でいてほしいと思っている。最小限のうなずき，静かにしていること，および共感的に作業することは含まれるかもしれない。もちろん，ヘルパーはその状況を注意深く観察する必要があり，クライエントがくつろいでいるか，探求したがっているかを確認する必要がある。

ときにヘルパーは，具体的で重要な情報をクライエントから得るために，**閉じられた質問**をする（例：「あなたのお母さんはご健在ですか」あるいは「あなたは高校を卒業したのですか」）。ヘルパーは自分自身の好奇心を満たすためではなく，クライエントのためになるように**閉じられた質問**を使うことを，いつでも忘れずにいる必要がある。**閉じられた質問**を使う前に，ヘルパーはその情報で何をしようとしているのか，誰のニーズが満たされるのか（ヘルパーのニーズかクライエントのニーズか）をはっきりさせる必要がある。通常，ヘルパーには**閉じられた質問**を**開かれた質問**か**感情（フィーリング）の反映**へと言い換えるように推奨したい。

ヘルパー初心者がクライエントに深く探求を促すことができない場合は，探求段階に問題があるのかもしれない。クライエントは，自分の問題に深く進んでいくよりも，何度も何度も同じ話を繰り返し，堂々めぐりをしているようである。一般的に，堂々めぐりが生じるのは，ヘルパーがあまりにも**閉じられた質問**を多くしすぎたり，クライエント以外の誰かに焦点を当てた**言い換え**や**反映**を使ったり，**言い換え**や**反映**が一般的すぎたりあいまいだったり，その問題の別の側面について質問していないときである。ときにヘルパー初心者は過度に侵入的になることを心配し，そのため，この本でとりあげたスキルを使ってクライエントに深く探求させずに，問題の表層をすくい取ることが多い。彼らは**かかわり**と**傾聴**を忘れているのかもしれない，すなわち共感的になり気遣いをすることを忘れているのかもしれない。正しいスキルを使うだけでは十分ではない。ヘルパーは，クライエントの求めに応じて必要な時に共感的なやり方で正しいスキルを使わなくてはならない。

まとめると，クライエントに探求させるため，ヘルパーは，**是認－保証**，**沈黙**，**閉じられた質問**，事実と取得資格についての**自己開示**，感情（フィーリング）の**自己開示**，およびヘルピング・プロセスに関する**情報**を少しずつ織りまぜ，**感情（フィーリング）の反映**，**言い換え**，および**開かれた質問**を組み合わせながら使うとよい。すべては，適切な**かかわり**行動と**傾聴**を行ったうえでのことである。

クライエントに焦点を当て続ける

どんなときでも，たとえクライエントが主に他の人について話していたとしても，ヘルパーはクライエントに焦点を当て続けることを忘れずにいる必要がある。例えば，もしクライエントが「私の母は本当にひどい」と話したら，ヘルパーは「あなたはお母さんに本当にイライラしているのですね」と言うとよい。そのことで，母親に当てられた焦点を母親に抱くクライエントの反応に変えられる。目安となる考え方は，クライエントが別の人物を変化させる援助を試みることよりも，クライエント自身が変化するのを援助することのほうがより簡単であり，より効率的である（そしてより倫理的である）ということである。

ヘルパーは具体的な関心事（それぞれの具体的な関心事は多くの部分からなりたっているが）に焦点を当て続ける必要もある。多くのヘルパー初心者はクライエントに次から次へいろいろな話をさせる（例：学業関連，対人関係，心の内面のこと），そのためセッションの終わりまでに，クライエントはたくさんの事柄を表面的に扱い，いずれも深くは探求しないで終わる。１つの具体的な事柄に焦点を当てることは，特に短期間の介入では，進歩を遂げるのに重要である。ヘルパーはクライエントに１つの事柄に深く焦点を当てる援助をするためにスキルを組み合わせて使うのがよい。特に，どの事柄がクライエントに最も切実なのかを見極めるために，ヘルパーはクライエントを観察するとよい（例：最も強い感情はどれか）。最も重要な事柄を特定した後，ヘルパーはクライエントがその事柄について体験している感情（フィーリング）を反映するとよい。ヘルパーは中心的な話題から話がそれてしまってもよいが，いつでも中心的な話題に戻ることを忘れてはいけない。例えば，もし勉強の悩みがサムにとって中心的な話題であると判断したら，ヘルパーはサムに学業成績への親の期待について探求するように求めるかもしれない。将来の職業の選択について思考を探求するように求めるかもしれないし，学習スキルについてサムに話すように促すかもしれない。このように，ヘルパーはあくまでも学業関連の話題を中心にとどめているが，おかげでサムはそのことについての探求を大いに深めることができるのである。

クライエントの反応に注意を払う

ヘルパーは自分の介入に対するクライエントの反応に注意を払うべきである。もしクライエントが探求しており，問題へより深く進んでいるなら，それはすごいことである。ヘルパーは明らかに正しい道筋にいる。しかしながら，クライエントがとても静かで，受け身的で，探求していなければ，ヘルパーは何がうまくいっていないのかを査定すべきである。おそらく，ヘルパーは**かかわり**や**傾聴**をしていない，**閉じられた質問**をしすぎている，クライエント以外の誰かに焦点を当てている，あるいは不適切な**言い換え**と**反映**を行っている。クライエントは退屈し，混乱し，ネガティブな感情（フィーリング）に圧倒されてさらなる探求から逃げているのかもしれない。その問題について査定することで，ヘルパーは自分の行っている介入を変え，異なったスキルを試すことができる。ヘルパーは適切な介入を選ぶために，クライエントの反応に細心の注意を払うことがきわめて重要である。

多文化への配慮

探求段階を実行する際に，多文化への配慮について注意すべきことがたくさんある。第一に，探求段階の背景にあるクライエント中心理論は西洋哲学に適合したものであり，思考と感情（フィーリング）についてのオープンな検証を促し，自己治癒と自己実現に重点をおいたものである。他の文化，特に東洋文化は，自己を強く主調するよりも集団行動的傾向（collecitivism）に価値をおく（Pedersen et al., 2002; Sue & Sue, 1999）。ヘルパーは，他の文化出身の人物に率直なコミュニケーションに対する自分自身の価値観を押し付けないことを心にとどめておかなければならない。

非西洋文化出身のクライエントは，行動（アクション）に比べると探求にはあまり気が乗らないかもしれず，そのため探求段階は西洋のクライエントよりも短くする必要があるかもしれない（西洋文化のクライエントの中にも感情（フィーリング）を探求することを快く思わない人がいることも注記する）。しかしながら，私が警告したいのは，行動（アクション）へと急ぐ前に，しっかりとした理解の基盤を得られるよう，いくらかの探求が必須であるということである。

ヘルパーたちは，他文化出身のクライエントにステレオタイプ的にならないよう，つまりある文化出身の人物すべてが類似した価値観をもっていると思い込まないよう注意しなくてはならない。文化間よりも文化内での相違のほうが大きいこともあるということも忘れないこと（Atkinson et al., 1998; Pedersen, 1997）。他文化について正しい理解や関心をもち，理解を深めることは，他文化出身のクライエントと作業同盟を確立するのに重要である。

一般的なガイドラインでは，文化的差異がクライエントとの間で顕著であるように思われるとき，その文化的差異を探求するのが重要であるとされている。ヘルパーは初回セッションのはじめに文化的差異について言及するのがよく，これらについて尋ねるのがよい（例：「私たちは異なった文化背景の出身だということに気づきました。あなたはどのようにお感じですか」）。ヘルパーはヘルピング・プロセス全体を通してクライエントの不快感に敏感になり，この不快が文化的差異によるものかどうか質問すべきである（例：「感情（フィーリング）を探っているとき，あなたが不快そうであることに気づきました。親しくない人間に心のうちを見せるのは，あなたの文化では好ましくないことなのでしょうか」）。ヘルピング・プロセスに関した文化的な価値観について問うことも有益となりうる（例：「カウンセラーやセラピストに援助を求める人について，あなたの家庭や文化ではどのように受けとめるのでしょうか」）。ヘルパーはクライエントの文化に属する人々が一般的にどのようであるかを知るために，クライエントの文化についての本を読むよう提案したい（2章参照）。また，ヘルパーはクライエントに自分の文化について話すことを求めるべきであり，それによりヘルパーは個々のクライエントがどのように感じているか詳しく知ることができる（例：「アメリカに来たばかりの韓国人留学生であることはどんな感じなのかお話しください」）。

クライエントが十分に探求したときを見極める

ヘルパーが次の質問に答えられれば，クライエントは十分に探求してきたことになる。

- クライエントの問題は何か。
- 今，クライエントに援助を求めることを動機づけているのは何か。
- その問題についてクライエントはどのように考え，感じているか。

クライエントがその状況を十分に探求してきたとヘルパーが感じたら，**言い換え**を使って要約したり，クライエントが他に付け加えることがあるかどうかを確認したり，終結を伝えたり，洞察段階の準備をするとよい。例えば，「あなたは今日，ルームメートについてのご自分の感情（フィーリング）をたくさん話してきました。あなたがた二人がこれまでのように親密ではないことを気にしているように思えます。関係を戻すのにどうしたらよいのかあなたはわからない。これはどのくらい当てはまるでしょうか」とヘルパーは話してもよいだろう。あるいは，どのくらいクライエントが理解しているかをつかむため，ヘルパーはクライエントに要約することを求めてもよい（例：「これまでわかったことをどのようにまとめられそうですか」）。理想をいえば，要約することは，ヘルパーとクライエントが一緒に学習してきたことを説明し合おうとする，協働作業である。ヘルパーは**要約**を述べ，クライエントとともにそれが正しいかどうかをチェックする（例：「これはあなたに当てはまるでしょうか」）か，あるいはクライエントに学習したことを要約するように求める（例：「今日，自分自身についてわかったことは何だと思いますか」）のがよいだろう。ときには，クライエントが自ら直接，洞察へと進むため，**要約**が必要でない場合ももちろんある。

自分自身のスタイルを発展させる

最後に１つ警告するが，このヘルピング・モデルにおけるこの（あるいは他のどの）段階を実行するのにも「正しい」方法などない。どのヘルパーもそれぞれのスタイルをとり，どのクライエントもそれぞれの介入を必要とし，独自の反応をする。ヘルパーに正確な道路地図やレシピを提供するのは不可能である。ヘルパーがそれぞれのスキルをどのように使うかを学習したら，自分自身の介入スタイルを発展させ，自分の性格にあった方法へとヘルピング・スキルを統合する必要があるということを私は再び強調しておく。ヘルパーはそれぞれのヘルピング介入に科学的方法を適用する必要もある（例：それぞれの場面で何が効き，何が効かなかったかを観察し，それに応じて行動を修正する）。クライエント，教員，およびスーパーバイザーからのフィードバックを受け入れることは，自分のスキルを改善するすばらしい方法である。

ヘルパー自己知覚

ヘルパーは自分の内的体験を，ヘルピング・プロセスで起こっていることを理解する道具（ツール）として使うことができる。自分の反応に気づくようになれば，ヘルパーは介入の仕方についてよりよい決断をすることができ，ヘルピング場面でそうした反応を表出しないようになる（Williams, Hurley, O'Brien, & DeGregorio, 2003）。さらに，ヘルパーの反応は他の人々がどのようにクライエントに反応するかについての有力な手がかりにもなる。例えば，もしクライエントが抑揚のない声で話していてヘルパーがうんざりすると感じたら，クライエントがそのように話すと，クライエントの日常における他の人々もうんざりしているという可能性が考えられる。そうして，ヘルパーはそのクライエントが他の人物にどのように接しているかについての直接の情報を得られ，それが洞察段階での重要なデータとなる。

セッションがうまく行っていない場合の１つの手がかりは，ヘルパーがクライエントに最も適切なスキルを使っていないことである（ヘルパーがその適切なスキルを自分のレパートリーにもっているとして）。ヘルパーは「この瞬間にこのクライエントに最も有益なことを行う妨げとなっているのは何か」を自問自答するとよい。クライエントの抵抗によるものかもしれないが，ヘルパーはまず自分の個人的な問題と関連する事柄を除外する必要がある。クライエントが不安になっていると仮定する前に，ヘルパーは自分が何らかの影響を及ぼしていると考える必要がある。他のことばでいうと，もしあるヘルパーがある特定のクライエントにうんざりすると感じたら，ヘルパーはそのクライエントを見て，自分がいつも腹を立てていた父親を思い出していることもありうる。ロマンティックな関係をもったことがない孤独なヘルパーは，あるクライエントに魅せられるかもしれない。男性のクライエントを扱うときに不安を感じる人は，男性を恐れているのかもしれない。ヘルパーは自問自答するとよい（別表Ｊにおける自己知覚についての尺度も参照）。つまり，クライエントと一緒にいると，自分はどのように感じるのか，もっと具体的には，

- そのクライエントと話をするのにうんざりするか。
- そのクライエントに自分が魅せられるのを感じるか。
- そのクライエントが自分に同意しないとき，イライラを感じるか。
- このクライエントのためにその問題を解決したいか。
- このクライエントと一緒にいると，不安になったり落ち着かない感じがするか。
- このクライエントに好印象を与えようとしているのか。
- このクライエントに対し，自分の望むのとは違う振る舞い方をしているか。
- このクライエントと作業することによって，自分自身のどんな個人的な問題が刺激されているのだろうか。
- 自分の個人的な問題がヘルピング・セッションにネガティブな影響を与えていないと，どの程度確信できるか。

個人的な問題がクライエントとのセッションの妨げとならないように，ヘルパーは自分自身について学ぶことが重要である。これらの問題を検証するのに理想的な場所は，スーパービジョンにおいてである。経験豊かなスーパーバイザーの援助によって，ヘルパーはどんな感情（フィーリング）が個人的な問題によってもたらされているのか，クライエントによって何が刺激され，個人的問題とクライエントの行動が重なって何が生じているかを特定できるようになるとよい。

ヘルパーに自分自身のためにサイコセラピーに参加するよう促したい。もし，ヘルパーが自分自身や自分の問題に心を奪われているなら，セラピーを受けることで，自分のヘルピングの能力の妨げとなる個人的な問題が認識できるはずである。さらに，セラピーによってヘルパーは自分自身の成長と自己理解について作業することができる。ヘルパーであることの職業病は，表面に現れないままだったかもしれない個人的な問題がヘルピング・プロセスによって呼び起こされるということである。例えば，もしクライエントがアルコール依存の問題について話し，ヘルパーが類似した問題を解決できていなければ，ヘルパーにとって自分自身に焦点を当てずにクライエントの苦痛に耳を傾けることは困難かもしれない。多くの人々が，自分自身を理解したくてヘルパーになる。人々はヘルパーになるプロセスを通して自分自身についてたくさんのことを学んでいるのであるが，個人的なセラピーを受け，適切な環境で自分自身について作業する機会をもつとよい。援助を求めにきており，全力で注意を注がなければならないクライエントから時間をとりあげないためにも，そのほうがよい。

ヘルパーはセラピーの場で自分がクライエントになることによってもまた，ヘルピングのプロセスについて学ぶことができる。クライエントになることで，ヘルパーはヘルピング・スキルの受け

手になるのはどんな感じかを知り，何が援助的であり何が援助的でないかがわかり，自分自身にとって痛みをともなう事柄を打ち明けることがどれほど難しいかを体験する。ヘルパーはセラピーを受けることで，自分のクライエントとのセッションにおいてどのように振る舞うとよいか（あるいは振る舞わないとよいか）の手本を得ることができる。ヘルピングの受け手になるのはどんな感じなのか，じかに体験することは計りしれないほどの価値があるのである。

援助の必要なヘルパーが自分自身の援助を求めることを拒絶しつつも，他の人に対してヘルパーであろうとするなら，やっかいなことである。そのような人たちがヘルパーになりたいと望む動機について心配する声もある。例えば，自分より不幸せで問題を抱えた他者に対して優越感を感じたいためにヘルパーになりたい人もいる（Bugental, 1965 参照）。ヘルピングは弱い人たち，あるいは欠陥のある人たちのためだけのものであるという態度でいるヘルパーは，その態度をうっかり伝えているかもしれず，クライエントは援助を求めることを恥ずかしく思うようになるかもしれない。

クライエントについての仮説を発展させること

十分な探求によって，ヘルパーはヘルピング・プロセスの次の段階での介入を選ぶための基盤となる，クライエントについてのさまざまな仮説を発展させることができる。それゆえ，ヘルパーは探求段階で時間をとって自分のクライエントについて考えるとよい。ヘルパーはそれぞれのクライエントのパーソナリティ，言語行動および非言語行動に細心の注意を払うべきである。クライエントは介入にどのように反応したか。クライエントの相互作用の仕方はヘルピング・プロセスにどのように影響したか。

ヘルパーはクライエントを観察し，どんな要因でクライエントは今のような状況にあるのかについての仮説を発展させるのがよい。だが，私はこの段階でこれらの仮説に基づいてヘルパーが行動すべきであるとは言わない。むしろ，これらの仮説はしまい込んでおくべきであり，新しい情報が得られたら修正すべきである。クライエントについてのこれらの仮説とアセスメントは，ヘルピング・モデルの洞察段階で有益となる。クライエントについて考えた後，ヘルパーはいくつかの疑問に答えることができるはずである。

- その問題はどのくらい重大なのか。
- そのクライエントはどのように行動しているのか。
- そのクライエントはその問題についてどのくらい開示しているか，秘密にしているか。
- クライエントが話していることに食い違いはあるのか。
- その問題を引き起こし，維持させているクライエントの役割はどんなものか。

長めのやりとりの例

以下は，ヘルパーが探求スキルの統合によってクライエントの探求を促進させるやりとりの一例である。この例は「完璧」ではないが，ヘルパー初心者に生じやすい現実的な例である。それぞれのヘルパーの応答の後，使われたスキルの種類を示し，ヘルパーが達成しようとしたことについての説明を加えた。例文全体を読む際，ヘルパーの応答をすべて隠して，まずはあなたの応答を考えなさい。そうして，ヘルパーの応答が自分のものとどのくらい類似しているか確認し，どれが最も効果的であるか，どれがあなたが最も心地よく試みることができるかを見極めるとよい。

ヘルパー　：こんにちは，私はサンドラです。私たちには30分あります。あなたが話したいことは何でも探求できます（ヘルパーはクライエントがセッションで何が行えるかについての**情報**を提供することにより，制限を設けようとする意図がある）。

クライエント：わかりました。

ヘルパー　：では，何から始めましょうか（ヘルパーは**開かれた質問**をしてセッションに焦点を当てる）

クライエント：書かなければならないレポートのことで悩んでいます。私はいつも締め切り間際にならないと書き始めず，書きあげる時間がなくなってパニックになるのです。自分のしていることはわかっているのですが，そうせずにはいられない気がするのです。

ヘルパー　：あなたは本当に自分のことでうろたえているのですね（ヘルパーはクライエントに感情（フィーリング）を体験させる反映をする）。

クライエント：ええ，私は大学院に進むチャンスを失いつつあるのではないかと心配しています。というのは授業でやるべきことが十分できていないからです。

ヘルパー　：あなたは，自分の現在の行動が将来の目標を制限してしまうかもしれないので不安を感じているのですね（ヘルパーは感情（フィーリング）をもう少し深めたいと思い，クライエントにさらに探求させるために，別の反映をする）。

クライエント：そうです，私は大学院でよい成績をおさめたいと心から思っています。そして，自分が幸せになるためには大学院の学位が必要だとわかっています。このままではこれまでやってきた何もかもをダメにしてしまいそうで，とても心配しています。

ヘルパー　：最近，レポートを書かなくてはならなかったときのことをもう少し話してください。頭によぎったことを全部教えてください（ヘルパーは事情ついてさらに詳しく多くの情報を求めて，その問題についてクライエントに具体的に話してもらいたいと思い，**開かれた質問**をする）。

クライエント：ええ，実際のところ，明日までの期限のレポートがあります。でも，まだ始めていません。必要な資料はすべて集め終わりました。そしてその本のメモも取りました。でも，何も書けていないのです。それに，今週はもう何日も夜ふかしをしていて，睡眠不足なのです。

ヘルパー　：あなたの口調からパニックに陥っているのが感じられます（ヘルパーはクライエントに感情（フィーリング）を認識させるため非言語行動を反映する）。

クライエント：ええ，今回はレポートを仕上げられないのではと恐れています。いつもは夜通し起きてやればやってのけられましたが，今回は量が多すぎるように思えます。そのレポートは 20 ページくらいになりそうです。

ヘルパー　：今晩のあなたの予定はどうなっていますか（ヘルパーはクライエントが現状をもっと具体的に把握し，状況をさらに明確に思い描くことを望み，**開かれた質問**をして再び焦点を当てる）。

クライエント：そうですね，とにかく家に帰って寝たいだけです。レポートを書きたくない。

ヘルパー　：今，レポートを書きたい気持ちにならない原因として，他にも日常生活で何か問題はありませんか（ヘルパーは，クライエントが行き詰まっていると気づき，おそらく状況はクライエントが述べているよりも複雑なのではないかと考えた。そこで，ヘルパーは他の出来事について**開かれた質問**をした）。

クライエント：そんなことを聞くなんて変ですね。私はボーイフレンドと大げんかをして，とても腹が立っています。彼は今すぐ結婚して，子どもをほしがっています。でも，私は本当に大学院に行きたいのです。でも，もし大学院に行ったら，とりあえずしばらくは遠くへ引っ越さなくてはならないでしょう。

ヘルパー　：それで，ボーイフレンドといるか大学院へ進むか葛藤を感じているのですね（ヘルパーはクライエントが状況の別の側面について打ち明け始めたので喜んでいる。ヘルパーはこの葛藤についての感情（フィーリング）をクライエントに話してもらいたいと思って，問題の両方の側面に焦点を当てた反映を使う）。

クライエント：本当にそのとおりです。すべて彼の思うとおりにしなければならないように感じます。彼は自分がすでに卒業して働いているので，私にも同じようにしてほしいのです。

ヘルパー　：あなたは少し混乱していることはないですか（ヘルパーの意図は，**反映**を通して感情（フィーリング）を特定することであるが，ヘルパー自身も類似した状況にいるために，不適切にもクライエントに自分の混乱を投影してしまった）。

クライエント：いいえ，そうでもないです。そのことを考えると，怒りを覚えるのです。彼のキャリアために自分のキャリアをあきらめなくてはならないなんておかしいです。私の母親はそうしましたが，とても不幸せです。母は自動車の免許すらも取りませんでした。母は子どものためになることばかりしてきたので，私たち皆が家を出てしまった今，元気をなくして，孤独です。これが正しいことかはわかりません。でも私は，ボーイフレンドとの関係も失いたくないのです。

ヘルパー　：（やさしい声色で）本当に心の中が引き裂かれる思いなのですね（ヘルパーは前の介入が不適切であるとわかり，反映を用いることでクライエントの感情（フィーリング）へと焦点を戻した）。

クライエント：（静かに泣きながら）おそらく私がレポートを書けないのは，ボーイフレンドとのけんかと，母の状況のことでモヤモヤしているからでしょう。

ヘルパー　：（ヘルパーはクライエントに悲しみの感情（フィーリング）を体験する機会を与えるため 30 秒間

沈黙する）

クライエント：（泣いている，そして鼻をかむ）

ヘルパー　：（やさしく）とても話しづらいことだったと思います（ヘルパーはクライエントを支えようと思い，支持的な陳述を行う）。

クライエント：ええ，確かにそうです。私はどうしたらよいと思いますか。

ヘルパー　：そうですね，あなたは教員に話しにいき，明日までにレポートを書かなくてもすみそうか確かめてくるべきだと思います。それから，ボーイフレンドと話し合い，問題を解決する必要があると思います。おそらく，あなたはお母さんにカウンセリングを受けるように言うべきですね（ヘルパーは不適切にもクライエントの援助の要請に巻き込まれ，クライエントが行うべきことについて**直接ガイダンス**を与えてしまう）。

クライエント：あぁ，（沈黙）でも，わかりません（クライエントは探求することをやめ，受け身となる）。

ヘルパー　：ごめんなさい。つい，多くのアドバイスをしすぎていました。大学院に進むことについてあなたはどのように感じていますか（ヘルパーはクライエントが探求することをやめてしまったとわかり，簡潔に謝る。それから，クライエントが行き詰まってしまう前に話していた主要な問題に話を移すことによって，探求へ戻そうと試みる）。

クライエント：（クライエントは探求を続ける）

探求段階でヘルパーが経験する問題

ヘルパー初心者は探求段階を実行する際，通常いくつかの障壁に直面する。もし，ヘルパーが事前にこれらの障壁に気づいていれば，避けがたい問題が生じたときに対処できる。

かかわりと傾聴が不十分であること

いくつかの要因によって，ヘルパーはクライエントに対し十分に**かかわり**と**傾聴**を行うことができない場合がある。多くのヘルパーは次に何を言おうかと考えたり，自分自身の思考にのめり込んでしまい，傾聴することから気がそれてしまう。ヘルパーはときに，クライエントを理解しようとして傾聴するのではなく，クライエントが話している内容を価値観で判断することがある。ついやってしまう判断の１つの例は，自分自身の文化的なものさしを使ってクライエントを評価することである。例えば，ヨーロッパ系アメリカ人で中流階級の女性ヘルパーは，上流階級のアフリカ系アメリカ人やとても貧しいアジア系女性の話を傾聴したり理解することが困難かもしれない。同情も傾聴することへの別の障壁となりうる。というのは，ヘルパーはときどき客観性を維持できないほど，クライエントにのめり込んだり，クライエントに対して悪いと感じてしまう。つまり，感情（フィーリング）にかかわるかわりに，クライエントを「救おう」としてしまうのである。

閉じられた質問をたくさんしすぎること

ヘルパー初心者は多くの場合，**閉じられた質問**をしすぎる。これは，ある問題の情報をすべて詳細に集める必要があると感じるせいである。多くのヘルパーはヘルピング・プロセスを医学的モデルと類似していると考え，問題を診断しクライエントに解決方法を提供するため，たくさんの情報を集めるべきだと考えてしまう。しかしながら，この段階におけるヘルパーの課題は，クライエントが自分の解決方法へとたどり着く援助をすることであり，そのためすべての詳細を知る必要性はほとんどない。そのかわり，思考と感情（フィーリング）の探求を促進するようなスキルは，クライエントが解決策にたどり着くまで探求を援助するために重要である。

ヘルパーの中には，ただ他に話すことがないために，あまりにもたくさんの質問をしすぎる人がいる。こうしたヘルパーは質問への答えを聞くことを必ずしも望んでいない。つまり彼らは時間をつぶしたいか自分の好奇心を満たしたいだけである。質問をするとき，それは誰のためになされる質問なのか明確にすることが重要である（すなわち，クライエントを援助するためか，ヘルパーのニーズを満たすためか）。

話しすぎること

ヘルパーの中には，ヘルピング・セッションで話しすぎる人がいる。自分が不安である，クライエントに好印象を与えたい，あるいは一般に話すのが好きなために，彼らは話すのだろう。しかしながら，ヘルパーが話し続けると，クライエントは話すことができなくなり，そのため自分の関心事を探求できなくなる。クライエントは通常，その時間の約 60 ～ 70％の間，話していることが研究により示されている（Hill, 1978; Hill et al., 1983）。対照的に，ヘルピング以外の場面では，二人のやりとりにおいて双方がその時間の約 50％ずつ話すのが理想的である。それゆえ，ヘルパー初心者にとっては話すことよりも傾聴することに気を配るのが難しい場合がある。

アドバイスをたくさん（あるいは急いで）しすぎること

ヘルパー初心者は多くの場合，アドバイスを急いで与えすぎる。彼らは答えを提供すること，問題を解決すること，クライエントを救うこと，あるいは完全な解決策を得ることへのプレッシャーを感じる。多くのクライエントとヘルパー初心者は，ヘルパーには問題への解決策を提供する責任があるという見当違いの考えのもとにいる。クライエントに答えや解決策を与えることは，多くの場合，有害である。というのは，クライエントは自力で解決策にいたったわけではなく，それゆえ，その解決策はクライエント自身のものではない。さらに，答えを与えてしまうと，クライエントはこの先の問題に対して他の人々に頼らずに解決する方法を学ぶことができない。クライエントはほとんどの場合，どうすべきか教えてくれるだけの誰かよりもむしろ，共鳴板，すなわち自分が問題について考えていることを聴いてくれる，あるいは自分が問題の解決策を思いつく手助けをしてくれる誰かを必要としている。答えを提供したいという欲求は，多くの場合，ヘルパーの自信のなさと援助したいという願望（これはヘルピング・スキルを学習し始めた時点では正常な感情（フィーリング）である）から起こるということに気づくことが重要である。

クライエントの中にはヘルパーからの答えだけを欲しがっており，探求することを望んでいない人もいることを理解しておくことは重要である。そのようなクライエントは行動（アクション）段階へと素早く移行することが適切な場合もある。ときに，そのようなクライエントは自分の生活の中でいくつかの具体的な変化を成し遂げた後に探求する意欲が高まることもあるが，深い探求と理解を経ずに変化だけを望むクライエントもいる。ヘルパーはクライエントに，自分の問題，感情（フィーリング），および状況をすべて探求してから自分自身の解決策にいたるほうがよいことを教えてほしい。ヘルパーは探求を望まないクライエントに対して独善的な判断をしないように気をつけなくてはならない。

「親友」のようになること

ときにヘルパー初心者は，ヘルパーになるのではなくクライエントの「親友」のように振る舞うという過ちを犯す。ヘルパーの役割として，客観性を維持し最大の援助を提供するため，つながりのある，しかし明確に定義された関係を提供することが不可欠である。親友のようになることの限界は，クライエントを変化させるためではなく，クライエントに好かれるための介入を選ぶおそれがあることである。例えば，ヘルパー初心者であるサムはクライエントであるトムと毎回セッションのはじめには最近のスポーツイベントについて話すことにしていた。トムはスポーツのことについて話すときには熱心に応じたが，個人的な問題となると話すことをためらった。サムはトムとの友好的なつながりを維持したかったので，話題を変えることを避けた。残念ながら，トムの親友のようになりたいという願望のせいで，サムはトムに個人的な問題を探求させることはできなかった。

沈黙を容認でききこと

ヘルパーにとって最も手ごわい課題の1つは，沈黙に対処することである。訓練中のヘルパーは，クライエントが退屈していたり，不安を感じていたり，批判的になっていたり，行き詰まっていたりしないかとの不安から，急いでセッションの沈黙を埋めようとする。急いで沈黙を埋めると，表面的で有益でないコメントをするはめになる。

ヘルパーはセッション中の沈黙に対する自分自身の不安を理解しようと試みるべきである。ヘルパーは，セッション中に急いで沈黙を埋めようとするのではなく，自分がどんなことに不安をもっているのか（例：有能に見えないのではないか，クライエントの役に立っていないのではないか）自問自答し，セッション以外の場でこれらの不安に取り組むとよい。

不適切に自己開示すること

ヘルパー初心者が抱える最大の問題の1つは，自己開示への衝動である。クライエントの問題はしばしばヘルパー自身の問題に類似していることがあり，ヘルパー初心者はクライエントと自分の経験を分かち合いたいと思ってしまう。友人同士でするように，自己を開示し自分の物語を話すのは自然のことのように思われる。ヘルパー自身も援助を求めたくなるかもしれないし，クライエントの話を聴きながら自分自身の問題のことで気が散るかもしれない。自分が同じ問題を抱えているとき，他の誰かの問題を傾聴するのは難しい場合がある。例えば，20代初めのヘルパー初心者は，自分と同じ年齢の学生がアイデンティティに関する事柄や人間関係の問題，親との問題，および将来の計画について話すのを傾聴することにしばしば困難をおぼえる。なぜなら，これらはヘルパー自身の問題であるからである。より年長のヘルパー初心者は，子育てや年をとることについての問題を傾聴するのが難しいかもしれない。傾聴はするが，開示はあまりしないというヘルパーとしての職業的自覚を身につけることは，ヘルパー初心者にとって重要かつ困難な視点の転換となる。しかしながら，不適切な自己開示は害をもたらし，治療関係の妨げになりうるので，ヘルパーは自分自身を抑えることを学ぶ必要がある。

激しい感情の表出を押しとどめること

ヘルパー初心者は，クライエントが絶望や強い悲しみ，あるいは憤り（特にヘルパーに向けられた憤り）といった激しい感情を表出すると戸惑ってしまうことがある。ヘルパーは，自分自身がネガティブな感情を感じることを認められないために，ネガティブな感情に対して落ち着かない気持ちになることもある。彼らは，自分の内に潜む「苦しみ」に対して否認したり，防衛したりするかもしれない。これらのヘルパーにとって，クライエントのネガティブな感情を耳にすることは，大きなストレスとなりうる。ヘルパーは，クライエントに苦しんでほしくなくて，即座にクライエントの気分をよくしたいと思うこともある。彼らは，クライエントが自分の感情について話さない場合，その感情は消え去ってしまったのだと思い違いをする。彼らはクライエントを十分に援助しきれていないと感じて，クライエントがネガティブな感情に陥ることを恐れるかもしれない。自分の介入のせいでクライエントが泣きでもすれば，ヘルパーは罪悪感をおぼえるだろう。これらのヘルパーは，自分が無力だと感じるような「手ごわい」状況に直面しないように，物事の片面だけに「光」を当て続けたり，感情をできるだけ抑えようとするといった過ちを犯す。最近，魅力的な若い女性クライエントがヘルパーに，自分がひどい肥満で醜いと感じていると話した。彼女は自分の身体への嫌気感を示し，誰もが自分と仲よくしたがることに驚きを表した。強いネガティブな感情が気詰まりなヘルパーは，彼女は魅力的であり，彼女の感情は正当ではないと示唆することで，このクライエントを安心させるような社会的に望ましいとされる応答をするだろう。皮肉にも，この応答はクライエントの感情を否定することになり，クライエントは正しく理解されていないと感じ，気分をもっと害するかもしれない。

今こそ自分が感情のあからさまな表出に対してどのように感じているか問いかけてみるとよいだろう。誰かが手に負えないほど激しく泣き始めたとき，あなたは直観的にどうしたいと思うだろうか。私たちのほとんどが，泣くのをやめさせ，気分をよくしてあげたいという衝動を感じる。誰かがあなたに対して敵意や怒りをぶつけるとき，あなたはどのように対応するだろうか。私たちの多くは防衛的となるか，敵意をもって対応する。ヘルパーは他のもっと適切な応じ方を修得するためにも，こうした状況で自分がどのように応じやすいかを知っておく必要性がある。探求段階のスキルは，クライエントを激しい情動に浸らせておくための手段をヘルパーに提供してくれる，特に貴重なものとなりうる。

解離することとパニックになること

ヘルパー初心者は，自分の働きぶりに非常に不安になるあまり，ヘルピング・セッション中，その場にしっかり身をおいてやりとりするのではなく，ヘルピング役割にいる自分を外から観察しているかのように感じてしまうことがある。最悪の場合，こうしたヘルパーは完全に固まってしまい，何も言えなくなる。これらの解離経験によって，ヘルパーは臆病になり，パニックに陥り，自分は決してよいヘルパーになれないと思い込んでしまう。実際，不安はしばしば，スキルが十分でないことよりも多くの問題を有するが，不安を打ち負かし有能なセラピストになった学生を私は見てきた。

不十分に感じること

ここまで学んでくると，学習者の中には，ヘルパーへの道は近づくどころか遠のいていっている気がすると話す人も出てくる。彼らはそれぞれのスキルに集中しすぎたり自分のすべての動きを気にするあまり，ほとんど何もできないのである。自動車の運転を習うことのアナロジーが引用されることがある。あなたが最初に運転を習うとき，自分が行うすべての細かいことに意識を注いでいる。初心者ドライバーのように，ヘルパー初心者はヘルピング経験中において行うそれぞれの事柄に気をとられてしまう。ヘルピング・スキルを学習する際，ヘルパーは個々のスキルを練習し（そして多くの場合，ヘルピングの妨げとなるようなくせを捨て去り），そしてそれからすべてのスキルをまとめる。最初は困難であるけれども，それらすべてをまとめられるようになると，より簡単だと感じ始めるはずである。もしあなたが今，ヘルパーとしての自分のスキルに自信がないのなら，時間をかけなさい。数週間も練習すれば，大半の学習者は気が楽になる（もちろん，追加練習の後に自分がヘルパーになりたくないのだということを認識するようになる学習者もいる）。

問題を克服し，不安を管理する方略

スキルの不足を克服するには，この本で教えられたヘルピング・スキルを学習し練習するとよい。スキルは道具箱の中の道具にたとえられることがある。つまり，ヘルパーは課題に応じてさまざまな道具が利用できるように学習する。ある道具は，あるヘルパーやあるクライエントにとっては他の道具よりもずっとよく使える。クライエントを援助するため，そしてセッション中の自分自身の不安を管理するため，たくさんの選択肢をもてるように，自分の道具箱にたくさんの道具（例：ヘルピング・スキルと不安を管理するための方法）をもっていることが重要である。

不安を管理するための，いくつかのアイディアがこのセクションで提供されている（別表Jの管理方略尺度も参照）。最初のいくつかの方略は，ヘルパーがクライエントとのセッション中に使えるものであり，あとのいくつかの方略はヘルパー自身が不安に対処するのに備えるために使われる。私はすべてのヘルパーが自分用にいくつかの方略を見つけられるように願っている。

準備方略

◉モデルを見ること

ヘルピング・セッションにおいて，熟達したヘルパーをよく見ることは，適切に使われているスキルを観察する優れた方法である。熟達者がスキルを使う様子を見ることで，自分のスキルは生き生きしてくる。理論とスキルについて読むことは重要であるが，どのように実施されるかを想像することは，モデルを見ないと困難である。バンデュラ(Bandura, 1969)は，学習過程のある段階でモデルを観察することの効果を示してきた。私はヘルピングには多くの方法があり，スタイルがあるのだということを例証するために，たくさんのさまざまなヘルパーを観察することを推奨する。

●イメージ

スポーツ心理学によると，運動選手が必要なスキルを得るときに，イメージ訓練のほうが実際の練習よりも有益なものとなりうるということがわかっている(Suinn, 1988)。同様に，ヘルパーはそれぞれの場面に適したかかわり行動とヘルピング・スキルを使っていることを自分でイメージするとよい。例えば，沈黙が心地よくないと感じるヘルパー初心者は，目を閉じて，セッションで寡黙なクライエントと接している自分自身を思い描いてみてほしい。そのクライエントと心地よく座っており，沈黙が生じるままにしているのを想像するするとよい。しばらく時間をおいたのち，クライエントがどのように感じているかを尋ねて沈黙を破ることを思い描くのもよいだろう。

●ロールプレイ

クライエントとのセッション前に，ヘルパーは具体的なヘルピング・スキルを使うロールプレイをするとよい。ヘルパーは，セッションを開始すること，および中断すること，沈黙に対応すること，ヘルパーに直接向けられた怒りを扱うことといったセッションの技巧もロールプレイするとよい。協力的なパートナー（例：クラスメート）とのロールプレイをすることで，ヘルパーは快適なペースでそのスキルを学習することになる。

●練習

不安を管理するためのの最もよい方法は，おそらく練習である。ヘルパーが何が十分にできているか，どのように改善できるかへと注目を払って，練習すればするほど，ヘルピング・セッションでより適切に，より心地よくいられるようになる。この本を通して，私はヘルパーにヘルピング・スキルを練習するための演習を提供している。私はヘルパーに，共感的で協力的なボランティアクライエントとの多くの練習セッションに参加することを勧めたい。

セッション中の方略

●深呼吸

ヘルパーが不安を管理することのできる１つの方法は，胸の上のほうで短い呼吸をするかわりに横隔膜を使って深く呼吸することである。横隔膜を使って呼吸しているかどうかを確認するために，自分のお腹の上に手をおきなさい。呼吸するときに，あなたの手が上下に動くことを感じるはずである。深呼吸することにはいくつかの機能がある。第一に，ヘルパーをリラックスさせてくれる。横隔膜が弛緩しているときは，生理学的に不安になりにくい。第二に，深呼吸することで，ヘルパーは自分の言いたいことについて考える時間ができる。次の介入で何を言うか考えて気が散るかわりに，自分のエネルギーを集中させるための時間をとるとよい。第三に，クライエントに何か他に言うことがないかどうか考え，考慮する機会を与える。ときどき，クライエントが探求しているときに，ヘルパーがあまりにも早く話に割り込むことがある。目標は探求であるのだから，ヘルパーはクライエントが生産的に作業しているなら何も言う必要はない。

●クライエントに焦点を当てること

ヘルパー初心者は，自分自身の行動が気になるあまり，クライエントに親身になって傾聴できないということが多々ある。関心のほこ先を自分よりもクライエントに移すことによって，ヘルパーは親身になって傾聴できる（Williams et al., 1997）。目標はクライエントに感情（フィーリング）を探求させるようにすることであり，クライエントについて自分がどの程度多く理解しているかを見せびらかすことではない。クライエントに焦点を当てることとクライエントの世界に浸ることによって，不安を軽減することができるヘルパー初心者は多い。

●ポジティブな自己会話

私たちは皆，何かをしながら独り言（自己会話）を言っている。私たちは「私はこれができる」「私はパニックになりそうだと思う」といったようなことを言っている。ある人たちはこれを「内的ゲーム」（inner game）と呼んできた。これは表層の下で生じるからである。ポジティブな自己会話はヘルピング・セッション中の行動にポジティブな影響を与え，それに対してネガティブな自己会話は行動にネガティブな影響を与える（Nutt-Williams & Hill, 1996を参照），そのためヘルパーは自分の独り言に注意を払う必要がある。ヘルパーはセッション前にポジティブな自己会話を使う練習をするとよい。そうすれば，自分自身を導くためのポジティブなことばをすぐに使うことができる。また別の方法として，ヘルパーはポジティブな自己陳述（例：「私はそのスキルがわかる」「私は有能だ」）をカード帳に書きとめ，練習セッションの前や最中にこっそり見るとよい

考えてみよう

■長めのやりとりの例において，あなたならヘルパーとしてその状況にどのように対処しただろうか。それぞれポイントに応じた介入を使ってきただろうか。

■この例でヘルパーが**解釈**を実施しないのに，クライエントが洞察（すなわち，「ボーイフレンドとのけんかと，母親との関係のせいで，おそらく私はレポートが書くことができない」）を得られたことを，どのように説明するか。

■ヘルパーが洞察段階に進む必要があると考えるか，探求段階はクライエントの変化にとって必要十分であるか論じなさい。

■共感的に傾聴することとヘルピング・スキルを使うことのバランスをどのようにとればよいか。

■自分が十分に探求できたか，どうしたらわかるのか。

■ヘルパーとして自分が成長していく上で直面しそうな障壁をチェックしなさい。

____**かかわり**と**傾聴**が不十分であること

____**閉じられた質問**をたくさんしすぎること

____話しすぎること

____アドバイスをたくさん（あるいは急いで）しすぎること

____「親友」のようになること

____沈黙を容認できないこと

____不適切に自己開示すること

____激しい感情（フィーリング）の表出を押しとどめること

____解離することとパニックになること

____不十分に感じること

▩ヘルパーとして障壁に対処するのにあなたが使いそうな方略を特定しなさい。

____モデルを見ること

____イメージ

____ロールプレイ

____練習

____深呼吸

____クライエントに焦点を当てること

____ポジティブな自己会話

グループ実習 8　探求スキルの統合

あなたは，今まで学んできたスキルを統合する準備ができている。このグループ実習では，クライエントと面接し，クライエントに探求を促すのにこれらのスキルを用いる。

目標：ヘルパーが，基礎的なヘルピング・スキル（言い換え，感情(フィーリング)の反映，および開かれた質問）と，副次的なスキル（ヘルピング・プロセスについての情報，是認－保証，閉じられた質問，探求のための自己開示，および沈黙）を用いて，20分間のヘルピング・セッションに参加すること。

ヘルピングのやりとりをしている間のヘルパーとクライエントの課題

1. それぞれのヘルパーは，外部から選ばれたボランティアのクライエント役と2人組になる。
2. ヘルパーは，セッションに必要な票をコピーして持っていく。すなわち，「セッションレビュー票」(別表A)，「ヘルパーの意図リスト」(別表D)，「クライエントの反応システム」(別表G)，および「セッションプロセス－結果尺度」(別表I)，「自己知覚－管理方略調査票」(別表J)である。スーパーバイザーは，「面接評定票」(別表B)を持っていく。
3. ヘルパーは，録音・録画装置（動くかどうか，あらかじめテストしておくこと）を持っていく。セッションのはじめにスイッチを押す。
4. ヘルパーは自己紹介をし，クライエントに守秘義務について伝達し，そのセッションが録音され観察されることを知らせる。
5. それぞれのヘルパーは，クライエント役と20分間セッションを行い，何か話しやすい話題（1章の表1-1参照）について話してもらう。すべての探求スキルを使って，できるかぎりクライエントに援助的になること。それぞれの介入へのクライエントの反応をよく見て，以降の介入を適宜修正する。
6. 時間配分に注意すること。セッション終了の約2分前に，クライエントにもう時間がほとんどないことを知らせる。終了時に，以下のようなことを言って，時間が来たことをクライエントに伝える。「終了時間になりました。私のヘルピング・スキルの練習を手伝ってくれてありがとう」。

セッション中のスーパーバイザーの課題

スーパーバイザーは，「面接評定票」（別表B）を用いて観察と評価を記録する。

グループ実習で用いる別表は金子書房のホームページからダウンロードできる（URLおよびアクセス用のIDとパスワードはp.xivの「別表一覧」下部をご参照ください)。

セッション後の課題

1. ヘルパー役とクライエント役は，「セッションプロセス‐結果尺度」（別表 I）に記入する。それぞれのヘルパーは，「自己知覚‐管理方略調査票」（別表 J）にも記入する。
2. セッション後，それぞれのヘルパーはクライエントと一緒に録音・録画を視聴する（20 分間セッションの視聴に約 40 ～ 60 分かかる）。ヘルパーは自分の介入のたびに再生を止める（「ええ」「うんうん」といった最小限の承認は除く）。ヘルパーは，「セッションレビュー票」（別表 A）にキーワードを書きとめる（逐語録用に，あとで録音・録画上の正確な位置が特定できるように）。
3. ヘルパーは，介入の有益性を評定し，その意図を 3 つまで選び，番号を書きとめる（そのセッション中，どのように感じたかについて回答すること）。有益性尺度のすべての得点範囲を用い，意図リストのできるだけ多くのカテゴリーを用いる。これらの評定はクライエントと一緒に行ってはならない。
4. クライエントは，介入の有益性を評定し，その反応を 3 つまで選び，番号を書きとめる（そのセッション中，どのように感じたかについて回答すること）。クライエントは有益性尺度のすべての得点範囲を用い，反応システムのできるだけ多くのカテゴリーを用いること（ヘルパーは本心からではない「すばらしい」コメントよりも，正直なフィードバックのほうが多くを学べる）。評定するときにヘルパーと協力してはならない。
5. ヘルパーとクライエントは，最も有益だったことと最も有益ではなかったことを書きとめる。
6. スーパーバイザーは「面接評定票」（別表 B）に基づいてヘルパーにフィードバックを行う。

グループ実習レポート

1. ヘルパーは自分の 20 分間セッションの逐語録を起こす（別表 C の例を参照）。最小限の発話「ええ」「そうですね」「えーっと」「うーん」「うん」などは無視してよい。
2. 別表 F の指示を参照して，ヘルパーの会話を反応ユニット（文法的な文章，普通は読点まで）へと分割する。
3. 「ヘルピング・スキル・システム」（別表 E 参照）を使って，自分の逐語録の中のそれぞれの反応ユニット（文法的な文章）にどのスキルが使われていたのかを特定する。
4. もう一度できるとしたら，それぞれの介入でどんな違ったことばを使うのか考え，逐語録を修正する。また，違う言い方をすると思う内容について，反応ユニットごとにどのようなスキルが使われるのか示すために，「ヘルピング・スキル・システム」（別表 E）を用いる。
5. 録音・録画を消去する。逐語録上に個人を特定できる情報がないことを確認する。

グループ実習 8　探求スキルの統合

6. このセッションで使われていたスキルと初回セッション（グループ実習 3）で使われていたスキルを比較する。
7. 「セッションプロセス－結果尺度」（別表 I）下位尺度のヘルパーとクライエントの得点を比較する。「自己知覚－管理方略調査票」（別表 J）得点については，他の学習者と得点を比較する。

個人的な振り返り

■ヘルパーとして，この体験から自分自身について何を学んだか。
■あなたとクライエントは，どのスキルが最も有益であると思ったか。それはなぜか。
■あなたの意図はあなたのスキルとどのくらい一致していたか（7～10 章のスキルについての表に掲載されていた意図とあなたの意図を比較しなさい）。
■ヘルパーの中には問題解決を急ぎすぎるあまり，探求することに時間をかけるのが難しくなる人がいる。もしこれがあなたに当てはまるなら，どうして難しいのかよく考えなさい。
■あなたがまだ練習する必要があるのはどのスキルか。

第Ⅲ部

洞察段階

12章

洞察段階の概観

知らないことを探究するには勇気がいるが，
知っていることを問うにはもっと勇気がいる。
——カスパール

ジュアンは行動療法のヘルパーのところに通い，リラクセーション，主張性スキル，時間管理スキルを教わった。今では前よりも考えがまとまるようになり，リラックスして，会話もうまくこなせるようになったが，それでもまだ内面では空虚な気持ちでいた。彼は，どうして自分が人生には意味がないなどと感じてしまうのかよく理解できなかった。洞察を重視するヘルパーのところへ行くと，二人でジュアン自身のことや子ども時代のことについての感情（フィーリング）を探求するようになった。ヘルパーによるやさしい**質問**，**挑戦**，**解釈**，洞察の**自己開示**を通して，ジュアンは，おそらく自分の不安や孤独感は生後２か月のときに母を亡くし，父がジュアンを祖父母のもとに住まわせたことに起因すると理解するようになった。祖父母はジュアンを大変かわいがってくれたが，ジュアンは，自分が祖父母の引退後の生活設計の足かせとなっていて，よそ者であると常に感じていたのだった。人づきあいにおいても，彼はいつも自分を輪の外におき，他人から拒否されることがないようにしていることに気づいた。彼は再び見捨てられることのないように人生を防衛して生きてきた。彼はまた，人づきあいを避けてきたため，親密で満足のいく関係をもつ機会を逃していた，ということにも気づくようになった。セッション中，ヘルパーが自分のことを退屈に思ってやしないか，他のクライエントといたいのではないかなどと，自分がいつも心配しているのがわかった。ヘルパーが自分たちの即時的な関係について語ったのを契機に，ジュアンは，自分が抱く感情は両親が自分を見捨てたことについての感情（フィーリング）をヘルパーに転移したものであると理解するようになった。自己理解を深め，ヘルパーも本当に自分のことを心配しているのだと知ると，ジュアンは自分が愛されていない人間であるという考えを再考しはじめた。彼は，祖父母についての自分の見方をリフレームできるようになり，祖父母が本当に自分のことを愛し，自分を育てることを選んだのだと理解した。自分の感情（フィーリング）や行動についていくらか説明ができるようになったことから，ジュアンはこれまでになく晴れ晴れとした気分になった。

探求段階の間に，私たちは治療関係を確立し，クライエントが深いレベルでの感情（フィーリング）を体験し，問題の多くの側面について考えを探求するよう援助した。探求段階はクライエント中心的で，私たちは判断することを控え，クライエントなりの視点の理解に努めた。クライエントによっては，このような支持的で判断しない**傾聴**こそが，人生における重要な変化への動機づけに必要なのである。このようなクライエントは，ヘルパーの受容により自己の感情を体験し，内面で起こっていることを受けとめることができる。障壁が取り除かれると，自分がどうありたいのか，問題についてどうしたいのかを考えることができるようになる。クライエントは潜在性の実現化ができるようになり，創造的活動的な自己治癒者，問題解決者となる。クライエントは有能なヘルパーと思考や感情を分かつことを楽しむが，もはや外側からの介入は要しない。

残念ながら，すべてのクライエントが思考や感情を探求した後，自力で前に進んでくれるというわけではない。なかには，自己の感情や行動の起源と帰結について理解するのが困難なクライエントもいる。あるいは，行き詰まってしまい，子ども時代に内的苦痛や外的危害から身を守るために学んだ障壁や防衛を乗り越えるうえで，他人からの援助が必要なクライエントもいる。世界が安全であるという保証はないため，自分を守ってくれる防衛を破棄することは難しい。苦痛な出来事が起こると，人はいやなことを考えなくてもすむように，体験したことを心の中で区分けする。そして，そうした体験を人生の中に統合するのが困難になる。とても長い間，ある決まりきった方法で行動してきたため，自分の行動に疑問をもったり自分のやっていることの理由を考えたりしない人もいる。あるいは，自分自身や自分の動機づけについてもっと知りたいと思ってはいるのだが，盲点を克服するのに客観的な視点を必要とするクライエントもいる。ヘルパーは，クライエントが自分の思考や感情や行動について気づきが得られるようクライエントに**挑戦**を行い，洞察が得られるようクライエントを励まし，クライエントが新しい方法で考えられるよう**解釈**や洞察の**自己開示**を提供するとよい。また，他者とどうかかわっているかを理解してもらうため，クライエントに治療関係における**即時性**の問題を理解させるよう努めるとよい。

洞察段階は，自分自身や自分の問題についてクライエントが新しい理解に達するのを支援するために重要である。人というのは人生における意味を発見しようと努力し，潜在性を実現化するために不適切な思考パターンを再構成する必要性にしばしば迫られるものである，と私は思う。フランクル（Frankl, 1959）は，苦しみを乗り越え，存在の意味を発見するのに，人生哲学をもつことの重要性を強調した。そして，私たち人間の最大のニーズは人生における意味の核心と目的を発見することであると論じた。ドイツ強制収容所におけるフランクルの経験が彼の理論の支柱となっている。彼は，自分の境遇こそ変えられなくても，経験にともなう意味は変えられた。ユダヤ人の伝統にある長所を生かすことで，彼は自ら生き抜き，他者をも生き抜かせた。

最後になるが，洞察段階は探求段階の基盤の上に建っているということを繰り返して述べたい。探求を越えて洞察や内的力動の理解へと進むには，深い共感の感覚とクライエントへの信頼が不可欠である。ヘルパーは，防衛や不適切な行動に惑わされることなく，内的な自己に目を向け，クライエントのあるがままを受けとめなければならない。判断をしなければ，ヘルパーはクライエントを理解し受容するためにさらに注意深く見つめることができる。

理論的背景：精神分析的理論

精神分析的理論は，ジグムント・フロイト（Sigmund Freud）に始まり，後に続く多くの理論家たち（例：アドラー［Adler］，バッシュ［Basch］，ビオン［Bion］，エリクソン［Erikson］，フェアバーン［Fairbairn］，フェニケル［Fenichel］，フェレンツィ［Ferenczi］，フロム［Fromm］，ギル［Gill］，グリーンソン［Greenson］，ホーナイ［Horney］，ユング［Jung］，クライン［Klein］，コフート［Kohut］，マーラー［Mahler］，ランク［Rank］，サリヴァン［Sullivan］，ウィニコット［Winnicott］）を通して発展した。精神分析的理論が登場して1世紀以上の間に，理論にも多くの変更がなされ（Mitchell, 1993），現在ではセラピストとクライエントの関係が重視されるようになっている（例：Teyber, 2000）。このセクションでは，現在主流となっている，またヘルピング・スキルのモデルに利用可能な精神分析的理論の重要な側面についていくつか焦点を当てる。

パーソナリティ理論

心理性的発達（口唇期，肛門期，男根期，潜伏期，性器期）に関するフロイト理論（Freud, 1940/1949）はこれまで広く論議されてきたが，フロイトの理論には参考となるいくつかの構成要素が存在する。第一は，心についての記述である（この理論は生理学的現実としてよりもメタファーとしての有益性を強調することが重要である）。フロイトは，生まれつき，乳児はイド（id）すなわち即時的な欲求充足を追求する原始的な衝動に完全に支配されていると仮定した。子どもは成長するにつれ，欲求の充足を遅らせ外界と交渉できるような自我（ego）を形成させる。子どもがさらに成長し社会規範や価値観を内在化するようになると，超自我（superego）を発達させる。原始的な衝動と社会的な制限の間で苦闘する中で，これらパーソナリティの3側面の間に葛藤が生まれる。

関連のあるもう1つのフロイトの概念は，意識についてである。これもまた，生理学的実在としてよりもメタファーとして重要である。フロイトは自覚を，無意識と前意識と意識とに分割した。フロイトは，精神活動の大部分は無意識的であり，それは即座に自覚することができないと仮定した。少量のエネルギーが前意識にあり，多大な注意が向けられるならば，人はその思考や体験に触れることができることを示唆している。ごくわずかの努力で，すなわちいつでも容易に自覚できるのが意識である。ほとんどの人は無意識的な動機から行動し，なぜそのように振る舞うのかについて自覚していない，とフロイトは唱えた。無意識の力を確かめるには，自分らしくないと思えるような最近の振る舞いを何か思い出すとよい（例：突然怒り出した，自分の価値観とは相入れない行動をした）。こうした気持ちや振る舞いは無意識の感情（フィーリング）によって動機づけられたのかもしれない。

フロイトの三番目の重要な構成概念は防衛に関するものである。パーソナリティの発達は万事良好というわけにはいかない。子どもは心理的発達に必要なものすべてをいつも与えられるとは限らない。人が逆境と折り合う方法の1つが防衛機制を発達させることである。フロイト（Freud, 1933）やその後の精神分析家たちによって理論化されたことは，防衛機制というのは現実を否定したり歪めたりしながら不安に対処しようとする無意識的方法であるということである。誰しもが不安を扱わなければならず，そのためいくつかの防衛機制を身につけている。防衛機制は，適切かつほどほどに用いられれば健康的でありうるが，反復的かつ頻繁に用いられれば問題をはらみうる。防衛機制には以下のようなものがある。

- 抑圧（Repression：苦痛な材料が意識的な思考の中に入り込むことを許さないこと）
- 知性化（Intellectualization：理念に焦点を向けることで苦痛な感情（フィーリング）を回避すること）
- 否認（Denial：苦痛な感情を積極的に拒否すること）
- 退行（Regression：不安を感じた際，発達段階上，より早期の行動に従事すること）
- 置き換え（Displacement：不快感を，もともとその感情（フィーリング）を誘発した人物よりも弱くて脅威とならない人物に向けて移し変えること）
- 同一化（Identification：他者にある性質をまねること）
- 投影（Projection：自分の中にあって無意識的に嫌悪する特徴を，他者がもっていると知覚すること）
- 取り消し（Undoing：受け入れがたい行動を取り去ったり埋め合わせたりするのに，儀式的な振る舞いをすること）
- 反動形成（Reaction formation：感じていることと正反対の態度で振る舞うこと）
- 昇華（Sublimation：受け入れがたい衝動を社会的に是認された行為に変えること）
- 合理化（Rationalization：不安をかき立てる思考や行動へのいいわけをすること）

例えば，アントニオが結婚生活の問題を抱えていたのは，母親のように支配する姿を妻に投影してしまうからであった。妻の問いかけは，自分のことを心配してではなく，むしろ支配欲によるものであると，彼は見ていた。彼は，支配しようとする妻に自分の怒りについて話すことを怖れ，その感情（フィーリング）を，犬を蹴ることで置き換えていた。怒りについて問われると，彼はそれを否認し，お仕置きをされると思ってぐずる7歳の子どものように退行した。これらの防衛機制により，アントニオは母親への怒りに気づかず，もっと上手な感情（フィーリング）の扱い方を学ぶことができずにいた。

もう1つ重要な構成概念はアタッチメントであり，それは最近ますます理論化が進み，研究の対象となっている（例：Bowlby, 1969, 1988; Cassidy & Shaver, 1999; Meyer & Pilkonis, 2002）。ボウルビィ（Bowlby）は，幼い子どもたちが養育者との緊密性を保持する行動や情動反応の説明にアタッチメント理論を展開した。最適なアタッチメントでは，養育者は乳児に心地よい存在を提供し，それは乳児に不安の低減と安全感覚の高揚をもたらす。この安全基地から乳児は環境を探求することができる。幼い子どもの観察研究を通して，エインズワースら（Ainsworth, Blehar,Waters, & Wall, 1978）は，アタッチメントの3類型を発見した（安定型，不安－アンビバレント型，不安－回避型）。しっかりとアタッチメントが形成されている乳児は，母親の前で自由な探索を行い，母親との分離に多少の不安を示すものの，母親との再会で容易に機嫌がなおる。不安－アンビバレント型の乳児は，不安と怒りが過度で，探求行動が阻止されるくらい母親にしがみつく傾向があった。また，母親との分離の間は苦痛で，母親との再会によって容易には機嫌がなおらなかった。不安－回避型の乳児は，観察中，母親にあまり関心を示さず，愛情もわずかしか見せなかった。こうした傾向は他の子どもたちについても見られ，さらにその結果は大人にまで拡張された。すなわち，子ども時代におけるアタッチメントの型が大人になった後の人間関係にまでもち越されるということを示唆するものであった（Ainsworth, 1989）。ボウルビィの理論は，セラピストを含む他者との人間関係の形成に対してクライエントが感じる困難を説明するうえで，最近幅広く引用されるようになっている（例：Mallinckrodt, Gantt, & Coble, 1995）。

精神分析的治療

フロイトは，困難を感じている課題を吟味し洞察することが問題解決に資すると信じた（Freud, 1923/1963）。治療（treatment）の基礎として，ヘルパーは根気強く，共感的に，無批判的に，そして受容的に傾聴する（Arlow, 1995）。

ヘルパーは，洞察促進のため患者の自由連想を奨励する。つまり，無意識を意識化するための方法として，心に浮かんだ考えはどんなことでも無批判に語ってもらう。これが精神分析的治療の基本的焦点である。時期をみて，ヘルパーはクライエントのその時点での理解を越える解釈を与え，クライエントが問題をより深く考えることができるよう働きかける（Speisman, 1959）。解釈の焦点は，行動の起源や幼少期早期の体験が現在の行動に及ぼす影響に当てられるのが典型的である。精神分析家は，現在の行動にどのような人生早期の原因があるのかを判断するため「考古学的な発掘」の実施の重要性について説く。

精神分析的治療の目標は，無意識を意識化すること，言い方を変えれば，イドを自我で置き換えることである。フロイトによれば，私たちの心の大部分は無意識であるが，こうした原初的影響性についてできる限り気づこうとすることはできるという。無意識の材料を扱うのは難しいため，フロイトは，夢や空想や言い間違いなど，自我のコントロールが強くない領域を分析することを提案した。ヘルパーも同様に，クライエントがたびたび使う防衛機制についてクライエントに気づいてもらい，不安を和らげるために無意識が方略的に使う力に打ち勝つだけのコントロール力をクライエントに獲得してもらうよう支援する。

幼少期早期から未解決となっている問題はクライエントの生涯を通して繰り返し出現する，とフロイトは考えた。この反復性は，クライエントのセラピストへのかかわり方を分析することで明らかになることが多い。例えば，母親が冷たくて，乳児としてアタッチメントのニーズを満たしてもらえなかったクライエントは，セラピストとの関係において依存心を示すかもしれない。クライエントは，セラピストの自宅に電話をかけたり，予定外のセッションを求めたり，各セッションの制限時間を引き延ばそうとするかもしれない。また，セラピストは冷たくて，自分のニーズを満たしてくれないといい，母親への感情をセラピストに投影するかもしれない。他者との間に未解決な問題をもち，その相手の性質をセラピストに移しかえることは転移（transference）と定義される（Freud, 1920/1943）。転移の分析と解釈は，クライエントの他者との関係を理解し，クライエントにとって重要であり未解決な問題を理解するための強力な手段となりうる，ということをフロイトは示した（Gelso & Carter, 1985, 1994 も参照）。さらに，現在の対人関係論者は治療関係を理解することの重要性を強調している。ただし，最近の研究によると，特に対人関係に多くの困難を抱える患者に転移解釈を用いる場合にはちょっとした注意がいるという（Crits-Christoph & Gibbons, 2002）。このようなクライエントとは，治療関係における転移問題を直接扱う前に，かなり強固な関係が確立されていることを確認するなど，ヘルパーは細心の注意を払わなければならない。

ヘルパー自身の未解決な問題もまた，ヘルピング・プロセスや援助結果に影響を与えうる。このプロセスは逆転移（countertranference）と呼ばれ（Gelso & Hayes, 1998 も参照），ヘルパーの未解決な問題に端を発する，ヘルパーのクライエントに対する反応であると定義づけられる。前出の例では，セラピストに他者の面倒を見ることについての未解決なニーズがある（そのセラピストにきょうだいの世話をしてほしいと頼るアルコール依存の母親がいることとおそらく関係があるかもしれない）。そうして，クライエントが自宅にまで電話をかけてきたり，いつでもクリニックに立ち寄ったり，収入を得るまで治療費の支払いが遅れたりすることを容認し，何かとクライエントの要望に応えてしまうかもしれない。逆転移行動は，もしそれが認識されなければ，治療にネガティブな影響を与えてしまう可能性がある。しかしながら，逆転移感情（フィーリング）に気づいていれば，ヘルパーの未解決な問題によってヘルピング・プロセスが阻害されないようにすることができるし，クライエントから何を引き出されるのかに気づくことで実際にはプロセスが促進されることもある。

フロイトの原理に忠実にしたがうセラピストは精神分析的であると考えられる。フロイトの原理を修正したり，フロイトの原理をもっと自由に使ったり，他の原理と組み合わせて使ったりするセラピストは心理力動的と考えられる。

精神分析は複雑であるため，その理論の豊かさをここで公正に扱うことはとても不可能である。興味をもった読者は，精神分析的理論についてさらに学習できる他の資料にあたってほしい（例：Basch, 1980; Gelso & Hayes, 1998; Greenson, 1967; Kohut, 1971, 1977, 1984; Mahler, 1968; Mitchel, 1993; Patton & Meara, 1992）。

精神分析的理論はどう３段階モデルと関連するのか

精神分析的理論において人生早期の対人関係，防衛機制，洞察，治療関係の扱いの重要性を強調していることと，私の洞察段階についての考えとは一致する。もっと具体的にいうと，幼少期早期の経験の重要性を強調している点が，早期の，特に重要な他者との経験の重要性についての私の考えと一致する。同様に，防衛機制を強調することも，自分を守りつつ他者との交流も可能であるような適度なレベルでの防衛機制を，クライエントに確立してもらえるよう援助するのに重要である。また，洞察は，クライエントが変化を続け，後に新しい問題が起こったときにその問題の解決を可能にするのに役立つものであると，私は固く信じている。最後に，治療関係で生じやすい問題に対処することは，クライエントに治療以外の場面における対人関係をより効果的に扱うスキルを獲得させることにもなり，とても重要である。

しかし，伝統的な精神分析的理論とは対照的に，洞察段階におけるヘルパーの役割は，洞察を提供する人物となることではなく，クライエントが洞察を得られるよう手ほどきを行うことにある，と私は強調したい。ヘルパーが適切な雰囲気を提供し，考え抜いた質問をすれば，クライエントはしばしば自分自身の洞察に達することができる。実際のところ，押し付けられた解釈よりも，自分の手で獲得した洞察のほうがクライエントにとって満足のいくものであることが多い。ヘルパーからの働きかけを求めるクライエントもいるが，そうした働きかけも協働的かつ慎重に行われれば有効となりうる。

精神分析的なアプローチはクライエントが行動（アクション）段階に移るのを直接手助けするわけでない。精神分析的理論を用いるセラピストは，通常，**直接ガイダンス**やアドバイスを行わない（Crits-

Christoph, Barber, & Kurcias, 1991)。行動（アクション）段階がとても役立つのは，特にそれが洞察段階を経ている場合である，と主張しておきたい（もっとも，洞察に先立ち，行動（アクション）を求める，あるいは行動（アクション）することが必要なクライエントもいる）。それと同じように，3段階モデルを用いるヘルパーは援助に際していっそう積極的な担い手となる傾向があり，治療期間も伝統的な精神分析的治療に比べてより短期間となる傾向がある。とはいえ，理論的所説に若干の違いはあるものの，精神分析的技法はクライエントを洞察や自己理解の高まりに導くのに非常に有効であると強調したい。

洞察段階の目標

気づきをはぐくむこと

クライエントが自らの思考や行動に気づくようになることは重要である。人は自分自身と長くつきあって生きてきているし，対人関係での傷つきからわが身を守るために防衛を発展させてきているため，もはや適応的でない思考や行動に気づかないこともよくある。クライエントが自己吟味のプロセスに進めるようになるには，他者がクライエントに対し，実際のところどう反応しているかを理解しなければならない。例えば，あるクライエントは，人に避けられても仕方のないような敵意に満ちた態度でいることに気づいていない様子だった。気づくというのは，自分の思考や感情（フィーリング）や行動や他者への影響について，より注意深くなることでもある。

洞察をはぐくむこと

気づきはしばしば洞察したいという願望を導くが，その願望こそが洞察段階の主たる目標である。言い換えると，ひとたび感情（フィーリング）や思考や行動に気づくようになると，人はそのことについてもっと理解したいという気持ちになることが多い。

ヘルパーは，新しい理解の構築のためクライエントと協働作業を行い，問題を作り出し維持させているクライエントの役割についてさらに学ぶ。人間存在であることを保証することの1つが，自分の思考や感情（フィーリング）や行動について説明を欲する気持ちである。説明は，正しかろうが間違っていようが，人が自己の世界を十分に把握できているという感覚に役立ち，セラピー的変化における潜在要素でもある（Hanna & Ritchie, 1995)。洞察段階では，何が人を動機づけているのか，何が人の苦しみや喜びを引き起こしているのか，そして何が潜在性の実現を妨げているのかについて，ヘルパーは手がかりを探す。

何人もの理論家が治療プロセスにおける洞察の重要性を指摘してきた。フロイト（Freud, 1923/1963）は，心理的問題は発達的であり，解決は問題への洞察を得ることでのみ達成されると考えた。症状は過去および現在の生活経験という文脈において意味をなすのが一般的である。例えば，人前でしゃべることにまつわるジェーナの恐怖心は，自分が成功して，受動的で抑うつ的な母親をしのいでしまうかもしれないことへのためらいがあることを考慮すると，意味をなす。

フランクとフランク（Frank & Frank, 1991）は，洞察を，すでに知っている事実とその重要性の再評価との間の新たなつながりを認識することであり，新しい事実の発見につながる過去のやり直しであるととらえた。それゆえ，母親をなだめるために自らを抑えてきたという洞察により，ジェーナは自分がなぜこれまでずっとこうした選択をしてきたのかを理解するようになるかもしれない。また，こういった理解により，彼女はこれまでと違う選択もこれからは可能であるとの感覚を得ることができる。

●洞察とは何か

洞察を得たクライエントは，物事を新しい観点から眺め，複数の物事を関連づけることが可能となり，自分が行動するとなぜそのようなことが生じるのかを理解するようになる（Elliott et al., 1994）。人によっては，洞察の獲得は，まるで電球がふっと消えて，「ああ，そうなんだ」（“aha”）と不意をつかれる感覚に似ているという。例えば，ユンユンは，ボーイフレンドがパーティに行かないと言ったときに彼への強い反発を感じたが，それは，子どものときに我を通したことなどめったになかったという自分の経験に由来するものであると，ふと気づいた。彼女の怒りは，過去に感じた不公平感や，かつて両親がしたのと同じことを彼がしようとしているという信念によるものかもしれない。しかしながら，人によっては，もっとゆっくりと洞察に至る場合もある。ロジャース（Rogers, 1942）は，「洞察というのは，新しい見方に耐えられるほど個人が心理的に十分な強さを獲得するようになってから，徐々に，ほんの少しずつやってくるものである」（p.177）と述べている。例えば，ロバートは長い時間をかけ，また繰り返し**挑戦**や**解釈**を受けた後にようやく，自分がなかなか職業選択ができないのは妻とうまくいっていないためかもしれない，ということを実感できるようになるかもしれない。

●知的洞察と情動的洞察

行動（アクション）へと導く洞察というのは，知的であると同時に情動的なものでなければならない（Reid & Finesinger, 1952; Singer, 1970）。知的洞察は問題に対して客観的な説明を与える（例：私はエディプス葛藤のせいで不安を感じる）。知的洞察には，クライエントをどこへもたどり着けないような理解に縛りつけてしまう不毛で無益な性質がある（Gelso & Fretz, 2001）。心理的問題の包括的歴史や困難の源は話せても，自分の感情（フィーリング）を十分に表出することはできないという人を，私たちの多くが知っている。他方，情動的洞察は感情を知性につなげ，当事者意識や責任感を創り出す（Gelso & Fretz, 2001）。例えば，ジェイソンは，自分だけの趣味をもとうとする妻といさかいがあったが，それは実のところ父が自分とあまり一緒にいてくれなかったために感じていた傷つきによるものであると，ふと気づいた。そのとき，彼は自分自身の中にある深い傷つきを感じとることができた。彼は背負っていた重荷から解放された気分になったのだろう。この情動的洞察と知的洞察によって，ジェイソンは妻が自分とは違う活動を行ってもよいと決断できた。彼は，自分なりの趣味をもたなければと考え，自分のアイデンティティをもつのになぜ妻を基準にするのか疑問をもつようになるかもしれない。「書物の上では」いかにもそれらしく思える解釈であっても，自身で認識せず深いレベルで感じることがなければ，ジェイソンは彼が達したような深い洞察を得ることはできなかったであろう。

情動的洞察の獲得は行動変化につながると考えられる（Ferenczi & Rank, 1925/1956）。例えば，自分がボーイフレンドを怒鳴りつけてしまうのは父親への怒りがあるからだと知的に理解するクライエントは，知的洞察と情動的洞察の両方によって生じるのと同種の成長や変化に達することはない。もし，このクライエントが知的理解にともなう感情（フィーリング）を体験するのなら（例：ほとんど罪のないボーイフレンドにネガティブな感情を転移していることで，どれほどいやな思いをしているか，そして，父親がずっと自分の人生にネガティブな影響を与えてきたことに，どれだけ深く失意の気持ちをもっているか)，彼女はボーイフレンドに対する自分の行動を変えたいという気持ちをどんどん膨らませていくことだろう。

ヘルピング・プロセスに十分かつ積極的にかかわっていれば，クライエントが情動的洞察を獲得するのは概してわりと簡単である。クライエントは自分のこととしてかかわる必要があり，また自己理解を強く求める必要もある。通常，ヘルパーは，自分の考えていることをクライエントに伝えるよりも，クライエントと協働作業を行いながら洞察に達するのを援助するほうが望ましい。

●なぜ洞察が必要か

フランクとフランク（Frank & Frank, 1991）は，食べ物や水に対する欲求と同じように，出来事を納得したいという欲求は人間にとって基本的なものであると主張した。彼らによると，人は何が危険で，安全で，重要で，良くて，悪くてなどといったことを予測して，内外の刺激を評価するという。これらの予測は，高度に構造化された複雑で相互作用的な一連の価値観や期待となり，情動的状況や感情と密接に関係する自己イメージとなる。こうした心理的構造が個人の知覚や行動を形成し，翻って個人の知覚や行動が心理的構造を形成する。

出来事についてのクライエントの解釈は，その後の行動や感情（フィーリング）だけでなく，ヘルピング場面で特定の話題にすすんで取り組む意欲をも左右する。例えば，18歳の男性クライエントであるジョンは運転免許の教習を受けることに難色を示している。もし運転への抵抗が大事故への恐怖によるものであるとジョンが考えるなら，恐怖心が主要な問題だとジョンは言うだろう。もし成長し独立することへの抵抗が恐怖心の原因だと言うなら，分離の課題に取り組む必要性をジョンはずっと強く感じるだろう。ヘルパーは，クライエントがより適応的な構成概念を展開できるよう，クライエントがその時点で出来事を（意識的および無意識的に）どう解釈しているのかを知る必要がある。

通常，行動（アクション）に移る前に洞察を獲得しておくのがよい。なぜそれが大切なのかという点について理解も説明もなく，ただヘルパーの言うままにクライエントが行動するのなら，クライエントは新たな問題が生じても自分の行動の案内役となる枠組みをもたないことになる。新しい問題が起こるたびに，クライエントは何をすべきか，いちいち誰かに聞いて回らなければならなくなる。それと対照的に，問題への取り組み方を教わっていれば，クライエントはおそらく先々，問題を探求し，理解を進め，自分で工夫してやりたいことを決めることであろう。実際，ヘルパーはクライエントに問題解決への取り組み方を教えている。運転への抵抗がある例では，仮にジョンが，その抵抗は病気の母親を家においたままにしてしまうことへの不安と罪悪感のせいである，との理解に達していれば，彼は母親のことをどうすればよいのか，自分の価値観に沿いながら見識ある決断を下すことが可能となる。このように，洞察はヘルピング・プロセスにおいてことさら重要である。

よりよい対人関係をはぐくむこと

洞察段階のもう１つの特別な目標は，クライエントが自分の対人関係のもち方への気づきと洞察を得ることである。クライエントはしばしば人からどう見えるかに気づいていない。したがって，ヘルピング関係でクライエントがどう見えるかをフィードバックして伝えることは，援助目標の１

つとなる。ここで前提にしていることは，クライエントはヘルパーに対するのと同じようなやり方で他人に対しても振る舞っており，したがって，治療関係を仔細に検討することはクライエントの対人関係の小宇宙を見ることになるということである。むろん，クライエントはヘルパーに振る舞うのとまったく同じように他の人に対しても振る舞っているわけではないし，ヘルパーの逆転移が関係に影響を及ぼすこともある。しかし，治療関係を観察することは，1つの即時的関係を扱う好機となる。そのうえでヘルパーは，クライエントがそこで学習したことを他の人間関係にまで般化できるよう，行(アクション)動段階においてクライエントと協働作業を行う。

ヘルパーの視点の活用

探求段階に比べると，洞察段階にあるヘルパーは，クライエントがどこで足踏みをしているか，また何が彼らの動機づけとなっているのかということを理解するのに，これまでよりも多少ヘルパー自身の見方や反応を頼りにする。こうしてヘルパーは，クライエントの体験にどっぷり浸っている状態から，クライエントが十分に機能を発揮する妨げとなっている事柄をクライエントにわかってもらおうという，より公平なスタンスへと少し移行する。

ここで強調したいのは，ヘルパーが「すでにある」洞察や正しい視点をもつのではなく，またヘルパーの視点をクライエンに無理に受け入れさせるのでもない，ということである。むしろ，ヘルパーは，クライエントが自分自身について新しいことを発見できるよう働きかけるとともに，クライエントが新しい気づきと洞察に達することができるよう，ときおり自分の視点を示すのである。そこには，クライエントの自己発見にヘルパーが手を貸すという協働作業の感覚がある。目標は，クライエントが新しい理解を見出だしたという感覚をもつことである。ヘルパーが洞察を示唆するときでさえも，クライエントは，ただやみくもにそれを受け入れるのではなく，それを試し，自分に合うかどうかを見出だすことが必要である。内面で起こっていることを理解することはとても貴重な「ああ，そうなんだ」（“aha”）体験であるが，それが真に有益なものになるには，クライエントによって見出だされ体験されなければならない。

ヘルパーが自分の視点を用いるときは，それがヘルパーのニーズによるのでなく，クライエントの最善の利益によって動機づけられていることを注意深く確認しなければならない。ヘルパーのニーズに動機づけられている場合（つまり，逆転移），介入が有益なものにならないことがある。ヘルパーは，逆転移に基づいた不適切な行動をセッション中にとらないよう，自らの逆転移反応を認識している必要がある。

また，**挑戦**や**解釈**に対するクライエントの拒絶にもヘルパーは備えていなければならない。ときにはこれらのスキルが，まだ機が熟さないのに用いられたり，不正確で不適切に使用されたり，あるいは無神経に行われたりすることもあるし，ときにはクライエントのほうが防衛的で不安になっていることもある。ヘルパーは，こうしたいろいろな反応に注意を払い，クライエントに応じてどのような介入が可能なのかいろいろと見極める必要がある。

洞察段階で用いられるスキル

洞察段階において最も重要かつ頻繁に用いられるヘルパーのスキルは，おそらく**開かれた質問**であろう。**開かれた質問**は主として2つの目的で用いることができる。第一に，それが用いられるのは，気づきと洞察についてのクライエントの考えを刺激することである。ヘルパーは，**挑戦**や**解釈**を与えるのではなく，クライエントが自分のために**挑戦**や**解釈**を行うよう問いかける（例：「今，何が起こっているんでしょうか」「その行動についてどうお考えでしょうか」「その行動の意味は何だと思われますか」)。自己観察し行動について考えるよう，やさしく，判断をせずにクライエントを導くことは大きな励ましとなりうる。**開かれた質問**の第二の活用は，**挑戦**，**解釈**，**自己開示**，**即時性**，**逆説的解釈**といったヘルパーの介入の実施に対するクライエントの反応を明確に識別することである（例：「それはあなたにどう合っていますか」「それに対してどう応じますか」)。ヘルパーはクライエントに何かを押し付けようとしたいわけではないので，クライエントの反応を理解し，それから後の介入をクライエントのニーズに合わせて修正することが大切である。

洞察段階での主要な関連スキルは，**挑戦**，**解釈**，洞察の**自己開示**，および**即時性**である。**挑戦**はクライエントが自分の行動の意味について考えるよう刺激するために，**解釈**は意味についての示唆を提供するために，洞察の**自己開示**は例やモデリングを通して再びクライエントが洞察を得られるよう挑戦し援助するために，**即時性**はクライエントが関係性の問題への洞察を得られるよう援助するために，それぞれ用いられる。

これらの洞察スキルは，洞察段階の基盤となるものであるが，用いられることは少なく，その際には念入りな準備を要する。これらのスキルはどれも，よりヘルパー側の視点を提示するところがあり，それを示す際には共感的で協働的な態度を失わないよう最大限留意し，慎重でなければならない。

洞察段階に特有のスキルは，探求段階におけるスキルよりも学習や活用に困難をともなう。私は学習者が，最初に手本を示されただけですぐさま洞察スキルを習得できるなどと期待してはいない。現に，ほとんどの学習者にとって，洞察スキルを学習し，それをヘルピング場面における適切な状況で応用できるには，何年もの歳月と数々の実践経験がいる。

それ以外の探求スキル（**かかわり**と**傾聴**，**言い換え**，**感情**（フィーリング）**の反映**，**沈黙**）は洞察段階でもよく用いられる。ひとたび，ヘルパーが**挑戦**や**解釈**や**自己開示**や**即時性**を実施したら，その時点でクライエントは新しいレベルにいる。したがって，ヘルパーは，クライエントが思考や感情（フィーリング）を探求できるよう促さねばならない。

考えてみよう

- あなたの生活で洞察の果たす役割は何か。洞察を知らず知らずのうちに求めた（あるいは避けた）状況をいくつか述べなさい。
- 洞察が行動（アクション）の前に必要かどうかという点についてあなたの考えを述べなさい。

■ヘルパーはどの程度，解釈的な意見を述べるべきか，またそれはどうなされるべきかについてあなたの考えを述べなさい。

■精神分析的理論とロジャースのクライエント中心理論とを比較し，違いを明確にしなさい。パーソナリティの発達とセラピーという点に関して，あなた個人にとって納得のいく理論はどちらか。

■あなたは自分の生活の中でどの防衛機制を最も頻繁に用いるか。

13章

挑　　戦

やっかいなのは，どんな危険も冒さないなら，
さらなる危険を冒すことになるということである。
——エリカ・ジョング

イーサンは大学院に進みたいと言いながらも，ちっとも勉強をしないので，ひどい成績である。ヘルパーは「あなたは大学院に進みたいと言うけど，あまり勉強していないのですね。どうなっているのでしょう？」と言ってイーサンに挑戦する。この**挑戦**は，やさしく，脅威とならないように行われ，彼の反応を見ながら**開かれた質問**によって続けられた。このことがイーサン自身の行動への気づきにつながり，大学院進学へのコミットメントについて考えさせせることになった。イーサンは自分が大学院に進学する準備などできていないことにはっと気づき，なぜ自分がこうも怠慢でいるのか，あれこれ思いをめぐらすようになった。

挑戦（challenge）とは，クライエントが変わる必要があることに気づいていない，あるいは変わりたくないと思っている不一致や矛盾を指摘することである（表 13-1 参照）。不一致や矛盾は，未解決の問題，アンビバレンス，抑制された感情（フィーリング），あるいは抑圧された感情（フィーリング）の徴候であることが多いため，重要である。これらの不一致は，クライエントが湧き上がる感情（フィーリング）にうまく対処できなかったゆえに生じることがよくある。ヘルパーは**挑戦**を用いて２つの事柄を並列し，クライエントがそれらの矛盾に気づくようにする。そして，不一致の原因を理解する道を開くのである。**挑戦**は，クライエントを不適応的な問題，思考，感情（フィーリング），そして行動の気づきへと導く。

ヘルパーはさまざまなタイプの不一致に焦点を当てるとよい。

- ２つの言語的陳述の間（例：「問題ないと言われるのに，彼に戸惑っているとも言われます」）
- ことばと行動との間（例：「よい成績をとりたいと言われますが，パーティや睡眠にほとんどの時間を割いています」）
- ２つの行動の間（例：「笑っているのに，歯を食いしばっておられます」）

本文中で言及する別表は金子書房のホームページからダウンロードできる（URL およびアクセス用の ID とパスワードは p.xiv の「別表一覧」下部をご参照ください）。

表 13-1　挑戦の概観

定　義	**挑戦**とは，クライエントが変わる必要があることに気づいていない，あるいは変わりたくないと思っている不一致や非合理的信念を指摘することである。
例	「ご主人がお亡くなりになったことを悲しんでおられますが，それと同時にあなたをおいていかれたご主人に怒りも感じておられるのでしょうか」
典型的なヘルパーの意図	挑戦すること，不適応な行動を特定すること，不適応な認知を特定すること，感情（フィーリング）を特定し強めること，抵抗を扱うこと，洞察を促すこと（別表 D 参照）。
考えられるクライエントの反応	挑戦された，解放，ネガティブな思考や行動，明白，感情（フィーリング），責任，新しい視点，脅かされた，悪化した，行き詰まった，混乱した，誤解された（別表 G 参照）。
望ましいクライエントの行動	認知－行動的探求，感情の探求，洞察（別表H参照）。
起こりやすい問題／難しさ	クライエントを攻撃することの怖れ。 侵入的になることの怖れ。 **挑戦**に熱心になりすぎること。 無礼もしくは有害な**挑戦**を無意識に用いること。 苦痛な感情（フィーリング）を軽視すること。 文化的に不適切な仕方で**挑戦**を用いること。

- 2つの感情（フィーリング）の間（例：「お姉さんに腹を立てておられるのに，お姉さんの本当の姿を今こそ皆が理解するだろうとうれしく思っているのですね」）
- 価値観と行動との間（例：「人の選択を尊重するほうだと言われますが，中絶は間違っていると彼らを説得しようとしていますね」）
- 自己意識と経験との間（例：「誰からも好かれていないと言われますが，いつか誰かがあなたをランチに誘ってくれた例を話しておられましたね」）
- 理想自己と現実自己との間（例：「達成したいと言われますが，そんなことはできないとも言われます」）
- ヘルパーの意見とクライエントの意見との間（例：「あまりがんばっていないと言われますが，私はあなたがとてもよくやっておられると思います」）

多くの研究が示すところでは，**挑戦**すなわち**直面化（対決）**が用いられることは少なく，セラピストの全発言のうち約1～5％くらいにすぎないという（Barkham & Shapiro, 1986; Hill, Helms, Tichenor et al., 1988）。さらに，ヒルら（Hill, Helms, Tichenor et al.）は，クライエントもセラピストも**直面化**をほどほどに有益であると評定しはするものの，クライエントは**直面化**にネガティブな反応（つまり，脅かされた，悪化した，行き詰まった，混乱した，誤解されたと感じる，方向性を見失う）を示すことを見出だした。また，クライエントは**直面化**を聞いた後では感情（フィーリング）を探求せず，セラピストは**直面化**を多く用いたセッションはあまりスムーズでない，あるいは満足のいくものではないと見ている，ということも見出だした。**直面化**は強力であり，防衛や抵抗を招くような介入であるという研究もある（W. R. Miller, Benefield, & Tonigan, 1993; Olson & Claiborn, 1990; Salerno, Farber, McCullough, Winston, & Trujillo, 1992）。これらの研究が示唆することは，**挑戦**は，矛盾を指摘するのに役立つが，それをクライエントが聞き，活用できるよう注意深く共感的になされなければならないということである。

この本において，**挑戦**という用語は，**直面化**（confrontation）という，より一般的な用語の代わりとして用いている。その理由は，**挑戦**ということばはあまり対決的で攻撃的な意味合いを含まないからである。ただし，考察の中では，**挑戦**と**直面化**という2つの用語をやや互換的に用いている。

なぜ挑戦を用いるのか

挑戦は，クライエントの気づかない感情（フィーリング），動機，願望をクライエントに認識してもらうのに役立つ。もしクライエントが誰かに腹を立てながらもそれを認めることができないなら，彼らは皮肉たっぷりなコメントをして何気なくその人を傷つけるかもしれない。言い換えると，怒りが「漏れ」出すのである。さらに言うと，自分の不適切な行動に気づかないでいようとしているのかもしれない。自分の行動には責任をとらないで他人の非難をしているということもあろう。例えば，ある中年の人物が自分の問題はそっちのけで，その問題のすべてを両親のせいだと非難ばかりしているとする。それは，自分の行動に責任をとれば，両親への怒りをあきらめ，自分の不健康な行動を改めなければならないということを意味するからである。**挑戦**はしばしば，クライエントの否認をそっと突きだし，クライエントにこれまでと違う見方で問題を眺めてもらい，自分の問題に見合った責任をとろうという気持ちにさせるのに必要となる。

挑戦はまた，クライエントがアンビバレントな感情（フィーリング）に気づくための援助ともなりうる。私たちの多くはアンビバレントな感情（フィーリング）をもっているが，「こうであるべきだ」という信念があるために（例：「素敵な女の子は腹を立てたりしない」），物事の両面を感じることはなかなかできるものではない。**挑戦**が思考や感情（フィーリング）を明るみにするのに用いられれば，クライエントはそうした思考や感情（フィーリング）を体験し，それに責任をとりはじめる。

挑戦はまた，クライエントがこれまで認識できたものとは異なる感情（フィーリング），あるいはより深い感情（フィーリング）を認めることを可能にする。例えば，アンジェラは，ヘルパーが彼女のひどい成績について挑戦するまでは万事うまくいっていたのに，と何度も言った。この**挑戦**によって，アンジェラはより深いレベルで状況について考え，自分がむりやりに問題から目をそむけていたことを実感するようになった。他の例としてジャンニのものがある。彼は妻との関係を最高だと述べた。ヘルパーは，ジャンニの妻が家におらず，ここ3年間セックスがないことを指摘した。この**挑戦**で，ジャンニは妻との関係がどうなっているのかを綿密に吟味するようになった。

挑戦はまた，クライエントが防衛に気づくようになる援助としても用いられる（防衛についてのさらなる考察は5章と12章に戻って参照）。私たちの多くはあまり適応的でない防衛をしている。ときには，当てにならず，懲罰的で，虐待的な両親や他者から自分の身を守るために防衛を発展させるが，後々の人生でもう必要としない場合にさえもこれらの防衛をかたくなに用いる。誰にでも防衛の必要なときはあるが，私たちの目標は，クライエントが自分の防衛に気づくようになり，どんなときにその防衛を用いるかの選択ができるよう援助することである。例えば，ヘルパーは「皆から自分を守るために壁を築いていると言われますが，信頼できる人にまでそんなに壁を高くしておく必要が本当にあるのでしょうか」と言って挑戦してもよいだろう。安心して防衛を吟味できる場所を確保することで，防衛がクライエントを守るのに必要な状況であるときと，不必要な防衛を解き放っても大丈夫なときとを区別するよう，ヘルパーはクライエントと協働作業を行うとよい。

ヘルパーとしての私たちの目標は，すべての防衛を解体することでも取り除くことでもなく，いつどれくらい防衛を用いるのか，その選択肢をクライエントに与えることである。防衛が存在するのはそれなりの理由がある——防衛はクライエントの対処を助けている。すべての人はこの世で生き延びるのに何らかの防衛を必要としている。しかしながら，防衛を維持する理由を注意深く見つめ，なおまだそれが有効かどうかを判断する必要がある。例えば，敵意ある攻撃者と直面したら逃避という防衛は適切かもしれないが，親密な関係における逃避は非生産的であろう。それゆえ，ヘルパーはより賢明な仕方での防衛の使用法をクライエントが理解できるよう，クライエントと協働作業を行うのである。

挑戦を用いるもう1つの理由は，クライエントに洞察を得てもらうためである。ヘルパーは**挑戦**の理由を述べたり解釈したりすることはないが，クライエントはただ**挑戦**を聞くだけで洞察に至ることがある。例えば，ヘルパーはクライエントに，援助を求めていると言いながら，自分の置かれている状況について何も開示しないと告げて挑戦してもよいだろう。このような**挑戦**によって，何も明かす気にならないのは拒否されることを恐れているからだということに，クライエントが気づくようになろう。**挑戦**がなければ，クライエントは自分の抵抗感に気づかないでいるかもしれない。

ヒューマニスティック理論家であるカーカフとベレンソン（Carkhuff & Berenson, 1967）は，不一致を指摘する目的はクライエントの体験とコミュニケーションにあるあいまいさや不整合を低減するための援助であると述べている。**直面化**によってクライエントは自己受容し十分機能できるようになるのだという。クライエントが一致しない行動の諸断片に直面すると，それは彼らにとっていっそうの自己理解をもたらす**挑戦**となる。「**直面化**の時点で，クライエントは，変化の可能性について考えるよう圧力を受け，それを行うために，これまで採用したことのない資源を活用する」(Carkhuff, 1969; p.93)。「**挑戦**はある意味でクライエントの生活に危機をもたらす。その危機というのは，現在の機能様式を継続するのか，それともより高いレベルの，より充実した生活様式に到達しようと努力するのか，といった選択をクライエントに迫るものである」(Carkhuff, 1969; p.92)

直面化についての別の視点は精神分析家であるグリーンソン（Greenson, 1967）のものである。クリーンソンは**直面化**を，クライエントの抵抗を本人に示してみせることとして定義した（例：「クライエントの中にある，精神分析的な作業の手順やプロセスに対抗するすべての力」p.35)。防衛はまず直面化され，気づきがもたらされたのちに理解されるものであるため，**直面化**は**解釈**の前に行われるべきであると彼はいう。例えば，なぜクライエントがある特定のテーマを回避しようとするのか解釈する前に，自分が何かを避けているという事実をクライエントに認めさせなければならないだろうと述べている。このように，**直面化**によってクライエントの抵抗を指摘し，それから，クライエントが何にどう抵抗しているのかということが**明確化**や**解釈**を通して扱われるのである。

どのように挑戦するか

ヘルパーにとって大きな課題となるのは，クライエントがヘルパーの話を聞くことができ，攻撃を受けているのではなく支持されているという気持ちでいられるような方法で**挑戦**を実施することである。受容を伝える探求スキルとはまったく異なり，**挑戦**は下手をすると批判を含みやすい。ヘルパーは**挑戦**によって，クライエントの生活のある側面が不調和だったり問題をはらんでいたりしていることを示し，クライエントにこれまでの感情（フィーリング）や思考や行動を変えたほうがよいことを暗示する。**挑戦**はクライエントをうろたえさせる可能性があるため，ヘルパーは注意深く行ってほしい。クライエントの現在の思考法に**直面化**を行うことはときに重要であるが，**挑戦**はあくまで注意深く，やさしく，敬意を込めて，控えめに思慮深く，そして共感的に行われるべきである。

人の不一致に挑戦することは威嚇的になることがあるので，慎重にとりかかるべきである。クライエントのことを自分のまわりに壁を築いていると考える人もいるかもしれない。大きな武器や兵器でその壁を直接取り崩そうとするよりも，ヘルパーはむしろ，その壁のことを指摘するほうが賢明かもしれない。クライエントが壁のことに気づいたら，ヘルパーとクライエントは力を合わせて，壁の目的を理解するよう努めたり，その壁が必要なのかどうかを判断したりするとよい。その壁を打ち壊すよりも，ヘルパーはむしろ，クライエントがその壁に扉を作り，いつ開け閉めするかを学ぶよう励ますのがよいだろう。

ヘルパーは次のようなステップを踏んで，クライエントに**挑戦**を実施してみてほしい。

ステップ１：挑戦段階を設定する

探求段階に十分な時間を割くことは２つの理由で重要である。１つ目は，探求によってヘルパーはクライエントとの関係を構築することができるということである。よい関係ができると，クライエントが**挑戦**を聞くのはより容易になる。クライエントは，ヘルパーが**挑戦**を用いているのは自分を手助けするためであり，他のあまり治療的とはいえない理由からではないと感じることが多い。ヘルパーは治療関係が**挑戦**に耐えられるほど強いかどうかを査定する必要がある。クライエントに安心感があるか。クライエントはヘルパーを信頼しているか。探求は十分に行ったか。ヘルパーとのラポールは確立しているか。**挑戦**は，思いやりのある敬意に満ちた治療関係という文脈において最も効果がある。

十分な時間を割く２つ目の理由は，それだけヘルパーがクライエントを観察できるということである。ヘルパーはクライエントにおいて一貫していないことを観察したうえで，不一致もしくは矛盾についての**挑戦**を考え出す。そのため，ヘルパーは一貫していないことに敏感であるとともに，自分の観察に信頼をおいていなければならない。急いで結論まで飛躍せず，何が起こっているのかを明確にするために，ヘルパーは**挑戦**までに十分な量の証拠を集めておく必要がある。

ステップ２：挑戦が適切であることを示す徴候を探す

ヘルパーは，クライエントに**挑戦**を受け入れる準備があるかどうかを示す特別な徴候を探すとよい。この徴候には，アンビバレンス，矛盾，不一致，混乱の表明，行き詰まりの感覚，あるいは決心がつかないことなどが含まれる。ヘルパーは，「不協和音」が生じていないか，クライエントの行動を注意深く観察し，傾聴するようにしたい。つまり，よくなさそう，納得できなさそう，しっくりこなさそう，うまく行かなそうといったことや，「すべき」こととは無関係な行い，アンビバレンスを惹起したこと，あるいは言い合いになったことなどである。こうした「不協和音」は，クライエントが矛盾や不確かさを感じる事柄のヒントとなる。これらの徴候は，問題に「気づく」心の準備がクライエントにできているということを示唆している。

私はまた，クライエントがなぜ混乱や行き詰まりを感じるのかということを考えてみるよう，ヘルパーに勧めている。クライエントを非難したりとがめたりするのでなく，ヘルパーはクライエントの心理力動を理解してみるわけである。このプロセスを通して生じる共感によって，ヘルパーはいろいろな仮説を点検することに興味をもつようになる。それは不一致を指摘しクライエントを変えてやろうとする姿勢とはまったく異なるものである。

ステップ３：意図を見極める

ヘルパーはなぜ自分が挑戦しようとするのか注意して考える必要がある。ヘルパーは何を成し遂げたいのか。目標は，気づきを高めることなのか，それとも不適切な感情(フィーリング)や思考や行動の特定なのか，抵抗を扱うことなのか，洞察の促進なのか。これらは適切な目標である。

しかしながら，ヘルパーは自分自身のニーズを満たすために挑戦するわけではないことを確認しておく必要がある（例：立派に見せるため，クライエントよりもすぐれていると感じるため）。ヘルパーは，クライエントに挑戦したいという気持ちが自分の個人的な問題に影響されていないかどうかを評価する必要がある。例えば，パートナーの受け身的な姿勢にじれったさを感じているヘルパーは，受動的になっているクライエントにことのほか挑戦的になるかもしれない。離婚したばかりのヘルパーはあらゆる人間関係が破滅的に思えるかもしれず，どのクライエントにもなぜ結婚生活を続けているのかといって挑戦してしまうかもしれない。このような例では，問題は実のところクライエントではなくヘルパーにある。

ヘルパーはまた，**挑戦**が特定のクライエントに適切なものであるかどうかについても考える必要がある。直接的で単刀直入な**挑戦**は，アジア系やラテン系やネイティブのアメリカ人には文化的にいってふさわしくないため，不適切であるように思われる（Ivey, 1994）。アイビー（Ivey）が提供した事例は，アメリカで訓練を受けたあと最初に中国でカウンセリングを行った中国人のものだった。中国人カウンセラーは年配の中国人に挑戦する際，標準的な形式を用いて**直面化**を行った。つまり，「一方でＸをなさっていますが，他方ではＹをされています。これら２つをどのように成立させるのでしょうか」と。その年配の男性はていねいに別れを告げて，以後決して戻ってこなかった。中国人が反論を表明する必要があると考えるとき，一般に，人の感情を傷つけないよう，あるいは人の「面子をつぶす」ことのないよう細心の配慮がいることを，このカウンセラーは忘れていたのだった。カウンセラーの直接的な**直面化**の技法は，とりわけ若輩者からなされるものであったため，ぶしつけで無神経なものと考えられた。アイビーは，中国人に**直面化**は不可能というわけではないが，やさしく，十分に気を配って行う必要があると示唆した。

他方，直接的な（しかし，共感的で敬意にあふれた）**直面化**は，ソフトで穏やかなアプローチを無意味だと思い，そうするヘルパーを悪く言いさえするようなヨーロッパ系アメリカ人男性の一部やアフリカ系アメリカ人のクライエントにはよりふさわしいものとなろう。アイビー（Ivey, 1994）は，柔軟性と個々に応じた反応の必要性を強調している。

さらに，**挑戦**に求められるものはクライエントが変化のプロセスのどこにいるのかによっても異なる。変化の前熟考段階および熟考段階（3章の解説を参照）にあるクライエントには，ひとりよがりな状態にゆさぶりをかけ，変化を促すため，いっそう**挑戦**が必要と思われる（Prochaska, DiClemente, & Norcross, 1992)。変化のプロセスの後期段階（例：行動（アクション），終結，維持）にあるクライエントには，過去の防衛や変化への障壁を学ぶための**挑戦**はあまり必要ないように思う。

ステップ４：挑戦を実施する

不一致の**挑戦**を学ぶ際，必ず両側面の介入を含むようにするため，私は次のような形式を用いるようヘルパーに勧めている。

- 一方では____ですが，他方では____です。
- あなたは____と言うけれども，____とも言う。
- ____と言いますが，ことば以外のところでは____と見受けます。
- 私には____と聞こえますが，____とも聞こえます。

ヘルパーは，不一致の最初の部分はほのめかすにとどめ，逆説語とその後の部分（例：「けれども」以降の節）だけを述べることもある。例えば，クライエントが何の問題もないと言ったならば，ヘルパーは「しかし，彼のほうはあなたに腹を立てていると，あなたはおっしゃいました」と応えてもよいだろう（これは，「あなたは問題なんかないと言ったが，でも……」ということを暗に示している)。あるいは，ヘルパーは単に「本当ですか」とか「ええ？」「ふーん」などと言い，挑むようにクライエントに疑問を投げかけたり，クライエントのことをそのまま信じてはいないことを示したりして挑戦してもよい。

挑戦はクライエントが一貫しない行動の例を挙げた後，できるだけすぐに用いられるとよい。ヘルパーが長く待ちすぎると，クライエントはヘルパーが何について語っているのか覚えていないかもしれない。例えば，ヘルパーが「前回のセッションでお母さんのことをお話しでしたが，そのときちょっと不自然な笑いを浮かべておられました」と言っても，クライエントがその出来事を覚えていない場合がある。このように，行動や感情（フィーリング）がまだ記憶に新しいうちに，ヘルパーは（十分なデータがあれば）すぐさま行動すべきである。

挑戦はやさしく敬意を払って行われなければならない。ヘルパーの態度は敵対的でなく謎かけ的であるべきで，クライエントがその謎を理解し，一致しない部分の意味がわかるような援助を心がけるとよい。脅威を与えない態度で不一致だけを指摘し，クライエントにそれを明らかにするよう聞くこともできる。同様に，ラウバーとハーヴェイ（Lauver & Harvey, 1977）は，ヘルパーが不一致を知覚して混乱していることを示す「合議的な直面化」（collegial confrontation）を用いることを提案している。つまり彼らは，ヘルパーの見方にクライエントを同意させるような説得はしないことを勧めている。要は，ヘルパーが不一致を共感的に指摘し，それから，挑戦されるとどう感じるだろうかといった点について**感情**（フィーリング）**の反映**や**開かれた質問**を行いつつ，**挑戦**を続けることが大切なのである。

さらに，**挑戦**の際にヘルパーが判断をしないようにすることは重要である。**挑戦**は，批判ではなく，自己をより深く吟味するようクライエントを勇気づけるものであらねばならない。目標は，気づきを高める際にクライエントと協働的に作業を行うことである。ヘルパーが一方的な判断をしてしまうと，クライエントは羞恥心や当惑を感じ，それゆえ問題認識にさらに抵抗をもつ。ヘルパーは，私たちは皆，不一致や不合理があり，クライエント「よりもよい」わけではないということをおぼえておく必要がある。私たちは，自己理解をすること，必要な変化を遂げることがどれだけ大変かということに，謙虚で共感的である必要がある。自分自身の一貫していないことをみるよりも他人のそれをみるほうが一般にたやすいのである。

クライエントが，ヘルパーは自分「のことを笑っている」のではなく，自分「と笑い合っている」のだと感じている場合には，ユーモアの使用によって**挑戦**が和らげられることがある。クライエントが自分のことを笑えるように援助することは，クライエントに問題を違った角度で考えさせるのに役立つ。セラピストのユーモアの効果に関するフォークとヒルの研究（Falk & Hill, 1992）に１つの例がある。それは，クライエントがある有名大学で優秀な成績をとっている娘に，自分が短期大学でA平均だったことを軽んじられていると述べた事例だった。セラピストは「母親に対して娘がそこまであからさまに対抗意識を見せるケースに出会うなんてそうそうないことです。母と娘の競争なんてこの社会ではありえない，というのではなくて，そういうものはたいてい仮面をかぶったり姿を変えたりしていて，そうね，どちらかといえばあまり表に出てこないんですよ」と言った。クライエントはこの発言にくすっと笑い，それによって緊張もいくらかほぐれた。

フォークとヒルの研究のもう１つの例で，ヘルパーとクライエントはクライエントの生活，特に食事と学業に対するコントロールと完全主義についての課題を扱っていた。クライエントは，自分が何人かの友だちと連絡をとり，行き先の調整を行い，皆から指名されて張り切って運転手を務めた週末のことを興奮して話した。「本当に楽しかったわ」とクライエントが叫んだとき，「で，ちゃんとコントロールもしたし」とヘルパーが付け加えた。二人は笑い合い，クライエントはコントロールしたいという欲求が自分の生活のどれだけ多くの側面にまではびこっているのかについて話し始めた。

クライエントに笑いが見え始めたら，彼らは物事を違った側面から眺められるようになる。もちろんその他のタイプの**挑戦**と同様に，クライエントとの関係がすでに確立していることが前提で，ユーモアはクライエントを笑わすためでなく気づきを高めるために用いられる。

最後の課題は**挑戦**のタイミングに関することである。もし**挑戦**が正しいにもかかわらずクライエントがそれを否定したり退けたりするなら，クライエントが**挑戦**を扱うことのできる時点か，あなたの所見の根拠がもっと集まる時点まで立ち戻る必要があろう。例えば，クライエントが自分を親和的で人に合わせるほうだと見ていながら，非常な敵意や押し付けがましさがあるように，ヘルパーには感じられるとする。「あなたはご自身を気さくな性格だと言っておられますが，お友だちにはけっこう攻撃的に振る舞っておられるような感じがします」といった最初の**挑戦**は，（「でも皆は私のことが好きです」と）クライエントによって否定されるかもしれない。クライエントが友だちに対してどのような振る舞いをしているのかについて，もっとたくさんの例を得たほうがよいだろう。あるいは，クライエントに自分の行動を観察したり，友だちからフィードバックを求めるよう頼んだほうがよいだろう。クライエントの反応にかかわらず，クライエントがあなたに攻撃的だったという印象のほうを信じてもよい（もっとも，逆転移の問題についてあなた自身のことを探求する必要があるのはもちろんのことだが）。そのうち，もっと具体的な行動を根拠に他の**挑戦**を提示することになるかもしれない（「絶対に敵意なんてないと言われますが，昨日のお友だちとのやりとりに敵意があるように見えました。あなたのお話からすると，お友だちの言ったことすべてにことごとく反対されましたし，そのことを話すのも拒否されました。いったいどう感じていたのでしょうか」）。

ステップ５：クライエントの反応を観察する

挑戦はクライエントにとても強い衝撃を与えることがあるため，ヘルパーはクライエントの反応を注意深く観察する必要がある。ヘルパーはかかわりながら傾聴し，クライエントの非言語的な行動を観察する必要がある。クライエントはネガティブな反応を隠すことがよくあると示唆した３章で引用した研究のことを，ヘルパーは心にとどめておく必要がある。したがってヘルパーは，**挑戦**の後，クライエントがいつ感情を害するのか知っているなどと思うべきではない。クライエントは引き下がることもあるし，ヘルパーはクライエントがうろたえていることに気づかないこともあろう。それゆえヘルパーは，クライエントが**挑戦**にどう反応したのかを聞き，完全な反応を理解するために表面下で探らなければならないことがしばしばある。さらに，クライエントが**挑戦**に対する反応を心おきなく語れるよう，**感情（フィーリング）の反映**を忘れないようにしなければならない。

クライエントの反応を観察することで，ヘルパーは進め方についてさらに見識ある決定を行うことができる。

- もしクライエントが**挑戦**にネガティブな反応をしたら，ヘルパーは，自身が**挑戦**をどのように実施しているか，**挑戦**を聞く心の準備がクライエントにできているかどうか，**挑戦**が正しい介入だったかどうかについて再考する必要がある。
- もしクライエントが**挑戦**に対して何も応答することがないと言ったら，ヘルパーは，**挑戦**を効果的に実施したかどうか，**挑戦**は正確だったかどうか，クライエントが防衛的だったかどうかについて思いをめぐらす必要があるかもしれない。
- もしクライエントがある程度の検討，もしくは受容および承認で反応しつつも変化がないなら，ヘルパーは，クライエントがさらに動けるような援助をするために，やさしく**直面化**を継続してもよい。ヘルパーはまた，変化がどれだけ怖いことかを反映し，彼らの恐怖を探求しながら援助を行う。

■もしクライエントが新しい気づきや受容で反応したら，ヘルパーは**解釈**に移行してもよい。

クライエントが**挑戦**に強く反応しても驚くべきではない。むしろ，ヘルパーはクライエントが表現できるよう援助し，クライエントの情動を通して作業を行うべきである。

ステップ6：フォロースルー

ヘルパーは，**挑戦**を何度もいろいろな方法で繰り返し，それをさまざまな状況に適用する必要がある。そうしてクライエントは**挑戦**を聞き，いろいろな方法で問題を考えることができる。**挑戦**はどんなにやさしくなされても脅威となることから，クライエントは最初，**挑戦**を聞くのが困難なことが多い。ヘルパーは，クライエントに**挑戦**を聞く心構えができ，実際にそれをクライエントが聞けるようになるまで，粘り強く繰り返し，やさしく何度も**挑戦**を実施しなければならないことがある。

挑戦の例

クライエント：夫は両親に来てもらい，私たちと一緒に暮らしてほしいんです。夫の父はアルツハイマー病で，母が父の世話をしていますが，母は自動車の運転ができませんし，彼女自身も体調がよくないんです。両親は二人ともとても高齢で，もっと助けがいるんです。

ヘルパー：ご両親が移ってきてあなたたちと一緒に暮らすことについて，あなたはどうお感じですか。

クライエント：えーっと，両親は何かする必要があると思うんです。状況は改善していませんし，両親はどんどん歳をとっていきます。夫は本当に両親の世話をしたいと思っています。夫は長男ですから，ちょっと義務を感じているんです。

ヘルパー：（やさしく）**ご主人が両親の面倒を見たがっていることはわかりました。でも，それについてあなたがどうお感じかということについてはまだ聞かせていただいていませんが。**

クライエント：私は，助けが必要なときは家族が面倒を見るものだということを信じて育ってまいりました。私は自分の両親の世話をしませんでした。ですから，夫の両親が望めば，援助のために私たちのできることはすべきだという感じがしています。両親はこちらに移ってきたいなんて思ってないかもしれません。むしろ，両親は何かほかのことをするかもしれませんし。

ヘルパー：**どうやら，自分の気持ちをお話しになるのはあなたにとってものすごく大変なことのようですね。**

クライエント：なるほど。本当におっしゃるとおりです。私は自分には気持ちを語る権利などないと感じているんです。そう「すべき」だ，という気持ちなんです。私には選択の余地などありません。ですから，どんな感情ももたないようにしているんです。仮に自分の気持ちを正直に打ち明けるならば，両親が移ってきたらいったいどうなるんだろうかとびくびくしています。夫の母はとっても口うるさいところがあるんです。

ヘルパー　：うろたえているようにお見受けしますが。

クライエント：ええ，でも，そのことに罪悪感を覚えます。本当に私はどうしてよいのかわかりません。私はずっと夫の両親に耐えて大変だったような気がするんです。実のところ，私はたいていの人にも耐えてつらいときを過ごしてきました，別の話になりますけれども。それは私の子どもの頃に由来していると思うんですが……（クライエントは話し続ける）。

挑戦の効果

ヘルパーは自分たちのセッションの録画を見ながら，以下の３件法の尺度を使って，クライエントへの**挑戦**の効果を評価するとよい。

1＝**挑戦**がまったく効果がないなら，クライエントはそれを否認したり（例：「私は離婚に腹を立ててはいません」），ヘルパーに対して取り乱したり（例：ヘルパーに向かってわめく），立ち去ったりするかもしれない。

2＝**挑戦の**効果が少なくともはっきりしないなら，クライエントは問題を受け入れ，それを認識しはするものの，どんな変化も起こらない（例：「私は離婚することについて複雑な気持ちをもっているような気がします」）。あるいは，クライエントはヘルパーが言ったことをある程度までは検討しているかもしれないが，**挑戦**について十分に考慮したり情緒面で体験したりすることがない（例：「ええ，私は傷ついていますし，おそらく腹を立てるべきなんでしょうが，実際にはそうでもありません」）。

3＝**挑戦**がとても効果的なら，クライエントは**挑戦**を受け入れ，新しく，より大きく，より包括的な構造やパターンや行動を発展させる（例：「複雑な感情や思考はどんな関係にもつきものだということを教えていただきました。私には自分の感情を表すことが必要なんですね。きっと，もっと前に自分の気持ちを表していたら，今離婚になど直面していないでしょうね。さっそく妻に電話して，自分たちの関係について新しい考え方ができるかどうか確かめてみようと思います」）。

挑戦を用いる際にヘルパーが経験する問題

挑戦はヘルパー初心者の多くにとって難しい介入である。1つめの問題はヘルパーが**挑戦**を十分に行わないことと関係している。多くの初心者はごくわずかしか**挑戦**を用いない。それは，侵入的にならないか，クライエントに「内輪の恥」を調べさせてしまうことにならないか，クライエントを攻撃することにならないか，告発的で非難がましくならないか，治療関係を破壊してしまわないか，支持されていないという感情をクライエントに引き起こしてしまわないか，といった恐れを彼らが抱くからである。さらに，文化によっては人に**直面化**を行うことが礼儀を欠くことと考えるところがあり，そうした文化の出身であるヘルパーは**挑戦**を用いることに抵抗を感じやすい。しかし，クライエントに矛盾や混乱，あるいは行き詰まりがある場合，外からのフィードバックがなければ彼らは自分の考えを明確にすることができない。実際，**挑戦**が適切になされたならば，ヘルパーは他の人が言わないような不愉快なことを話すのもいとわない，ということをクライエントに知らせる贈り物ともなりうる（例：「お友だちがほしいと言われますが，あなたは人のすることをいちいち批判しています」）。

他の問題は**挑戦**を不適切に用いることにある。ネガティブな感情（フィーリング）に恐怖心をもつヘルパーの中にはネガティブな感情（フィーリング）を否定もしくは低減するために**挑戦**を用いることがある。例えば，クライエントが自殺感情について語る場合，ヘルパーは，クライエントには生きがいにしているたくさんのことがあるといって，自殺について考えるべきでないことを示すような**挑戦**を用いるかもしれない。クライエントには生きがいにしているたくさんのことがあるという発言は，ヘルパーがクライエントの長所を指摘しているように聞こえるかもしれないが，この状況ではヘルパーはネガティブな感情（フィーリング）を薄め，クライエントに間違った保証をすることで，クライエントは自殺感情を扱わなくてもよくなってしまう。

三番目の問題は**挑戦**を多用しすぎること，あるいは**挑戦**が厳しすぎることにある。ヘルパーによってはクライエントに不一致を認めさせようと懸命になりすぎることがある。自分の所見をクライエントに納得させようとするあまり，クライエントと言い合いになるかもしれない。あるいは，証拠を提示する探偵のようになり，クライエントに彼らの問題を認めさせ，一貫性がないことを自認させたくなる。これらのヘルパーは，法廷において証人に反対尋問を行う弁護士のようであり，クライエントの矛盾を「捕らえる」ことに躍起になっているように思われる。気に入らないクライエントやあれこれと煩わせたりするクライエントへの腹いせに**挑戦**を用いるヘルパーもいる。言うまでもなく，そうした**挑戦**は，支持されないまま対決させられているという感情（フィーリング）をクライエントに抱かせる。

最後になるが，クライエントが**挑戦**に反対し，結果としてヘルパーに挑戦し返した場合，ヘルパーはどう反応してよいのかわからず戸惑ってしまうことがしばしばある。例えば，クライエントが敵対的，あるいは誘惑的になっているように見えるとヘルパーが言うと，クライエントは否定し，さらに，それはヘルパーの問題であると言うかもしれない。クライエントに根拠を示そうと努力し続けるべきか，あるいはあきらめて**挑戦**を揺ぎないものにするもっと多くのデータを得た後にあらためて**挑戦**を試みるべきか，それを決めかねるヘルパーもいる。ときには，自分自身が抱える問題や不十分なデータによって状況認識を誤り，失敗をおかすヘルパーもいるかもしれない。しかしながら，ときには，防衛的で，自分自身についての吟味を渋り，自分の行動を認識するのが困難なクライエントもいることだろう。スーパーバイザーにセッションの録音・録画を視聴してもらって，それをヘルパーにフィードバックしてもらうことは，ヘルパーが，自分自身のニーズから認識をゆがめているのか，あるいは**挑戦**は正確だったのに非セラピー的な方法でそれを実施してしまったのかを判断するのに役立つ。また，クライエントが自分の行動に気づいていないなら，クライエントにセッションの録画を見せることで，強力な自己直面化を行うことも可能である。

有益なヒント

■**挑戦**の際にはあたたかく共感的であること。「真実」を提供するのではなく，あなたの知覚を示しているのだということをおぼえておきなさい。

■摩擦のないことばを用い，非難ではなく一押しとなるように**挑戦**を述べなさい。

■**挑戦**の際は一方的な判断や解釈をしない。

■クライエントとともに作業をすることに関心をもち，協働的になって，クライエントが問題に気づけるようにしなさい。

■**挑戦**は攻撃的，非難的であってはいけない。「揚げ足とり」をしたり，一貫していないことを指摘してクライエントをやりこめようとしてはいけない。クライエントに責任を負わせようとする法廷弁護士のような印象を与えないよう注意すること。

■**挑戦**の際には文化に配慮しなさい。異なる文化の出身者の場合，その人は挑戦されることに対してあなたと違う反応をするかもしれないということに気をつけること。**挑戦**に対するクライエントの反応に気を配り，そのことについて話し合いなさい。

■発言の際には一般的，全般的であるよりも（例：「いつも楽しそうですね」），**挑戦**の根拠となる具体例を用いなさい（例：「幸せだと言ったとき，眉をひそめていました」）。具体的な行動例は，全般的な特徴づけよりも反応しやすい。

■クライエントがおぼえていそうにない以前の例を示すよりも，たった今起こったばかりのことを例として示すほうがよい。

■**挑戦**があなたのニーズのため（例：見識高く見せようとするため，仕返しのため，あるいはクライエントと比べて自分を評価するため）でないことを確認しなさい。

■**挑戦**を実施する前に謝罪しない，あるいは**挑戦**の価値下げをしない（例：「こんなことを言ってごめんなさいね，でも……」「このことが正しいのかどうかよくわかりませんが，でも……」「こんなことを言う私を怒らないでくださいね，ただ……」）。ヘルパーが自分の言うことをへりくだり，あるいはあまりに再三もしくはあまりに深々と謝意を表明しすぎると，クライエントは**挑戦**の有用性を疑い，退けてしまう。

■**挑戦**に対するクライエントの反応を注意深く待ちなさい。**挑戦**をどう感じたかクライエントに聞きなさい。いつでも話を聞ける状態でいること。

■**挑戦**によってクライエントがうろたえ，あるいは，ひどくまごついていると感じたら，謝ってクライエントの感情（フィーリング）を聞きなさい。とはいえ，謝るのが度を過ぎたり多すぎたりしてはいけない。というのは，それは専門家らしくないし，クライエントから焦点がずれてしまうからである。

■**挑戦**の後，それについて語り，そこからクライエントが学べるだけの十分な時間を残しておきなさい。**挑戦**を扱うには時間がかかる。

■**挑戦**は否定的で耳障りに感じられることがあるため，１回のセッションで**挑戦**を多用しすぎるのはよくない。

■**挑戦**に続いて**感情（フィーリング）の反映**や感情（フィーリング）についての**開かれた質問**を行いなさい。クライエントが自らの思考，行動，感情（フィーリング）について新しい気づきに到達したら，その理由を調べるために**解釈**へと進んでよい。

実践演習

次のそれぞれの例を読んで，あなたがそのクライエントのヘルパーだったら使いそうな**挑戦**を書きなさい。

●陳述

1．**クライエント**：「私にとって家族はとっても大事です。世界の誰よりも家族は私にとって大きな意味があります。家族のことをたくさん思っています。だいたい年に一度は帰省しますし，毎月のようにお金がなくなったときに家族に電話します」

ヘルパーの応答：あなたは＿＿＿＿＿＿＿＿＿と言われますが，でも＿＿＿＿＿＿＿＿＿。

2．**クライエント**：「私は本当に大学院に進みたいんですが，今やっていることがたくさんありますし，旅行に行ったり遊んだりする自分のための時間がほしいんです。大学院ではすごく勉強しないといけないんでしょうが，自分がそんなに勉強したいとも思えません。でも，心理士として働けるいい仕事を見つけて，子どもたちにセラピーを行いたいんです」

ヘルパーの応答：あなたは＿＿＿＿＿＿＿＿＿と言われますが，でも＿＿＿＿＿＿＿＿＿。

3．**クライエント**：「私の両親は大変信仰深いんです。両親は私に，家にいるなら毎週日曜日に教会に行かなければならないって言うんです。両親を喜ばすにはそうするのが一番だってことはわかっているんですが，そのことを考えるとすっかりまいってしまうんです。自分が何を信じているかもわからないのに，無意味です。形ばかりのことのように感じます。にもかかわらず，こんな話をするのは悪いなって感じるんです。だって，両親の言うことにことごとく反対したら，両親はとってもうろたえてしまうでしょうから」

ヘルパーの応答：あなたは＿＿＿＿＿＿＿＿＿と言われますが，でも＿＿＿＿＿＿＿＿＿。

4．**クライエント**：「今つきあっている彼が，私とはただの友だちでいたいって言ったんです。彼は私にカリフォルニアまでの大旅行に単なる友だちとして一緒に行かないかって誘ってきたんです。行っていいものかどうか，わかりません。私は今でも彼のことが大好きです。たぶん，一緒に行けば，彼は私のことをまた好きになってくれるかもしれません。彼が私のことを好きでなくなるなんて，自分が何をしたのか身におぼえがないんです」

ヘルパーの応答：あなたは＿＿＿＿＿＿＿＿＿と言われますが，でも＿＿＿＿＿＿＿＿＿。

●考えられるヘルパーの応答

1．「ご家族が大事だと言われますが，あまりお電話されないのですね」

「ご家族が大事だとおっしゃっていましたが，お金がいるときだけご家族に連絡しているようにも見受けられます」

2.「学位を取ることで得られるものをお望みのようですが，学位の取得に課せられていることをやりたいかどうか，はっきりしないのですね」
「学位の取得を望んでいると言われます。でも，声の調子からすると，そう言われるほど熱望しているようには見受けられないのですが」

3.「あなたはご両親を喜ばせたいのですね。でも，自分が何を信じているのか，自分のためにはっきりさせたいとも思っているのですね」
「あなたはご両親とは違うものを信じているかもしれないということに罪の意識を感じるのですね。でも，おそらく，ご両親があなたに自分なりの気持ちをもつことを認めないことにも腹立ちを感じているのでしょう」

4.「行きたいけれども，行くべきかどうか自分の気持ちがはっきりしないのですね」
「彼がもう付き合いたいとは思っていないことに，本当にうろたえているのですね。でも，彼の気持ちを変えられるかもしれないとも思っているのですね」

考えてみよう

- **挑戦**は必要かつ有益なものか。
- **挑戦**の効果と**感情**（フィーリング）**の反映**の効果とを比較し，違いを明確にしなさい。
- ヘルパーはどうすれば，クライエントを攻撃したり，躍起になって**直面化**したりせずに，クライエントに対して関心と熱意にあふれた態度を維持することができるか。
- どんなタイプのヘルパーが**挑戦**を不適切に用いそうだと考えられるか。
- **挑戦**の使用とその反応における文化的差異について話し合いなさい。

グループ実習９　　挑　戦

目標：ヘルパーが，探求スキル（反映，言い換え，開かれた質問）の練習を続け，クライエントと支持的な関係が構築され，不一致が見られたら，挑戦を行うこと。

４～６人のグループのうち，１人がクライエント，もう１人が最初のヘルパーとなる。残りの人はヘルパー役を引き継ぐ準備をするか，ヘルパーの援助をする。各人はクライエント役を交代して行う。それぞれのグループで，セッションを進行させ，まとめる（ヘルパー以外の）実習リーダーを指名しておく。

ヘルピングのやりとりをしている間のヘルパーとクライエントの課題

1．クライエントは葛藤や混乱を感じていることを何か語る（例：将来の進路選択，生活スタイルの問題）。クライエントには都合の悪いことは開示しない権利があるが，この場合，少なくともほどほどの開示ができるよう考えておくこと。

2．最初のヘルパーは，はじめにクライエントが探求できるように探求スキルを用いる。もし最初のヘルパーが行き詰まったら，問題の徹底的な探求を促すため，他のヘルパーと交代する。

3．数分間，探求を行った後，実習リーダーはヘルパーを制止し，グループの各人に感情（フィーリング）の反映を行うよう求める（学習者は感情（フィーリング）の反映を行うのを忘れてしまうことが実に多く，これはこの介入の重要性を確認させる絶好のチャンスとなる）。クライエントは各人に応答すること。

4．その後，実習リーダーは全員（クライエントを除く）に挑戦を書きとめるよう求める。ヘルパーは，どんな「不協和音」，どんな不一致，あるいはどんな防衛が聞かれたか自問してもよい。すべてのヘルパーが挑戦を書き終えたら，順番にクライエントに自分の書いた挑戦を実施し，クライエントはそれぞれの挑戦に対して手短に応答する。

ヘルピングのやりとりの処理

全員に順番が回りクライエントが応答した後，クライエントはどの挑戦が最も有益だったか，およびその理由について話すとよい。クライエントはできるだけ率直かつ正直であること。そうすれば，ヘルパーは何がうまくでき，何があまりうまくできなかったのかを学ぶことができる。

・・・２～３人がクライエント役になれるように役割交代すること・・・

個人的な振り返り

■挑戦を用いることでどんな問題が生じたか。

■挑戦を用いる際のあなたの長所と短所は何か。

グループ実習9　挑　戦

- どうすれば，クライエントが攻撃的になりすぎたり受動的になりすぎたりせず，一心に聞いてくれるような挑戦を実施することができるか。
- 挑戦することへのあなたの意図と，クライエントがあなたの期待どおりに反応したかどうかについて述べなさい。
- 挑戦のやりとりにおいてあなたの文化はどんな役割を果たしたか。

14章

解　釈

人々は外国へ出向き，山の高さ，海のうねり，
川の長さ，大洋の雄大さ，星の回転に感嘆する。
そして，わが身のことは驚きもせず受け流す。
——聖アウグスティヌス

ジムはヘルパーに，抑うつ気分になり，目標を見失っている気がすると語った。彼は何をやっても無意味で，生きる目的もないと感じていた。彼はまた，兄がオートバイ事故で死亡してからというもの，危険を冒すことにどれだけ両親が神経を尖らせているかについて力説した。数セッションを通して，これらのことや他の情報をジムから教わったヘルパーは，「あなたが人生の目的を見出だせないのは，お兄さんを失ったことをまだ深く悲しんでいて，決断や自分がどのような人間かの理解ができずにいるためではないでしょうか」と語った。この**解釈**によって，ジムは自分がふさぎ込み，目標をもてずにいることの意味を理解できるようになった。ヘルパーと話し続け，自分の中で何が起こっているのかを懸命に理解しようとした結果，ジムは新しい視点で自分の人生を眺めることができ，自分がどうありたいのかを考えられるようになった。

解釈（interpretation）とは，クライエントが表面上述べていることや認識していることを超える介入であり，行動，思考あるいは感情（フィーリング）に対する新しい意味，理由，説明を提示することである。そうしてクライエントは新しい方法で問題を眺めることができるようになる（表 14-1 参照）。**解釈**を行うことで，

- 単発的に思われる陳述や出来事同士を結びつけることができる（例：「今のご主人への怒りはお母さんの死への深い悲しみと関係があるのでしょうか」）
- クライエントの行動，思考あるいは感情（フィーリング）にあるテーマやパターンを指摘することができる（例：「だいたい６か月するとどの仕事もクビになっているようですね。仕事が長続きしないのは，うまくいくことへの恐怖がいくぶんかあるのかしら？」）
- 防衛，抵抗あるいは転移を解明することができる（例：「あなたは，私があなたのお父さんの

本文中で言及する別表は金子書房のホームページからダウンロードできる（URL およびアクセス用の ID とパスワードは p.xivの「別表一覧」下部をご参照ください）。

14章　解　釈

14-1　解釈の概観

定　義

解釈とは，クライエントが表面上述べていることや認識していることを超え，行動，思考あるいは感情（フィーリング）に対する新しい意味，理由，説明を提示する陳述であり，そうしてクライエントは新しい方法で問題を眺めることができるようになる。**解釈**には，(a) 単発的に思われる陳述や出来事同士の結びつけ，(b) クライエントの行動，思考あるいは感情（フィーリング）にあるテーマやパターンの指摘，(c) 防衛，抵抗あるいは転移の解明，(d) 行動，思考，感情（フィーリング）あるいは問題を理解するための新しい枠組みの提供，といった4つの種類がある。

例

クライエント：「自分の部屋の掃除をしないとか学校の勉強をしないとか，母がいつもうるさいんです。どうしてかわかりませんが，どっちもやる気にならないんです」

ヘルパー　：「きっと，部屋の掃除や勉強をしたくないのは，あなたがお母さんに腹を立てているからかもしれませんね」

クライエント：「スージーが数日前に自殺したんですけど，私はそのことについてあまり考えたりしませんでした。私は上司が残業させることに腹を立てているんです。それと，ルームメートのせいで頭がおかしくなりそう。親は私がどうしているか知りたくてしょっちゅう電話してきます。もう大声で叫びたいくらい頭に来る」

ヘルパー　：「お友だちが自殺してからというもの，あなたはずっといらだっていて，何をやってもうまくいかない。彼女が死んだことに責任を感じているのかしら？」

クライエント：「あなたは私のことをすべて知っていると思っているように振る舞われますが，何もわかっていません」

ヘルパー　：「私を見て，お父さんのことを思い出すのでしょうか。あなたは，お父さんがどんなことでも知っているように振る舞うって言っていました」

クライエント：「もうこれ以上我慢できません。母はいつも厳しくて。私のことを全然信じていないんです」

ヘルパー　：「おそらく，お母さんがあなたのことを信じないのは，あなたがそうさせようとしているからでしょう。だから，あなたは怒って出ていくことができるのです。でなければ，お母さんを一人ぼっちにして，出るに出られなくなるでしょう」

典型的なヘルパーの意図

洞察を促すこと，感情（フィーリング）を特定し強めること，自己コントロールを促すこと（別表D参照）。

考えられるクライエントの反応	よりよい自己理解，新しい視点，明白，軽減された，ネガティブな思考や行動，責任，解放，方向づけが不足している，混乱した，誤解された（別表G参照）。
望ましいクライエントの行動	洞察，認知－行動的探求，感情の探求（別表H参照）。
起こりやすい問題／難しさ	不適切，機が熟していない，クライエントに侵入的になる，あるいはクライエントに攻撃的になることを恐れて十分な**解釈**を与えないこと。 見識高く見せたい気持ち。 クライエントのことはクライエント以上に知っていると考えること。 クライエントの反応を注意深く観察しないこと。 **解釈**の考案に際し，クライエントと協働的に作業をしないこと。 クライエントの準備が整う前に**解釈**を与えること。 長ったらしい**解釈**の提供。 1回のセッションに**解釈**を多用しすぎること。

ような返事をすることを期待しているようにも思えますが」）

- 行動，思考，感情（フィーリング）あるいは問題を理解するための新しい枠組みを提供することができる（例：「子どもの頃，甘やかされたとおっしゃいますが，私には，あなたが子どものとき，見捨てられた気分や不安になったりすることが多くて，それで他人にしがみついているように見えます」）

解釈は直接的なことばで述べられることもあれば（例：「あなたは結婚すべきかどうか迷っている。それで，結婚の不安を完璧な挙式を行おうとする努力にすりかえていますね」），控えめになされることもあり（例：「あなたの失敗恐怖は，もしかしてお母さんを喜ばせる自信がないという気持ちと関係しているのかしら」），あるいは質問を通して伝えられることもある（例：「男性不信はお父さんとのよくない関係のせいだとお考えでは？」）。最後の介入は疑問文の形で行われているが，クライエントが明言しなかった関係について仮定しており，行動に説明を与える質問内容であることから，それは明らかに**解釈**である。

なぜ解釈を実施するのか

解釈を用いる1つの理由は，実証的文献で**解釈**が価値あるものと示されているからである。セラピストはしばしば他のスキルと比べて適切に**解釈**を用いていることが，多くの研究で示されている（セラピストの全発言のうち6～8%の範囲；Barkham & Shapiro, 1986; Hill, Helms, Tichenor et al., 1988）。さらに，**解釈**は大変有益なものと評定され，クライエントが治療作業に専念する助けとなり，クライエントの体験を高いレベルに導き，クライエントに自由連想を促していた（Colby, 1961; Hill, Helms, Tichenor et al., 1988; Spence, Dahl, & Jones, 1993）。しかしながら，転移解釈

（以前の重要な関係に基づく，セラピストに対するクライエントの歪曲についての解釈）に関する研究はもっと複雑で（Crits-Christoph & Gibbons, 2002のレビューを参照），セラピストがクライエントの信念やニーズに対する**解釈**を丹念に練り，クライエントに合うよう十分に調節しながら**解釈**を用いるときに，よい結果となっていることが示されている。

解釈は，クライエントの関心事を説明しクライエントの不安に打ち勝つ合理的根拠を提示する概念的枠組みをクライエントに与える。フランクとフランク（Frank & Frank, 1991）は，混乱し，あてどなく，解明不能であるようにみえる体験に対し，**解釈**がラベルを提供することで，クライエントの安全感，達成感，自己効力感を高めると述べている。フランクとフランクは，**解釈**はクライエントの情動をより理解しやすいものに再ラベル化することで，部分的に苦痛を和らげると主張している。不可解さというのは，それがことばになったとき，その威力の多くを失うと，彼らは述べている。例えば，パブロの漠然とした仕事への不安は父親にかわる存在である上司への怒りであるとヘルパーが解釈すると，パブロの不安はその力を失う。パブロはもう上司に腹を立てるのをやめ，そのかわりに父への感情（フィーリング）について取り組むことになる。

精神分析的視点からすると（例：Bibring, 1954; Blanck, 1966; Freud, 1914/1953b; Fromm-Reichmann, 1950），**解釈**はセラピーの「純金」——クライエントの自己知識と変化を生むための中心技法である。精神分析的セラピストは抑圧されクライエントの無意識にある材料から**解釈**を創造する。**解釈**は，より現実志向的な感情（フィーリング）と行動をもたらす洞察を刺激することから効果的であると，彼らは仮定している。**解釈**は無意識のプロセスを意識的なプロセスに置き換えることによって作用すると考えられており，その結果，クライエントに無意識的な葛藤を解決させることが可能になる。洞察の正確な作用メカニズムは漠然としており，まだ解明すべき余地があるが，洞察が治療的変化のプロセスに中心的な役割を果たしていることは明らかである。

精神分析的理論では，幼少期早期の役割を大変重視しており，この時期が後に現れるすべての枠組みとなるとしている。それゆえ，幼少期早期の経験が**解釈**行動の焦点となることが多い。もっとも，焦点化される幼少期の出来事は理論家によって違いに幅がある。フロイト派（Freud, 1940/1949）にとって，決定的に重要な幼少期早期の経験はエレクトラ－エディプスコンプレックスであり，そこで子どもは異性の親にロマンティックな同盟関係を求め，同性の親を排除しようとする。エリクソン（Erikson, 1963）は，重要な幼少期早期の出来事は対人関係であると仮定した。マーラー（Mahler, 1968）の説では，重要な幼少期早期の出来事として最早期の数年における主たる養育者との共生関係と，それに続く分離個体化に向けた急激な進展とが挙げられている。ボウルビィ（Bowlby, 1969, 1988）は養育者へのアタッチメント（愛着）が幼少期における重大な出来事だと述べた。

精神分析的ヘルパーは幼少期早期の人間関係がその後の全人間関係の基盤を形成すると信じているため，転移解釈（すなわち，幼少期早期の人間関係に基づいた，クライエントによるヘルパーの歪曲）が最も重要な解釈のタイプの1つとなる。クライエントは，ヘルパーが人生早期の養育者と同じように振る舞うだろうとの思いを強めるか退けるかのどちらかの方法で，問題のある人生早期の人間関係パターンをヘルパーとの間で再現すると考えられる（Weiss, Sampson, and the Mont Zion psychotherapy research group, 1986）。クライエントは子どもの頃のように振る舞い（受け身的な犠牲者），ヘルパーに相補的役割（支配的もしくは重圧的な独裁者）を演じるよう期待するかもしれない。それと反対に，クライエントは両親が関係の中で演じた役割（支配的役割）を引き受け，ヘルパーに子どものように振る舞うこと（受け身的な犠牲者）を期待するかもしれない。クライエントの行動に対するヘルパーの対応は，クライエントの期待を裏づける，または裏切るものとしてとても重要である。例えば，ヘルパーはアマンダに「私が他のクライエントと会うことにそんなに腹を立てるのは，お母さんがあなたよりもお兄さんのほうをひいきしているといつも感じていて，私を自分の元にとどめておけないのが気に入らないからかしら」と言ったりもするだろう。

精神分析的理論が**解釈**の使用に関する私たちの考えの基礎ではあるが，他の理論的志向性をもつ人も**解釈**を用いる。ただ，**解釈**が作用するメカニズムはそれぞれ異なるものを仮定している。情報処理の見方からすると，**解釈**はセラピストの見方とクライエントの見方とのずれを明らかにするとレヴィ（Levy, 1963）はいう。言い換えると，**解釈**は，ヘルパーがクライエントと異なる視点をもっているということを明確にするものである。ヘルパーは，問題についてのクライエントの観点を「受け入れる」のでなく，異なった説明を仮定するのである。例えば，クライエントが抑うつを化学的なバランスの乱れとして説明しても，ヘルパーは，クライエントの抑うつを母親の自殺やその後の父による養育放棄に関する未解決の感情（フィーリング）のせいだと主張する。いったん見方にずれが生じると，クライエントは，ヘルパーの視点の方向に沿った変更をするか，ヘルパーの気を変えようとするか，ヘルパーを信用しないかのどれかを強いられる。仮にそのずれをヘルパーの**解釈**の方向へ変更するなら，クライエントはどのように問題を見るかの再解釈を行うことができる。クライエントがヘルパーをその筋の大家で，魅力的であり，信頼にたるものとして認知するなら，クライエントはヘルパーの**解釈**の方向に変更する傾向がある（Strong & Claiborn, 1982）。

また，認知心理学者（例：Glass & Holyoak, 1986; Medin & Ross, 1992）も精神分析的理論家たちとは異なった用語で**解釈**の効果を説明している。認知理論家は，思考，感情，感覚，記憶，行動（アクション）はすべてスキーマ（schema：3章では関連する思考，感情，行動（アクション），イメージの塊と定義している）として保持されていると信じている。**解釈**によって，ヘルパーはスキーマの構造のありようを変えようと試みる。記憶を想起させ，より現在に近くて完全な情報に基づいた新しい理解が得られるように努める。その結果，スキーマは変化し再構成される。クライエントは新しい思考法をもち，それは強化されなければならない。さもなければその思考法は衰退する。それゆえ，クライエントのそれぞれの生活領域に応じて拡張して**解釈**が繰り返されることが，スキーマのつながりの形成と保持にとって必要であろう。それに加え，思考変化を確固としたものにするには，行為と行動の変化も必要とされよう。例えば，カテリーナは，自尊心が欠如しているのは子どものときにネグレクトされていると感じていたからだと実感するようになった。しかし，幼少期の経験が現在の生活にどう影響しているかを理解するにはさらなる解釈的作業が彼女には必要である。加えて，行動変化を遂げること（例：新しい仕事に就くとか，虐待的な関係から距離をおくとか）で，彼女は自分のことをより高く評価できるようになり，また，なぜそんなに長い間そうした酷い状況にいたのかを理解するようにもなるだろう。

この節を終えるにあたり，これらの理論のどれか1つがとりわけ支持されるべきものだという十分な根拠はないことを，私は述べておきたい。実際には，**解釈**はまさに3つの理由で作用しうるだろう。つまり，無意識的なものが意識化されて，いっそう自我のコントロール下におかれること，視点間のずれがそれを解決する方向にクライエントを変化させようとすること，**解釈**がスキーマのつながりに変化を引き起こすこと，これらの理由から**解釈**は作用しうるのだろう。

解釈を発展させるための情報源

解釈を発展させるために用いられる情報源にはいくつかのものがある。クライエントの発言の言語的内容，過去の経験，防衛，発達段階と文化，実存的課題と文化，無意識の活動がそれである。

クライエントの発言の言語的内容

解釈を発展させるための豊かな情報源はクライエントの語る内容の中にある。人が物事の相互関係を考慮せず、しばしば部分にとらわれる存在だとすれば，人の語ることに注意深く傾聴することによって，まとまっていない関連事項の間のつながりが明らかになることがある。例えば，クライエントが仕事の遂行にとても苦労していることと，それとは無関係に思える両親の健康不安の話題とについて語り続けている場合，ヘルパーは，それらに関連性があると考えられるようなら，その2つのことを結びつけるだろう（例：「あなたが苦労されているのは，おそらくご両親のことを不安に思っておられるからでしょう」）。

過去の経験

加えて，ヘルパーは，クライエントの行動がクライエントの重要な他者との相互関係のもち方とどのように関連するのかを推測することもできる。ヘルパーに対するクライエントの反応が，過去もしくは現在における他者との経験によって歪められているように感じられる場合，ヘルパーは転移解釈を行うための材料を得ることになる。例えば，ケイシャはヘルパーがポジティブなフィードバックを与えるたびに沈黙と涙で反応した。沈黙と涙はポジティブなフィードバックに対する一般的な反応ではないため，ヘルパーはケイシャに何が起こっているのだろうかと，いくつかの推測をした。ヘルパーはケイシャの父親との過去のいきさつを知ったうえで次のように示唆した。父親が何かよいことを言うと，その後いつも彼女の失敗に怒鳴り声をあげていたことから，ケイシャはポジティブなフィードバックの後に何を言われるのか心配してしまうのではないか，と（転移解釈のさらなる議論はいくつかのすぐれたテキストを参照のこと：Basch, 1980; Freud, 1923/1961; Gelso & Carter, 1985, 1994; Greenson, 1967; Malan, 1976a, 1976b; Stadter 1996; Strupp & Binder, 1984）。

ここで転移を調べる方法としては，クライエントの典型的な相互作用のスタイルに注目し，クライエントが相互作用の中で成し遂げようとしていることを見立てることである。ルボースキーとクリッツ－クリストフ（Luborsky & Crits-Christoph, 1990）は，願望やニーズ（クライエントが他者から求めるもの），他者から期待される反応，自らの必然的な反応における，他者（ヘルパーを含む）への核となる葛藤的な反応方法を，ヘルパーがどう見ればよいかを記述している。例えば，ケイシャは好意や愛情だけでなく，コントロールする側になることを求めているかもしれない。彼女は父親がしたように他人が自分を傷つけコントロールすると思い込んでいたのかもしれない。それゆえ，不安になって嫌悪感を抱いたのかもしれない。こうやって，他者に対するクライエント独自の反応方法の展開について**解釈**を考案することが可能である。

防　衛

ヘルパーはまた，クライエントの防衛を観察して**解釈**を与えることもできる（例：「お仕事がうまくいかないと感じるのは，人とのかかわりを避けていることに，その発端があるのかしら。それは，子どものときに，見捨てられる恐怖から自分を守るために身につけたことなのかしら」)。**挑戦**の章で，クライエントの自己への気づきを高めるのにヘルパーが防衛を指摘してはどうかと述べた。ここでも，ヘルパーはクライエントとともに防衛の果たす役割を理解することに取り組むとよい。人は人生早期に状況の対処に役立つような防衛を発展させるが，その後，もはや必要でなくなってもその防衛を捨て去ることができない。過去に自分を守ってくれたことがあるために，自分を危険から守ってくれるものだと信じ切っている事柄を捨て去ることほど困難なことはない。**解釈**活動を通して，ヘルパーは，自分がなぜ防衛を用い始めたかをクライエントに実感させ，それから防衛を用い続けることが必要かどうかクライエントに選択してもらうとよい。

発達段階と文化

解釈素材のさらなる情報源は，文化的指標という文脈におけるクライエントのライフステージにある。クライエントは文化的に重要とされる発達課題（例：友人関係の発展，両親からの分離，学業の完成，人生のパートナーや子どもをもつことの決断，満足のいくキャリアの発展，充実した大人の関係の発展，子どもや仕事を手放すこと，病気や死への順応）の達成途上にあるか，それとも外れているか。**解釈**は，クライエントの現在の情緒や機能と，彼らの文化においてライフステージの現時点で感じる，あるいは感じないよう期待されることを結びつけて発展させるとよい。例えば，ケンは50歳になる白人男性だが，自分よりも多くのことを成し遂げた同年齢の男性と自分とを比べて，気が滅入ってしまっているとする。彼は，医者だった両親に反抗して高校を中退し，それからずっと建設現場で働いてきた。彼は今，それが本当に正しい選択だったかどうか迷っているのである。

実存的問題と文化

ヘルパーは実存的な不安という点からクライエントの自己理解の援助を行うこともできる。ヤーロム（Yalom, 1980）は，彼が万人に共通する4つの実存的な不安と考えたものについて，すぐれた記述を提供した。第一に，人は誰でも死の不安と戦うと仮定した。人はいつか死ぬという事実は，私たちが不滅ではないという現実と折り合わなければならないということを意味する。特に，病気のときや事故や攻撃を受けたとき，あるいは重要な他者が病気になったり，急にけがをしたり亡くなったりしたとき，人は喪失や死に敏感になり，それに呼応する。第二の実存的問題は自由であり，それは外的構造の欠如と運命に責任を負う欲求のことを指している。第三の問題は孤立であり，それは他者および世界の両方からの孤立を指している。私たちはそれぞれこの世に一人で加わり存在する。それゆえ，私たちはより大きな全体の一部でありたい，つまり気にとめられ守られたいという願望とは対照的に，孤独と折り合っていかなければならない。第四の実存的な不安は人生の意味である。あらかじめ決まっている道などないのだと考えれば，私たちは自分自身の人生の意味をひたすら構築しなければならない。

文化は，特に宗教的な信念と関連した実存的な不安に何らかの役割を果たしている，という点に留意されたい。死後の世界を信じる者は，死後の世界を信じない者とは異なる死の不安を経験する。クライエントの話すことに注意深く耳を傾け，かかわりのある文化的信念をクライエントから尋ねることによって，ヘルパーはしばしば，基底にある実存的な不安を聞くことができるようになり，それから**解釈**を経由して，こうした非常に重要な課題をクライエントが理解するための援助を行うことが可能となる。

無意識の情報源

解釈は無意識的活動，なかでも一般に最も目につきやすい，夢，空想，言い間違えなどが暗示するものを通じて発展させるのがよい。精神分析的理論家は，これらの徴候を観察することで無意識の重要な材料が見抜けると長く仮定してきた。ヘルパーが夢をどのように扱えばよいかという点に関しての詳細は，本書同様，3段階モデルを用いている関連論文を読者にすすめたい（Hill, 1996, 2003）。

解釈の正確さ

精神分析的理論家にとってヘルパーの**解釈**の正確さは重要である。ヘルパーとクライエントは，クライエントの過去に起きたことを掘り返し，これらの出来事がクライエントの現在の行動にどう影響しているかを理解するための「考古学的遺跡」の上にいる。もちろん，精神分析的セラピストは，セラピーの中で聞いたことが実際にあった出来事であるのではなく，その出来事についてのクライエントの知覚であるということを強調している。それゆえ，正確かどうかは判断できない。

レイドとファインシンガー（Reid & Finesinger, 1952）は，洞察は受け入れられるものでなければならず，治療的効果をもつだけの意味がなければならないと示唆した。彼らは，クライエントの問題への**解釈**についての心理学的関連性が真実それ自体よりももっと重要であると考えた（つまり，**解釈**というのはクライエントが自身の問題を理解するのを援助することにある）。同様に，フランクとフランク（Frank & Frank, 1991）は，**解釈**は正確でなければならないというわけではなく，単に，なるほどと思えるものであればよいと述べている。例として，彼らはメンデル（Mendel, 1964）の研究を引用したが，その中で4人のクライエントに6つの「汎用的」解釈を一律同様に示したとき，クライエントは不安が減少したという（例：「まるでいつも謝ってばかりいながら生きているかのようにお見受けしますが」）。私は，ヘルパーが「真実」を無視して，標準的な**解釈**をクライエントに与えさえすればよいなどと言っているわけではない。それとはまったく逆である。ヘルパーは，クライエントが示している情報すべてにふさわしい**解釈**を，できる限りたくさん発展させる努力をしなければならないと思っている。ただ，すべての情報を得て，**解釈**が正確かどうかを見極めることがどれだけ難しいことなのかという点については，ヘルパーは常に謙虚であらねばならない。

精神分析的セラピストであるバッシュ（Basch, 1980）の指摘によると，クライエントが**解釈**に同意するか否かということは正確さを示す適切な指標ではないという。むしろ，問題についての洞察を得たことを示す材料をクライエントが次回のセッションにもってくるかどうかが正確さの基準とされるべきであるという。例えば，ラオの親密さへの恐怖は父親によって拒絶された感情に基づくものであるとヘルパーが解釈するとして，父親が自分から距離をとり拒絶していたといったさらなる記憶をラオが報告するなら，その**解釈**は正しかったとヘルパーは結論づけることができよう。しかしながら，私はバッシュにいくぶん同意しがたいところがある。というのは，クライエントはヘルパーを喜ばせるために記憶を差し出す（そして作り上げさえする）可能性があるからである。私たちは過去に実際に起こったことを観察することができないので，現実的には**解釈**の正確さなど判断できない。さらに，私たちは出来事がそのままの事実ではなく，そこに人の想起も含まれているということを承知している。人は独自に出来事を知覚し，時がたつにつれて出来事の記憶を歪めるということを知っている（Glass & Holyoak, 1986; Loftus, 1988）。研究が示すところでは，人は起こってもいないことを「記憶する」ことができるため（Brainerd & Reyna, 1998），ヘルパーはクライエントに特定の記憶（例：幼少期の性的虐待についての抑圧された記憶）をもたせるようなことをしないよう注意する必要がある。

フランクとフランク（Frank & Frank, 1991）は，**解釈**の真実を最終的に判断するのはクライエントであると述べている。彼らによると，クライエントに妥当なものとして受け入れられる**解釈**を提示できるヘルパーの力というのは，いくつかの要因によって左右されるという。

- クライエントの差し出した材料すべてから**解釈**が意味づけられたかどうか。
- **解釈**の提示法：**解釈**は，鮮明なイメージやメタファーを用いながら，クライエントの注意をしっかりととらえる方法で提示されなければならない。というのは，クライエントは**解釈**を利用できるような情動覚醒状態にある必要があるからである。
- クライエントのヘルパーに対する信頼。
- クライエントの機能や幸福感に有益な結果をもたらすこと。

要するに，**解釈**を評価するためにより重要な点は，正確であることよりも有益だと知覚されることである。私は，**解釈**がクライエントにとって有益かどうかを判断するために次のような基準を提案する。第一に，**解釈**が有益である場合，クライエントは，何かにピンと来たときのような「なるほど」（“aha”）という感じを味わい，物事が新しいやり方で意味づけられたような気持ちになることがよくある。第二に，クライエントは新しい発見に対して，とりわけ自分の力で洞察を発見したと感じられた場合，力強さと興奮を感じることがよくある。第三に，クライエントは洞察を確かなものとする付加的な情報を提供する。第四に，クライエントは洞察に基づいてこれまでとは異なる行動について考え始めるようになる。手短にいえば，クライエントは自分個人に関するちょっとした洞察に達し，問題についてより深く語るためにその洞察を用いることができ（情動的洞察），そして行動へと向かうのである。

どのように解釈するか

クライエントとヘルパーが協働作業で**解釈**を考案するような形で**解釈**プロセスに携わることが主要な課題となる。ヘルパーは，ほとんどの場合，クライエントに**解釈**を求めるが，ごくまれにクライエントの洞察をさらに刺激するために自らの考えを差し出す。**挑戦**のときと同じように，**解釈**は，注意深く，やさしく，敬意を込めて，思慮深く，共感的に行われるべきである。

ステップ1：解釈段階を設定する

ヘルパーは共感，**感情**（フィーリング）**の反映**，**挑戦**を通して**解釈**への道を開く。判断される心配なしに安心して感情（フィーリング）や思考を深く探ることができるとクライエントが感じられるように，ヘルパーとクライエントとの間に良好な結びつきが存在している必要がある。

ステップ2：クライエントが深いレベルで自己理解したいと切望する徴候を探す

関係が成立したら，ヘルパーは，クライエントが準備を整え，**解釈**を切望する徴候を待ち受ける。考えられる準備性の徴候は，(a)問題についての明確な発言，(b)理解不足についての発言，(c)理解への切望と意欲，(d)解決へのプレッシャーとして体験される問題と関連した，高度なレベルでの感情的苦痛，である。例えば，クライエントが「自分がどうしてボーイフレンドに腹が立つのかが全然わからないんです。彼はいつも何もしていないのに。突然カッと血がのぼって，自分でも抑えられないんです。自分が惨めな気持ちになるし，これまでのよい関係をだめにしてしまいそうだから，どうしてそんな気持ちになるのか本当にきちんと理解したいんです」などと言う場合である。他方，クライエントが物語を話していたり，アドバイスを求めていたり，問題のことで他者を非難していれば，おそらく**解釈**への準備はできていないと考えられる。

クライエントによっては心理学的な興味があり，自分の力動や動機の解明を楽しむ人もいる。しかしながら，自己や動機の理解よりも論理，行動変化，あるいは気分の好転だけに関心のあるクライエントもいる。おそらく，心理学的な興味のあるクライエントのほうがそうでないクライエントよりも**解釈**の使用がうまくいくことと思われる。もっとも，ある一定の集団に属するクライエント（例：低所得階層のクライエント）は**解釈**になじまない，といったステレオタイプで考えるべきではないことを強調しておくことは大切である。さらに，より内省的であることを学ぶクライエントもいる。

また，ヨーロッパ系アメリカ人ほどには**解釈**活動にあまり価値をおかない文化もあることを知っておくことも重要である。文化によっては（例：アジア系，ヒスパニック系文化），理解よりも行動（アクション）に価値をおくところがある。相手の価値観に敬意を払うことは重要であることから，ヘルパーは，そうとわかったらクライエントにとってなじみの薄い洞察の作業を強いてはならない。

ステップ3：意図を決める

ヘルパーは，ヘルピング・プロセスにおけるある特定の時点で**解釈**を実施する意図について考える必要がある。最も適切な意図は，洞察を促し，感情（フィーリング）を特定して強め，自己コントロールを促すことである。不適切な意図は，いいところを見せようとしてクライエントを犠牲にしたり，ひけらかしたり，イライラしてクライエントを罰することであろう。ヘルパーが自分自身のニーズを満たすために**解釈**を与えようとしていることに気づいたら，**解釈**を中止し，自身とクライエントについて考え，二人の関係で何が起こっているのかを理解するように努めるとよい。

ステップ4：クライエントの洞察を刺激するために開かれた質問を行う

ヘルパーは，関心を示しながら，つまりクライエントに当該行動をさせているのは何だろうかと考えながら**解釈**プロセスに入っていくべきである。また，一般に洞察は与えられるよりも自分で見出だすほうが望ましいので，ヘルパーは，クライエントが洞察に近づくのを手助けしたいと願いながら**解釈**プロセスに入っていくべきである。もう１つの考え方としては，ヘルピングが終結した後，クライエントが自力で洞察に専念できるよう，ヘルパーがクライエントに**解釈**プロセスについて教えることである。

クライエントに**解釈**を求めることから始めるのはいい考えである（例：「頭脳明晰であることは明らかなのに，どうして学校を退学されたのですか」「奥さんは退職してはどうかと迫っているのに，あなたがそれをためらうのはどうしてだとお考えですか」)。ヘルパーの考えを示す前にクライエントの**解釈**を求めることは，ヘルパーがクライエントのその時点での洞察レベルを査定するのに役立ち，クライエントが自己について考察する刺激となるとともに，**解釈**はすべてヘルパーが与えるものであるという見方からヘルパーを脱却させる。

質問を発展させるもう１つの方法は，しっくりこない語り（narrative）の部分について考えることである。例えば，クライエントがボーイフレンドに対する，自分でもよく理解できない突発的な怒りについて語ったあるセッションで，ヘルパーは「ボーイフレンドのどんなところに腹が立つのでしょうか」「彼があなたから尊敬されるに値しない理由には，どんなものがありそうですか」と聞いた。これらの質問はそのクライエントの語る内容から直接導き出したものであり，クライエントが自分の怒りに対する洞察を得るのに役立った。

私は７章で「なぜ」という質問はしないように助言したが，この段階では「なぜ」と質問してもよいとしている点に注意してほしい。「なぜ」という問いは，洞察を目的とするものであるから，洞察段階で用いるのがより適している。そうはいっても，そこに非難的，告発的，要求的なニュアンスが込められないようヘルパーは気をつけなければならない。繰り返すと，ヘルパーとクライエントにとって，目標は意味構築のための協働作業であり，したがって「なぜ」と問うときは，ヘルパーはやさしく敬意をこめて純粋にクライエントに洞察を得てほしいと願うのでなければならない。

ステップ5：控えめな解釈を実施する

クライエントが洞察プロセスに関心をもちそれに熱中しているようなら，ヘルパーはクライエントの最初の理解を拡大または拡張するようなやさしくて控えめな**解釈**を実施してもよいだろう。ヘルパーはこの最初の**解釈**をクライエントに何が起こるかという作業仮説のようなものとして見るべきであり，この作業仮説は**解釈**プロセスが進み，情報がもっと集められれば修正されるであろう。

最初の控えめな**解釈**の目的は，クライエントが**解釈**プロセスの次の段階に踏み出せるよう援助することであり，どうしてそのような行動をとるのかクライエントがその理由を考えるよう刺激することである。

精神分析的理論家によると，クライエントがすでに認識していることからかけ離れすぎない**解釈**を与えることが重要であるという（例：Speisman, 1959)。**解釈**が深すぎると，クライエントはヘルパーの言ったことが理解できない。クライエントの気づきを少し超える**解釈**が，クライエントにとって意味をなし，思考を扱いやすくする刺激となる。例えば，問題の先送りをするクライエントとの初回面接で，クライエントに**解釈**を聞く準備ができていないなら，ヘルパーは幼少期早期の出来事にまでさかのぼって問題の先送りの原因を解釈しようとしないほうがよい。そのかわり，ヘルパーはクライエントの気づいていることをわずかに超えて，クライエントが少しだけ新しい気づきが得られるようにするとよい（例：「おそらく，成功への恐怖があるから勉強が手につかないのでしょう」)。それから後に，クライエントが心の問題として考えることに違和感をもたなくなったら，両親を超えることへのためらい等，より深層の**解釈**をクライエントに促すとよい。

ヘルパーは，クライエントがことば足らずだったり，混乱した様子で話していたり，あるいはほのめかすように言っていることに注意を払って，やさしく控えめな**解釈**を発展させるとよい。クライエントの考えはほとんどまとまりかけていて，ほんのちょっとの助けでバラバラになっている部分が統合されるようになることもある。

解釈の伝え方は，クライエントがそれを受け入れられるか否かを左右する重要な事柄である。**解釈**に専門用語を使わないで控えめに表現することで，クライエントは**解釈**をより容易に理解できる。例えば，「私に対するあなたのエディプス的憤怒の転移が，私の意味するところを歪めてしまっている」と言うよりも「お母さんがちょっと意地悪だったということでしたが，私を見るとお母さんのことを思い出してしまい，それで私の言うことが怖く思えるのでしょうか」と言ったほうが，クライエントにとってより耳になじむ。前者の**解釈**は，あまりにはっきりと言いすぎで専門用語も多用しすぎているため，たいていのクライエントには聞きづらい。

ヘルパーとクライエントが現状に対する新しい理由づけを理解しようと共に取り組む協働的な姿勢は，**解釈**プロセスに有益なことが多い。ヘルパーとクライエントは，クライエントが聞いて自分のものにできる洞察へと到達できるよう努力をする。そのプロセスがわけのわからない現象を理解する創造的な試みなのである。ナターソン（Natterson, 1993）は，クライエントに対し影響力をもちたいと思うヘルパーが夢についてのショッキングな**解釈**を与えると，夢を分かち合いたいというクライエントの意欲をくじいてしまうため，反治療的効果となる場合が多いことを強調している。それと同じように，レイク（Reik, 1935）も治療的な出会いにおける深く協働的な特質を重視した。彼は，ヘルパーがあらかじめ決められた**解釈**をクライエントに押し付けたからではなく，**解釈**の結果としてクライエントが到達する洞察は，ヘルパーとクライエントの双方に驚きを生じさせるものであるべきだという。バッシュ（Basch, 1980）も同様に，軽率な結びつけは取るに足らないものかよくないもので，重要な洞察というのはクライエントにもヘルパーにも驚きをもたらすようなものであると述べている。

ステップ6：クライエントの反応をチェックする

ヘルパーは**解釈**の後にクライエントの反応を注意深く観察すべきである。しかしながら，クライエントはいつも反応をあらわにするとは限らない，ということを心にとどめておかなければならない。とりわけネガティブな反応のときはそうである。それゆえ，ヘルパーは**解釈**に対するクライエントの反応について聞くとよい。ヘルパーは，あまりに性急だったり，遅すぎたり，独断的すぎたり，受動的すぎたりすることがたまにあるので，何が有益だったかをクライエントから聞くとよい。

効果的な**解釈**の場合，後になってクライエントが新しい情報を加えたり，それにかわる**解釈**をほのめかしたりすることがある。これはすばらしいことであり，これこそクライエントが**解釈**プロセスによく反応している明白な指標となる。ヘルパーはクライエントの思考を引き出すために**感情**（フィーリング）**の反映**や**開かれた質問**を行いながら応じるとよい。

他方，仮にクライエントが**解釈**を拒否するなら，ヘルパーはその状況を評価する必要がある。**解釈**は正しいけれども，クライエントにそれを聞く準備がまだ整っていないとヘルパーが考えるなら，その前段階の，クライエントが洞察に耐えられそうだと思える**解釈**に立ち返るとよいだろう（**解釈**はときに聞くのがつらいものである）。もしヘルパーが間違っているなら（ヘルパーは関連情報をすべて把握することなどできないので，それはありえることだが），ヘルパーは，再度の**解釈**を試みる前に，クライエントをよりよく理解するために探求スキルの使用に戻る必要がある。でなければ，クライエントに適合する**解釈**を求めてもよい。

ステップ7：修正した解釈を実施する

もう少し情報を聞いた後に，ヘルパーはあらためて考案した**解釈**を言い直すこともある。新しい**解釈**により，クライエントは**解釈**の妥当性を確認したり否定したりするための新しい材料が得られるかもしれない。このように，クライエントにとって「正しい」**解釈**をヘルパーが持っており，提供するのではなく，むしろヘルパーとクライエントの協働作業で**解釈**を創造し，考案していくのである。このような協働的プロセスで重要なことは，明確な**解釈**を行うことよりもいかに**解釈**プロセスにエネルギーを注ぐかということである。その中でクライエントが新しい情報や説明，アイディアを提示したら，ヘルパーは**解釈**を修正していけばよいのである。

ステップ8：フォローアップ

解釈のみで直接新しい行動の引き金となることはめったにない。クライエントが洞察を理解し，それを利用するようになるまでには，**解釈**の反復を必要とするのが一般的である。最初は，**解釈**が奇妙でなじみのないもののように思えるかもしれないが，あの手この手で何度も**解釈**を聞かされるうちに，クライエントはそれを理解するようになる。

ヘルパーはまた，クライエントがより大きな理解に到達できるように，**解釈**をさまざまな状況にまで拡張する必要がある。例えば，見るからにこぎれいで強迫的な母親への反応として，クライエントがいい加減でだらしなくしていることが**解釈**の中に含まれているとすれば，ヘルパーはこの洞察を，アパートを散らかし放題で，学習行動の点でもむらが多く，約束の時間にも遅れるといったところまで広げるとよいだろう。こうした異なる領域すべてについて語ることで，クライエントは自己理解を始めるように思われる。また，**解釈**を多くの状況に拡張することは，学習を般化し，さらには思考の変化をクライエントが統合しはじめることにもなるようだ。

ヘルパーは，徹底操作や十分な理解に専念できるだけの時間をセッション内に予定しておかなければならない。その後のセッションでは，**解釈**のフォローアップをする必要もある。クライエントはセッション外でも**解釈**プロセスを続けるものである（それがもちろんヘルピングの目標でもある）。したがって，セッションの合間にクライエントが考えたことをフォローアップすることは，とても実り多いものとなろう。

解釈の例

プロセス中の全作業のすばらしい例が，ヒルら（Hill, Thompson, & Mahalik, 1989）による短期療法の1つの成功事例にみられる。その中年クライエントは，16人きょうだいの真ん中の子どもだった。彼女の母はとても若いときに結婚した。夫（クライエントの父）を亡くしたとき，母は子どもたちを捨てた。クライエントは3人の子どもをつれて離婚し，自分のことを「甘やかされていた」といって責め，ふさぎこんでいた。セラピーの終わりに，セラピストもクライエントも，クライエントが現在抱える困難は大変な子ども時代と不適切な養育によるものであるという**解釈**が最も肝心な点だと理解した。**解釈**は12セッションの後半にようやくみられたが，ほどほどの深さで，内容的には正確だったように思われ，**是認－保証**，**質問**，**言い換え**，カタルシスを目的とした**反映**などの合間に行われた。セラピストは，何度も**解釈**を繰り返し，多くの場面に当てはめ，セッション終結後の聴取ではクライエントの防衛を「剝ぎ取るもの」と呼んだ。クライエントはその**解釈**を受け入れただけでなく，それを徐々にクライエント自身の考えに組み込むようになった（例：クライエントは，甘やかされた自分とみることから，ネグレクトされた自分とみることへと変化した）。**解釈**により，クライエントは痛ましい秘密をも開示した（例：父親は自殺をしようとして精神病院に入院した）。最後にセラピストは，クライエントが子どもにとってよい母親であり，こうして自分を成長させることもできるという方向づけをまじえて**解釈**を行った。**解釈**は，クライエントをより大きな自己理解へと導くのに役立ち，自己成長についての**直接ガイダンス**とともに行うことで，クライエントに基本的なところでの変化を可能にした（例：よりよい親になること，職を得ること，親密な関係をもつようになること）。

解 釈 の 例

ヘルパーは**解釈**の前に問題の探求を行っていることに注意する。

クライエント：近頃，教会にいるととても不安になるんです。お祈りで手を合わせなくちゃいけないときになると，ドキドキしてしまうんです。手のひらが汗びっしょりになり，とても困ってしまいます。その時間が近づいてくると心配になって，教会の儀式に集中できなくなってしまいます。どうしてそんなに神経質になるのか全然理解できないんです。でも，教会に行くことがあまり楽しくなくなってしまいますから，どうしてだか知りたいんです。

ヘルパー　：そのことでうろたえていらっしゃるようですね。

クライエント：ええ。ばかげていると感じます。つまり，私の汗だくの手のひらなんて誰も気にしないでしょう？　他の人は教会に行くことが大事なんであって，私のことなんて気にしていないと思うんです。私はこの秋に越してきて，この教会に行くようになったばかりなので，皆のことをよく知らないんです。

ヘルパー　：あなたの生活の中で教会の占める役割について少しお話しいただけませんか。

クライエント：私は自分の故郷にあったようなコミュニティをもつことを望んでいるんです。仕事上のつきあいを離れたものが何か必要なんです。でもうまくいきませんでした。そこで誰かと知り合いになったことなんてまったくなかったんです。

ヘルパー　：だからここへ移ってきて，教会を通して友だちをつくりたいと思っておられるのですね。

クライエント：私の家族にとって教会はいつも大切でした。私がどれだけ宗教を信じているのかわかりませんが，教会でできるつながりを求めている気がしています。

ヘルパー　：それでお友だちをつくって，コミュニティを見つけたいと思っているけれども，ちょっとアンビバレントな気持ちもあって，何を信じているのかはっきりしないのですね。

クライエント：ああ，本当にそのとおりなんです。教会に行く気があるように感じてはいるんですけど，本当にそうなのかはっきりしない。両親が私に行ってほしいって期待しているようにも感じたりして。でも，自分が何を信じているのかまったくわかりません。両親が私に信じるように言ったこととは別に，自分が信じることが何かをはっきりさせるために時間を割いたことなんてありません。

ヘルパー　：**手が汗ばんでしまうと心配することで，あなたは自分が何を信じているのかを思い悩まずにいられるのかしら。**

クライエント：あー，それはいい指摘です。隣にいる人のことや彼らが私のことをどう思っているんだろうかって気にしていると，お説教など全然耳に入らなくなるのは確かです。

ヘルパー　：**この新しい教会に行くと，ご家族のことや，子どもの頃に期待されていたことをたくさん思い出してしまうから，おそらく気がのらないのですね。**

クライエント：おっしゃるとおりです。私は自立した人間として自分を確立しようとしてきた気がします。しっかりと自分のことは自分で決めようと，はるか遠くまで越してきたのに，家族や地元の人々と別れてしまう寂しさを感じるんです。ここにいたいという気持ちがどれだけ強いのかよくわかりません。私は，自分が誰で，人生で何をしたいのかはっきりさせようともがいているような気もします（クライエントは探求を続ける）。

解釈の効果

ヘルパーは，セッションの録画を見て，クライエントへの**解釈**の効果を評価するのに，次の3件法の尺度を用いるとよい。

1＝**解釈**が不正確か深すぎると，あるいはクライエントに**解釈**を聞く準備ができていないと，クライエントは**解釈**を否定するか無視するかもしれない。クライエントは，混乱し，非難された，あるいは誤解されたと感じるかもしれない。**解釈**プロセスへの関与不足を示す徴候は，より深い探求のない受動的な受け入れだったり（「ええ，おっしゃるとおりです」），受動的な攻撃だったり（「はい，でも……」），怒りだったりする（「いいえ，それは間違っています」）。

2＝**解釈**が少なくともほどほどに有益なら，クライエントは素直に同意するかもしれないが，**解釈**を実際に吸収し，聞き，理解することはないかもしれない。クライエントは**解釈**を反復することはできるが，知的にもしくは情動的にその意味を本当にはつかみ取っていないかもしれない。クライエントは**解釈**に同意し，考えるふりをしているのかもしれない。

3＝**解釈**がとても有益でタイミングがよければ，クライエントは「なるほど」という反応をし，新しい理解に対して，それが世界の見方を教えてくれるものだと思い，非常に興奮するかもしれない。クライエントは**解釈**プロセスにさらにのめり込み，ヘルパーの洞察に何かを付け加えたり異なった点を述べたりするかもしれない。

解釈を用いる際にヘルパーが経験する問題

解釈を行うことは「クライエントの頭の中をほじくって」侵入的な感じがするからと，それをためらうヘルパーがいる。彼らは，自分が間違いをしでかしたり，機が熟さないうちに**解釈**を与えたり，クライエントをうろたえさせたり怒らせたり，あるいは治療関係を破壊してしまったりするのではないかと恐れる。彼らは受動的になりすぎて，**解釈**のやりとりの際，自分自身の考えを何も提供しないのである。

解釈を与えようと熱心なあまり攻撃的になりすぎてしまうヘルパーもいる。ヘルパーによっては**解釈**プロセスが最悪のものを引き出すことがある。彼らはクライエントを理解しようとすることばかりに終始し，自身の洞察力を用いることに躍起となる。彼らは共感や強固な治療関係の必要性を見落とし，バラバラになっているパズルの断片をまとめあげることに邁進する。人を理解することのおもしろさ，興味深さ，楽しさは尽きないということに異を唱えるものではないが，クライエントへの強い思いや何としてもクライエントの自己理解を助けたいといった願望が入り混じったそうした心情を，ヘルパーは上手に抑制しなければならない。

解釈は強力な介入となりうるため，その使用や潜在的な乱用への細心の注意をヘルパーに喚起したい。ヘルパーには**解釈**の力を適切に用いる責任がある。また，クライエントは相手を喜ばせたくて**解釈**に同意するかもしれないが，実際のところその**解釈**に同意せず，それによって傷つきを感じたりしているかもしれないという点についても，私は注意を促したい。ヘルパーは，**解釈**の構成に関する協働作業にクライエントを無理に積極的にかかわらせようとしていないか注意する必要がある。ヘルパーは，タイミングについても注意する必要があり，クライエントに**解釈**を聞く準備ができているかどうか，またクライエントがその**解釈**に基づき自らの理解を組み立てることができるかどうかの確認を行う。

ヘルパーが抱えるもう１つの問題は，１回のセッションで多くの**解釈**を与えすぎるということである。クライエントは**解釈**を自分のものとして吸収し，それについて考えるのに時間を要することがままある。したがって，ヘルパーはクライエントの反応をもとにペースを合わせなければならない。

最後の問題は，**解釈**を行うのに十分な経験がなく，断片的な情報から組み立てて**解釈**を述べることができないと感じてしまうヘルパーがいるということである。もしヘルパーがそう感じるなら，ヘルパーは自分自身の行動を理解するために自分で訓練を積んだり，**解釈**にたどりつけるようクライエントに質問することにもっと焦点を当てたり，**解釈**能力が実践とともに増してくるのを辛抱強く待ち，精神分析的理論についてさらに学習してみるとよいだろう。

有益なヒント

- 共感，**感情**（フィーリング）**の反映**，**挑戦**を用いて**解釈**の地固めをしなさい。
- クライエントの**解釈**を求め，内省を促しなさい。クライエントが自力で洞察を見出だせるよう熱心に援助しなさい。
- 問題が徹底的に探求されるまで待ちなさい。クライエントに何が起こっているかがわかり，クライエントに**解釈**を聞く準備ができていると思えるようになってはじめて，**解釈**を提供すること。
- クライエントの動機，防衛，ニーズ，スタイル，そして幼少期の経験についての理解に基づいた**解釈**を行いなさい。
- クライエントに**解釈**のための準備が整っていることを示す徴候が聞かれるまで待ちなさい。考えられる準備性（レディネス）の徴候とは，(a)問題についての明確な陳述，(b)理解不足についての陳述，(c)理解への切望と意欲，(d)解決へのプレッシャーとして経験される問題に関連した高度なレベルでの感情的苦痛，である。
- 控えめかつ共感的に**解釈**を発しなさい。考えられる**解釈**を投げかけ，クライエントなりの見方を聞きなさい。
- 問題の原因，その原因が問題に果たす役割や，なぜ問題が継続しているのかを理解しようとするときは，クライエントと協働して取り組みなさい。パズルをするときのように，クライエントとの協働作業によってそのパズルを組み立てるとよい。つまり，互いにパズルのピースを手にとって，どこにそれが合うのか眺めてみるわけである。**解釈**がふさわしければ，それがクライエントの現在の生活のどのような側面に合うのかをさらに理解しようと試みなさい。**解釈**が何らかの理由（準備性の欠如，不正確）でふさわしくないなら，探求段階に立ち戻り，クライエントの感情（フィーリング）の理解に努めなさい。

- **解釈**はほどほどの深さでなされるべきであり，クライエントがとりあえず理解し自分のものにできる範囲をはるかに超えてしまわないようにする。
- **開かれた質問**（例：「それはどんな感じでしたか」）や**感情（フィーリング）の反映**（例：「今，びくっとされたのではないかしら」）によって**解釈**のフォローアップをしなさい。クライエントは新しい理解レベルにいて，感情（フィーリング）を探求する時間が必要なため，探求スキルに戻ることを忘れないように。
- **解釈**においては判断をしてはならない。クライエントを評価するのではなく，あくまで理解しようとする。
- **解釈**は短めであること。だらだらすると焦点がクライエントからずれてしまう。
- クライエントの状況理解に関していいところを見せようなどという考えは慎みなさい。協働して洞察を構築するようクライエントとともに作業しなさい。
- 一度のセッションでたくさんの**解釈**をしすぎないように。
- **解釈**後のクライエントの反応を観察しなさい。
- **解釈**について徹底的に話し合えるだけの時間をセッション内に残しておきなさい。
- クライエントが**解釈**によい反応を示さないなら，感情（フィーリング）を反映し，**解釈**の有益性やクライエントの準備性を再考しなさい。**解釈**は正確であると確信できたら，その**解釈**を言い換えたり，例を用いたりしなさい。クライエントが**解釈**を聞くことができるまでには，**解釈**は数セッションにわたって何度も繰り返されなければならないことが多い。
- クライエントが**解釈**を受け入れないなら，そこから手を引きなさい。ただし，その**解釈**は作業仮説として心にとどめておくこと。

実践演習

次のそれぞれの例を読んで，**解釈**を書きなさい。

●陳述

1．**クライエント**：「今，学校でうまくやれていないんです。勉強のやり方のせいだと思っているんですが。どうも集中できない感じがするんです。勉強するかわりにずっと窓の外ばかり眺めてしまって。もっと机に向かっているようにしているんですが，どんどんそれもできなくなってしまって。ボーイフレンドとも別れたから，もっと勉強する時間があってよいはずなのに，手につかない感じがするんです」

ヘルパーの応答：＿＿＿＿＿＿＿＿＿＿＿＿＿＿＿＿＿＿＿＿＿＿＿＿＿＿

2．**クライエント**：「私はもうすぐ卒業するところで，次の人生目標を決めなければなりません。両親からいろいろとプレッシャーをかけられているんですが，自分が何をしたいのかさっぱりわからないんです。ここのところ頻繁に数学の科目を落とす夢を見るんです。なかなか教室にたどりつけなくて，やっと着いても，そこでやっていることが1つも理解できません。テストの時間に遅れ，落第しそうだってことがわかります。どうしてこんな夢を見るのか全然わかりません。数学はずっと苦手でしたが，前回の数学ではAをとったのに」

ヘルパーの応答：＿＿＿＿＿＿＿＿＿＿＿＿＿＿＿＿＿＿＿＿＿＿＿＿＿＿＿＿

3．**クライエント**：「私は本当にボーフレンドのことを愛していて，結婚したいと思っていますし，そのつもりです。でも，近頃彼とあまり会いたくないんです。一緒にいると，いつも自分が彼を批難していることに気づきます。その，彼はときどき，本当にイライラさせるような，ばかげたことをしでかすことがあるんですよ。彼が父の前でビールを飲んでげっぷをするなんてことを想像してしまうんです。両親はまだ彼と会ったことがありません。なぜか全然わかりませんが，私は彼を家に連れてきたいと思ったことがないんです」

ヘルパーの応答：＿＿＿＿＿＿＿＿＿＿＿＿＿＿＿＿＿＿＿＿＿＿＿＿＿＿＿＿

●**考えられるヘルパーの応答**

1．「おそらく，ボーイフレンドとの別れに心残りがあるから，勉強がはかどらないのでしょう」
「おそらく，ボーイフレンドとの別れの寂しさが学業の妨げになっているのでしょう」
「たぶん，責任を負うのが怖くて，勉強にも交際にも身が入らないのかもしれません」

2．「将来への不安が落第への不安と関係しているのかしら」
「もしうまくいかなかったら両親をがっかりさせてしまうのではないかと不安なのでしょうか」

3．「おそらく，ご両親があなたのボーイフレンドのことを好きにならないのではないかと心配しておられるのでしょう」
「あなたが彼を選んだのは，お父さんとまったく違うからなのかしら」
「ひょっとすると，彼を家に呼んでご両親に会わせるのが怖いのは，あなたの彼に対する気持ちがはっきりしないからかもしれませんね」

考えてみよう

- **解釈**の際に文化はどのような役割を果たすと考えるか。
- **解釈**を実施するのに適切もしくは不適切だと思う状況の例を示しなさい。
- クライエントと**解釈**を考案していく協働プロセスを発展させることの必要性について，あなたは賛成するか。なぜそうか，あるいはなぜそうではないか。
- **解釈**が変化を引き起こすための必要条件であるという考えについて，賛否を討論しなさい（つまり，**解釈**はヘルピングにおいて「たいへん貴重なもの」であるという考え方について賛成と反対に分かれて討論しなさい）。
- より内省的になるようクライエントに教示したほうがよいかどうかについて論じなさい。
- **解釈**は**挑戦**の後にのみ与えられるべきであるかどうかという点について討論しなさい。
- ヘルパーがクライエントに**解釈**を与える際に直面する危険とは何か。
- **解釈**の正確さを判断する方法について討論しなさい。
- **解釈**を発展させる基盤として，あなたはどんな理論的アプローチを選ぶか。

グループ実習 10　解　釈

目標：ヘルパーが，探求スキル（反映，言い換え，開かれた質問）を用いる練習をし，クライエントを解釈プロセスにかかわらせる方法を習得すること。

４～６人のグループのうち，１人がクライエント，もう１人が最初のヘルパーとなり，残りの人はヘルパー役を引き継ぐ準備をするか，ヘルパーにアイディアを与える。各人はクライエント役を交代して行う。それぞれのグループで，セッションを進行させ，まとめる（ヘルパー以外の）実習リーダーを指名しておく。

ヘルピングのやりとりをしている間のヘルパーとクライエントの課題

1．クライエントは自分の知りたい，ある特定の状況における問題となった反応について語る。言い換えると，クライエントが強い反応をしながらもその理由が理解できない出来事について語る。つまり，その状況にそぐわないように思われる反応である。例えば，クライエントが車を運転していて，誰かからののしられ，それに対してすぐさま腹を立ててしまったということもあろう。あるいは，教室で話し合いをしていて，突然わけもなく泣きたい気分になったということもあるだろう。もちろん，クライエントにはもうこれ以上開示したくないと述べる権利もあるが，クライエントは少なくともほどほどの開示ができるよう考えておくこと。

2．最初のヘルパーは，クライエントが問題を探求できるように数分間，探求スキル（開かれた質問，言い換え，感情（フィーリング）の反映）を用いる。もし最初のヘルパーが行き詰まったら，問題を十分に探求させるためにヘルパーを交代する。

3．数分間，探求を行った後，各グループメンバーは感情（フィーリング）の反映を行い，クライエントに応答をしてもらう。

4．各グループメンバーは洞察を刺激するために開かれた質問を行う（例えば，「あなたはＸをどう思いますか」「あなたはＹと言われましたが，それはＺとどう合致するのですか」）。

5．実習リーダーは全員（クライエントを除く）に解釈を書くよう求める。ヘルパーは，「その人の言外の意味について，自分ならどう理解するのか」「どんなことがクライエントの言っている内容のテーマか」「クライエントの感情（フィーリング）には何か理由がありそうか」「どんなことがこの問題と関連していそうか」と自問するとよい。

6．各グループメンバーは解釈を伝え，クライエントが応答できるだけの時間をとる。

ヘルピングのやりとりの処理

全員に順番が回りクライエントが応答した後，クライエントはどの解釈が最も有益だったか，およびその理由について話すとよい。最も有益な解釈を考えたヘルパーは，どうやってそれを考え出したのかについて話す。

グループ実習 10　解　釈

・・・2～3人がクライエント役になれるように役割交代すること・・・

個人的な振り返り

- 解釈を行うことについてどのように感じたか。
- 解釈を用いた意図は何だったか。
- クライエントが聞くことのできるような解釈をことばにすることができたか。あなたがクライエントから期待した反応と，クライエントが実際に行った反応との間のずれを述べなさい。
- クライエントを解釈プロセスに従事させる際のあなたの長所と短所は何か。
- 解釈してもらうことについて，クライエントとしてどのように感じたか。解釈の伝え方に関してどんな要因があなたの感情（フィーリング）に影響を及ぼしたか。
- 解釈のやりとりを行う能力にあなたの文化はどんな役割を果たしているか。

15章

洞察の自己開示

己を知ることは相手を知ることである。
心が心を理解できるのだから。
——中国のことわざ

オルガは，夫が若い女性のもとへ去ってしまったと言い，とても動揺し混乱していた。彼女は捨てられ侮辱されたと感じ，夫が去ったことを友だちの誰にも知られたくないと思った。ヘルピング・セッションで，彼女はひどい抑うつ感，孤立感，孤独感，絶望感を語り，やり直すには歳をとりすぎていると言った。ヘルパーは言った。「ご存じでしょうか，私は数年前に離婚しました。決して立ち直れないと思っていました。それから，私の価値は自分が何者かということよりも自分に恋人がいるかどうかで決まると思い込んでいたことに気づいたんです。これ，あなたにもあてはまることかしら」と。この**自己開示**によって，オルガは，夫が去ってしまったことに自分がなぜそんなに動揺したのかを理解することができた。夫がいなくなって淋しく感じているわけではなかった。実際，夫婦はもう何年もうまくいっていなかったのだった。というより，彼女は結婚していることで得ていた安心感を失ったのだった。ひとたびそう自己理解できたら，彼女は離婚調停を始めることができるようになった。

洞察の**自己開示**（self-disclosure of insight）は，ヘルパーがこれまで自分について学んだことを明らかにすることであり，それはクライエントの思考，感情（フィーリング），行動，問題の理解を促すために用いられる。**挑戦**や**解釈**を用いるかわりに，クライエントにより深いレベルで自身のことを考えてもらえることを期待して，ヘルパーはこれまで自分自身について学んだ洞察をクライエントと分かち合うのである。本書の中でさまざまなタイプの**自己開示**を取りあげていることに注意しなさい。情報や感情（フィーリング），類似性の開示は10章で，治療関係における即時的体験の開示は16章で，方略の開示は20章で示している。本章では，洞察を刺激するのに用いる**自己開示**についてのみ焦点を当てる（表15-1参照）。

本文中で言及する別表は金子書房のホームページからダウンロードできる（URLおよびアクセス用のIDとパスワードはp.xivの「別表一覧」下部をご参照ください）。

表 15-1　洞察の自己開示の概観

定　義	洞察の**自己開示**とは，ヘルパーが洞察を得た個人的な体験（即時的な関係におけるものではない）を提示することを指す。
例	**クライエント**：「ルームメイトが私の成績をいつも知りたがるんです。聞かれると不愉快だから，無視して話題を変えるようにしているんです」 **ヘルパー**：「昔，自分がうまくいっていることで人に動揺を与えたくないと思うことがよくありました。だから何かうまくいっても，いつも控えめでいるようにしたの。あなたに起こっていることはそんな感じのことでしょうか」 **クライエント**：「ぐずぐずしているのはやめなきゃと思っているんです。私，この頃何もやれてないわ。もっと生産的になるために，どんどん外へ出て，人に会ったりボランティア活動をしたりしなきゃと思っているの。本当に時間を無駄にしている」 **ヘルパー**：「私もちょうどあなたのように，ちょっとよくない習慣にふけっています。悪い習慣だとわかっているのです，あなたと同じく。でも，もうそれをどうにかしようとは思っていません。結局，こんなことをする自分なんだって受け入れるようになりました。この話，あなたにしっくりくるでしょうか」
典型的なヘルパーの意図	洞察を促すこと，抵抗を扱うこと，挑戦すること，セラピストのニーズを軽減すること[1]（別表 D 参照）。
考えられるクライエントの反応	理解された，支持された，希望に満ちた，軽減された，ネガティブな思考や行動，よりよい自己理解，明白，感情，解放，新しい視点，教えられた，新しい行動の仕方，脅かされた，悪化した，混乱した，誤解された（別表 G 参照）。
望ましいクライエントの行動	洞察，感情の探求，認知－行動的探求（別表 H 参照）。
起こりやすい問題／難しさ	自分のニーズを満たす開示。 自分の問題のクライエントへの投影。 **自己開示**後に焦点をクライエントに戻さないこと。 長ったらしい**自己開示**をすること。 クライエントが心地よく気づきを得られる程度を超えた開示。

注）**自己開示**は探求段階（例えば，情報や感情（フィーリング）や類似性の**開示**）や行動（アクション）段階（例えば，**方略の開示**）でも論じている。即時的な治療関係についての**自己開示**は 16 章で論じる。

1)　この意図は通常治療的でない。

なぜ洞察の自己開示を用いるのか

自己開示を用いる主要な理由は，それが有益だと考えられてきたからである。セラピストが**自己開示**を用いることはめったにないが，クライエントはこれを大変役立つものとして評定している。また，**自己開示**によって洞察が得られ，自分を正常だと思うことができ，安心するとともに，治療関係もより深くなるとクライエントは指摘していた（Hill & Knox, 2002のレビュー参照）。

ヘルパーが自分の経験を開示するのは，クライエントがこれまで気づくことのなかった認識に到達するのを助けるためである。クライエントが立ち止まったままだったり，深いレベルでの自己理解に達するのにとても苦労していたりするとき，このタイプの**自己開示**は役に立つ。例えば，乱暴な夫と別れてすべてうまくいっているとクライエントが話していても，ヘルパーがクライエントには洞察が必要ではないかと思ったら，ヘルパーは「私はパートナーと別れた後，本当に自分の決断が正しかったのかどうかよくわからない気分になったのを思い出します。このことは私にとってとても怖いことでした。だって，パートナーはそれまで私が自分で決断することを認めませんでしたし，私にもそんな自信がありませんでしたから。こんなことがあなたにも当てはまるのかどうかわかりませんが」と言うこともできるだろう。ヘルパーは，自分の経験にクライエントが耳を傾けてくれれば，きっとクライエントの自己理解が進むであろうと期待しているのである。

自己開示を用いるもう1つの理由は，セラピストが**挑戦**や**解釈**を行うほどには脅威にならない方法でクライエントが話に耳を傾けてくれるようになるということである。「私も実家に帰ると，自分らしさをなくして自分が誰なのかわからなくなってしまい，子どものような気分になります」とか，「私も一人で映画を見にいくのはつらいんですよ。自分のことなんか誰も愛してくれないという気分になるから」といった開示を聞くことで，クライエントは自分の行動にも似たような理由があるかどうかを考える機会を得る。ヘルパーは，クライエントを責めることにもなりかねない**解釈**を主張するよりも，個人的な洞察を開示し，それがクライエントにもあてはまりそうかどうかを聞くと，うまくいけば新たな深い洞察を促進することもある。**自己開示**を使うことによって，ヘルパーは洞察が投影であるかもしれないことを認めるとともに，クライエントにもそれがしっくりくるものであるかどうかを判断してもらうのである。控えめな**解釈**のときのように，ヘルパーなりの洞察の開示を聞いた後，クライエントが根底にある理由を心おきなく探せるようになることをヘルパーは期待しているのである。このように，**自己開示**には1つのモデリング効果があるといえる。

さらに，**自己開示**はヘルピング関係の力のバランスを変え，クライエントをより深くかかわらせることもある。ヘルパーは答えをもった専門家でクライエントは自らの問題解決をヘルパーに依存するということではなく，むしろ，ヘルパーの**自己開示**によって，二人が人間的関心事にがっちりと四つに取り組む同志なのだということが明確になる。加えて，文化の異なる二者関係においては，**自己開示**はその文化的差異の橋渡しとして用いることができ，ヘルパーに理解してもらえているとの感情をクライエントに起こさせる。

自己開示は，適切に用いられればクライエントに洞察を得てもらうのに大変効果的なものになると，私は思っている。その意味で私は，精神分析的理論家よりもクライエント中心・認知－行動的理論家のほうが理論的には近い。クライエント中心理論家（例：Bugental, 1965; Jourard, 1971; Robitschek & McCarthy, 1991; Rogers, 1957; Truax & Carkhuff, 1967）は，ヘルパーが治療関係において率直で現実的，そして純粋であるべきだと思っているため，ヘルパーの**自己開示**が介入によい影響を与えることができると信じている。実際，個人的で率直な介入スタイルは，クライエントがセラピストのことを同じように問題を抱える生身の人間と見ることができるので，セラピーのプロセスと結果の両方に有益であると信じている。さらに彼らは，ヘルパーが開示すると，傷ついているのはクライエントだけではないという，よりコントロールのバランスがとれた関係になると信じている。彼らはまた，開示を行うヘルパーに対し，クライエントがこれまで以上に親しみを覚え信頼を感じるため，開示がラポールを高めると主張している。興味深いことに，クライエント中心理論家たちはまた，ヘルパーが直接的に率直に**自己開示**を行うことで，転移性の誤認が生じた際，それを正すのに役立つ，すなわち，ひずみが生じた際，それに挑戦するのに**自己開示**が有益であると考えている。クライエント中心理論家たちによって唱えられている**自己開示**の付加的な利点は，ヘルパーがより自然体で信頼に足る人物になることができ，適切な**自己開示**のお手本を示すことができるということである。さらに，ヘルパーの**自己開示**はクライエントの自己開示を促し，治療関係に作用することがある。実際，ヘルパーの**自己開示**がクライエントとの間に率直さと理解に満ちた雰囲気を生み出し，それがより強固でより効果的な治療関係を育むと，クライエント中心理論家たちは信じている。

同様に，認知－行動的理論家は，セッション内での**自己開示**が適切な境界を保ちながら用いられると，治療的きずな（bond）を強化し，クライエントの変化を促進すると考えている（Goldfried, Burckell, & Eubanks-Carter, 2003）。洞察段階でとりわけ興味深いのは，クライエントによって引き起こされた対人的な影響についてのフィードバックを与えたり，相互作用に効果のあるやり方のモデルを示したりするのに，認知－行動主義者が**自己開示**を用いるということである。

一方で，伝統的な精神分析的理論家たち（例：Basescu, 1990; Greenson, 1967; Simon, 1988）は，サイコセラピーを患者の投影と転移の徹底操作に焦点づけられたものと見なしている。重要な他者に向けられた感情（フィーリング）や反応をクライエントがヘルパーに投影できるよう，ヘルパーは中立で真っ白なスクリーンであるべきだと，彼らは考えている。例えば，クライエントの幼少期の体験によって，クライエントは罰せられる恐怖をヘルパーに転移させることもあろう。精神分析的ヘルパーはクライエントの背後に座り，クライエントがヘルパーの表情を見てその反応の手がかりを得ようとするのではなく，自らの内面に焦点が当てられるようにする。もしヘルパーが本当に中立的だとしたら，ヘルパーが罰しようとしているという考えが投影であることをクライエントは理解できるはずである。もしヘルパーの中立性に歪みがあるとしたら，クライエントは自分の投影なのかヘルパーが実際に行っていることに対する反応なのか，区別がつかなくなってしまう。例えば，ヘルパーがいつも遅刻するなら，クライエントの怒りが過去の経験に基づく歪みなのかヘルパーの遅刻に対する合理的な怒りなのか，判断が難しくなってしまうだろう。ただし，読者は中立性を共感性の欠如と混同してはならない。有能な精神分析的ヘルパーは概してあたたかく共感的だからである。中立性を強調すれば，精神分析的ヘルパーは**自己開示**しないのが一般的であるといっても驚くに値しない。実際，精神分析家は，クライエントがヘルパーの個人的な生活，思考，感情（フィーリング）について知ることと，ヘルパーへの転移を発展させる潜在性とは，逆関係にあるという（Freud, 1912/1959）。ヘルパーの打ち明け話は転移プロセスに不純なものを混入させ，セラピーにある神秘的な要素をむやみに取り除いてしまい，その結果ヘルパーの地位を低下させてしまうと，彼らは考えている（Andersen & Anderson, 1985）。さらにコルネット（Cornett, 1991）は，ヘルパーの**自己開示**はヘルパー側にある未解決な逆転移的問題を示すことになりかねず，それによりクライエントが介入から利益を得る力をひどく損なってしまうだろうと示唆している。さらに，ヘルパーの**自己開示**はヘルパーの短所や脆弱性を露呈するものとなり，それゆえ，ヘルパーへの信頼を低下させ，結果に悪影響を及ぼすと，精神分析家は主張している（Curtis, 1981, 1982；ただし，現在の精神分析家の中には**自己開示**の使用を擁護する理論家もいることを銘記すべきであろう。Geller, 2003 を参照）。

総じて，ヘルパーが適切な意図をもってタイミングよく**自己開示**を用いれば，それはクライエントにとって有益なものとなりうると信じている。しかしながら，クライエントのためでなくヘルパーのニーズのための**自己開示**は関係性に害を及ぼすことになりかねない。したがって，ヘルパーが客観的なスタンスを保ち，クライエントに焦点を当て，その反応をうかがいながら開示するのであれば，それは有益になると考える。実際，ヘルパーはクライエントに「何か不当なものを押し付ける」のではなく，クライエントが洞察を得られるようなさまざまな可能性を敬意を払いつつ提供するわけだから，**自己開示**は他の洞察スキル以上に有益なものになりうると考える。

どのように洞察の自己開示を行うか

洞察の自己開示を用いる際，**挑戦**を意図するなら13章で概観したステップに，**解釈**を意図するなら14章で概観したステップに従うとよい。それに加えて，**自己開示**には次のような一定のガイドラインを考慮する必要がある。ヘルパーは開示に先立って自らの意図を正直に考えることが必要である。もしヘルパーにクライエントの自己理解をいっそう進めさせるような経験があれば，上述した理由でその経験を開示することは有益かもしれない。しかしながら，ヘルパーの問題を話し合ったり解決したりすることが目的ならば**自己開示**は用いるべきでない（例：「ひどいことになったと考えているのですね。私の場合はどうひどかったか，話をさせてもらいます」）。ヘルパーに未解決の問題があり，自分のニーズから**自己開示**を用いるのであれば，結果として害になりうる。この場合，焦点がクライエントからヘルパーに移行し，クライエントはヘルパーを気遣うようになる。**自己開示**はクライエントが洞察を得る手助けのために用いられるべきであるため，ヘルパーは常にクライエントに焦点を当て続けている必要がある。

適切な**自己開示**を発展させるためには，ヘルパーはクライエントと同じような状況におかれていたとき，自分の行動に役立ったことは何かについて考えるとよい。自己について得た洞察に集中することで，ヘルパーはその経験をクライエントによる洞察達成のための援助に用いることができる。**自己開示**がある特定の時点でクライエントに適切なものであるとヘルパーが判断したら，ヘルパーは経験の詳細を説明するのではなく，開示の焦点を洞察に当てておくようにするとよい（例：父親がどうやって亡くなったかということの詳細を話すのではなく，「父が亡くなったとき，自分がどんな気持ちなのかわかりませんでした。だから，私は皆に頼って，自分はどんな気持ちでいるのかと聞きまわったんです。私は自分を見失っていました。こんなことがあなたにも起こっているのでしょうか」などと言う)。

ヘルパーは開示をする際，過去にあったことで，解決済みで，結果として新しい視点が得られ，クライエントにも役立ちそうで，自らがいやな気持ちにならずに話せることを選択する。短くてすぐさま焦点をクライエントに戻す開示が最も効果的となる傾向がある。ヘルパーは自分の経験に正直であるべきで，開示のために出来事を作り上げてはならない。新しい理解に導く類似経験がなければ，ヘルパーは別の介入を用いるとよい。

いったん開示したら，ヘルパーは焦点をすぐにクライエントに向けるべきである。ヘルパーは開示に続いて，洞察がクライエントに合ったものかどうかを**開かれた質問**で聞く（例：「このことがあなたにも当てはまるでしょうか」あるいは「そんなことがあなたにも起こっているのかしら」)。

少々注意のいる特殊な状況としては，クライエントからヘルパーの個人的な情報を聞かれたときにどのように応答するかということがある。例えば，ヘルパーが休暇でどこに行くかとか，ヘルパーは結婚していて子どもがいるか，といったことをクライエントが尋ねることがある。一般的なルールとしては，（不快に感じなければ）手短に情報提供をすることだが，同時にクライエントがこうした個人的な情報を知りたがる動機についても関心をもつことである。ヘルパーは，そのことについてのクライエントの思考，空想，関心事を聞き，クライエントが情報を求める動機を学ぶのである。私的情報を提供するとともに，ヘルパーはこの状況を，クライエントが情報を求める理由を調べる機会として利用するとよい。これらの問題にうまく対処すると，クライエントについての洞察が得られ，関係も強固になる。

もし**自己開示**が役に立たないなら（例：クライエントが自分に類似する経験があることを認めない，もしくは否認する，あるいはヘルパーの情報を知ることを不快に感じる場合)，おそらくさらなる**自己開示**はとりやめるのが最善であろう。いくつかのことが起こっていると考えられる。ヘルパーに間違いがなくとも，クライエントに洞察を得るだけの準備がまだ整っていないこともある。それとも，ヘルパーが洞察をクライエントに投影しているということも考えられる。また，クライエントがヘルパーの私的なことを知り，二人の距離が変わることで動揺しているとも考えられる。このような場合，ヘルパーは，問題なのはヘルパーの投影なのか，クライエントの準備性の欠如なのか，それともクライエントの対人距離のニーズなのかを判断するために，もう少し根拠を集めるとよいだろう。もしクライエントの準備性の欠如が問題ならば，ヘルパーは他のスキルを用いるとよい（例：**感情**（フィーリング）**の反映**や**挑戦**)。もしヘルパーの投影が問題ならば，ヘルパーはスーパービジョンか個人的なセラピーを受けるのがよい。もしクライエントがヘルパーのことなど知りたくないということなら，ヘルパーは方略を変え，**自己開示**を制限するとよい。もちろん，クライエントの根底にある問題を理解し，その問題への洞察獲得を援助するため，どんな極端な反応もさらに精査しなければならない。

自己開示の例

クライエント：このところずっと死について考えているんです。自殺のことではなく，人は死から逃れられないということについて。近頃，意味のない殺人がとっても多くて，ニュースはそのことばかり。でも，死がどういうものなのか私にはまったくつかみようがありません。理解できないんです。人生の一番よいときに殺されるなんて不公平のように思えて。

ヘルパー：死んでいくという考えにおびえているような感じがしますが。

クライエント：ええ，本当にそうなんです。死んだらどうなるのか，まったくわからないんです。もちろん，親の宗教では天国とか地獄とかいいますが，そのことがどれも私には受け入れられないんです。でも，宗教でいわれることを信じなかったら，死んだときにどうなるかまったくわかりません。それから，人生の意味って何だろう，どうして私たちはここにいるんだろうかとか，どうして皆はそんなに忙しくしているんだろうかということです。そうしたからといって何が変わるというんだろうとか。支離滅裂に聞こえるかと思いますが，このところそのことばかり考えているんです。

ヘルパー：いや，それはとてもよくわかりますよ。私たちは皆，人生の意味や誰もが死んでいくという事実に取り組まなければならないと思っています。えーっと，私にちょっと推測させてくださいね。**私が死や人生における意味について一番関心をもった時期というのは，人生の節目にさしかかってこれからどう生きるべきかを一所懸命考えていた頃なんです。**今のあなたにとってもそんなことが言えるのかしら。

クライエント：なるほど，おもしろいですね。私はもうすぐ 30 歳になるところで，自分にとって大きな転換期のような気がするんです。私はそれほど好きでもない仕事についていますし，この頃までにはとずっと待ち望んでいた出会いにも恵まれずじまいです（クライエントは自分の個人的な関心事について生産的な話を続ける）。

洞察の自己開示の効果

ヘルパーは，セッションの録画を見て，**自己開示**のクライエントへの効果を評価するのに次の 3 件法の尺度を用いるとよい。

1 = **自己開示**が不適切か有益でないなら，クライエントはヘルパーにご機嫌とりや気遣いをし，注意がクライエントからヘルパーに移行することがある。その他，考えられる反応として，クライエントの沈黙，無関係な題材についての語り，自己開示するヘルパーへのさげすみが含まれる。

2 = **自己開示**の効果がはっきりしない，もしくはほどほどに有益なら，クライエントはその開示を認め，好みすらするが，洞察の獲得には用いられない。

3 = **自己開示**がとても有益なら，クライエントは自分とヘルパーとの類似点を認識し，他にも同じことを感じたり行ったりしている人がいるんだという安堵を感じ，自己についての新しい洞察を得ることがある。クライエントは「ええ，私もそう感じていました」といったことを言い，非常に深い洞察で自己理解へと進むこともある。クライエントによっては他の人間との共通性を感じ，したがって孤独感や孤立感が減少する。あるいは，ヘルパーとの違いをはっきりと述べるなかで洞察を得るクライエントもいる。

洞察の自己開示の際にヘルパーが経験する問題

自己開示を用いる際の危険の1つは，ヘルパーが自分の感情（フィーリング）や反応をクライエントに投影するかもしれないということである。例えば，クライエントが悪い成績を取ったことを話し，ヘルパーが「今でも親に怒られるのは怖いので，悪い成績を取ったら私はパニックになってしまいます」と述べるとすると，そのヘルパーは自分自身の洞察をクライエントに投影したことになる。クライエントは「いいえ，私は勉強しなかったから成績がひどくても仕方ないという感じのほうが強いです」と応答することで，そのことが投影であることを裏づけるかもしれない。ヘルパーは，自分はクライエントとは別の人間であり，経験も異なっており，自分の個人的な洞察が必ずしもクライエントに適用できるわけではない，ということを覚えておく必要がある。

もう1つの問題は，クライエントによる洞察獲得の援助に**自己開示**を意図的に用いるのではなく，自分を見せたいという衝動を満たすのに**自己開示**を用いるヘルパーがいるということである。同じように，心を開く（open）という考えを，頭に浮かんだことを何でも言うチャンスと誤解するヘルパーもいる。グリーンバーグら（Greenberg, Rice, & Elliott, 1993）は，そうしたヘルパーの衝動的な開放性（openness）を「でたらめの」**自己開示**と呼んでいる。この種類の**自己開示**は，クライエントに不快感を与え，ヘルパーへの尊敬を失わせる。例えば，クライエントが自分の離婚問題について援助を求めたとする。残念なことに，ヘルパーは離婚についてクライエントの経験よりも自身の経験を多く話した。クライエントはセッションを打ち切り，もっと慎重に**自己開示**を用いる別のヘルパーを見つけた。グリーンバーグらによると，**自己開示**は，ヘルパーの内的体験の的確な自己知覚を基礎に，治療的に適切な瞬間に治療促進的な方法だと相互にわかるように，規律をもって無理なく実施される必要があるという。言い換えると，ヘルパーは自分自身のことに気づき，また自分自身の意図に気づき，クライエントの援助に最も役立ちそうなときに**自己開示**を行う必要があるということである。

ヘルパー初心者はあまりにも**自己開示**を多用する傾向がある。メディカルスクールの学生が医学のテキストに書かれているような症候群だけで自己診断するように，ヘルパー初心者はクライエントの苦悩の多くを自分と結びつけてしまう。クライエントの問題に焦点を当てるために個人的な問題は脇にのけておく，ということがヘルパー初心者にはなかなかできない。概して友人関係では互いのことを知り合おうとするが，ヘルピング関係においてはその程度はごくわずかなものとなり，その切り替えが実に難しいのである。クライエントの問題がヘルパーの問題とどのように異なるのかに注意を払うことで，ヘルパーは自分自身とクライエントとを区別し，**自己開示**をより賢明に用いることができる。

最後に，ヘルパー初心者は**自己開示**を完璧に行えるかどうかを気にしてしまう。開示はきっちり正確に行わないとネガティブな効果を生むだろうと思っている。また，ヘルパー初心者は，自分は自分のことをすべてわかっているがクライエントはまだ学習段階の最中であるといわんばかりに，

自己開示が押し付けがましく聞こえないかと案ずる。もし，現在かかわっている理解不十分な問題を開示したら，自分は大変な弱みを感じ，ヘルパーとしての信用を失うのではないかと心配するヘルパー初心者もいる。同じような状況に直面したことがないし，その状況にどんな洞察も得てはいないので，適切な**自己開示**の題材がないと懸念するヘルパー初心者もいる——おそらくきっと彼らはクライエントと同じ状態なのだろう。もし開示を使うことに抵抗を感じたり，弱みを見せているような気になるのなら，他の介入を用いるよう勧める。また，緊密なスーパービジョン下での実践は，ヘルパー初心者に適切な**自己開示**の範囲を教えてくれることから大変有意義であるということも申し述べておきたい。

有益なヒント

- **自己開示**を実施する意図について注意深く考えなさい。あなたが自己開示しようとするのはあなたの利益のためか，それともクライエントの援助のためか。よく考え，あなた自身のニーズのために**自己開示**を行いたいということがわかったら，開示してはならない。しかし，開示がクライエントの洞察獲得に役立つだろうと考えるなら，クライエントのニーズを考慮して開示を考案しなさい。
- 開示は短く，クライエントに焦点を当てなさい。
- **自己開示**を実施したら，焦点をクライエントに戻しなさい。例えば，「あなたのような状況にあったとき，私は恥ずかしさで不安になり，敵意をもって反応しました。あなたはどうだったのかしら」。
- **自己開示**に続いて**開かれた質問**（例：「私の開示に対してあなたはどうお感じになりましたか」）や，**感情**（フィーリング）**の反映**（「私に同じような経験があったことに少し驚かれた様子ですが」）を行う。クライエントには新しい発見について感情（フィーリング）を探求する時間が必要なため，探求スキルに戻ることを覚えておく。
- 開示後のクライエントの反応について観察や質問を行いなさい。クライエントが**自己開示**にネガティブな反応を示すなら，クライエントについてもっと知るための機会としなさい。
- クライエントが**自己開示**にネガティブな反応をするなら，別の介入を用いなさい。
- **自己開示**はごくたまに用いること。経験のあるセラピストはあまり開示しないことや，開示はたまに使われるから効果的で記憶に残るのだということを覚えておく。

実 践 演 習

次のそれぞれの例を読み，あなたがヘルパーだとしたら使いそうな**自己開示**を書きなさい。焦点をクライエントに戻すのに，**自己開示**後，**開かれた質問**や**反映**を用いることを忘れずに。

●陳述

1．**クライエント**：「先週，クラスの皆の前で立って話さなくてはならなかったとき，とても変な気持ちがしたんです。他の皆はスピーチのとき，とても自信に満ちているように見えました。私は何を言ってよいのかわからなくて，自分がまったくのばかみたいに思えたんです。皆のように話せなくて，とても戸惑っているんです」

ヘルパーの応答：____

2．クライエント：「家へ帰るといつも10歳の子どもに逆戻りする感じがするんです。両親は私を小さな子どものように扱って，私は実際，小さな子どもの頃に演じていた役割に戻ってしまいます。大きくなって責任ある人間になって，他のところではそんなことなんてしてないのに，親のところに帰るといつも子ども返りした行動になるんです。そんな自分にあきれてしまいます」

ヘルパーの応答：____

3．クライエント：「女性は上手に世渡りができないような気がするんです。世界を駆け回るのは男性だっていうのは本当でしょ。見てよ，男性は女性よりもたくさんお金を稼いでいるし，とてもいい仕事に就いている。それに，もしキャリアがあったら，子育てなんかまともにできやしない。家族をもってまともな仕事に就くことなんておそらく不可能だわ」

ヘルパーの応答：____

●考えられるヘルパーの応答

1．「私は，皆が私のことを笑うんじゃないかといつもビクビクしていたから，授業で発表するのがとても怖かったのです。あなたもそんな感じでしょうか」

「アクセントが皆と違っているから戸惑うことがときどきあって，皆が私のことを場違いに思うんじゃないかって心配になります。あなたもそんなふうに感じているのかしら」

「私は20年以上も人前で話してきたのに，それでもまだそわそわします。詐欺師のようで，人の聞きたいような話なんて何もないと感じるのです。私の場合，それは家族にきちんと話を聞いてもらったことがないということと関係があります。あなたはご自分の緊張がどこから来るものなのかわかるかしら」

2．「ええ，私も。私は，うっかりすると子ども返りして甘える傾向があるので気をつけています。あなたもそうなのかしら」

「私も両親のところに帰ると子ども返りしてしまうことが気になっているのですが，でも思い切り甘えて気遣われたいという自分もいるのです。私が怖いのは，そこからもう離れられないのではないかということ。そんな怖さがあなたにもあるのでしょうか」

「私にも身近な話です。というのは，両親は私が大きくなって別世界にいってほしくないと思っているからです。あなたが両親のところへ行くと，どんな問題が起こるのですか」

3．「私も働く女性としての役割とこれから子どもをもつかもしれないことについて葛藤してきました。私にとっては，その両方を願っているかどうか確信がもてないということもあるけど。仕事と家庭の両方を望むことにためらいを感じているのかなと思って」

「私が仕事も家庭ももっていることにお気づきでしょうか。私は自分が何者で，人生で自分のやりたいことは何かということを考えなければなりませんでした。あなたはそうされたのかしら」

考えてみよう

■友人関係とヘルピング関係では**自己開示**をどのように使い分けるか。

■ヘルピング場面で**自己開示**を用いたい，あるいは用いたくないと思ったときのことを論じなさい。

■ヘルパーが洞察の**自己開示**を用いたり用いなかったりする選択に関して，理論的な志向性と文化がどう影響すると考えるか。

■洞察の**自己開示**に対するクライエントの反応において，文化はどんな役割を果たしているか。

■**自己開示**はヘルパーとクライエントの力の不均衡を是正するという考えについて論じなさい。ヘルピング関係において力の不均衡があることにどんな利点と欠点があるか。

■一部の人々にとって開示することでさらに気分がよくなることがあるかどうか論じなさい。

■洞察段階で**自己開示**が中立性に及ぼす影響について論じなさい。

■異なる種類の**自己開示**（類似性，事実，感情（フィーリング），洞察，方略）のそれぞれの効果について討論しなさい。

グループ実習 11　洞察の自己開示

目標：ヘルパーが，探求スキル（反映，言い換え，開かれた質問）を用いる練習をすること，そして自己開示を学ぶこと。

演習 1

4～6人のグループで，1人がリーダー，1人がクライエント，1人が最初のヘルパーとなって，残りの人は観察者になるとともに交代でヘルパー役となるのに備えておく。各人はクライエント役を交代して行う。各セッションを進行させ，まとめる（ヘルパー以外の）実習リーダーを指名しておく。

ヘルピングのやりとりをしている間のヘルパーとクライエントの課題

1. クライエントはよくあるやっかいな経験について語る（例えば，学業，大学への適応，友人との問題）。
2. ヘルパーに指名された人は，クライエントが探求できるよう5～10分間，探求スキル（開かれた質問，言い換え，感情（フィーリング）の反映）を用いる。もしヘルパーが行き詰まったら，問題を十分に探求させるために他のヘルパーに引き継いでもよい。
3. リーダーは，クライエントにさらなる探求の機会を与えるために，順番に感情の反映を行うようグループメンバー全員に求める。
4. 全員が洞察の自己開示を書きとめる。ヘルパーは「自分が同じ状況にあったとき，どんなことが助けとなったか。自分について，また，動機づけについて，このクライエントの役に立ちそうなどんなことを学んだか」を自問する。
5. ヘルパーはそれぞれ順番に自己開示を実施し，クライエントに応答の機会を与える。

ヘルピングのやりとり後の課題

クライエントにどの自己開示が最も有益だったか，およびその理由について話してもらう。ヘルパーは，自分の意図とクライエントの反応についての見方を話す。観察者は，どの自己開示が有益だったか，およびその理由と，それぞれの見方についてフィードバックを行う。

・・・役割交代・・・

演習 2

学習者は2人組になる。1人がヘルパーでもう1人がクライエントになる。

ヘルピングのやりとりをしている間のヘルパーとクライエントの課題

1. クライエントはよくあるやっかいな経験について語る（例えば，学業，大学への適応，

グループ実習 11　　洞察の自己開示

友人との問題)。

2. ヘルパーは，クライエントが探求できるよう約 10 分間，探求スキル（開かれた質問，言い換え，感情（フィーリング）の反映）を用いる。
3. ヘルパーは約 10 分間，いくつかの洞察スキル（洞察についての開かれた質問，挑戦，解釈，洞察の自己開示）を行い，それぞれの洞察スキルのあとに言い換えと感情の反映を続ける。

ヘルピングのやりとり後の課題

クライエントに洞察スキルに対する反応について話してもらう。ヘルパーはクライエントの反応に関する自分の意図と知覚について話す。

・・・役割交代・・・

個人的な振り返り

- ヘルピング場面で自己開示をしたりされたりすることに対するあなたの反応を記述しなさい。
- 自己開示をしたりされたりすることへの抵抗感のなさ（openness）について，あなたの文化はどう影響しているか。
- 自己開示を行う際の，ヘルパーとしてのあなたの長所と短所を記述しなさい。

16章

即　時　性

実際，二者間のコミュニケーションにおいて感情をあらわにしながらのコミュニケーションほど重要なものはない。また，自己と他者の作業モデルの構築および再構築にとってお互いが相手をどう思うかという情報ほど大切な情報はない……きわめて重要な部分を担うのが患者とセラピストとの間の情緒的コミュニケーションなのである。

――ジョン・ボウルビィ
(Bowlby, 1988, pp.156-157)

エヴィータはヘルパーのアンジェラにいつも怒りを向け，アンジェラの言うことにことごとく文句をつけた。アンジェラはエヴィータに気まずさや腹立たしさを感じるようになり，セッションを楽しみに思わなくなった。アンジェラがスーパーバイザーに相談すると，彼はアンジェラがヘルピング・スキルを適切に用いていることを保証し，おそらくエヴィータの個人的な問題がアンジェラを中傷する原因となっているのではなかろうかと考えを述べた。スーパーバイザーは，アンジェラがどのように感じているのかをエヴィータに知ってもらうため，次回セッションで**即時性**を用いてはどうかと提案した。そこで，次のセッションでエヴィータがアンジェラの言うことはしっくりこないと文句を言ったとき，アンジェラは「ちょっといいでしょうか，私は今つらい気持ちでいます。ためになることが何もできていない気がして。あなたをどう援助してよいのかわからなくてイライラしています。あなたは私との関係をどう思っているのかしら」と言った。エヴィータは突然泣き出し，自分が皆をはねのけているのではないかと述べた。アンジェラは傾聴ができるようになり，ついには，エヴィータは拒絶されるのが怖いために人をはねのけているのだということが二人で実感できるまでになった。**即時性**を用いることで，アンジェラはエヴィータが他人に対してどう振る舞っているかを彼女に理解させることができ，治療関係は強固になった。

即時性（immediacy）が行われるのは，クライエントについて，クライエントとの関係における自分自身について，あるいは治療関係についてヘルパーがどのような感情（フィーリング）を抱いているのかを開示するときである。イーガン（Egan, 1994）によれば，**即時性**で焦点が当てられるのは，全般的な関係についてであったり（例：「最初はなかなかしっくりきませんでしたが，私にはまずまずの感じになってきたように思います」），セッションにおける具体的な出来事についてであったり（例：「私たちの取り組みをあなたがどうお感じなのかどうもはっきりしなかったものですから，このセッションに感謝されていると聞いて，私はとてもびっくりしました」），あるいは現在形で語られる

本文中で言及する別表は金子書房のホームページからダウンロードできる（URL およびアクセス用の ID とパスワードは p.xivの「別表一覧」下部をご参照ください）。

表 16-1　即時性の概観

定　義	**即時性**とは，クライエントについて，クライエントとの関係におけるヘルパーについて，あるいは治療関係についての即時の感情（フィーリング）を開示することを指す。
例	「あなたが私に腹を立てている気がして，今とても落ち着かない気分なのですが」 「私も緊張しています，でもとても深い個人的な感情（フィーリング）を分かち合えてうれしく思っています」
典型的なヘルパーの意図	洞察を促すこと，治療関係を扱うこと，挑戦すること，不適応な行動を特定すること，感情（フィーリング）を特定し強めること，セラピストのニーズを軽減すること[1]（別表D参照）。
考えられるクライエントの反応	軽減された，ネガティブな思考や感情（フィーリング），よりよい自己理解，明白，感情（フィーリング），責任，解放，新しい視点，挑戦された，脅かされた，悪化した，行き詰った，混乱した，誤解された（別表G参照）。
望ましいクライエントの行動	感情の探求，認知－行動的探求，洞察（別表H参照）。
起こりやすい問題／難しさ	侵入にまつわる恐れ。 クライエントの感情（フィーリング）と知覚についての確信のなさ。 対人葛藤を扱うことへの不安。 クライエントから焦点がそれること。

1)　この意図は通常治療的でない。

クライエントへの個人的反応についてであったりする（例：「私の言うことがことごとく拒否されるので，今とても傷ついています」）。その他の例は表16-1に示してある。

即時性は，ヘルパーがクライエントや互いの関係について個人的な感情（フィーリング）や反応や経験を開示することから，一種の**自己開示**と考えられる（例：「私の言ったことを覚えていてくださってうれしいです」）。また，関係性の問題についてクライエントに直面化（対決）する際に用いられることもあり，一種の**挑戦**となる場合がある（例：「私の質問を避けておられることに困惑します」）。さらに，クライエントの行動パターンの指摘に用いることもあるため，一種の**情報**となる場合もある（例：「私が休暇で出かけると，あなたはいつも私が帰ってから最初の2回のセッションをキャンセルされます。このパターンについて話し合ったほうがいいのかしら」）。しかしながら，**即時性**はクライエントへの**フィードバック**（一種の**情報**）とは異なる。というのは，**即時性**介入では関係性における双方にかかわってくるが，一方でクライエントへの**フィードバック**では焦点はもっぱらクライエントに対してのみ当てられるからである（例：「お母さんに率直にお話しされたなんて，よくがんばりましたね」）。**即時性**は他のスキルと重なるところがあるものの，クライエントが対人関係においてどのように受け取られているかを強力に伝達するものであるという理由から，私はそれをあえて別個のスキルとして扱っている。

なぜ即時性を用いるのか

ヘルピング関係はクライエントの現実世界でのかかわり方の縮図を提供する。例えば，クライエントがヘルパーに不満を抱いているとすれば，ヘルピング場面以外でも他人に不満を抱いていることがよくある。もし大きな態度をとりヘルパーに印象づけようと見栄を張るなら，おそらくほかの人にも同じようなことをしているだろう。したがって，ヘルパーとの関係を調べることで，少なくとも部分的にはクライエントの一般的な対人関係のスタイルを探ることができる。クライエントが人にどう振る舞うかはクライエントの報告に頼らざるをえないが，それでもヘルパーへの振る舞い方はヘルパーにとって直の体験となる。もちろん，ヘルパーへの態度があらゆる他者への態度と常に同一であるわけではなく，権威的な立場にある人や同じジェンダー，もしくは同様の性格をもつ人に対してもっぱらそういうふうに振る舞っているだけかもしれない。しかし，行動観察はクライエントが少なくともある関係においてどのような印象を与えるのかという直接的な根拠を与えてくれる。

ヘルパーとクライエントの間の問題を解決することは，対人関係の問題を解決する方法のモデルをクライエントに提供することになる。クライエントは，感情（フィーリング）について語ることでわずかに解決に向かうことがあること，そしておそらく話し合うことでもっと親しい関係になるということを学ぶ。対人関係の問題を解決できることは強力な体験となり，それにより，いつも簡単とは限らないけれども，物事は率直に扱ってもよいのだということをクライエントは理解するようになる。グリーンバーグら（Greenberg et al., 1993）によると，気遣い信頼し合えるような生身の相手と出会うことがクライエントの成長を助けるという。

即時性は，一般に対人関係の問題を特定するのに加え，ヘルピング関係にとって重要な問題を話し合うのにも用いられる。例えば，クライエントとパーティで出会ったことについて互いの感情（フィーリング）を整理しておきたいというヘルパーもいれば，ヘルピング・プロセスにおいてうまくいっている，あるいはうまくいっていないことについて話し合いたいというヘルパーもいるので，様子を見て使うようにするとよい。ヘルピング関係では多くの問題が出現するため，**即時性**は誰にも避けられない対人関係の問題を解決するのにとても重要な方法となる。

即時性を用いるもう１つの理由は，クライエントに不適応行動を変えさせようと挑戦することである。ヘルパーが自らの反応を率直に伝えると，クライエントは，自分が他人にどのような印象を与えているのかを学び，その結果，問題となる行動を変えることがある。ヘルピング関係においてクライエント側に問題が生じているような対人行動の例としては，ヘルパーがまったく話せないほどまくしたてること，横柄で威張った態度をとりヘルパーよりも優れているといわんばかりであること，受け身的な態度を崩さず，聞かれなければ一言も発しないこと，アイコンタクトがなく単調な口ぶりで終始ものうげに話すこと，ヘルパーの言うことをことごとく否定すること，ヘルパーにしょっちゅう贈り物をもってくること，あまりに調子を合わせようとすること，といったことがある。ヘルピング以外の世界では，友だちや知り合いは自分たちがその人をどう思っているか正直にフィードバックしてくれないことがある。それは，気持ちを傷つけたり，大変な時間や労力を要することがあり，とても困難だからである。しかしながら，フィードバックを受けないとクライエントは自分が人にどんな印象を与えているのか気づかないことも多い。自分自身の行動に対して無自覚でいると（いつもやっているので，それはよく起こる），人は自分の行動を変えることはできないし，よくない結果が生まれてくることもある（例：敵意のこもった口調でしゃべっていることにクライエントが気づかなければ，それは職場での評価に悪い影響をもたらすだろう）。ヘルピング関係は，自分の行動が相手にどんな影響を及ぼしているかについてクライエントに気づかせる機会を与える。

また，**即時性**は婉曲的なコミュニケーションをより直接的なものにするのに用いることもある。なかには，正直に意見を言ったらヘルパーがどう応えるかわからないとして，ヘルピング関係について遠回しに語る場合もある。例えば，クライエントが「私のことなど誰も助けることはできない」と言うことがある。ヘルパーはクライエントの援助をしている最中だから，コミュニケーションの一部が少なくとも自分に向けられていると想像しても大きな飛躍ではない。どんなコミュニケーションにおいてもヘルパーは，クライエントが治療関係についてこちらに何を言わんとしているのかと自問したほうがよい。もちろん，そこで**即時性**を用いるかどうかはその時点での臨床状況やクライエントのニーズを加味すべきであろう。

率直なフィードバックをやさしく伝えるヘルパーはクライエントに特別な贈り物をしていることになる。心配りをしながら，クライエントが人からどう見えるかを知らせるには，深いレベルでの共感が求められる。こうした感情（フィーリング）を共有することでヘルパーは大きなリスクを負うことになるが，もしヘルパーが共感的で感性豊かならば，それは効果的なものともなりうる。実際，**即時性**によって伝えられるのは，クライエントの行動が及ぼす影響を彼らに知らせるのにヘルパーが積極的に時間を費やしているということであり，そうしてクライエントは不適切な行動への気づきを高め，それを変える機会を得ることができる。

関係性の問題を即時的に扱うことに関しては，文化的差異について言及することも重要である。物事を遠回しに伝えるのが当たり前となっている文化では，関係性について直に話し合うことは失礼なことだと考えられる。ヘルパーはそれでも**即時性**を用いることはできるが，メッセージを伝える際には相当にやさしく控えめな様子でなければならないだろう。

何人かの理論家が**即時性**について書いている（例：Carkhuff, 1969; Cashdan, 1988; Ivey, 1994; Kiesler, 1988; Teyber, 2000）。ケイスラー（Kiesler, D. J.）は，ヘルパーがクライエントの行為に対する受けとめ方や反応をクライエントに開示するとき，**メタコミュニケーション**（**即時性**にかわるケイスラーの用語）が生じると述べている。彼は**メタコミュニケーション**を人生経験にまつわる個人的事実や履歴などに関するその他の開示と区別した。なぜなら，それらはヘルパーがクライエントについて体験することに関係してくるからである。**メタコミュニケーション**は，ヘルパーがクライエントの慣れ親しんだやり方とはまったく違うやり方で応答することから，ヘルパーのレパートリーの中でも最も強力な反応の1つであると，ケイスラーは指摘している。例えば，社会一般によくみられる，不快な行動を無視する態度をとるよりもむしろ，ヘルパーはクライエントに真正面から向き合い，クライエントがヘルパーに与える衝撃について述べるのである。同じように，アイビー（Ivey, A. E.）は**即時性**をクライエントと共に「その瞬間に」いることと呼んだ。たいていのクライエントは物事を過去形で語るが，ヘルピング関係で起きていることについては現在形で語るのがクライエントのためになるかもしれないと，アイビーは指摘している。

どのように即時性を用いるか

即時性は難しくて負担の大きいスキルである。ヘルパーは，治療関係で何が起こっているのかを認識している必要があるし，クライエントの率直な感情表現に防衛的に反応しないだけの自信と自己理解とが求められる。ヘルピング以外の場面では常に即時的感情に正面から対処しているわけではないので，ヘルパーはしばしばヘルピング場面で**即時性**を用いることを恐れる。クライエントに即時的であることはスキルもさることながら勇気がいる。**即時性**について書いた他の理論家（Carkhuff, 1969; Cashdan, 1988; Ivey, 1994; Kiesler, 1988; Teyber, 2000）から広く引用しながら，ヘルピング・セッションにおいて**即時性**を用いるのに次のようなステップを踏むことを提案する。

ステップ１：とらわれる

ヘルパーはまずクライエントの行動の衝撃を個人的に体験する必要があり，それをケイスラー（Kiesler, 1988）とキャシュダン（Cashdan, 1988）は「とらわれる」（hooked）と呼んだ。ヘルパーはクライエントの不適応な行動によって締め付けられるような狭い範囲に押し込められると，彼らは記述した。ヘルパーは無意識的にクライエントの要求にしたがい反応するようになる（例：威圧的なクライエントがヘルパーから従順な行動を引き出す。敵意のあるクライエントがヘルパーから敵意のある行動を引き出す）。このように，ヘルパーはクライエントが少なくとも何人かの人にはそうすることがある接し方を直に体験する。ヘルパーが自分の反応に気をつけていると，対人関係において他の人がクライエントにどう反応しているかが理解できるようになる。

ヘルパーは自分自身を「悪い」とか無能などと判断せずに自分の感情（フィーリング）を抱けるようにする必要がある。むしろ，自分自身を装置と見て，クライエントとの共鳴の仕方やクライエントへの反応方法を見極めるために自らの感情（フィーリング）を役立てるとよい。スーパービジョンは，スーパーバイザーがヘルパーのクライエントに対するネガティブな感情（フィーリング）を落ち着かせてくれるので，ヘルパーがそうした感情（フィーリング）を体験し葛藤している際に気持ちを楽にしてくれるという意味で非常にためになる。例えばスーパーバイザーは「もし私がこの状況におかれたら，このクライエントにとても性的な魅力を感じます。彼女がとても美しいため，私なら気もそぞろになりそうです」と言うこともあろう。スーパーバイザーが「ヘルパーとして不適切な」感情（フィーリング）を抱くことを許容してくれるとき，ヘルパーは自分の感情（フィーリング）を認識しやすくなることがよくある。このように，ヘルパーが自分の感情（フィーリング）に気づくようになるためにも，またヘルパーが感情（フィーリング）のおもむくまま行動してしまわないようにするためにも，スーパービジョンはとても貴重である。

ステップ２：とらわれていることに気づき，そこから抜け出す

ヘルパーは，クライエントに対してわきおこる内的感情を特定することで，自動反応に気づくと同時にそれを止めなければならない。典型的な徴候は非援助的な感情（フィーリング）である。つまり，退屈，性

的誘惑，怒り，完全な行き詰まり感，いつもよりひどい無能感，介入における思い上がり，もしくはひけらかしである。ヘルパーにとってのもう１つの典型的な徴候は，恐怖心とクライエントに対する特定の話題からの回避欲求である。

この自己検証はヘルパーにとってときにつらいこともある。ヘルパーは自分が受容的で面倒見がよいと思いたいのが普通だが，そうではなく，自分が退屈し，性的に魅せられ，怒り，楽しみ，無能感を感じ，困惑し，過剰な同一視，同情，憐憫を感じていること，すなわち非治療的な振る舞いをしていることに気づくかもしれない。こうした潜在的な感情（フィーリング）を理解するには，次のように自問してみるとよい。

- 「このクライエントといると，自分はどう感じるか」
- 「このクライエントといると，自分は何がしたくて何がしたくないか」
- 「このクライエントに用いるのがよいとわかっているスキルの使用をどうして自制してしまうのか」

ヘルパーは，それを個人攻撃として受け取ったり，このような強い情動を抱くことに当惑するのではなく，むしろ，何がクライエントをそうした行為に駆り立てているのかということに関心が向くよう努めてほしい。むろんそれはクライエントを非難することではない。例えば，もしクライエントがまくし立てて他の人を議論に入れさせないなら，他人のペースに巻き込まれるのを恐れて誰も近づけないように防衛しているのかもしれない。つまり，しゃべり続けることが他者との安全な距離を保つための防衛機能となっていることもあろう。ヘルパーはクライエントが自分の行動理由を洞察できるよう手助けするとよい。

ヘルパーはクライエントが何を「引き出し」（pulling）ているのかを理解することで客観性を取り戻し，それによって自分の反応から距離をおくことができ，クライエントへの援助を始めることができる。例えば，クライエントのすすり泣きがヘルパーの加虐的な感情（フィーリング）を引き出していると気づくことで，クライエントに黙らせようとすることをやめ，なぜクライエントが泣いているのかについて思いをよせることができる。それからヘルパーは，クライエントがすすり泣くとまわりはどう感じるかについて，どのようにフィードバックすべきかを考えるとよい。

ステップ３：意図を見極める

ヘルパーはクライエントへの介入の意図を見極める必要がある。適切な治療的介入は，洞察を促すこと，治療関係を扱うこと，不適切な行動を特定すること，感情（フィーリング）を特定し強めることである。ヘルパーが自分自身のニーズで**即時性**を用いるのは不適切である。つまり，ヘルパーはクライエントといる際に抱く感情（フィーリング）に何らかのヘルパー自身の問題が関与していないかどうかを評価する必要がある。ヘルパーはまた，逆転移がクライエントへの反応の妨げとならないよう注意しなければならない。例えば，とても支配的でひっきりなしにしゃべる母をもつヘルパーなら，クライエントのおしゃべりや攻撃性に神経質になるかもしれない。何人かのクライエントに同じ感情（フィーリング）をもっているとわかれば（例：数人のクライエントに性的魅力を感じる），これはクライエントよりもむしろヘルパーの問題であることを示唆しているのかもしれない。

ステップ4：クライエントの準備性を査定する

またヘルパーは，クライエントの行動について十分な情報を得ているか，治療関係が直接的なコミュニケーションに耐えられるほど強固かどうか，クライエントは介入前に即時的な話題を扱える状態にあるかどうかといったことも判断する必要がある。クライエントが危機状況にあるときや他の問題に夢中になって取り組んでいるときは，即時的な関係について触れることはよい考えでない。それと対照的に，「堂々めぐり」で同じことを何度も繰り返してしゃべるようだったり，プロセスが停止していたり，治療関係において自分がどんな印象を与えているのか知りたそうにしているときは好機である。

ステップ5：関係を語るのに即時性を用いる

即時性を用いるときは，ヘルパーは自分たちの関係についてクライエントに単刀直入に語る。言い換えれば，ヘルパーとクライエントは自分たちのコミュニケーションについてメタコミュニケートする。ケイスラー（Kiesler, 1988）が強調するところによると，**メタコミュニケーション**が成功するかどうかは，**メタコミュニケーション**の**挑戦**を行う際，ヘルパーがどうクライエントの自尊心を支え守ることとの折り合いをつけられるかによるという。ヘルパーは，**メタコミュニケーション**はクライエントが自らの行為について，また自らの行動が他人との関係にどう影響しているのかについて理解できるよう，自分もともに作業に取り組んでいるのだということを伝えるちょっとした検証段階であると示す必要がある。

ヘルパーが**即時性**を用いるときは自分の感情（フィーリング）にそれなりの責任をもつべきである（例：「持ち上げられっぱなしで落ち着かない気がします」「話の腰を折ってしまって申しわけなく思います」）。「私」陳述（“I” statements）には「あなた」陳述（“You” statements；例：「あなたは私をおだてるべきではありません」とか「あなたは話しすぎる」）と比べるとまるで違うインパクトがある。ヘルパーが相互関係に及ぼした自分の影響を率直に語ると，クライエントは難なく自らの責任を認めることが多い（例：「私はおそらくしゃべりすぎました」）。さらに，クライエントに責任の一端を認識してもらいたいのなら，ヘルパーが自分の責任を認めることは公平という以外の何ものでもない。関係性の問題を生じさせている自分側の要因をヘルパーが認識すると，お互いがどう感じているかについて率直に意見し合えるようになる。問題は解決し，治療関係は向上し，またクライエントは問題解決に積極的にかかわる意欲が高められることもある。例えば，学期半ばに，ヘルパーはクライエント（マリア）がヘルパーの交際相手と同じ実習クラスにいることを知った。マリアが学期はじめに自分の感情（フィーリング）を自分なりに徹底的に処理したといくら言っても，ヘルパーはマリアにこの状況に取り組んでほしいと繰り返し求めた。後になってヘルパーは謝罪し，自分がこの状況にいろいろな感情をもっていたこと，自覚のないままその感情（フィーリング）をクライエントに投影していたことがわかったと述べた。

もちろん，すべての非をヘルパーに押し付けることに喜びを感じ，ヘルパーの問題をもち出して，主客転倒してしまうクライエントもいるだろう。このようなとき，ヘルパーはその点について**即時**

性介入を行うとよい（例：「あの，私は責められているような気がするのですが。お互いのどういったところがこういう関係を引き起こしているのか，一緒に考えてみてはどうでしょう」）。

クライエントがどう変わるべきかをヘルパーが規定しないことは非常に重要である。というのは，「べき」陳述（“should” statement）にはヘルパーのほうがクライエントよりもよく知っているという意味あいが含まれており，それはこのモデルにあるクライエント中心的な性質に反しているからである。それよりもヘルパーは，クライエントが特定の振る舞い方をした際，ヘルパーがどう感じているのかを指摘し，クライエントがなぜそうした振る舞い方をするのか思いめぐらせるにとどめる。クライエントについてのフィードバックがヘルパーの知覚や反応に基づくものであり，他の人ならまた異なった反応をするかもしれないということを認識していることも重要である。ヘルパーによっては，その行動を他の人がどう感じているかフィードバックを集めてはどうかとクライエントに提案することもあるかもしれない。他の人からどう見られているかに気づくことで，クライエントは振る舞い方を選択し，自分が変化を求めているかどうか決断できるようになる。

ステップ6：相互作用を処理する

コミュニケーションが双方向的であるためには，ヘルパーは**即時性**を用いた後にそれに対する反応をクライエントから聞く必要がある。それゆえヘルパーは，「あなたがお話しされるとき，眠らずにいるのが難しいくらいです」などと言ってから，「私の言ったことをどうお感じですか」とか「眠らずにいるのが難しいくらいと言ったとき，黙り込んでしまわれましたね。どんなお気持ちになられたのでしょうか」と聞くとよい。こうして，ヘルパーはクライエントを相互作用の話に引き込むようにする。ヘルパーが相互作用の探求に積極的な姿勢であることが重要であるという研究結果もある（Rhodes et al., 1994; Safran et al., 2002）。

関係について言及してもかまわないという態度を表明したわけであるから，ヘルパーは，クライエントがヘルパーの行動で快く思っていないことについてフィードバックをするかもしれないということを認識している必要がある。結局，ヘルピングというのは双方向的な相互作用であり，クライエントにとって最善でないことをしていることもありうるということである。クライエントはヘルパーの行為の受取人であり，介入がどんな感じなのかを正確に理解する人物でもあることから，しばしばすばらしいフィードバックの情報源となる――この知見はある意味妥当で貴重なものである。実際，私はヘルパーにクライエントからフィードバックと反応を得るよう強く勧めている。しかしながら，フィードバックはときには歪んでいるということ（例：転移）も認識していなければならない。例えば，ユッタがヘルパーは意地悪だと言うのは，ヘルパーが何をしたからということではなく，彼女が批判的な母親に対してもつ未解決の感情（フィーリング）をヘルパーに投影しているからだということもある。ヘルパーはどんなフィードバックが純粋にヘルパーの行動と関係し，何が転移の問題と関係しているのかを見極めなければならない。クライエントによるどんなフィードバックにも少なくとも一片の真実があることを申し述べておきたい。ヘルパー自身の行動とクライエントのフィードバックは相互にかかわりあっているため，ヘルパーは双方を吟味しなければならない。

ヘルパーによる即時性のステップ５およびステップ６の使用例

クライエント：ぜひあなたと寝たいんです。セックスというのは本当に大切で，身近な人とつながる自然な方法だと思います。僕と寝ることに同意するのはまさに時間の問題です。あなたが僕に魅力を感じているのはわかっています。目を見ればわかります。

ヘルパー　：**私とセックスすることについてお話しされると不快に感じます。あなたはどんな意図で私とそんな話をしたいのでしょうか。**

クライエント：そうですねぇ，男と女はそうやって結びつくことになっているからです。あなたは僕を助けたいと言っておられます。僕がぜひあなたに求めることは一緒に寝てくれることです。それが，僕には魅力があるんだという安心感のようなものになるんです。

ヘルパー　：つまり，セックスをベースにしないで私とかかわるのがつらいと。

クライエント：ええ，きっと。

ヘルパー　：**ここで私たちが取り組もうとしていることにいい影響を与えないのに，私と性的関係をもちたいと思うのはなぜなのか，心当たりがあるでしょうか。**

クライエント：おもしろいですね。僕の母はいつもとてもセクシーでした。僕は女性とはいつもセックスをベースにかかわってきました。女性たちはたいてい僕と寝たがるんです。

ヘルパー　：**私たちの関係について話すとどんなお気持ちになるのかしら。**

クライエント：えーっと，そういったことに僕は慣れてないんで。どうしてあなたが僕と寝たがらないのかがまだよく理解できないんです。

ヘルパー　：**あなたは私と話をしていて不安になると，話題をセックスのことに移すんだなって，今やっとわかりました。**そのことにお気づきでしたか。

クライエント：ええ。それはわかる気がします。僕は話すのが苦手なんです。もっと行動を主体とするタイプの人間なんです。

即時性の効果

ヘルパーは，セッションの録画を見て，**即時性**のクライエントへの効果を見極めるのに，次のような３件法の尺度を用いるとよい。

1＝**即時性**が有益でなかったりタイミングがまずかったりすると，クライエントは傷つき，苦痛，被虐待感をもつだろう。無口になったり警戒心をもったりするクライエントもいる。そればかりか，気分を害されたことでヘルパーを非難したり，ひどく誤解されていると感じてセッションに戻ってこなかったりするクライエントもいる。

2＝**即時性**がほどほどに有益であるなら，クライエントはフィードバックに耳を傾けてくれるが反応はよくないだろう。クライエントはフィードバックこそ聞けるが，思考や感情（フィーリング）を喜んで分かち合うことはできないかもしれない。

3＝**即時性**がとても有益なら，クライエントはフィードバックについてのヘルパーとの対話に夢中になり，相互作用に及ぼす自らの影響を認め，当該行動を引き起こした事柄に関心を示すようになり，結果的に洞察を得るかもしれない。

即時性を用いる際にヘルパーが経験する問題

ヘルパー初心者には，**即時性**を用いると，たとえそれが共感的な仕方であっても，侵入的になったりクライエントを怒らせてしまうのではないかと恐れる人が多い。実際，ヘルパーがクライエントの不適切な行動を指摘するとクライエントは腹を立てることがある。例えば，ヘルパーはオリビアに，彼女が自分の行動や失敗の責任をヘルパーがとってくれると期待して頼りなげに振る舞っていることをやさしく示唆した。するとオリビアは怒りだし，自分の行動が被害者然としていることを頑なに否定した。しかしながら，数セッションを行ったのち，オリビアは**即時性**介入は的確であり，それによって自分の人生をもっとコントロールしなければならない気持ちになれたと認識した。もしオリビアの感情（フィーリング）を害するのではないかと恐れてヘルパーが**即時性**介入を差し控えていたら，オリビアは自分自身に関する貴重な教訓を学ぶことはなかったであろう。ときに耳をふさぎたくなることもあろうが，このようなフィードバックは動機づけを高め，後の人生に変化をもたらすことがある。

もう1つの問題は，ヘルパーによっては自分の感情（フィーリング）を信頼しないということである（例：「たぶん，退屈なのは全部私のせいなのだ。私がもっとましなヘルパーだったら，退屈なんて感じないだろう」)。こうしたヘルパーは自分の反応に不確かさを感じていて，クライエントへの感情（フィーリング）を適切かつ共感的に伝えることについてためらいがあるのかもしれない。即時的な関係について単刀直入かつ正直に語るのが恐いからといって，あっさりと**即時性**を回避してしまうヘルパーもいる。こうしたヘルパーは自分たちの関係を率直に語り合うことに慣れていなかったり，現在の感情（フィーリング）を共有するときに傷つきを感じたりする。葛藤を率直に話してはならないという強固なルールの存在する家庭に育ったため，対人葛藤を率直に扱うことに不安を感じるのかもしれない。実際には，ネガティブな反応について人と直に語り，対人関係上の問題を徹底操作するようになると，悲しみ落ち込みながらもスキルに乏しいクライエントに対し，難なく共感できるヘルパーがほとんどである。繰り返しになるが，個人的なセラピーを受けることは，ヘルパーが自分の問題を理解するにいたる好機となることから有益である。また，スーパービジョンを受けることも，自分以外の人がクライエントにどう反応するかを学べるため，ヘルパーにとっては実態把握につながる。

最後になるが，ヘルパーはときとして自分自身のニーズを扱うために不適切に（しばしば無意識的に）**即時性**を用いてしまうことがある。例えば，離婚したてのヘルパーがとりわけ弱気になっていて，自分には魅力があると思いたいがために，クライエントに自分のどこが魅力的かを語るよう求めた。通常，ヘルパーは**即時性**を用いながら自分自身のニーズを扱っていることに気づいていない。しかしながら，ヘルパーの行動がクライエントによくない結果を生む場合，自分のしていることに気づくことだろう（例：おとなしすぎるクライエントにヘルパーが腹を立てると，クライエントがドロップアウトする）。したがって，ヘルパーは自分のニーズに注意し，そのニーズをヘルピング・プロセスにもち込まないようにすることがとても重要である。

ヘルパー初心者は，クライエントとの相互作用のほとんどが短く，まずは探求段階を続けることが求められるので，**即時性**を用いることを考えにくいことが多い。とはいえ，ヘルパー初心者はこれからもロールプレイでこのスキルを磨いてほしいし，長期間の作業をともにするクライエントとの実践場面で**即時性**がどのように用いられるのかを認識しておいてほしい。

有益なヒント

- クライエントに対するあなたの内的反応を指針として用いなさい。自分を「とらわれた」状態にすること，ただし，その後，一歩下がってあなたの反応を検討すること。クライエントの行動を引き起こす事柄に関心をもちなさい。相互作用へのあなたの意図と影響について考えなさい。そして，介入の前にクライエントの準備性を査定しなさい。
- **即時性**を用いる際にはやさしく控えめ（しかし弁解がましくするのではなく）であること。伝えるのはあなたの意見や見方であり，「真実」ではないことを覚えておきなさい。
- **即時性**に用いることばは短く，関係に焦点を当て続けること。
- 過去の出来事について漠然と大まかにではなく，最近の行動について具体的にしなさい。
- **即時性**介入後にわきおこる感情（フィーリング）について話し，処理できるように準備しておくこと。**即時性**介入に対する反応をクライエントから聞きなさい。
- 関係の問題へのあなたの影響に責任をもちなさい。あなたにある気持ちを「引き起こした」クライエントを責めるのではなく，あなた自身の感情（フィーリング）は「自分に責任がある」ことを認めなさい。
- 最初は緊密なスーパービジョンのもとで（例：観察下で）のみ，この介入を実行しなさい。あなたの意図が適切であることを確認し，またあなたが介入のための適切なタイミングを選択できるよう，スーパーバイザーがあなたと作業してもよい。
- ヘルパーには，ヤーロム（Yalom, 1990）の『恋の死刑執行人』（中野久夫訳，1996；原題“*Love's Executioner*”）を読むことを強く勧めたい。ヤーロムは，多様なクライエントとの作業に対して彼の個人的な反応を明確かつ率直に書いている。彼はすがすがしいほど自分の反応について正直であり，治療プロセスを高めるためにヘルパーが自身の反応をどう活用するとよいかということについて１つのモデルを提供している。

実践演習

次のそれぞれの例について**即時性**を書きなさい。あなたの応答と，最後に示した，考えられるヘルパーの応答とを比較しなさい。

●**陳述**

1．**クライエント**：「前回お話しされたことを考えたら，ひどく腹が立ってきたんです。講演で町に行くついでに昔の彼と会ってきてはどうかと提案されましたが，そのとき何をお話しされているのかご自分でもわかっておられなかったんじゃないかと思います。彼はもう私と10年も連絡をとろうとしませんし，私は自分の仕事や講演に気持ちを集中しているつもりです。彼に会いにいくのに時間を費やし，彼の言うことに煩わされるようになると思ったら，気持ちを集中してなんかいられません」

ヘルパーの応答：＿＿＿＿＿＿＿＿＿＿＿＿＿＿＿＿＿＿＿＿＿＿＿＿

2．**クライエント：**「ほんとに今日はちっとも役に立ちませんでした。何もよいアドバイスをしていただけませんでしたし。わざわざここへ来る理由などありませんね。時間の無駄です」

ヘルパーの応答：＿＿＿＿＿＿＿＿＿＿＿＿＿＿＿＿＿＿＿＿＿＿＿＿

3．**クライエント：**（5分間黙ったまま）

ヘルパーの応答：＿＿＿＿＿＿＿＿＿＿＿＿＿＿＿＿＿＿＿＿＿＿＿＿

4．（クライエントは15分間休みなくしゃべりっぱなし）

ヘルパーの応答：＿＿＿＿＿＿＿＿＿＿＿＿＿＿＿＿＿＿＿＿＿＿＿＿

●考えられるヘルパーの応答

1．「昔の彼と会ってきてはどうかとの提案をしたことを申しわけなく思っています。それはきっとあなたにとって苦痛だったはずです。普段ならあなたがどうすべきだなどと言わないことを考えると，おそらく私たちの間で何が起こっているのかについて時間をとって話し合ったほうがよさそうです」

「私は，あなたのほうが彼と会うことを言い出したように記憶しているので，私を責めていることが気になります」

2．「何も進展がなさそうに思えて，私ももどかしく感じています」

「私もたくさんの時間を使い，この関係にエネルギーを注いでいますが，まだ十分ではないご様子で，今とても当惑しています」

3．「私に腹を立てているようですね。どうしたのかお話しいただけますか」

「今，あなたのことで悩んでいるのです。あなたがとても遠い存在のような気がして」

4．「今，私はうんざりした気分でいます。15分間休みなくお話しされていることにお気づきでしょうか。ご自身の中で何が起きているとお感じですか」

「何も進展がなさそうでちょっとじりじりした気分でいます。今日は作業よりもおしゃべりをしたいと思われているようですね。どう感じておられますか」

考えてみよう

■ヘルパーは率直にフィードバックすることとクライエントらしさを受容することとのバランスをとれると考えるかどうか論じなさい。

■クライエントに怒りを向けられたら，ヘルパーはどのように反応するだろうか。

■**即時性**が深いレベルでの共感をもたらしうるという考えについて論じなさい。

■**即時性**を用いることの長所と短所を**解釈**と比較して論じなさい。

グループ実習 12　即時性

演習 1

目標：ヘルパーが，他のヘルピング・スキルを織り交ぜながら即時性の練習をすること。

この演習は「実際の」クライエントと面接している上級の学習者向けのものである。この演習は，4～6人のグループで行うことを勧める。現在，クライエントと面接しているヘルパーが事例提示するとよい。ヘルパーがクライエント役を演じると，クライエントの行動様式を描くことができる（また，クライエント役を演じることでクライエントにより共感できる）。もう1人のグループメンバーがヘルパー役を演じる。他のグループメンバーは，もしヘルパーが行き詰まった際に他の可能な介入方法についてヘルパーにアイディアを提供するかヘルパー役を引き継ぐ。それぞれのグループで，セッションを進行させ，まとめるために（ヘルパー以外の）実習リーダーを指名しておく。

ヘルピングのやりとりをしている間のヘルパーとクライエントの課題

1. クライエント（実際のヘルパーによって演じられている）は，実際のクライエントの様子にならってロールプレイを行い，実際のヘルパーのセラピー的反応を特に難しくしているクライエントの行動を描き出すようにする。実際のヘルパーは，ロールプレイに先立って，どんな導入的材料も提供すべきでないし，実際のクライエントについても，あるいはヘルピングのやりとりの経過についても話すべきではない。というのは，ここでのねらいはグループメンバーにありのままの反応をしてもらうことであり，それにはバイアスとなりそうな情報がないほうがよいからである。
2. ヘルパーは少しラポールができ，クライエントへの内的反応を体験するまでは，探求スキル（開かれた質問，言い換え，反映）を用いながらことばのやりとりを行うべきである。
3. やりとりのパターンが多少でも鮮明になったら，実習リーダーはヘルパーに少しの間，中断を求めること。
4. （クライエントを除く）全員に即時性を行う際に用いることばを書きとめてもらう。各ヘルパーに「今，自分が何を感じているか」「その関係で何が起こっているか」「この関係のどれくらいが自分自身の個人的な問題に由来するのか」を自問してもらうとよい。
5. 各ヘルパーは即時性を行う際に用いることばを発し，クライエントが応答できるように時間をとる。

ヘルピングのやりとりをしている間の観察者の課題

全員がすべてのやりとりを観察し，特に有益だったことやそうでなかったことを理由とともに記録する。ヘルパーは即時性をどのように実施しているか。ヘルパーは自分の感情（フィーリング）に責任をもっているか。クライエントは即時性にどう反応しているか。ヘルパーとクライエントとの

グループ実習 12　　**即時性**

関係はどう見えるか。それぞれの役割になってどのように感じるか。

ヘルピングのやりとり後の課題

即時性介入を聞くことに対する反応についてクライエント役に話してもらうとよい。即時性の使用がどう感じられるのかをヘルパー役に話してもらうとよい。全員がやりとりの所見と気がついたことについてフィードバックを行う。

・・・役割交代・・・

演習 2

目標：探求スキルと洞察スキルを統合すること

学習者は2人組になる。1人がヘルパーで，もう1人がクライエントになる。

ヘルピングのやりとりをしている間のヘルパーとクライエントの課題

1. クライエントは自分がしていることなのに，どうしてそれをしているのか理由がはっきりしないこと，あるいは混乱し戸惑っていることについて何か話す。
2. ヘルパーはクライエントの探求を援助するために，5～10分間，探求スキル（開かれた質問，言い換え，感情（フィーリング）の反映）を用いる。
3. 少しラポールができたら，ヘルパーは探求スキルを適切に織り交ぜながら，洞察スキル（挑戦，解釈，自己開示，即時性）を用いてみる。

ヘルピングのやりとり後

クライエントに自分の反応について話してもらう。ヘルパーに自分の意図とクライエントの反応で気がついたことについて話してもらう。

・・・役割交代・・・

個人的な振り返り

- 対人葛藤を扱うことについてどう感じるか。
- 受け持ちのクライエント役を演じたヘルパーは，クライエントについて何を学んだか。クライエントに対する感情（フィーリング）はどのように変わったか。クライエントに対処するうえで新たに学んだ考えを述べなさい。
- あなたにフィードバックを行いたいと思うクライエントに対して，どう応答するか。

17章

洞察段階のスキルの統合

生きる理由のある者は，
どんな生き方にも耐えられる。
——フリードリヒ・ヴィルヘルム・ニーチェ

進路選択ができないでいたベンジャミンは，自分が実業家として大成功をおさめながらも家族とは距離のあった父親と競うのを恐れているのだと気づくようになる。イボンヌは，しゃべり方が少しぎこちないために他の子どもたちからばかにされていることが，自分の不適応感のもとだと理解するようになる。ニジェールは，自分があらゆるリスクを避けるのは，父親のように若死にするのではないかという恐怖心からくるものだと洞察する。これらは，クライエントがヘルパーの援助を受けながら洞察段階で到達する新しい理解の例である。

洞察段階も最後になると，クライエントはうまくいけば深い情動レベルで新しい自己理解を得る。新しいやり方や違った視点から物事を眺めたり，パターンを見分けてそれぞれを関連づけたり，内的力動を深く理解する。これらの洞察はクライエントにとって「ああ，なるほど」（“aha”）と思えるような内容であるのが普通で，クライエントは自分の行動や思考に新たな説明が得られたことに安堵感をおぼえる。洞察の構築に自らが役割を果たしたことから，クライエントは新しい理解を「自分のものとする」のである。

洞察スキルを統合すること

洞察段階において，ヘルパーは，クライエントが自分自身や感情（フィーリング）情や行動についての新しい視点を発展させる際の援助を行う。ヘルパーはクライエントとの共感的な結びつきを保ちながら探求スキルを用い続けるが，同時に，やさしくクライエントに**挑戦**を促し，クライエントがより深く理解できるよう援助する。表17-1に示してあるように，ヘルパーは**挑戦**，**解釈**，**自己開示**，あるいは**即時性**を用いるが，そのどれを用いるかは，その瞬間にクライエントが提示するもの，クライエン

本文中で言及する別表は金子書房のホームページからダウンロードできる（URLおよびアクセス用のIDとパスワードはp.xivの「別表一覧」下部をご参照ください）。

表17-1 洞察段階で，いつどのヘルピング・スキルを利用するかのガイド

セッションでの指標	ヘルパーの意図	ヘルパーが試みるとよいこと
どの時点でも	支持する	かかわりと傾聴 是認‐保証 開かれた質問
クライエントは少しの励ましがあれば自ら洞察に達することができる	洞察を促す	開かれた質問
関係が構築された後，クライエントに矛盾，アンビバレンス，決断不能，もしくは行き詰まりがある	挑戦する，自己コントロールを促す，抵抗を扱う	挑戦 開かれた質問
関係が構築された後，クライエントに行動や思考や感情（フィーリング）についての理解を受け入れる姿勢がありながらもそれができない，防衛や抵抗や転移から振る舞っているように思われる	洞察を促す，自己コントロールを促す	解釈
関係が構築された後，クライエントが物事を打ち明けることを恥だと感じる，洞察獲得に手間取る，あるいは非難されている気持ちや孤独感を感じる	挑戦する，洞察を促す，自己コントロールを促す	自己開示 感情（フィーリング）の反映 即時性 是認‐保証
進行の妨げとなる問題が治療関係の中にある，あるいはクライエントの行動がヘルパー（おそらくその他の人にも）によくない影響を及ぼし，フィードバックが有益な場合	治療関係を扱う，自己コントロールを促す，抵抗を扱う	挑戦 即時性
クライエントが洞察介入を完全には理解していないか，それに不同意を表明している場合	治療関係を扱う，自己コントロールを促す，抵抗を扱う	これまでとは違うやり方での介入の繰り返し クライエントに受け入れる準備が整うまで待つこと 即時性 感情（フィーリング）についての開かれた質問 感情（フィーリング）の反映
挑戦，解釈，自己開示あるいは**即時性**が用いられた後，クライエントがそれを理解しようと努めている	焦点づける，明確化する，カタルシスを促す，不適応な認知や行動を特定する，感情（フィーリング）を特定し強める	感情（フィーリング）についての**開かれた質問** 感情（フィーリング）の反映 言い換え
ヘルパーの逆転移感情（フィーリング）がヘルピング・プロセスの障壁となっている場合	クライエントを傷つけないこと	スーパービジョンもしくは個人的なセラピーを受けること

トの耐性，ヘルパーの意図，そのセッションに対するヘルパーの全体的な計画による。ヘルパーは，気づきを高めるのにクライエントの不一致や不合理な考えや防衛に**挑戦**を用いる。思考や行動の根底にある理由や動機づけに新しい理解が得られるよう**解釈**を用いる。可能性のある洞察を提示するために自分自身に関してわかったことについて**自己開示**を行う。不適切な行動についてクライエントが洞察を得られるように，あるいは治療関係における緊張や誤解を解くのに，**即時性**を用いる。こうした介入は，いったい自分が何者なのか，これまでどのような道のりをたどってきたのか，自分が他の人からどう見られているのかといった点について，クライエントが自己理解や洞察を深めるのに役立つ。

探求スキルを用いるとき

洞察段階においても，ヘルパーは頻繁に探求スキルを用いる。例えば，ヘルパーからのちょっとした励ましでクライエントが何らかの洞察を得られそうに思われるとき，ヘルパーは単に「ご自分が風変わりな行動をとってしまう原因について考えたことはあるでしょうか」といったことを聞けばよいだろう。このように，ヘルパーは，洞察を与えるのではなく，クライエントが自分に立ち向かい，心の中で起きていることに気持ちを向けられるようそっと働きかけるとよい。クライエントに自分なりの洞察を構築するよう促すことの１つの利点は，ヘルパーが洞察を与えることばかりに躍起にならなくてすむということである。そうして，クライエントは内的力動について深く考え，自らの動機に関心をもてるようになることが必要である。

探求スキルはまた，ヘルパーが**挑戦**や**解釈**，**自己開示**，あるいは**即時性**を行った後でも有益である。クライエントはいまや新しい地点に立ち，新しい情報を処理（徹底操作）する時間を必要としている。つまり，探求スキルを用いることでクライエントは自分自身の思考や感情（フィーリング）を語ることができるのである。例えば，「上司に反発してしまうのは，彼があなたのおじさんに似ているからであって，ひどい人だからということではないと気づき，驚きや喜びを感じておられるようですね」といった陳述で，クライエントは新しい洞察についてさらに掘り下げることができるだろう。

挑戦を用いるとき

挑戦は，クライエントにアンビバレンス，矛盾，行き詰まり，決断不能といった気持ちがあるときに有効である。**挑戦**は，心の中に生じていることをクライエントに気づかせることができる。抵抗の強いクライエントにはより強固に**挑戦**を行う必要があるが，抵抗の少ないクライエントにはやさしく控えめに**挑戦**がなされれば，通常とても有益となる。ヘルパーは，クライエントがこれまで気づかなかったり避けてきたりした盲点，問題，防衛，不合理な考え，あるいは不一致を明らかにしようとするが，それだけに，クライエントが聞き入れやすいやり方で**挑戦**を実施するよう注意を払わなければならない。ときにはユーモアを用いるなどすると，クライエントはこれまでと違った方法で自分を見つめなおすことができる。

解釈を用いるとき

解釈は，クライエントがどうして不適応な行動をしてしまうのかを理解できないでいたり，どうしてそうした思考や感情(フィーリング)になるのか皆目見当がつかなかったり，知りたいと思ったり，無意識的な影響から行動してしまうように思えるときに有効となりうる。現在の思考や行動や感情(フィーリング)の基礎にある理由を明確にするには，**解釈**がことさら役立つ。**解釈**の情報源はクライエントが不適切な思考や行動の多くを学習した幼少期にあることがしばしばである。ヘルパーはまた，連絡路をもつ地下水路をたどるように，転移（クライエントの人生早期の経験に基づくヘルパーに対する歪んだ期待）や防衛に基礎をおいて**解釈**を発展させる。**解釈**のもう1つの情報源は，クライエントからかけ離れたもののように見えてもどこかでつながっている問題で，それはクライエントの生活の多様さを考慮すると意味をなす行動として示されるものである。さらにもう1つの**解釈**の情報源は実存的な不安で，死，自由，責任，孤独，人生の意味といった，私たちの誰もが思い悩む問題である。

洞察の自己開示を用いるとき

自己開示は，他の介入によって直接的に示されたら萎縮して受け入れられないような洞察にクライエントを導く際に有効となりうる。ヘルパーは，**自己開示**によって，クライエントが自己をより深く理解し，さらにつきつめて考えられるようになるのに役立ちそうな，ちょっとした個人的な経験を打ち明ける。**自己開示**は，もがき苦しんでいるのは自分だけではないとクライエントが感じられるとき，とりわけ強力な介入となりうる。実証研究によると，経験豊かなセラピストが**自己開示**を用いた場合，クライエントはとても役に立ったと知覚したが，おそらくそれは，**自己開示**がほんのわずかしか用いられなかったためであろう，とのことである（Hill & Knox, 2002）。ヘルパーが過去に解決したことを開示するのが一番よいようである。**自己開示**はヘルパー初心者にとっては往々にして上手な使い方を身につけるのが難しいスキルである。彼らは，クライエントに過剰な同一視をして**自己開示**をしすぎるし，熟練していないので自らの未解決な問題をヘルピング・プロセスにもち込んでしまう。

即時性を用いるとき

即時性は，治療の進行の妨げとなるような問題が治療関係にあるときや，セッション内でのクライエントの行動が不適応的でフィードバックが有益なとき，クライエントが他の人にどのような印象を与えているかについてもっと知りたいと思っているときに有効である。ヘルパーは**即時性**によって，クライエントがセッションでどのように見えるかのフィードバックを行い，なぜクライエントがそうした振る舞いをするのかについてちょっとした洞察を得ることができる。ヘルパーはクライエントの行動についてフィードバックを行うだけでなく，自分の思ったことに正直であることが重要である。治療関係について話し合うことは，非常に強力な学習体験を与えることになる。なぜなら，ヘルパーは対人葛藤において相手に敬意を払いつつも主張的に対処する方法をクライエントに示すことになるからである。こうして，問題が解決し，クライエントは自分の行動理由にちょっとした洞察を得，またヘルピング場面以外での関係性における対人葛藤にうまく対処するスキルを学ぶことができる。

洞察スキルの使用にあたっての注意

洞察スキルの使用にあたってはいくつかの注意がいる。第一に，洞察スキルの使用前に確固とした治療関係が構築されていなければならない。クライエントはヘルパーを信頼していなければならないし，ヘルパーは洞察介入を考え出すのにクライエントについて基本的な理解をもっていなければならない。関係は直ちに確立されることもあるが，その関係が洞察介入に耐えられるまでしばらく様子を見なければならない。それに加え，ヘルパーは洞察介入に対するクライエントの反応に常に注意を払っていなければならない。どんなに立派な洞察介入でも，クライエントにそれを受け入れる準備ができていなければ意味がない。機の熟さない洞察介入によって関係が悪化することもある。

できれば**開かれた質問**を行い，これまでと違う視点からごくわずかな洞察が加わることで，クライエント自身が自分なりの洞察に近づけるよう働きかけるのが最もよい。もしクライエントがどんどん洞察に取り組むようならば，ヘルパーは何について考えるべきかを指示するよりも，主としてクライエントを励まし指南する立場をとる。洞察段階でのプロセスは協働的であることが求められる。ヘルパーがクライエントにかわって洞察を語りつくしてしまうよりも，ヘルパーとクライエントが一緒になって理解を構築する作業が必要なのである。

洞察スキルを用いるときは，判断したり非難がましくならないよう，思いやりと共感をもってやさしく控えめに伝えることである。洞察介入よりも探求スキル（**感情（フィーリング）の反映**，**言い換え**，**開かれた質問**）を先に用いるべきであり，洞察介入のときも探求スキルを織り交ぜるとよい。洞察介入から学んだことをクライエントがじっくり吟味するようになると，彼らはこれまでとは違うレベルにおり，自己発見の内容を探求するための時間と支持とを必要とする。さらに，ヘルパーは浮かび上がってきた情報に基づいて常に洞察介入を変更し，それを基本的な事実としてではなく作業仮説として扱う。

また，洞察介入は，あの手この手で長い期間をかけて，何度となく繰り返される必要があるといえよう。そうしてクライエントは，それを受け入れるようになったり，自分の考えを改める材料にしたり，生活の別の部分にあてはめたりすることができるようになる。身にしみついた考え方を変えることはそうたやすいことではない。何度も繰り返すことが，クライエントに新しい洞察を聞き活用してもらう際の助けとなることが多い。

確かに多くのクライエントは洞察に価値をおき，現在の悩みのわけや活動の改善法を理解する必要もある。しかしながら，だからといってすべてのクライエントが洞察の探求に関心があり，前向きであるとは限らないということを認識しておくことも重要である。ヘルパーもこのような深い理解をすべてのクライエントと追い求めたいとは思わないだろう。むしろ，症状緩和の直接的感覚を求め，問題解決を切望し，あるいは洞察に何の関心も示さないクライエントに対しては，ヘルパーはすぐに行動（アクション）段階に移行することもあろう。

最後になるが，逆転移（3 章，12 章で定義と考察がなされている）がヘルパーの能力を妨げ，効果的な洞察介入が行えないこともある。例えば，中絶や離婚について語っているクライエントが，この種の問題に関してヘルパーの側の未解決の感情（フィーリング）を刺激してしまうかもしれない。怒りの対処に問題を抱えるヘルパーは，クライエントがヘルパーに怒りをおぼえるようになると身を引いてしまうかもしれない。個人的な問題がヘルピング関係に悪影響を及ぼしていないことを確認するのに，セラピーやスーパービジョンが有益である，ということをここで再び強調しておきたい。

多文化への配慮

洞察段階においてヘルパーが自分自身の反応や思考に多くを頼るなら，ヘルパーは，自分と異なる文化をもつクライエントと接する際にヘルパー自身の価値観を押し付けていないかどうか，ことのほか注意を払わなければならない。例えば，ヘルパーが西洋人なら，22歳のアジア人学生に対し，自立し両親のもとを離れようとしないことについて挑戦するかもしれないが，これは結婚するまでは両親を頼るものだとするクライエントの文化的価値に反することになる。もう１つの例として，クライエントが高齢の両親を世話していることについて，他者のために自分を犠牲にすることは文化的義務であるとクライエントが感じているにもかかわらず，ヘルパーは自身のキャリアアップを犠牲にしていると解釈してしまうかもしれない。西洋の価値観では個人主義や自己実現が奨励されるが，東洋の文化では集団や家族的な義務が重んじられるのである(Kim, Atkinson, & Umemoto, 2001; Kim, Atkinson, & Yang, 1999)。こうした価値観の相違は心理力動や心理学的問題の理解にまつわる文化摩擦を招くおそれがある。

洞察段階に関連するもう１つの文化的問題は，最終的な答えは権威者が握っているとする文化があることである。それゆえ，**解釈**がクライエントに「正しい」答えとして大きな意味を帯びてしまうことがある。こうした例では，ヘルパーは自分の発言内容に注意がいる。その一方で，西洋文化以外のクライエントには思慮深く洞察の**自己開示**を行うことが信頼を確立するのに有益なこともある（Sue & Sue, 1999)。**自己開示**によって，クライエントに感じてほしいことを指図することなく，１つのモデルを提供できるかもしれない。

もう１つ頭に入れておかなければならないことは，率直に「今－ここ」での思いを伝え合うことを重視しない文化をもつ人にとっては，**即時性**が非常に失礼で侵入的に映るかもしれないということである。繰り返しになるが，ヘルパーはクライエントの反応に敏感であらねばならないということと，何か不愉快なことがないかクライエントに問いかけるべきであるということである。

クライエントの心理力動についての仮説を発展させること

洞察段階での介入方法を決めるのに，ヘルパーはある程度自分の知覚や直観に頼る。ヘルパーはヘルピング関係に生じていることのバロメータとして自分自身を利用するのである。ヘルパーは自分の内なる反応に耳を傾け，その相互作用にクライエントがどんな影響を及ぼしているかを問う。クライエントの心理力動を査定する際に次のように自問するとよい。

- クライエントによって表現された感情（フィーリング）や行動（アクション）や思考に不一致や矛盾がないか。
- このとき，クライエントにこのような行動を引き起こさせていそうなことは何か。

▩このとき，クライエントの変化を妨げているものは何か。
▩この状況で作用しているクライエントの防衛，抵抗，転移は何か。
▩治療関係の中で私はどう感じているか，他の人でもこのクライエントに同様な反応をするだろうか。

学習者に見立て（conceptualization）のスキルを教えることが訓練プログラムの中に組み込まれるとよいだろう。ロールプレイの後，教員がクライエントの心理力動を考えてみるよう学習者に求めるのもよい。例えば，ある訓練セッションでクナル（自ら申し出てクライエント役を引き受けた学習者）は，大学院に入学できず自分が何をしたいのかはっきりしないと語った。つまり，本当に大学院に進みたいのか，もっと他にやりたいことがあるのか，ということがわからないでいた。一人の学習者がヘルパー役を演じ探求段階を終えた後に，私はそのやりとりをストップし，このクライエントに対する新たな見立てについて議論するよう勧めた。クナルが学業以外でも問題を抱えているのかどうかはっきりしなかったが，大学院進学に関して家族からのプレッシャーがあると仮定した（クナルには，黙って座って話を聞き，反応しないようお願いしたことを注記しておく）。こうした仮定は洞察段階で考慮する問題を明確にするのに役立つ。同様に，思考を促進する方法として，ヘルパーが見立てについてスーパーバイザーに相談することも役に立つ。

ヘルパーは，クライエントの問題やクライエントがこの時点で問題を語る理由，援助のために自分ができることについての仮説を考えることで，介入の意図を発展させることができる。見立てることで，ヘルパーはセッションで暗中模索するかわりに，介入の焦点や意図を得ることができる。

洞察段階でヘルパーが経験する問題

洞察段階で用いるスキルに長けるのは簡単なことでない。そうしたスキルを習得するには長年を要するのがしばしばである。さらに，スキルはどのクライエントにも決まりきった技法として適用することはできず，このために洞察段階のスキルを教える教員にとってもそれを学ぶ学習者にとっても大変な作業となる。ヘルパーは直観を働かせ，クライエントへの自らの反応を手がかりとするため，進行の妨げとなる逆転移の危険性も増大する。ヘルパーはゆっくりと進行しながら洞察介入に対するクライエントの反応を観察する必要があるが，洞察介入を回避してはならない。クライエントの深い自己理解の機会を逸してしまうかもしれないからである。

機が熟さないうちに洞察段階に移行すること

ヘルパーは，治療関係がまだしっかりと確立されていない，あるいはクライエントがまだ問題を探求していない，あるいは自分が問題を深く理解していないのに，洞察段階に移行してしまうことが往々にしてある。**挑戦**，**解釈**，洞察の**自己開示**，**即時性**は，強固な治療関係という文脈内で，またしっかりとした理解を基盤として用いられることがとても重要である。さもなければ，これらの技法でクライエントを傷つけてしまう危険性がある。例えば，クライエントがヘルパーを信頼するより前にヘルパーが**挑戦**を行えば，クライエントはヘルパーの動機を疑い，ヘルピング関係を終結してしまうかもしれない。

洞察を進めることに責任を感じすぎること

ヘルパーによっては「われこそが解決者なり」と考え，クライエントの過去の経験すべてを新たなやり方で現在の行動と結びつけなければならないと感じる人がいる。ヘルパーにとっては自明のこともクライエントにはわからず，イライラするヘルパーもいる。このようなヘルパーにとっては，クライエントが自分自身のことをわかるように援助するよりも，ヘルパーがクライエントをわかることのほうを優先してしまっている。私の考えでは，ヘルパーにとってもっと重要な仕事は，クライエントに共感し，クライエントが困難を解決するのに何が役立つかを判断し，クライエントから洞察についての思考を聞き，クライエントと協働して洞察を組み立てることである。

1つの理論的視点に固執すること

洞察段階での危険の1つは，精神分析的理論が個々のクライエントに当てはまるわけではないのに，ヘルパーがそれを適用してしまうことである。精神分析的理論は驚くほど説得性に富み，よく考えられてもいる。ヘルパー初心者は容易に精神分析的理論のとりこになり，フロイトやコフートやその他の人が書いたことのすべてを信じてしまいがちになる。例えば，フロイトがそう言ったからという理由で，クライエントが示すデータには注目せずに，どのクライエントもエディプス－エレクトラコンプレックスに悩まされていると確信してしまうヘルパーもいる。実際，精神分析的理論は臨床家によって発展させられた臨床理論であり，そのほとんどが証明されているものではない。したがって，それを適用するには慎重でなければならない。

表面だけでクライエントをとらえ，深く掘り下げないこと

ヘルパーはときとして混乱するクライエントのことを怖がり，侵入的になることを恐れて，クライエントを援助するために深く掘り下げることを怠る。しかし，クライエントは行き詰まっているのであり，しばしば自分の問題について別の角度から聞けることをありがたく思っている。したがって，クライエントが新しい理解を構築する手助けをヘルパーも進んで行う必要がある。

共感的であることを忘れること

クライエントの難問を解き明かすことに夢中になるあまり，共感的であることを忘れてしまうヘルパーがいる。クライエントが治療的な体験にかかわり続けることの重要性が頭から抜けているのである。クライエントがどのように感じ反応しているかを常に認識し，協働的な関係を維持しながら作業することがとても大切である。

クライエントが洞察を必要とも得たいとも思っていないこと

私たちがヘルパーとして個人的にどんなに洞察に価値があると思っていても，どのクライエントも等しくそれに夢中になるわけではない。クライエントによっては（ヘルパーでさえも）洞察を得たいとも必要とも思っていない人もいる。**挑戦**や洞察のない支持を好んだり，洞察抜きの直接的な

行動変化を望んだりする人もいる。気分の悪い理由などわからなくても気分さえよくなればよいと思う人もいる。このアプローチは本質的にはクライエント中心的であり，何よりも共感に価値をおいているため，このようなクライエントには洞察を課すのでなく，自己理解などしないという選択肢を尊重することが重要である。そうしたクライエントには，彼らがまず支持を求めているのか，行動変化を求めているのか，それともヘルパーが提供できない何かを求めているのかのアセスメントを行うよう勧めている。仮にクライエントが行動変化のための支持を求めているのなら，ヘルパーはそれを提供し洞察段階を強調しないこともできる。クライエントが他のこと（例：薬物，サポートグループ，福祉）を求めているのなら，ヘルパーはクライエントに他の社会資源を紹介するとよいだろう。

洞察段階を実施する際の問題を克服する方略

探求スキルを用いる

はっきりしないときや何か問題があるときは，**かかわり**と**傾聴**，**開かれた質問**，**言い換え**，**感情の反映**といった基本的なスキルを用いるよう勧める。実際，ヘルパーは後戻りしたり，信頼を立て直したり，クライエントの切実な問題を聞いて確認する必要がある。**挑戦**や**解釈**に向けた考えが自然に生まれ，クライエントがそれを聞く準備が整うまでは，ヘルパーは探求を続けてもよい。

私的な感情を扱う

ヘルパーは自分の感情にできるかぎり気づくことが重要である。どれくらいがクライエントに対する反応で，どれくらいが自分の私的な問題と関係しているのかを区別しておく必要がある。私は，ヘルパーになったときに高まる強い情動反応を扱うのに，ヘルパーが個人的にセラピーを受けることを強く勧めている。それに加え，クライエントとの作業で生起する感情についてスーパーバイザーに話すのも役立つ。

関係を扱う

ある研究（Rhodes et al., 1994）によると，治療関係の中で生じた重大な誤解を解決するために，ヘルパーが何をしてしまったのかを尋ねられたクライエントは満足感をもっていたとのことである。クライエントは，治療関係の中で起こっていることをどう感じるかとヘルパーから聞かれたと報告した。ヘルパーは，構えないでクライエントの話に聞き入り，自分が何をしてしまったのかをクライエントに懸命に聞いた。ヘルパーは，失敗をおかしたり，クライエントの感情を傷つけてしまった場合には謝罪した。ヘルパーがヘルピング関係における自分の非に気づいたら，失敗への対処法や他者への人間味のある応答の仕方の手本を示すとよい。さらに，ヘルパーは互いの関係について感じるところを語り，クライエントにその行動がどのように他者に影響するのかを知らせてもよい。クライエントがヘルパーやセッションについてのポジティブな感情もネガティブな感情も話し合える場を提供することは，努力を要すると同時にきわめて大切なことでもある。最後に，ヘルパーは気持ちを分かち合えたことに対してクライエントに感謝するとよい。治療関係を扱うことはしばしば痛みと困難をともなうだけに，ポジティブな感情（フィーリング）もネガティブな感情（フィーリング）ももち出してよいことをクライエントに保障する必要がある。

長めのやりとりの例

この例では，ヘルパーはラポールを確立し，クライエントは娘との関係についての感情（フィーリング）を探求した。洞察段階の冒頭から始める。

ヘルパー　：つまり，娘さんが中学校での行いがよくなくて，学校を中退するのではないか，ご心配だということですね（ヘルパーはクライエントの話をまとめるべく，内容を要約する）。

クライエント：ええ，娘は宿題もほったらかしなんです。テレビばかり見て，友だちと電話でおしゃべりばかりして，食べてばかり。学校の課外活動もしません。私は何もしてやることができません。成績表をもらっても，まっ先に私に見せようとしませんし。結局，娘からそれをひったくってみてみると，2科目落としていたんです。

ヘルパー　：娘さんに家庭教師をつけることをお考えになったことはありますか（ヘルパーはここで一足飛びに行動（アクション）段階に進み，問題について何をすべきか提案している）。

クライエント：私どもはずっと娘に家庭教師をつけようとしてきましたけれど，娘が必要としないんです。去年，娘をある家庭教師に見てもらいましたけど，役に立ちませんでした。娘はまたその科目を落第しましたし，大金を無駄にしました。

ヘルパー　：本当にがっかりしてしまいますよね（ヘルパーはクライエントの娘ではなくクライエントに再び焦点を当てている）。

クライエント：ええ，本当にがっかりです。どうしてよいかまったくわからないんです。救いがない感じで。学校は私にとってとても大事でした。よい教育を受けないと，娘は一生どこにも居場所がないと思うんです（クライエントはまさにヘルパーによる**感情（フィーリング）の反映**を取り入れており，娘の問題についてもっと深く自分の感情（フィーリング）を語っている）。

ヘルパー　：あの，私の子どもたちとの経験なんですが，自分自身のことと子どもたちのこととを区別するのはとても大変でした。私は子どもに完璧さを求めましたが，それによって自分が完璧な親だということを示したかったんです（ヘルパーはクライエントの洞察を刺激するために**自己開示**を使っている）。

クライエント：ええ，私はまさにそうなっているんです。自分はあまりよい親ではないという気がして。子どもをもつ他の親たちはみなうまくやっています。どの親もこんなにお金のかかる大学に子どもたちをやっているんだって話しています。私は子どもたちに私のできなかったことを全部与えてあげたいんです。私のように，大人になったときに自分のことをくだらないと思ってほしくないんです。

ヘルパー　：本当に，お子さんにできるだけのことをしてあげたいんですね（ヘルパーは**言い**

換えを通して支持を示している）。

クライエント：そうなんです。私の家庭では教育はそんなに重要なことではありませんでした。両親は私に宗教や体によさそうな食べ物を押し付けました。実際，親たちは本当に押し付けがましかったんです。いや，少なくとも母親は私を宣教師にしたいばかりに口をはさんできました。十代のときには母親と信じられないようなけんかをしました。両親は私が学校で勉強ができるなんて思ってもいなかったようです。それが，私が思うようにできるせめてものことだったんですけど。

ヘルパー　：おもしろいですね。つまり，あなたはご両親からの独立を願っておられ，自分の人生は自分で決めたいと考えておられた。でも，ご自身の娘さんにはあなたの言うとおりにしてほしいと思っておられる（ヘルパーはクライエントが気づいていないと思われる矛盾についてクライエントに**挑戦**を行う）。

クライエント：ああ，そのとおりです！　両親が私にしたことと同じことを自分が娘にしようとしているなんてとても信じられません。全然別のことのようにも思うのですが。私は娘に学校でうまくやってほしいと思っていますし，私の両親は宗教のことで私を思いどおりにしたがっていました。でも，他にどうすればいいんでしょう。私はよい親になりたい一心で本当にがんばっています。それは私にとってとても大事なことなんです。

ヘルパー　：私があなたのことで何か判断したり，たぶんあなたがご両親にとって悪い子だったと考えたりしているとお感じになっておられるのではないかと気がかりなんですが（ヘルパーはクライエントの自己批判に関することをとりあげ，クライエントがヘルパーに悪感情を抱いているかどうかを見極めようとしている。そこでヘルパーは**即時性**を用いる）。

クライエント：えーっと，あなたが私のことを責めておられるのかどうかよくわかりません。自分を責めているのです。私が娘にしていることをどうやってやめたらよいかわからないだけなんです。身動きできない感じがするんです。親として他にどうすればよいかわからないんです。自分としてはできるかぎりのことをしてきたつもりなんですが。

ヘルパー　：とても気落ちしておられるのですね（ヘルパーは**感情**（フィーリング）**の反映**を行い，クライエントを支持する）。

クライエント：私は若かった頃，親になんかなりたいとは思っていませんでした。だって，親なんてくだらないって思っていたからです。人は親になる前に試験をパスすべきだって思っていました。あちこちにどうしようもない親がたくさんいます。でも，私は長年セラピーを受けて，自分の問題をたくさん解決したと思っていました。でも，全部を解決したわけではなかったのかもしれません。子どもがもっと小さかったから，今より簡単だったんでしょうね。

ヘルパー　：おそらく，お子さんが十代になったから問題になったんでしょうね。それはあなたがご両親との問題を抱えた時期だったから。十代の親としてのあり方を教えてくれるモデルとそうたくさん出会えなかったわけですし（ヘルパーは現在のクライエントの困難を過去の経験と関連させて**解釈**をしている）。

クライエント：ああ，そうなんです。本当にいませんでした。両親がしたことをまだ忘れていなかったんですね。私の母がどれだけ押し付けがましかったか想像もつかないと思いますが。

ヘルパー　：ご両親にまだ腹を立てておられる。それはお嬢さんの怒りと同じものなのかしら（ヘルパーは**感情**（フィーリング）**の反映**を行い，クライエントが娘に共感的になれるようクライエントの感情（フィーリング）を娘の感情（フィーリング）と平行して**解釈**をしている）。

クライエント：ええ，娘が私に腹を立てていることはわかっているんです。それを言ってくれれば私も気が楽になるんですがね。私も小さかったとき，殻に閉じこもっては落ち込んだものでした。少なくとも娘はとてもうまく言うことがあります，ときどきですが。娘には気骨もあるんです。娘はある意味で私とは違っていますけど，ある意味で私とそっくりです。娘にとって学校は本当に面倒なところです。私とは違って，じっと座って本を読むのはちっともおもしろくないんでしょう。勉強が合わないんです。でも，娘は自分の道を見つけなきゃいけないと思うんです。もう5歳の子どもじゃないんだから。きっと自分のことは自分で考えるだろうって，私も娘のことを信頼しなきゃいけないんでしょうね。娘の本当の姿を受け入れてあげなければいけないのは，ちょうど私が等身大の自分を受け入れなければならないのと同じなんですね。たぶん，私のすべきことは，昔を振り返って，もうしばらく自分自身と取り組むことかもしれません。そうすれば，どうして私がこんなに自分の思いどおりにしようとしているのかがわかりそうな気がします。

ヘルパー　：ご自身に焦点を当てるという本当にすばらしい作業をなさいました。お嬢さんへの非難から始まり，それから全体の状況の中でご自身のかかわっている部分に目を向けられました（ヘルパーはクライエントが行ったすべての作業について自信をもたせたい）。

クライエント：ええ，でもそれは簡単ではないです。娘を非難しているほうがよっぽど楽ですもの。

ヘルパー　：娘さんとの摩擦を理解されようとなさって今日私たちが取り組んだことをどのようにお感じですか（ヘルパーは自分たちの相互作用についてどう思ったかをクライエントに聞いている）。

クライエント：娘に関する私の問題を新しく理解できた気がします。けんかはいつも突然始まるので，これから言い争いをしないですむかどうかはわかりませんが，私個人の問題がまったく無関係でないという大事な考えができるようになりました。自分が娘とどんな関係を望んでいるのか，もっともっと考えていく必要があるんでしょうね。

考えてみよう

■今の例で，もしあなたがヘルパーだったら，クライエントの洞察を進めるために他にどんなことを行うか。

■洞察介入を学習，使用することはとても難しいと言う学習者もいる。探求スキルはやさしい気がするが，洞察スキルとなると突然難しく感じると彼らは言う。あなたの体験はどのようなものだったか。

■学習者の多くが，**挑戦**，**解釈**，**自己開示**，**即時性**を用いようとするとき，探求スキルを用いることを忘れてしまう。彼らは再び**閉じられた質問**に戻ってしまう。あなたの体験はどのようなものだったか。探求スキルを洞察段階へと統合することを忘れないために，あなたが行っていることは何か。

■異なった文化出身のクライエントは，探求スキルと比べて洞察スキルにはどう反応すると考えるか。

■洞察段階の長所と短所を議論しなさい。クライエントをより深い気づきへと導くことで生じる利点と，考えられる問題点とを明らかにしなさい。

■あなたが洞察スキルを進める際によく直面するのは次の障壁のうちどれか，チェックしなさい。

____機が熟さないうちに洞察段階に移行すること

____洞察を進めることに責任を感じすぎること

____精神分析的理論に固執すること

____共感的であることを忘れること

____クライエントが洞察を必要とも得たいとも思っていないこと

■あなたが洞察段階で直面する可能性のある障壁に対処するのに役立つのは，次の方略のうちどれか。

____探求スキルに頼ること

____私的な感情（フィーリング）を扱うこと

____関係を扱うこと

グループ実習13　探求スキルと洞察スキルの統合

あなたは，探求スキルと洞察スキルを統合する準備ができている。このグループ実習では，ボランティアのクライエントと面接する。まずクライエントに探求を促すよう探求スキルを用い，それからクライエントの洞察を促すために探求スキルと洞察スキルの両方を用いる。

目標：ヘルパーが，探求スキルと洞察スキルを用いるヘルピング・セッションを実施すること。

ヘルピングのやりとりをしている間のヘルパーとクライエントの課題

1. ヘルパーはそれぞれ，面識のないクライエントと2人組になる。
2. ヘルパーは，セッションに次の票をコピーして持っていく。すなわち，「セッションレビュー票」(別表A)，「ヘルパーの意図リスト」(別表D)，「クライエントの反応システム」(別表G)である。観察者は「面接評定票」(別表B)を持っていく。
3. ヘルパーは録音・録画機器（動くかどうか，あらかじめテストしておくこと）を持っていく。セッションのはじめにスイッチを押す。
4. ヘルパーは自己紹介をし，クライエントの話すことはすべて守秘義務によって守られることを伝える（ただし，クライエントに自傷他害のおそれがあるか児童虐待が見受けられるときは例外である)。ヘルパーはまた，誰がセッションを観察し話を聞いているか（例えば，仲間やスーパーバイザーなど）も正確に示す。
5. それぞれのヘルパーはできるかぎり援助的であることを心がけ，クライエントと40分間セッションを行う。約20分間はクライエントの探求のために探求スキルを使い，それから後の20分間はクライエントが洞察を得られるよう探求スキルと洞察スキルを織り交ぜていく。それぞれの介入に対するクライエントの反応をよく見て，以降の介入を適宜修正する。
6. 時間配分に注意すること。終了の約5分前に，まもなくセッションを終える必要があることをクライエントに知らせる。残りの時間に，セッションについて何が一番よかったか，また何が一番いやだったかをクライエントに聞く。時間がきたら，「さあ，これで終わりにしましょう。私のヘルピング・スキルの訓練にご協力いただきありがとうございました」といったことを言う。

セッション中のスーパーバイザーの課題

スーパーバイザーは，「面接評定票」(別表B）を用いて観察と評価を記録する。

セッション後の課題

1. セッション後，それぞれのヘルパーはクライエントと一緒に録音・録画を視聴する

グループ実習で用いる別表は金子書房のホームページ（http://www.kanekoshobo.co.jp/np/isbn/9784760832590/）からダウンロードできる（アクセス用のIDとパスワードはp.xivの「別表一覧」下部をご参照ください）。

（40 分間セッションの視聴に約 90 分かかる。もしくは，ヘルパーはそれぞれの段階の 10 分間だけ視聴をしてもよい）。ヘルパーは自分の介入のたびに再生を止める（「うんうん」「ええ」といった最小限の承認は除く）。ヘルパーは「セッションレビュー票」（別表 A）にキーワードを書きとめると，あとでセッションの逐語録をとるのに録音・録画上の正確な位置が特定できる。

2. ヘルパーは，介入の有益性を評定し，介入の意図を 3 つまで選び，番号（「ヘルパーの意図リスト」［別表 D］を使用）を書きとめる。セッションの録音・録画を視聴しているときに感じたことではなく，セッション中に感じたことについて回答すること。有益性尺度のすべての得点範囲を用い，意図リストのできるだけ多くのカテゴリーを用いる。これらの評定はクライエントと一緒に行ってはならない。
3. クライエントは介入の有益性を評定し，介入の際の反応を 3 つまで選び，番号（「クライエントの反応システム」［別表 G］を使用）を書きとめる。クライエントは，録音・録画を視聴しているときに感じたことではなく，セッション中に感じたことについて回答すること。有益性尺度のすべての得点範囲を用い，反応システムのできるだけ多くのカテゴリーを用いる（ヘルパーは本心からではない「すばらしい」コメントよりも，正直なフィードバックのほうが多くを学べる）。これらの評定はヘルパーと一緒に行ってはならない。
4. ヘルパーとクライエントは，セッションで最も有益だったことと最も有益でなかったことを書きとめる。
5. スーパーバイザーはヘルパーにフィードバックを行う。
6. ヘルパーは 40 分間セッションの逐語録を作成し（別表 C を参照），「そうですね」「ほら」「えーっと」「うん」といった最小限の発話は省き，
   a. ヘルパーの発言を反応ユニットへと分割する（別表 F を参照）。
   b. ヘルピング・スキル・システム（別表 E）を用いて，逐語録におけるそれぞれの反応ユニット（文法的な文章）にどのスキルが用いられたのかを特定する。
   c. もう一度できるとしたら，それぞれの介入でどのように言うことができそうかを逐語録上に示す。
   d. 録音・録画を消去する。逐語録上に個人を特定できる情報がないことを確認する。

個人的な振り返り

- ヘルパーとして，この体験から自分自身について何を学んだか。
- 洞察スキルを用いることに侵入的なものを感じるヘルパーがいる。あなたにとってもそうだったか。もしそうなら，何があなたに内的力動の深い探求を困難にさせているのかを思索しなさい。
- 最も扱いやすいスキルと最も扱いにくいスキルは何だったか。扱いにくいスキルをもっと扱いやすくするにはどうしたらよいか。

グループ実習 13　探求スキルと洞察スキルの統合

- 自分の意図に合ったスキルをどうやったらうまく選択できるのか論じなさい。
- このセッションと以前のグループ実習との達成度を比較しなさい。何か違いに気づくことがあるか。その違いをどう説明するか。
- クライエントの心理力動を見立てなさい。

第Ⅳ部

行動(アクション)段階

18章

行（アクション）動段階の概観

変化を生み出すのは，
行動である。
洞察ではない。
——ウォーターズとローレンス
（Waters & Lawrence,1993, p.40）

コンスーラは人生に漠然と興味がもてず，援助を求めていた。ヘルパーと一緒に探求を行いながら，自分の状況は親しい友人関係もなく孤独であると述べた。また，管理職に昇進してから仕事がうまくいっていないことも話した。自分の幼少期は平穏で，たいした問題はなかったという。さらに探求を行った結果，コンスーラは，両親が１年前に交通事故で死んでいると話した。洞察段階でヘルパーとコンスーラは，彼女が新しい仕事をこなすことにプレッシャーを感じていたため，両親を失ったのを悲しむ機会がなかったことを明らかにしていった。彼女は，両親が亡くなる直前，仕事で新しい街に引っ越していた。そして，両親の死後に自分を助けてくれる友人を一人も作らなかった。また，コンスーラの幼少期は，彼女が最初に言っていたほど平穏ではないようだった。コンスーラは荒れた青年期を送っており，両親と何度もけんかをしていたのである。両親が厳格で家の外に友人を作らせてもらえなかったために，両親に対して怒りを感じていたことが，ヘルピング・プロセスによってわかってきた。彼女は，両親と両親が与えくれた支えを失って悲しんでいるが，一方では新たな一歩を踏み出す必要があるということも理解するようになった。この時点で，ヘルパーはコンスーラが人生に漠然と興味を失っていたことについて何らかの気づきがあったと考えたため，行（アクション）動段階へと移ることにした。コンスーラは，変えたいと思っていることが３つあると述べた。新しい友だちを作ること，仕事のストレスをうまく扱うこと，両親に対する怒りを解消することである。ヘルパーとコンスーラはまず主張性訓練をやってみることにした。この訓練は，友人を作ったり，仕事に関する問題をうまく扱うのに役立つからである。何度かセッションを行った後，コンスーラは友だちや仕事の問題をうまく扱う自信がついてきた。そして，両親の死に対する怒りや悲しみと向き合う準備ができたのである。

クライエントが探求を行い，洞察が得られたら，いよいよ行（アクション）動段階に進むことができる。行（アクション）動段階では，ヘルパーはクライエントと協働して変化のための選択肢を探求し，変化する方法をクライエントに理解させるようにする。こうした変化は，思考（例：自滅的な陳述の減少）でも，感（フィーリング）情（例：敵意の減少）でも，行動（例：過食の減少）でも生じうる。この段階で重要なのは，クライエントに行動（アクション）を指示するのではなく，クライエントに行動（アクション）を考えさせ，意思決定させることである。ヘルパーはコーチであり，アドバイスを行う専門家（エキスパート）ではない。

行動（アクション）段階の理論的基盤

新たに得られた洞察によって，自発的に行動（アクション）に関する思考へと導かれることがある。クライエントは次のようなことを言い始める。「自分が世の中に腹を立てていたことがわかりました。きょうだいほど賢くもなく顔立ちもよくないことを不公平だと感じていたのです。今はもうそんなに怒りを感じる必要はなくなりました。ありのままの自分を受け入れることができるし，ほかにも人に提供できるものがあることがわかったから。自分の人生でやりたいことをやっていこうと思います」あるいは「上司を父親だと思って接すると，仕事でつらい思いをするということがわかりました。そうする必要はもうないのです。私は上司に立ち向かい，昇給を要求しようと思います」。すなわち，クライエントによっては，洞察段階で自分自身について学んだ事柄をどう応用するかを話すようになると，自然と行動（アクション）への移行が訪れるのである。

行動（アクション）を阻むもの

ただし，洞察が自発的な行動（アクション）を導く場合ばかりとは限らない。クライエントの洞察が十分でないこともあるからである。クライエントは行き詰まりを感じ，状況を十分に理解せず，あるいは知的レベルでしか理解していないのかもしれない。あるいは，問題を継続させていることに対する自分の個人的な責任を負おうとしないこともあるかもしれない。例えば，ステファンは解雇されて取り乱していると頭では理解していた。しかし，失業に対する屈辱や自分の上司に対する怒りを受け入れることができなかった。彼は自分が自滅的になっているのを理解することもできなかった。その状況を生み出している自分の感情（フィーリング）や責任を表明し，理解し，受け入れることが，行動（アクション）段階に移る前の重要な課題となる。したがって，ステファンとヘルパーは洞察段階でもっと多くの時間を費やす必要があるのかもしれない。

洞察が直接的な行動（アクション）に結びつかない別の理由として，クライエントが必要なスキルをもっていないということもある。例えば，クライエントは自分が主張的でないことの理由を理解し，自分の行動を変えたいと思っていたとしても，そのための有効な方法を知らない場合がある。主張的になるためのスキル（例：アイコンタクトをする，非難せずに率直に要求を述べるなど）が自分の行動レパートリーになければ，十分に主張的に振る舞うことはできない。したがって，クライエントはこうしたスキルを教わる必要があり，スキルを適切に身につけるために練習したり，自分の行動についてフィードバックを受けたりする必要がある。

また別の問題として，自分自身の行動を理解しておらず，それがいかに他人と接する際の妨げとなっているか気づいていない場合がある。例えば，自分が他人に敵意をもって接し，他人のせいにしていることがわかっていない人がいたとする。その場合，その人は，行動を変えようとする前に自分がどう思われているのかを自覚するため，自分の行動についてフィードバックを受ける必要がある。

クライエントがしっかりと自分を理解し，変わるためのスキルをもっていたとしても，変わりたいという動機づけを欠いている場合がある。クライエントが変わることをためらうのは，古い習慣は変えるのが難しく，新しいことを試すのは怖いからである（例：主張的になることを学習しているクライエントは，友情を失うことを恐れて友だちと会いたがらないかもしれない）。そういう人はやる気をなくし，自分が変わりうるとは考えなくなるだろう。その場合，変化について考えるというところから促していく必要がある。

最後に，クライエントは，自分が望む変化，必要とする変化をいつも起こせるわけではない。なぜなら資質と資源は限られているからである。例えば，アンドリューはそれほど聡明ではなく，大学でも良い成績はとれなかった。そのため，ランクの高い大学院に進むという提案は非現実的であった。したがって，この段階での目標は，自分の可能性の範囲内で変化を促し，さらにその可能性をできるだけ広げていけるようにすることである。この例で，アンドリューのヘルパーは，関連分野でより高度な訓練を受けられるように援助し，彼の目標に関連する進路を目指せるようにした。こうした考え方は，すべての人は自分が望むことは何でもやれるとするアメリカの理想主義的な考え方とは合わないが，自分の限界を理解し，その限界内で自分の潜在性を最大化するという，より現実的な考え方には合っているのである。

行動（アクション）の理由

洞察から行動（アクション）に移行するには，2つの重要な理由がある。第一に，たいていのクライエントは気分をよりよくするために，あるいは特定の行動，思考，感情（フィーリング）を変化させるために援助を求めているのであり，そうしたクライエントの目標を達成させることが重要となる。洞察だけでヘルピングを終えるのではなく，自分の生活を変化させる方法について何らかのアイディアを得てヘルピングを終える必要がある。例えば，ベティはルームメートの問題で援助を求めた。彼女は，自分の家族が多くを語らず率直さに欠け，感情（フィーリング）について話すことなどまったくなかったため，自分の感情（フィーリング）をルームメートに話したくないと思っていることがわかってきた。この洞察は重要であるが，彼女はこの洞察を行動（アクション）に移し，ルームメートに対する行動を変える必要もある。

第二に，行動（アクション）するのは，洞察段階で学んだ新しい思考パターンを強固にするのに重要である。行動（アクション）によって，抽象的な洞察はより理解しやすい実践的なものになる。クライエントが洞察を固められるように何かが行われなければ，新しい理解はすぐに薄らぐだろう。新しい思考や行動が実践されスキーマに組み入れられなければ，古い思考パターンや行動は容易に再び表面化する。例えば，ミグエルの古い思考パターンが，自分は完璧でなければ価値がないというものであったとする。ヘルパーはミグエルの思考パターンに対して**挑戦**を行い，その結果，完璧でない自分を受け入れてもよいのだということをミグエルは理解するようになったとする。ミグエルは，両親がありのままの自分を決して受け入れようとはしなかったために，自信がなく依存的に振る舞うようになったと理解するかもしれない。また，両親は自分たちの人生ではあまり多くを達成できなかったために，聡明で前途有望なミグエルの兄を理想化していた。両親はいつもミグエルが知的に平均程度なのをけなしていた。両親がありのままのミグエルを十分に受け入れてくれないとしても，自分には依然として価値があるのだし，愛すべき人間であるということも彼は理解するようになるだろう。しかし，ヘルパーがミグエルに深いレベルで理解させ，新しい行動や思考のパターンに結びつけられなければ，こうした洞察はもろく，容易に失われてしまうだろう。それゆえ，ヘルパーはミグエルが自分自身を受け入れられるように作業する。ミグエルがやりたいと思う事項（例：スカイダイビング，ローラーブレード，復学することなど）のリストを一緒に作成し，彼がどの程度こうした行動をやりたいかを一緒に理解する。彼がやりたいと思うことで成功を収めれば，ミグエルは自分をよりよく感じられるようになる。ヘルパーはミグエルがありのままの彼を認めてくれるような友人を作れるように作業する。その結果，彼はソーシャルサポートを受けられることになる。自分自身をよりよく感じられれば，自分は完璧でなければならないと語ったことに疑問をもち始めるだろう。こうしてミグエルは変化した後，再び，洞察へと戻っていくのである。

行動（アクション）とは何か

行動（アクション）段階では，焦点は行動，思考，および感情（フィーリング）の面で変化を起こすことにある。しかしまた，感情（フィーリング）を探求し，変化にかかわる価値観，優先順位，障壁，サポートを探ることも含まれる。つまり，ヘルパーは前の２つの段階と同様に，共感的，支持的である必要がある。ミッケルソンとステヴィック（Mickelson & Stevic, 1971）は，あたたかく共感的で純粋な行動志向のカウンセラーが，こうした促進的な条件がないカウンセラーよりも，クライエントの情報追求的な反応をより効果的に生み出せたことを示している。

この段階はやはりクライエント中心的であり，ヘルパーはクライエントに変化を押し付けるのではなく，むしろ変化について考えるように促すことになる。ヘルパーは，クライエントにとって一番よい行動（アクション）プランといったものを知っている必要はない。実際，ヘルパーは，クライエントが「しなければならないこと」や「すべきこと」について，めったに意見する必要はない。この段階におけるヘルパーの目標とは，支持的な環境を与えることであり，クライエントに自分の問題を解決し，決定するように促すことである。クライエントが自分で何をすべきかを決めるほうが，ヘルパーがすべきことを伝えるよりも，クライエントは自分の行動への責任感や自主性をもつようになる。ヘルパーがクライエントに何をすべきかを伝えてしまうのは，たとえクライエントがアドバイスを求めてきたときであっても，概して有益ではない。なぜなら，クライエントがヘルパーに依存するようになるからである。とりわけ，クライエントが他の人との関係でも同じようなパターンをもっているときは，なおさらそうである（Teyber, 2000 参照）。ヘルパーは常にクライエントの側（そば）にいることはできない。したがって，ヘルパーは変化への意欲を喚起し，自分の生活を変化させる方法をクライエントに教える必要がある。つまり，ヘルパーはクライエントの問題を解決するというよりは，むしろクライエントの問題解決の容量を増やそうとするのである。コーピング・スキルがよりよくなれば，クライエントは援助を求めた問題に取り組むことができ，今後も問題を解決していく力が身につくことになる。

このように，ヘルパーはクライエントにとって支持的である必要があるのであって，クライエントが変化するかどうか，またどのように変化するかに頓着する必要はない。クライエントが変化を選ぶかどうかはクライエントの選択や責任であり，ヘルパーのスキルや個人的な資質を反映するものではない。ヘルパーのスキルとは，クライエントの探求を援助し，決定するのを援助することであって，決定を行うことではない。つまり，ヘルパーの目標とは，クライエントに変化したいかどうかを探求するように方向づけることであり，もし変化したいということであれば，クライエントが望ましいと考えている変化を起こすのを援助することである。こうした客観的なスタンスに到達するのは難しいが，ヘルパーはクライエントを気づかう一方で，クライエントがどの方向性を選ぶか案じたりはしないということが重要となる。そうでなければ，幼少期のパターンがたやすく再現されてしまう。クライエントが自分の親に対してしたように，ヘルパーの注意を引き，喜ばせ，反抗するために，行動したりしなかったりするパターンが再現されるのである。ヘルパーは，クライエントに解答を与え，何をすべきかを伝える専門家（エキスパート）としてではなく，むしろクライエントと協働して，決定を行うプロセスを促進する役を務めるようにする。

重要なのは，行動（アクション）段階には問題の特定から始まる数多くのステップも含まれるが，クライエントがセッション内外で変化を実践してみることによって，自分が本当に変化したいと思っているのかどうかを模索するステップも含まれるということである（20章参照）。行動（アクション）段階の前の2つの段階と同様，ここでもヘルパーはクライエントと協働する。

ここに，行動（アクション）段階の必要性および実践の仕方を示す例がある。キャセイはダンスに行った際，極端に緊張したためばかげた振る舞いをしてしまった（例：むやみにくすくす笑うなど）。ばかげた振る舞いをした後，キャセイはかなり戸惑いを感じ，パニックに陥った。そのため早くダンスの場から立ち去りたいと思い，すべての楽しみを逃したと悪く考えるようになった。探求と洞察によって，彼女は，ダンスにおける不安は自分が男性と一緒にいることに恐怖を感じることからくると理解するようになった。彼女は誰も自分を好きになってくれないのではないかと考えていた。なぜなら子どもの頃，きょうだいにからかわれたからである。きょうだいは彼女が醜いと言い，顔や髪を嘲った。しかし，洞察は十分でなかった。キャセイはそういう状況で不安を扱うための何らかの方法を必要としていたのである。ヘルパーは彼女にリラクセーションを教え，ダンスのような特別な場面をどう扱うかについて一緒に作戦を立てた。ばかげたことをしてしまいそうだと感じたら，トイレでタイムアウトを行い，深呼吸をして，自分の心の声に耳を傾けるように，彼女とヘルパーは計画したのである。数回セッションを行った後，キャセイはダンスに参加し，楽しむことができるようになった。彼女は男性に触れられてもよいと思えるようになり，自分は魅力的であると考えることもできるようになった。状況をコントロールできるようになったことで，彼女は自分自身を好ましく思うようになった。彼女は実際に自分が醜いのかどうかを再評価し始め，きょうだいが自分に意地悪をしたくなったのはなぜかを考えた。こうして洞察は行動（アクション）を導き，さらなる洞察をもたらしたのである。

行動（アクション）に移るべきときを判断する指標

クライエントが行動（アクション）に移る準備が整ったことをヘルパーに教えてくれるいくつかの指標がある。

- クライエントが洞察を得て，自発的に行動（アクション）について話し出した。
- クライエントの洞察が行き詰まり，変化が見られない。
- クライエントが危機状態にあり，すぐに何らかの変化を起こす必要がある。

クライエントによっては，ヘルパーは探求や洞察の段階を短くして速やかに行動に移させる必要がある。そのようなクライエントは，危機的な状態にあったり，心理学的な考え方を受け入れられなかったり，自分の問題を明確に伝えられなかったりするため，より直接的な介入が必要となる。クライエントによっては，たんに気分をよくしてくれる物や人を探しているだけのこともあり，その場合，こちらの価値観を差し挟むよりも，むしろクライエントが望むものを提供するほうが重要である。例えば，家を追い出され，仕事も食べ物もなく，妄想があるといった人がいたとしたら，理解することに焦点を当てる前に，家や食べ物や投薬といった直接的な援助が必要となる。マズロー（Maslow, 1970）のことばで言い換えれば，「人がパンのみにて生きられないのは，パンがある場合にかぎる」のである。こうしたクライエントは差し迫った問題をどう解決するかについて**直接ガイダンス**を受けた後であれば，何がその問題を起こさせているのかという問いに立ち返り理解することもいとわず，他の問題にも取り組みたいと考えることであろう。

行動段階の実施に関する問題

ヘルパーには，いずれのセッションでも行動段階を用いることを勧める。ただし，そのセッションごとに少しずつ違った形で用いたほうがよい。最初のほうのセッションでは，行動段階はおおむね短くなる。むしろ変化の可能性を探ることに焦点が当てられ，クライエントに，変化を望むかどうか，何を変化させたいのか，また，さらにセッションを行いたいのかを考えさせる。もっと後のほうのセッションでは，行動段階の焦点は特定の行動プランやクライエントが取り組んできた変化結果の是非について話し合ったり選択したりすること，また行動プランを修正したり，ヘルピング関係の終結を考えたりといったことに移ってくる。

行動は，しばしばヘルパー初心者にとっては，3つの段階の中で最も難しいものとなる。ヘルパー初心者は，共感的・洞察的であるほうを好み，行動を避ける傾向がある。また，共感スキルをおろそかにして，過度に指示的，権威的になる傾向もある。行動のための時間を十分に残しておくことも，セッションをうまく計画できないヘルパー初心者には難しい。

変化は，たいていのクライエントにとっても同様に難しい。自暴自棄や絶望は，クライエントが変化の前に乗り越えなければならない大きな壁である（Frank & Frank, 1991）。クライエントはしばしば過去の試みがもたらしたネガティブな経験から，自分の変化の能力に自信がもてず気落ちしている。したがって，ヘルパーはまず変化することがいかに難しいかを認識しつつ，クライエントに少しずつ前進すること，変化するという案について探求することを促すとよい。ヘルパーにとっても，自分の生活を変化させるのがいかに難しいかということを思い出せば，変化に苦心しているクライエントに共感しやすくなるだろう。またヘルパーは，クライエントは長年かけて問題を作り上げてしまったのであり，染みついた行動パターンを変えるのは難しいということをおぼえておく必要もある。

行動段階ではヘルパーとクライエントの双方にとって多くの問題が出てくるが，ヘルパーはクライエントが自分の生活を変化させられるよう援助するのを怠らないことである。ただし，行動段階へとアプローチする際には十分な注意，自覚，およびクライエントへの共感が必要である。

理論的背景：行動・認知理論

行動・認知理論は行動(アクション)段階の基礎となる。この節では，この理論の基盤となる前提，学習の原理，処遇方略について論じる。

認知行動理論の前提

認知行動理論にはいくつかの基本的な前提がある（Gelso & Fretz, 1992; Rimm & Masters, 1979）。

- 無意識的な動機づけよりはむしろ顕在化している行動や認知に焦点を当てる。
- 何が原因なのかよりも何が症状を生起させ維持させているのかに焦点を当てる。
- 行動と認知は学習されることを前提とする。
- 過去ではなく現在を強調する。
- 具体的で明確に定義された目標の重要性を強調する。
- ヘルパーの積極的，指示的，指図的（prescriptive）な役割に価値をおく。
- ヘルパー－クライエント関係はラポールを形成し，クライエントの協働を引き出すのに重要であるが，クライエントを変化させるには十分ではないという信念をもつ。
- パーソナリティの変化よりは，その状況に適応した行動をとったり，認知をもてるようにすることに焦点を当てる。
- 実証的なデータや科学的な方法を信頼する。

学習の原理

行動的アプローチの明確な特徴の１つは，行動，情動，認知（適応的・不適応的にかかわらず）は学習されるということである（Gelso & Fretz, 1992）。したがって，重要なのは学習がどのように生じるかを話し合うことである。学習には4つの種類がある。古典的（レスポンデントともいう）条件づけ，オペラント条件づけ，モデリング（観察学習ともいう），認知的に媒介された学習である。4種類の学習はかつて考えられていたほどはっきりと分けられるものではないが，それぞれの種類を自覚しておくことは今なおお有益である。

●古典的（レスポンデント）条件づけ

パブロフ(Pavlov, 1927)は，イヌを用いた実験で，古典的（レスポンデント）条件づけを最初に特定した。彼は，条件づけを行う前はいくつかの刺激によってのみ不随意反応が引き起こされる（例：食べ物が唾液の分泌を促す，騒音によって飛び上がるなど）と述べた。古典的条件づけの用語でいうと，無条件刺激（UCS：unconditioned stimulus）が無条件反応（UCR：unconditioned response）を引き起こす。しかし，以前は中立だった刺激が何度か無条件刺激と対提示されると，その新しい刺激がもともとの刺激に条件づけられていた性質を引き起こすようになる。したがって，何度か食事の直前にベルがなると，イヌは食べ物が出されなくてもベルの音で唾液が分泌されるようになる。そうして，そのベルが条件刺激（CS：conditioned stimulus）となり，ベルに対する唾液分泌の反応が条件反応（CR：conditioned response）となる。以前は中立であった刺激（ベル）が反応を引き出す力をもつようになる。どのようなステップが見られるのかは以下の説明図式にまとめられる。

1．食べ物（UCS）→唾液分泌（UCR）
2．食べ物（UCS）の前にベルの提示→唾液分泌（UCR）
3．ベル（CS）→唾液分泌（CR）

さらに，生体（イヌ）は，どの刺激が強化（ベル）を導き，どの刺激が強化を導かない（トランペットや羽根）のかを弁別することを学ぶ。また，学習は1つの条件刺激から他の条件刺激へと般化（転移）する。しかし，条件刺激（ベル）を無条件刺激（食べ物）とまったく対提示しないと，条件反応（ベルに反応した唾液分泌）は消去（次第に弱まり消える）される。

ワトソンとレイナー（J. B. Watson & Rayner, 1920）は，情動的な反応でも古典的な条件づけが獲得されることを示した。彼らはまず，生後11か月になるアルバートが大きな音（UCS）に驚き，恐れるという反応（UCR）を示しながらも，白いネズミと遊んでいるときは怖がらないことに注目した。その後，ネズミと大きな音を対提示することとした。アルバートがネズミに手を伸ばすと騒音が鳴り，アルバートは驚かされたのである。ほんの7回の対提示を行っただけで，アルバートは騒音なしでネズミを提示されても泣くようになった。つまり，条件づけ後に，条件刺激（ネズミ）は恐れの反応を引き出すこととなった。また，アルバートの恐怖反応は，他にも以前は怖がらなかった白くて毛で覆われた物に般化するようになった（ウサギ，イヌ，サンタクロースのマスク）。不安や恐怖の発展は，少なくとも部分的には古典的条件づけが原因となっているのである。

●オペラント条件づけ

オペラント条件づけでは，行動はその帰結でコントロールされる（Kazdin, 2001; Rimm & Masters, 1979; Skinner, 1953）。強化は行動の後に伴われる何かであり，その行動が再び起こる確率を変える。ある出来事，行動，特権，有形物など，その付与によって直前の行動が再び生起する確率が高まるものは「正の強化子」と呼ばれる。一次強化子（例：食べ物，水，生殖行動）とは生物学的に必要なものであり，一方，二次強化子（例：賞賛や金銭）は一次強化子と結びつくことで強化する性質をもつようになる。ヘルピングと関連する正の強化子の例として，クライエントが感情（フィーリング）について語った後に与える**是認－保証**がある。強化子は必ずしも強化するわけではないこと（例：食べ物は一般に人が空腹である場合にのみ強化となる），強化子はすべての人にとって同じではないこと（例：長湯が強化になる人もいれば，ならない人もいる）にも注意してほしい。何が強化子になるかは，標的行動が管理された強化子に対応して生起するかどうかを見ることによってのみ判断される。すなわち，ヘルパーはクライエントの反応を観察するまでは何が強化しているのかを判断できない。

強化されるべき行動は，まずはじめに遂行されねばならない。そのため，ヘルパーは「シェーピング」（shaping）を行う必要があることが多い。シェーピングとは求められる行動に徐々に近づけていくように強化することで，複雑な反応を段階的に訓練することである。ゴールドフリードとダヴィソン（Goldfried & Davison, 1994）は，発達障害の子どもに自分のベッドメイクをさせる訓練の例を示している。まずはじめに自分の枕をふくらませるように強化し，次に掛け布団カバーを手前に引っ張るように強化するといったものである。これらの1つひとつの行為が積み重ねられて，最終的な望ましい行動へと漸次的に接近する。探求スキルを学ぶことに関連して，シェーピングの例をあげるなら，はじめは何も言わずに共感的に聴く練習を行い，次にクライエントが言ったことを正確に繰り返し，それから重要な語句を言い，さらに**言い換え**や**感情**（フィーリング）**の反映**を行うといったことになる。

「負の強化」(negative reinforcement) は，何かが撤去されたとき，そしてその撤去によって望ましい行動が生起する確率を増加させることである。撤去は逃避（例：けんかの間，部屋を立ち去る）または回避（例：けんかを避ける）によってなされる。一次的な嫌悪刺激は，本質的に罰と関連する物事である（例：ショック，騒音，痛み)。それに対し，二次的な嫌悪刺激（例：非難）は，一次的な嫌悪刺激と対提示されたことで嫌悪的な性質を得た物事である。例えば，親が抱き上げたことで子どもが泣きやむと，親は子どもを抱き上げると泣きやむからという理由で子どもを抱き上げがちになる。また他にも，雨で濡れるのを避けるために傘をさすとか，警告ブザーを避けるためにシートベルトをするといった例もあげられる。

これに反して，「罰」(punishment) はある行動の後に生じ，その行動が再び生起する確率を減じるものである。ゴールドフリードとダヴィソン（Goldfried & Davison, 1994）は3つの罰手続きを特定している。(a)嫌悪的な出来事を提示すること（例：クライエントが望ましくないことを報告した際に顔をしかめる)，(b)強化子を獲得できるような場面からその人を遠ざけること（例：正の強化を提供してくれそうなカウンセラーから離れた部屋でのタイムアウト。)，(c)その人の強化子のコレクションを減らすこと（例：キャンディをとりあげる)。臨床的な場面での罰の目的は，不適応行動の頻度を減らすことである。

効果的であるためには，強化や罰はその行動に随伴しているか，あるいは直接結びついている必要がある（Rimm & Masters, 1979)。仕事の質と無関係に3か月間昇給した会社員は，成績の良さに随伴して昇給した人に比べて，自分の行動を変化させようとはしなくなる。とりわけ難しいのは行動に随伴した罰を与えることである。得てして，行動そのものよりも，何によって罰が与えられるかということのほうが伝わりやすい。つまり，罰が行動管理の主たるものとして用いられると，問題となる行動を減らすのではなく，むしろ罰を避ける方法を理解するようになることが多い。例えば，クッキーを盗む子どもはクッキーを手に入れたときに最高の気分になる。なぜならクッキーがおいしいからである。しかし，数時間後に捕まった後では不愉快に感じる。なぜなら捕まって罰せられるのは気分がよくないからである。罰は，クッキーを食べたことではなく，捕まったことに随伴して与えられる。そのため，子どもは二度と捕まらないようにと考えるようになる。彼が賢ければ，捕まらずにクッキーを手に入れる方法を考えるであろう。

もう1つ重要な行動的概念は「般化」(generalization) である。これは，ある場面から類似の場面へと学習が転移することである。例えば，学校で蹴ったり殴ったりすることがタイムアウトで罰せられ，協力して行動することが正の強化を受けると，家庭でも蹴ったり殴ったりするのが減少し，協力行動が増加すると期待できる。しかし重要なのは，こうした行動は，学校と家庭で同じやり方で罰し，強化した場合に最も般化するということである。また別の般化の例として，ある人が過去に権威ある人物から罰せられたために，教師やヘルパーを怖がって行動することがある（精神分析の「転移」と類似した概念）。

「消去」（extinction）は，ある行動が確立した後に強化子を与えないことにより，その行動の確率を減じることである（Goldfried & Davison, 1994）。例えば，親の注目がかえってきょうだいげんかを強化してしまっているとしたら（他の問題が顕著でなければ），ヘルパーは親にけんかを無視するように伝え，けんかはおさまると願いながら，（誰か子どもがけがをする危険がないならば）子どもたちの問題は自分たちで解決するようにさせたほうがよい。なお，ゴールドフリードとダヴィソン（Goldfried & Davison）によると，消去は相入れない，より適応的な行動を同時に強化することで最も促進される。つまり，前述した例では，きょうだいの親は彼らに離れて遊ぶよう提案し，彼らが静かに遊んでいるのなら彼らを褒めるだろう。

オペラント条件づけの考え方は比較的わかりやすいが，人間の本質は複雑であり，ヘルパーは環境における強化子や罰をごくわずかしか制御できないことが多いため，ヘルパーがオペラント条件づけを応用するのは難しいことが多い。実際，ゴールドフリードとダヴィソン（Goldfried & Davison, 1994）によると，ヘルパーは一般的には実際の変化を強化するのではなく，むしろクライエントが具体的な変化をすることについて話すことを強化すると記している。クライエントはその強化を，変化について話すことから，セッション外で変化を実行することへと転移させる必要がある。こうしてヘルパーはコンサルタントとして行動することが多くなるのに対し，クライエントは実際の変化の担い手となる。

●モデリング

人はときに，たとえ遂行することを強化されなくても物事を学習することがある。この学習は，モデリング，すなわち観察学習の理論から説明される。モデリングは，ある人物が別の人物（モデル）が行動を遂行し帰結を受けるのを観察するときに生じることとされる（Bandura, 1977; Kazdin, 2001）。例えば，子どもは自分の親を注意深く見てその養育実践の効果を経験することで，親とはどういうものかを学習する。学生は有能な教員，有能でない教員を観察することで，教師とはどういうものかを学習する。ヘルパーは，有能なヘルパー，有能でないヘルパーの行動を観察することで，どのように援助するかを学習するのである。

モデリングがどう機能しているのかを理解するには，学習と遂行を区別しなければならない。人はモデルを見て，行動を学習することができる。しかし，その人が実際に学習した行動を行うかどうかは，遂行されたときの帰結による。バンデュラ（Bandura, 1965）は古典的なボボ人形研究で，学習と遂行には違いがあることを示した。子どもたちは，大人がボボ人形（等身大の膨らませたビニール製の人形で殴って倒しても起きあがる）を殴ったり蹴ったりするフィルムを見せられた。この大人の行動には，報酬が与えられたり，罰せられたり，何の帰結も生じなかった。その後，子どもたちがボボ人形と一緒に部屋に入れられた際，攻撃が罰せられるのを観察した子どもは，攻撃が報酬を与えられたり，何も与えられなかったのを観察した子どもよりも攻撃行動が少なかった。ただし，攻撃行動を行う誘因を与えられた場合には条件による違いはなくなり，どの条件でも子どもたちは等しく攻撃行動を学習していた。バンデュラ（Bandura, 1965）は，その学習は観察を通して生じたが，その遂行は大人が報酬を受けたか，罰せられたかを知覚することによると結論づけた。

カズディン（Kazdin, 2001）は，モデルが観察者と類似しているか，威信があるか，観察者よりも地位が高く専門性が高い場合，また複数のモデルが同じ行動を行っている場合に，観察者はモデルの模倣を行いやすくなるとしている。

認知理論

初期の行動主義者は，人は環境的な手がかりに直接反応するという，刺激－反応（stimulus-response；S－R）モデルを信じていた（例：大きな音によって飛び上がるといった反応が導かれるように）。認知理論の立場（例：Beck, 1976; Ellis, 1962; Meichenbaum & Turk, 1987）では，刺激－生体（organism）－反応（S－O－R）モデルが導入され，どう反応するのかが決められる前に生体（例：人など）が刺激を処理するということが示された。つまり，私たちは刺激に反応するのではなく，刺激の解釈に反応するのである。例えば，夜半に聞こえた騒音にどう反応するかは，私たちが心配のいらない騒音(引っ越し)であると考えるか，強盗だと考えるかによる。ベック，エリス，マイケンバウムといった理論家は，私たちを困らせるのは多くの場合，出来事そのものではなく，私たちがその出来事をどう考えるかであると指摘している。

認知過程はヘルピング場面でもかなり重要である。3章で述べたように，ヘルピング・プロセスの多くは内潜的なレベルで生じている。ヘルパーの介入の意図は，クライエントの反応に関する知覚と同様，その後の介入に影響を与える。さらに，クライエントはヘルパーの介入に対して反応するのと同様，どのようにヘルパーに影響を与えるかということについても何らかの意図をもっている。こうして認知的に媒介されたモデルがヘルピング・プロセスの理解にあたっては大きな意味をもつことになるのである。

ヘルピングにあたって重要となるその他の認知プロセスに，本人の能力に関する思考がある。バンデュラ（Bandura, 1986）は，自己効力感を「あるタイプの遂行を達成するのに必要な一連の行為を統合し実行する能力についてのその個人の判断」と定義した（p.361）。バンデュラ（Bandura, 1986）によれば，自己効力感は，行動の開始，困難をものともしない粘り強さ，実際の成功と関連している。例えば，ヘルパー初心者で，自分のヘルピング・スキルに対する自己効力感が不足している人は，インストラクターの前でヘルピング・スキルのロールプレイをやりたがらない。彼らは，スキル実習の授業を欠席するために，ささいな困難をいいわけにする。彼らの自信の欠如は，それ自体，スキルの発達が不十分で，効果的なヘルピング関係が築けないことを示しているといえるかもしれない。逆に，非現実的なほど自己効力感が高い人，言い換えれば実際よりも自分の能力を高く考えている人がいる。例えば，本人は自分のヘルピング・スキルは大変すぐれていると考えているが，実際にはスキルが不十分である場合もある。自分にはヘルピング・スキル訓練が必要だと考えるようになるまでには相当な時間がかかるだろう。

もちろん，自己効力感は，クライエントの経験にも応用することができる。認知の役割に注意すれば，ヘルパーはクライエントがなぜ新しい行動を試みるのをためらうのかを理解できるだろう。例えば，人前で話す自信のないクライエントは，顧客の前でプレゼンをするのを拒んでしまうために仕事の評価が低くなるかもしれない。こうしたクライエントには，小さな成功体験（例：ヘルパーを対象としたり，信頼できる友人の小人数グループを対象としてプレゼンをさせてみるなど）を提供することで，クライエントの自己効力感を高め，仕事で必要な事柄に対応できるようにすることを，バンデュラ（Bandura, 1986）は勧めるだろう。

行動・認知理論はどう3段階モデルと関連するのか

行動・認知理論はヘルピング・モデルの行動（アクション）段階によく適合する。行動・認知理論はクライエントの変化を援助するのに具体的な方略を提供するからである。クライエントは思考や感情（フィーリング）を完全に探求し，自分についての洞察を得ると，生活をどのように変化させたいのかを行動（アクション）を通して判断できるようになる。したがって，ヘルパーはクライエントに自らの目標を獲得させるため，行動（アクション）に焦点を当てる必要がある。適切なタイミングで共感的で協働的なやり方で用いた場合，こうした処遇は変化を促進するのにきわめて役立つであろう。

行動（アクション）段階の目標

行動（アクション）段階の目標は，クライエントが新しい行動の可能性を探求するよう促すこと，クライエントが行動（アクション）を決断するのを補助すること，クライエントが行動（アクション）のためのスキルを発達させるようにすること，クライエントが試みた行動（アクション）にフィードバックを行うこと，クライエントが行動（アクション）プランを評価し，修正するのを補助すること，クライエントが行動（アクション）にまつわる感情（フィーリング）を処理するのを励ますこと，などである。行動（アクション）段階では，ヘルパーは共感的であることや，クライエントのニーズに合わせて進むことも忘れないようにする必要がある。行動（アクション）を指示するのではなく，行動（アクション）を探求する立場こそが概して最も有益だということになる。

スキルが比較的独立し，またスキルそれ自体が重要性をもつ，前の2つの段階とは異なり，行動（アクション）段階のスキルは個々のステップに関連してくることが多い。したがって，主に行動（アクション）段階で用いられるスキル（19章参照）は簡単に論じ，その後，行動（アクション）段階を進めていくために用いるステップを別の章（20章参照）で論じることとする。スキルよりもステップのほうに焦点を当てたいと考えているのである。

行動（アクション）段階で用いられるスキル

行動（アクション）段階で用いる特有のスキルには，**情報**，クライエントへの**フィードバック**，**プロセスの助言**，**直接ガイダンス**，**方略の開示**などがある。**情報**はクライエントが選択肢を考えるうえで重要である。**フィードバック**はクライエントの行動を方向づけるのに重要である。**直接ガイダンス**はクライエントに望ましい方略をアドバイスするのに有益である。**方略の開示**は行動（アクション）のアイディアを示す際，最も押し付けがましくなりにくい方法である。

また，行動（アクション）段階に特有のものではないが，この段階で最も頻繁に用いられるスキルは，探求スキル，特に**開かれた質問**である。**開かれた質問**は，クライエントが以前に試みたことや，以前やってみたときにどう感じたかについて情報を入手するのに有益である。ヘルパーはまた，**言い換え**や

感情の反映を用いて変化にともなう感情を明らかにし，支持をはっきり表明し，クライエントが言わんとすることを正しく聞き取れるようにする。クライエントが行き詰ってしまったときには，**挑戦**，**解釈**，**自己開示**，**即時性**などの洞察スキルも，行動の妨げとなっているものを調べるのに有益であろう。

行動段階のステップ

探求段階では，具体的なスキルの順序に焦点を当てることはなかった。しかし，洞察段階では順序があり，洞察スキルのために段階を設定し，フォローアップも行った。行動段階でも順序があるという考え方はもち越されており，個々のスキルよりは行動の各ステップに焦点を当てることとなる。つまり，ヘルパーは個々のスキルを学習しつつも，こうしたスキルを統合して用いるよう大きな注意を払うことが求められる。そうして，クライエントが取り組むべき具体的問題を特定し，行動のアイディアを探求し，状況を査定し，選択肢をブレーンストーミングし，1つの選択肢を選び，セッション中に行動に取り組み（主張性訓練のような方法を用いて），宿題を課し，最終的に行動プランの進展をチェックし，修正するまでにいたれるようクライエントを援助するのである。概して，これらのステップすべてが（とりわけ最後のものは）1回のセッションで実行されるわけではない。各ステップの順序は，クライエントや目下の問題によって多少変わってくるだろう。これらのステップは，ヘルパー初心者に行動段階をどう進めればよいかのヒントをもたらすものである。

結　語

行動は，探求や洞察から自然に生じるものである。しかし，変化を起こす際に出会うさまざまな困難によって，クライエントはしばしば行動するうえで支持やガイダンスを必要とすることがある。ヘルパーによっては神経質になり，行動を追求することに不安を感じた結果，行動段階をおろそかにするかもしれない。そうしたヘルパーには，行動に対する自分自身の態度を直視し，この段階を実行できるよう努力することを勧める。クライエントがヘルピングの外部にある自分自身の生活に（思考，行動，感情などの面で）変化を起こせない場合，ヘルピングには改善の余地があるということになる。

考えてみよう

- クライエントは，自然に行動に向かっていくものだろうか，それとも変化するためには援助が必要だろうか。
- クライエントが変化できるよう補助するヘルパーの役割とは何だろうか。
- どうすればヘルパーが洞察から行動へと移行させられるかについてブレーンストーミングを行ってみよう。

▩ヘルパーが行動（アクション）アイディアをもちかけるやり方によって，クライエントがそのアイディアを受け入れるかどうかに影響が生じると思うか。

▩クライエントの変化に責任があるのは，ヘルパーかクライエントか。

19章

行(アクション)動段階のスキル

多くの人が助言を求めたが，
少しも役に立たなかった
——プブリウス・シルス（B.C.42）

夢についての作業を通して，イェリンは母親に支配されるがままにしてきたことを理解するようになった。イェリンが16歳のとき，父親は母親の面倒を見るように言い残して死んだ。母親はまだ45歳で健康だったが，イェリンを当てにしては，どこへでも車で送らせ，話し相手になるように求めた。母親は英語を勉強するのも友だちを作るのも拒絶し，故国に戻るという望みに固執した。イェリンは，自分は結婚も，自分の人生を送ることもできないのではないかと感じた。その結果，彼は毎晩ビールを飲むようになり，仲間からも孤立していった。探求段階と洞察段階のプロセスを経て，彼は母親から逃れ，母親を懲らしめようとしていたのではないかと考えるにいたり，自分の生活を変えたいと思うようになった。彼はアルコール治療について情報を求めた。そこで，ヘルパーはイェリンにアルコール依存症救済協会（ＡＡ）について話し，その会合に出席するように勧めた。ヘルパーは，イェリンと母親に合同セッションに来るように伝え，二人のコミュニケーションを促した。

洞察段階と同様，行(アクション)動段階でも，最も頻繁に用いられるスキルは**開かれた質問**である（概要は7章を参照）。行(アクション)動段階ではヘルパーは**開かれた質問**に加えて，**情報**提供，クライエントへの**フィードバック**，**プロセスの助言**，**直接ガイダンス**，**方略の開示**などのスキルを使うこともある。本章ではこうしたスキルに焦点を当てる。その後，20章では，行(アクション)動段階のステップで全スキルを統合して用いることに焦点を当てる。

情報提供

情報（information）提供は，具体的なデータ，事実，資源，質問への回答，クライエントへの意見を提供することと定義できる（表19-1参照）。**情報**にはいくつかの種類がある。

本文中で言及する別表は金子書房のホームページからダウンロードできる（URLおよびアクセス用のIDとパスワードはp.xivの「別表一覧」下部をご参照ください）。

表 19-1　情報の概観

定　義	**情報**提供とは，データ，意見，事実，資源，質問への回答などを与えることである。
例	「キャリアセンターにもカウンセリングセンターにも，キャリアに関する情報がありますよ」
典型的なヘルパーの意図	情報を与えること，変化を促すこと（別表 D 参照）。
考えられるクライエントの反応	教えられた，新しい行動の仕方，希望に満ちた，反応なし（別表 G 参照）。
望ましいクライエントの行動	同意，治療的変化（別表 H 参照）。
起こりやすい問題／難しさ	重要な専門家（エキスパート）として見られたいと望むこと。 関連するすべての情報を知る必要があると思うこと。 役に立つと思われるためにはたくさんの**情報**を提供すべきだと思い込んでしまうこと。 **フィードバック**を行う際に判断してしまうこと。 クライエントが十分に探求する前に**情報**を与えてしまうこと。 **直接ガイダンス**を行ってしまうこと（クライエントがなすべきことを伝えること）。

注）他の種類の**情報**（ヘルピング・プロセスに関する**情報**）は 10 章に示した。

- 意図や目標を説明すること（例：「あなたがこの問題について過去に行ったことを探ってみましょう。他にあなたができることについてブレーンストーミングしてアイディアを出してみましょう。あなたがやりたいことをいくつか選んでみましょう。あなたの選んだことを試してみましょう。自分の選択をどう感じるか評価しましょう」など）。
- クラインエントにさまざまな行動（アクション）について教えること（例：「ロールプレイをすると，お母さんと話す際，言い方をどう変えて応答したらよいか練習できます」または「勉強するための場所があれば，学生は気を散らさず勉強に集中できます」など）。
- 活動（アクティビティ）や心理検査に関する**情報**を与えること（例：「ストロング興味検査は人の興味を測定し，さまざまな職業でうまくやれている人々の興味と比較できます」など）。
- クライエントに世の中や心理学の原理について教えること（例：「多くの場合，適度のストレスはやる気を高めますが，ストレスが多すぎたり，少なすぎたりすると逆効果になります」または「女性の多くは出産後，うつ状態になります。これには専門用語もあり，産後抑うつと呼ばれています」など）。

なぜ情報を与えるのか

行動（アクション）段階では，ヘルパーは**情報**を与える教師の役割に移行することがある。つまり，ヘルパーは教育者として振る舞い，クライエントに**情報**が必要であり，聞く準備ができているような場合には，配慮しつつ**情報**を与えるのが適切となる。例えば，ヘルパーはクライエントの精神状態やそれぞれの状況で何が求められているのかを教えることがある。あるいは，ヘルパーはパニック発作に陥るとどうなるかを説明することで，本人が経験する身体的な感覚（例：心臓の動悸）は心臓発作ではなく不安によるものだと教えることもある。クライエントが学習する気になっていれば，このような**情報**は変化を引き起こしうる。

ただし，場合によっては**情報**が常に最適な介入となるとはかぎらない。それは，クライエントがこうした種類の援助を求めていたとしてもである。例えば，クライエントは何が「正常」か，つまり望ましい答えかどうか教えられずに，その状況について自分がどう感じているのか探求しなくてはならない場合がある。クライエントによっては，そうした探求をせずに**情報**をほしがる。また，クライエントによっては，なぜ自分は必要な**情報**を得られていないのか，なぜ他人に**情報**を与えてもらおうとするのかについて考えることを促す必要がある。

最後に，ヘルパーは提供すべき**情報**をもっていない場合も多い。ただし，ヘルパーになる前に何でも知っておかなければならないと考える必要はない（明らかに不可能な課題である）。むしろ，ヘルパーはいくつかの基本的な**情報**（例：紹介先など）を熟知しつつ，クライエントに必要な**情報**を自分で入手する方法を理解させることに力を注ぐほうがよい。

どのように情報を提供するか

ヘルパーは**情報**を与える前に，その意図について慎重に考えておくべきである。この時点で**情報**を与える気になったのはどうしてか。この**情報**は誰にとって有益なのか（クライエントかあなたか）。探求を中断したいのか。クライエントの不安を取り除きたいのか。クライエントに教えたいのか。クライエントに知識をひけらかしたいのか。その経験を一般化したいのか。セッションで起こっていることを説明したいのか。意図を吟味することは，**情報**を正しく伝えるにあたって重要となる。早まってあまりに多くの**情報**を与えすぎると，自己効力感ではなく依存性が生み出されることもある。

情報を与える前に，クライエントがどんな情報をもっているのかを聞くことも，ヘルパーにとってときに有益である。つまり，クライエントが**情報**を必要としていると考えるよりも，まずはクライエントの知識ベースを査定すべきなのである。また，情報を集めるために，どんな方略を用いたかを聞くのもよい。

問題が単純で，不適切なニーズによるものでなく，かつ，必要な**情報**をヘルパーがもっているのであれば，ヘルパーは**情報**を与えてよい。私たちヘルパーが価値ある**情報**をもっていることもあり，その場合にはクライエントへの情報源として役割を果たせる。当然ながら，**情報**を与える際には共感的で，やさしく，クライエントがどう反応するのかに敏感であるべきである。**情報**提供の目的は，クライエントに講義を行うことでも専門家（エキスパート）として振る舞うことでもない。むしろ，クライエントに学習する準備ができた場合に，そして自身の情報を探そうとする自主性を損なわない場合に，クライエントに教えることである。

情報提供が適切であるとヘルパーが判断した際も，一度にあまりに多くの**情報**を与えるべきではない。医療関係においても，患者は医師が与えた情報のごくわずかしか覚えていないということをマイケンバウムとチュルク（Meichenbaum & Turk, 1987）が明らかにしている。皮肉なことに，医師が情報を与えれば与えるほど，患者はあまり覚えていないものなのである。同様に，ヘルピング場面で不安を感じたクライエントは，簡単に**情報**を忘れてしまう。問い合わせ先の電話番号や宿題の割り当てなどの重要な**情報**は，クライエントが後で利用できるように紙に書いて渡すべきである。

自己開示と同様に，**情報**提供をした後はクライエントの反応を見るために，クライエントに焦点を戻すべきである。例えば，精神的な病気に対して処方薬の服用についてのヘルパーの意見を述べたら，クライエントに処方薬を使うにあたっての思考や反応について尋ねるとよい。

クライエントが**情報**を求めてきた場合には，ヘルパーはなぜヘルピング・プロセスの今の時点でクライエントが**情報**を求めているのかを理解する必要がある。クライエントの動機を意識すると，ヘルパーがどう応答すべきかの判断に役立つ。クライエントは，専門家（エキスパート）として頼りにされているとヘルパーに思わせようとしているのか。クライエントは探求や洞察を避けようとしているのか。クライエントは他人に依存したままでいるというおなじみの防衛に頼ろうとしていないか。**情報**提供がクライエントの依存心をさらに助長していないか。クライエントは，問題について質問し，診断し，一連の治療を行う医師のように接することをヘルパーに期待していないか。ヘルパーはクライエントに，**情報**を求めるのを動機づけているのは何か，**情報**を得て何をしたいのか，ヘルパーに何をしてほしいのかを尋ねるとよい（例：私はあなたの質問に喜んでお答えしたい。でも，まずは，あなたがなぜ**情報**を求めるのかについて話し合いましょう）。

情報を要求する背後にある動機がわかったら，ヘルパーは直接，その動機を扱うことができる。もし，クライエントがヘルパーに診断してもらい一連の治療を期待しているようであれば，ヘルパーは違う方針をとっているということをクライエントに伝えたり，クライエントの期待を満たすことができる誰かを紹介するとよい。クライエントが対人相互作用のなかで，何らかの策略として**情報**を求めてきた場合（例：依存欲求，すなわち頼りにされているとヘルパーに思わせたいために），ヘルパーは**即時性**スキルを用いてこの問題に臨むとよい。そうした要求の背後に何があるのかを理解するほうが，無視をしたり，誰が**情報**を取り仕切るのかという（クライエントとの）権力争いをするよりも望ましい。ヘルパーはこうした状態を取り扱う方法について注意深く考える必要がある（そして，いつものようにスーパーバイザーとこうした状況について話し合えば，先々，同じような状況を扱う際の助けとなる）。

情報提供の例

クライエント：それじゃ，あなたの講義のことをすべて聞かせてください。来年，講義をとりたいと思うんです。

ヘルパー：ヘルピング・スキルの勉強に興味があるようですね。

クライエント：そうです。いつも，自分はもしかしたらソーシャルワーカーになりたいのではないかと考えていました。ただ一方で，自分はヘルピングが得意なのか自信がもてません。

ヘルパー：ヘルピング・スキルを勉強するのに，どんなことが気がかりなのでしょうか。

クライエント：クライエントに深入りしてしまうのが怖いんです。友だちが悩みごとについて話しているのを聞くと，友だちに対して責任を感じてしまうのです。悩みごとを解決して，友だちに何をすべきなのかをきちんと伝えなければならない気になります。

ヘルパー　：つまり，あなたはヘルピング場面でクライエントから距離をとることができないのではないかと心配しているんですね。

クライエント：そうです。講義ではこのことをどう扱うのか話し合いますか。

ヘルパー　：あなたはこのことについて本当に援助を必要としているようですね。

クライエント：そうです。つい昨日，友人から話を聞かせてもらったんですが，その後，すっかり落ち込んでしまいました。自分は彼女の力になることができなかったと思ったのです。彼女は話をしたせいで，ますますひどい気分になったのではないかと思います。それで私，自分の両親のことを思い出しました。両親は離婚してから，しょっちゅう私と話をしたがります。どちらも私に自分の味方になってほしいんです。ときどき，私は半分に引き裂かれる思いがします。

ヘルパー　：ご両親に対してヘルパーでいなければならなかったために，ヘルピングの場面で神経質になってしまうのですね。わかります。

クライエント：そうなんです。あなたはどうでしたか。

ヘルパー　：**私は講義でいい経験をしました。自分自身がセラピーを受けて個人的な問題を処理しなければ，クライエントが抱える問題からクライエントを援助することは難しいと，教授はよく話してくれました。**あなたはセラピーを受けてみるというアイディアを検討してみたことがあるでしょうか。

クライエント：いいえ，ありません。あまりよく知らないのです。

ヘルパー　：**学内のカウンセリングセンターで，学生向けに12セッションの無料セラピーを行っています。**

クライエント：本当ですか。それは考えてみないと。調べてみようかな。

クライエントへのフィードバック

フィードバック（feedback）の提供は，クライエントに自身の行動や他者への影響に関する情報を与えることと定義される（表19-2参照）。**フィードバック**は**情報**（前のセクション参照）の一種といえるが，特にクライエントに関する**情報**に限定される。クライエントへの**フィードバック**の例としては以下のようなものがある。

- 「ロールプレイで，あなたは自分の気持ちをはっきりと簡潔に表現していましたね」
- 「あなたはよく笑い，変化を起こそうという気持ちが強まっているように見えます」
- 「リラクセーションの練習の間，あなたがつま先で床を蹴っていたのに気がつきましたよ」

なぜクライエントへのフィードバックを行うのか

ブラマーとマクドナルド（Brammer & MacDonald, 1996）は，効果的な**フィードバック**はクライエントの自覚を促すことを示した。自覚はさらに行動の変化を導く。例えば，ジェニファーは常

表 19-2　クライエントへのフィードバックの概観

定　義	クライエントに自分の行動や他者への影響について情報を与えることである。
例	「ロールプレイの間，上手にアイコンタクトをしていました。ただ，恋人に別れたいと伝えるとき，声が遠慮がちに聞こえました」
典型的なヘルパーの意図	情報を与えること，変化を促すこと，治療関係を扱うこと（別表 D 参照）。
考えられるクライエントの反応	新しい行動の仕方，責任，誤解された（別表 G 参照）。
望ましいクライエントの行動	認知－行動的探求，感情の探求，治療的変化（別表 H 参照）。
起こりやすい問題／難しさ	言いにくい**フィードバック**を控えること（沈黙してしまう）。 抵抗にあわないようにと考えて，どう**フィードバック**を与えてよいかわからなくなる。

に発言を疑問の形で終えるために，彼女が話すととてもためらいがちに聞こえるということをヘルパーが指摘したとする。そうした場合，指摘されたことで，ジェニファーは自分がどんなふうに話しているかに気づくようになり，行動を変えようとすることだろう。彼女がはっきり話すようになれば，他の人も彼女の言うことをより真剣に受けとめ始めるかもしれない。

これまでの研究では，クライエントはポジティブな**フィードバック**を好み，そうした**フィードバック**をより正確だと考えることが示されている（Claiborn et al., 2002）。ポジティブな**フィードバック**は，関係を築き，信頼感を高めるために，早い段階で用いるのがよい。また，ネガティブな**フィードバック**が必要な場合は，ポジティブな**フィードバック**を先に行うか，2つのポジティブな**フィードバック**の間にはさむとよい。

クライエントへの**フィードバック**は**即時性**スキルと似た面がある。両方ともにクライエントへの**フィードバック**である。ただし，クライエントへの**フィードバック**がクライエント個人についてのみである（例：「あなた」）のに対して，**即時性**はヘルパーとクライエントの治療関係における相互作用に関するものである（例：「私たち」や「あなたと私」）。また，**即時性**は，洞察段階で洞察を深めたり，治療関係における問題を扱ったりするために用いるのに対して，クライエントへの**フィードバック**は，行動（アクション）段階でクライエントが思考，感情（フィーリング），および行動における変化を生み出し，実行し，維持するために用いる。

ヘルパー初心者がクライエントに**フィードバック**を与えるのは難しいことかもしれない。通常の対人的相互作用におけるフィードバックとはかなり異なる行動であり，反発されることもあるからである。ヘルパー初心者は「沈黙効果」（mum effect）の犠牲になることが多い。これは，悪いニュースがあるときに，それを聞くことが相手のためになる場合ですら伝えるのをためらってしまう傾向のことである（Egan, 1994）。古代においては，悪い知らせをもってきた使者は殺された。悪い知らせやネガティブな**フィードバック**を与える人物になるのをためらうのも，それほど驚くべきことではない。

どのようにフィードバックを行うか

クライエントへの**フィードバック**は慎重に行う必要がある。ヘルパーは，クライエントに関する個人的な観察結果を与えているにすぎないと，明確に理解しておくべきである。評価的な言い方（例：あなたはこのロールプレイにまじめに取り組んでいない）をするのではなく，記述的な言い方（例：あなたは話し方が柔らかい）をすること。また，長所（例：あなたは自分の感情（フィーリング）をはっきり述べる）を，短所（例：でも，あなたはそれを本当に信じているようには見えない）の前に言うほうが，クライエントは**フィードバック**を受け入れやすい。さらに重要なのは，(a)クライエントが変えられること（例：非言語行動，行動（アクション））について**フィードバック**を与えるほうが，身体的な特徴や変えにくい生活環境（例：身長，パーソナリティ）について**フィードバック**を与えるよりよい。また，(b)できるだけその行動から時間をおかずに**フィードバック**を与える（例：あのときは自信をもって話しましたね）ほうが，しばらく経った後で状況を再現しようとする（例：ちょっと前になりますが，私から目をそらして黙ってしまったことがありましたね）よりもよい。

他の行動（アクション）スキルと同様，**フィードバック**は，かなり共感的，支持的に与える必要がある。ネガティブな**フィードバック**は，脅威として受け取られたり，不正確だったりすると，ヘルピング・プロセスを台無しにしてしまうことになる。したがって，ヘルパーはよい関係が築けたころに，やさしく控えめに行う必要がある。

フィードバックの例

クライエント：あなたから出されていた，もっと友だちを作るという宿題をやってみました。

ヘルパー：すばらしい。どうでしたか。

クライエント：ええ。学内を歩くとき，もっと笑うようにして，人をきちんと見つめるようにしました。

ヘルパー：それはすごい。どんな気分でしたか。

クライエント：最初は少し奇妙な感じがしました。ただ，その後，皆が私にほほえみ返すのを見て，いい感じだと思いました。誰も歩み寄ってはきませんでしたが，これがスタートだと感じました。

ヘルパー：クラスの誰かに話しかけてみることにもなっていましたね。それはどうでしたか。

クライエント：そっちはあまりうまくいきませんでした。私はサリーを選んだのです。いつも親しげでしたので。私は予定どおり彼女の近くに座ったのです。ただ，いよいよというときに臆病になってしまって何も言えませんでした。

ヘルパー：ロールプレイをしてみましょう。そうすれば，あなたがどうしたのかがわかります。私がサリーの役をしましょう。

クライエント：私は彼女の隣の席に座ったけど，何も言えませんでした。なので，ロールプレイをすべきことが本当に何もないのです。

ヘルパー：大丈夫。やってみましょう。私があなたをやります。あなたはサリーをやってください。どうすればいいか，何かアイディアが浮かぶかもしれません。それならいいですか。

クライエント：わかりました。結構です。

ヘルパー：こんにちは，サリー。調子はどう？

クライエント：ああ，こんにちは。とってもいいよ。今度のテストがストレスになっているけど。

ヘルパー：私も。一緒に勉強しようか。

クライエント：そうね，後でコーヒーを飲みながら勉強しようか。

ヘルパー：どう感じましたか。こんな感じでできそうですか。

クライエント：そうですね。できると思います。やってみますね。こんにちは，サリー。調子はどう？　一緒に試験の勉強しない？

ヘルパー：**すばらしい。きちんと口に出せましたね。話すとき，まっすぐに私を見ていたし。これは大きな進歩です。今度はもっと落ち着いて話せるとよいですね。**もう一度，練習してみましょう。ここで，十分だと思うまで練習するのがいいと思うのです。

プロセスの助言

プロセスの助言（process advisement）では，ヘルパーはヘルピング・セッション内でクライエントにやるべきことを指示する（例：「ルームメートがあなたの新しい洋服を貸してほしいと頼んできたとき，どんなふうに対応するかやってみてください」「あなたが空想する男性の役をやってみてください」など）。**プロセスの助言**は，アドバイスや**直接ガイダンス**（次節参照）の一種であるが，指示するのはセッション内で行うことに限定される（表 19-3 参照）。

表 19-3　プロセスの助言の概観

定　義	**プロセスの助言**とは，クライエントがセッションの中で行うべきことに関するヘルパーの指示のことである。
例	「ロールプレイを行い，こういう場面での新しい行動の方法を練習してみましょう。あなたはあなた自身をやってください。私はあなたの上司をやります。前に練習した主張的な行動を使ってみてください」
典型的なヘルパーの意図	変化を促すこと（別表 D 参照）。
考えられるクライエントの反応	教えられた，行き詰まった，新しい行動の仕方，希望に満ちた，混乱した，誤解された，反応なし（別表 G 参照）。
望ましいクライエントの行動	同意，治療的変化（別表 H 参照）。
起こりやすい問題／難しさ	専門家（エキスパート）だと感じたい，コントロールしたいというヘルパーのニーズを満たすために使うこと。 クライエントと協働しないこと。

なぜプロセスの助言を行うのか

ヘルパーは，ヘルピング・プロセスを促進する専門家（エキスパート）である。したがって，変化のプロセス（20章，ステップ6参照）を進めるために，セッション内でクライエントが何を行うべきかについて指示を与えることがある。それに対し，クライエントはヘルピング・プロセスの専門家ではなく，セッションをどう進行させていくのかの判断は，（制限つきで）ヘルパーに頼らざるをえない。行動（アクション）段階における**プロセスの助言**は，主に，行動リハーサルやロールプレイのような行動の練習として用いられる（20章参照）。

どのようにプロセスの助言をするか

その練習が役立つという信頼に足る根拠が示されれば，一般にクライエントはヘルパーが適切だと勧めることを快く試してくれる（例：「もっと上手に自己主張できる方法を学べるように，このロールプレイをやってみることにしましょう。はじめはばかばかしく感じるかもしれませんが，役立つことでしょう」）。

ヘルパーは，クライエントが**プロセスの助言**に従いたくないと思っている徴候に注意していなければならない。クライエントがしぶしぶやっているような場合は，ヘルパーは課題をうまく提示できていないことが多い。ヘルパーが申しわけなさそうにすることで（例：「私のスーパーバイザーが提案したこの練習，あなたはやりたがらないと思うのですが」），クライエントの協力を得られないこともある。あるいは，提案が明確でなかったり，提案の根拠を説明していなかったりすることもある。

クライエントのなかには，どれほどうまく提案しても抵抗する人もいる。ヘルパーは，クライエントが練習に参加せず，変化しないという意思決定を下すのを常に尊重する必要がある（その意思決定が他者への危害などをともなわないかぎり。危害をともなう場合は，4章の守秘義務のガイドライン，p.57を参照のこと）。クライエントがしぶしぶやっていたり抵抗したりしている際，最もよくないのは，おそらくクライエントが行うべき行動（アクション）をコントロールしようと躍起になることである。コントロールしようとすると，エスカレートしやすく，悲惨な結果になることもある。非を認めると「面目」を失うと，両者ともに考えてしまうのである。そういう場合は，探求段階のスキルを使って，なぜクライエントがしぶしぶ行っており，おそらくは変化に抵抗しようとしているのかを理解するように勧める。クライエントと作業して，変化しないということを受け入れる場合もある。次の例は，行動（アクション）段階で柔軟性が求められることをよく表している。

プロセスの助言の例

ヘルパー　：あなたが足を激しく揺らしているのが気になります。**足の立場になってみて，何を感じているのか私に言ってくれませんか。**

クライエント：何ですって？　変なことを言いますね。

ヘルパー　：おそらくあなたの足は何かメッセージを伝えようとしているのだと思います。**私にあなたの足が言おうとしていることを教えてくれませんか。**

クライエント：わかりました。難しいですね。でも，私が足だとすると，私はイライラしています。自分たちがどこにもたどりつけないような気がしているのです。

ヘルパー　：いいですね。うまくいきました。今度はもっと大きな声で言ってみましょう。あなたが本当に思っているように。

クライエント：私はイライラしています。実際，私は自分にイライラしているのです。ここに来て母親の死についての気持ちを話すつもりだったのに，できなかった。今，このことを話してもよいでしょうか。

直接ガイダンス

直接ガイダンス（direct guidance）は，クライエントがヘルピング・セッション以外で行うべきだと考えられることについて，提案し，指示を出し，アドバイスすることと定義される（表19-4参照）。子どもを寝かしつける方法を模索している親に提案を行ったり，退院後の対処方略をクライエントに考えさせたり，アルツハイマー病の年老いた親を世話するための選択肢を考えるのを手伝ったりすることも，これに含まれる。

情報提供と**直接ガイダンス**を比較するのは有意義である。この2つは学習者たちにしばしば混同されるからである。**情報**提供では事実やデータは与えるが，クライエントが何をすべきか提案することはない。**直接ガイダンス**はクライエントが行うべきだとヘルパーが思っていることを直接指示する。たとえば，「カウンセリングセンターはシューメーカー棟にある」（**情報**）と，「あなたはカウンセリングセンターに行くべきである」（**直接ガイダンス**）の効果を比較してみよう。**情報**はクライエントが何をすべきか暗黙の指示を与えることが多い（例：「私の考えでは，学生はテストの前にはたっぷり睡眠をとったほうがよい成績がとれる」）。しかし，クライエントに特定の行動（アクション）をとるように直接的に言う（例：「あなたはテストの前に確実に8時間は睡眠をとるべきだと思う」）わけではない。

表19-4　直接ガイダンスの概観

定　義	**直接ガイダンス**とはヘルパーによるクライエントに対する提案，指示，アドバイスのことである。
例	「今度，悪い夢を見たら，目を覚まし，侵入者に怒りを表して，家から追い払う結末をイメージしてください」
典型的なヘルパーの意図	変化を促すこと（別表D参照）。
考えられるクライエントの反応	教えられた，行き詰まった，新しい行動の仕方，希望に満ちた，混乱した，誤解された，反応なし（別表G参照）。
望ましいクライエントの行動	同意，治療的変化（別表H参照）。
起こりやすい問題／難しさ	専門家（エキスパート）だと感じたい，コントロールしたいというヘルパーのニーズを満たすために使うこと。 十分な探求や洞察の前に使うこと。 ヘルパーの経験に焦点が移ること。 クライエントと協働しないこと。

直接ガイダンスの1つの形態として宿題がある。ヘルパーはしばしばクライエントに宿題をやるように提案することがある（例：運動と摂食行動についてモニターする，自助本を読む，情報を探す，主張的になれるように練習する，夢を記録する）。宿題によって，クライエントはヘルピングで学習していることを練習し，ヘルピング場面以外でもそれを行うかどうかを決め，自分のスタイルや状況に合わせてどう修正すればよいかがわかる。宿題は，セッションとセッションの合間に，クライエントに変化のプロセスに取り組み続けさせるために特に有効な方法となる。宿題はヘルピング・プロセスをスピードアップさせることができる。なぜならクライエントは，変化することや，セッションで成果をフィードバックすることに積極的に取り組むからである。宿題によって，クライエントはまた，ヘルパーがそばでモニターしていなくても，自分自身で行動（アクション）するよう励まされる。

セラピストが問題にぴったり合った宿題，実行に移すのが容易な宿題，およびクライエントの長所に基づいている宿題を選んだ場合，クライエントは宿題の指示を実行することが多いということが研究で示されている（Conoley, Padula, Payton, & Daniels, 1994; Scheel, Seaman, Roach, Mullin, & Mahoney, 1999; Wonnell & Hill, 2002）。したがってヘルパーは宿題を割り当てる方法に注意する必要がある。

なぜ直接ガイダンスを行うのか

『ディア・アビー』（Dear Abby）やその他の人生相談コーナー（Ann Landers, Dr. Lora, Dr. Joyce Brothers, Dr. Phil など）は，大勢の人にアドバイスをしている。多くの人が（私も含めて），新聞のコラムを読み，ラジオ番組を聞く。それはとてもおもしろく，大変な人気になっている。アドバイスをすることは，おそらく人が話し始めたのと同じくらい古いことである。しかし，その結果はどうだろうか。人はそうしたアドバイスに従っているだろうか。もしそうなら，それは役立っているのか，有害なのか。残念ながら，これらの問いについて誰も答えなどもっていない。あったとしても，そこには何の裏づけもないだろう。こうした娯楽の形で与えられる**直接ガイダンス**に対して私が気になるのは，アドバイスが十分な探求を経る前にもたらされているということである。誤った問題が扱われているのかもしれないし，回答を聞いた人は問題をあらゆる面から考える必要などないのだと思ってしまうかもしれない。また，物事を決めるのに，自分の直観を信じるのではなく，他人を頼るようになる人もいるかもしれない。さらに，多くの人に**ガイダンス**を求めて混乱してしまうか，自分が聞きたい意見だけについて考えるようになるかもしれない。確かに，多くの人から情報を入手するのは価値あることである。しかし，アドバイスを聞くことによって，クライエントは自分が何を求めているのかがわからなくなることもある。また，人々はアドバイスを与えてくれる人の感情を損ねたり，アドバイスを聞かないと何をされるかわからないので，**直接ガイダンス**に従ってしまうこともある。

直接ガイダンスがヘルピング場面で有益になるのは，特に信頼できるヘルパーによって行われる場合である。こうしたヘルパーの専門的な意見は，確固たる知識や経験に基づいているとともに，長い探求と洞察を経ている。ヘルパーはクライエントが何を行えば有益なのかについて名案をもっていることもある。例えば，ドロシーはヘルパーに，大学での初任給について交渉する際のアドバイスを求めてきた。明らかにこれはヘルパーが多少の心得のある領域であった。ヘルパーはしばらく大学で働いたことがあったのである。ただ，ドロシーが交渉しようとしている学部ではどうするのが適切なのかがわからなかった。ヘルパーとドロシーは，最近雇われた他の人たちの給料の相場についてドロシーが集めてきた情報，ドロシーの価値観や要望などに関して話し合った。それからドロシーがどうすれば交渉の過程をうまく舵取りできるのかを話し合った。ヘルパーはドロシーに，特定の給料の額を指定するのではなく，提供された額への不満を表してみるようにすすめてみた。それが可能かどうかを話し合い，ドロシーは自分のスタイルに合うように条件を変えることができた。ドロシーが自分で意思決定するための能力や権利をヘルパーが尊重したために，このプロセスは協働的なものとなったということに着目してほしい。ヘルパーはドロシーがどの方略を選ぶべきかに努力を注ぐのではなく，ドロシーが考えるべき選択肢を提示することに関心を向けた。こうしてドロシーは，自分に役立つ計画を作り上げることができた。その方略は，計画したとおりにはいかなかったが，ドロシーは交渉によって条件を変えることができた。彼女は高給を優遇されてその仕事を受け入れ，その後，まもなく働き始めたのである。

クライエントは，他人から忠告を与えられれば，たいていは自分で決断できる。しかし，危機状況にある個人はもっと明確な指示を必要とするかもしれない。例えば，クライエントが自殺したがっている場合，死ぬこと以外の選択肢を考えられなくなる「視野狭窄」(tunnel vision)を起こしていることもある。ヘルパーはこういう場合，何らかの介入を行い，クライエントが決して自分を傷つけることのないようにする必要がある（自殺願望があるクライエントの扱いに関するさらなる考察は22章を参照)。ただし，極端なケース（例：児童虐待，自殺，殺人のリスク）以外では，ヘルパーは一般にクライエントがすることを肩代わりしたり，管理したりしないということを強調することも重要である。提案するというのは，ヘルパーがクライエントに言ったとおりやるように要求することとはまったく異なるのである。

どのように直接ガイダンスを行うか

ヘルパーは**直接ガイダンス**を行う前に，自分の意図について考えるべきである。この介入を用いるのはクライエントに変化への準備ができているからだということを，ヘルパーは確認しておくべきである。**情報**の場合と同様に，ヘルパーはクライエントの動機（およびヘルパー自身の動機）を査定できるまでは，**直接ガイダンス**を行うべきではない。

クライエントが**直接ガイダンス**を求めてきた場合は（頼み込んでくることさえある)，ヘルパーは特に注意しなければならない。**直接ガイダンス**を本心から要求している場合と依存的な感情（フィーリング）の表出とは区別するべきである。疑わしい場合には，まずともなわれている感情（フィーリング）を扱うのが，おそらく最も望ましいであろう（例：「アドバイスを得るのに必死になっているようですね。あなたの中で何が起こっているのでしょうか」)。そうした探求を経て，ヘルパーは要求の扱い方を考えるためのさらなるデータを入手できる。ヘルパーは自分の動機も査定しなければならない。他人を世話したいというヘルパー自身のニーズによって，クライエントが自分で決定するのを妨げないようにするべきである。

アドバイスの要求をヘルパーに無視されると，往々にしてクライエントはネガティブな反応を示すことがある。**直接ガイダンス**を求めたのに，すべきことをヘルパーが伝えようとしないと，怒り出すクライエントもいる。例えば，ヒル（Hill, 1989）によって示された事例がある。その事例では，ある女性が初期のセッションで，家族の問題に関する**直接ガイダンス**を求めていた。ヘルパーは彼女に**直接ガイダンス**を与えなかった。なぜなら，ヘルパーは洞察志向のヘルピングを行いたいと考えていたからである。クライエントは，ヘルパーに無視されたと感じ，その後はセラピーにあまり身が入らなくなった。このような場合，ヘルパーは何かアドバイスできることがあると心から感じたら，少しアドバイスをするのが望ましいかもしれない。その後，アドバイスをほしがった理由をクライエントとともに処理すればよい。また，**即時性**スキルを使ってクライエントの感情（フィーリング）を率直に取り扱うことで，ヘルパーが**直接ガイダンス**をまったく，または十分に，または「適切に」行わなかったためにクライエントが怒り，関係に亀裂が生じた際の修復ができるかもしれない。

直接ガイダンスを与える際，クライエントにとっては小さい具体的な変化を起こすことのほうが簡単であるということを，ヘルパーは思い出す必要がある。どんなスモールステップが行われるのか，それはいつ行われるとよいのかをヘルパーはっきりさせておくとよい。そして，望ましい行動への接近（approximation）を強化すべきである。例えば，運動不足のクライエントに来週中に体重を2 kg減らすよう提案するよりは（これではクライエントがコントロールできない），来週中に15分歩くことを3回行い，歩いた後には必ず熱い風呂に入り，小説を読むことを自分に許可し（クライエントがこういうことをするのが好きだとしたら），自分で強化するという提案をしたほうがよい。

また，ヘルパーには宿題を紙に書いて渡すことも勧めたい。そうすれば，クライエントはその宿題を忘れない。セッションで行ったことをすべておぼえておくのは困難な場合もある。さらに，クライエントは紙に書かれたものは真剣に受けとめる傾向がある。次のセッションで宿題をフォローアップすることも重要である。そうでないと，クライエントは宿題をつまらないものと感じ，真剣に受けとめなくなる。

ヘルパーは援助を提供できるが，強制ではないということも自覚しておく必要がある。ヘルパーはクライエントの肩代りをするのではなく，クライエントに考えるべき選択肢を与えているのである。クライエントには，何をなすべきかを自分で決める権利がある。どんなに困難な状況でもそうである。また，ヘルパーは自分にできる援助の限界を知っておかなければならない。フリードマン（Friedman, 1990）は，溺れている人を助けるために橋の手すりの上でロープを持っているレスキュー隊員の話を紹介している。溺れている人は，ロープをつかんだが上ってこようとしない。しばらくして，レスキュー隊員はあまりに重くてロープを持っていられなくなった。レスキュー隊員はロープを手放すか，橋から転落するかを決めなければならない。溺れている人と自分自身の両方を助けることができないのは明白なのである。

直接ガイダンスの別の問題は，問題解決の責任がクライエントからヘルパーに移ることで，依存性が大きくなる場合があるということである。ヘルパーが，クライエントには自分の問題を解決できる能力がないとほのめかしたりした場合には，クライエントは受け身で無力になりやすい。**ガイダンス**に対してクライエントよりもヘルパーのほうが責任を負ってしまうと，その**ガイダンス**に従ったやり方でうまくいかなかった場合，クライエントはヘルパーを責めることが多い。また，ヘルパーがあまりに頻繁に**直接ガイダンス**を使うと，アドバイスに従うことを求めるヘルパーを無視しようとクライエントが考えた場合には，緊張，抵抗，反抗を生み出すこともある。したがって，ヘルパーとクライエントが一緒に**直接ガイダンス**を考案し協働的に行われなければ，**直接ガイダンス**は治療関係に問題を引き起こしかねない。

直接ガイダンスの例

クライエント：3歳の娘が夜中に私たちの寝室に入ってきて，ベッドに上り，朝までいたがるという習慣を身につけてしまいました。はじめは，娘は安心したいのだと思ったので，そのままにしておきました。ですが，もう手に負えなくなってしまいました。私たちにはダブルベッドが1つあるだけなのですが，夫が半分以上を使っていて私は動けないので，結局，眠ることができないのです。娘に出ていってもらおうとしたのですが，そうしてくれません。何とかしないといけないのですが。

ヘルパー　：イライラされているようですね。

クライエント：そうです。どうしたらよいかわかりません。娘にとって安心できることが必要だとしたら，ショックは与えたくないのです。娘は私たちと一緒に寝るのが本当に好きなようですから。

ヘルパー　：これまでに何かやってみたのですか。

クライエント：いいえ，何も。我慢できなくなり始めたばかりなので。ただ，もう何とかしなければならないことはわかります。あと，娘の年頃でまだこんなことをするのか，とも思うんです。

ヘルパー　：どうされたいのですか。

クライエント：娘が目を覚まして不安になったら，安心させてあげたいです。それから，自分のベッドに戻らせたい。私たちのベッドには入れたくないです。娘が一度ベッドに入ってくると，外に出すのが大変なのです。

ヘルパー　：お子さんの問題を扱うのに，いつもはどんな方法をとっているのですか。

クライエント：事前に徹底して話し合います。子どもたちに心の準備ができ，協力してくれるように。

ヘルパー　：**あなたが考えていることを娘さんに事前に話せたら，きっとうまくいきますね。**どのようにやれそうですか。

クライエント：寝る前に，夜に目が覚めてももう私たちのベッドには入れないと，娘に話すことはできると思います。でも，そのかわりに何もいいことがないというのが心配ですが。

ヘルパー　：いい点をついています。**眠りにつくまで，娘さんのベッドで横にいてあげてはどうでしょうか。そうすれば，その後，あなたは自分のベッドに戻ることができます。**

クライエント：それはよいアイディアですね。娘が部屋に入ってきたら，すぐに部屋に戻して，娘が眠るまでしばらくそばにいようと思います。それから，自分のベッドに戻る。

これはうまくいきそうです。娘に事前に話せれば。睡眠時間が削られるかもしれませんが，今ほどではないでしょう。

ヘルパー　：すばらしい。他に問題はありますか。

クライエント：そうですね。娘のベッドで眠ってしまうかもしれません。娘のベッドはあまり快適でないので，たぶんそれほど長くはないと思うのですが。あと，夜中に力尽きてしまって，娘の習慣を絶つことができないかもしれません。

ヘルパー　：**でも，たぶん3〜5晩ぐらいですみますよ。その間続けられれば娘さんの習慣を止められると，自分に言い聞かせてみるといいかもしれません。**

クライエント：なるほど。そうしてみます。私のしたい方法とも合っているし，きっとうまくいくと思います。

方略の開示

ヘルパーは，自分が過去に個人的に試してみた**方略の開示**（disclosure of strategies）を行い，提案をするとよい（**自己開示**の一形態）。実際，ヘルパーは，クライエントに何をすべきかを伝えるのではなく，以前，自分がうまくいったことを開示することを通して提案する（表19-5参照）。ヘルパーは，その後，再びクライエントに焦点を戻し，その方略がクライエントにとってうまくいくかどうかを尋ねる（例：「私は怒りを感じると，深く息を吸って，10まで数えます。この方法，あなたにもうまくいきそうでしょうか」）。

なぜ方略の開示をするのか

他の人がどのようにしたかを聞くことで，新たな行動（アクション）への具体的なアイディアを提供したり

表19-5　方略の開示の概観

定　義	**方略の開示**とは，ヘルパー自身が問題に対処するため過去に用いた行動を開示することである。
例	「私が自分の母と同じような状況になったら，母に電話して話を聞いてもらいます。できるだけ正直に話し，落ち込んでいることを伝えます。たいていは理解してくれます」
典型的なヘルパーの意図	変化を促すこと（別表D参照）。
考えられるクライエントの反応	教えられた，行き詰まった，新しい行動の仕方，希望に満ちた，混乱した，誤解された，反応なし（別表G参照）。
望ましいクライエントの行動	同意，治療的変化（別表H参照）。
起こりやすい問題／難しさ	自分のニーズを満たすために開示すること。 クライエントに焦点を戻さないこと。 クライエントに多くの影響を与えようとすること。

注）他の種類の**自己開示**は10章（類似性，情報，感情（フィーリング）についての開示）や15章（洞察の開示）で示した。

（例：私は食事をした後，すぐに歯を磨きます。そうすれば忘れないし，面倒になって歯を磨かないということもなくなります），さらにはクライエントが新しい行動（アクション）プランを思いつくこともある（例：私は毎年，一所懸命働いたごほうびとしてクルーズにでかけます。あなたはいかがでしょうか）。ヘルパーにとって役立ったことを開示するのは，クライエントに何をすべきかを伝えるよりも，いくぶん穏やかな感じもある。ヘルパーは，自分が答えをもっているわけではないが，自分にとって役立ったことは，喜んで分かち合うということを伝えるのである。**方略の開示**によって，ヘルパーは指示することによって生じやすいある種の要求がましさをともなうことなく，クライエントにアイディアを伝えることができる。**方略の開示**は，**情報**提供や**直接ガイダンス**をより控えめにした方法といえる。

どのように方略を開示するか

洞察の**自己開示**と同じように，ヘルパーが**開示**をした後，クライエントに焦点を戻す必要がある。例えば，

> 私は本を読んでいるとき，1つの章を読んだ後，好きなことをしてよいというごほうびを自分に与えます。ソーダを飲んだり，電話をしたり，テレビゲームをしたりします。こうした活動は10分以内に制限していますけどね。この話，あなたに役立ちそうですか。

しかし，クライエントがヘルパーの**開示**にあまりに影響を受けすぎて，同じような行動（アクション）プランをとってしまうかもしれないということも自覚しておくべきである。ヘルパーは，選択肢を控えめにあげ，クライエントに役立つかもしれないし，役立たないかもしれないということを述べてからクライエントに焦点を移し，反応を待つ。また，ヘルパーは，自分の気分を安定させるために**開示**にはまりこんでしまうといったことがないように注意する必要がある。なぜなら，そうするとクライエントからヘルパーへと焦点が移ってしまうからである（例：「私がしたことをあなたに話しましょう。それは，本当に興味をそそられるおもしろい話なのです」）。

方略の開示の例

クライエント：運動する必要があるということはわかります。でも，やってみたいことが何1つ見つからないんです。

ヘルパー：**私がうまくいっているのは，毎朝，夫と30分歩くことです。運動にもなり，一日の始まりに夫と時間を過ごせる。**こういうのはあなたにも役立ちそうかしら。

クライエント：そうですね。ちょっとおもしろそうです。でも，実は体調がよくないのです。

ヘルパー：**私は1日に10分歩くことから始め，数年がかりで少しずつ時間を延ばしてきました。今では毎朝歩かないといやなくらいです。**10分なら始めやすいのではないですか。

クライエント：はい。でも，どうすれば夫が協力してくれるでしょうか。

ヘルパー：あなたはどう思いますか。

考えてみよう

- クライエントは**情報**を求めてくることがよくある。要求された**情報**をクライエントに与えるべきときと，クライエント自身に考えさせるべきときを，どう見極めたらよいだろうか。
- クライエントが本当に**直接ガイダンス**を求め，必要としているのかを，どうやって判断すればよいだろうか。
- **直接ガイダンス**は，一般に，綿密な探求や洞察の後にのみ，控えめに与えられるべきであるという見解について，賛否を論じなさい。
- 自分はクライエントの質問に対する答えを知らないと伝えるにあたって，どうしたらよいと思うかを述べなさい。答えを知らないということが，クライエントのヘルパーに対する見方にどう影響するだろうか。
- 他人から**情報**を受け取ることを，あなたはどう感じるか。あなたが**情報**を求めたり，人から**情報**を求められたりしたとき，あなたはどんな感情（フィーリング）を抱くか。
- ラジオのトークショーの心理士が，電話をかけてきた人と少し話しただけで**直接ガイダンス**を行うことに関して，その是非を討論しなさい。

20章 行動段階のステップ

（行動：アクション）

行動なきビジョンは白昼夢であり，
ビジョンなき行動は悪夢である。
——日本の格言

ヘルパーはホームレス保護施設で，デビィが家を立ち退かされたことへの激怒，無力感，屈辱的な気持ちについて語るのを傾聴した。ヘルパーは，デビィの「私には価値がない」「社会ののけ者」といった非合理的思考に挑戦した。ヘルパーは，彼女自身の貧しかった経験や失業経験について自己開示し，どれほど自分の人生の目標を見出だす必要に迫られてきたかについて話した。デビィは，自分の感情（フィーリング）を表出し，どうしてこのような状況になったのかについて洞察を得て，多少は気分が晴れたが，もう二度とホームレスにならないように，スキルを学びたいとも希望した。ヘルパーはデビィに，仕事や家を失った経緯について，さらに詳しい情報を求めた。デビィは，会社の事業縮小にともなって解雇されたことや，新しい仕事を求めて活動したが15回も採用を断られ続け，意欲を失ったことなどを話した。ヘルパーはデビィの興味を理解するためいくつかの検査を実施した。そして，履歴書の作成も手助けした。また，採用面接でどうしたらよいかロールプレイも行った。デビィは保護施設で生活しながら，いくつかの仕事に応募した。そして，ついにデビィは自分の望む仕事に就くことができたのである。

行動（アクション）スキルは，行動（アクション）段階を進めていく一連のステップごとに実施される。ヘルパーはこれらのステップの間，コーチ役，ガイド役として，クライエントが生活に変化を起こせるように援助する。ヘルパーは，まずこの一連のステップを行い，それから個々のクライエントの要求に応じて独自に修正するとよい（例：クライエントの中には，変化への準備ができており，行動（アクション）の探求に時間をかける必要のない人もいる。あるいは，過去に変化を試みたことがないクライエントの場合，過去の変化の試みを査定することは省略してもよい）。もし，クライエントが一連のステップのどこかで強い反応を示したときには，ヘルパーは前のステップに戻る必要があり，クライエントが自分の反応を処理するのを手伝い，場合によっては他の方法に改めることが必要になる。それぞれのステップで，そこで用いるヘルピング・スキルについて考察している。各ステップとそこでのスキルのまとめに関しては，表20-1を参照されたい。

表20-1　行動（アクション）段階のステップ

ステップ	使用できるスキル	介　入
1．具体的問題を特定する	**開かれた質問** **是認－保証**	
2．行動（アクション）を探求する	**開かれた質問** **言い換え** **感情（フィーリング）の反映** **プロセスの助言**	
3．過去の試みの査定	**開かれた質問** **言い換え** **感情（フィーリング）の反映** **是認－保証**	
4．変化を決意させる	**閉じられた質問**	
5．選択肢をブレーンストーミングする	**開かれた質問** **直接ガイダンス** **方略の開示**	
6．選択肢を選択する	**開かれた質問** **情報** **直接ガイダンス**	
7．セッション中の介入	**プロセスの助言**	リラクセーション 行動についての**フィードバック** オペラント法 行動リハーサル 認知再構築 意思決定 検査のための紹介 コミュニケーション訓練 危機管理
8．セッション外での宿題を選択する	**開かれた質問** **直接ガイダンス** **方略の開示**	
9．進捗チェックと宿題の修正	**開かれた質問** **直接ガイダンス** 進捗についての**フィードバック**	

ステップ1：具体的な問題を特定すること

具体的な問題は，探求段階と洞察段階を経ることでかなり明らかになるだろう（例：勉強時間を増やすこと，もっと運動すること，爪かみをやめること，もっと主張的になること，コミュニケーションの問題など)。行動に関すること（例：もっと主張的になりたい）もあれば，思考に関すること（例：誰もが私のことを愛するべきだとは考えたくない)，決断に関すること（例：大学院へ進学すべきかどうか）もあるだろう。

ヘルパーは，一度に1つの問題に焦点を当てるべきである。なぜなら，いくつかの問題を同時に取り扱うと，混乱をきたし，変化への努力が台無しになる場合があるからである。もし，クライエントが複数の問題を抱えているなら，ヘルパーはクライエントにすべての問題をリストアップさせ，それらに順位をつけることを勧めるとよい。初めは，より簡単な（しかし重要な）問題に焦点を当てる。そうすると，クライエントはそれらの変化を通して達成感を得ることができる。そのうえ，小さな変化を成し遂げていくことで，クライエントはさらなる変化に臨む自信を得ることができるだろう。

もし，早い段階で具体的問題をはっきり特定できない場合は，ヘルパーはクライエントとともに，まず1つの問題を選ぶとよい。クライエントの関心事が大まかで，あいまいな場合は（例：一般的な不満の感情（フィーリング）），ヘルパーは明らかな問題を1つとりあげ，問題をはっきりさせ，組み立てる援助をする必要がある。その際にはしばしば，クライエントが問題を探求し，価値観について考えて，変化に向けたさらなる理解と動機づけができるよう，援助が必要となることが多い（言い換えれば，クライエントの問題や生活状況について，さらなる探求と洞察を繰り返すということである）。

行動（アクション）段階において，焦点化すべき具体的な問題をクライエントが特定できるように，ヘルパーは次のような**開かれた質問**を用いるとよい。

▩まず何から変わるとよいとお考えですか。
▩あなたの生活で具体的に変えたいことは何ですか。
▩将来のあなたの夢を述べてください。それを実現するにはどのような変化が必要ですか。

ヘルパーはクライエントを支持するために，**是認－保証**を使ってもよい。

▩これまでの話からすると，まずその問題から取り組むのがよさそうですね。

もし，クライエントが具体的問題を特定しているなら（例：激しく怒る），ヘルパーは最近起こった具体例（1つひとつの事項）についての質問をするとよい。

▩最近，あなたが怒ったことについて話してください。そのときの状況をできるだけ詳しく話してください。

このステップを終えるにあたって，ヘルパーはクライエントが取り扱ってほしい，十分に筋道がはっきりした具体的問題について知る必要がある。また，もしその問題が行動に関するものなら，ヘルパーは具体的にある時点で起きたことについて詳しく知る必要がある（例：最近，配偶者と言い争った際の詳細）。なぜなら，行動（アクション）段階では具体的な出来事について取り組むほうが，あいまいな話に取り組むよりもずっと容易だからである。

ステップ2：この問題について行動（アクション）アイディアを探求すること

クライエントが変化を望んでいると決めつけないで，クライエントに変化のためのアイディアを探求させることが重要である。私たちの大半は，変化に対してアンビバレントな感情（フィーリング）を抱いている。そのままでは幸せではないかもしれないのに，多くの場合，変化したらどうなってしまうのかと恐れをおぼえるのである。

すべてのクライエントが，変化への準備ができているわけではない。3章で示したように，変化に向けては6段階の準備性（レディネス）がある。すなわち，前熟考，熟考，準備，行動（アクション），維持，および終結である（Prochaska et al., 1992）。行動（アクション）段階に進む前に，この準備性を査定することが重要である。前熟考，熟考の段階では，クライエントは一般的に，変化を決意する前に，感情（フィーリング）を探求したり洞察を深めたりするのに多くの時間を要する。準備，行動（アクション）段階では，クライエントはしばしばすぐに行動を起こそうとする。維持，終結の段階では，クライエントはおそらく実現させた変化を安定させることに興味を示すこととなる。

なかには，不適切なことを変化させたいと望むクライエントもいるかもしれない。オスカー・ワイルドは「ほしいものが得られないことよりも悪いことが1つだけある。ほしいものを得ることだ」と述べている（『ウィンダミア卿夫人の扇』第3幕より；Murray, 1989）。クライエントは，変化を急ぐことより，変化のよい点，悪い点を探求し，変化するかどうかの正しい選択を行うための機会が必要である。

もし，ヘルパーがクライエントの準備ができていないのに過度に急いで行動（アクション）をさせようとするなら，ヘルパーはクライエントの「はい，だけど……」ということばを聞くことになる。そして，これらのクライエントは，行動（アクション）ができないことについてあらゆる理由を考え出すようになる。あるいは，単に引き下がり，やる気のないまま言いなりに行動（アクション）するが，まったくその行動（アクション）を遂行する意図をもっていない。ヘルパーは，変化するかどうかについて，クライエント自身の選択を尊重しなくてはならない。

ヘルパーは，クライエントが変化を選択すべきかどうかに立ち入るべきではない。ヘルパーとしての成功は，クライエントが劇的な変化を起こしたかどうかによると考えるのではなく，むしろクライエントが自分にとってベストな決断を下せるよう手助けできたかにかかっていると見なすべきである。大切なことは，クライエントが気持ちよく話ができ，変化に向けた決断ができるよう，よい雰囲気づくりをすることである。ヘルパーは，探求や洞察段階に適宜戻って，クライエントに変化に関する感情（フィーリング）を探求させたり，クライエントのアンビバレントな感情（フィーリング）に影響していることを理解させることが有益だろう。

目標は，クライエントに変化を強いることではなく，クライエントに行動（アクション）に対する思考や感情（フィーリング）を表明させ，変化することと変化しないことの利点と不利益を検討するよう働きかけることである。ヘルパーは関心ある態度を保ち続け，クライエントの準備性を査定するために**開かれた質問**を行い，感情（フィーリング）の探求を促すとよい。

■変化することの利点は何ですか。
■変化しないことの利点は何ですか。
■変化することはあなたにはどのように感じられますか。
■変化することの妨げとなっているのは何ですか。
■変化することについて話し合っていると，どんな考えが浮かんできますか。
■自分の生活に変化を起こすことについて深く考えると，どんな感情（フィーリング）が湧いてきますか。
■まわりの人々はあなたの変化にどのように反応するでしょうか。

ヘルパーは，クライエントを支持し，**言い換え**や**感情（フィーリング）の反映**を用いて変化の探求を促すのもよい。例えば，

■あなたは，変化を望んでいるのかどうか，十分に考えていません。
■何か新しいことをしようと考えると，ワクワクしますね。

つまり，このステップで用いられる主要なスキルは，**開かれた質問**と**感情（フィーリング）の反映**である。**開かれた質問**は，議論を始めるとっかかりとして有益であり，その後は**感情（フィーリング）の反映**を行って促し，変化にまつわる価値観，ニーズ，問題についての議論にクライエントを引き込むなどして進めていけばよい。

もし，クライエントが明らかに変化について葛藤していたなら，クライエントに葛藤の両方の立場を体験させ，表現させるために，2椅子テクニックを用いるのが効果的である（Greenberg et al.,1993を参照）。葛藤の両面について気づきを得られれば，たいがいはより解決しやすくなるものである。この技法では，ヘルパーは**プロセスの助言**を用いる。

2椅子テクニックの例

ヘルパー：あなたに爪かみをやめさせるべきだという立場に立ってください。向こうの椅子に向かって，話しかけてください。

クライエント：［空の椅子に向かって］あなたが爪かみをしているのを見るとムカムカするのよ。どれだけみっともないか，考えてごらん。おやめなさい。

ヘルパー：もう少し大きな声で言えますか。お父さんが，あなたが12歳のときに言ったように。

クライエント：［空の椅子に向かって］ええ。（大きな声で）おい，やめるんだ。爪かみなんかしていると醜いぞ。まったく，何が気に入らないんだ？　今すぐ，やめなさい。

ヘルパー：さぁ，もう一方の椅子にかわって，爪かみをしたい12歳のあなたの立場に立ってください。お父さんに何て言い返したいですか。

クライエント：［もう1つの椅子から，空の椅子に向かって］爪をかみたければかむわよ。とめたって無駄。お父さんの思いなんて気にしないわ。私に完璧を求めているだけでしょ，お父さんの気に入るように。

ヘルパー　：ここまで話してみてどんな感じですか。どうして爪かみをするのか，何か新しい気づきは得られましたか。

クライエント：ええ，確かに。自分が父に仕返ししたいのだということがわかりました。爪かみをすることは，ささやかながら自分の人生をいくらかコントロールできているということだったのです。

ヘルパー　：そう考えるのなら，今度は，爪かみをやめることについてどう思いますか。

クライエント：爪かみをやめられると思います。今は，爪かみなんてするのもいやなくらいです。でも，父との関係についてもっと理解するために，もう一度このやり方を試してみたいです。

ヘルパー　：いいですよ。まず，爪かみの件に対応していきましょう。そして，その後で，お父さんとの問題に戻りましょう。

すべての選択肢を比較検討した後，変化しないことを選ぶクライエントもいるかもしれない。彼らは，変化の代償がその利点と比べて割に合わないと結論づけたのかもしれない。ときに，変化はとても痛みをともなうものでもあり，クライエントが現在の生活はそんなに悪くないと気づくこともある。変化しないことを選択することは，変化することを選択することと同じくらい価値がある。例えば，サンドラは数年来，上司に対して主張的に振る舞うよう心がけてきたが，結局は同僚の前で罰せられ，あざ笑われただけだった。彼女は上司の不適切な行動に対して抵抗しないことにした。ヘルパーは（はじめは，クライエントが主張的であろうとするのを支援していた）この決定を尊重し，クライエントが職場での諸感情をコントロールできるよう，コーピングスキルを身につける援助をしなくてはならなかった。

このステップを終えるにあたって，クライエントは変化を決意（コミットメント）することが必要である。注意すべきは，クライエントが100パーセント変化を支持するということはまれであること，変化することの利点が損失を明らかに上回っていればよいが，そうでなければ次のステップに進むのは得策ではないということである。

ステップ3：過去の変化の試みとソーシャルサポートを査定すること

クライエントが変化を望んでいることがはっきりしたら，ヘルパーは，クライエントが過去に試みたことがあればそれを査定しておくとよい。過去の試みを検討しておくことで，以前うまくいかなかった行動を勧めずにすみ，ヘルパーがクライエントの変化への努力を尊重していることを示し，クライエントが問題を解決しようとしてきたことをヘルパーが理解していると知らせることができる。つまるところ，クライエントは長く自分の問題に取り組み，おそらくはいろいろな解決法を試み，それについて多様な感情（フィーリング）を有しているからである。ヘルパーは，コンサルタントとしてクライエントに接し，クライエントがやろうとしてきたことと，それがどのくらい効果があったかについて，協働して理解を進めていくとよい。

以下は，ヘルパーが過去の努力を査定するのに用いるとよい**開かれた質問**の例である。

■以前，どんなことをしてみましたか。
■あなたが変化のために試みた方法を詳しく説明してください。

このステップでは，ヘルパーは過去の試みでうまくいったこと，いかなかったことを査定する必要がある。実際，ヘルパーは，うまくいった変化の理由を，うまくいかなかった変化の理由と同様に査定する。ヘルパーは，内的要因（動機づけ，不安，不安定〔insecurity〕，自信）と外的要因（クライエントが変化を起こす際に役立つ，身のまわりで利用可能な資源，差別待遇や社会的不正義などの障害物）の両面に焦点づける。同じ問題を繰り返さないためにも，変化のプロセスに影響を与えた要因については，その最初から，できるだけ多くの情報を入手しておくのがよい。クライエントは影響を与えた要因についてすべて理解しているわけではないかもしれないと認識しておくことは大切であるが，できるだけ多く聞き出せるとよい。

ヘルパーは，変化を促進させた事柄と抑制させた事柄について，**開かれた質問**を用いて査定する。

■これまでやってみたことで，何がうまくいきましたか。
■何がうまくいきませんでしたか。
■最近，どんな困った問題がありましたか。
■最近，試してみたことで，状況を好転させたのはどんなことですか。
■最近，試してみたとき，周囲の反応はどうでしたか。
■どんな思考，感情（フィーリング）が生じましたか。

ときに脅迫的な調子で開示を要求してしまうことがあるので，ヘルパーはあくまでクライエントの探求を支持するよう心がけることが大切である。**言い換え**や**感情（フィーリング）の反映**を使うことにより，ヘルパーが傾聴していることをクライエントに伝えるとよい。

■今まで，うつ状態から立ち直ろうと，たくさんがんばってきたみたいですね。
■すごくがんばったのだけど，結局うまくいかなくて，イライラしているんですね。

是認－保証を用いることにより，ヘルパーは，クライエントが必死で探求することに取り組んできたことに気づいていることや，クライエントの言ったことを重んじていることを，クライエントに伝えることができる。

■がんばって，地域で利用できるサービスの情報を入手しながら，立派にやってこられましたね。とても賢明でした。

最終的には，ヘルパーはソーシャルサポートを査定するとよい。なぜなら，研究結果では変化への努力にソーシャルサポートがとても大切なことを示しているからである（Sarason, Sarason, &

Pierce, 1990)。ブライアーとストラウス（Breier & Strauss, 1984）は，ソーシャルサポートシステムが，話し合いの場，現実検証，支持と是認，コミュニティへの融合，問題解決，そして継続性などの利点を有していることを指摘している。ポジティブなサポートは，励ましと強化を与える（配偶者が支持的で，判断をしない人である場合，その人はダイエットを継続しやすい)。反対に，ネガティブなサポートは，クライエントの決心をくじくことになる（もし，クライエントがダイエットを続けようと決心しているのに，配偶者が，以前のほうが魅力的だった，あるいはダイエットは続かない，などと言ったとしたら，ダイエットを続けるのは困難になるだろう)。加えて，ヘルパーは，変化がクライエントの周囲にどのような影響を与えるかについてもクライエントと話し合うとよい。

- この問題に対して，周囲の人々の援助をどれくらいあてにできますか。
- この問題に対して，周囲の人々はどのように反応するでしょうか。
- あなたに変化が生じたなら，周囲の人々はどう思うでしょうか。

このステップを終えるにあたって，ヘルパーは過去にクライエントが何を試みたのか，周囲のソーシャルサポートをどれくらい得られるのか，正確な認識をもつべきである。さらにヘルパーは，過去に行った変化の試みについて，うまくいったこと，いかなかったことについて理解しまとめておくべきである。ヘルパーは，探求段階と洞察段階で集めた情報と一緒に，クライエントが変化を起こすときにどんな長所や問題（例：クライエントに変化するよう命令する権威者への抵抗）があるか見立てを行う。

ステップ4：クライエントに変化を決意させること

このステップでは，ヘルパーはクライエントが本当に変化を望んでいるかどうかの判断を下す。もし，クライエントの返答がポジティブなら次のステップに進むが，ネガティブなら前のステップに戻る。

- この時点で，あなたは変化することへの覚悟はできていますか。

ステップ5：選択肢をブレーンストーミングすること

クライエントにとって，ヘルパーと協働することの最大の利点の1つは，一緒に選択肢をブレーンストーミングできることである。クライエントとヘルパーの協働作業を通して，一人で考えるより，あるいは二人が個別に考えるよりも多くのアイディアを生み出すことができる。このステップでは，クライエントにたくさんの選択肢があることを知ってもらうために，判断はせず可能なかぎり多くのアイディアを出すようにする。実際どうするかは，可能性を吟味して後で決めればよい。まずは，アイディアを出すことが必要である。1つの有効な方略として，例えば2分間などと時間制限をして，ブレーンストーミングをする方法がある。クライエントにとって大切なことは，ブレーンストーミング中は制約を設けず，実現可能かどうかの判定は保留し，いかなる可能性も切り捨てないようにすることである。普段はヘルパーにメモを取ることをすすめてはいないが，ブレーンストーミング時は，次のステップで参考にするためアイディアを書きとめることが有効である。

ブレーンストーミングを促すために，ヘルパーはクライエントに**開かれた質問**を用いて，はじめはありえなさそうなばかげたことに思えることもすべて，心に浮かぶあらゆることを聞き出すとよい。

■もし，お金や時間の問題がなかったら，あなたはどうやってこの問題行動を変えようとするでしょうか。
■同じ状況にいる誰かに，あなたなら何と言ってあげるでしょうか。

ヘルパーは，**直接ガイダンス**を用いて自分のアイディアを加えてもよい。ここでヘルパーが提案をすることはよいことである。なぜなら，それはクライエントにまだ考えていなかった新しいアイディアを与えることになるからである。もちろん，ヘルパーは自分のアイディアに固執するのではなく，クライエントが選択肢を広げられるよう，いくつかの可能性を提案するのにとどめることが大切である。

■あなたの上司と話してみてはいかがですか。
■おそらく……するとよいのではないでしょうか。

ヘルパーはまた，自分が似たような状況で試してみた方略について**自己開示**を行うとよい。**自己開示**に際しては，ヘルパーも問題を抱えていたということを認めるだけでなく，ヘルパーにはうまくいった選択肢がクライエントにはうまくいかないかもしれないことをはっきりとさせておく。

■私は，やらなければいけないことをすべて覚えていられそうにないときは，リストを作ります。
■私は，シャワーの後，すぐに歯を磨くことを習慣にして，守るようにしています。

このステップを終えるにあたって，ヘルパーはクライエントが取り組めそうな事柄を列記したリストを作るようにすること。現時点では，必ずしも優先順位をつける必要はないが，多くのアイディアを出すことが望まれる。

ステップ６：実行する選択肢を選択すること

ブレーンストーミングを通じて多くの選択肢が出てきたところでヘルパーが行うべきことは，クライエントが選択肢を系統的に吟味し，どのアイディアを試みるかを決めるのを援助することである。クライエントは，自分のできる範囲で価値観に合った具体的，現実的なアイディアを選択する必要がある。ヘルパーは，どの選択肢が魅力的か，その理由を尋ねるとよい。ヘルパーはまた，クライエントの価値観について尋ね，選択肢の中にそれに反するものがないか見極めるとよい。例えば，銀行強盗が手軽にお金を得る１つの方法だったとしても，盗みはクライエントの価値観に反する（願わくば），といった具合である。

以下に示すのは，クライエントが最善の策を選べるよう，ヘルパーが行うとよい**開かれた質問**の例である。

- どの選択肢が最も魅力的ですか。
- どの選択肢が最も魅力のないものですか。
- 他に試してもよいと思う案は，あなたの価値観に照らしていかがでしょうか。
- あなたの価値観や信念に反する選択肢はどれですか。

ヘルパーは**情報**を用いてクライエントにさまざまな可能性があることを教えてもよい。例えば，

- 不安をうまく処理する１つの方法として，リラクセーションの練習を行い，不安への対応の仕方を学ぶというのがあります。リラクセーション訓練では，あらゆる筋肉に注意を向け，それらを緊張させたり弛緩させたりすることを教えます。セッションで一緒に訓練をしてみた後，ご自分で何回か練習してください。何回か練習すると，ほとんどの人はリラクッスしていることを単にイメージしただけで，リラックスできるようになります。では，さっそくリラクセーション状態に入るために，深呼吸をしてみましょう。

もし，クライエントが選択肢を吟味するのに悩んでいるなら，ヘルパーはクライエントに，それぞれの選択肢の利点と不利益をあげさせてみるとよい（もし適切なら，ヘルパーの意見も加えて）。もし，その選択肢の不利益が利点を上回るなら，クライエントはその選択肢を実行したいとは思わないだろう。

- 毎晩，リラクセーションを練習することの利点は何ですか。
- 毎晩，リラクセーションを練習することの不利益は何ですか。

ヘルパーは，クライエントが実行すべき最善の選択肢について自分の意見を伝えてもよい。ただし協働的な姿勢で，かつ何をすべきかはクライエントが自分で決められるようにする。うまくいきそうなことについてヘルパーが専門知識を有している場合には，アドバイスを与えることは特に適切である。

- 不安をうまく処理できるように，リラクセーションをお教えしようと思うのですが。それからロールプレイをして，対話の仕方を教えましょう。いかがですか。

このステップを終えるにあたって，ヘルパーは選択肢に対するクライエントの好みの順位を理解しておく。それから次のステップに進むとよい。ステップ6は，もしクライエントが次のステップとなる問題解決にすぐに移行するのであれば，ごく短くなるかもしれない。あるいは，もしクライエントが気乗りしないようであったら，それはヘルパーとクライエントとの関係に問題があることを警告しているのであり，再び洞察段階に戻って取り組む必要がある。最後に，この段階で行動（アクション）について十分に学び，次のステップに進む必要のないクライエントもいるかもしれない（例：クライエントがすでに決断を下している場合や，帰宅して気持ちの整理が必要な場合）。

ステップ7：セッション中の介入を実行すること

クライエントの変化を援助するために，セッション中に活用できる多くの行動的・認知的介入がある。ヘルパーは，場に応じた介入について知識をもち，それらを身につけていなくてはならない。そして，個々のクライエントに合った介入をその中から選択しなくてはいけない。いくつかの介入を概観するが，読者にはさらに詳しい内容，および他の介入に関して，他のテキストで学んでいただきたい（例：Goldfried & Davison, 1994; Kazdin, 2001; Watson & Tharp, 2002）。

リラクセーション

筋肉を弛緩させると不安が低減され（Jacobson, 1929; Lang, Melamed, & Hart, 1970; Paul, 1969），特定の（とりわけ，不安を有する）クライエントにリラクセーションを教えるのは効果的である（Bernstein & Borkovec, 1973; Goldfried & Trier, 1974）ことが多くのデータによって示されている。人はリラックスすると，心を開き，情報を取り扱いやすくなる。そのため，リラクセーションは他の行動的介入に入る前に実施するのが好ましい。多くのリラクセーション訓練法があるが（例：瞑想，深い筋肉弛緩），ベンソン（Benson, 1975）の研究では柱となる2つの要素をあげている。(a) 単語，つぶやき，祈り，思考，フレーズ，筋肉の緊張と弛緩等を繰り返すこと，(b) 雑念が生じてもあるがままにまた繰り返しに戻ること，である。ヘルパーはベンソンの提案にならって，クライエントがセッション中にリラックスできるよう，落ち着いた，ゆっくりとした口調で以下のステップを行うとよい。

1. 「椅子に座り，できるかぎり楽にしてください。ひざには何もおかず，足を床にしっかりとつけて，目を閉じてください」
2. 「つま先から始めて頭のてっぺんまで，全身をリラックスさせてください。両肩をすくめて，そして力を抜いてください。深く呼吸してください」
3. 「単語（例：「1」「平和」），つぶやき（例：「ムー」），祈り（例：聖書のことば），思考，フレーズ（例：「人生は川の流れのように」）など，あなたがよいと思い，心地よく感じられることを何か選んでください。息を吐くたびに，そのことばを繰り返します」
4. 「雑念はすべて押しやってください。何か他のことを思いついたとしても，気にしないように。あるがままにやり過ごし，繰り返しに戻ってください」

5.「これを3～5分行ったあと，しばらく静かに座っていてください」

セッション中にリラクセーションの練習を行うことで，クライエントに不安を与える場合があるため，ヘルパーはリラクセーション練習の前，最中，終了後に，クライエントの思考や感情（フィーリング）を尋ねるようにするとよい。ヘルパーはまた，クライエントがどれくらい気に入って実行しているのかをチェックしたほうがよい。もし，クライエントが有益だと感じていたら，ヘルパーはクライエントに1日に2回，10～20分間，静かで邪魔の入らない場所で実施することを提案するとよい（例：朝食の前と夕方頃）。もし，クライエントがリラクセーションを好み，セッション中にパニックに陥りやすい傾向があるなら，リラクセーションをセッションに取り入れることを提案してもよい。

行動変化のためのオペラント法

18章で述べたように，オペラント法は，行動はその帰結によってコントロールされるといった仮説に基づいている。そのため，行動変化のためのオペラント法の第一ステップでは，ABC（Antecedents：先行要因，Behaviors：行動，Consequence：帰結）の観点から問題を査定することを慎重に行わなくてはならない。査定は，まずクライエントに，標的行動が生じる条件について尋ねることから始まる。次に，先行要因，行動，帰結についての具体的情報を集めるため，ヘルパーはクライエントに自分の行動の流れを1～2週間モニターするように教示する。例えば，減量を望んでいるクライエントに対して，食べた物すべて，また食べた場所，一緒に食べた人，食べた前後でどのように感じたかなどを記録させる。クライエントはヘルパーに報告していた内容と実際の行動が明らかに異なっていることにしばしば気づくことになる。例えば，決してスナックなど食べないと主張していた体重過多の男性が，毎晩テレビを観ながら，何かを少しずつつまみ食いしていたことに気づくといった具合である。孤独を感じていたある女性が，自分が一度も相手の目を見なかったり，人とすれ違った際にあいさつしていなかったことに気づくこともある。

ヘルパーがベースライン（典型的）行動について理解しているなら，クライエントが変化への現実的な目標を決めるのに役に立つ。例えば，1か月に50ポンド（訳注：約22.7kg）減量したい体重過多の人に対して，ヘルパーはこの目標が非現実的であることを認識させるといった具合である。多くの場合，目標はより実現しやすいように修正する必要がある。例えば，1日800カロリーに厳しく制限されたダイエットを始めようとしている体重過多のクライエントを促すかわりに，ヘルパーは除々に（最も続けやすいペースで）減量するための緩やかな食事制限（例：1日1500カロリー）に加えて，1日20分のウォーキングを促すとよい。

ヘルパーはまた，クライエントと一緒に強化子を特定することに作業するとよい。例えば，あるクライエントは，成績表でオールAを達成したら休暇にカリブ海の島に行けることを楽しみにしているため，勉強を強化していることに気づくかもしれない。別のクライエントでは，1時間勉強した後で友だちに電話できることを，より即時的な強化として必要とするかもしれない。

標的行動を特定し，ベースライン情報が集まり，現実的な目標を設定し，強化子も決定したら，ヘルパーはクライエントとともに行動をどのように変化させるかを明確にしていく。その際，ネガティブな行動の減少に取り組むより，ポジティブな行動の増大に取り組むほうが得策である。なぜなら，ポジティブな方向への変化のほうが容易だからである。例えば，社会不安を抱えている例で，ヘルパーはクライエントには他人との接触がもっと必要であることを特定するかもしれない。選択すべき行動は，大まかであいまいなもの（例：もっと友好的になる）ではなく，観察可能な特定の行動で，具体的なもの（例：初めて会う人に笑いかける）でないといけない。具体的な行動は取り組みやすく，変化の様子をモニターしやすいからである。加えて，ヘルパーは結果（例：年度成績）を変えようとするのではなく，変化に向けた具体的行動を標的にするとよい（例：一定量の宿題）。なぜなら，具体的な行動は自分だけでコントロールできるが，結果はそうではない（例：教師がどのような成績をつけるかは，誰にもわからない）からである。ここでは“スモールステップ”の原則が大切である。クライエントにはただちに大きな変化を期待しないほうがよい。小さな変化のほうが達成されやすいのである。

行動リハーサル（ロールプレイング）

行動リハーサル（ロールプレイング）は，クライエントが特定の生活場面において新しい対応方法を学ぶのに役立っている（Goldfried & Davison, 1994）。新しい行動は，ヘルピング場面で行動変化について話し合うよりも，その行動が用いられる場面で実行することを通して教えられるほうが身につきやすい。主張性は，行動リハーサルで最も焦点を当てられることの多い問題であるので，主張的な行動を増やすことを目的とした介入をいくつか例示する。

アルバーティとエモンズ（Alberti & Emmons, 2001）によると，主張性訓練の目標は，クライエントに他の人の権利を侵害しない範囲で自己の権利を守ることを学ばせることにある。主張的でない人は，他人に自分の権利を踏みにじられることとなり，逆に，攻撃的な人は他人の権利を踏みにじることになる。主張的でない人，攻撃的な人の両者とも，ポジティブな感情（フィーリング）とネガティブな感情（フィーリング）の両方をより適切に表現する方法を教えられるとよい。しかし，クライエントが自己主張したからといって，クライエントのやりたいことができるという保証はない。実際，自分のやり方で押し通すことを続けてきた攻撃的な人は，以前は主張的でなかった人が主張的に振る舞うことに好意的に応答するとは考えにくい。ゆえにヘルパーはクライエントに，どう話を切り出し，共感を表し，主張的に話すかということだけではなく，相手の攻撃性がエスカレートした際にどう対応するかをも考えられるよう援助しなくてはならない。

主張性訓練の第１ステップは，実際の行動を査定することである。ヘルパーはクライエントに典型的な場面を１つあげて詳述してもらい，クライエントがどのように振る舞っているかを正確にロールプレイする（ヘルパーはロールプレイで相手役を務める）。例えば，あるクライエントが意中の男性を前にすると極端にぎこちなくなり，何も言えなくなってしまうとする。ヘルパーは，パーティでクライエントが魅力的な男性に出会った場面を想定してロールプレイを行う。ヘルパーはクライエントの行動を観察すべきである（例：アイコンタクト，声の大きさ，要求の言い方，態度）。ただし，この時点でコメントは控えること。ヘルパーはクライエントに，どれくらい主張的であったか，そしてこの場面でどう感じたか自己評価を求めるとよい。

続いてヘルパーは，クライエントがどのように違う行動をとりたいのか，具体的な目標の設定に一緒に取り組む（例：授業の討論中に1つ発言する）。クライエントは，目標があいまいであるよりは具体的で明確なほうが，はるかに変化を達成しやすい。目標の設定にあたり，ヘルパーとクライエントはブレーンストーミングで可能な行動をいろいろとあげ，どの行動がクライエントにとって好ましいかを判断するとよい。主張的であることに「正しい」方法はない点に注意してほしい。そのためこのステップは，クライエントが取り組める目標について考えるのが重要である。例えば，意中の男性にデートを申し込む方法を知りたがる女性クライエントもいれば，こうした行為は好ましくないと感じる女性クライエントもいる。

標的行動が決定されたならば，ヘルパーはクライエントと役割を交代して，どのように新しい行動を実行するかモデルを示すとよい（例：ヘルパーは教員に病気の診断書を見せて提出期限を延ばしてもらうやり方を示す）。そして，ヘルパーはクライエントに，選択した行動をロールプレイで試してみるように求め，再びクライエントの行動を注意深く観察するとよい。

ロールプレイのあと，ヘルパーは心からのポジティブなフィードバックをすること。たとえ，ポジティブなフィードバックがささいなことについてであっても，クライエントには，自分が何かしらうまくやれており，いい方向に進んでいると感じられることが必要である。そしてヘルパーは，スモールステップで簡単なステップからとりかかるという行動原理を思い出しながら，1つ2つの事柄について修正フィードバックをするとよい。ヘルパーは，次のロールプレイで別のやり方を試みることをコーチングしてもよい（例：「オーケー，じゃあ今度はそれをもっと大きな声で堂々と言ってみよう」）。録画を用いたフィードバックはきわめて有効である。というのは，クライエントは自分がどのように見られているのか気づかないからである。ロールプレイは，クライエントが自分の望む行動を遂行できる自信が感じられるようになるまで続けるとよい。ロールプレイの間，ヘルパーは，クライエントが変化への障壁を克服するのにリラクセーション訓練や認知再構築を必要としていることにも気づくかもしれない。

成功の可能性を最大化するために，ヘルパーは重要な行動（例：昇給の交渉をする）からではなく，まず比較的容易な行動（例：スーパーマーケットの店員に質問する）から始めるべきである。前の例でいうならば，クライエントはまずクラスの男子学生に話しかけるところから始め，それからデートに誘う行動に出るとよい。

認知再構築

認知理論家は，不合理な思考は問題への効果的な対処を妨げ，人を不幸にすると指摘している。エリス（Ellis, 1962, 1995）は，人が自分の頭の中で不合理なことを言っていることを指摘している。例えば，「私はすべての人に愛されねばならない」「非常に有能で完璧でなければ私には価値がない」「物事が私の思いどおりにいかなかったら，最悪だ」「私より強くて私の面倒を見てくれる人間がいるはずだ」「対人問題を解決する完璧な方法がある。それを私が知らないなんてひどいことだ」など。

認知再構築の主たる目標は，クライエントが誤った思考に気づき，それを変えることである。クライエントが自分の不適応な思考に気づくよう，エリス（Ellis, 1962, 1995）のようなヘルパーは説得と**挑戦**を用いる。そうしたヘルパーは不合理な思考を攻撃する（「今，自分にどんなことばをかけましたか」「自分のことを，優秀な物理学者になれなかったらひどいことになる，とおっしゃいましたが，どんな最悪なことが起きるのでしょうか」「何がそんなに恐ろしいのですか」「あなたは，耐えられないと言いますが，それは本当ですか。精神的にまいってしまうのですか」「それは喜ばしいことではないかもしれませんが，そこまで悲惨なことでしょうか」)。ヘルパーが攻撃するのは信念であり，その人ではない，という点が大切である。

エリスのアプローチは説教的であり，クライエントにABCモデルを教えるというものである。Aは賦活事象（activating event），Bは不合理な信念（irrational beliefs），Cはその結果生じるネガティブな情動反応や行動（consequent negative emotional reactions or behaviors）である。クライエントは，出来事（A）が情動（C）を引き起こすと思い込むが，エリスは，不合理な信念（B）がネガティブな情動や行動（C）を引き起こすと考えている。例えば，もしサムが試験で“可”をとったとしたら（A），自分は成績がふるわなかったせいで落ち込んでいる（C）のだと考えるかもしれない。実際，“可”をとったことについて，こんなことをつぶやく（「私は落伍者だ」「私は完璧でなければならない」)。それゆえ，不合理な信念（B）を，より合理的な認知（D）に変えることができたなら，クライエントはもっとポジティブな情動（E）をもつことになる。この例では，サムはもっと合理的な思考を教えてもらうことになる。例えば「試験で“可”をとったことはとても残念だが，それで私が悪い人間になるわけではない。ただ単に，次回は前夜飲みに出かけず，もっと勉強しなければいけないということだ」。エリスは，クライエントに不合理な信念の妥当性を検証するための宿題を出している。エリスならサムに，次回の試験ではもっと勉強して，成績が上がるかどうか確かめてみることをアドバイスするかもしれない。そして，不合理な思考を記録し，合理的な思考でそれらに立ち向かうように励ますだろう。

ベックと彼の研究仲間（A. T. Beck, 1976; A. T. Beck & Emery, 1985; A. T. Beck & Freeman, 1990; A. T. Beck, Rush, Shaw, & Emery, 1979; A. T. Beck & Weishaar, 1995; J.S. Beck, 1995）は，エリスとは若干異なる認知理論を開発した。彼らは，自動思考や機能不全的な解釈がクライエントにとって問題の主要な発生源であると主張している。クライエントは，自己，世界，将来の3組の認知についての間違った論理や信念を基盤にして，出来事を誤解してしまう。ゆえにクライエントは，しばしば自分自身を不完全で，不十分で，愛されていないと考え，世界に対しては，思うようにならない，コントロールできない，圧倒されると考え，将来に対しては，暗く，望みがないと考えている。

ベックの温和な治療アプローチは，エリスの直接対決的な姿勢とはまったく異なっている。彼は，ヘルパーがクライエントとともに，科学者の立場で誤った論理を見つけ出し，その影響を調べることを推奨している。ヘルパーは，クライエントが論理にかなった結論にたどりつけるように一連の質問をしていく（「自分に対して○○と言ったらどうなりますか」)。そしてまたヘルパーは，クライエントに悪影響を与えている認知テーマと背後にある仮定を指摘していく。ベックは，人はしばしば十分な根拠なしに結論を導いてしまうことを指摘している（例：たった1日，昼食を一緒にとる相手がいないからというだけで，自分は愛されていないと結論づけてしまう）。人はまた，全体像から一部分だけを取り出してしまう（例：授業中の発表でネガティブなコメントが1つあると，そればかり気になり，ポジティブなコメントの数々は無視されてしまう）。また，ほんのわずかな例から一般原則を導き出してしまう（例：一度過ちを犯した彼女には，いかなる責任ある仕事も扱えないと結論づける)。また，何かを実際以上に重大視，あるいは軽視する（例：あいさつをしない人のことを「あの人は怒っている」と考えてしまう。単位を落としても大したことはないと思う)。加えて，人は根拠もなく自分自身を責め（例：会社がうまくいっていないのは自分が1日仕事を休んでしまったせいだと思い込む秘書)，2つのうちのどちらかといった剛直な考え方をしてしまう（例：女性は女神か売春婦のどちらかだと考える男性)（もっと認知療法を学びたい人々には，広く普及しているバーンズの自助本［Burns, 1999］を推薦する)。

意思決定

クライエントは，しばしば人生の重大な決断を行う。例えば，どのような仕事につくのか。大学院にいくのか。家を借りるのか買うのか。結婚するのか。意思決定の際，ヘルパーはクライエントが選択肢を明確化し，価値観を探求し，その価値観に照らして選択肢を吟味できるよう作業する(Carkhuff, 1973)。

ヘルパーはまずクライエントにいくつかの選択肢を明確にしてもらうようにする。一例として，ヘルパーと中年の教師，ベスとの作業を考えてみよう。彼女は将来の計画を立てようとしている。ベスにはいくつか考え続けてきた選択肢があるという。それは，①彼女と夫は55歳で定年とし，家を売り，RV車で国内を旅する。②彼女は65歳まで定年を延ばし，その後ボランティア活動をする。③自分の仕事には定年はないので，教師を生涯続けていく。ヘルパーは彼女の話に沿って表を作り，選択肢を表の上部に記入する（表20-2を参照)。注意点として，ときにこうしたすべての選択肢を明確にしていくためには念入りな探求を要することがある（クライエントは途中で新しい選択肢を加えたり，変更したりもする)。

次に，ヘルパーは関連する価値観，願望，ニーズについて質問する。ベスは，じっくりと探求した末に重要な検討事項をいくつかあげた。彼女は，旅行がしたいと思っている。また，知的刺激を受けることも好きである。夫とともに過ごすことも望んでいる。友人たちにももっと会いたいと思っている。快適に暮らすための十分なお金も望んでいる。また，人生において何か意義深いことも

表20-2　意思決定チャートの例

	選択肢		
検討事項	55歳定年・旅行	65歳定年・ボランティア活動	生涯現役
旅行（5)	＋3　(15)	＋1　(5)	−2　(−10)
知的刺激（9)	−3　(−27)	＋1　(9)	＋3　(27)
配偶者との時間（7)	＋2　(14)	＋1　(7)	−2　(−14)
友人（2)	＋1　(2)	＋1　(2)	−1　(−2)
お金（5)	−3　(−15)	＋1　(5)	＋3　(15)
子どもの近隣に居住（10)	−2　(−20)	＋2　(20)	＋2　(20)
生きがい（8)	0　(0)	＋1　(8)	＋2　(16)
合計	−31	56	52

注）各検討事項のかっこ内の数字は，検討事項の得点（範囲は1から10まで，10が最も重要)。各選択肢の左側の数字は，選択肢の得点（範囲は−3から3まで，3が最高得点)。各選択肢のかっこ内の数字は，選択肢の得点と検討事項の得点とを掛け合わせた得点。例えば，55歳定年・旅行の値は，＋3×5＝15となっている。

したいと考えている。子どもたちの近くにも住みたい，とりわけ孫ができたときには。ヘルパーはクライエントに，それぞれの検討事項の重要性に対して得点をつけるように言う（1＝重要でない，10＝きわめて重要）。ベスは，子どもの近くにいることに，最高点の10点を与え，友人と過ごすことに関しては最低点の2点を付けた。

次にヘルパーは，－3から＋3の尺度を用いて，それぞれの選択肢に配点を行うよう求める。そして，その配点理由をクライエントに質問するとよい。例えば，ベスは55歳の定年案では，国内をめぐりたいため，旅行を＋3としたが，もう教えなくなっており本もそれほどは読まなくなっていると考え，知的刺激は－3とした。

次の作業は，選択肢の得点に検討事項の得点を掛け合わせることである。そして，それぞれの選択肢ごとに合計する。ベスのケースでは，65歳定年案と生涯現役案が高得点となり，ベスがこの2つの選択肢をもう1つの案よりも好ましいと感じていることがうかがえる。

ヘルパーはベスに，これらの結果についてどう感じたかを質問するとよい。各選択肢の合計得点を見たクライエントは，ときにその得点が自分の真の気持ちを反映していないことに気づくことがある。そのため，検討事項の重要性や選択肢の得点を見直さなくてはならなくなる。気持ちを数値化するこれらの探求プロセスは，意思決定プロセスを強固にするので有益である。

クライエントの中には，この系統的な方法による意思決定プロセスを非常に好む人もあれば，一方で，得点づけに悩み，もっと直観的なアプローチを好む人もある。当然，ヘルパーは，クライエントが意思決定プロセスを好んでいそうな場合にかぎり，使うとよい。

教育検査，パーソナリティ検査，適性検査

標準化された検査を通して得られたクライエントの情報は，多くの場合，ヘルパーにとって非常に役に立つ。例えば，ヘルパーが処遇についてよりよい決定をするために，クライエントの病理の程度をより知りたいと望むなら，クライエントにMMPIかロールシャッハ検査を受けさせたいだろう。あるいは，学習障害を有しているかどうかの検査が必要なクライエントもいるだろう。また，キャリアの興味や選択肢を決めるのに検査が必要なクライエントもいるかもしれない。心理士は，こうしたあらゆる領域でたくさんのすぐれた検査を所有しており，これらのもたらす情報を利用することは理にかなっている。

しかしながら，心理検査においては，検査前の適切な準備と検査が実施され採点された後の適切な解釈が重要である。準備に関して，ヘルパーはクライエントに検査の利点とその手順について十分説明することが大切である。また，クライエントに検査を通して自分のことを知りたいということが動機づけられていることも肝要である。検査の解釈に関して，ヘルパーは専門家として一方的に結果を押し付けるのではなく，結果を理解しようと努める協働的なプロセスにクライエントをかかわらせるほうが好ましい（Finn & Tonsager, 2002; Hanson, Claiborn, & Kerr, 1997 参照）。

まとめ

このステップを終えるにあたって，ヘルパーはセッションにおいて，クライエントがそれぞれの課題にどれだけ積極的に臨んでいるかを見極める眼識を身につけておくべきである。もし，クライ

エントが行動課題に協力的で，前向きであれば，ヘルパーは宿題を出すとよいし，次回以降のセッションでセッション内で行う追加の行動課題に戻ってもよい。逆に，もしクライエントがこのステップに気乗りしないなら，ヘルパーは，治療関係に問題があるのか（例：クライエントにあれこれ指示を出すヘルパーが好きではない），それともクライエント自身の内的力動の問題のためなのか（例：親への怒りを抑えられる状態になっていない），クライエントの抵抗を理解するように一緒に作業する必要がある。

ステップ8：セッション外での宿題を選択すること

ヘルパーはしばしばクライエントがヘルピング場面外の日常の場で変化することを望み，セッション外での宿題を出す。このような宿題は，新たに身につけたスキルをセッション以外の場面で実践する機会をクライエントに与えるという点で，特に有効である。例えば，セッションで主張行動を練習した後，ヘルパーは，今度店に行ったときはもっと主張的に振る舞ってみるようクライエントに提案してもよい（注意点として，学びたてのスキルについては，安全でさしさわりのない場面で行ってから，より難しい場面で試すのが一般的に好ましい）。あるいは，勉強スキルについて話した後で，ヘルパーはクライエントに，毎夜少なくとも30分は勉強すること，勉強が終わったらソーダ水を飲んだりガールフレンドに電話をしたりして自分に強化子を与えることができる，といった契約をするのもよいだろう。

宿題の選択において，ヘルパーは以下の点を考慮する必要がある（Conoley et al., 1994; Scheel et al., 1999; Wonnell & Hill, 2002）。

- 宿題が問題に適合していること。
- 宿題が実行困難でないこと。
- 宿題がクライエントの長所に基づいて設定されていること。

コノリー（Conoley et al., 1994）は宿題についての研究で，抑うつ状態で怒っているクライエントの例を示している。セッションの際，クライエントが，先週，いやだと感じた出来事を書きとめておけばよかった，そうすればセッションでその話をすることをおぼえていられたのに，と話した。ヘルパーは，次回のセッションで問題についてさらに掘り下げて話し合えるように，宿題としてクライエントがいやな気分になったとき，何を考え，行い，感じていたか，どんな状況だったのかを記録するよう求めた。クライエントは，自分は書くことが好きで，過去にも書くことが役立ったことがあったと快く応じた。ゆえに，この提案は困難でないと判断された。なぜなら，時間もとらず，不安な作業もなく，明確な宿題だからである。加えて，クライエントが書くことが好きだと言っていることからわかるように，クライエントの長所に基づいている。さらに，これはクライエントの問題に合っている。なぜなら，クライエントが落ち込んで，怒っているときの状態を思い出すのに役立つからである。次のセッションで，クライエントはその提案を実行したことを報告した。

また，ヘルパーはクライエントに，最初から張り切りすぎると結果的に長続きしないことが多いので，「ゆっくり進める」よう釘を刺しておくとよい。すっかりその気になって，「ものすごい変化を成し遂げてみせる」（例：毎日3時間，運動をする）と言ったものの，その変化を実行することがどんなに大変かがわかると，やる気をなくしてしまう，という人は多いものだ。できることを過大に見積もるよりも，少しずつでも前に進んでいくことが大切である。

ヘルパーは宿題を出す際に，**直接ガイダンス**や**方略の開示**を用いる。

▩このセッションで話し合ったことをもとに，2つの提案をします。1つは，来週まで日記をつけることです。爪かみをしているのに気づいたら，そのときの気持ちを書き出してください。そうすれば，何が起こっているのか明らかにできるかもしれません。もう1つ，爪かみをやめられたら，そのたびに25セントずつ貯金箱に入れていきましょう。そのお金で何か素敵なものが買えるように。これらの2つの提案についてどう思いますか。

▩私が，爪かみをしていたときに効果があったのは，爪切りと爪やすりをいつもそばにおいておくことでした。爪先がボロボロだと感じたときやかみたい衝動にかられたとき，私はすぐに爪切りと爪やすりで爪をきれいにしました。そして，自分に25セントのごほうびを与えました。次週までにこの2つを試してみてはいかがでしょうか。

出される宿題の種類について気をつけることに加え，ヘルパーはえらそうにしないことが大切である。ヘルパーが指示的になりすぎると，クライエントが抵抗を示し，非協力的になることが，いくつかの研究から明らかにされている（Bischoff & Tracey, 1995; Gillespie, 1951; Mahalik, 1994; Patterson & Forgatch, 1985）。そこで，ヘルパーはクライエントに宿題を出す場合に，協働的な姿勢を忘れてはならない。そのための1つの方法として，**直接ガイダンス**の後に**開かれた質問**をすることによりクライエントの反応を確かめることがあげられる。

▩次週までにあなたに試してほしいのは，毎日学内を歩いているときに出会った初対面の人一人にあいさつするということです。この宿題はいかがですか。

▩あなたが将来本当にやりたいことについて，もう1週間，考えてみてはどうでしょうか。日記をつけ，毎晩少なくとも5分は書くようにします。いかがでしょうか。

ヘルパーはまた，宿題をこなせなかったということがないように，クライエントとともに潜在的な促進要因と抑制要因について，特定しておく必要がある。例えば，毎日15分歩くという運動プログラムを開始することを考えている男性の場合，抑制要因は拘束時間と天気，促進要因は結果としての体重減少と自己効力感の増大となることが考えられる。さらに，もしその人がソーシャルサポートについて話題にしていないなら，そのことをはっきり聞いてみるのもよい。促進要因と抑制要因について査定するには，ヘルパーは次に示すような**開かれた質問**をするとよい。

▩その宿題をするのに，何が役に立ちますか。

▩その宿題をするのに，何が妨げとなりますか。

▒その宿題をするのに，どんな種類のソーシャルサポートが得られますか。

このステップをどのように進めていくかについて，シャーリンの例で説明する。彼女は30歳の主婦で，抑うつ，体重過多で，調子が悪そうだった。探求段階と洞察段階を通して，ヘルパーはシャーリンがずっと家にいることに不満を感じていながらも，一日中，子どもの世話をすることが自分の義務だと感じていることがわかった。彼女は，自分が専業主婦であるべきだと考えるのは，そうすることが夫が自分を愛してくれる唯一の方法であると信じているからだという洞察に至った。彼女は両親の仲が悪かったこと，父が仕事で成功していた母を嫌っていたことを思い出した。ヘルピングを通して，彼女は夫の気分を害さずに自分自身のキャリアを達成できることを理解した。しかし，彼女は長い間，家庭外の仕事についていなかったので，今となっては職をどう得たらよいのかわからないことに気づいた。ヘルパーはまず，彼女がいくらかの自信を得られるよう，体形をスマートにする計画を立てるために，セッションでオペラント法を用いた。1週目の宿題は，夫と週3回以上30分のウォーキングをすること（減量のためと夫との親密な時間をもつため）と摂取カロリーを記録することであった。

このステップを終えるにあたって，ヘルパーはクライエントがセッション外でも新たに習得したスキルの練習を続けることができるように，いくつかの宿題を選ぶ援助をしておく。もちろん，クライエントが宿題を必要としないこともあるだろう。クライエントの問題にふさわしくなかったり，クライエントにこのステップを受ける準備ができていなかったりした場合である。

ステップ9：進捗をチェックし，宿題を修正すること

クライエントがセッション外で行動を起こそうとすると，問題が発生することがある。変化することは予想以上に困難であり，思いもよらない障壁が出てくることが多い。ヘルパーは，クライエントがこれまで現実世界で行動プランを試してきた経験に基づいて，以降のセッションでクライエントとともに宿題内容を修正するとよい。

宿題に修正を加えるために，ヘルパーは，その宿題を実行するうえで何がうまくいき，何がうまくいかなかったかを明らかにする必要がある。その際，クライエントの努力の有無は問わない。もしヘルパーが，自分を第三者的な観察者，科学者のようなものと考えるなら，クライエントの計画をより有効に修正できるはずである。ヘルパーは**開かれた質問**を用いて進捗について尋ねるとよい。

▒先週，お母さんに話しかけようとしたとき，どうでしたか。何が起こったのか，正確に話してください。

効果的な宿題を開発していくことは，試行錯誤のプロセスである。なぜなら，ヘルパーは，何がうまくいって何がうまくいかないかを，クライエントごとに探り当てねばならないからである。宿題をきちんとやってこなかったからといってクライエントに腹を立てるのではなく，宿題の修正はごく正常なプロセスであると考えるべきである。しばしばクライエントは，実際に変化を試みるま

で身のまわりの障壁についてまったく気づかないものである。ゆえに，ヘルパーは過去の提案を修正したほうがよいのである。

■先週，私たちが提案したのは，30分間勉強をして，それから休憩するということでしたが，それは長すぎたようです。15分間勉強し，集中するのが難しくなってきたらやめるというのは，どうでしょうか。

クライエントは問題の再発に意気消沈することがある。ブロウネルら（Brownell, Marlatt, Lichenstein, & Wilson, 1986）は，ちょっとしたしくじりや過ちは問題の再発ではないと忠告している。ヘルパーは，クライエントが自らの失敗を許し，その失敗から学ぶという姿勢を受け入れられるよう，一緒に作業していくとよい。例えば，フランクは6か月間，禁酒を続けていたのに，あるパーティで深酒をしてしまったことで，ほどほどであっても飲むべきではないことを学んだ。この学習によって彼は，以降，パーティでどう対処すべきかを決心するのに一歩踏み出せることとなった。逆に，もしフランクが問題の再発についてもっと激しく自分を責めていたら，自分のことがもっといやに感じられ，前向きに問題に取り組めなくなっていただろう。そして，その結果として，彼は再び問題の多い酒飲みに逆戻りしたかもしれない。

このステップ全体を通して，ヘルパーはその進捗に関してクライエントにフィードバックを行うとよい。クライエントは，自分がどのくらい実行できているか知りたいし，うまくやれていることの強化を必要としている。常に思いやりの気持ちを忘れず，簡潔で適切に，クライエントのパーソナリティ特徴ではなく行動に焦点を当て，クライエントが萎縮しないようほどほどの量で，よい点と悪い点をバランスよくフィードバックすることが必要である（Egan, 1994）。

■娘さんに何回腹を立てたのか，そして，何があなたを怒らせたのか，本当によくがんばって記録しましたね。これで怒ったときの対応方法を他に見つけることができますよ。
■おめでとう。今週，部屋をきれいに保てましたね。
■今週は数回，帰宅の門限が守れなかった問題があるようですね。

このステップを終えるにあたって，クライエントは1つの特定の問題に対して，いくつか変化のプロセスを成功させておく必要がある。ヘルパーとクライエントは，ヘルピングを終了するのか，元に戻るのか，別の問題に取り組むのかを決めないといけない。いずれにせよ，ヘルパーとクライエントにとって，今まで行ってきたことについてどう感じているかを評価するにはよい機会である。

行動（アクション）段階のステップの例

行動（アクション）段階のステップを説明するため以下に一例を示す。この例では，ヘルパーは，最近，末期がんの診断を受けたサムと，そのことについての彼の気持ちをすでに探求してきた。二人は，診断を受けてうつ状態にあるのは，まだ十分に自分の人生を生きていないことに起因しているという洞察にもいたっている。彼らは，サムが人生に対して受け身なのは，彼の人生に口出しをする支配的な両親のせいであることをつきとめた。彼は今，幼少期がどうであったにせよ，残りの人生に責任があるのは自分一人であり，誰も責めることはできないことに気づいている。

読者には，この例がステップの進み方を示すものであることに留意してほしい。もちろん，状況はそのつど異なり，ヘルパーの誰もが常にうまくやれるわけではない。加えて，すべてのステップを終えるのに1回のセッションでは時間が足りないことがあり，その場合，このプロセスは何回かのセッションに分けて行われる。

ヘルパー　：それで，変化することについて具体的にどんなことに取り組みたいですか（ステップ1：問題を特定すること／スキル：**開かれた質問**）。

クライエント：ライフスタイルを変えたいのですが，どうすればよいのかわからないのです。

ヘルパー　：それはどういう意味ですか（ステップ1：問題を特定すること／スキル：**開かれた質問**）。

クライエント：時間の使い方の優先順位を変えたいのです。

ヘルパー　：残りの人生を変えたいと，ずっとおっしゃってきましたね。今，変化を起こすことはあなたにとってどういうことなのしょうか（ステップ2：行動（アクション）を探求すること／スキル：**言い換え**，**開かれた質問**）。

クライエント：怖い感じです。私は長い間，ずっと両親に反抗し，怒り，責めてきましたから。でも，やってみたいのです。

ヘルパー　：変化を本気で望んでいるのですね（ステップ2：行動（アクション）を探求すること／スキル：**感情（フィーリング）の反映**）。

クライエント：ええ，大変であるとわかっていても。たぶん，ゆっくり行えばより簡単でしょう。でも，私には時間はそんなに多く残っていません。だから，私はすぐに始めたいのです。

ヘルパー　：わかりました。それでは，一度に1つずつ問題に取り組んでいきましょう。まず，あなたはもっと有意義な人間関係をもちたいとおっしゃっていました。過去に何か試されましたか（ステップ3：過去の試みを査定すること／スキル：**情報**，**言い換え**，**開かれた質問**）。

クライエント：ええと……，私はとても内気なのです。友人を作ることは，私にとって簡単ではありません。今まで，グループやクラブやその他の集まりには一度も参加したことがないのです。たぶん，私はまわりが自分の所に来てくれるのを望んでいたのです。両親はいつも私にまわりの人を差し向けようとしました。だから，私は積極的に友人を作ったことがなかったんです。たくさんの友人はいりません。2，3人の親密な友人，私が本当に頼りに思える友人ができるほうがいいです。

ヘルパー　：あなたは，ご自身について，とてもよく理解しているようですね。

クライエント：ええ，自分自身について，そして，これらの問題についてずっと考えてきましたので。

ヘルパー　：それなら，変化する準備はできていますね（ステップ4：変化を決意させること／スキル：**閉じられた質問**）。

クライアント：ちょっと怖いですね。どうなるのか想像もつきません。でも，試してみたいです。

ヘルパー　：わかりました。それでは，新しい友人を得るためにどんなことができるのか，ブレーンストーミングをやりましょう。どんなアイディアがありますか（ステップ5：選択肢をブレーンストーミングすること／スキル：**プロセスの助言**，**開かれた質問**）。

クライアント：がん患者支援グループへの参加を考えました。私と同じ経験をしている人や，私のことを理解してくれる人がいるでしょう。あと，マンションの隣人が住人同士で集まってポーカーをするようになったと教えてくれました。月1回ですけど，私はポーカーが好きなのです。そんなようなことをずっとしてみたかったのですが，働かなければと思っていたので。そうそう！　今，ある人のことを思い出しました。大学時代の友だちなのですが，町に戻ってきたのです。彼となら会えそうです。

ヘルパー　：すばらしいアイディアですね。どのアイディアが最も魅力的ですか（ステップ6：選択肢を選択すること／スキル：**是認－保証**，**開かれた質問**）。

クライアント：実際，どれもすべて簡単にできそうです。がん患者支援グループは週1回ですし，場所もそんなに遠くありません。ポーカーは月に1回です。そしてとにかく，友人に電話してみるつもりです。どれもそんなに大変なことではなさそうなので，必ずやってみたいです。でも，まだ満たされないことが1つ残っています。死ぬまでに女性とよい関係を築きたいのです。ご存知かどうか，最近，先妻のことをよく考えています。私たちの結婚での問題の多くは，私の消極的性格や，ずっと両親との関係の問題を解決してこなかったことに原因があると思っています。今では両親との関係について少しわかってきたので，先妻に対して変われると思います。私は，彼女が自分の母親ではないことを実感しました。彼女もいくらか気まぐれなところがありますが，私はまだ彼女のことが気になります。

ヘルパー　：彼女がまだ独りで，あなたに関心があるかどうか調べてみる気はありますか（ステップ6：選択肢を選択すること／スキル：**開かれた質問**）。

クライアント：彼女が誰とも一緒にいないことはわかっています。なぜなら，娘がそう言っているからです。もし先妻のもとに戻れるなら，娘とともに過ごす時間を増やすこともできます。それこそ，私が本当に望むことなのです。

ヘルパー　：それはうまくいきそうですね。しかし，あなたと彼女のこれまでのことを考えると，そんなにスムーズに進まないかもしれないことも，注意点としてお伝えしなくてはなりません。あなたは非常に消極的でしたが，今もそうなりがちな傾向があります。私は，あなたが彼女にうまく対応でき，言いたいことを言えるようにするためには，一緒に主張性訓練をする必要があると思います（ステップ6：選択肢を選択すること／スキル：**情報**，**直接ガイダンス**）。

クライエント：それは役に立ちそうだ。今日から始められますか。

ヘルパー　：もちろんです。前の奥さまとの最近のやりとりのうち，消極的になってしまい，違う行動をとればよかったと思った例を教えてください（ステップ7：セッション中の介入／スキル：**開かれた質問**）。

クライエント：彼女は，私がもっと娘と一緒に過ごすべきだと思う，というようなことを言った気がします。彼女は，私がもっと責任をとるべきだと怒っています。彼女は，私がすべきことについて確固たる考えをもっており，遠慮なしにはっきりと言ってきます。昨日，彼女は電話をかけてきました。そして，養育問題をどうするつもりかはっきりさせたいと言ってきました。私は，わからないとだけ答えました。実際，そのことについて考えたことはありませんでしたし，私はそのとき本当に忙しかったのです。私は，彼女がそんなことを言い出して，イライラしました。そして，あまりにいばるので，黙り込んでしまい，彼女を満足させることはできませんでした。

ヘルパー　：わかりました。ロールプレイをしましょう。そうすれば，何が起こったのかよくわかると思いますので。私が前の奥さまの役をやりますので，あなたはあなた自身の役をやってください。まず，そのときあなたが行ったことを正確に演じてみてください（ステップ7：セッション中の介入／スキル：**プロセスの助言**）。

さあ，私は前の奥さまです。マーク，私はあなたにもっと娘に対して責任をもってもらいたいの。すべて引き受けるなんて無理。フルタイムで働こうかと思っているから，あらゆることに私一人が時間を割くわけにはいかないわ。もし，娘が病気になったときや医者に行かなくてはいけないときに毎回休みをとり続けたら，私は仕事を失うことになる。知っているでしょうけど，託児所は娘が軽い鼻風邪にでもなったりしたら，預かってくれないの。それに，あの子はもっと父親に会うことが必要なのよ。あの子はあなたにそばにいてほしいのよ（ステップ7：セッション中の介入／スキル：**プロセスの助言**）。

クライエント：（めそめそとして）でも，今すぐは無理だよ。学校がとても忙しい。

ヘルパー　：はい，そこまで。何か気づいた感情（フィーリング）はありますか（ステップ7：セッション中の介入／スキル：**プロセスの助言**，**開かれた質問**）。

クライエント：腹が立ちました。彼女はまたいばりちらして，それが気に入りません。私がもっと時間をとって負担を引き受けるべきだという彼女の意見は，もちろん正しいです。しかし，彼女がしゃべり始めるやいなや，私はもう何もしたくなくなるのです。私には，自分をなじる母の声が聞こえ，そして黙り込んでしまうのです。

ヘルパー　：すばらしい，あなたは自分自身の中で何が起きているのかよくわかっています。あなたは，ご自分の声の調子に気づきましたか（ステップ7：セッション中の介入／スキル：**是認－保証**，行動についての**フィードバック**）。

クライエント：いえ，よくわかりません。何にも気づきませんでした。

ヘルパー　：先ほどとはまったく違って聞こえましたよ。実際，あなたは泣き言を言い始ました。その前に私と話しているときは，大人らしい様子で話していたのに。しかし，前の奥さまに話しかけるロールプレイをするやいなや，あなたはめそめそし，子どものようになりました（実演してみせる）（ステップ7：セッション中の介入／スキル：行動についての**フィードバック**）。

クライエント：わぁ，信じられない。それこそ，母と一緒にいるときにやってしまうことなのです。気づかないうちに，そんなにすぐに出ていたなんて信じられません。あなたは，先妻の様子を——えらそうで仕切りたがりの様子を見事に演じられました。私はこんなふうに権力争いをするようなことは嫌いなのです。どちらにも勝ちはないのです。でも，私が消極的で引っ込み思案になると，彼女は自分がいばって仕切るほかしょうがないと思うのでしょう。その気持ちも理解できます。

ヘルパー：では，かわりに今あなたは彼女にどんなことを言いたいですか（ステップ7：セッション中の介入／スキル：**プロセスの助言**）。

クライエント：彼女は正しいし，私は本当は自分の役割を務めることを望んでいるので，お互い都合を調整することが必要なのだと言いたいですね。私はもっと多くの時間を娘と過ごすことを望んでいますし，本当は難しいことではないのです。でも，私は彼女に子ども扱いされたくない。たぶん，もし私たちが二人の対等な大人として取り組めたら，この問題は解決するでしょう。私は自分の側の問題に気づいていますが，彼女も彼女のしていることをわかる必要があります。

ヘルパー：いいですね。あなたの言い方はとてもすばらしい。しっかりとしていて，悪口ではない。あなたはめそめそしてなかった。それどころか，状況をきちんと把握していて，彼女と一緒にやっていきたいのだということが伝わりました。もし私が前の奥さまなら，あなたと冷静に話したいと思うでしょう。このことを彼女に話せると思いますか（ステップ7：セッション中の介入／スキル：**是認－保証**，行動についての**フィードバック**）。

クライエント：できると思います。彼女との過去の苦い体験を克服しなくてはなりませんが，それでもできると思います。私は変化を望んでいるので，やりたいです。

ヘルパー：ええ，ここでできたのだから，彼女にもきちんと言えると確信しています。きっと役立つと思うのですが，彼女に話をする前に深呼吸をするといいですよ。あなたの言いたいこと，あなたのしたいことを考えてください。自分が大人だということをおぼえておいてください。そして，彼女はあなたのお母さんではありませんからね（ステップ7：セッション中の介入／スキル：**是認－保証**，**直接ガイダンス**）。

クライエント：ええ，それはよさそうですね。私がやろうとしていることを，真っ先に彼女に伝えられれば，彼女はわかってくれるでしょう。彼女はしばしば，自分たちで解決できそうにないような状況に陥ってしまうと言っていました。彼女は，自分がえらそうに振る舞っていることがわかっているし，それを望んでいるわけでもなく，ただこの状況に心底不満なだけなのです。

ヘルパー　：もう一度ロールプレイをして確認しましょう。また私が前の奥さまの役をやりますね。（一呼吸おいてから）マーク，娘に対してもっと責任をもってもらいたいわ。もっと娘といる時間をとってほしいし，娘が医者に行くときはもっと助けてほしい。託児所から呼び出しがあるたびに，仕事を休み続けるわけにはいかないの。（一呼吸おいてから）さあ，深呼吸することを思い出して，マーク，そして，彼女に言いたいことを考えて（ステップ7：セッション中の介入／スキル：**プロセスの助言**，**直接ガイダンス**）。

クライエント：そうだね，君が怒るのももっともだ。私は今まで自分の務めを果たしてこなかった。これからは自分の務めを果たしたいと思う。でも，この事態にどう対処するか，二人で互いに振り返って話し合う必要がある。私は，自分ができの悪い子どものように振る舞うのも，君がもっと私に娘とかかわってほしいために口うるさい母親のようになるのもやめにしたい。私は対等な大人としてこのことに対処したい。君との関係をもっとよくしたいんだ。

ヘルパー　：すばらしい。声もまったくめそめそしていなかったですね。彼女を責めるのではなく，あなたが望むことをきちんと彼女に伝えることができました（ステップ7：セッション中の介入／スキル：**是認－保証**，行動についての**フィードバック**）。

クライエント：ありがとうございます。すっきりしました。もう2，3回は練習が必要かもしれませんが，いい感じでした。彼女にもうまくいくと思います。

ヘルパー　：残念なことに，そろそろ本日の時間がきてしまいましたが，私たちがいくつか変えていこうと取り組んできたアイディアについて，あなたがどう感じたかを確認したいと思います（ステップ8：宿題／スキル：**情報**，**開かれた質問**）。

クライエント：とても興奮しています。これなら私にもできそうだからです。彼女ともっといい関係が築けるのではないかと希望を感じています。

ヘルパー　：ということは，あなたは前の奥さまに対してこれを実行できると思っているということですね（ステップ8：宿題／スキル：**開かれた質問**）。

クライエント：ええ，そうです。絶対にやってみせます。

ヘルパー　：すばらしい。やってみてどうだったか，来週，話してください。どんな具合だったかを話し合って，進め方でもし何か変更が必要なら，考えていきましょう（ステップ9：進捗のチェック／スキル：**是認－保証**，**直接ガイダンス**，**情報**）。

考えてみよう

■行動（アクション）段階のステップはどの程度あなたに合っているか。

■行動（アクション）段階で，あるステップから次のステップに移るときを知るにはどうしたらよいか。各ステップで十分に時間をかけたことを知るにはどうしたらよいか。

■ヘルパーはある状況で，どの行動（アクション）を進めるかをどうやって判断すべきか。

- クライエントが「ええ，でも……」と頻繁に言ってきたら，どういう状況になっているると考えるか。
- 変化に対するクライエントの抵抗と，行動（アクション）段階のステップを進めるうえでのヘルパーの能力不足との違いをどのように説明するか。
- どんな場合とどんなクライエントに特別な介入（例：リラクセーション訓練，系統的脱感作）が有効だと考えるか。

グループ実習 14　行(アクション)動段階のステップ

目標：ヘルパーに行(アクション)動段階の各ステップをどのように行うかについて教えること。

4～6人のグループに分かれ，1人がクライエント役になる。他の人は交代でヘルパーの役をする。実習リーダーがセッションの流れを指示する。ヘルパーは各ステップで何をするか忘れないよう，ステップの流れを書き出したもの（表20-1など）を活用するとよい。

ヘルピングのやりとりをしている間のヘルパーとクライエントの課題

1. クライエントは自分が少なからず気づいていることで変えたいと思っていることについて話す（例：勉強や運動の量を増やすこと）。
2. ヘルパー1はクライエントに約5～10分，探求を行うよう求める（主に，開かれた質問，言い換え，感(フィーリング)情の反映などを用いて）。
3. 続きをヘルパー2が引き継ぎ，約5～10分，洞察段階を行うよう求める。ヘルパーは開かれた質問，言い換え，感(フィーリング)情の反映を中心に，挑戦，解釈，自己開示，即時性を織り交ぜる（まずヘルパー自身の意図を注意深く考えること）。
4. クライエントがいくらか洞察を得たら，ヘルパー3はそれを引き継いで，ステップ1（問題を特定すること）をクライエントとともに進める。
5. ヘルパー4はステップ2（行(アクション)動を探求すること）をクライエントとともに進める。
6. ヘルパー5はステップ3（状況を査定すること）をクライエントとともに進める。
7. ヘルパー6はステップ4（変化を決意させること）をクライエントとともに進める。
8. ヘルパー7はステップ5（選択肢のブレーンストーミングをすること）をクライエントとともに進める。
9. ヘルパー8は，ステップ6（選択肢の選択）をクライエントとともに進める。他の選択肢への価値観も忘れずに探求すること。そして，それぞれの行(アクション)動の抑制要因と促進要因についても検討するように。
10. ヘルパー9は，ステップ7（セッション中の介入）をクライエントとともに進める。このステップでヘルパーがつまずいたときは，実習リーダーはヘルパーにどうすべきかヒントを出すか，または他のヘルパーに交代するとよい。

ヘルピングのやりとりの処理

「クライエント役」は今の体験がどうだったか，どのステップが最も有益だったかを話すとよい。ヘルパーはそれぞれのステップを実行してみてどう感じたかを話すとよい。実習リーダーはそれぞれのステップにおけるヘルパーのスキルについて，具体的な行動に対するフィードバックを行うとよい。

グループ実習 14 行(アクション)動段階のステップ

個人的な振り返り

- 行(アクション)動段階のステップを進めるのに際して，長所と改善すべき領域は何か。
- これらのステップをすべてやり遂げる間，クライエントに対して共感をもち続けることができたか。
- さまざまな行動介入，認知介入（例：リラクセーション訓練，主張性訓練）を実行していくうえで違和感はあったか。
- ヘルパーとしてのスキルを向上させるため，行動原理をどのように利用できるか。

21章

行(アクション)動段階のスキルの統合

何をするのであれ，何を夢見ているのであれ――
始めることだ。大胆さのなかに才能と力，
そして魔法がある。
――ヨハン・ヴォルフガング・フォン・ゲーテ

テコは，家族を養い，業績をあげるという文化的要求のために働きすぎていることを理解した。しかしながら，彼は幸せを感じられず，人生は短いのだからずっと働き続けるわけにはいかないと感じた。ヘルパーと作業することで，彼は自分のライフスタイルを変化させたいという願望を探求し，二人は彼が変化できるような方法をいくつかブレーンストーミングして考えた。

行(アクション)動スキルを統合すること

変化を起こすことは難しい。そのためクライエントは，たとえ彼らが変化をしないことを決めても，また目標に向けてほんのわずかな進展しか成し遂げられなくても，行(アクション)動段階全体を通して共感，支持，および励ましを引き続き必要としている。変化を起こすことは難しいこともあり，ヘルパーが味方になってくれていると感じることがクライエントの支えにもなる。ヘルパーが厳しい親や独裁者ではなく，やさしいコーチやガイドであることがわかれば，クライエントは喜ぶ。

柔軟性の必要

また，行(アクション)動段階では柔軟性と創造性がとても重要である。各ステップについて，ここでは学習者が容易に学べるよう明確・直線的に示されているが，実践ではこのようなストレートなやり方で常にうまくいくわけではない。ヘルパーはまずステップを学習する必要があり，それからクライエントのニーズに適合するように修正するとよい。

もし，ある介入がうまくいかないなら，ヘルパーは何か他のことを試みる必要がある。いくつかの介入が役に立たず，あるいはクライエントが介入への反応で「ええ，でも……」と言い続けているなら，ヘルパーはクライエントが治療関係や変化のプロセスについてどのように感じているか探求すべきである。ヘルパーはクライエントに変化への抵抗を理解させるため洞察スキルを使ってもよい。

多文化への配慮

クライエントの中には，ヘルパーからのたくさんの行動（アクション）と指示を望んだり期待したりする人もいる。そうしたクライエントはヘルパーのことを権威，博識な人のように思っているのである（Pedersen et al., 2002）。もし，ヘルパーが行動（アクション）に焦点を当てなければ，これらのクライエントはそのヘルパーとヘルピング・プロセスを重視しなくなるだろう。もし，ヘルパーがどうすればよいのかを伝えなかったら，そのようなクライエントは欲求不満になるかもしれないため，ヘルパーはこれらのクライエントにこの行動（アクション）段階のモデルを教える必要があるだろう。

もう１つ配慮しなくてはならないことは，ヘルパーはスピリチュアリティと宗教が重要な問題となっているクライエントに対して，スピリチュアリティを行動（アクション）段階へと統合する（例：祈りを行動（アクション）方略として使うこと）必要があるということである（Fukuyama & Sevig, 2002）。もし，ヘルパーがそのようなニーズを察知しない場合，クライエントはないがしろにされたと感じ，ヘルピング・プロセスに価値をおかなくなるだろう。

最後に，ヘルパーは他の文化出身のクライエントが直面している，行動（アクション）の妨げとなる事柄に気づく必要がある。貧しいクライエントは交通手段も，保育も，公共サービスの利用もできないかもしれない。難民のクライエントは，差別と言語上の問題に直面しているかもしれない。高齢のクライエントは自宅を離れることができないかもしれない。アジア系のクライエントは家庭外に援助を求めに行きたがらないかもしれないし，家族のニーズを尊重し，それに沿う形でどうやって変化したらよいのかわからないかもしれない。ヘルパーはそのような文化的な問題を意識し，妨げとなりそうな事柄をクライエントに尋ね，さまざまなニーズに敏感になる必要がある。

行動（アクション）段階でヘルパーが経験する問題

あまりにも性急に行動（アクション）に移ること

ヘルパーの中には，確固たる探求と洞察の基盤を構築する前に性急に行動（アクション）に移ってしまう人もいる。そうしたヘルパーは探求と洞察の長いプロセスで，もどかしい思いをしているかもしれない。あるいは，クライエントが何をすべきか自分には「わかっている」と感じているかもしれない。あるいは，そのクライエントのために何か「する」ように急かされていると感じているかもしれない。残念ながら，ヘルパーが早急に行動（アクション）へと移行しすぎると，クライエントは「抵抗」し，ヘルパーと心を通わせなくなり，変化への責任がとれなくなり，変化に動機づけられなくなる。ヘルパーは洞察と行動（アクション）の基盤を構築するために，探求に時間の大部分を費やしたことを思い出す必要がある。

クライエントの準備ができる前に，**情報**やアドバイスが提供されると，クライエントはそれを使うことはできないかもしれない。例えば，被虐待女性の避難所（シェルター）で働くボランティアの中には答えを求めてやってきた女性に即座に**情報**を提供する人がいる。この時点で，クライエントは虐待関係にあった自分の感情（フィーリング）をもっと探求する必要があることが多いにもかかわらず。その

情報がどれほど有益で，十分な意図があるものであっても，彼女たちはまだ**情報**を使える準備ができてはいない。

クライエントの状況を十分に知らないうちに，行動（アクション）へと移行するヘルパーもいる。そうしたヘルパーは，その状況の複雑さを探求する前にただちに解決策へと飛躍するかもしれないが，一方でクライエントの感情（フィーリング）と価値観を検証してみると，ほとんどの問題はかなり複雑なのである。その上，迅速な解決策に飛びつくヘルパーはクライエントを見くびっているように見え，そのような単純な問題もわからないクライエントは間抜けだと伝わることになる。もし，問題がそんなにも単純であるなら，クライエントは独力で解決できただろう。

専門家（エキスパート）でありたいと切望すること

情報を提供することとアドバイスを与えることは，あるヘルパーにとっては専門家（エキスパート）でありたいというニーズを満足させるものである。あるヘルパーは，「すべてを知っている」と思われることが好きであり，クライエントから認められるのを喜ぶ。こうしたヘルパーには，自分を専門家のように見せることにって，クライエントが自分自身の情報を探し出し，自分自身の決断をすることを促すことを犠牲にしているかもしれないと，注意を促したい。あるいは，クライエントを援助したいと考え，ヘルパーはすべての答えを提供し，クライエントにたくさんの有益な情報を与えるべきであると信じているために，専門家の役割を担ってしまうヘルパーもいる。どちらのタイプのヘルパーも，好意があだとなり情報生成プロセスにおけるクライエントの役割を無視してしまっている。ヘルパーがクライエントよりもヘルピングについてよく知っている点には同意するが，クライエントの内的体験，すなわちクライエントがどんな行動（アクション）を実行すべきかについて，ヘルパーはクライエントよりも知らないのである。

クライエントの変化に固執しすぎること

あるヘルパーは，行動（アクション）プランを練り上げるのに固執し，責任を感じすぎるあまり，クライエントにかわって意思決定をしようとする。こうしたヘルパーは，自分がするように言ったことだけをクライエントがやりさえすれば物事はもっと簡単になると感じている。しかしながら，クライエントの肩代わりをすることは，一般に（自殺や殺人の考えや意図をもつ極端な事例を除いて）逆効果である。というのは，クライエントが依存的になり，将来，変化を起こすのに必要なスキルを身につけないからである。また，ヘルパーにはうまくいくかもしれないことが，クライエントにもうまくいくとは限らない。さらに，クライエントがすべきだと考えている事柄にヘルパーがのめりこんでしまったら，クライエントに支持的に客観的に傾聴するのが難しくなる。それゆえ，ヘルパーは一般的に，クライエントが目的のためにどんな行動（アクション）を選択するか（あるいは選択しないか）に固執しないことが必要である。ヘルパーはクライエントが自分自身の決断をすることを認めなければならない。そして，ボスとしてよりも，ガイドやサポーターとして力を尽くすべきである。

クライエントに自分の価値観を押し付けること

ときにヘルパーは，クライエントが自分自身の価値観を見出だすための援助を行うことを忘れ，かわりにヘルパー自身の信念や価値観を押し付ける。ヘルパーにとって，クライエントが異なった価値観をもつことを認めるのは難しい。価値観がヘルパーの大事にしている信念と非常に異なっているときにはなおさらである。例えば，末期の病気で死にかかっているクライエントは自殺の可能性について話したいかもしれない。もし，ヘルパーが生の価値についてかたくななら，クライエントに自殺の可能性を探求することを認めないだろう。そうやって，クライエントがすべての選択肢を熟慮したり，十分に理解したうえで決断をする能力を制限してしまうのである。別の例では，ヘルパーがすべての女性が幸せそうに見えることを望むために，あるクライエントにもっとほほえむように言うかもしれない。ヘルパーはいつも自分自身の問題やニーズに注意を払い，それらのクライエントへの影響をできるだけ少なくするようにする必要がある。

クライエントが変化を起こせるよう十分な励ましをしないこと

ヘルパーはクライエントが変化を起こすのに十分な**挑戦**を行わないことがある。あるヘルパーはクライエントに侵入的になることを心配するあまり，変化するようクライエントに働きかけることをしない。そうしたヘルパーは自分が挑戦する立場にないと信じていている。クライエントが変化しようと決断する人物でなければならないことに同意するが，ヘルパーはクライエントが行き詰まり，もがいているときには，クライエントを励ましたり，クライエントに挑戦したりしてほしい。また，クライエントをどうやって援助してよいかわからないために，ときにヘルパーはクライエントに挑戦することに不安をおぼえる。この場合，これらのヘルパーは行動（アクション）スキルを念入りに勉強し，もっと多く練習することをすすめる。

支持的でないこと

ときにヘルパーは，この段階の間，行動（アクション）プランを練り上げるのに熱中するあまり，支持的であることを忘れることがある。励ましと強化は，実際の変化と変化への努力の両方にとって重要である。ヘルパーが，変化させることの難しい自分の生活の側面を思い出せば，変化への困難を抱えているクライエントにより共感的になれると考える。

1つの行動（アクション）アイディアにこだわること

ヘルパーは自分が練り上げた行動（アクション）アイディアに対して，たとえ不適切で，クライエントの能力や意にそぐわないものであることが明白であっても，固執し続けてしまうことが多々ある。おそらく，こうしたヘルパーは自分のクライエントが何をなすべきかについて長時間かけて考えてきており，その行動（アクション）プランに没頭してしまっていることだろう。しかしながら，ヘルピングには柔軟性が求められること，そしてヘルパーとクライエントは起こりうる問題をすべて把握しているわけではないため，行動（アクション）アイディアはにはしばしば修正が求められることを，ヘルパーは認識する必要がある。二人は選択を行い，うまくいっているものは続行し，うまくいっていないものは改めるべきである。

ステップを遵守しなくてはいけないと感じること

これらの行動ステップを厳密にたどるヘルパーは，一連のステップがそのままどのクライエントとの作業にも通用するわけではないことに，おそらく欲求不満を感じるだろう。これらのステップは，行動段階をどのように進めていくか，その枠組みを学習者が理解できるように紹介したものであることを強調したい。しかし，クライエントもその問題もそれぞれ微妙に異なるため，ヘルパーがこうした明確なやり方でそれぞれのステップを進めることはめったにないだろう。ヘルパーは提示されたステップを学習し練習するが，その後は創造力と柔軟性を発揮して，自分自身や個々のクライエントに適した手順に修正することを勧める。この段階では，ヘルパーが個々のクライエントを援助するのに創造的に作業しようとするため，かなり柔軟に動くことができる。

問題を克服する方略

自己振り返り

ヘルパーが何らかの落とし穴に陥った場合（行動へと性急に進みすぎてしまったり，クライエントが変化することに固執しすぎてしまったり，クライエントに自分の価値観を押し付けてしまったり，**挑戦**を十分行わなかったり，十分に支持的でなかったり，あるいは1つのプランに固執してしまったとき）には，少々時間をとって，この状況で客観性を欠いてしまっている原因について，熟考したり仮説を立てたりするとよい。もし，ヘルパーは，数名のクライエントに一様に過度にのめりこみ，指示的になりすぎていることに気づいたら，クライエントに危害を与えないように，自分自身を理解するため内面を見つめることが必要である。仲間に相談すること，個人的なセラピーを求めること，およびスーパービジョンを受けることは，すべて自分自身についてさらに学ぶのに有益な方法である。また，ヘルパーは不安に対処するために，11 章で示した管理方略に戻って再び活用するとよい（例：リラクセーション，イメージ，ポジティブな自己会話，クライエントに焦点を当てる）。

探求スキルへ戻ること

ヘルピング・プロセスで袋小路に陥ったり問題が生じたりしたら，探求スキル（**開かれた質問**，**言い換え**，**感情の反映**）を用いることに戻るのが有益であることが多い。ヘルパーは現時点でクライエントとの間で進行していることを理解しようと試みる必要がある。クライエントが誤解されたと感じているなら，ヘルパーは信頼を再構築し，自分が傾聴し協働できるということをクライエントに再保証する必要もある。

治療関係における問題を扱う

ヘルパーは，ヘルピング関係において進行していることについてどのように感じているかをクライエントに尋ねるとよい。特に，「袋小路」（impasse：Elkind, 1992 により，ヘルピングが困難になり，進展が見込めない状況を引き起こす行き詰まりや手詰まりのことと定義されている）に陥ったときにはそうである。関係を扱い，問題を解決するのに**即時性**のスキルを使うことが特に重要である（Hill et al., 1996, 2003; Rhodes et al., 1994; Safran et al., 2002）。ヘルパーはフィードバックを傾聴する必要があり，どのようにクライエントとの作業を改善できるかを進んで聞こうとしなければならない。ヘルピング場面がふさわしければ，ヘルパーはたった今感じている自分自身の感情（フィーリング）をクライエントに話すとよい（ヘルパーの個人的な問題をクライエントのせいにすることなく）。ヘルピング関係において自分の非を認めること（例：もし過ちを犯していたのなら謝ること）は，セラピー上，有益となりうる。ヘルパーはまた，クライエントの生活を前向きに変化させるために，感情（フィーリング）を分かち合い，懸命に取り組んでくれていることに感謝を伝えるとよい。

長めのやりとりの例

3段階すべてを通しての様子がわかる例を提示する。ある特定の問題に対して3段階すべてを終えるのには，2回以上のセッションを要することが多いが，わかりやすく示すために，この例では3段階すべてを1回のセッションで提示する。

例は，専攻を決められずに援助を求めた，マリアという若い女性とのセッションである。職業（キャリア）の関心事は，ライフサイクル全体を通して多くの人が苦労する共通の問題である（Brown & Brooks, 1991; Zunker, 1994）。しかしながら，キャリア上の困難は，心理士がかつて考えていたほどには簡単に割り切れるものではない。その人の適性，興味およびスキルについて単に決断するだけでよい問題ではない。私たちのキャリア・アイデンティティは，私たちの個人生活と絡み合っており（Blustein, 1987; Brown, 1985; Hackett, 1993; Herr, 1989; Richardson, 1993; Savickas, 1994; Spokane, 1989），それゆえその両方がヘルピング・プロセスで扱われねばならない。

探求段階

ヘルパー：少しあなた自身のことについて話していただきたいのですが，なぜ今日ヘルピングにいらしたのですか（ヘルパーは**開かれた質問**をやりとりの開始時に使い，最も負担になっている関心事をマリアに語らせる）。

クライエント：私は大学3年生です。とっくに専攻を申告しなくてはいけなかったのに，何をしたいのかまったく決められなかったのです。私は行き詰まりを感じているのですが，まわりは2週間以内に何か申告させようとしています。何か適当に記入するなんていやですが，あと1，2学期を終えたら移らないといけないんです。でも，私には得意なものが何もないんです。つまり，誰もが遊んだり，合奏をやったり，ダンスしたり，スポーツしたりしていた高校時代に，私は本当に何もしていなかったんです。私は何も才能がないんです。私は何をやっても平凡みたいなんです。

ヘルパー：あなたは，そんなに早く専攻を申告しなくてはならないことについて不安を感じているのですね（ヘルパーは，差し迫った状況に対する感情（フィーリング）にマリアを焦点づけたいと望む）。

クライエント：本当に不安なんです。どれほど不安かおわかりにならないでしょうね。夜もずっと眠れていないんです。まじめに自分の人生でやりたいことを考え出そうとし続けているの。私は今までどんな大きな夢ももったことがないと思う。

ヘルパー　：自分探しをすることについてどう感じているのでしょうか（ヘルパーはマリアの人生にどれくらいこの問題が影響しているのか見極めたい）。

クライエント：ずっといやな気分でいます。でも，そのいやな気分のうち，専攻を決めること，自分自身と将来についてよくわかっていないことがどのくらい影響しているのか，それとこれまで一度も男の子とおつきあいしたことがないこと，両親が離婚しそうでストレスを感じていることがどのくらい影響しているのか，お話しするのはちょっと難しい気がするんです。

ヘルパー　：わあ，現在進行中の難題がたくさんあるのね（ヘルパーはマリアを支持したい）。

クライエント：ええ，今学期はひどいものです。両親が学期休みに離婚するつもりだとわかったんです。二人とも妹が大学に行くまで一緒にいると言っていたのに。両親と一緒にいることが私たちにとってそれほどよいことなのかはわかりません。二人はいつもけんかしているから。両親のどちらも，相手がどんなにひどいのかをいつも話してきました。自分はいつも，両親を互いに理解させようと，仲裁役をしてきたように感じています。

ヘルパー　：間に立つことで，どう感じましたか（ヘルパーはマリアに自分の感情（フィーリング）をより深く探求させたい）。

クライエント：それが気に入っている自分もいました。だって二人とも私を必要としてくれたのですから。でも，すごくいやでもありました。二人が私を頼りにしすぎるあまり，私は自分の人生を生きられていない気がしたからです。私は大学へと逃げられてうれしかったし，でも家を離れることに罪悪感を感じました。私はよく家に帰ります。妹のことを気にかけ，苦しみから守ってあげなければと感じています。妹には私みたいに，自分にいやな感情をもつようになってほしくないんです。

ヘルパー　：今のあなたはかなり途方にくれている感じのようですね（ヘルパーはマリアが自分自身の感情（フィーリング）に気づけるよう援助をしたい）。

クライエント：そうです。ここにいる他の子よりも20歳も年上のような気がします。彼らはいつもパーティや飲み会の話をしています。くだらないことばかりのように感じます。

ヘルパー　：あなたはすぐに専攻を選ばなければならないとおっしゃいました。そして，何も特別に得意なものがないとも言いました。そのことについてもう少しお話しください（ヘルパーはマリアが専攻を選ぶ際の問題を探求することに戻るガイドをしたい）。

クライエント：えーと，私は平均的な学生だと思います。取った授業のほとんどがBでした。おそらく，精いっぱい勉強に時間を費やしていないのかもしれません。でも，勉強に打ち込むことがまったくできないんです。

ヘルパー　：楽しかった授業について何か話してくれますか（ヘルパーはマリアに具体的な興味を探求させたい）。

クライエント：えーと，数学と科学が苦手です。前学期，生物学の単位を落とす寸前のところでした。最もおもしろかった授業は心理学でした。私は人を理解しようとすることが好きです。そう，いつも人から悩みを相談されるのです。ヘルピング・スキルを学ぶこの授業を履修していてすっかり夢中です。私はヘルピングがかなり得意だと思います。ともかく，ヘルパー役をするのが楽しいです。

洞察段階

ヘルパー：ヘルピング・スキルを学ぶのに夢中であることをどう思いますか（ヘルパーはマリアが自分の動機について考えるのを援助したい）。

クライエント：皆いつも悩みを抱えて私のところに来るんです。そして私は傾聴するのが得意のように感じます。妹がとてもうろたえていたときに力になることができました。

ヘルパー：家族の中でヘルパーとして活躍したことが，ヘルピングの領域に関心をもつのに役立ったのでしょうか（ヘルパーはマリアが解釈プロセスに進めるかどうかを知るため，**解釈**を試みる）。

クライエント：ええ，そのとおりかもしれません。おそらく，妹を援助することと両親の言い争いを仲裁することが，効果的なヘルピング・スキルを伸ばしてくれたんです。以前は心理学を専攻することなんか決して考えたことはなかったので，おかしなことです。両親がいつも心理学を見下していたのだと思います。二人とも自分たちで問題を解決すべきだといつも言っていたので，決してセラピストのもとへ行こうとしなかったんでしょう。とはいっても，二人も自分たちの問題を自分たちでうまく解決できませんでしたけど。でも，わからない。どうしたらいいと思いますか。なぜあなたは心理学を選んだのですか。

ヘルパー：私は悩みを抱えている人を援助するのが本当に好きでした。私も友だちが皆自分のところへ悩みを相談しにきていると思っていました（ヘルパーはマリアの感情（フィーリング）が他の人と一緒であると安心させるため**自己開示**を使う）。

クライエント：興味深いわ。あなたは心理学が好きですか。

ヘルパー：ええ，大好き。心理学についてのあなたの考えについてもっと話してくれますか（ヘルパーはマリアに焦点を戻したい）。

クライエント：ええ，専攻したいのかなと思う，でも，私の頭でできるのかどうかわからない。心理学の大学院に入るにはどれほど頭がよくなくてはならないか恐ろしいほど多く聞いてきたんです。私にはできないんじゃないかしら。

ヘルパー：つまり，自分はそれほど頭がよくないとあなたは言っているけど，その十分な根拠をお聞かせいただいていないのですが（ヘルパーはマリアの自己効力感の欠如について挑戦する）。

クライエント：ええ，学部ではそれほどよい成績はとってこなかったわ。だけど，高校時代はかなりよい成績をとっていたし，SAT（訳注：アメリカの大学進学適性試験）の得点もかなり高かった。本当は，私はクラスではトップに近かったんです。

ヘルパー　：つまり，自信を失わせるような何かが在学中に起こって，授業でうまくやれなくなった。勉強ができなくなってしまったのは，何のせいなのでしょうか（ヘルパーは，マリアに洞察について考えることを促そうと思い，**言い換え**を使い，それから**開かれた質問**をした）。

クライエント：わかりません。たぶん，家族のことに関連しているけど，どう関連しているのかはわかりません。

ヘルパー　：おそらく，両親のことと家を離れることへの心配が勉強の妨げとなったのですね（ヘルパーはマリアに洞察を刺激するために作業する。マリアは自分の難題が自分の家族と関連していると思い当たった。そこでヘルパーはマリアが述べたことから一歩先んじた**解釈**を与える）。

クライエント：うーん，そんなこと考えたことがなかったけど，たぶんそうなのでしょう。皆の心配をしていたので，自分の面倒を見る時間がもてなかった。両親は自分たちが一緒にやっていけないからといって，私の人生を台無しにするなんて不公平だわ。

ヘルパー　：ああ，ご両親に怒っているようですね（マリアが**解釈**に十分に反応したので，ヘルパーは彼女が気づいたことに対する感情(フィーリング)の探求を援助したいと望む）。

クライエント：そうです。私は妹を家に残してくることと，激しい言い争いをしている両親をなだめることができなかったことで悩んできました。これが私の青春なのでしょう。家族のことばかり気にかけている。私にはいつよいことがあるのかしら。

ヘルパー　：ご両親はあなたが思っているほど，本当にあなたを必要としているのでしょうか（ヘルパーは，仲裁しなくてはならないというマリアの思い込みに対して**挑戦**を行う）。

クライエント：おそらく両親は必要としていないのです。実際，私がおせっかいをやめたら，両親は自分たちがすべきことについて決められるでしょう。それに，そう，妹はもう子どもではありません。18歳です。つまり，私は家族を愛しているけど，しょっちゅう家に帰ってきては，たぶん多くのことをしすぎた。

行動(アクション)段階

ヘルパー　：それで，あなたはどう変わりたいのですか（ヘルパーはマリアに自分の人生をどのように変えるかについて考えてもらいたい）。

クライエント：ええ，両親に対してどちらの問題についても話は聞かないことにしようと思います。彼らにセラピストのもとへと行くことを勧めるつもりです。あなたとの話はとても役立ちました。両親にもそうしてほしいと思うんです。もし両親が行かなくても，それは両親の問題で，私はその仲裁役から抜け出さなくてはならない。

ヘルパー　：ご両親に仲裁役をやめる決心を話すことで，どんな感情(フィーリング)が湧き上がってきますか（ヘルパーは，マリアにこの変化についての感情(フィーリング)を探求させたい）。

クライエント：今だったら相当うんざりしているので，できると思います。それが難しくなるのは，夜遅くに母が泣きながら電話をかけてきて，本当に理解してくれているのは私だけだと話すときだと思います。信じられないでしょうが，大事な試験の前日に何度彼女がそうしてきたことか。

ヘルパー　：そのようなことが起きたら，どうしたらいいのでしょうか（ヘルパーは，マリアを具体的な場面でどうするかという問題解決に導きたい）。

クライエント：ええ，本当に勉強に集中する必要があるときには，勉強しに図書館に行けばいいんです。それなら，母は私に連絡が取れない。宿舎のホールはうるさいので，いずれにせよ図書館では勉強が本当にはかどります。

ヘルパー　：とてもよいアイディアですね（ヘルパーはマリアの感情（フィーリング）を強化する）。

クライエント：ええ，どうしてすぐにそのことを考えなかったのかわからないわ。母を援助できるのは私しかいないという思いで頭がいっぱいだったんでしょう。そう，たぶん母がセラピストのところに行かないようにさえしていたのかも。だって母はいつだって私に相談できたんですもの。本当は，自分が重要で人の助けになると感じられるので，私が母に話してもらいたかったんだと思う。

ヘルパー　：そうですね，それをやめるのは難しいかもしれませんが。自分が誰かを気分よくさせることができる人間だと信じているとき，すばらしい気分になるもの（ヘルパーは，マリアに変化が難しいものであると注意を促したい）。

クライエント：ええ，難しいでしょうね。でも，そろそろ家族の世界で生きるかわりに私自身の人生を生きることを始めるときだと思うんです。

ヘルパー　：その変化を容易にするためには，どうしたらよいでしょう？（再びヘルパーは，マリアに変化にまつわる困難に取り組む準備をさせたい）

クライエント：えーと，あなたと話すことを続けたいです。可能ですか。あなたのサポートがあれば，変化がしやすくなるように思えます。

ヘルパー　：もちろん，セッションは８回用意できます。それが，カウンセリングセンターで提供できるセッション回数の限度です（ヘルパーは，マリアに彼女の利用可能な限度を知らせたい）。

クライエント：すばらしい。ありがとうございます。

ヘルパー　：では，専攻科目の件に戻りますか。現時点であなたがやりたいことについてはどう考えていますか（ヘルパーは，専攻の話題に少しずつ近づけたい。それがマリアの抱えている関心事だからである）。

クライエント：私は心理学に気持ちが向かっています。履修した心理学のいくつかの授業はものすごく気に入っています。特にパーソナリティと人を援助することに関する授業は。でも，国語もおもしろいです。私は日頃から書くことを好んできました。何年も日記を書き続けています。いつか小説を書いたり新聞記者になりたいという途方もない夢をもっています。

ヘルパー　：おそらく，次のセッションまでにあなたの好きなことと嫌いなことについてもっと考えられるでしょうね。専攻科目とキャリアについても情報を集めるとよいでしょう。キャンパスにあるキャリアセンターによい情報があります。次のセッションまでには行けるとよいですね。あなたの興味についてもっと理解できるように，いくつかの職業興味検査も受けてほしい。どう思いますか（ヘルパーはマリアにこの問題をどのように解決するかについて具体的なガイダンスを与えたいが，押し付けに見えるようにはしたくない）。

クライエント：すごい。とてもよいアイディアのようです。検査はどこで受けるのですか。

ヘルパー　：セッション後に，申し込み場所に案内しましょう。今日私たちが行ったことをどのように感じますか（ヘルパーはマリアに検査をどうやって受けるかについて具体的な**情報**を与えようとし，セッションについてマリアがどのように感じたかも査定したい）。

クライエント：今までよりも気分がよいです。本当に力が湧きました。検査を受けるのが待ち遠しい。両親に話すのも待ち遠しい。私が自分のためにこうする必要があると両親は理解してくれると思います。両親は私のことを心配してくれていました。今までのように困っているなんて私らしくないわ。トンネルの向こう側に明かりが見えてきました。とても興奮しています。

ヘルパー　：よかったです。それでは，次の週の同じ時間に会うことにしましょう。

考えてみよう

■あなたが行動（アクション）スキルを使う際に最も経験しそうだと思うのは次のうちのどの障壁か。

____あまりにも性急に行動（アクション）へと移ること

____専門家でありたいと切望すること

____クライエントの変化に固執しすぎること

____クライエントに自分の価値観を押し付けること

____クライエントの変化のために十分な励ましをしないこと

____支持的でないこと

____1つの行動（アクション）アイディアにこだわること

■行動（アクション）段階での上記の障壁に対処するのにどの方略が役立つか。

____自己振り返り

____治療関係に関連する問題を扱う

____スーパーバイザー，仲間，教員と相談する

____探求スキルに戻る

グループ実習 15　探求スキル，洞察スキル，および行動（アクション）スキルの統合

あなたは，今まで学んできたスキルを統合する準備ができている。このグループ実習では，クライエントと面接し，まずクライエントに探求を促すよう探求スキルを用いる。次に，クライエントが洞察を得るのを促すために探求スキルと洞察スキルを用いる。それから，クライエントにどんな種類の行動（アクション）をとるかを決めさせるために探求スキルと行動（アクション）スキルを用いる。

目標：ヘルパーが，すべてのヘルピング・スキルを用いる 50 分間のヘルピング・セッションに参加すること。

ヘルピングのやりとりをしている間のヘルパーとクライエントの課題

1. ヘルパーはそれぞれ，面識のないボランティアのクライエントと 2 人組になる。
2. ヘルパーは，セッションに次の票を持っていく。すなわち，「セッションレビュー票」（別表 A），「ヘルパーの意図リスト」（別表 D），「クライエントの反応システム」（別表 G），「セッションプロセス－結果尺度」（別表 I），および「自己知覚－管理方略調査票」（別表 J）である。スーパーバイザーは「面接評定票」（別表 B）を持っていく。
3. ヘルパーは録音・録画機材（動くかどうか，あらかじめテストしておくこと）を持っていく。ヘルパーはセッションのはじめにスイッチを押す。
4. ヘルパーは自己紹介をし，クライエントの話すことはすべて守秘義務によって守られることを伝える。ヘルパーは誰がそのセッションを聞いているか（例えば，仲間やスーパーバイザーなど）をきちんと伝えること。
5. それぞれのヘルパーはクライエントと 50 分間セッション（探求に約 20 分，洞察に約 15 分，行動（アクション）に約 15 分）を行う。できる限りクライエントに援助的であること。それぞれの介入に対するクライエントの反応をよく見て，以降の介入を適宜修正する。
6. 時間配分に注意すること。セッション終了の約 2 分前に，まもなくセッションを終える必要があることをクライエントに知らせる（例えば，「そろそろ終わりにしなければなりません。このセッションに対して何か感じたことはありますか」）。

セッション中のスーパーバイザーの課題

スーパーバイザーは，「面接評定票」（別表 B）を用いて観察と評価を記録する。

セッション後の課題

1. ヘルパーとクライエントは 2 人とも「セッションプロセス－結果尺度」（別表 I）に記入する。ヘルパーは「自己知覚－管理方略調査票」（別表 J）にも記入する。
2. セッション後，それぞれのヘルパーはクライエントと一緒に録音・録画を視聴する

グループ実習で用いる別表は金子書房のホームページからダウンロードできる（URL およびアクセス用の ID とパスワードは p.xiv の「別表一覧」下部をご参照ください）。

（50 分間セッションの視聴に約 90 ～ 120 分かかる）。もしくは，ヘルパーはそれぞれの段階の 10 分間だけ視聴をしてもよい。ヘルパーは自分の介入のたびに再生を止める（「うんうん」「ええ」といった最小限の承認は除く）。ヘルパーは，「セッションレビュー票」（別表 A）にキーワードを書きとめる（あとで録音・録画上での正確な位置が特定できるように）。

3. ヘルパーは介入の有益性を評定し，介入の意図を 3 つまで選び，番号（「ヘルパーの意図リスト」［別表 D］を使用）を書きとめる。セッションの録音・録画を視聴しているときではなく，そのセッション中にどのように感じたかについて回答すること。有益性尺度のすべての得点範囲を用い，できるだけ多くの意図をとりあげること。これらの評定はクライエントと一緒に行ってはならない。
4. クライエントは介入の有益性を評定し，その反応を 3 つまで選び，番号（「クライエントの反応システム」［別表 G］を使用）を書きとめる。そのセッション中，ヘルパーに隠していた反応もすべて含めること。クライエントはセッションの録音・録画を視聴しているときに感じたことではなく，そのセッション中に感じたことについて回答すること。クライエントは有益性尺度のすべての得点範囲を用い，反応システムのできるだけ多くのカテゴリーを用いる。これらの評定はヘルパーと一緒に行ってはならない。
5. ヘルパーとクライエントは，最も有益だったことと最も有益ではなかったことを書きとめる。
6. スーパーバイザーは「面接評定票」（別表 B）に基づいてヘルパーにフィードバックを行う。
7. ヘルパーは自分のセッションの逐語録を作成する。最小限の発話（例：「ええ」「そうですね」「えーっと」「うーん」「うん」）は無視してよい。
   a. ヘルパーの発言を反応ユニットへと分割する（別表 F を参照）。
   b. ヘルピング・スキル・システム（別表 E）を用いて，逐語録におけるそれぞれの反応ユニットにどのスキルが用いられたのかを特定する。
   c. もう一度できるとしたら，それぞれの介入でどのように言うことができそうかを示す。
   d. 録音・録画を消去する。逐語録上に個人を特定できる情報がないことを確認する。

個人的な振り返り

- この授業全体でとりあげた他のセッションと比較して，このセッションでは自分自身について何を学んだか。
- クライエントに行動（アクション）について考えさせる際に，どんな問題があったか。
- 探求から洞察，行動（アクション）へとスムーズに移行できたか。

グループ実習 15　探求スキル，洞察スキル，および行動（アクション）スキルの統合

■あなたとクライエントは，どの行動（アクション）スキルが最も有益だと思ったか。

■情報と直接ガイダンスを与えることについてどう感じたか。

第Ⅴ部

まとめ

22章

3段階の統合

理想的な教師とは，自らが橋となって，学習者にその上を渡るように言い，彼らが渡るのを手助けしたあとは嬉々としてそれを壊し，学習者たちに自分自身の橋を築くよう励ます人のことである。
——レオ・ブスカーリア

ジョッシュは，心理学専攻の優秀な学生であり，セラピー・スキルの講義を取る前，ホットライン（緊急電話）でボランティアをしていた。彼は，履修し始めたときはどうすればヘルパーになれるかわかっていると思っていたが，はじめの数回のグループ実習でスキルを実行し統合するのに困難をおぼえてからすぐにやる気を失っていった。ヘルピング・スキルが今まで想像していた以上に複雑で，実行には努力を要するため，彼はセラピストになる夢をあきらめることを考えた。しかしながら，実際のクライエントとの初回セッション後，ジョッシュは仲間とグループリーダーたちからポジティブなフィードバックを受け，ヘルパーになることはどういうことかわかってきたと感じるようになった。講義の終了時には，ジョッシュは練習をし続ければよいセラピストになれると自信を感じた。

おめでとう！　あなたは3段階のすべてのスキルを学習した。もちろん，まだこれらのスキルを維持し，高めるために練習を続ける必要がある。次のステップは，実際のクライエントとのセラピー・セッションで用いるためにセラピー・スキルを統合することである。

この章では，セラピー・プロセスでスキルを用いることと，困難な臨床場面を扱うことに関連したいくつかの問題をとりあげる。この章は，どのようにセラピーを行うかについての完全なガイドとして意図されたものでもなければ，初学者がいつでも本物のクライエントとセラピーを行える状態にあると言おうとしているものでもない（実際，さらなる訓練やスーパービジョンを受けなければまだまだ無理である）。そうではなくて，この章は綿密なスーパービジョンを受け，訓練プログラムを続けている学習者が，3段階モデルを使ってセラピーをどのように行ったらよいかを伝える手引として意図したものである。また，訓練を続ける予定のない学習者に，実際のセラピー場面でスキルをどのように統合していくかについて，いくつかのアイディアを与えることも意図している。この章は，さらに明確にセラピーに関連づけたものとしたいので，この本でこれまで用いられてい

本文中で言及する別表は金子書房のホームページからダウンロードできる（URLおよびアクセス用のIDとパスワードはp.xivの「別表一覧」下部をご参照ください）。

た「ヘルピング・セッション」「ヘルパー」という用語のかわりに，「セラピー」「セラピスト」という用語を用いる。

セラピーでスキルを用いること

初回セッション

セラピーの初回セッションではたくさんのことが生じる。セラピストはセラピー・プロセスについて情報を与え，クライエントとの関係を構築し始め，クライエントを援助できるかどうか査定し，作業のための目標を確立し始めねばならない。

●セッションを始めること

セラピストは，初回セッションの開始時にいくつかのことを行う必要がある。自己紹介し合って，セラピー・プロセスの構造を説明し，守秘義務の限界について話し合い，そして，セッションで話したいことをクライエントに尋ねる。これらの課題についてさらに深めるためには，11章参照のこと。

●適切な境界線を構築すること

セラピストは，セラピーの境界線を管理する必要がある（治療関係の原則と制約）。境界線は，セラピーの構造（例：長さと期間，料金，身体接触と暴力についての方針，守秘義務など），やりとりの対人関係上の性質（性的関係，友人関係，その他，セラピー外でのクライエントとの関係性の禁止）などがありうる。経験豊かなセラピストの実践についての研究(Borys & Pope, 1989; Conte, Plutchik, Picard, & Karasu, 1989; Epstein, Simon, & Kay, 1992; Holroyd & Brodsky, 1977）と，4章で論じた倫理的な考察で，最も重要な境界線についての考えを紹介している。

まず，セラピストは守秘義務，セラピーの長さと期間，発生するいかなる料金についても規定を明確にする必要がある。セラピストは一般に，セッション外でクライエントと社会的活動をともにすることを避けることを選択する。そのような活動はセラピストには客観的でいることを難しくさせ，クライエントにはセラピー場面で安心して自己開示を行うことを困難にするためである。セラピスト初心者には，クライエントが緊急時に連絡をとれるように職場の電話番号を教えても，クライエントに自殺のおそれが非常に高い場合以外には自宅の電話番号は伝えないように勧めている。自宅の電話番号を教えない理由は，クライエントの中には，四六時中いかなる理由でも電話で話せるわけではないという制約を設けるのに苦心するセラピスト初心者につけ込む人もいるからである。私は大学院の実習で出会った一番最初のクライエントについて今でもありありとおぼえている。真夜中に電話をかけることは適切ではないと明確にしなかったので，彼女は数晩にわたり電話をかけてきた。数晩経ってからようやく彼女に，もう毎夜電話で話すことはできないのだと伝えると，彼女は傷つき，治療関係が損なわれた。治療関係のための規則と適切な行動が明白になるように，彼女と最初にこの制約について話し合っておいたほうがよかっただろう。

適切な境界線を構築することはとても難しいことが多い。セラピスト初心者は最初は万遍なく注意を払い，経験を積むにつれて境界線をゆるめていくべきである。セラピストが，どの境界線が適切であり，どうやってそれを設定するか迷った場合には，スーパーバイザーとのコンサルテーションが有益となることがある。さらに，自分自身の逆転移の問題を探求することは，一般的に境界線を確立することについて考える際に重要である。セラピストにとって最も重要なのは，特定のクライエントとの境界線を破ったり調整したりしたくなったときに，自分自身の問題を検証することである。

◉目標を確立することと，期待を明確にすること

初回セッションの重要な課題は，クライエントが今このときにセラピー体験を求めているのはなぜか，クライエントのカウンセリングの目標は何かを見極めることである。クライエントがどうして今このときに援助を求める気になったか（動機づけ）を知ることは有益である。なぜなら，クライエントに何が生じているかを伝えてくれるからである。長い間，悩み続けてきたけれども何かのきっかけで援助を求める気になるという人も多いものだ。

また，クライエントがセラピー体験に期待し，求めているものについて知ることは重要である。期待が現実的なものではない場合には，セラピストはセラピーが実際に提供しうるものを明確にするとよい。セッション数が限られている場合には，セラピストとクライエントは達成できることについて現実的な見通しをもつ必要がある。ほんのわずかなセッション数しかない場合には，セラピストはクライエントに問題を探求させ，おそらく症状の軽減や，学習スキルといったような具体的な行動変化に向けて作業を行うとよい。もっとセッション数があるなら，セラピストはより根深いパーソナリティ問題を抱えたクライエントを援助してもよい（例：子どもの性虐待，深刻な対人関係能力の欠如，すなわちパーソナリティ変容を徹底操作すること）。セラピストとクライエントは，目標が合理的でセラピー・プロセス内で達成可能であることについて意見が一致しなければならない。

目標を立てるこのプロセス全体を通して，セラピストは，クライエントがまだセラピーを受けられる状態にないということ，自分がこのクライエントにとって最も適したセラピストではないということ（例：クライエントは投薬を必要としているが，セラピストは処方できない。あるいは，クライエントは認知行動療法を求めているが，セラピストはその専門家ではない。あるいは，セラピストが強いネガティブな逆転移反応を示す）を自覚するようになるかもしれない。クライエントがまだセラピーを受けられる状態でない場合に最も倫理的な対応は，セラピーとはどのようなものかということについてクライエントと話すことであり，クライエントにはセラピーが受けられる状態になるまで待つように伝えることである。セラピストは，自分がクライエントにとって最良のサービスを提供できる者でない場合には，クライエントをより適任のサービス提供者に紹介するとよい。

◉焦点を絞ること

初回（およびすべての）セッションのきわめて重大な課題は，その特定のセッションのための焦点を絞ることである。セラピストにとって，一度に1つの問題に焦点を当てるのが最もよい。そうでないと，散漫になってしまい，何も達成できないという危険が生じる。明確な焦点には概して具体的な出来事や行動が関連している。例えば，ルームメートとのけんか，宿題に取り組む気にならない，配偶者と意思の疎通を図る方法についての悩みといったことである。その焦点は，あいまいすぎても散漫すぎてもいけない。焦点を絞るためには，セラピストは一般にクライエントに今何に困っているのかを尋ねる。何が最も差し迫った問題かを見極めるのに数分かかるだろう。なぜなら，

クライエントが最初にある悩みを口にしても，実際には他の問題のほうがさらに切実な場合がよくあるからである。例えば，マイケルは最初，祖母が死に瀕しており心配していると告げた。数分間話した後，4年間つきあってきた一人の女性との関係が終わることのほうが，はるかに心配であったことがわかった。セラピストは，セッションの残りの時間で破局についての彼の感情（フィーリング）に焦点を当てた。もし，クライエントが焦点づけできないなら，焦点の欠如それ自体がそのセッションでセラピストがクライエントと話すべき重要な問題になる。

セラピストは，そのセッションの焦点についてのクライエントの決断を尊重すべきである。例えば，ジュディは，人生の意味といった実存的な問題について作業を望んだのに対して，セラピストは彼女が学校で落第しそうなことと職を失いそうなことにずっと多く関心を寄せていた。セラピストはクライエントの全体像を心にとどめておく必要があるけれど（おそらく，その不一致に関して後にクライエントに挑戦する），クライエントに自分の願望を押し付けないことが重要である。

●初回セッションに3段階モデルを適用すること

探求段階は，初回セッション全体で十分に時間をとってほしい。とりわけ，セラピストは生じている問題の深刻さをクライエントの視点から探求する援助に多くの時間を要するからである。セラピストの目標は，その悩みについてのクライエントの体験を理解することである。焦点はその問題にとどめつつも，セラピストはその悩みがその人の過去，現在，および将来の人生における他の部分にどう影響を受け，また影響を与えるのかクライエントに探求するよう促しもする。

もし，クライエントが探求し終えた後に時間があるなら，セラピストは試験的に洞察段階へと進み，クライエントがどう反応するかを見るのもよい。セラピストは，その問題がどのように発展したか，その問題がなくならないのはどうしてなのか，クライエントに洞察を進めるよう援助してみるのもよい。

セラピストが初回セッションで行動（アクション）段階に進む場合があるかもしれない。特に，もしクライエントが十分に問題を理解したうえでやってきて，すぐにでも苦痛を取り除いてほしいと望む場合，すなわちクライエントが危機状態にある場合である。そのようなときには，セラピストはクライエントが対処できるよう次のセッションまでの間に宿題を出すとよい場合が多い。

●心理的あるいは教育的アセスメントのための可能な紹介

セラピストはそのクライエントを見立てたり，処遇を計画するのに役立てるため，2回目のセッション前に，いくつかの心理検査を受けるようにクライエントに求めたほうがよいかもしれない。心理士は，知能，学習の障害，パーソナリティ，およびキャリア上の興味を査定するようなたくさんの検査を行えるよう訓練を受け，またそうした検査を所有している。

アセスメントは，クライエントが変化に取り組もうとする前に，自分の興味や能力についての付加的な情報を必要としている場合にも有益となりうる。例えば，専攻科目を選択できずにいるためにやってきたクライエントは，ストロング職業興味検査を受けることで自分の好みを明確にできるかもしれない。他の例として，自分の夫がアルツハイマー病になっているかどうかを見分けるため，夫に検査を受けさせたいと考えている高齢のクライエント，あるいは自分の子どもが注意欠如障害であるかどうか見極めるため，子どもに検査を受けさせたいと考える保護者などがある。また，人によっては自分のパーソナリティについて，またパーソナリティが他者との相互作用にどう役立ち，妨げとなるのか理解を進めるとよいこともあるだろう。アセスメントをどう治療的に活用できるかについてこれ以上はふれないが，読者にフィンとトンサージャー（Finn & Tonsager, 2002）のすぐれた研究を推薦したい。

●セッションを終了すること

セラピストはセッションで時間配分に注意を払う必要がある。セッションの終了5～10分前に，セラピストはセッションがそろそろ終わることをクライエントに告げたほうがよい。セッションの終了が近づいていると知らせることで，クライエントはセッションをおしまいにする心の準備をし，そのセッションの成果を振り返る時間が得られる。クライエントの中には，セッション終了2，3分前になってようやく重要な感情（フィーリング）を言い出す人もいる。そのようなクライエントはセラピストの反応を気にしていたり，その話題について話し合うべきか決めかねていたり，あるいはセラピストにセッションを延長するように仕向けようとしている場合がある。セラピストは，なぜクライエントがなかなか重要な話題を言い出さないのか理解しようとすべきだろう。

セッションを終わらせようとする際の方法として，セラピストは今回行われたセッションと作業についてクライエントがどのように感じたかを尋ねるとよい。セッションにおけるのこの手順は，クライエントがさまざまな介入にどのように反応したかセラピストが敏感に感じとれるようになるために重要である。3章で論じたように，クライエントは明確に尋ねられないかぎりセラピストやセラピー・プロセスについて感情（フィーリング）をあらわにしないことが多い。セラピストにとっては次のセッションを計画するために，何が効果的で，何が効果的でなかったかを知る必要がある。しかしながら，セラピストは自分のスキルへのありきたりの賛辞を聞きたいがためだけに，クライエントの反応を求めるべきではない。実際，セラピストがどれだけすばらしかったかということをクライエントが何度も話す場合には用心するべきである。それよりも，ポジティブ，ネガティブな反応の両方に誠実な関心をもって聞くべきである。

セラピストはクライエントがセッションで成し遂げてきたことを強化し，クライエントにセッション外の日常生活でもこれらの変化を継続させることについて考えるよう働きかけたほうがよいだろう。最後に，クライエントにセッションで理解したことをまとめるよう求めると，そこで明らかになったことを強化するのに有効であろう。

終了時に，セラピストは時には握手したり，ちょっとしたことを言う（例：「また来週！」「休日を楽しんで」)。これらの儀式は，クライエントに日常生活へと戻る場面転換（トランジション）として機能する。

次のセッションまでの間

セラピストは次のセッションまでの間，クライエントについて考え，クライエントの問題を見立てようと努める必要がある。特に，クライエントの問題のそもそもの発端，その問題の背後のテーマ，およびクライエントを援助するための適切な介入について考える必要がある。

この見立てを行うプロセスをスムーズにするための1つの方法は，セラピストがセッションの録音を聞くこと，もっとよいのは録画を見ることである。セッションを観察することで，自分が考えたこと，感じたことを再現し，介入へのクライエントの反応を観察することができる。またそれによって，かかわりスキルとヘルピング・スキルの使い方についてしっかりと自己直面化することもできる。

セラピストは，そのセッション中にとりあげた最重要課題について思い出せるように，セッションのたびに詳しいプロセス・ノートを作るとよい。プロセス・ノート（別表L）はセッションのあと，あるいはセッションを観察したあと，なるべく早めに作ること。そして，自分の体験と知覚を駆使して次のような項目について書くとよい（Mary Ann Hoffman, 私信，1998年1月9日）。(a)明らかになった内容（クライエントが話したこと），(b)背後にある内容（クライエントが話したことの言外の意味），(c)変化への防衛と障壁（クライエントが不安をどのように回避しているか），(d)クライエントの歪み（クライエントが日頃，重要な他著に対してしているのと同じように反応する様子，すなわち，転移），(e)逆転移（そのプロセスであなたの情動上・態度上・行動上の反応が刺激されたと思われること），(f)個人的なアセスメント（介入についてのあなたの評価；何を変えてみたいのか，その理由も）である。セラピストは，クライエントが掲げたすべての問題に共通する再発パターンと背後にあるテーマを探すべきである。例えば，クライエントは誰に対しても受け身的な被害者か，クライエントは誰をも理想化するのか，あるいはクライエントは常に怒るのか。これらのテーマは，セラピーにおいて注意を払うべき隠れたパーソナリティの問題のための重要な手がかりを提供する。

理想をいえば，セラピスト初心者は，セッションを終えるたびにスーパーバイザーに会い，クライエントを見立てるのを手助けしてもらうべきである。スーパーバイザーは，クライエントを援助する有効な介入だけでなく，何が問題を引き起こし継続させているのかについていろいろな仮説を考えるうえでも，セラピストの力になってくれる。スーパーバイザーはまた，セラピストが自分の知覚と逆転移で行き詰まったとき，セラピストを援助する別の視点を提供してくれる。

セラピストはクライエントの心理力動（すなわち，何が問題を引き起こし継続させているか）を理解する枠組みを得るための理論と研究について自分自身で学んでいく必要もある。セラピストはクライエントへの介入について注意深く考えられるように，最新の研究を調べて理論的な枠組みを選択する必要がある。さらに，もしクライエントがセラピストになじみのない問題をもっていたり，異なる文化の出身であったら，セラピストはクライエントが利用できる最適なサービスを提供できるように，次のセッションまでの間に，問題についての文献を読んだり，スーパーバイザーに相談するべきである。

継続（2回目以降の）セッション

●セッションを始めること

継続セッションでは，まずセラピストは静かに座ったまま，クライエントが心に抱いていることについて話すのを（このようにすることをクライエントがわかっているなら）待つとよい。あるいは，前回のセッションで起こったことをまとめてもよい。あるいは，前のセッションについてどのように感じたかという質問で始めてもよい。あるいは，セラピストはクライエントにこのセッションで話したいことを率直に尋ねてもよい。いずれも適切であるが，セラピストはどれを行うべきなのだろうか。それは，クライエントとセラピスト次第である。セラピストが構造を好む場合もあればそうでない場合もあり，あるいはクライエントに構造が必要だと査定する場合もあればそうでない場合もあることだろう。

●焦点を設定すること

初回セッションと同様に，セラピストはセッションのたびに話し合う内容について焦点を設定する必要がある。セラピストはクライエントが以前のセッションで話したことを話し続けたいとか，クライエントが以前のセッション中に抱いたのと同じ感情（フィーリング）をもっているとは思わないほうがよい。多くのセラピスト初心者は，セッション後の報告会議（ディブリーフィング）に膨大な時間を費やし，前回のセッションで話題に上った問題について，クライエントを援助するにはどうすべきか思惑をもって次のセッションに臨む。しかしながら，クライエントが同じ問題について話すことに関心も興味も示さないので，セラピストは驚かされることが多い。セラピー場面を離れたクライエントには，感じ方を変えるような多くのことが起こる。クライエントは，問題について考えるのに多くの時間を費やし解決してくるかもしれず，あるいは，クライエントが悩んだり，話し合いたい他の問題が，その間にもっとはっきりしてくるかもしれない。このように，セラピストは現場でその瞬間にクライエントに対応できるよう備えておかなければならない。備えはしつつ，柔軟でいることは，セラピスト初心者にとって最大の難題の1つである。

●3段階のスキルを用いること

セラピストはセラピーの開始時には探求により多くの時間を費やすのに対して，セラピーが進むにつれて洞察と行動（アクション）により多くの時間を費やす。さらに，新しい問題が出てくるたびに，セラピストは最初，探求から始め，それから徐々に洞察と行動（アクション）へと移行していく。例えば，クライエントは最初，学業上の悩みに焦点を当てるとする。その問題でセラピストは3つのすべての段階を経る必要がある。それから，クライエントは対人関係の悩みについて作業することに決めたとする。ここでも，セラピストはこの新しい問題に対して3つのすべての段階を経ねばならない。もちろん，セラピストは最初の問題の探求で得た内容をおぼえておいて活用し，そのクライエントの応答，とりわけ洞察段階での応答におけるパターンとテーマを探す。各段階はこの構造のように単純で厳密に行われることはないと，もう一度，読者に念を押すが，3段階モデルは，セラピストが自分たちが今，セラピー・プロセスのどのあたりにいるのかを考えるのに利用できる便利な構造である。

終　結

セラピー・セッションは永久には継続できないので（たとえ，長期精神分析的セラピーでさえも），別れは避けることができない。セラピストとクライエントが自分たちの契約された関係の範囲の中でできるだけ多くのことを成し遂げたあと，セラピー関係を終結するときがくる。セラピストとクライエントは，いろいろな異なる問題を扱うのに，探求－洞察－行動（アクション）のサイクルを何度か経てきたかもしれない。クライエントはだんだんと責任を取れるようになってきて，最後は一人で自分の人生を管理できる気構えを感じる。セラピーの1つの目標は，クライエントがセラピーを離れ自立できるようにすることである。ちょうど，親が子どもを育て，子が成長し，家を離れ，一人立ちできるようにするのと同じく，セラピストはクライエントに一人で対処できるように教え，勇気づける。

●いつ終結するか

セラピストはいつセラピー関係を終結するかをどのように決められるのか。ときには，外的な時間制限によって終了が余儀なくされる（例：セラピスト初心者がボランティア・クライエントにセッションを行えるのは1～3回に制限されていることが多い。大学キャンパスにあるいくつかのカウンセリングセンターで受けられるのは，せいぜい6～12回のセッションである）。そのような場合，もしクライエントがなお援助を必要としていたら，セラピストはクライエントを（すぐに見てもらえるよう）いつでも紹介できるようにする必要があるかもしれない。

対照的に，無期限の，長期のセラピーにおいては，いつ関係を終結するか，セラピストとクライエントで決める。「cure」（治る）といったことはめったにない。というのは，cureとは，生活の中に含まれる絶え間ない変化と挑戦というよりもむしろ，静止した状態を意味するからである。最も多いのは，クライエントが疲れた，停滞期（プラトー）に達した，中断の準備ができた，あるいは特定のセラピストとできるかぎりのことは成し遂げたというときに，決断する場合である。クライエントがセラピストにいつでも終結できるという合図を送ることも多い。そうでない場合には，セラピストは自分たちは終結の準備ができていると思うとクライエントに伝える必要がある。心理士の倫理綱領（American Psychological Association, 2002）によれば，セラピストが自分たちがもはや生産的に作業できなくなっていると感じるときに，終結するべきである。ときとして，セラピストもクライエントもいつどうやって終えたらよいかわからないために，セラピーが果てしなく続くことがある。セラピストは，クライエントの役に立っており変化を起こしているときにかぎり，セラピーセッションを続けることをきつく心にとめる必要がある。

バッドマンとガーマン（Budman & Gurman, 1988）は，セラピストは家庭医と同じようなモデルを採用するべきだと主張した。抗生物質が患者を以後一生，インフルエンザから守ってくれると期待することなどないのと同様，1つのセラピーでクライエントを生涯にわたって癒すことができると思うべきではないと彼らは論じた。彼らは，現在の問題や危機が解決されるまで，数セッションだけクライエントと面接し，他の危機や人生の移行期の問題が生じたとき，再び面接するといった，断続的な基盤でクライエントと面接するほうが有意義だと述べた。そのようなモデルでは，終結は一般に難しいものではない。というのも，クライエントは自分がさらなる援助を必要とするとき，（もし，そのセラピストにまだ見てもらえるのであれば）セラピストのもとへと戻ることができることを知っているからである。

●どのように終結するか

マン（Mann, 1973）は，セラピーの終結を重要な課題であると考えた。なぜなら喪失は人生の実存的事実であるためである。すなわち，誰もが喪失に対処しなければならない。彼は短期セラピーと長期セラピーのいずれでも，セラピストが終結を計画したり準備したりするのにかなりの時間を費やすことを勧めている。彼は，セラピストはセッションのたびに終結について話し，クライエントに自分たちがプロセスのどのあたりにいるのかを思い出させるようにと言っている（例：「今回は8回目のセッションですから，あと4セッションありますね。セラピーをほとんど終えていることについて，あなたはどのように感じていますか」)。

クライエントの中には，セラピストが終結の問題について大げさに考えていると思う人もいる。

そうしたクライエントは，セラピー関係を離れるときに自分がどんな気持ちになるのかが予想できないからである。一度終結してしまえば，クライエントとセラピストはそれまで取りあげてきた感情（フィーリング）については理解したものの，そのときにはもうセラピストはクライエントの見捨てられたという思いや喪失感を共に処理することはできない。それゆえ，終結以前に，これらの感情（フィーリング）を適切に扱えるように，セラピストはクライエントが関係を終えることについて強い感情（フィーリング）を抱いているかどうかを査定しなければならない。

セラピー関係を効果的に終結するための3つの主要なステップが存在する。(a)これまでを振り返ること，(b)今後を見通すこと，(c)別れを告げること，である(Dewald, 1971; Marx & Gelso, 1987; Ward, 1984)。「(a)これまでを振り返ること」においては，セラピストは，クライエントと何を学んできたか，どのように変化を遂げてきたか顧みる。クライエントもセラピー・プロセスについて，最も有益だった側面と最も有益でなかった側面についてフィードバックを提供するとよい。プロセスを振り返ることは，クライエントの変化を強固にさせ，達成感を味わわせる。「(b)今後を見通すこと」においては，セラピストとクライエントが終結の日付を決めて，将来の計画を話し合い，追加可能なカウンセリングの必要性について考える。セラピストは，今なお扱いたい問題をクライエントと振り返る。セラピー・プロセスは決して完結することはない。私たちは残りの人生の間，（よくも悪くも）変化し続ける。セラピストの課題は，クライエントに進行中の問題を特定し，これらの問題をどのように扱うかを決定し，また，変化を起こす際，自分の生活でのサポートをどうやって見つけるか理解するのを援助することである。もし，そのような計画が現実的でなかったら，セラピストはクライエントが頓挫しないように直面化させる必要がある。最後に，「(c)別れを告げること」では，クライエントはセラピストに感謝を表明し，両者は終結についての自分たちの感情（フィーリング）を分かち合い，お別れのあいさつをする。

終結は，セラピストとクライエント両者にとって難関であることが多い。二人の人間がひとたび深刻な個人的な問題についてたくさん話し合ったならば，互いに再び会うことはないと考えるのはつらいものである。終結は，このように，セラピストとクライエント両者にとって喪失の問題をもたらす場合が多い。終結に最も問題を生じるセラピストとクライエントは，両者ともつらい喪失の経験をもっている場合であることをいくつかのエビデンスが示している(Boyer & Hoffman, 1993; Marx & Gelso, 1987)。もし，過去につらい喪失を経験していたら，新たな喪失を切り抜けることは難しい。あるクライエントは強い悲しみを経験しないかもしれないが，どのようにセラピストに礼を述べ，変化のプロセスにおいてセラピストが果たした役割に感謝を示せばよいか悩むかもしれない。他のクライエントは，「魔法の癒し」を受けていないことに落胆するかもしれず，いまだに未解決の問題をもっていることに苦悩するかもしれない。セラピストは別れに際してのクライエントの感情（フィーリング）について率直に話し合う必要がある。さらに，関係を終結することから生じるクライエントの感情（フィーリング）を扱う（また，セラピーやスーパービジョンにおいて自分自身の喪失問題を扱う）時間がもてるように，事前に別れのことをしっかり予想しておく必要がある。

●紹介をすること

クライエントのニーズが，ときには，セラピストが提供できる，あるいは扱う資格がある内容を超えていることがある。例えば，あるクライエントは摂食障害，物質乱用問題，あるいは重篤な精神疾患をもっているが，セラピストはそれらの領域に専門知識や技術を欠いているということがあるかもしれない。ときとして，セラピストとクライエントは一緒にできるだけのことを成し遂げるが，クライエントは異なった種類の援助を必要としていることがある。例えば，クライエントが婚姻セラピーあるいは家族セラピーを必要としているが，セラピストは個人セラピーの訓練しか受けていないという理由で紹介が必要かもしれない（もしクライエントが家族メンバーともめごとを抱えているなら，個人処遇よりも家族処遇が一般的により有益であることを記しておく；Haley, 1987; Minuchin, 1974; Nichols & Schwartz, 1991; Satir, 1988）。さらに，クライエントは投薬，長期療法，学習障害のアセスメント，経済的援助，住宅情報，スピリチュアルガイダンス，あるいは法律上のアドバイスのために紹介を必要とするかもしれない。

セラピストは，クライエントに紹介の理由を慎重に説明する必要がある。そうでないと，クライエントはすぐに自分には希望がなく，永遠に処遇が必要な「悪いクライエント」であると感じることになる。もし，セラピストが上記で論じた終結の3つのステップをきちんとやり遂げたなら，クライエントは紹介されることについてのネガティブな感情（フィーリング）を抱くことはあまりなさそうである。

困難な臨床場面を扱うこと

多くのクライエントはセラピーにやってきたとき，自分たちの問題について作業することを熱望し，準備ができている。しかしながら，あるクライエントは，作業する準備ができておらず，相互作用も難しい。人がクライエントになる究極の理由は，彼らのもつ対人的な問題のせいであることも多い。これらの問題をもっていることに対してクライエントに怒りを抱くよりも，セラピストはなぜそのクライエントが問題をもっているのかに興味をもつ必要があり，奥にある痛みに共感し，そのクライエントとつながり，援助するためにさまざまな方略を試す必要がある。この節では，セラピスト初心者が直面する多くの困難な臨床場面のいくつかを論じる。すなわち，気が進まない，抵抗するクライエント，しゃべり過ぎるクライエント，自殺のおそれがあるクライエント，クライエントに性的な魅力を感じること，および敵意・怒りを示すクライエントを扱うことである。

気が進まない，抵抗するクライエント

たいていのクライエントは，変化することに少なくとも何かしら気の進まないところがあるものだ。イーガン（Egan, 1994）は，気が進まないことの根源には，激しい恐怖，信頼の欠如，別れることへの恐怖，恥，変化することへの恐怖などがあると示唆した。多くのクライエントにとって，変化することの未知の可能性に直面することよりも，おなじみの不幸にしがみつくほうがたやすい。気が進まない徴候はさまざまであり，隠されていることが多い。気が進まないクライエントは，安全な主題についてしか話さないかもしれず，自分がセラピーに期待していることもはっきりしていないようであり，過度に協力的に振る舞い，非現実的な目標を立て，それらを放棄し，変化をすることについて熱心には作業しない，あるいは自分の問題について他者を責めるかもしれない。

気が進まないことは一般に受け身的であるのに対して，抵抗（すなわち，強制されたと感じること，仕返ししたいと望むこと）は能動的であることが多い（Egan, 1994）。抵抗するクライエント

はしばしば，援助を必要としておらず誤解されていると感じているかのように振る舞う。そうしたクライエントは関係を形成しようという意志はほとんど示さず，セラピストを操ろうとすることが多い。彼らは憤慨し，セラピー・プロセスを妨害しようとし，できるかぎり早く終結しようとし，セラピストをののしったり，好戦的に行動するだろう。強制されて（例：法廷命令により）セラピーにやってきたクライエントは，抵抗することが多い。例えば，公共財産に小便をしたために，12回のセラピー・セッションに参加するよう判決で命令された男性クライエントは，そこにいることをいやがり，体験をほとんど語らない（彼はセラピストにデートすら申し込んだ！）。抵抗は，セラピーに来る理由がわからないこと，援助を受けるよう指示されたことに腹を立てていること，セラピーに参加することについて気まずい思いをしていること，あるいは生育歴からも反抗的な傾向が見られることから生じることがあるとイーガンは示唆した。抵抗する別の理由は，提供中の援助と相入れない価値観や期待をもっていること，セラピーについてネガティブな態度をもっていること，セラピーに行くことは弱さや不十分さを認めることになると感じていること，信頼できないと感じていること，あるいはセラピストを嫌っていることである。

気が進まない，または抵抗するクライエントと対面したとき，セラピストは混乱し，パニックになり，怒り，罪悪感，抑うつを感じるようになることが多い（Egan, 1994）。セラピストは，クライエントの怒りを静めようとしたり，クライエントに対してイライラしたり敵意を抱くようになったり，受け身的になったり，あるいは期待をもたず，いいかげんな仕事をするようになる。もしくは，セラピストはクライエントを味方に引き入れようと，よりあたたかく，より受容的になったり，クライエントとの権力闘争に引き込まれたり，クライエントから暴言を浴びたり，やられるままになり，あるいはセラピー・プロセスを終結しようとするかもしれない。そのストレスの根源は，クライエントの行動ばかりではなく，セラピストの自滅的な態度と思い込みにもある。「すべてのクライエントは変化に打ち込むべきである」「どのクライエントも私を好きになり信頼しなければならない」「どのクライエントも援助されるはずである」「その気のないクライエントは援助されることはない」「私はクライエントに起こっていることに責任がある」「私はどのクライエントでも成果を上げなければならない」「このクライエントを援助できなければ私はセラピスト失格である」といったことをセラピストは自分に言い聞かせているかもしれない。セラピストは自分のセラピー・プロセスへの影響力を減じるような，こうした自滅的な態度と思い込みに気づくようになる必要がある。

セラピストはクライエントの気が進まない様子や抵抗を扱うのを避けるべきではなく，クライエントにおけるこれらのプロセスを強化することを避けるべきである（Egan, 1994）。ゴールドフリードとダヴィソン（Goldfried & Davison, 1994）は，セラピストの役割は，気が進まない，抵抗するクライエントに変化のための準備をさせることであると示唆した。それゆえ，セラピストにとっての課題は，クライエントの気が進まない様子と抵抗を扱うための創造的な方法を見つけることである。気が進まない様子と抵抗を扱うためのいくつかの示唆をここにあげる（Egan, 1994も参照のこと）。

▒気が進まない様子や抵抗を正常なものとして見ることを学習しなさい。

- 気が進まない様子や抵抗は，回避の一形態であることもあり，必ずしもセラピストに向けられた悪意によるものではないことを認識しなさい。
- 自分の人生で問題となっている側面を変えることに対するあなた自身のためらい（気が進まないこと）と抵抗を探求しなさい。セラピストが自分自身のためらいと抵抗にどのように対処するか理解しさえすれば，おそらくクライエントをもっと援助できるだろう。自分自身の短所に気づくことで，セラピストはより共感的で辛抱強くなる。
- 自分の介入の質を検証しなさい。セラピストは指示的になりすぎたり，受け身的になりすぎたり，クライエントを嫌うことで，抵抗を引き起こしているかもしれない。
- 共感的でありなさい（クライエントはどんな様子であるかを理解しようとしなさい）。
- クライエントの気が進まない様子と抵抗を無視したり，それに畏縮したり，クライエントの行動に怒ったりせずに，気が進まない様子と抵抗に対して正面から作業しなさい。
- セラピーへの気が進まない様子や抵抗についての感情（フィーリング）をクライエントに探求させなさい。
- 自分がクライエントと何を成し遂げられるか，冷静に判断しなさい。
- すべての権力を手中にしようとするよりも，お互いの信頼と計画の共有を基盤とした関係を構築しなさい。
- 変化のための誘因（インセンティブ）を探すため，クライエントと作業しなさい。

しゃべり過ぎるクライエント

クライエントの中には治療目標に関係のない話をいつまでもし続ける人がいる（セラピストは何がセラピーで話し合う価値があることなのかを判断をする際，慎重でなければならないが）。こうした話し方は，クライエント行動システム（3章と別表H参照）では，感情の探求や認知－行動的探求というよりは詳しく話すこと（recounting）として見なされている。多弁は，クライエントの側での防衛であることが多い。なぜなら，他者と距離をおき続けようとする試みだからである。クライエントの話が生産的でない場合には，セラピストは数分待った後，慎重に割り込み，話を中断する必要がある。セラピストは「お話に割り込んですみませんが，私がいろいろなところでいくつか付け加えることができないなら，あなたを援助することができないでしょう。いまあなたがお話しになっていることを私が理解しているかどうか確認させてもらえませんか」というようなことを言うとよい。その後も，セラピストは手を挙げて，「もう一度すみませんが，あなたの言っていることを正しく理解しているか確かめたいんです」と言ってもよい。このように，セラピストは，（退屈やいらだちのためではなく）援助するために割り込んでいることをクライエントに知らせる。

敵意のあるやり方で割り込む（「わあ，そこでやめて，あなたは話しすぎている」）のは，治療関係を妨げてしまい，何か悪いことをしているとクライエントに感じさせる。しかしながら，適切に，やさしく，敬意をもってなされたなら，クライエントはセラピストは自分の防衛を克服させ，どうやって適切にやりとりすればよいか学習させるために割り込んだのだと思い安心する。

セラピストは会話を独占されていることでクライエントに怒りを感じるよりも，コミュニケーションの際のクライエントの困難に共感するとよい。セラピストは，話し過ぎることでクライエントが親密な関係を形成する妨げとなっていることを認識して，クライエントがなぜ話すことを防衛として使うかについて仮説を立てるのもよい。そのような見立て（conceptualization）はよりよい介入を発展させることにつながることがある。

セラピストがもし，クライエントが対人問題を扱えると判断するなら，しゃべり過ぎるクライエントに**即時性**のスキルも使ってもよい。セラピストは，クライエントが話す機会を与えてくれたら，自分がどのように感じているかについて話し，クライエントが話しているときに体験していることについて尋ねるとよい。

自殺のおそれがあるクライエント

セラピストは，クライエントが自殺のリスクが高いかもしれないと考えるとき，それを無視したり，軽視するのではなく，そのリスクの重大性を積極的に率直に査定する必要がある。自殺についての選択は，最終的にはクライエントにあるけれど，セラピストはクライエントが自殺の話題をもち出すときには援助を求めていると想定するとよい。

セラピストが自殺のおそれがあるクライエントに対応するとよい一連のステップがある。第一に，自殺リスクの一般的なアセスメントは，通常，自殺の可能性について率直に尋ねることである。セラピストは次の質問をしたほうがよい。

- 「あなたは自殺について考えていますか」
- 「あなたは自殺を試みる計画がありますか」
- 「計画を実行する手段がありますか」
- 「過去に自殺を試みたことがありますか」
- 「アルコールや薬物を使っていますか（あるいは，使おうと考えていますか）」
- 「最近，引きこもったり，孤立したりしていますか」
- 「死について意識していますか（例：大切にしているものを人手に渡す，あるいは自分の葬儀を計画する）」
- 「無力さや価値のなさを感じていますか」
- 「あなたは将来のための計画がありますか」
- 「自殺したいという気持ちについて誰か知っている人がいますか」
- 「あなたが自殺したと知ったら，他の人はどのように感じると思いますか」

もし，クライエントが自殺する明白な意図を示し，明確で実行可能な計画と手段をもっていたら（例：クライエントが今夜自殺する計画をし，この計画を実行するのに必要な薬とアルコールを買っている），セラピストはクライエントの安全を確保するステップをとる必要がある。セラピスト初心者は，とるべき最善のステップを決定するために，まず同僚やスーパーバイザーに相談するべきである（そのコンサルテーションの間，クライエントを一人で残すべきではない。なぜならクライエントが計画を決行するために出ていったり，セラピストの診療室で計画を実行するのを許してしまうかもしれないからである）。

場合によっては，セラピストは（スーパーバイザーに相談して），自殺念慮のあるクライエントを自傷から保護するため入院させようと決断することもあるだろう。あるいは，クライエントが危険を理解し，徹底した精神治療や心理的処遇を受けるために入院することに同意することもある。また別の場合には，クライエントの意思に反して，病院にクライエントを委ねなければならないだろう。さらに別の場合には，セラピストは，入院は必要ないことを確認し，そのかわり，クライエントに自分を傷つけないと同意させること，自殺についての思考が生じたら，セラピストか緊急電話相談に連絡して助けを求めることを約束するといった契約をクライエントと発展させることもあるだろう。これらの場合においては，セラピストがクライエントの家族，親しい友人や重要な他者にクライエントの自殺念慮について注意を促すと有効である。クライエントが自分を傷つけるおそれがあるなら，もはや守秘義務が適用されないことを忘れないこと。それゆえ，セラピストは自殺のおそれがあるクライエントの安全を確保するのに必要なステップを実行してほしい（それでも，もちろん権威者然としたり要求的になるのではなく，共感的であること）。法的な目的のために，行った質問，行われたコンサルテーション，なされた介入など，自殺のおそれがあるクライエントを査定し援助するのに踏んだ手続きを書いた報告書を作成すべきである。

場合によっては，クライエントは積極的に自殺したがってはいないが，セラピストは必要な際の援助の利用手段を保証するのに契約が有益であると判断することもあるだろう。セラピストは，24 時間対応の緊急電話相談の電話番号を提供し，クライエントがサポートシステムを洗い出せるように援助するとよい。追加セッションを提供するのもよいし，セラピストが次のセッションまでの間，臨時のサポートを提供するために電話を申し出てもよい。

危機カウンセリングを行ったことがあるセラピストなら知っているように，自殺を考えている人物を扱うことは，とても難しいものとなりうる。セラピスト初心者は，自殺したいという気持ちについて尋ねることは，クライエントが自殺を考えたり実行したりすることを促すと，恐れることが多い。実際には，概してその逆が真である。つまり，自殺したいという気持ちについて話すことにより，クライエントの最大の悩みが明かされることになる場合がある。クライエントはセラピストが自分の問題を重大ととらえていることに感謝することも多い。もし，セラピストが自殺したいという気持ちを話し合おうとしないなら，クライエントはより強い孤独，恥ずかしい，奇妙だ，あるいは「気が狂っている」と感じることが多い。おそらく，やってはいけない最悪のことは，その感情（フィーリング）を減じたり，否定すること（例：「明日あなたはもっと気分がよくなるでしょう」），クライエントの人生のポジティブな側面を指摘すること（例：「あなたは生きがいにする多くのものをもっています」），偽りの保証を与えること（例：「何事もよくなっていきます」）である。これらの応答は，クライエントに抑うつと自殺したいという気持ちを感じさせるばかりではなく，援助を得られないことによる絶望感，どうしようもないという失意の感情（フィーリング），誤解された，および自分の自殺したいという感情（フィーリング）は受け入れられない，あるいは他者をぎょっとさせてしまうという心配をも抱かせてしまうことが多い。

どのメンタルヘルスの専門家も直面しうる最も難しい問題の1つは，自殺したクライエントの影響に対処することである。多くのセラピストは悩み，罪悪感を感じ，その自殺を防ぐために何か他にできることはなかったかどうかと考えるのに多くの時間を費やす。ある程度の内省は重要であり，それによりセラピストは将来似たような状況にうまく対処できるかもしれないが，セラピストは必要以上の責任をとることはない。そのような難しい状況のあとには，セラピストは自分の感情（フィーリング）を処理，理解するためにスーパービジョンとセラピーを求めることが賢明である場合が多い。

性的な魅力

セラピストがクライエントに性的な魅力を感じることは，セラピー関係ではよくあることである。調査されたセラピストの約87%は，自分のキャリアにおけるある時点で，クライエントに性的に魅せられたことがあったと報告している。そして，多くのセラピストが魅せられたことについての罪悪感，不安および混乱を感じた（Pope, Keith-Spiegel, & Tabachnick, 1986; Pope & Tabachnick, 1993）。魅せられたという感情（フィーリング）は非倫理的ではないが，魅せられるままに行動すること（例：クライエントと交際すること，性的な関係をもつこと）はクライエントに有害となりうるし，非倫理的と考えられる。

セラピスト初心者として，あなたは援助しようとしている誰かに性的に魅せられている自分に気づくことがあるかもしれない。例えば，クライエントに魅せられていることをスーパーバイザーに相談することは，気まずいものだろうが（これらの感情（フィーリング）をもつことに対して，恥や罪悪感を感じるセラピストもいるだろう），スーパーバイザーはあなたがこれらの感情（フィーリング）を破壊的なやり方ではなく健康的なやり方で切り抜ける援助をしてくれるはずである（Ladany et al., 1997; Pope, Sonne, & Holyroyd, 1993）。例えば，女性セラピストは，自分が提供した援助に対して賞賛，尊敬，畏敬すらも伝えた男性クライエントに自分が惹かれていることに気づいた。セラピストは相手とよい関係を作っていたが，彼女はクライエントからのよいフィードバックを楽しみ，彼のことを恋愛感情で考えるようになった。幸いにも，彼女は自分のスーパーバイザーに話した。スーパーバイザーは相手に惹かれているという気持ちを整理する援助と，性的な関与がどのようにクライエントを傷つけるかを理解する援助をしてくれた。おかげでセラピストは，これらの感情（フィーリング）がどのように発展し，どのようにセラピー・プロセスにネガティブに影響しうるかを理解するようになった。スーパーバイザーはまた，多くのセラピストがキャリアの途中でクライエントに惹かれることがあると知らせて，セラピストの感情（フィーリング）がごく普通のものであることを示した。

怒りを示すクライエント

たいていのセラピストにとって，クライエントが直接的に敵対的に怒りを自分にぶつけてくると，きわめて強いストレスとなる（Deutsch 1984; Farber, 1983; Hill, Kellems et al., 2003; Matsakis, 1998; Plutchik, Conte, & Karasu, 1994）。実際に，ある研究において，セラピストの80%以上は，クライエントから自分がののしられたときに恐怖や怒りを感じたと話していた（Pope & Tabachnick, 1993）。クライエントの怒りはセラピー・プロセスを中断させることがあるが，特にセラピストが共感的，客観的な姿勢のままクライエントの怒りについて話すことができなくなり，怒り，混乱，傷つき，罪悪感，不安，無能を感じるとき，そうなることが多いとマツァキス（Matsakis, 1998）は指摘した。

クライエントの怒りを不適切に扱ったことによるネガティブな帰結を避けるためには，セラピストはクライエントの他のどの情動に応答する場合とも同じように怒りに応答することであると，多くの研究者が示唆してきた（Adler, 1984; Burns & Auerbach, 1996; Cahill, 1981; Hill, Kellums et al., 2003; Joines, 1995; Kaplan, Brooks, McComb, Shapiro, & Sodano, 1983; Lynch, 1975; Matsakis, 1998; Newman, 1997; Ormont, 1984）。これらの研究者はまた，セラピストがクライエントに背後にある感情（フィーリング）をあらわにさせ，怒りを身体的行動に移すかわりにことばで表出させ，怒りをどう扱うべきか判断できるように作業することも推奨している。これらの目標を達成するためには，セラピストはクライエントが怒りを示したときに傾聴し，怒りを理解しようと試みることが必要であると，彼らは示唆した。さらに，もしセラピストに対するクライエントの怒りがもっともであれば，セラピストは自分の行動を変える必要があると強調した。

結　語

この本があなたにセラピストになる旅を始める必須の道具となるものを提供できていることを願っている。ぜひ，「カウンセラー用自己効力感尺度」（別表K）を試していただきたい。そうすれば，自分のセラピー・スキル，セッションを管理するスキル，および困難な臨床場面を扱うことに関するスキルを自己査定することができる。この本を読む前，スキルを練習する前を振り返ってどうだったと思うか，また，たった今どのように感じているか測定してほしい。これに回答することで，あなたが身につけたことについても，これから学習が必要な領域についても，いくつかのアイディアが得られるだろう。

セラピー・スキルについて学んだ結果，あなた方の多くは，セラピー・スキルを広く活用できる職業に就く決断をしたかもしれない。あるいは，そのような職業には就かないと判断した人もいるかもしれない。これらのセラピー・スキルは，選んだ職業に関係なく，あなたの対人的およびキャリア上の能力を広げるのに役立つだろう。たとえこの本とこれらの実践演習があなたのスキルを育成する基盤のみしか提供していなくても，私は，あなたがた一人ひとりに，どのようにこれらのスキルを発展させ続けるかについての具体的な目標を立ててほしい。セラピー・スキルの上級訓練のためのさまざまなウェブサイトがある（例：カウンセリングと臨床心理学，ソーシャルワーク，カウンセリング，精神医学，精神科看護学などの大学院プログラム）。非営利団体でのボランティアでも，差し迫った悩みを抱えている人を援助しながら，あなたのスキルの付加的な演習が行える，有益な機会（場）が得られる。あなたがどのような道を歩もうとも，感情（フィーリング）の探求を続け，自己知覚と洞察を高め，潜在性を十分に発揮し，対人関係とキャリアで成功できるようなポジティブな変化があることを願っている。

私は学習者のニーズに積極的に応えるため，この本を改訂し続けたい。

考えてみよう

■セラピストがセッションを管理できる他の可能な方法について論じなさい（例：セッションを始めること，焦点を絞ること，セッションを終えること）。

■終結するのに適切な時点かどうかを誰が決めるべきか。終結が適切であると判断するのにどんな指標が役立つだろうか。

▩セラピー関係の理想的な期間はどのくらいだと考えるか。

▩クライエントはセラピーに行くのを強制されるべきかどうかについて討論しなさい。

▩気が進まない，抵抗するクライエントやしゃべり過ぎるクライエント，自殺のおそれがあるクライエント，あるいは怒りを示すクライエントに効果的に対応する能力に影響するような，セラピストがもちうるパーソナリティ特徴を記述しなさい。

▩クライエントに対して性的な魅力を感じたらどうするか。

▩もし，自分が次のような自殺念慮のあるクライエントに対応するセラピストだとしたら，どんなステップをとるか特定しなさい。

A. イリアは 23 歳の男性であり，先週，恋人と破局したために，ひどい抑うつを感じていると述べた。彼は，彼女なしに生きていくのは考えられないと述べる。彼は自殺の計画はもっておらず，以前に自殺を試みたことはなかった。彼は時々アルコールを飲み，最近飲む量が増えてきている。

B. ジャッキーは 45 歳の女性であり，最近，広告会社の部長職を失った。彼女は 5 年前に離婚し，元夫は 2 人の子どもの養育権をもっている。離婚のときに，50 錠のアスピリンを摂取して自殺を試みた。彼女はそのときに入院治療を受けた。彼女は自分の生活全般に対する不満のために最近またカウンセリングに通い始めた。彼女は 100 錠のアスピリンを飲むことを計画し，財産も底をついている。2 人の子ども宛の手紙も書いて持っていた。

C. オマーは 17 歳の少年であり，他の生徒とけんかをして学校を停学になった。両親は彼に怒り，カウンセリングに通うように言い張った。彼は，自分で自分を痛めつけようとすれば，両親も彼が悩んでいると本気で思ってくれるのではないかと言った。彼は自殺の計画はもたず，以前に自殺を試みたことはなかった。「本当は自分を傷つけたくはない。大学に行きたいし，親から逃げたい，楽しみたい」と彼は話す。

▩どんな理論的な志向性があなたに現れているか。この理論的な志向性についてもっと学ぶための目標を記述しなさい。

▩セラピー・スキルを発展させ続けるために，どのような目標をもっているか。

グループ実習 16　クライエントを見立てること

目標：セラピストにどのようにクライエントを見立てるかについて教えること，介入のタイミングについてもっと考えさせること。

課題

このグループ実習は，「実際の」クライエントと面接している上級の学習者向けである。5～10人の学習者からなる教室場面において，1人の学習者が自分の面接しているクライエントのロールプレイをする。ロールプレイをしている学習者は，そのクライエントについて，ごく手短に説明すること（年齢，性別，職業，重要な他者との関係にかかわること，現在の問題）。残りの部分はロールプレイを通してわかるようにする。もう1人の学習者は，探求段階を行うセラピスト役を演じ始める。他の学習者は，探求段階を続ける必要があるかぎりセラピスト役を交代で演じるとよい。

実習リーダーは，十分な探求が生じてきたと判断したら（約10～15分），そのプロセスをやめ，クライエントの問題を見立てるよう学習者に求めるとよい。学習者は，これまでクライエントについてわかったこと，知らないことについて話す。

学習者全員が交代でセラピストとなり，挑戦，解釈，自己開示，あるいは即時性を行うことを試みてほしい。それぞれのセラピストは，どのように相互作用が働いているかを見るために，クライエントと2，3回やりとりを交わすとよい。「クライエント」役はその役にとどまり，実際のクライエントに使った介入について話すことや，実際のクライエントについての情報をそれ以上提供することは控える。

リーダーが，洞察段階に十分な時間をかけたと判断したら，そのプロセスをやめ，再びクライエントの問題を見立てるよう学習者に求めるとよい。それぞれのセラピストは洞察段階を通してわかったことを話し合うとよい。セラピストはどのようにクライエントが自分の問題を発展させ維持させているかを最もよく説明していると思う理論について話すとよい。さらに，リーダーは，セラピストにクライエントに対してどのような感情（フィーリング）や反応（例えば，退屈，怒り，いらだち，性的魅力，深い共感）が喚起されるか話し合うように求めるとよい。セラピストは次に行動（アクション）段階について話し合うことに注意を向ける。クライエントに行動（アクション）への準備ができているとセラピストは考えているか。準備できていなければ，なぜなのか。何かほかに行う必要があるのか。準備できているなら，どんな行動（アクション）が適切だろうか。セラピストはどのようにその望ましい介入を実行できるだろうか。

再び，1人のセラピストは，20章に概観された最初の7つのステップ（問題を特定すること，行動（アクション）を探求すること，状況を査定すること，変化を決意させること，選択肢のブレーンストーミングをすること，選択肢の選択，セッション中の介入）を通して行い，その「クライエント」役と行動（アクション）段階を開始する。他のセラピストは，そのセラピストが援助を必要とした際に，役割を交代するとよい。

グループ実習16　クライエントを見立てること

セラピーのやりとりの整理

「クライエント」役は，今の体験がどうだったか，実際のクライエントと作業するのに役立つどのようなことを学んだかを話す。

個人的な振り返り

- クライエントを見立てる際のあなたの長所と短所は何か。
- どんな特定の問題に最も「とらえられる」傾向があり，どんなことでクライエントに客観的に対応することが難しくなっているか（例：敵意，性的関心，消極性，依存性）。

文　献

Adler, G. (1984). Special problems for the therapist. *International Journal of Psychiatry in Medicine, 14,* 91–98.
Ainsworth, M. D. S. (1989). Attachments beyond infancy. *American Psychologist, 44,* 709–716.
Ainsworth, M. D. S., Blehar, M. C., Waters, E., & Wall, S. (1978). *Patterns of attachment: A psychological study of the Strange Situation.* Hillsdale, NJ: Erlbaum.
Alberti, R. E., & Emmons, M. L. (2001). *Your perfect right: Assertiveness and equality in your life and relationships* (8th ed.). Atascadero, CA: Impact.
American Association for Marriage and Family Therapy. (2002). *AAMFT code of ethics.* Washington, DC: Author.
American Counseling Association. (1995). *Code of ethics and standards of practice.* Alexandria, VA: Author.
American Psychological Association. (2002). Ethical principles of psychologists and code of conduct. *American Psychologist, 57,* 1060–1073.
American Psychological Association. (2003). Guidelines for multicultural education, training, research, practice, and organizational change for psychologists. *American Psychologist, 58,* 377–402.
American School Counselor Association. (1998). *Ethical standards for school counselors.* Alexandria, VA: Author.
Andersen, B., & Anderson, W. (1985). Client perceptions of counselors using positive and negative self-involving statements. *Journal of Counseling Psychology, 32,* 462–465.
Archer, D., & Akert, R. M. (1977). Words and everything else: Verbal and nonverbal cues in social interpretation. *Journal of Personality and Social Psychology, 35,* 443–449.
Arlow, J. A. (1995). Psychoanalysis. In R. J. Corsini & D. Wedding (Eds.), *Current psychotherapies* (5th ed., pp. 15–50). Itasca, IL: F. E. Peacock.
Arredondo, P., Toporek, R., Brown, S. P., Jones, J., Locke, D. C., Sanchez, J., & Stadler, H. (1996). Operationalization of the multicultural competencies. *Journal of Multicultural Counseling and Development, 24,* 42–78.
Atkinson, D. R., & Hackett, G. (1998). *Counseling diverse populations* (2nd ed.). Boston: McGraw-Hill.
Atkinson, D. R., Morten, G., & Sue, D. W. (Eds.). (1993). *Counseling American minorities* (4th ed.). Madison, WI: Brown & Benchmark.
Atkinson, D. R., Morten, G., & Sue, D. W. (1998). *Counseling American minorities: A cross-cultural perspective* (5th ed.). Boston: McGraw-Hill.
Axelson, J. A. (1999). *Counseling and development in a multicultural society* (3rd ed.). Pacific Grove, CA: Brooks/Cole.
Bachelor, A. (1995). Clients' perception of the therapeutic alliance: A qualitative analysis. *Journal of Counseling Psychology, 42,* 323–327.
Bandura, A. (1965). Influence of models' reinforcement contingencies on the acquisition of imitative responses. *Journal of Personality and Social Psychology, 1,* 589–595.

Bandura, A. (1969). *Principles of behavior modification*. New York: Holt, Rinehart & Winston.
Bandura, A. (1977). *Social learning theory*. Englewood Cliffs, NJ: Prentice Hall.
Bandura, A. (1986). *Social foundations of thought and action: A social cognitive theory*. Englewood Cliffs, NJ: Prentice Hall.
Barkham, M., & Shapiro, D. A. (1986). Counselor verbal response modes and experienced empathy. *Journal of Counseling Psychology, 33*, 3–10.
Basch, M. F. (1980). *Doing psychotherapy*. New York: Basic Books.
Basescu, S. (1990). Tools of the trade: The use of self in psychotherapy. *Group, 14*, 157–165.
Beauchamp, T. L., & Childress, J. F. (1994). *Principles of biomedical ethics* (4th ed.). New York: Oxford University Press.
Beck, A. T. (1976). *Cognitive therapy and the emotional disorders*. New York: International Universities Press.
Beck, A. T., & Emery, G. (1985). *Anxiety disorders and phobias: A cognitive perspective*. New York: Basic Books.
Beck, A. T., & Freeman, A. (1990). *Cognitive therapy of the personality disorders*. New York: Guilford.
Beck, A. T., Rush, A. J., Shaw, B. F., & Emery, G. (1979). *Cognitive therapy of depression*. New York: Guilford.
Beck, A. T., & Weishaar, M. (1995). Cognitive therapy. In R. Corsini & D. Wedding (Eds.), *Current psychotherapies* (5th ed., pp. 229–261). Itasca, IL: F. E. Peacock.
Beck, J. S. (1995). Cognitive therapy: Basics and beyond. New York: Guilford.
Benson, H. (1975). *The relaxation response*. New York: Morrow.
Bernstein, D. A., & Borkovec, T. D. (1973). *Progressive relaxation training*. Champaign, IL: Research Press.
Beutler, L. E., & Bergan, J. (1991). Value change in counseling and psychotherapy: A search for scientific credibility. *Journal of Counseling Psychology, 38*, 16–24.
Bibring, E. (1954). Psychoanalysis and the dynamic psychotherapies. *Journal of the American Psychoanalytic Association, 2*, 745–770.
Bischoff, M. M., & Tracey, T. J. G. (1995). Client resistance as predicted by therapist behavior: A study of sequential dependence. *Journal of Counseling Psychology, 42*, 487–495.
Blanck, G. (1966). Some technical implications of ego psychology. *International Journal of Psychoanalysis, 47*, 6–13.
Blustein, D. L. (1987). Integrating career counseling and psychotherapy: A comprehensive treatment strategy. *Psychotherapy, 24*, 794–799.
Bohart, A. C., Elliott, R., Greenberg, L. S., & Watson, J. C. (2002). Empathy. In J. C. Norcross (Ed.), *Psychotherapy relationships that work: Therapist contributions and responsiveness to patients* (pp. 89–108). New York: Oxford University Press.
Bohart, A. C., & Tallman, K. (1999). *How clients make therapy work: The process of active self-healing*. Washington, DC: American Psychological Association.
Bordin, E. S. (1979). The generalizability of the psychoanalytic concept of the working alliance. *Psychotherapy: Theory, Research, and Practice, 16*, 252–260.
Borys, D. S., & Pope, K. S. (1989). Dual relationships between therapist and client: A national survey of psychologists, psychiatrists, and social workers. *Professional Psychology: Research and Practice, 20*, 283–293.
Bowlby, J. (1969). *Attachment and loss: Vol. 1. Attachment*. New York: Basic Books.
Bowlby, J. (1988). *A secure base*. New York: Basic Books.
Boyer, S. P., & Hoffman, M. A. (1993). Counselor affective reactions to termination: Impact of counselor loss history and perceived client sensitivity to loss. *Journal of Counseling Psychology, 40*, 271–277.
Brainerd, C. J., & Reyna, V. F. (1998). When things that never happened are easier to "remember" than things that did. *Psychological Science, 9*, 484–489.
Brammer, L. M., & MacDonald, G. (1996). *The helping relationship: Process and skills* (6th ed.). Boston: Allyn & Bacon.
Breier, A., & Strauss, J. S. (1984). The role of social relationships in the recovery from psychotic disorders. *American Journal of Psychiatry, 141*, 949–955.
Brown, D. (1985). Career counseling: Before, after, or instead of personal counseling. *Vocational Guidance Quarterly, 33*, 197–201.
Brown, D., & Brooks, L. (1991). *Career counseling techniques*. Boston: Allyn & Bacon.
Brownell, K. D., Marlatt, G. A., Lichenstein, E., & Wilson, G. T. (1986). Understanding and preventing relapse. *American Psychologist, 41*, 765–782.
Budman, S. H., & Gurman, A. S. (1988). *Theory and practice of brief therapy*. New York: Guilford.
Bugental, J. T. (1965). *The search for authenticity*. New York: Holt, Rinehart & Winston.

Burns, D. D. (1999). *The feeling good handbook* (Rev. ed.). New York: Plume/Penguin Books.
Burns, D. D., & Auerbach, A. (1996). Therapeutic empathy in cognitive–behavioral therapy: Does it really make a difference? In P. M. Salkovskis (Ed.), *Frontiers of cognitive therapy* (pp. 135–164). New York: Guilford.
Burton, M. V., Parker, R. W., & Wollner, J. M. (1991). The psychotherapeutic value of a "chat": A verbal response modes study of a placebo attention control with breast cancer patients. *Psychotherapy Research, 1,* 39–61.
Cahill, A. J. (1981). Aggression revisited: The value of anger in therapy and other close relationships. *Adolescent Psychiatry, 9,* 539–549.
Carkhuff, R. R. (1969). *Human and helping relations* (Vols. 1 & 2). New York: Holt, Rinehart & Winston.
Carkhuff, R. R. (1973). *The art of problem-solving.* Amherst, MA: Human Resource Development.
Carkhuff, R. R., & Anthony, W. A. (1979). *The skills of helping: An introduction to counseling skills.* Amherst, MA: Human Resources Development.
Carkhuff, R. R., & Berenson, B. G. (1967). *Beyond counseling and psychotherapy.* New York: Holt, Rinehart & Winston.
Carroll, L. (1962). *Alice's adventures in wonderland.* Harmondsworth, Middlesex, England: Penguin Books. (Original work published 1865)
Cashdan, S. (1988). *Object relations therapy.* New York: Norton.
Cassidy, J. & Shaver, P. R. (Eds.) (1999). *Handbook of attachment: Theory, research, and clinical application.* New York: Guilford.
Claiborn, C. D., Goodyear, R. K., & Horner, P. A. (2002). Feedback. In J. C. Norcross (Ed.), *Psychotherapy relationships that work: Therapist contributions and responsiveness to patients.* New York: Oxford University Press.
Colby, K. M. (1961). On the greater amplifying power of causal–correlative over interrogative inputs on free association in an experimental psychoanalytic situation. *Behavioral Science, 10,* 233–239.
Conoley, C. W., Padula, M. A., Payton, D. S., & Daniels, J. A. (1994). Predictors of client implementation of counselor recommendations: Match with problem, difficulty level, and building on client strengths. *Journal of Counseling Psychology, 41,* 3–7.
Conte, H. R., Plutchik, R., Picard, S., & Karasu, T. B. (1989). Ethics in the practice of psychotherapy: A survey. *American Journal of Psychotherapy, 43,* 32–42.
Cornett, C. (1991). The "risky" intervention: Twinship self–object impasses and therapist self-disclosure in psychodynamic psychotherapy. *Clinical Social Work Journal, 19,* 49–61.
Cournoyer, R. J., & Mahalik, J. R. (1995). Cross-sectional study of gender role conflict examining college-aged and middle-aged men. *Journal of Counseling Psychology, 42,* 11–19.
Crits-Christoph, P., Barber, J. P., & Kurcias, J. S. (1991). Introduction and historical background. In P. Crits-Christoph & J. P. Barber (Eds.), *Handbook of short-term dynamic psychotherapy* (pp. 1–16). New York: Basic Books.
Crits-Christoph, P., Cooper, A., & Luborsky, L. (1988). The accuracy of therapists' interpretations and the outcome of dynamic psychotherapy. *Journal of Consulting and Clinical Psychology, 56,* 490–495.
Crits-Christoph, P., & Gibbons, B. B. C. (2002). Relational interpretations. In J. C. Norcross (Ed.), *Psychotherapy relationships that work: Therapist contributions and responsiveness to patients* (pp. 285–300). New York: Oxford University Press.
Curtis, J. M. (1981). Indications and contraindications in the use of therapist's self-disclosure. *Psychological Reports, 49,* 499–507.
Curtis, J. M. (1982). Principles and techniques of non-disclosure by the therapist during psychotherapy. *Psychological Reports, 51,* 907–914.
Darwin, C. R. (1872). *The expression of the emotions in man and animals* (1st ed.). London: John Murray.
Delaney, D. J., & Heimann, R. A. (1966). Effectiveness of sensitivity training on the perception of non-verbal communications. *Journal of Counseling Psychology, 4,* 436–440.
Deutsch, C. J. (1984). Self-reported sources of stress among psychotherapists. *Professional Psychology: Research and Practice, 15,* 833–845.
Dewald, P. A. (1971). *Psychotherapy: A dynamic approach.* New York: Basic Books.
Duan, C., & Hill, C. E. (1996). Theoretical confusions in the construct of empathy: A review of the literature. *Journal of Counseling Psychology, 43,* 261–274.

Egan, G. (1994). *The skilled helper* (5th ed.). Monterey, CA: Brooks/Cole.
Eibl-Eibesfeldt, I. (1971). *Love and hate: The natural history of behavior patterns*. New York: Holt, Rinehart & Winston.
Ekman, P. (1993). Facial expression and emotion. *American Psychologist, 48,* 384–392.
Ekman, P., & Friesen, W. V. (1969). Non-verbal leakage and clues to deception. *Psychiatry, 32,* 88–106.
Ekman, P., & Friesen, W. V. (1984). *Unmasking the face* (Reprint ed.). Palo Alto, CA: Consulting Psychologists Press.
Elkind, S. N. (1992). *Resolving impasses in therapeutic relationships*. New York: Guilford.
Elliott, R. (1985). Helpful and nonhelpful events in brief counseling interviews: An empirical taxonomy. *Journal of Counseling Psychology, 32,* 307–322.
Elliott, R., Barker, C. B., Caskey, N., & Pistrang, N. (1982). Differential helpfulness of counselor verbal response modes. *Journal of Counseling Psychology, 29,* 354–361.
Elliott, R., Hill, C. E., Stiles, W. B., Friedlander, M. L., Mahrer, A. R., & Margison, F. R. (1987). Primary therapist response modes: Comparison of six rating systems. *Journal of Consulting and Clinical Psychology, 55,* 218–223.
Elliott, R., Shapiro, D. A., Firth-Cozens, J., Stiles, W. B., Hardy, G. E., Llewelyn, S. P., & Margison, F. R. (1994). Comprehensive process analysis of insight events in cognitive–behavioral and psychodynamic–interpersonal psychotherapies. *Journal of Counseling Psychology, 41,* 449–463.
Ellis, A. (1962). *Reason and emotion in psychotherapy*. New York: Lyle Stuart.
Ellis, A. (1995). Rational emotive behavior therapy. In R. Corsini & D. Wedding (Eds.), *Current psychotherapies* (5th ed., pp. 161–196). Itasca, IL: F. E. Peacock.
Epstein, R. S., Simon, R. I., & Kay, G. G. (1992). Assessing boundary violations in psychotherapy: Survey results with the exploitation index. *Bulletin of the Menninger Clinic, 54,* 150–166.
Erikson, E. H. (1963). *Childhood and society* (2nd ed.). New York: Norton.
Eysenck, H. J. (1952). The effects of psychotherapy: An evaluation. *Journal of Consulting Psychology, 16,* 319–324.
Falk, D., & Hill, C. E. (1992). Counselor interventions preceding client laughter in brief therapy. *Journal of Counseling Psychology, 39,* 39–45.
Farber, B. A. (1983). Psychotherapists' perceptions of stressful patient behavior. *Professional Psychology: Research and Practice, 14,* 697–705.
Farber, B. A., & Geller, J. D. (1994). Gender and representation in psychotherapy. *Psychotherapy, 31,* 318–326.
Farber, B. A., & Lane, J. S. (2002). Positive regard. In J. C. Norcross (Ed.), *Psychotherapy relationships that work: Therapist contributions and responsiveness to patients*(pp. 175–194). New York: Oxford University Press.
Ferenczi, S., & Rank, O. (1956). *The development of psycho-analysis* (C. Newton, Trans.). New York: Dover. (Original work published 1925)
Finn, S. E., & Tonsager, M. E. (2002). How therapeutic assessment became humanistic. *Humanistic Psychologist, 30,* 10–22.
Fitzpatrick, M. R., Stalikas, A., & Iwakabe, S. (2001). Examining counselor interventions and client progress in the context of the therapeutic alliance. *Psychotherapy: Theory, Research, Practice, and Training, 38,* 160–170.
Fouad, N. A., & Brown, M. T. (2000). Role of race and social class in development: Implications for counseling psychology. In S. D. Brown & R. W. Lent (Eds.), *Handbook of counseling psychology* (3rd ed., pp. 379–408). New York: Wiley.
Frank, J. D., & Frank, J. B. (1991). *Persuasion and healing: A comparative study of psychotherapy* (3rd ed.). Baltimore: Johns Hopkins University Press.
Frankl, V. (1959). *Man's search for meaning*. New York: Simon & Schuster.
Freud, S. (1933). *New introductory lectures on psychoanalysis* (J. H. Sprott, Trans.). New York: Norton.
Freud, S. (1943). *A general introduction to psychoanalysis* (J. Riviere, Trans.). New York: Garden City. (Original work published 1920)
Freud, S. (1949). *An outline of psychoanalysis* (J. Strachey, Trans.). New York: Norton. (Original work published 1940)
Freud, S. (1953a). Fragment of an analysis of a case of hysteria. In J. Strachey (Ed.), *Standard edition of the complete psychological works of Sigmund Freud* (Vol. 7, pp. 15–122). London: Hogarth. (Original work published 1905)
Freud, S. (1953b). Remembering, repeating, and working through. In J. Strachey (Ed.), *Standard edition of the complete psychological works of Sigmund Freud* (Vol. 12, pp. 147–156).

London: Hogarth. (Original work published 1914)

Freud, S. (1959). The dynamics of transference. In E. Jones (Ed.) & J. Riviere (Trans.), *Collected papers* (pp. 312–322). New York: Basic Books. (Original work published 1912)

Freud, S. (1961). The ego and the id. In J. Strachey (Ed. & Trans.), *The standard edition of the complete psychological works of Sigmund Freud* (Vol. 19, pp. 3–66). London: Hogarth. (Original work published 1923)

Freud, S. (1963). *Character and culture.* Oxford: Crowell-Collier. (Original work published 1923)

Friedman, E. H. (1990). *Friedman's fables.* New York: Guilford.

Fromm-Reichmann, F. (1950). *Principles of intensive psychotherapy.* Chicago: University of Chicago Press.

Fukuyama, M. A., & Sevig, T. D. (2002). Spirituality in counseling across cultures: Many rivers to the sea. In P. B. Pedersen, J. G. Draguns, W. J. Lonner, & J. E. Trimble (Eds.), *Counseling across cultures* (5th ed., pp. 273–296). Thousand Oaks, CA: Sage.

Fuller, F., & Hill, C. E. (1985). Counselor and helpee perceptions of counselor intentions in relationship to outcome in a single counseling session. *Journal of Counseling Psychology, 32,* 329–338.

Geller, J. D. (2003). Self-disclosure in psychoanalytic and existential therapy. *Journal of Clinical Psychology, 59,* 541–554.

Geller, J. D., Cooley, R. S., & Hartley, D. (1981). Images of the psychotherapist: A theoretical and methodological perspective. *Imagination, Cognition, and Personality, 1,* 123–146.

Geller, J. D., & Farber, B. A. (1993). Factors influencing the process of internalization in psychotherapy. *Psychotherapy Research, 3,* 166–180.

Gelso, C. J., & Carter, J. A. (1985). The relationship in counseling and psychotherapy. *Counseling Psychologist, 13,* 155–243.

Gelso, C. J., & Carter, J. A. (1994). Components of the psychotherapy relationship: Their interaction and unfolding during treatment. *Journal of Counseling Psychology, 41,* 296–306.

Gelso, C. J., & Fretz, B. R. (1992). *Counseling psychology.* Orlando, FL: Holt, Rinehart & Winston.

Gelso, C. J., & Fretz, B. R. (2001). *Counseling psychology* (2nd ed.). Belmont, CA: Thomson-Wadsworth.

Gelso, C. J., & Hayes, J. (1998). *The psychotherapy relationship: Theory, research, and practice.* New York: Wiley.

Gelso, C. J., Hill, C. E., Mohr, J., Rochlen, A., & Zack, J. (1999). Describing the face of transference: Psychodynamic therapists' recollections about transference in cases of successful long-term therapy. *Journal of Counseling Psychology, 46,* 257–267.

Gendlin, E. T. (1978). *Focusing.* New York: Everest House.

Gillespie, J. F., Jr. (1951). Verbal signs of resistance in client-centered therapy. *Dissertation Abstracts International, 5* (01), 454B. (University Microfilms No. AAI000305)

Glass, A. L., & Holyoak, L. J. (1986). *Cognition* (2nd ed.). New York: Random House.

Goldfried, M. R., Burckell, L. A., & Eubanks-Carter, C. (2003). Therapist self-disclosure in cognitive–behavior therapy. *Journal of Clinical Psychology, 59,* 555–568.

Goldfried, M. R., & Davison, G. C. (1994). *Clinical behavior therapy* (2nd ed.). New York: Wiley.

Goldfried, M. R., & Trier, C. S. (1974). Effectiveness of relaxation as an active coping skill. *Journal of Abnormal Psychology, 83,* 348–355.

Good, G. E., Robertson, J. M., O'Neil, J. M., Fitzgerald, L. F., Stevens, M., DeBrod, K. A., et al. (1995). Male gender role conflict: Psychometric issues and relations to psychological distress. *Journal of Counseling Psychology, 42,* 3–10.

Gourash, N. (1978). Help-seeking: A review of the literature. *American Journal of Community Psychology, 6,* 413–423.

Grace, M., Kivlighan, D. M., & Kunce, J. (1995). The effect of nonverbal skills training on counselor trainee nonverbal sensitivity and responsiveness and on session impact and working alliance ratings. *Journal of Counseling and Development, 73,* 547–552.

Greenberg, L. S. (2002). *Emotion-focused therapy.* New York: Guilford.

Greenberg, L. S., Rice, L. N., & Elliott, R. (1993). *Facilitating emotional change.* New York: Guilford.

Greenson, R. R. (1967). *The technique and practice of psychoanalysis* (Vol. 1). Madison, CT: International Universities Press.

Grissom, G. R., Lyons, J. S., & Lutz, W. (2002). Standing on the shoulders of a giant: Development of an outcome management system based on the dose model and phase model of psychotherapy. *Psychotherapy Research, 12,* 397–412.

Gross, A. E., & McMullen, P. A. (1983). Models of the help-seeking process. In B. DePaulo, A. Nadler, & D. Fisher (Eds.), *New directions in helping* (Vol. 2, pp. 45–70). New York: Academic Press.

Haase, R. F., & Tepper, D. T., Jr. (1972). Nonverbal components of empathic communication. *Journal of Counseling Psychology, 19,* 417–426.

Hackett, G. (1993). Career counseling and psychotherapy: False dichotomies and recommended remedies. *Journal of Career Assessment, 1,* 105–117.

Haldeman, D. C. (2002). Gay rights, patient rights: The implications of sexual orientation conversion therapy. *Professional Psychology: Research and Practice, 33,* 260–264.

Haley, J. (1987). *Problem-solving therapy.* San Francisco: Jossey-Bass.

Hall, E. T. (1963). A system for the notation of proxemic behavior. *American Anthropologist, 63,* 1003–1026.

Hall, E. T. (1968). Proxemics. *Current Anthropology, 9,* 83–108.

Hall, J. A., Rosenthal, R., Archer, D., DiMatteo, M. R., & Rogers, P. L. (1978). Profile of nonverbal sensitivity. In P. McReynolds (Ed.), *Advances in psychological assessment* (Vol. 4, pp. 179–221). San Francisco: Jossey-Bass.

Hanna, F. J., & Ritchie, M. H. (1995). Seeking the active ingredients of psychotherapeutic change: Within and outside the context of therapy. *Professional Psychology: Research and Practice, 26,* 176–183.

Hanson, W. E., Claiborn, C. D., & Kerr, B. (1997). Differential effects of two test interpretation styles in counseling: A field study. *Journal of Counseling Psychology, 44,* 400–405.

Harper, R. G., Wiens, A. N., & Matarazzo, J. D. (1978). *Nonverbal communication: The state of the art.* New York: Wiley.

Hayes, J. A., McCracken, J. E., McClanahan, M. K., Hill, C. E., Harp, J. S., & Carozzoni, P. (1998). Therapist perspectives on countertransference: Qualitative data in search of a theory. *Journal of Counseling Psychology, 45,* 468–482.

Helms, J. E. (1990). *Black and White racial identity: Theory, research, and practice.* Westport, CT: Greenwood.

Helms, J. E., & Cook, D. A. (1999). *Using race and culture in counseling and psychotherapy: Theory and practice.* Needham, MA: Allyn & Bacon.

Herr, E. L. (1989). Career development and mental health. *Journal of Career Development, 16,* 5–18.

Highlen, P. S., & Hill, C. E. (1984). Factors affecting client change in individual counseling: Current status and theoretical speculations. In S. D. Brown & R. W. Lent (Eds.), *Handbook of counseling psychology* (pp. 334–398). New York: Wiley.

Hill, C. E. (1978). Development of a counselor verbal response category system. *Journal of Counseling Psychology, 25,* 461–468.

Hill, C. E. (1989). *Therapist techniques and client outcomes: Eight cases of brief psychotherapy.* Newbury Park, CA: Sage.

Hill, C. E. (1992). An overview of four measures developed to test the Hill process model: Therapist intentions, therapist response modes, client reactions, and client behaviors. *Journal of Counseling and Development, 70,* 729–737.

Hill, C. E. (1996). Dreams and therapy. *Psychotheraypy Research, 6,* 1–15.

Hill, C. E. (Ed.) (2001). *Helping skills: The empirical foundation.* Washington, DC: American Psychological Association.

Hill, C. E. (2003). The 2002 Leona Tyler Award Address: Working with dreams: A road to self-discovery. *Counseling Psychologist, 31,* 362–372

Hill, C. E., Carter, J. A., & O'Farrell, M. K. (1983). A case study of the process and outcome of time-limited counseling. *Journal of Counseling Psychology, 30,* 3–18.

Hill, C. E., Helms, J. E., Spiegel, S. B., & Tichenor, V. (1988). Development of a system for categorizing client reactions to therapist interventions. *Journal of Counseling Psychology, 35,* 27–36.

Hill, C. E., Helms, J. E., Tichenor, V., Spiegel, S. B., O'Grady, K. E., & Perry, E. S. (1988). The effects of therapist response modes in brief psychotherapy. *Journal of Counseling Psychology, 35,* 222–233.

Hill, C. E., & Kellems, I. S. (2002). Development and use of the Helping Skills Measure to assess client perception of the effects of training and of helping skills in sessions. *Journal of Counseling Psychology, 49,* 264–272.

Hill, C. E., Kellems, I. S., Kolchakian, M. R., Wonnell, T. L., Davis, T. L., & Nakayama, E. Y. (2003). The therapist experience of being the target of hostile versus suspected-unasserted client anger: Factors associated with resolution. *Psychotherapy Research, 13,* 475–491.

Hill, C. E., & Knox, S. (2002). Therapist self-disclosure. In J. C. Norcross (Ed.), *Psychotherapy relationships that work: Therapist contributions and responsiveness to patients.*

Oxford, England: Oxford University Press.
Hill, C. E., & Lambert, M. J. (2003). Methodological issues in studying psychotherapy process and outcomes. In M. J. Lambert (Ed.), *Bergin and Garfield's handbook of psychotherapy and behavior change* (5th ed., pp. 84–135). New York: Wiley.
Hill, C. E., Nutt-Williams, E., Heaton, K. J., Thompson, B. J., & Rhodes, R. H. (1996). Therapist retrospective recall of impasses in long-term psychotherapy: A qualitative analysis. *Journal of Counseling Psychology, 43,* 207–217.
Hill, C. E., & O'Grady, K. E. (1985). List of therapist intentions illustrated in a case study and with therapists of varying theoretical orientations. *Journal of Counseling Psychology, 32,* 3–22.
Hill, C. E., Siegelman, L., Gronsky, B., Sturniolo, F., & Fretz, B. R. (1981). Nonverbal communication and counseling outcome. *Journal of Counseling Psychology, 28,* 203–212.
Hill, C. E., & Stephany, A. (1990). The relationship of nonverbal behaviors to client reactions. *Journal of Counseling Psychology, 37,* 22–26.
Hill, C. E., Thames, T. B., & Rardin, D. (1979). A comparison of Rogers, Perls, and Ellis on the Hill counselor verbal response category system. *Journal of Counseling Psychology, 26,* 198–203.
Hill, C. E., Thompson, B. J., Cogar, M. M., & Denman, D. W., III. (1993). Beneath the surface of long-term therapy: Client and therapist report of their own and each other's covert processes. *Journal of Counseling Psychology, 40,* 278–288.
Hill, C. E., Thompson, B. J., & Corbett, M. M. (1992). The impact of therapist ability to perceive displayed and hidden client reactions on immediate outcome in first sessions of brief therapy. *Psychotherapy Research, 2,* 143–155.
Hill, C. E., Thompson, B. J., & Ladany, N. (2003). Therapist use of silence in therapy: A survey. *Journal of Clinical Psychology, 59,* 513–524.
Hill, C. E., Thompson, B. J., & Mahalik, J. R. (1989). Therapist interpretation. In C. E. Hill (Ed.), *Therapist techniques and client outcomes: Eight cases of brief psychotherapy* (pp. 284–310). Newbury Park, CA: Sage.
Hill, C. E., & Williams, E. N. (2000). The process of individual therapy. In R. W. Lent & S. D. Brown (Eds.), *Handbook of counseling psychology* (pp. 670–710). New York: Wiley.
Holroyd, J. C., & Brodsky, A. (1977). Psychologists' attitudes and practices regarding erotic and nonerotic physical contact with patients. *American Psychologist, 32,* 843–849.
Horvath, A. O., & Bedi, R. P. (2002). The alliance. In J. C. Norcross (Ed.), *Psychotherapy relationships that work: Therapist contributions and responsiveness to patients* (pp. 37–70). New York: Oxford University Press.
Howard, K. I., Lueger, R. J., Maling, M. S., & Martinovich, Z. (1993). A phase model of psychotherapy outcome: Causal mediation of change. *Journal of Consulting and Clinical Psychology, 59,* 12–19.
Hunter, M., & Struve, J. (1998). *The ethical use of touch in psychotherapy.* Thousand Oaks, CA: Sage.
Ivey, A. E. (1994). *Intentional interviewing and counseling: Facilitating client development in a multicultural society* (3rd ed.). Pacific Grove, CA: Brooks/Cole.
Izard, C. E. (1977). *Human emotions.* New York: Plenum.
Izard, C. E. (1994). Innate and universal facial expressions evidence from developmental and cross-cultural research. *Psychological Bulletin, 115,* 288–299.
Jacobson, E. (1929). *Progressive relaxation.* Chicago: University of Chicago Press.
Joines, V. S. (1995). A developmental approach to anger. *Transactional Analysis Journal, 25,* 112–118.
Jourard, S. M. (1971). *The transparent self.* New York: Van Nostrand Reinhold.
Jung, C. G. (1984). *Dream analysis.* Princeton, NJ: Princeton University Press.
Kaplan, A., Brooks, B., McComb, A. L., Shapiro, E. R., & Sodano, A. (1983). Women and anger in psychotherapy. *Women and therapy, 2,* 29–40.
Kazdin, A. E. (2001). *Behavior modification in applied settings* (6th ed.). Pacific Grove, CA: Brooks/Cole.
Kelly, A. E. (1998). Clients' secret keeping in outpatient therapy. *Journal of Counseling Psychology, 45,* 50–57.
Kendon, A. (1967). Some functions of gaze-direction in social interaction. *Acta Psychologica, 26,* 22–63.
Kestenbaum, R. (1992). Feeling happy versus feeling good: The processing of discrete and global categories of emotional expressions by children and adults. *Developmental Psychology, 28,* 1132–1142.
Kiesler, D. J. (1988). *Therapeutic metacommunication: Therapist impact disclosure as feedback in psychotherapy.* Palo Alto, CA: Consulting

Psychologists Press.
Kim, B. S. K., & Abreu, J. M. (2001). Acculturation measurement: Theory, current instruments, and future directions. In J. G. Ponterotto, J. M. Casas, L. A. Suzuki, & C. M. Alexander, (Eds.), *Handbook of multicultural counseling* (2nd ed., pp.394–424). Thousand Oaks, CA: Sage.
Kim, B. S. K., Atkinson, D. R., & Umemoto, D. (2001). Asian cultural values and the counseling process: Current knowledge and directions for future research. *Counseling Psychologist, 29,* 570–603.
Kim, B. S. K., Atkinson, D. R., & Yang, P. H. (1999). The Asian Values Scale: Development, factor analysis, validation, and reliability. *Journal of Counseling Psychology, 46,* 342–352.
Kitchener, K. S. (1984). Intuition, critical evaluation and ethical principles: The foundation for ethical decisions for counseling psychology. *The Counseling Psychologist, 12,* 43–55.
Klein, M. H., Kolden, G. G., Michels, J. L., & Chisholm-Stockard, S. (2002). Congruence. In J. C. Norcross (Ed.), *Psychotherapy relationships that work: Therapist contributions and responsiveness to patients.* New York: Oxford University Press.
Kleinke, C. L. (1986). Gaze and eye contact: A research review. *Psychological Bulletin, 100,* 78–100.
Knox, S., Goldberg, J. L., Woodhouse, S., & Hill, C. E. (1999). Clients' internal representations of their therapists. *Journal of Counseling Psychology, 46,* 244–256.
Kohut, H. (1971). *The analysis of the self.* New York: International Universities Press.
Kohut, H. (1977). *The restoration of the self.* New York: International Universities Press.
Kohut, H. (1984). *How does analysis cure?* Chicago: University of Chicago Press.
Kopta, S. M., Howard, K. I., Lowry, J. L., & Beutler, L. E. (1994). Patterns of symptomatic recovery in psychotherapy. *Journal of Consulting and Clinical Psychology, 62,* 1009–1016.
Ladany, N., O'Brien, K. M., Hill, C. E., Melincoff, D. S., Knox, S., & Petersen, D. A. (1997). Sexual attraction toward clients, use of supervision, and prior training: A qualitative study of psychotherapy predoctoral interns. *Journal of Counseling Psychology, 44,* 413–424.
LaFrance, M., & Mayo, C. (1976). Racial differences in gaze behavior during conversations: Two systematic observational studies. *Journal of Personality and Social Psychology, 33,* 547–552.
Laing, R. D., & Esterson, A. (1970). *Sanity, madness, and the family.* Middlesex, England: Penguin.
Lambert, M. J., & Hill, C. E. (1994). Assessing psychotherapy outcomes and processes. In A. E. Bergin & S. L. Garfield (Eds.), *Handbook of psychotherapy and behavior change* (4th ed., pp. 72–113). New York: Wiley.
Lang, P. J., Melamed, B. G., & Hart, J. (1970). A psychophysiological analysis of fear modification using an automated desensitization procedure. *Journal of Abnormal Psychology, 76,* 220–234.
Lauver, P., & Harvey, D. R. (1997). *The practical counselor: Elements of effective helping.* Pacific Grove, CA: Brooks/Cole.
Lent, R. W., Hill, C. E., & Hoffman, M. A. (2003). Development and validation of the Counselor Activity Self-Efficacy Scales. *Journal of Counseling Psychology, 50,* 97–108.
Levy, A. (1989). Social support and the media: Analysis of responses by radio psychology talk show hosts. *Professional Psychology: Research and Practice, 20,* 73–78.
Levy, L. H. (1963). *Psychological interpretation.* New York: Holt, Rinehart & Winston.
Lin, M., Kelly, K. R., & Nelson, R. C. (1996). A comparative analysis of the interpersonal process in school-based counseling and consultation. *Journal of Counseling Psychology, 43,* 389–393.
Loftus, E. (1988). *Memory.* New York: Ardsley House.
Luborsky, L., & Crits-Christoph, P. (1990). *Understanding transference: The CCRT method.* New York: Basic Books.
Lynch, C. (1975). The freedom to get mad: Impediments to expressing anger and how to deal with them. *Family Therapy, 2,*101–122.
Mahalik, J. R. (1994). Development of the Client Resistance Scale. *Journal of Counseling Psychology, 41,* 58–68.
Mahler, M. S. (1968). *On human symbiosis of the vicissitudes of individuation.* New York: International Universities Press.
Mahrer, A. R., Sterner, I., Lawson, K. C., & Dessaulles, A. (1986). Microstrategies: Distinctively patterned sequences of therapist statements. *Psychotherapy, 23,* 50–56.
Maki, M. T., & Kitano, H. H. L. (2002). Counseling Asian Americans. In P. B. Pedersen, J. G. Draguns, W. J. Lonner, & J. E. Trimble (Eds.), *Counseling across cultures* (5th ed., pp. 109–131)
Malan, D. H. (1976a). *The frontier of brief psychotherapy.* New York: Plenum.

Malan, D. H. (1976b). *Toward a validation of dynamic psychotherapy: A replication*. New York: Plenum.

Mallinckrodt, B., Gantt, D. L., & Coble, H. M. (1995). Attachment patterns in the psychotherapy relationship: Development of the Client Attachment to Therapist Scale. *Journal of Counseling Psychology, 42,* 307–317.

Mann, J. (1973). *Time-limited psychotherapy*. Cambridge, MA: Harvard University Press.

Markus, H., & Kitayama, S. (1991). Culture and the self: Implications for cognition, emotion, and motivation. *Psychological Review, 98,* 224–253.

Martin, J., Martin, W., & Slemon, A. G. (1989). Cognitive–mediational models of action–act sequences in counseling. *Journal of Counseling Psychology, 36,* 8–16.

Marx, J. A., & Gelso, C. J. (1987). Termination of individual counseling in a university counseling center. *Journal of Counseling Psychology, 34,* 3–9.

Maslow, A. (1970). *Motivation and personality* (Rev. ed.). New York: Harper & Row.

Matarazzo, R. G., Phillips, J. S., Wiens, A. N., & Saslow, G. (1965). Learning the art of interviewing: A study of what beginning students do and their pattern of change. *Psychotherapy: Theory, Research, and Practice, 2,* 49–60.

Matsakis, A. (1998). *Managing client anger: What to do when a client is angry at you*. Oakland, CA: New Harbinger Publications.

Matsumoto, D., Kudoh, T., Sherer, K., & Wallbott, H. (1988). Antecedents of and reactions to emotions in the United States and Japan. *Journal of Cross-Cultural Psychology, 19,* 267–286.

McGoldrick, M. (Ed.). (1998). *Re-visioning family therapy: Race, culture, and gender in clinical practice*. New York: Guilford.

McGoldrick, M., Giordano, J., & Pearce, J. K. (Eds.) (1996). *Ethnicity and family therapy*. New York: Guilford.

McWhirter, E. H. (1994). *Counseling for empowerment*. Alexandria, VA: American Counseling Association.

Meador, B. D., & Rogers, C. R. (1973). Client-centered therapy. In R. Corsini (Ed.), *Current psychotherapies* (pp. 119–166). Itasca, IL: F. E. Peacock.

Meara, N. M., Schmidt, L. D., & Day, J. D. (1996). Principles and virtues: A foundation for ethical decisions, policies, and character. *The Counseling Psychologist,* 24, 4–77.

Medin, D. L., & Ross, B. H. (1992). *Cognitive psychology*. New York: Harcourt Brace Jovanovich.

Meichenbaum, D., & Turk, D. C. (1987). *Facilitating treatment adherence: A practitioner's handbook*. New York: Plenum.

Mendel, W. M. (1964). The phenomenon of interpretation. *American Journal of Psychoanalysis. 24,* 184–189.

Meyer, B., & Pilkonis, P. A. (2002). Attachment style. In J. C. Norcross (Ed.), *Psychotherapy relationships that work: Therapist contributions and responsiveness to patients* (pp. 367–382). Oxford, England: Oxford University Press.

Mickelson, D., & Stevic, R. (1971). Differential effects of facilitative and nonfacilitative behavioral counselors. *Journal of Counseling Psychology, 18,* 314–319.

Miller, J. B. (1976). *Toward a new psychology of women*. Boston: Beacon.

Miller, W. R., Benefield, R. G., & Tonigan, J. S. (1993). Enhancing motivation for change in problem drinking: A controlled comparison of two therapist styles. *Journal of Consulting and Clinical Psychology, 61,* 455–461.

Minuchin, S. (1974). *Families and family therapy*. Cambridge, MA: Harvard University Press.

Mitchell, S. A. (1993). *Hope and dread in psychoanalysis*. New York: Basic Books.

Montagu, A. (Ed.). (1971). *Touching: The significance of the human skin*. New York: Columbia University Press.

Murray, I. (Ed.). (1989). *Oscar Wilde*. Oxford, England: Oxford University Press.

Nagel, D. P., Hoffman, M. A., & Hill, C. E. (1995). A comparison of verbal response modes by master's-level career counselor and other helpers. *Journal of Counseling and Development, 74,* 101–104.

National Association for Social Workers. (1996). *NASW code of ethics*. Washington, DC: Author.

Natterson, J. M. (1993). Dreams: The gateway to consciousness. In G. Delaney (Ed.), *New directions in dream interpretation* (pp. 41–76). Albany: State University of New York Press.

Newman, C. F. (1997). Maintaining professionalism in the face of emotional abuse from clients. *Cognitive and Behavioral Practice, 4,* 1–29.

Nichols, M., & Schwartz, R. (1991). *Family therapy: Concepts and methods* (2nd ed.). Boston: Allyn & Bacon.

Nisbett, R. E., & Wilson, T. D. (1977). Telling more than we can know. *Psychological Review, 83,* 231–259.

Nutt-Williams, E., & Hill, C. E. (1996). The relationship between self-talk and therapy process variables for novice therapists. *Journal of Counseling Psychology, 43,* 170–177.

O'Farrell, M. K., & Hill, C. E., & Patton, S. (1986). Comparison to two cases of counseling with the same counselor. *Journal of Counseling and Development, 65,* 141–145.
Olson, D. H., & Claiborn, C. D. (1990). Interpretation and arousal in the counseling process. *Journal of Counseling Psychology, 37,* 131–137.
O'Neil, J. M. (1981). Male sex-role conflicts, sexism, and masculinity: Psychological implications for men, women, and the counseling psychologist. *The Counseling Psychologist, 9,* 61–81.
Orlinsky, D. E., & Geller, J. D. (1993). Patients' representations of their therapists and therapy: New measures. In N. E. Miller, L. Luborsky, J. P. Barber, & J. P. Docherty (Eds.), *Psychodynamic treatment research: A handbook for psychodynamic research* (pp. 423–466). New York: Basic Books.
Orlinsky, D. E., Grawe, K., & Parks, B. K. (1994). Process and outcome in psychotherapy—Noch einmal. In A. E. Bergin & S. L. Garfield (Eds.), *Handbook of psychotherapy and behavior change* (4th ed., pp. 270–376). New York: Wiley.
Ormont, L. R. (1984). The leader's role in dealing with aggression in groups. *International Journal of Group Psychotherapy, 34,* 553–572.
Patterson, G. R., & Forgatch, M. S. (1985). Therapist behavior as a determinant for client noncompliance: A paradox for the behavior modifier. *Journal of Consulting and Clinical Psychology, 53,* 846–851.
Patton, M. J., & Meara, N. M. (1992). *Psychoanalytic counseling*. New York: Wiley.
Paul, G. L. (1969). Outcome of systematic desensitization: II. Controlled investigations of individual treatment, technique variations, and current status. In C. M. Franks (Ed.), *Behavior therapy: Appraisal and status* (pp. 105–159). New York: McGraw-Hill.
Pavlov, I. P. (1927). *Conditioned reflex: An investigation of the physiological activity of the cerebral cortex* (G. V. Anrep, Trans.). London: Oxford University Press.
Pedersen, P. B. (1991). Multiculturalism as a generic approach to counseling. *Journal of Counseling and Development, 70,* 6–12.
Pedersen, P. B. (1997). *Culture-centered counseling interventions: Striving for accuracy*. Thousand Oaks, CA: Sage.
Pedersen, P. B., Draguns, J. G., Lonner, W. J., & Trimble, J. E. (Eds.) (2002). *Counseling across cultures* (5th ed.). Thousand Oaks, CA: Sage.
Pedersen, P. B., & Ivey, A. (1993). *Culture-centered counseling and interviewing skills: A practical guide*. Westport, CT: Praeger.
Plutchik, R., Conte, H. R., & Karasu, T. B. (1994). Critical incidents in psychotherapy. *American Journal of Psychotherapy, 48,* 75–84.
Ponterotto, J. G., Casas, J. M., Suzuki, L. A., & Alexander, C. M. (Eds.). (2001). *Handbook of multicultural counseling* (2nd ed.). Thousand Oaks, CA: Sage.
Poortinga, Y. H. (1990). Toward a conceptualization of culture for psychology. *Cross-Cultural Psychology Bulletin, 24,* 2–10.
Pope, K. S. (1994). *Sexual involvement with therapists: Patient assessment, subsequent therapy, forensics*. Washington, DC: American Psychological Association.
Pope, K. S., Keith-Spiegel, P., & Tabachnick, B. (1986). Sexual attraction to clients: The human therapist and the (sometimes) inhuman training system. *American Psychologist, 41,* 147–158.
Pope, K. S., Sonne, J. L., & Holyroyd, J. (1993). *Sexual feelings in psychotherapy: Explorations for therapists and therapists-in-training*. Washington, DC: American Psychological Association.
Pope, K. S., & Tabachnick, B. (1993). Therapists' anger, hate, fear, and sexual feelings: National survey of therapists' responses, client characteristics, critical events, formal complaints, and training. *Professional Psychology: Research and practice, 24,* 142–152.
Prochaska, J. O., DiClemente, C. C., & Norcross, J. C. (1992). In search of how people change: Applications to addictive behavior. *American Psychologist, 47,* 1102–1114.
Prochaska, J. O., Norcross, J. C., & DiClemente, C. C. (1994). *Changing for good*. New York: Guilford.
Regan, A. M., & Hill, C. E. (1992). Investigation of what clients and counselors do not say in brief therapy. *Journal of Counseling Psychology, 39,* 168–174.
Reid, J. R., & Finesinger, J. E. (1952). The role of insight in psychotherapy. *American Journal of Psychiatry, 108,* 726–734.
Reik, T. (1935). *Surprise and the psychoanalyst*. London: Routledge.
Reik, T. (1948). *Listening with the third ear*. New York: Grove.
Rennie, D. L. (1994). Clients' deference in psychotherapy. *Journal of Counseling Psychology, 41,* 427–437.
Rhodes, R. H., Hill, C. E., Thompson, B. J., & Elliott, R. (1994). Client retrospective recall of resolved and unresolved misunderstanding events. *Journal of Counseling Psychology, 41,* 473–483.

Richardson, M. S. (1993). Work in people's lives: A location for counseling psychologists. *Journal of Counseling Psychology, 40,* 425–433.
Rimm, D. C., & Masters, J. C. (1979). *Behavior therapy: Techniques and empirical findings.* New York: Academic.
Robitschek, C. G., & McCarthy, P. R. (1991). Prevalence of counselor self-reference in the therapeutic dyad. *Journal of Counseling and Development, 69,* 218–221.
Rogers, C. R. (1942). *Counseling and psychotherapy.* Boston: Houghton Mifflin.
Rogers, C. R. (1951). *Client-centered therapy: Its current practice, implications, and theory.* Boston: Houghton Mifflin.
Rogers, C. R. (1957). The necessary and sufficient conditions of therapeutic personality change. *Journal of Consulting Psychology, 21,* 95–103.
Rogers, C. R. (1959). A theory of therapy, personality, and interpersonal relationships, as developed in the client-centered framework. In S. Koch (Ed.), *Psychology: A study of a science: Vol. 3. Formulations of the person and the social context* (pp. 184–256). New York: McGraw-Hill.
Rogers, C. R. (Ed.). (1967). *The therapeutic relationship and its impact: A study of psychotherapy with schizophrenics.* Madison: University of Wisconsin Press.
Rogers, C. R. (1980). *A way of being.* Boston: Houghton Mifflin.
Rogers, C. R., & Dymond, R. (1954). *Psychotherapy and personality change.* Chicago: University of Chicago Press.
Rosenthal, R., Hall, J. A., DiMatteo, M. R., Rogers, P. L., & Archer, D. (1979). *Sensitivity to nonverbal communication: The PONS Test.* Baltimore: Johns Hopkins University Press.
Safran, J. D., Muran, J. C., Samstag, L. W., & Stevens, C. (2002). Repairing alliance ruptures. In J. C. Norcross (Ed.), *Psychotherapy relationships that work: Therapist contributions and responsiveness to patients* (pp. 235–254). Oxford, England: Oxford University Press.
Salerno, M., Farber, B. A., McCullough, L., Winston, A., & Trujillo, M. (1992). The effects of confrontation and clarification on patient affective and defensive responding. *Psychotherapy Research, 2,* 181–192.
Sarason, I. G., Sarason, B. R., & Pierce, G. R. (1990). Social support: The search for theory. *Journal of Social and Clinical Psychology, 9,* 133–147.
Satir, V. M. (1988). *The new peoplemaking.* Palo Alto, CA: Science and Behavior Books.
Savickas, M. L. (1994). Vocational psychology in the postmodern era: Comment on Richardson (1993). *Journal of Counseling Psychology, 41,* 105–107.
Scheel, M. J., Seaman, S., Roach, K., Mullin, T., & Mahoney, K. B. (1999). Client implementation of therapist recommendations predicted by client perception of fit, difficulty of implementation, and therapist influence. *Journal of Counseling Psychology, 46,* 308–316.
Segall, M. H. (1979). *Cross-cultural psychology.* Monterey, CA: Brooks-Cole.
Shakespeare, W. (1980). *Macbeth* [Play]. New York: Bantam. (Original work published 1603)
Shapiro, E. G. (1984). Help-seeking: Why people don't. *Research in the Sociology of Organizations, 3,* 213–236.
Sileo, F. J., & Kopala, M. (1993). An A–B–C–D–E worksheet for promoting beneficence when considering ethical values. *Counseling and Values, 37,* 89–95.
Simon, J. C. (1988). Criteria for therapist self-disclosure. *American Journal of Psychotherapy, 42,* 404–415.
Singer, E. (1970). *New concepts in psychotherapy.* New York: Basic Books.
Skinner, B. F. (1953). *Science and human behavior.* New York: Macmillan.
Skovholt, T. M., & Rivers, D. A. (2003). *Skills and procedures of helping.* Denver, CO: Love.
Smith, M. L., Glass, G. V., & Miller, T. J. (1980). *The benefits of psychotherapy.* Baltimore: Johns Hopkins University Press.
Sommers-Flanagan, R. & Sommers-Flanagan, J. (1999). *Clinical interviewing* (2nd ed.). New York: Wiley.
Speisman, J. C. (1959). Depth of interpretation and verbal resistance in psychotherapy. *Journal of Consulting Psychology, 23,* 93–99.
Spence, D. P., Dahl, H., & Jones, E. E. (1993). Impact of interpretation on associative freedom. *Journal of Consulting and Clinical Psychology, 61,* 395–402.
Spokane, A. R. (1989). Are there psychological and mental health consequences of difficult career decisions? *Journal of Career Development, 16,* 19–23.
Stadter, M. (1996). *Object relations brief therapy: The therapeutic relationship in short-term work.* Northvale, NJ: Jason Aronson.
Stiles, W. B. (1979). Verbal response modes and psychotherapeutic technique. *Psychiatry, 42,* 49–62.
Stiles, W. B., Shapiro, D. A., & Firth-Cozens, J. (1988). Verbal response mode use in contrasting psychotherapies: A within-subjects

comparison. *Journal of Consulting and Clinical Psychology, 56,* 727–733.

Strong, S. R., & Claiborn, C. D. (1982). *Change through interaction: Social psychological processes of counseling and psychotherapy.* New York: Wiley.

Strupp, H. H. (1955). An objective comparison of Rogerian and psychoanalytic techniques. *Journal of Consulting Psychology, 19,* 1–7.

Strupp, H. H. (1957). A multidimensional analysis of therapist activity in analytic and client-centered therapy. *Journal of Consulting Psychology, 21,* 301–308.

Strupp, H. H. (1996). The tripartite model and the *Consumer Reports* study. *American Psychologist, 51,* 1017–1024.

Strupp, H. H., & Binder, J. L. (1984). *Psychotherapy in a new key: A guide to time-limited dynamic psychotherapy.* New York: Basic Books.

Strupp, H. H., & Hadley, S. W. (1977). A tripartite model of mental health and therapeutic outcomes: With special reference to negative effects in psychotherapy. *American Psychologist, 32,* 187–196.

Sue, D. W., & Sue, D. (1999). *Counseling the culturally different: Theory and practice* (3rd ed.). New York: Wiley.

Sue, D., Sue, D. W., & Sue, S. (1994). *Understanding abnormal behavior* (4th ed.). Princeton, NJ: Houghton Mifflin.

Suinn, R. M. (1988). Imagery rehearsal applications to performance enhancement. *Behavior Therapist, 8,* 155–159.

Teyber, E. (2000). *Interpersonal process in psychotherapy: A relational approach* (4th ed.). Pacific Grove, CA: Brooks/Cole.

Thompson, B. J., & Hill, C. E. (1991). Therapist perceptions of client reactions. *Journal of Counseling and Development, 69,* 261–265.

Tinsley, H. E. A., de St. Aubin, T. M., & Brown, M. T. (1982). College students' help-seeking preferences. *Journal of Counseling Psychology, 29,* 523–533.

Toro, P. A. (1986). A comparison of natural and professional help. *American Journal of Community Psychology, 14,* 147–159.

Truax, C. B., & Carkhuff, R. R. (1967). *Toward effective counseling and psychotherapy.* Chicago: Aldine.

Wampold, B. E. (2001). *The great psychotherapy debate: Models, methods, and findings.* Mahwah, NJ: Erlbaum.

Wampold, B. E., Mondin, G. W., Moody, M., Stich, F., Benson, K., & Ahn, H. (1997). A meta-analysis of outcome studies comparing bona fide psychotherapies: Empirically "all must have prizes." *Psychological Bulletin, 122,* 203–215.

Ward, D. E. (1984). Termination of individual counseling: Concepts and strategies. *Journal of Counseling and Development, 63,* 21–25.

Waters, D. B., & Lawrence, E. C. (1993). *Competence, courage, and change: An approach to family therapy.* New York: Norton.

Watson, D. L., & Tharp, R. G. (2002). *Self-directed behavior: Self-modification for personal adjustment* (8th ed.). Belmont, CA: Wadsworth-Thomson.

Watson, J. B., & Rayner, R. (1920). Conditioned emotional reactions. *Journal of Experimental Psychology, 3,* 1–14.

Watzlawick, P., Weakland, J. H., & Fisch, R. (1974). *Change: Principles of problem formation and problem resolution.* New York: Norton.

Webster, D. W., & Fretz, B. R. (1978). Asian-American, Black and White college students' preference for help-giving sources. *Journal of Counseling Psychology, 25,* 124–130.

Weiss, J., Sampson, H., and the Mount Zion psychotherapy research group. (1986). *The psychoanalytic process: Theory, clinical observations, and empirical research.* New York: Guilford.

Williams, E. N., Hurley, K., O'Brien, K., & DeGregorio, A. (2003). Development and validation of the Self-Awareness and Management Stratgies (SAMS) Scales for therapists. *Psychotherapy, 40,* 278–288.

Williams, E., Judge, A., Hill, C. E., & Hoffman, M. A. (1997). Experiences of novice therapists in prepracticum: Trainees', clients', and supervisees' perceptions of therapists' personal reactions and management strategies. *Journal of Counseling Psychology, 44,* 390–399.

Wonnell, T. L., & Hill, C. E. (2002, June). *The action stage and predictors of action in dream interpretation.* Paper presented at the annual meeting of the society for psychotherapy research, Santa Barbara, CA.

Yalom, I. D. (1980). *Existential psychotherapy.* New York: Basic Books.

Yalom, I. D. (1990). *Love's executioner.* New York: Basic Books.

Yalom, I. D. (1995). *Theory and practice of group psychotherapy* (4th ed.). New York: Basic Books.

Zunker, V. G. (1994). *Career counseling: Applied concepts and life planning* (4th ed.). Pacific Grove, CA: Brooks/Cole.

監訳者あとがき

東京・文京区の茗荷谷にある，筑波大学文京校舎にて本書の刊行を迎えることは喜ばしいことである。東京高等師範学校，東京文理科大学，東京教育大学の歴史と伝統を有し，日本最初の教育相談室が開設された地である。

ここに Clara E. Hill 著，*"Helping Skills: Facilitating Exploration, Insight, and Action"* 第 2 版の訳書をようやく提供できることになった。原書と同じ出版形態をしており，グループ実習に用いる別表は，金子書房のウェブサイトからダウンロードできる。

原書は 2004 年出版であるので，翻訳に取り組んで 10 年経ってしまった。その間に，上越（新潟），兵庫での勤務などを経験し，私自身も当初の狭い視野を広げられ，人生へのスタンスも変わってきている。そのような影響もあるだろう。訳語の統一などに時間を要し，これだけの時間を無駄にしてしまったのは，すべて私の責任である。

なお，2009 年に原書は第 3 版が出版され，以下のように変更がなされている。

- スキルがそれぞれの段階の目標にあわせて系統づけられた。
- 「かかわり」「傾聴」「スキルを観察すること」についての章が拡張され書き直された。
- 「挑戦」の章が概念的に明確になるように改変された。
- 「開かれた質問」が分けられて，別の章として追加された（思考についての開かれた質問，感情（フィーリング）についての開かれた質問，洞察についての開かれた質問，行動（アクション）についての開かれた質問）。
- 洞察段階に新しいステップが追加された。
- 「自己開示」について新たな章が設けられ追加された（感情（フィーリング）についての自己開示，洞察についての自己開示，方略についての自己開示）。
- 行動（アクション）段階が 4 種類の行動（アクション）達成（リラクセーション，行動変化，行動リハーサル，意思決定）へと焦点づけられ変更された。
- 文化についての考察が追加された。
- DVD が発行された。

原書は 5 年おきに改訂されており，2014 年 2 月には第 4 版も刊行された。

本書で提供している内容は，カウンセラー（心理援助職）はもちろん，教師，医師，看護師，公務員をはじめ，対人援助職（ヒューマンサービス）に関わるあらゆる職種についている人に役立つ内容である。本書は初回面接時から面接終結時までに焦点を当てており，本書を読むことで援助職として知っているべき知識が得られることはもちろんであるが，演習や実習を体験する者には参考になることが特に多いと思われる。これまで日本で行われている臨床演習や臨床実習はロールプレイ場面を通したものが多いが，誰かになりきるのに夢中になり，ヘルパー役の人が本当に援助的だったのか体験できないことが多かった。本書では，倫理について講義を挟むことで守秘義務などの枠を作り，学習者がクライエントとして自分のことを話すような面接を行うことで，上記の問題点を解決している。

3段階モデルを用いていることも本書の特色の1つである。見ず知らずの間柄の関係からヘルパーとクライエントがラポール関係を作ることで始まる探求段階，クライエント自身が自分の問題について気づく洞察段階，ヘルパーとクライエントが協力してクライエントの行動変化を起こす行動（アクション）段階である。それぞれの段階は，クライエント中心理論，精神分析理論，認知行動理論を基盤にしている。この3つの段階全体を見渡し臨床活動を行うことは，ヘルパーとクライエント双方にとって，納得のいくよりよい成果が得られることになろう。

本書での演習や実習は，まったく基礎知識を有しないで授業に臨むような学習者仲間での面接練習開始時から利用可能である。それどころか，もはや授業内での面接練習を終了し，ボランティアのクライエントを対象とするような発展的な面接でも利用可能であり，そのような段階を越えて利用可能なさまざまな専門知識，スキルや技術についても言及されている。

本書の内容について，本邦で利用可能かについては検証済みである。筑波大学大学院教育研究科カウンセリング専攻カウンセリングコースでの演習や実習，上越教育大学大学院教育研究科での演習や実習，上越教育大学および兵庫教育大学でのゼミなどで大学生・大学院生に実際に「演習」や「グループ実習」を体験してもらい，レポート作成などをしてもらった。その際，本書を用いた演習や実習が非常に参考になったとの肯定的なコメントをたくさんもらった。

本書の「グループ実習」であるが，細かい点について指示を補完する必要があるものの，学習者にとって新たな発見が得られる演習や実習を提供できると考えられる。逐語録作成，ヘルパーの介入についてのヘルパー役クライエント役双方からの評定とそのレポート作成の経験は，臨床に携わる者として糧となったと聞いている。この授業での経験を元に，臨床心理士，学校心理士，臨床発達心理士，認定カウンセラーほか各種資格を取得して現場で活躍している者も多い。

「グループ実習」の実施にあたり，具体的にどのような指示をする必要があるか，監訳者まで問い合わせていただければ喜んで情報提供したい。特にクライエント役の話した内容についての守秘義務は，演習や実習で配慮が必要であることは強調しておく。

第Ⅲ部12章から17章を岡本吉生氏，第Ⅳ部18章，19章を下村英雄氏，20章を柿井俊昭氏がそれぞれ訳を担当した。その他は，藤生英行が担当した。野口理英子氏，高柳伸哉氏，吉原寛氏，藤江玲子氏，上野百合子氏，田中晃氏，五十嵐万智子氏をはじめとした歴代の藤生研究室メンバーには，本文中の表（表9-2 感情（フィーリング）語チェックリスト）および4つの別表（別表C，別表F，別表K，別表L）の作成などでいろいろお世話になった。名前をあげられていない方もいるかもしれない。

最後になるが，金子書房編集部の天満綾氏には，何から何までお世話になった。ここに厚く御礼を申しあげる。

2014年8月
藤生英行

索　引

あ行

か行

さ行

た行

は行

ま・ら行

▩著者について

クララ・E・ヒル (Clara E. Hill)

クララ・E・ヒルは，1974年に南イリノイ大学でPh.D.の学位を取得した。メリーランド大学心理学部講師を経て，現在では同大学教授であり，カウンセリング心理学プログラムの共同責任者を務める。これまで，心理療法研究学会(Society for Psychotherapy Research)会長，『カウンセリング心理学学会誌』(*Journal of Counseling Psychology*)の編集長を務めたほか，アメリカ心理学会第17部会(Society of Counseling Psychology)よりレオナ・タイラー賞(the Leona Tyler Award)，同第29部会(Psychotherapy)より優秀心理学者賞を受賞した。現在，心理療法研究学会の学術雑誌である『心理療法研究』(*Psychotherapy Research*)の北アメリカ選任編集長である。主要な研究テーマは，夢分析(dream work)，心理療法プロセス，ヘルピング・スキルでのセラピスト訓練である。120本以上の学術論文を発表し，さまざまな学術書籍で20章を寄稿し，"*Therapist Techniques and Client Outcomes: Eight Cases of Brief Psychotherapy*"(Sage, 1989) "*Working With Dreams in Psychotherapy*"(Guilford Press, 1996) "*Helping Skills: Facilitating Exploration, Insight, and Action*"(1st ed.; American Psychological Association, 1999)"*Helping Skills: The Empirical Foundation*"(American Psychological Association, 2001)" *Dream Work in Therapy: Facilitating Exploration, Insight, and Action*"(American Psychological Association, 2004)など6冊の学術書籍を公刊している。

監訳者・訳者について

【監訳者】

藤生 英行（ふじう・ひでゆき）

筑波大学人間系心理学域教授。筑波大学大学院人間総合科学学術院人間総合科学研究群カウンセリング学位プログラム（博士前期課程）／カウンセリング科学学位プログラム（博士後期課程）担当。東京都葛飾区生まれ。筑波大学大学院博士課程心理学研究科修了。公認心理師，臨床心理士，学校心理士，臨床発達心理士，認定カウンセラー，認定スーパーバイザー。

筑波大学助教授，上越教育大学大学院学校教育研究科臨床心理学コース助教授，兵庫教育大学連合大学院助教授，兵庫教育大学大学院臨床健康学系教授を経て，現職。専門はカウンセリング心理学，認知行動カウンセリング。2019 年 4 月から 9 月末までカルフォルニア大学サンディエゴ校 visiting scholar。

学会活動として，日本カウンセリング学会（常任理事，常任編集委員会委員長，受賞者選考委員会委員長，資格認定委員会，資格検討委員会ほか），日本心理学会（社員，理事），ほか。

主な著書に，『教室における挙手の規定要因に関する研究』（風間書房），『SLST——学校生活サポートテスト』（共著，田研出版），『事例で学ぶ生涯発達臨床心理学』（共編著，福村出版），『生涯発達の中のカウンセリング［第 2 巻］』（共編，サイエンス社），『カウンセリング心理学ハンドブック［実践編］』（松原達哉・楡木満生・田上不二夫編，分担執筆，金子書房），『高校倫理からの哲学　別巻　災害に向きあう』『高校倫理からの哲学 2　知るとは』（2 冊ともに直江清隆・越智貢編，分担執筆，岩波書店），『哲学トレーニング 2　社会を考える』（直江清隆編，分担執筆，岩波書店），訳書に『行為障害』（J・マーク・エディ著，金子書房）などがある。

【訳　者】

藤生 英行（ふじう・ひでゆき）　監訳者　1 ～ 11 章・21 ～ 22 章

岡本 吉生（おかもと・よしお）　日本女子大学家政学部児童学科教授　12 ～ 17 章

下村 英雄（しもむら・ひでお）　独立行政法人 労働政策研究・研修機構副統括研究員　18 ～ 19 章

柿井 俊昭（かきい・としあき）　住友電気工業株式会社技師長　20 章

ヘルピング・スキル

探求・洞察・行動(アクション)のためのこころの援助法

・第2版・

2014年9月9日　初版第1刷発行　〔検印省略〕
2023年6月30日　初版第3刷発行

著　者　……………　クララ・E・ヒル

監訳者　……………　藤生 英行

訳　者　……………　岡本 吉生
下村 英雄
柿井 俊昭

発行者　……………　金子 紀子

発行所　……………　株式会社 金子書房

〒112-0012
東京都文京区大塚３－３－７
TEL 03(3941)0111(代)
FAX 03(3941)0163
振替 00180-9-103376
https://www.kanekoshobo.co.jp

装　画　……………　今井 ちひろ
「布の花」(2013年制作)より

装　丁　……………　長尾 敦子

印　刷　……………　凸版印刷株式会社

製　本　……………　一色製本株式会社

ISBN978-4-7608-3259-0 C3011